醴陵年鉴

LI LING YEAR BOOK

2016

醴陵市人民政府 主办
醴陵市档案史志局 主编

方志出版社
Publishing House of Local Records

图书在版编目（CIP）数据

醴陵年鉴. 2016 / 醴陵市档案史志局编. -- 北京：方志出版社，2016.8
ISBN 978-7-5144-2064-7

Ⅰ. ①醴… Ⅱ. ①醴… Ⅲ. ①醴陵－2016－年鉴
Ⅳ. ①Z526.43

中国版本图书馆CIP数据核字（2016）第206389号

醴陵年鉴（2016）

编　　者：醴陵市档案史志局
责任编辑：冯　松
出 版 人：冀祥德
出 版 者：方志出版社
地址　北京市朝阳区潘家园东里9号（国家方志馆4层）
邮编　100021
网址　http://www.fzph.org
发　　行：方志出版社发行中心
电话（010）67110500
经　　销：各地新华书店
印　　刷：湖南省越来越好印务有限公司　☏ 0731-84453344
开　　本：889×1194　　1/16
印　　张：27.75
字　　数：655千字
版　　次：2016年9月第1版　　2016年9月第1次印刷
印　　数：001～1200册
ISBN 978-7-5144-2064-7　　定　价：298.00元

醴陵市行政区划图

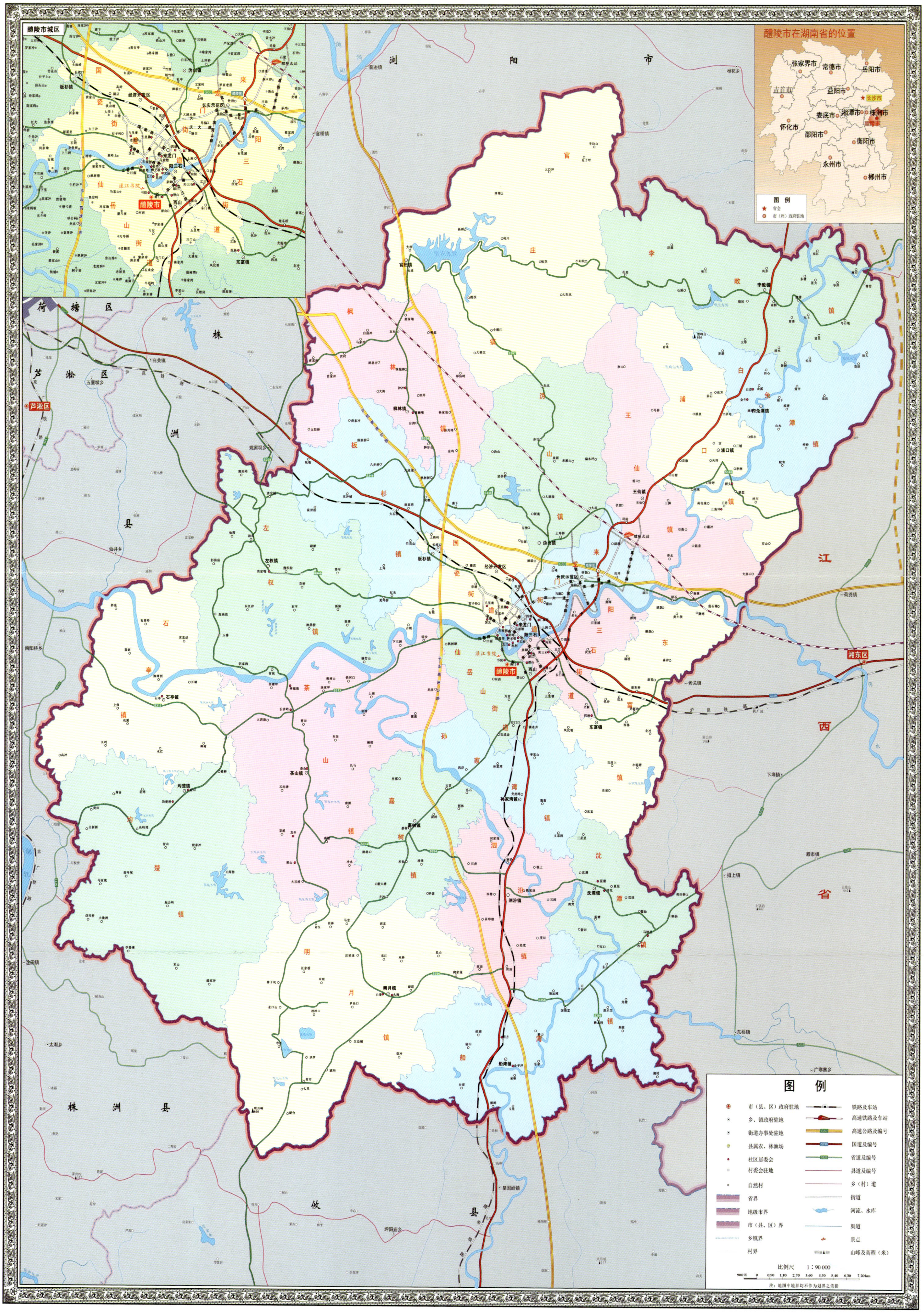
醴陵市城区
醴陵市在湖南省的位置
张家界市
常德市
岳阳市
益阳市
长沙市
湘潭市
株洲市
娄底市
怀化市
邵阳市
衡阳市
永州市
郴州市
醴陵市
浏阳市
江西省
湘东区
芦溪区
荷塘区
株洲县
攸县
图例
市（县、区）政府驻地
乡、镇政府驻地
街道办事处驻地
县属农、林场场
社区居委会
村委会驻地
自然村
省界
地级市界
市（县、区）界
乡镇界
村界
铁路及车站
高速铁路及车站
高速公路及编号
国道及编号
省道及编号
县道及编号
乡（村）道
街道
河流、水库
渠道
景点
山峰及高程（米）
比例尺 1：90 000

醴陵年鉴编辑委员会

醴陵年鉴编辑部

总　　编	杨月香
副 总 编	陈　灏
执行编辑	兰　芳
执行副编辑	韩芳子
责任编辑	
特　载	兰　芳
概　述	陈　灏
大 事 记	罗秀媛
中国共产党醴陵市委员会	王　珏
醴陵市人大常委会	岑燕莉
醴陵市人民政府	王　珏
政协醴陵市委员会	岑燕莉
民主党派	王　珏
群众团体	王　珏
武　装	罗秀媛
法　治	岑燕莉
综合经济与管理	罗秀媛
农　业	岑燕莉
工　业	韩芳子
贸易·旅游	岑燕莉
城建·环保	李卫东
交通·邮政·通信	晏才进
财政·税务	晏才进
银行·保险	晏才进
民政·社保	李卫东
教　育	李卫东
文化·体育·传媒	李卫东
医疗卫生	韩芳子
区·街道·乡镇	廖际标
人　物	陈　灏
荣 誉 谱	兰　芳
文件选登	王　珏
市党政军及各部门单位负责人名录	王　珏
彩图摄影与编辑	邱家财　朱　斌
主　审	陈　灏　兰　芳
终　审	杨月香
校　对	罗秀媛　王　珏

编 辑 说 明

一、《醴陵年鉴》是由醴陵市人民政府主办、市档案史志局组织编纂的一部综合性、纪实性、史料性、权威性的大型年刊，创刊于1987年，2016年卷是创刊后的第30部。本年鉴系统翔实地记载了2015年度全市的政治、经济、文化和社会生活等方面的情况和重要事件，汇集了较全面的信息资料，为各级领导决策和各界人士了解醴陵提供参考依据，为今后续修地方志收集、储存可靠史料。

二、《醴陵年鉴》（2016卷）采用分类编辑法，以条目为主要记事形式，基本结构为类目、分目、条目3个层次，个别分目下设子目。根据全市政治、经济、社会发展等实际情况，《醴陵年鉴》（2016卷）在篇目结构上有部分调整，共设特载、概述、大事记、中国共产党醴陵市委员会、醴陵市人大常委会、醴陵市人民政府、政协醴陵市委员会、民主党派、群众团体、武装、法治、综合经济与管理、农业、工业、贸易·旅游、城建·环保、交通·邮政·通信、财政·税务、银行·保险、民政·社保、教育、文化·体育·传媒、医疗卫生、区·街道·乡镇、人物、荣誉谱、文件选登、市党政军及各部门单位负责人名录28个类目，有177个分目、783个条目、65.5万字。全书有彩版130幅、照片近900张，有表格25个。鉴于此卷是创刊以来的第30部，特在篇目前面增加创刊30周年相关内容。

三、本卷资料由全市各单位提供，经单位负责人审核，由年鉴编辑部编辑、审校。在采编过程中，力求内容真实，注重资料性、实用性和可读性。卷中主要数据以《醴陵市2015年国民经济和社会发展统计公报》为准（其中人口数以市公安局年报为准），公报中不涉及的数据以各单位上报数据为准，个别数据因统计口径不一致可能存在差异，读者在阅读、引用时需注意鉴别。部分数据总数和分数因四舍五入，末位可能存在细微差异，属正常情况。卷中数据增减比率在未注明的情况下均为与上年同期比较值。文中未特别注明的“省”“市”分别为“湖南省”“醴陵市”。因年末乡镇区划调整，区划变更情况在“区·街道·乡镇”篇目前面有统一介绍，故未在各个街道、乡镇分目中赘述。因人员编制情况未完全到位，故编制数仍为原区、街道、乡镇数。

四、本卷“市党政军及各部门单位负责人名录”类目中所列名录均由市委组织部提供，部分驻醴单位领导名录由单位提供，均以2015年1月1日至12月31日任职为准。

五、书中彩版照片以2015年为主，个别采用2016年内容。彩版第一、二页所刊市委、市人大、市政府、市政协主要领导成员照片均为本书出版印刷前的在任领导。

六、本卷的编辑出版得到全市各级、各部门和有关单位大力支持，广大撰稿人员为此付出辛勤的劳动，在此一并致以诚挚的谢意。由于编辑时间和编辑人员水平有限，疏漏、错误之处在所难免，敬请广大读者批评指正。

张 斌/摄

醴陵
中国陶瓷历史文化名城
中国花炮之都

中共醴陵市委书记　胡湘之

三十载春华秋实，而立年风华正茂。《醴陵年鉴》创办30年来，始终与时代同呼吸，共发展，成为了记录醴陵历史的百科全书和展示醴陵特色的重要窗口。希望《醴陵年鉴》越办越好，让更多的人通过《醴陵年鉴》走进醴陵，了解醴陵，热爱醴陵，支持醴陵！

胡湘之

2016年9月

中共醴陵市委副书记、醴陵市人民政府市长　康月林

30年，是一个从生长走向成熟的过程。《醴陵年鉴》从创办到现在经历了30年风风雨雨，走过的正是一条成熟之路。展开《醴陵年鉴》，精美的装帧设计和大量彩图吸引眼球，丰富的内涵引人入胜。透过一页页文字与图片，仿佛看到了30年来，百万醴陵人民在党的领导下，艰苦创业，顽强拼搏，锐意创新，用自己的聪明才智，积极投身醴陵经济社会发展的浪潮中，在政治、经济、文化、民生等各个领域大显身手，谱写了一曲曲醴陵发展腾飞的时代进行曲。30年的《醴陵年鉴》，全方位记录了醴陵这些年来的发展历史、发展成效，成为了醴陵社会历史发展进程的有力见证。

存史立册，是以立传承、查古今、行教化；以史为鉴，可以知兴废、明得失、识荣辱。当前，醴陵正处于经济社会全面转型升级的关键时期，市委、市政府明确了“打造发展升级版，建好湖南东大门”的发展目标和“一城三片区”、“一心六组团”、“一环三纵横”的发展格局，着力打造以现代陶瓷产业文明为主特征的历史文化名城。这将是一幕幕波澜壮阔的发展大戏。在这当中，《醴陵年鉴》应当大有作为、大有可为。衷心祝贺《醴陵年鉴》创办30周年，希望《醴陵年鉴》不断开创美好未来。

2016年9月

三十年风雨一首歌

——《醴陵年鉴》创办三十周年回眸

醴陵市地方志办公室工作人员合影（1987）

从4个人的编辑部出发，穿越整整30个年头，《醴陵年鉴》来到今天这样一个时间节点。我们谨向广大读者和所有关心、支持《醴陵年鉴》的同志和朋友，致以由衷敬意和真诚感谢。

30年，30本，风雷激荡一纸书。从撤县建市完美蝶变到跨入全国县域百强，从全面小康到中国梦想……三十年坚守、几代人努力，《醴陵年鉴》见证和展示的，是醴陵现代化建设的艰辛探索，是百万人民推动社会前进的伟大实践，是开创、发展中国特色社会主义和瓷城百姓走向复兴的历史进程。

编印的醴陵县（市）志

自1987年以来编辑出版的《醴陵年鉴》

背景：时代呼唤新生事物

在改革中光荣诞生。《醴陵年鉴》创刊于1987年，这是改革开放初见成效的年代。恢复地方志编纂工作列入到各级党委、政府的议事日程。醴陵市委、市政府领导审时度势，于1985年8月成立醴陵市地方志编纂委员会，由时任市长朱汉钦兼任编纂委员会主任。下设市志办，定编4人，为政府下属常设机构，主要负责醴陵市志的编纂。1986年4月，醴陵市第八届人民代表大会四次会议审议通过《关于编纂醴陵市地方志的决议》，中共醴陵市委、市人民政府也分别发文《关于组织力量编写乡镇志、部门志、专业志的通知》《关于编纂醴陵市志征集资料的通告》等，全面部署编修市志、基层志、部门志，醴陵的地方志工作正式走上正轨。

《醴陵年鉴》1987年正式创刊

1987年，《醴陵年鉴》的编辑工作正式启动。1987年4月10日，中共醴陵市委办公室印发《关于编纂1987年醴陵年鉴的通知》，要求全市各部门、各单位积极配合，明确专人负责组稿，将涵盖全市各地、各领域、各部门、各行业1986年度所有资料进行初步整理，报送到市志办。经过半年多的紧张有序工作，1987年10月29日，《醴陵年鉴（1987）》编纂出版，内部发行。

定位：展示醴陵发展进程

开启见证发展的序幕。1987年推出的第一部《醴陵年鉴》，主要是反映醴陵1986年全市的重大事件和各部门的基本情况，并对以前的情况作简要追述。全书分特载、大事记、概况、经济、政治、文化、社会、人物、驻醴省专单位选介9个部分，下列分目与条目，以条目的形式为主。总计35.5万字。

在时任市长的《发刊词》中，初步定位《醴陵年鉴》发展方向：

"作为一种地方文献，分门别类，比较全面系统地概括了全市各个方面、各项事业的基本面貌，内容丰富，资料翔实，图文并茂，集中展现了全市两个文明建设，特别是城乡经济体制改革所取得的进展和成效。这也是一本综合性资料性的大型工具书"。

30年来，《醴陵年鉴》始终坚持按照"展示醴陵市情的综合性年刊"这个基本定位，进行资料的收集、整理、编排、加工，体现出内容上的连续性和一贯性。《醴陵年鉴》在"编辑说明"里开宗明义地阐释了它的基本定位："《醴陵年鉴》是由醴陵市人民政府主办、市档案史志局编纂的一部综合性、纪实性、史料性的大型年刊"。

成绩：实现地域文化品牌

30年风雨历程，《醴陵年鉴》始终有各级党委政府的深切关怀，始终有广大读者的热情期待，这是一本走过30年的刊物始终未曾懈怠的底气所在。进入新世纪以来，凭借这种深厚的底气，《醴陵年鉴》以变革铸就发展、以创新实现跨越，影响力不断增强，在新的舆论格局中与时俱进、勇立潮头。

文化事业是一项永无止境的事业。从事年鉴编辑工作的人都深知，没有最好，只有更好，必须通过不

2005年起为正式公开出版书刊

懈的努力与追求才能不断前进。为此，市档案史志局历届领导注重向先进看齐，适时组织评议活动，积极引导编辑人员进行分析比较，认真查找差距和不足，不断探索改进提高年鉴质量的办法途径。

梦想成就事业。2005 年，走过近 20 年发展历程的《醴陵年鉴》迎来了升华提质上台阶的时机。从 1987 年到 2004 年,《醴陵年鉴》一直是内部发行。为了实现公开出版发行，年鉴编纂人员按照国家正式出版物的严格规定进行编辑、编排、设计、审定。

2008 年《醴陵年鉴》荣获全国第二届年鉴综合质量评比二等奖

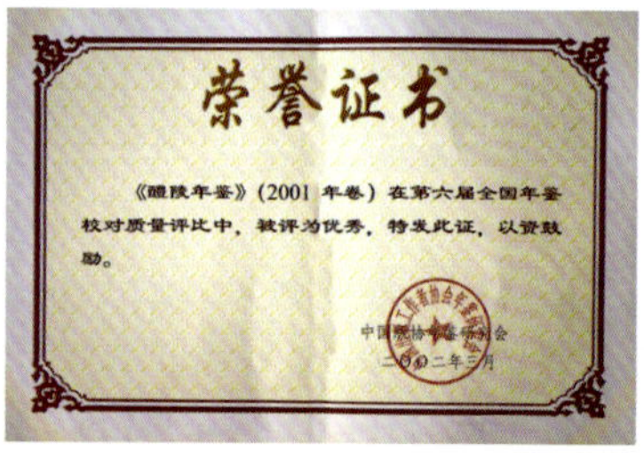

历年获奖部分荣誉证书

2005 年,《醴陵年鉴》实现由方志出版社正式公开出版发行。《醴陵年鉴》积极参加全国地方综合年鉴评比，多次获奖，其中 2001 年卷《醴陵年鉴》在第六届全国年鉴校对质量评比中获评为优秀奖；2008 年卷《醴陵年鉴》在全国地方志系统第二届综合年鉴评比中，获得“全国地方综合年鉴评比”二等奖。

愿景：服务经济社会发展

回顾历史,我们充满自豪、感慨万千；展望未来，我们云帆高张、豪情满怀！《醴陵年鉴》编纂人员将一以贯之、一如既往地高度重视和加强年鉴编纂工作，始终坚持历史唯物主义和辩证唯物主义的立场、观点、方法，把握正确的政治方向，创新体制机制，建立健全相关制度。始终坚持质量第一原则，树立科学认真的态度，追求精益求精的学风，确保全面系统、客观真实地记录醴陵经济社会发展，打造无愧于时代、无愧于人民、无愧于历史的地方志书，为全面建成小康醴陵和全面深化改革提供历史借鉴和智力支持。

30 年风雨就像一首歌；

30 部《醴陵年鉴》叠加起来，高约 80 公分；

30 部《醴陵年鉴》累积起来,达到 2300 多万字；

30 部《醴陵年鉴》累计出版发行数约 36000 册；

30 部《醴陵年鉴》蕴含的信息总量超过 100 万单元；

30 年间，参与《醴陵年鉴》的工作人员累计约 4500 多人次；

30 年间,《醴陵年鉴》服务的对象超过 100 万人次；

30 年间,《醴陵年鉴》产生的社会经济效益，无法统计；

……

（汤鹏天　陈　灏）

目录

特载

概述

大事记

中国共产党醴陵市委员会

醴陵市人大常委会

醴陵市人民政府

政协醴陵市委员会

民主党派

群众团体

武　　装

法　　治

综合经济与管理

农　业

工 业

贸易·旅游

城建·环保

交通·邮政·通信

财政·税务

银行·保险

民政·社保

教　育

文化·体育·传媒

医疗卫生

区·街道·乡镇

人 物

荣 誉 谱

文件选登

市党政军及各部门单位负责人名录

索　　引

彩　　版

CONTENTS

中 共 醴 陵 市 委 常 委

ZHONG GONG LI LING SHI WEI CHANG WEI

上排左起： 中共醴陵市委书记胡湘之，市委副书记、市长康月林，市委副书记刘海宾，市委常委、常务副市长邹志超，市委常委、副市长廖宏力

下排左起： 市委常委、政法委书记黎平，市委常委、纪委书记易文星，市委常委、市人武部部长李云星，市委常委、宣传部部长曾毅鹏，市委常委、市委秘书长贺小玲，市委常委、组织部部长、统战部部长刘华章

醴陵市人大常委会主任、副主任

LI LING SHI REN DA CHANG WEI HUI ZHU REN FU ZHU REN

左起： 党组书记、主任李理，党组副书记、副主任刘跃峰，党组成员、副主任李亿平，副主任（兼）乔德良，党组成员、副主任翁菊清，党组成员、副主任汤乐田

醴陵市人民政府市长、副市长

LI LING SHI REN MIN ZHENG FU SHI ZHANG FU SHI ZHANG

上排左起：市委副书记、市长康月林，市委常委、常务副市长邹志超，市委常委、副市长廖宏力，副市长李忆湘

下排左起：副市长李荣佳，副市长、市公安局局长颜文明，副市长廖胜云，副市长王志强

政协醴陵市委员会主席、副主席

ZHENG XIE LI LING SHI WEI YUAN HUI ZHU XI FU ZHU XI

左起：党组书记、主席杨龙，党组副书记、副主席陈建军，党组成员、副主席易磊，副主席唐青柏，副主席（兼）钟富强

醴陵市人大常委会

LI LING SHI REN DA CHANG WEI HUI

主 任 李 理

市十五届人大常委会会议

LI LING SHI REN DA CHANG WEI HUI

市十五届人大四次会议

省人大常委会研究室主任刘永学（左二）到醴陵市调研

市人大常委会主任会议听取公安交通管理工作汇报

人大代表参观醴陵·世界陶瓷艺术城

政协醴陵市委员会

ZHENG XIE LI LING SHI WEI YUAN HUI

政协领导合影

政协醴陵市第十三届委员会第四次会议

株洲市委常委、市委秘书长，时任醴陵市委书记周晓理到政协指导参政议政工作

庆祝市政协成立 60 周年座谈会

株洲市政协副主席余明刚（左四）到醴陵市调研

主席杨龙深入陶瓷企业调研

政协醴陵市第十三届委员会第五次常委（扩大）会议

中共醴陵市纪律检查委员会
醴陵市监察局

市委常委、纪委书记　易文星

领导班子

中共醴陵市第十一届纪委第二次全会暨全市反腐败工作会议

组织承办株洲市学习《准则》和《条例》知识抢答赛县（市）区复赛

召开委（局）上半年工作讲评会暨“五问工作法”推进会

湖南醴陵

2015年，湖南醴陵经济开发区实现技工贸总收入401.33亿元，同比增长17.16%；完成工业增加值145.31亿元，同比增长17.58%；累计完成固定资产投资135.87亿元，同比增长37.68%。全年新开区项目24个，续建项目9个，竣工项目17个。“146”工程新开工厂房面积23.62万平方米，完成年度指标任务的157%；建成面积38.44万平方米，完成年度指标任务的154%。2月，被工信部评为“国家新型产业化示范基地”；5月，成功获批“省级特色产业园区”。

领导班子

醴陵电商产业园及阿里巴巴农村淘宝项目签约仪式

“激情创业·勇争一流”招商引资项目签约仪式

办公大楼

园区成果展厅

釉下

经济开发区

市委、市人大、市政府、市政协领导考察时代金属轨道交通部件生产基地项目

中国陶瓷艺术大展暨首届湖南（醴陵）陶瓷博览会在醴陵·世界陶瓷艺术城开幕

部门负责人工作汇报会

开展“争做合格党员，勇当时代先锋”演讲比赛

基地

开发区园区一角

园区陶瓷会展馆效果图

中共醴陵

班子成员

中共醴陵市委第十一届九次全体（扩大）会议

中共醴陵市委第十一届十次全体（扩大）会议

市委办公室组织开展“激情创业、勇争一流”主题演讲比赛，图为赛后合影

市委办公室举办《准则》《条例》知识抢答赛

市 委 办 公 室

全国人大常委会原副委员长李铁映（前排左一）在株洲市委常委、市委秘书长，时任醴陵市委书记周晓理陪同下到醴陵·世界陶瓷艺术城考察

市委常委、市委秘书长贺小玲陪同株洲市委常委、株洲市军分区政委胡鹏飞（左一）到原东堡乡沩山村扶贫

市委常委、市委秘书长贺小玲到枫林镇指导工作

市委办公室机关党总支爱心扶贫捐款助学活动

“2016·正青春”登山比赛

中共醴陵市委政法委

ZHONG GONG LI LING SHI WEI ZHENG FA WEI

株洲市综治民调现场会在醴陵召开

市委常委、政法委书记黎平（中）到石亭镇石塘岭村精准扶贫

全市开展“扫黄禁赌缉毒保畅”霹雳行动，图为启动仪式现场

开展全面推进依法治市专题培训班

全市综治民调群众反馈问题交办会议

醴陵市人民武装部

LI LING SHI REN MIN WU ZHUANG BU

市委常委、武装部部长　李云星

政　委　徐兆纯

时任株洲市军分区司令员雷鸣到醴陵市检查工作

组织民兵进行抗洪抢险演练

组织专武干部开展封闭式集训活动

新办公大楼已投入使用

开展“一进二访”活动

走访慰问军人家庭

醴　　陵　　市

领导班子

党组书记、院长刘望鸣带头面向国旗宣誓就职

“院长接访日”接待上访当事人

开展“法制宣传进万家”活动

法院开放日，学生走进法院零距离学法

宪法宣传日街头宣传

人 民 法 院

人民陪审员工作调研座谈会

“三严三实”专题民主生活会

庭审现场会

司法拘留现场

组织全院人员集中学习

醴 陵 市 人

领导班子

最高人民检察院和湖南省、株洲市人民检察院领导到醴陵召开“律师参与化解和代理涉法涉诉信访案件专题”调研座谈会

检察长王友武深入企业走访调研

民 检 察 院

省人民检察院领导到醴陵开展“检察文化下基层”活动

庆“七一”暨半年总结表彰大会

“检察开放日”活动现场

开展“三严三实”教育专题讲座

醴 陵 市

领导班子

全市公安工作座谈会

新闻发布会

公　　安　　局

副省长、省公安厅党委书记、厅长黄关春（左四）到醴陵视察

省公安厅常务副厅长周符波（左一）到醴陵调研

省政法委副书记阳红光（左二）到醴陵调研

副市长、市公安局局长颜文明深入基层现场办公

社会化"夜巡"工作启动仪式

公安队伍管理警示教育活动

顺应以审判为中心诉讼改革讲座

反恐制暴演练

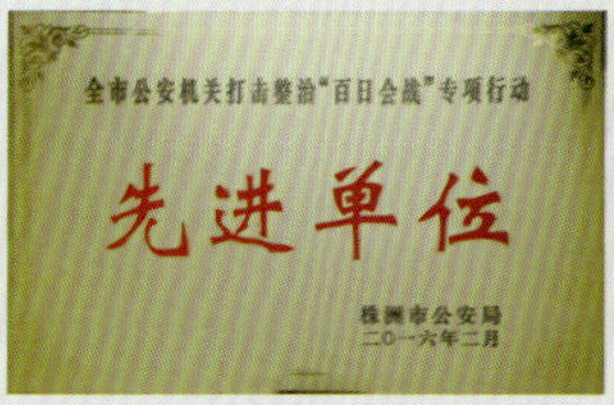

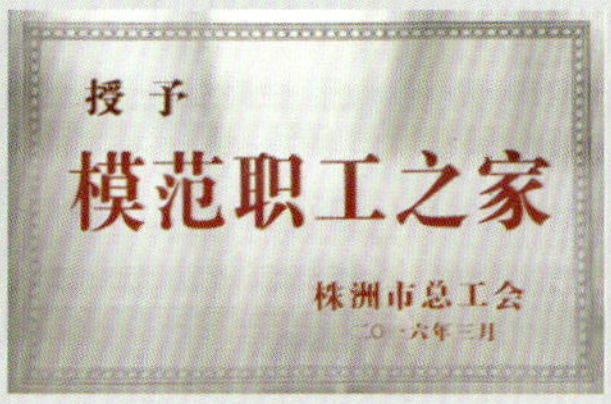

醴陵市司法局

LI LING SHI SI FA JU

领导班子

LI LING SHI SI FA JU

全市司法行政工作会议

“六五”普法检查验收汇报会

全市县处级干部学法考试

开展“四中全会精神进基层”百姓微宣讲活动

醴陵市总工会

LI LING SHI ZONG GONG HUI

市总工会第十六届委员会第三次全体（扩大）会议

全国总工会副主席李世明（左四）到醴陵调研

基层工会主席街头禁毒宣传

困难补助发放现场

“五问工作法”汇报会

中共醴陵市委老干部局

ZHONG GONG LI LING SHI WEI LAO GAN BU JU

市委组织部副部长、老干部局局长
王太忠

领导班子

株洲市委常委、市委秘书长，时任醴陵市委书记周晓理慰问离休干部

市领导一行陪同株洲市老干部参观醴陵陶瓷艺术城

市长康月林看望离休干部

老干部参观书画摄影作品展

老干部工作进社区

醴陵市信访局

LI LING SHI XIN FANG JU

局　长　陈云涛

领导班子

省信访局领导到醴陵考察

市委副书记刘海宾接待涉军上访人员

株洲市信访局局长刘会才到醴陵调研信访工作

组织集中学习

醴 陵 市 人 民

领导班子

组织全市经济工作会议暨“项目攻坚年”活动动员大会

干部工作掠影

政府办公室

机关干部开展党日活动

深入开展“精准扶贫”工作

升国旗仪式

编印的内部刊物

“两学一做”专题学习

组队参加全市“看醴陵　同梦想”毅行活动

醴陵市

党组书记、局长　夏春良

领导班子

财政部农业司司长吴奇修（右一）到醴陵调研

省财政厅副厅长欧阳煌（右二）到醴陵考察基层卫生院建设

省财政厅领导到醴陵敬老院精准扶贫

财　政　局

全市财政工作会议

新春业务培训

“廉政教育日”活动

开展“雁过拔毛”式腐败问题和“纠‘四风’、治陋习”专项整治工作动员大会

2015 年度全市财政干部业务考试

局机关篮球队

醴陵市国

党组书记、局长　陈　佳

领导班子

办公大楼

土 资 源 局

省国土资源厅副厅长金勇章一行到醴陵调研

省督查组一行到醴陵督查不动产登记工作

醴陵市 2015 年土地推介会

机关党支部学习活动

全市国土资源工作会议

召开企业帮扶座谈会

“6 · 25”土地日宣传现场

醴陵市经济

株洲市经信委主任何朝晖到醴陵座谈调研工业经济运行情况

陶瓷产业转型升级企业讨论座谈会现场

2015 年，全市完成工业总产值 1012.3 亿元，同比增长 13.2%；实现工业增加值 317.6 亿元，同比增长 9.2%。陶瓷产业实现总产值 553.5 亿元，同比增长 13.0%；花炮产业实现总产值 188.8 亿元，同比增长 8.0%。工业固定资产投资 294 亿元，同比增长 23.6%。醴陵市顺利通过省“特色县”项目验收。为企业争取补贴扶持资金近 500 万元。首届瓷博会现场成交额达 8760 万元，协议成交额 5.77 亿元。

陶瓷艺术城夜景

科技信息化局

中国陶瓷艺术大展暨首届湖南（醴陵）陶瓷博览会动员大会

组织陶瓷企业高管“走进陶润”学习活动

组织智能制造业培训会

组织检查电力安全

开展党日活动

湖南省大学生村官暨“互联网+特色产业”（醴陵）培训班

参观李立三故居

醴陵市商务

党组书记、局长　吴均成

到均楚镇周坊村精准扶贫

醴陵组团参加第 119 届广交会

副市长王志强调研商务旅游和粮食工作

旅游和粮食局

“迎老乡，回故乡，建家乡”新春座谈会

开展“5·19”中国旅游日活动

成品油工作会议

夏粮入库

醴陵代表团参加北流陶瓷博览会

参加广东省湖南醴陵商会成立庆典

醴陵市发展和改革局

LI LING SHI FA ZHAN HE GAI GE JU

党组书记、局长
黎平华

领导班子

开展传统教育活动

开展党建活动

局办公大楼一角

特　载

在市委十一届十次全体（扩大）会议上的讲话

（2016 年 1 月 11 日）

中共醴陵市委书记　周晓理

同志们：

这次市委全会的主要任务是，贯彻落实中央、省委经济工作会议和株洲市委全会、经济工作会议精神，总结 2015 年工作，谋划“十三五”发展，部署 2016 年任务。下面，我代表市委常委会讲三点意见。

一、2015 年工作总结

2015 年是“激情创业，勇争一流”的丰收之年。全市上下按照既定思路，突出“稳抢快跑”要求，全面推进四个主题年活动，各项工作硕果累累，各项事业蓬勃发展，实现了“十二五”完美收官。

过去的一年，是产业转型、经济向好的关键年。面对经济发展新常态，我们主动适应，承压进取，理性筑底夯基，着力转型升级，取得了经济发展换挡不失速、量增质更优的成效。实力有提升。实现地区生产总值 531.6 亿元，增长 10.1%；完成财政总收入 45.03 亿元、税收收入 23.01 亿元，分别增长 17.2%、17.8%；固定资产投资 360 亿元，增长 18.7%；社会消费品零售总额 163.4 亿元，增长 12.6%；城、乡居民人均可支配收入达 31093 元、20732 元，分别增长 8.6%、8.6%，县域经济基本竞争力居全国百强 82 位。结构越加优。工业总产值突破千亿大关，达 1012.3 亿元，增长 13.2%；战略性新兴产业产值达 196.3 亿元，增长 20%，工业强市迈上新的台阶，居全国工业百强县 93 位。陶瓷、花炮产业产值分别达 556 亿元、188.7 亿元，增长 13.5%、8%。三产占比提高 1.6 个百分点。经开区建成标准厂房 37.4 万平方米，完成技工贸总收入 401.3 亿元，获评“国家新型工业化产业示范基地”。支撑更有力。金融机构各项贷款余额 131.4 亿元，增长 7.4%，集体土地上房屋抵押贷款过亿元；工业用电量增长 24.7%，列全省县（市）第一；外贸出口总额居全省县（市）前茅。

过去的一年，是推进改革、激发活力的深化年。7 大类 21 项改革纵深推进，市场在资源配置中的决定性作用得到充分发挥，“要素红利”逐渐转化成“改革红利”。政府机构改革有力有序，乡镇区划调整圆满完成，“李畋镇”“左权镇”“国瓷街道”等一批极富醴陵产业特色和文化特征的地名成为对外形象展示的“新名片”。投融资体制改革成效明显，完成直接融资 52.6 亿元，撬动社会投资超百亿，市财政局获评全国财政系统先进集体。国光企业改制取得实质性进展,即将复牌恢复上市。对外开放全方位拓展,新增进出口企业15家,进出口总额达3.33亿美元。

过去的一年,是项目攻坚、其势已成的突破年。围绕“三一”格局(“一城三片区”、“一心六组团”、“一环三纵横”。“一城三片区”中“一城”指醴陵城区,三片区即提质老城区、升级经开区、开发示范区;“一心六组团”指市区为中心,在全域打造花炮产业组团、玻璃产业组团、服饰产业组团、现代农业组团、长株潭产业转移承接地组团、旅游产业组团六个集镇组团;“一环三纵横”中“一环”指建设城市环线,“三纵横”即协助省、株洲市完成320国道提质改造、333省道建设,完善106国道),80个重点建设项目全线铺开,完成投资106亿元。征地359.93公顷,腾地401.73公顷,征拆房屋1007栋(套),32个项目完成征拆清零;完成土地报批308.5公顷,实现“项目等土地”向“土地等项目”的根本性转变。旗滨玻璃、陶瓷艺术城、升华科技二期、湖电智能电网等项目竣工投产,“瓷城古韵”、陶瓷3D打印研究所、时代金属轨道交通部件基地、沪昆高铁连接线、李畋中路、北乡旅游环线等项目进展顺利,陶瓷文化特色街区、陶瓷技师学院、渌江书院、玻璃余热发电等项目开工建设,渌江新区项目梯度开发、递次推进,发展基础更实,后劲更强。

过去的一年,是招商引资、业态多元的倍增年。出台“工业十条”(《醴陵市工业强市十条政策》)“招商六项”(《醴陵市奖励招商引资中介人员六项规定》),激发全民招商积极性,全年新签约项目117个;合同引资485亿元,到位资金154亿元,分别是上年度的3.8倍、3.6倍,签约项目数、引资数均创历史新高,居株洲首位。乡镇招商局面喜人,落地项目62个,到位资金26亿元。举全市之力成功举办首届湖南(醴陵)陶瓷博览会,引爆会展经济,签约项目16个,合同引资42亿元,中央电视台著名主持人董浩将工作室落户醴陵。“黄乡民居—田园乐翻天”做热“醴北人家”休闲旅游,旅游产业成为经济增长新亮点。“个转企”“小升规”呈千帆竞发之势,分别增加160家、83家。

过去的一年,是网格管理、社会治理的提升年。推动“连心解困”大走访与信访维稳、安全生产紧密结合,网格化社会治理成为常态,全省综治民调由84位上升至55位,创历史最好成绩。落实领导干部分类定期接访制度,特护期实现“零上访”“零登记”。“数字醴陵”一期开通,城区重点区域、复杂场所、要害部位、关键路段实现视频监控全覆盖,有效提升了社会治理的管控能力。

过去的一年,是民生改善、安全生产的保障年。民生支出42亿元,占财政支出的70.5%。104项民生实事全部完成,文教体卫等公共服务体系进一步健全。“两改六化”(“两改”即改造道路、市场;“六化”即绿化、亮化、洁化、美化、数字化、文化)进展顺利,群众生活更方便、更舒心、更美好。社会事业全面发展,成功创建“中华诗词之乡”;高考成绩连续两年居株洲地区首位,以最高等级通过全省教育工作第三轮督导评估,获评“湖南省教育强县(市)”。扶贫攻坚力度加大,5835名贫困人口“摘帽脱贫”。建成全省领先的花炮企业视频监控系统,实现事故起数、死亡人数、受伤人数、经济损失“四个大幅下降”。社会大局持续和谐稳定,安全生产、综合治理、计划生育三项工作同时荣获全省先进,为全省唯一县(市)。

过去的一年,是狠抓党建、强力反腐的彰显年。在株洲县市区中率先启动“三严三实”(严以修身、严以用权、严以律己,谋事要实、创业要实、做人要实)专题教育活动,市委书记专题党课录像作为全省两个代表之一选送中组部。整顿38个软弱涣散基层党组织,建成10个“五彩社区”,为283名村书记、村主任缴纳养老保险,基层基础进一步夯实。率先出台《处置不合格党员实施意见》,处置不合格党员103人。全面推广“五问工作法”(根据著名的5Why分析法提出的一种工作方法,“五问”具体是指:做了什么工作?采取了什么工作措施?有什么工作成效?有哪些不足之处?有什么工作计划?),严格兑现“末位淘汰”制,2名科级干部被免职。大力提拔重用“十类人才”(谋划发展有思路、开拓创新有实效、推进项目有业绩、稳定安全有办法、忠职担责有勇气、攻坚克难有突破、务实干事有激情、扎根基层有耐心、不事张扬有贡献、团结协作有胸怀的十类人才),选人用人风清气正。严格落实“两个责任”(党的十八届三中全会提出的落实党风廉政建设责任制,即党委负主体责任,纪委负监督责任),惩防并举,立案190起,结案188起,党纪政纪处分187人。全面加强党委意识形态工作,率先推行对外新闻发布制度,醴陵“点击率”“好评度”大幅提升;“诚信老爹”潘尧生获评全省道德模范,入选中国好人榜,得到省委书记徐守盛亲切接见。党管武装工作成绩突出,被广州军区评为全省唯一的“全面建设先进单位”。市几套班子和衷共济、共谋发展,形成了市委总揽全局、协调各方,市人大依法履职、有效监督,市政府依法行政、狠抓落实,市政协参政议政、建言献策的良好局面。统战、工会、妇联、共青团等作用充分发挥,全市上下“激情创业,勇争一流”蔚然成风。

成绩来之不易,经验难能可贵。总结一年的工作,我们深切体会到:团结是最大的品牌。牢固树立“懂团结是大智慧,真团结是大境界,善团结是大本领”

的理念，交心不交易，补台不拆台，谋事不谋人，开创了干群心齐气顺、干事风生水起的良好政治生态环境。团结已成为醴陵闪亮的标签、明亮的形象、响亮的品牌，这必将是顺利开启“十三五”新征程的制胜法宝。市场是决定的力量。坚持发挥市场在资源配置中的决定性作用，厘清政府和市场的“边界线”，破除计划烙印，减少行政干预，还权于民、还权于市场、分权于社会，让一切竞争要素的流动公开公平公正，让一切生产活力竞相迸发，让一切创造源泉充分涌流。项目是发展的引擎。坚持以项目带投入、以项目调结构、以项目增后劲，一以贯之抓策划包装，一门心思抓招商引进，一往无前抓跟踪落地，一鼓作气抓投产达效，牵住了发展的“生命线”，扭住了发展的“牛鼻子”。政策是应对的关键。面对经济下行压力，我们没有坐等观望，而是趋利避害定政策，因势利导谋发展，坚持“权力下放、任务下沉、力量下移、利益下得”，出台“工业十条”“招商六项”，变少数人的积极性为多数人的积极性，变党委政府的积极性为各级各部门的积极性，变干部的积极性为全民的积极性，主动的应对产生了良好的政策乘数效应。

当然，我们也要清醒看到不足。主要是项目零散化、碎片化，大项目、好项目不多；应对发展中出现的新情况新问题准备不足，社会管理有待进一步加强；发展不充分不全面，特别是第三产业的发展明显不足；从严从实的要求尚未完全落实到位，不严不实的干部作风依然存在。对于这些问题，必须认真解决。

二、“十三五”发展构想

“十三五”是我市率先全面建成小康社会、开启基本实现现代化新征程的关键期，也是经济社会全面转型升级的决战期。瞭望国情、省情、株洲市情，机遇与挑战并存，希望和困难同在，但机遇多于挑战，希望大于困难。环视全球，世界经济在深度调整中曲折复苏，新一轮科技革命和产业变革方兴未艾。纵观国内，经济进入新常态后，供给侧结构性改革（从供给、生产端入手，通过解放生产力，提升竞争力，促进经济发展。这种改革具体而言是要求清理“僵尸企业”，淘汰落后产能，将发展方向锁定新兴领域、创新领域，创造新的经济增长点）的推动，经济结构将不断优化，发展方式将加快转变，新的动力正在形成。着眼湖南，省委确立“一带一部”（东部沿海地区和中西部地区过渡带、长江开放经济带和沿海开放经济带结合部）的新定位、“三量齐升”（经济总量、人均均量和运行质量的同步提升）的新要求、“五化同步”（协同推进新型工业化、信息化、城镇化、农业现代化和绿色化）的新路径，为加快培育发展新动力、拓展发展新空间、厚植发展新优势，提供了有利条件和重要支撑。聚焦株洲，正值工业化中后期和城镇化加速期，“过渡带”和“结合部”的区位优势逐步彰显，进入了高位增长的上升通道。立足醴陵，通过这些年的改革发展，奠定了坚实基础，特别是渌江新区、旗滨玻璃、陶瓷博览园等一大批重大产业项目和基础设施的建设和竣工，将在“十三五”期间充分释放拉动能量。总体来看，宏观环境大势看好，自身发展态势趋好，我们可以大有作为，我们应当奋发有为。

未来五年，全市经济社会发展总的指导思想是：全面贯彻党的十八大，十八届三中、四中、五中全会和中央、省委经济工作会议，株洲市委全会、经济工作会议精神，坚持稳中求进、进中求快、快中求优的总基调，围绕“三一”格局，实施“工业强市、三产旺市、组团兴市、环境立市”发展战略，突出“片区攻坚、三产提升、招商引资、民生优先”发展重点，统筹推进城乡发展，切实保障民生民利，全面加强党的建设，打造发展升级版，建好湖南东大门，努力把醴陵建设成为以现代陶瓷产业文明为主特征的历史文化名城。按照这一指导思想，具体要把握好以下八个方面：

发展理念：坚持“创新、协调、绿色、开放、共享”发展。

发展定位：打造以现代陶瓷产业文明为主特征的历史文化名城。

发展主题：“激情创业，勇争一流”。

发展思路：融入长株潭，加快一体化；溯江而上，向东发展。

发展格局：“三一”发展格局，即“一城三片区”“一心六组团”“一环三纵横”。

发展战略：工业强市、三产旺市、组团兴市、环境立市。

发展要求：当好全省县域崛起、产业振兴、城镇扩容提质和两型示范的排头兵。

发展目标：定性上讲，就是“打造发展升级版，建好湖南东大门”。定量上讲，就是确保实现“5986”的工作目标，即5年时间，实现地区生产总值900亿元、财政总收入80亿元，进入全国县域经济百强前60名；力争实现“5115”的奋斗目标，即5年时间，实现地区生产总值1000亿元、财政总收入100亿元，进入全国县域经济百强前50名。

三、2016年工作部署

2016年是实施“十三五”的开局之年，是全面建成小康社会决胜阶段的关键之年，也是全面推进供给侧结构性改革的攻坚之年。市委决定，将2016年定为“片区攻坚年”“旅游助跑年”“圆满换届年”“环境优化年”“安全保障年”。

片区攻坚年。围绕提质老城区、升级经开区、开发示范区的总体思路，坚持组团发展、片区开发，努力推动产城融合、城乡联动。特别要全面拉开渌江新区建设架势，着力推动经开区升级提质，依靠政策促动其他组团启动开发，有效提升城市承载力、辐射力、竞争力。

旅游助跑年。做响做热“醴北人家”，依托“枫林印象”“官庄山水”“黄乡民居”“沩山古窑”等人无我有的地方特色资源，落实旅游规划，加快环线建设，完善配套服务，突出品牌营销，打造一批精品旅游项目、旅游景点、旅游线路，推动旅游“驿站”向大众“目的地”转型。

圆满换届年。按照“市县乡同级领导班子同步换届”的部署，准确把握政策要求，选优配强领导班子，严明导向，严密组织，严肃纪律，换出升级发展的新动力，换出风清气正的新生态。

环境优化年。紧扣“全省县域经济发展最佳环境”目标，转变政府职能，掀起效能革命，着力营造稳定有序的社会环境、廉洁高效的政务环境、平安祥和的治安环境、和谐友好的人文环境、开放宜业的发展环境、低碳环保的生态环境、管控有效的舆论环境。

安全保障年。严守安全生产这条不可逾越的“红线”，严格落实“属地管理、分级负责”，“党政同责、一岗双责、齐抓共管”和“管行业必须管安全、管业务必须管安全、管生产经营必须管安全”三套机制（“属地管理、分级负责”，“党政同责、一岗双责、齐抓共管”和“管行业必须管安全、管业务必须管安全、管生产经营必须管安全”）；坚持“四化两型”（花炮产业的“四化两型”指布局集约化、设备机械化、生产标准化、监管信息化和过程安全型、产品环保型）要求，提高安全生产保障水平；坚持“三化引领”（规模化、品牌化、机械化引领）、“三个一律”（一律落实“党政同责、一岗双责、齐抓共管”的安全生产责任体系；一律落实“一票否决”，加大安全生产指标考核权重，实行安全生产和重大安全事故风险的“一票否决”；一律落实“一查到底”，对落实停产整顿不到位的企业所在镇、街道，党政主要领导和分管副职一律先行免职）、“三法强疗”（对发生一般事故的企业，实行“放血疗法”，责令其限期整改，并顶格处罚；对明查暗访中发现企业一次问题的挂牌督办，一个问题连续出现两次的强制关闭退出，实行“休克疗法”；对发生较大事故的企业，实行“突然消亡法”，吊销其安全生产许可证，禁止其再涉足烟花爆竹产业），确保长治久安、市泰民安。

工作目标是“11622”，即地区生产总值增长10%以上，财政总收入增长10%以上，融资60亿元以上，税收占财政收入的比重提高2个百分点，固定资产投资增长20%以上。

实现上述目标和任务，必须突出抓好以下七项重点工作。

（一）坚持转型升级总方向，调优调强产业基础

着力转方式调结构，去产能、去库存、去杠杆、降成本、补短板，推动产业由粗放型发展向集约型发展转变。

做强平台。要根据市场规律扶持或引导建设公共平台，增加公共服务有效供给。加快渌江集团和高新公司两大投融资平台建设，促进资源资产化、资产资本化、资本证券化，形成政府主导、市场运作、社会参与的多元化投融资格局。要打造产业公共平台，启动瓷博园二期、陶瓷技师学院新校区、陶瓷材料联合采购服务平台及强化陶瓷开发项目建设，力争打通烟花爆竹出口绿色通道；办好第二届湖南（醴陵）陶瓷博览会并形成定制，规范产品LOGO使用，扩大朋友圈，提升影响力，进一步打响“中国醴陵·瓷彩天下”的区域品牌。要完善基础设施平台，按照“以产兴城、以城托产、产城一体、产城融合”的思路，推进园区污水处理设施、标准化厂房建设，加快陶瓷文化园、交通装配园、湘东国际物流园、湘赣合作先导区和工业设计中心、电商中心、创客中心建设，优化协作配套，增强产业集聚功能。

做优产业。要有序淘汰落后产能、去除过剩产能，加速资源整合，推动陶瓷产业向园区集群；以第四轮行政许可换证为契机，加大“扶优扶强、并小并散、退乱退弱”力度，完善市场化退出机制，引导花炮企业向东乡片花炮产业组团集聚。坚持自动化生产、集团化扩张、品牌化经营，推动传统产业与高新技术相结合、与文化创意相融合、与互联网相联合，提供更加优质的产品，让更多的人为醴陵陶瓷、花炮“点赞”。要大力发展“四新”（新技术、新业态、新模式、新产业）经济，引进做大玻璃、汽车零部件、新材料等战略性新兴产业，培育经济增长的“乘数因子”。要提升发展商贸、房地产、电子商务、工业设计、总部经济等生产性服务业，积极发展养老康体、社区服务、体育文化等生活性服务业，推动第三产业发展提速、比重提高、层次提升。特别是房地产业，要抓住用好中央降息、公积金调整、下调商业贷款首付比例等政策，提振信心、联手解套、做强品质、优化服务、政策支持，实现健康快速发展。要完善旅游服务体系，大力发展以陶瓷艺术城为核心的陶瓷文化旅游，以“醴北人家”为核心的生态休闲旅游，以名人故居、渌江书院为核心的人文文化旅游，把旅游业培育成投资的重点、消费的热点、开放的亮点。

做大企业。要尽可能减少对正常经济活动的行政干预，简政放权，放管结合，优化服务，有效激发各类市场主体的活力。要按照“1332”(“1”,一个指导思想,即依法有序高效。“3”,三个原则,即妥善安置职工;注册地放本市促进经济和产业发展;利用国瓷优势提升陶瓷产业。“3”,三个要求,即做大一个产业;发展一片新城;建成一个智慧园区。“2”,两个态度,即依法依规给予政策支持;提供优质方便的环境和服务)要求,加快国光瓷业改制复牌,确保盘活一批资产,救济一批工人,嫁接一个上市企业。要紧扣“5123”(用5—8年,培育10个以上年主营业务收入过10亿元、20个过5亿元、300个过1亿元的企业)目标,突出精准帮扶,大力扶持本土成长性较好的企业做大做强,引导组建产业集团,模范引领、带动提升产业整体水平;加快推进“个转企”“小升规”,扶持一批成长性好的中小微企业,培育造就一批旗舰型民营企业和优秀民营企业家,力争5年内3-5家企业上市。

(二)紧紧扭住项目建设“牛鼻子”,夯实发展后劲

坚持以项目培植后劲、涵养税源,推进、新上一批大项目、好项目,确保“十三五”经济首战必胜。

坚持规划引领。围绕“三一”总体布局,抓紧启动第六次城市总体规划修改,加快完善城市风貌、地下管线、海绵城市(新一代城市雨洪管理概念,是指城市在适应环境变化和应对雨水带来的自然灾害等方面具有良好的“弹性”,也可称之为“水弹性城市”。国际通用术语为“低影响开发雨水系统构建”。下雨时吸水、蓄水、渗水、净水,需要时将蓄存的水“释放”并加以利用)建设、综合交通体系等相关专项规划和株醴新城、渌江新区、高铁片区规划,将用地性质、开发强度、配套设施等控制性要求落实到具体建设项目。

强化策划包装。对接“一带一路”、长江经济带、长株潭自主创新示范区、新型城镇化试点等战略,针对“互联网+”、湘赣开放合作、株醴都市圈、醴炎县域经济走廊等方向,紧密跟踪上级投资重点,敢于想象,精于运作,争取更多项目进入国家、省、株洲市的笼子。重点宣传、推介渌江新区、陶瓷博览园、“瓷城古韵”3个“百亿”工程,吸引更多战略投资者来醴投资。

大力招商引资。继续落实“工业十条”、“招商六项”,实施定向、定位、定点招商和小分队招商,开展“迎老乡、回故乡、建家乡”活动,主动对接长株潭产业转移、沿海产业转移,着力引进一批关联性大、带动性强、符合环保要求的好项目、大项目。

破解要素瓶颈。推进66.67公顷增减挂钩项目,抓好土地整治、城镇低效用地再开发和工矿废弃地复垦利用,盘活土地资源。落实奖励政策,强化属地责任,统一补偿标准,保障农民福利,确保征地266.67公顷、拆迁700栋(套)。运用股权合作、PPP(政府与私人组织之间,为了合作建设城市基础设施项目,或是为了提供某种公共物品和服务,以特许权协议为基础,彼此之间形成一种伙伴式的合作关系,并通过签署合同来明确双方的权利和义务,以确保合作的顺利完成,最终使合作各方达到比预期单独行动更为有利的结果)等方式拓宽融资渠道,力争超额完成融资目标。

加快推进项目。坚持市级领导联系项目制度,加快时代金属轨道交通部件生产基地、华联日用陶瓷智能制造升级改造、节能环保智能配电网设备、会展中心、“1915”国际陶瓷文化特色街区等产业项目,S333城市环线、北乡旅游环线、旗滨路、东城大道等基础设施项目,渌江书院改造、棚户区改造等民生项目的建设,配合做好莲株高速、醴娄高速、长株攸快速通道等项目建设。

全面开发新城。启动渌江新区学校、医院、公园、老祖殿、公交站、核心区中轴线和路网延伸段建设,加快推进新城新天地一期、创业创新服务中心等项目建设,完成核心区路网、珊田安置区一期、渌江产业发展中心等项目主体工程建设,尽快形成亮点、展示形象。

(三)继续推进“两改六化”,提升城市品位

以“两改六化”为抓手,加快建设宜居城市,增强人民群众的荣誉感、归宿感、获得感。

完善城市功能。优化城区路网结构,完成李畋中路建设、醴泉路改造,启动文化南路、寨子岭路建设,提质瓷城大道,推进公交港湾、公共停车场建设,提升城市通畅效率。抓好关键节点、重点地段的城市设计,完成城市五大门户建设,将醴陵大道、玉瓷路、渌江大道建成陶瓷文化、烟花文化的展示路。规划建设名人文化园、陶子湖,完成寨子岭公园和慧心园建设,把好山好水好风光融入城市。加快地下综合管廊建设和改造,完善供水、排水、电力、燃气、通信等市政设施,提升城市综合保障水平。

强化城市管理。以主体功能区规划为基础统筹各类空间性规划,推进“多规合一”,强化规划管理,加大对违法建设的查处力度,维护城市核心利益。坚持“运作市场化、作业精细化、管理网格化、考核常态化”,推动渣土运输管理办法、环卫体制改革、数字城管的实质性运作,打好“城乡保洁整治战”,持续改善市容市貌,加快创建国家卫生城市、国家园林城市。全面提高市民文明程度和综合素质,形成醴陵城市精神,凝聚各方力量,使政府有形之手、市场无形之手、市民勤劳之手同向发力,真正实现城市共治共管、共建共享。

提高城镇化率。落实居住证制度,统筹推进教育、就业、医疗、养老、住房保障等领域配套改革,推动城镇基本公共服务均等化，促进农业转移人口有序实现市民化。实行“政府引导、政策撬动、市场运作、社会投入”的建设模式，广泛吸纳社会资本，推动六组团尽快成规模、创特色、出效益。突出以点带面，抓好白兔潭、泗汾、东富三个新型城镇化试点示范镇建设，带动片区发展。

（四）以精准脱贫为总任务，提升“三农”工作水平

坚持工业反哺农业、城市支持农村和多予少取放活方针，落实惠农减负政策，真正让农业强起来、农民富起来、农村美起来。

全员发动精准脱贫。扶贫助贫要一诺千金，说到做到，决不能让贫困村和贫困群众掉队。要继续开展“一进二访”（领导干部“进村入户、访困问需、访贫问计”）活动，大力实施“五个一批”（发展生产脱贫一批；异地搬迁脱贫一批；生态补偿脱贫一批；发展教育脱贫一批；社会保障兜底一批）工程，落实联点市级领导、部门、属地、扶贫工作队帮扶责任，确保脱贫计划落实到户、脱贫责任分解到人。要整合涉农资金和财政扶贫资金，变“大水漫灌”为“精准滴灌”，重点支持307个扶贫产业项目，做到“帮扶一个点，辐射一大片”。要注重思想帮扶、造血发展、内源扶贫，既“输血”更“造血”，既“扶助”更“扶智”，提高自我发展、自力更生的能力。

全力发展现代农业。坚守粮食安全底线，积极开展高产创建，稳定粮食总产量。加快现代农业组团发展，抓好106国道沿线和渌江沿岸农业产业带建设。落实农产品加工振兴计划，实施农业产业升级“五个一”（重点扶持1个现代农业组团，10个农产品加工龙头企业，10个休闲农庄，100个示范合作社，100个家庭农场）工程，壮大农业经营主体。切实抓好农产品品牌建设，探索“互联网+”现代农业发展模式，实现“在地农业”向“在线农业”转变。

全面改善农村环境。深入推进城乡同治，抓好26个人居环境重点整治村建设，打造规划科学、村容整洁、乡风文明、管理民主的美丽乡村。以撤村并村为契机，推动农村居住、产业发展和公共服务向中心镇村集聚。强化封山育林、植树造林、防火护林，打造“绿色生态醴陵”。

全心拓宽增收渠道。完成农村土地承包经营权确权登记颁证工作，加快推进农村资源资本化，增加农民财产性收入。引导农民瞄准市场优化种养结构，因地制宜发展特色产业，提高生产经营水平和经济效益，增加农民经营性收入。加快培育职业化新型农民和产业工人，增加农民工资性收入。

（五）坚持共享发展理念，着力改善民生

始终坚持以人为本，努力使改革发展成果更多地惠及于民，让全市人民真切感受到生活每年都有新改善，一年更比一年好。

健全社会保障。强化社保政策托底功能，全面保障群众基本生活，提高社会保障覆盖面。推进城乡居民医疗保障制度一体化，深化基本养老保险制度改革，实施社会救助“阳光行动”，稳步提升基本民生保障水平。完善住房保障体系，力争开工保障性住房15万平方米以上。

繁荣社会事业。鼓励、引导和支持社会力量参与养老服务设施建设，力争投资10亿元的颐和寿康养老院项目落地。加快公立医院改革，落实国家基本药物制度，提升医疗服务水平。继续实施教育强市战略，启动标准化学校建设，让教师成为醴陵最受人尊重的职业，让教育成为醴陵最被人重视的事业，让学校成为醴陵最令人回味的乐园。

鼓励创新创业。实施“瓷城精英回归工程”，着力引进一批高层次人才。开展“创客”大赛暨“十大创新创业之星”评选活动，继续实施“优秀企业家培养工程”，促进“大众创业、万众创新”。落实万名人才计划，打造“人才之家”服务品牌。

强化安全保障。加快视频监控、隐患排查治理和应急救援指挥三大系统建设，突出烟花爆竹、危险化学品、消防安全、建筑施工、食品安全等重点行业领域的安全专项整治，坚决遏制较大以上安全事故发生。持续开展“闪电行动”、“飓风行动”、“亮剑行动”，深化“打非治违”，确保常态长效。启动实施“霹雳行动”，坚持“城区补盲点、农村保重点、城乡一体化”，加强社会治安联防联治，提高街头见警率，提升群众安全感。

（六）完善基层网格，创新社会治理

结合乡镇区划改革成果，深入推进“连心解困”大走访活动，继续创新网格化社会治理模式，培育公序良俗。建立群众考评干部长效机制，将公众测评和日常考评相结合，着力解决“走而不思”“走而不实”“走而不长”“走而不常”的问题，把群众考评的压力直接转化为干部联系服务群众的动力。大力开展义工服务、志愿服务等活动，培育由政府倡导推动，基层组织为主导，村居干部为骨干，义工和志愿者为基础，群众广泛参与的多类型、多层次、广覆盖的管理服务体系。坚持“个性问题个别解决，共性问题研究解决，体制问题反映解决”，落实会商交办制、挂号销号制，完善利益诉求表达和社会稳定风险评估机制，努力把矛盾纠纷化解在基层、解决在萌芽。把法治贯穿于社会治理的全过程，启动“七五”普法，深化“法律六进”，强化司法监督，推进依法治市，切实维护好社会的公平正义。

（七）落实责任，全面加强党的建设

坚持党要管党、从严治党，不断提升党建工作和反腐败工作的水平，培育政治上的绿水青山。

选好干部强班子。始终坚持“三不”用人导向，抓好四套班子和镇、村党组织的换届选举。健全有利于科学发展的目标体系、考核办法、奖惩机制，大力提拔重用“十类人才”，让想干事、肯干事、能干成事的干部大有可为，让“为官不为”者无官可为。充分发挥人大、政协和“两代表一委员”的作用，寓监督于支持之中，坚决为勤政务实、敢于担当的干部打气撑腰，形成心往一处想、劲往一处使的干事创业氛围。

抓实党建强基础。巩固拓展群众路线教育和“三严三实”专题教育活动成果，从思想深处绑定执政为民观。推行党组织书记抓党建工作定期述职制度，加大党建考核权重和结果运用力度。完成“五彩社区”建设，稳步提高社区（村）运转经费，健全社区（村）干部待遇稳定增长机制，扩大村干部养老保险覆盖面，帮扶“空白村”发展集体经济。加强基层武装部阵地建设，推动军民融合式发展。

强力反腐改作风。要明制度于前。坚持纪严于法，纪在法前，强化权力运行制约和监督，严格执纪监督问责，构建不敢腐、不能腐、不想腐的有效机制。要严教育于中。深入贯彻“一准则”（《中国共产党廉洁自律准则》、“两条例”（《中国共产党纪律处分条例》和《中国共产党巡视工作条例》），自觉做到“三明三看”（时刻明了权力是人民赋予的、时刻明了职务是组织授予的、时刻明了事业是平台成就的；行使权力时看一看是否合纪合法、看一看是否有利维护群众利益、看一看是否不留历史包袱）、“五想五畏”（想一想组织的栽培、想一想群众的疾苦、想一想自身的努力、想一想家人的支持、想一想同事的帮助；畏惧法律的威严、畏惧良心的发现、畏惧道德的拷问、畏惧人民的监督、畏惧自由的丧失），让好作风变为好习惯、成为新常态。要重威刑于后。坚持零容忍的态度不变、猛药去疴的决心不减、刮骨疗毒的勇气不泄、严厉惩处的尺度不松，有案必查、有腐必惩，确保干部清正、政府清廉、政治清明。

加强宣传树形象。坚持党管宣传、党管意识形态，切实掌握意识形态工作的领导权、管理权和话语权。要挖掘人文历史，弘扬产业文化，彰显地方特色，讲好醴陵故事、树好醴陵品牌，让更多的人来到醴陵、记住醴陵。要把党委主张与群众心声结合起来，把阐释决策部署与回应社会关切结合起来，凝聚全市共识，激发奋进力量。

同志们，乘风破浪会有时，直挂云帆济沧海。激情创业，勇争一流，其时已至，其势已成。让我们在株洲市委的坚强领导下，扎实工作，奋发图强，为胜利实现“十三五”发展规划良好开局而努力奋斗！

醴陵市人民代表大会常务委员会工作报告

——在醴陵市第十五届人民代表大会第六次会议上

（2016 年 1 月 23 日）

市人大常委会主任　李　理

各位代表：

我受市人大常委会的委托，向大会报告工作，请予审议。

2015 年，市人大常委会在中共醴陵市委的领导下，全面贯彻市委十一届八次、九次全会精神，紧紧围绕全市工作大局，认真履行宪法和法律赋予的各项职权，共举行常委会会议 11 次，主任会议 31 次，听取和审议“一府两院”工作报告 27 项，作出决议、决定和审议意见 14 项，圆满完成了市十五届人大四次、五次会议确定的各项任务，为新常态下打造发展升级版，建好湖南东大门发挥了重要作用。

一、坚持党的领导，围绕市委决策部署抓好推动落实

紧跟核心，深刻理解和把握新常态的内涵与要求，主动谋事、干事、成事，始终围绕全市发展大局奋力作为。

精心组织人代会。市人大常委会紧扣市委提出的“新创业新醴陵”的总目标，精心组织召开了十五届人大四次、五次会议。在全体代表的共同努力下，大会批准了人大、政府、法院、检察院、发改、财政等 6 项工作报告，通过了有关决议，圆满完成了大会的各项议程，把市委的决策通过法定程序，转化为全市人民的共同意志和行动。特别是 5 月份增开的市十五届人大五次会议上康月林同志满票当选为市人民政府市长，充分展示了维护大局、民主团结、昂扬向上的精神风貌，为醴陵的改革发展和稳定作出了积极的贡献。

科学决定重大事项。为破解发展的资金瓶颈，常委会解放思想，按照“资源资产化、资产资本化、资本证券化”的思路，批准政府发行 2015 年企业债券，听取审议并通过了市人民政府关于渌江新城项目建设、加快推进城区地下管网建设等 10 项议案，支持政府融资 52.6 亿元，有力地推进了城市建设。国家推出 PPP 模式后，常委会主动跟进，赴长沙县、宁乡县等地考察调研 PPP 模式，及时掌握情况，在充分论证后，12 月 15 日常委会第 25 次会议支持并批准市人民政府提交的一江两岸之“瓷城古韵”等 6 个项目采取 PPP 合作模式,有力推进了“激情创业，勇争一流”的建设热潮。贯彻落实市委关于全市乡镇区划调整和机构改革工作的有关精神，深入基层开展专题调研，广泛征求意见和建议，作出了《批准〈醴陵市乡镇区划调整改革工作方案〉的决议》，督促政府加强领导，部门通力合作，及时化解矛盾，为积极稳妥推进改革发挥了积极作用。

依法进行人事任免。坚持党管干部和人大常委会依法任免干部有机统一的原则，完善任职资格审查、法律知识考试、任前发言等制度。在机构改革调整到位后，及时任命 18 位政府工作部门主要负责人，市委意图和人民意愿通过法定程序得到了圆满实现。2015 年依法任免国家机关工作人员 94 人次，及时补选和接受株洲人大代表辞职 8 人次，依法审查代表辞职补选、资格终止 42 人次。

激情服务中心工作。积极推进“四个主题年”(招商引资年、改革深化年、项目攻坚年、安全保障年) 活动，着力推动经济发展转型升级。为督促“市委 1 号文件”落实、推进工业强市，听取审议了市人民政府贯彻“工业十条”、促进产业发展的情况汇报，要求把“互联网＋”作为推进传统产业转型升级、引进和催生新兴产业的抓手，着力推进“大众创业，万众创新”。按照市委对网格责任人的要求，认真做好了防汛抗旱、森林防火、花炮高温停产和安全生产监督工作。积极响应市委号召，全力以赴参与湖南醴陵首届陶瓷博览会的各项筹备工作，组织 30 多名人大代表对展馆布置、环境卫生等开展视察，展会期间接待四海宾客 31 批 402 人次。围

绕“十三五”规划编制开展专题调研，充分发挥人大优势，广泛听取人大代表、基层群众等各方面意见，提出有针对性和可操作性的建议和意见28条。深入明月镇水口山村、枫林镇樟仙岭村、焦源村、板杉镇大石桥村、均楚镇潘家冲村开展“一进二访”精准扶贫活动，摸清扶贫对象，找准“贫根”，对症施策，先后组织资金100多万元帮助贫困村改善村级公益基础设施、帮助弱势群体脱贫致富，力促扶贫攻坚工作落到实处。

积极助推项目建设。投身经济一线，联系、协调和服务沪昆高铁东互通、湖电智能电网项目、珊田安置区、阳三棚户区改造、S333、渌江书院修缮整治等重点工程建设，及时解决工程建设中存在的困难和问题。沪昆高铁连接线醴陵东互通改扩建项目进展顺利，路基和沥青摊铺已全部完成，预计月底基本具备交付使用条件；湖电智能电网项目已完成一期改扩建工程，获得国家电网入网许可证；珊田安置区桩基工程已基本完工，项目进入全面施工阶段；阳三棚户区改造项目一、二期4.04公顷征地任务如期完成；S333项目涉及4个乡镇1个街道13个村、78个村民小组的57公顷土地征用和33栋房屋拆迁任务在规定时间内提前完成；渌江书院修缮工作稳步推进。

二、坚持生态为先，持续助推绿色生态醴陵建设

始终把生态文明建设摆在重要位置，持续开展“环保世纪行”，连续四年督促绿色生态醴陵建设决议落实，再次听取市人民政府关于贯彻实施《中华人民共和国环境保护法》及办理2014年《市人大常委会关于〈环境保护法〉贯彻执行情况审议意见》的情况报告，为打造天蓝地绿水净的美丽醴陵作出了不懈努力。2015年，我市空气质量良好天数达336天，良好率92.3%，PM2.5良好天数达93.7%。

扎实推动生态空间保护。2013年，常委会第5次会议作出了关于加强农村村庄规划建设管理的决定，明确了三年内完成村镇规划编制工作任务。为推进“最美乡村”建设，三年来高度重视村镇规划建设，每年听取镇乡村庄规划工作情况汇报，督促政府以规划引领组团发展，统筹城乡建设，建好美丽家园，有效推进了市委“一心六组团”城镇发展战略规划的落实。目前，已全部完成208个行政村村庄规划和白兔潭、枫林2个中心镇控规编制，实现了村镇规划的全域覆盖。

扎实推动水源水质保护。针对渌江河、望仙桥、官庄、雪峰山等饮用水源存在的畜禽粪便污染、生活垃圾污染、水体富营养化等问题，作出水域水源保护的决定，开展执法检查，保障群众饮用水安全。特别是以一种锲而不舍，不解决问题就反复监督的精神，持续关注官庄二水厂项目，支持并督促政府以对人民负责的态度、必胜的决心推进水厂建设项目落地。对此，政府高度重视，全力协调推进，每年的人代会期间主动向代表报告项目进展情况，目前，项目可望取得突破。

扎实推动林业资源保护。为巩固第一轮封山育林成果，推动第二轮封山育林决定的顺利实施，听取市政府贯彻落实《中华人民共和国森林法》情况汇报，建议市人民政府坚持把环境做美、生态做优的原则，营造林业法治氛围，维护森林生态安全，改善生态质量，给老百姓打造一个良好的宜居环境。2015年，活立木总蓄积量达264.4万立方米，森林覆盖率提升到55.19%，全市森林资源有效增长，生态环境明显改善，森林生态功能大幅提升。

三、坚持以人为本，着力保障和改善民生

围绕保障和改善民生依法开展监督，着力解决人民群众最关心最直接最现实的问题，让人民群众有更多的获得感。

加强社会事业监督。针对我市陶瓷、花炮传统行业技术人才“青黄不接”的问题，为加大对传统产业人才培训力度，促进社会就业，听取了职业教育工作情况汇报，建议政府做强做大职业教育。常委会高度重视的陶瓷技师学院已落户醴陵，6月份破土动工建设。针对青少年吸毒现象日益严重的问题，听取了禁毒工作情况汇报，要求进一步强化禁毒宣传教育，加大打击毒品犯罪力度，切实维护青少年身心健康,有效提升人民群众的公共安全感。针对“人口老龄化”加速的问题，开展了老年人权益保障情况专题调研，提出营造老龄工作良好环境、稳步增进城乡老年人福祉、加快提升社会养老服务水平等建议并督促政府将老龄事业纳入“十三五”规划进行具体部署。围绕“推动村卫生室建设，提高农村卫生服务能力”主题开展了“三湘农民健康行”活动，不断加强村医队伍建设，发挥典型效应，推荐了两名优秀乡村医生参加2015年度株洲市“最美乡村医生”评选。开展“民族团结进步行”，听取民族宗教工作情况汇报，推进民族团结和维护社会稳定。

关注农业农村发展。听取农业综合开发工作情况汇报，提出科学制定项目前期规划，着力打造“三心工程”（让领导放心、让农民欢心、让自己安心），加强产业化项目库建设等意见和建议，有力促进了农业农村经济规模化、现代化和产业化。开展气象防灾工作调研，提出进一步做好防雷减灾、提高为农服务水平，实现气象灾害防御“无缝隙、全覆盖”等建议和意见。持之以恒抓好“农产品质量安全行”活动，督促政府建立健全农产品质量安全检验检测体系，市农业局投入10多万元，免费赠送10台检

验检测设备到蔬菜基地。以农产品标准化生产体系和溯源体系建设为重点，督促职能部门认真履职，提升农产品质量安全水平，打造绿色农业品牌，促进了农村经济的健康持续发展。

强化财政经济监督。按照新预算法的要求，积极推进全口径预决算审查监督，为人民管好政府的“钱袋子”。听取计划执行、财政预算执行情况的报告，立足于加快产业发展，提高财税质量，增强发展后劲，实事求是地作出批准财政总决算的决定。加强审计刚性监督，开展审计审议意见整改落实情况的专题询问，要求政府及相关部门明确整改责任、把握整改时限、严格责任追究。针对审计工作报告所指出的有关单位廉租房住房补贴发放不规范、固定资产核算不实、违规发放补助、虚列支出等14项问题，市人民政府高度重视，召开专题会议研究部署审计整改工作，将整改责任落实到了分管副市长，各相关责任单位深刻剖析，逐条整改，并将整改情况向常委会进行了专题汇报。14项整改任务已整改到位12项，整改到位率85.7%，取得了较好的效果。

四、坚持法律至上，大力推进民主法治建设

立足法治，履行“保证宪法和法律遵守执行”的人大职责，确保国家法律法规在我市的正确实施，着力推动依法行政、公正司法，为全面深化改革营造良好法治环境。

围绕食品安全问题，开展执法检查。常委会积极回应社会对食品安全的期待和关切，连续四年聚焦“舌尖上的安全”，组织开展了较大规模的《中华人民共和国食品安全法》综合执法检查。市、乡两级人大紧密配合、上下联动，召开汇报座谈会18场次，明察暗访各类食品生产经营场所106个，抽取各类样品85批次，直面问题，让事实说话，撰写了专题调查报告，摄制了电视专题片《食品安全大如天》。6月份，听取审议了《中华人民共和国食品安全法》贯彻执行情况的汇报，将审议意见向市人民政府进行了交办。政府高度重视，开展了一系列行之有效的整改行动，如立即取缔中兴街“善园”无证肉制品作坊，罚款2万元并责令停止生产。11月份，常委会召开审议意见办理落实情况专题询问会议，围绕检查中发现的重点问题向应询部门提出了10项问题，各部门主要负责人态度诚恳、正视问题，认真应询。通过执法检查促改革，审议交办督落实，专题询问见成效，得到了群众的一致好评。同时，还组织开展了《中华人民共和国大气污染防治法》《中华人民共和国传染病防治法》《中华人民共和国档案法》《中华人民共和国安全生产法》等法律法规贯彻实施情况的检查。

围绕社会公平正义，加强司法监督。为推进依法治市，促进司法机关依法履职、文明执法、公正司法，组织开展了“司法公正行”活动和案件监督活动，对法院司法信息查控系统、数字法庭建设和检察院常规公开、规范执法等工作进行了督查。全年人民陪审员参与案件审理1845件，占法院年度审结案件的36.9%。继续组织代表听审评议法院庭审案件，一年来，共组织全市各级代表117人次，听审、评议案件5件，反馈意见16条。组织参加了省人大法工委《中华人民共和国地方各级人民代表大会和地方各级人民政府组织法》、《中华人民共和国选举法》、《中华人民共和国人民代表大会和地方各级人民代表大会代表法》立法调研。认真开展了规范性文件备案审查工作，对政府及有关部门报送备案的15件规范性文件进行了登记、备案和审查。维护群众权益，强化信访监督，认真执行市级领导信访值班制度，积极做好涉法涉诉信访工作，接待群众来访75批399人次，一批群众反响强烈的实际问题得到了较好解决。

围绕推进依法行政，加强工作监督。为让城市更宜居更美好，听取城市管理和“两改六化”工作情况汇报，在肯定城管工作的同时，要求进一步规范执法、提升水平。积极参与“项目建设年”和“创建国家卫生城市”活动，邀请50名代表积极参与对“四街两区”和相关单位查违控违拆违、维护城市环境卫生的考评监督，力促考评公平公正，推动征拆依法透明。面对我市近年来每年激增小型汽车近1万辆，人、车、路交通要素呈“井喷式”发展，供求矛盾日益加剧的新情况，听取了《中华人民共和国道路交通安全法》贯彻实施情况汇报，建议政府健全交通规划体系，加快交通建设步伐，着力解决“停车难”“行车难”问题，切实提高交通管理水平。

五、坚持服务指导，全力发挥代表主体作用

始终把代表工作摆在重要位置，健全机制，创新方式，优化服务，强化保障，切实发挥代表在参与管理地方国家事务中的积极作用。

致力拓展履职平台。坚持常委会组成人员走访代表制度，指导、督查、创新乡镇、街道代表联系人民群众工作室建设。如孙家湾镇将平台建设进一步向基层延伸，建立了6个村级代表联络活动室，8个企事业单位接待点，第一时间了解群众需求，倾听群众呼声，得到了广泛赞誉。继续深入开展代表“连心解困”大走访活动，坐班接访与主动走访相结合，广泛听取和了解社情民意，接待群众来访、主动走访选民9176人次，收集和整理了人民群众对我市各项事业发展的意见和建议860多条。经会商交办，如再生稻示范推广、高标准农田建设、均楚镇老街小巷沥青改造等一批群众生产生活中遇到的实

际问题得到较好解决。

致力提高履职实效。建立“高规格交办、全过程督办、严标准评办”的工作机制，切实加大代表建议交办、督办力度，确保办理落实到位。为解决代表建议办理重答复、轻落实现象，在市十五届人大四次会议以来代表所提的90件建议中，选择10件建议作为主任会议重点督办件进行督办，突出抓好建议办理的实际解决率。通过强有力地督办，不少办理难度大的建议得到了有效落实。如为办理好《关于协调解决企业融资抵押担保用地“证照不全”问题的建议》，市人民政府两次召开市长办公会研究具体解决方案，为助推中小企业发展作出了积极努力；在办理《完善新建小区的社会化管理的建议》过程中，政府及相关部门深入开展调研，致力完善小区管理薄弱环节，制定了《醴陵市物业管理办法》，得到了代表的认可。做好驻醴上级代表出席国、省、株洲市人大会议的服务工作，促进部门与代表的交流互动，引导代表精心履职，围绕醴陵发展大局献计献策，驻醴上级代表共提出建议53件，如《建立花炮企业退出补偿机制》《提质改造320国道》《适当调整东城大道规划并尽快启动实质性建设》等建议上达更高的决策层面，得到国家、省、株洲市的重视和支持。花炮企业退出补偿建议的提出，得到了国家安监总局的高度肯定，目前正在积极会同相关部委做好政策出台的前期调研；320国道提质改造，项目已经动工改造，预计2017年底可实现通车。

致力激发履职热情。坚持邀请人大代表列席常委会会议和参加执法检查、专题调研、专项工作评议等各项活动，在专题询问时将询问权、审议权、投票权延伸至与会代表。不断丰富代表履职活动，指导全市33个代表小组围绕重点工程建设、实体经济发展、规划建设管理、城乡综合整治等主题开展各类调研、视察、座谈和走访活动70余次，形成了《关于蔚蓝国际小区规划执行情况的调查报告》等一批有价值、有针对性的建议和报告，为党委政府决策提供了有价值的参考。不断建立和完善代表述职、辞职、考核、履职登记以及约谈、劝退等约束机制，出台了《人大代表述职办法》，组织代表向选区选民或选举单位就代表职务履行情况进行述职，夯实人大工作的民意基础。一年来，共组织9名株洲市人大代表向市人大常委会汇报履职情况。

六、坚持改进作风，不断加强自身建设

主动适应新形势新任务新要求，以提高依法履职能力和工作水平为重点，切实加强常委会及机关自身建设。

加强作风建设，切实抓好“三严三实”专题教育。按照市委统一部署，紧紧围绕“三严三实”开展自学和集中研讨，认真梳理自身存在的“不严不实”问题，召开专题民主生活会，班子对照检查材料归纳查摆各类问题16条，其中聚焦“不严不实”问题11条，每个问题都摆出了具体事例，深刻剖析了原因，提出了4个重点整改方向和主要整改措施。加强党风廉政建设，落实“两个责任”，开展警示教育，不断增强机关党员干部的党风廉政意识，营造了风清气正的良好环境。继续巩固教育实践活动成果，加强建章立制，不断推动常委会工作科学化、民主化、规范化。如出台《专题询问办法》，建立专题询问常态化机制，在规范程序的同时不断提高询问的实际效果等。

加强宣传交流，努力扩大人大工作影响。充分利用省人大网站、《人民之友》《株洲人大》等省、株洲市级媒体宣传推介我市各级人大、各级代表的典型事迹，展示了醴陵人大及代表的良好形象。策划编辑出版《履职为民—人大代表风采录》，全面展示94位国、省、株洲市和本级人大代表为“新创业新醴陵”奉献光和热，履职为民的风采。加强与外地人大的横向交流、合作，与吉首市、浏阳市、芙蓉区等17个地区人大围绕财政经济监督、农业农村工作、代表工作等开展座谈交流，积极宣传、推介醴陵经验，扩大醴陵及人大工作的影响。

加强联系指导，切实提高基层人大工作水平。积极联系、指导和支持乡镇（街道）人大工作，通过执法检查、专题视察、定期召开基层人大工作会议、指导乡镇依法有序开好人代会和做好选举工作等方式，加强与基层人大的上下互动和联系，积极推进基层民主政治建设。分批次组织乡镇人大主席开展学习培训，提高履职能力，增强责任感和使命感。5月份，赴新化县、东安县学习“十有乡镇”创建活动；11月份，围绕人民代表大会制度、代表履职增强监督实效等主题赴上海人大培训中心开展培训。在乡镇人大工作中，涌现出了一批开拓创新有实效、干事创业有热情、扎根基层有耐心的人大主席，如激情履职、积极探索乡镇人大工作新思路的刘新建，忠实履职、筹款修建“爱民路”的董秋平等。

我们深刻认识到，人大工作要适应新形势，肩负新使命，开创新局面，在依法履行职权的过程中要坚持“五个不动摇”：一要坚持党的领导不动摇，观念上不含糊，行动上不犹疑，关键时不摇摆。二要坚持依法办事不动摇，严格依法按程序履行宪法法律赋予的职权。三要坚持突出监督不动摇，着眼于大局、立足于支持、致力于和谐，做到有效监督。四要坚持发挥代表作用不动摇，充分发挥代表的主体作用。五要坚持自身建设不动摇，认真践行“三严三实”，努力促进人大工作创新发展。

一年来，常委会所做的工作和取得的成绩，是

市委正确领导，常委会组成人员和全体代表共同努力的结果，离不开“一府两院”（市人民政府、市人民法院、人民检察院）的积极配合和大力支持，更离不开全市人民以及各方面的大力支持。在此，我谨代表市人大常委会表示衷心的感谢！

在肯定工作的同时，我们也清醒地认识到，工作中还存在一些不足。主要是：监督实效有待进一步增强，回应人民群众重大关切还不够及时；与代表和人民群众联系还不够密切，代表主体作用有待进一步发挥。这些都需要我们在今后的工作中很好研究，切实加以改进。

七、坚持用权依法，努力做好2016年工作

2016年，是“十三五”规划的开局之年，是本届人大任期的届满之年，是承前启后、继往开来的关键之年。市委十一届十次全会明确了2016年工作新方向，常委会要以中国特色社会主义理论体系为指导，全面贯彻党的十八大和十八届五中全会和中央、省委关于加强人大工作意见的精神，在中共醴陵市委的坚强领导下，认真履行宪法和法律赋予的各项职权，围绕“三一”格局，全面推进“工业强市、三产旺市、组团兴市、环境立市”发展战略，团结和凝聚全市力量，振奋精神，真抓实干，为全面推进依法治市，打造发展升级版，建好湖南东大门而努力奋斗！常委会将着重做好以下几项工作：

积极筹备，精心组织换届选举。人大换届选举是今年一项十分重要的政治任务。要始终坚持党的领导、人民当家作主和依法治国的有机统一，严格按照《中华人民共和国选举法》《中华人民共和国人民代表大会和地方各级人民代表大会代表法》等要求，配合党管部门，发挥好牵头、组织、协调、指导作用，统筹做好人大代表资源摸底调查、宣传发动、人选推荐考察、人选提名公示、选举组织等各项工作。要注重广泛性，把握代表性，体现先进性，真正把自身素质高、参政能力强、示范作用好、群众认可高的人选选举到人大代表岗位上来。要吸取衡阳人大换届选举的教训，严格程序，严明纪律，确保选民意愿表达准确、真实，确保各级代表选举合法、有效。要妥善处理换届选举面临和出现的新情况、新问题，注意营造公平公正、健康有序的选举环境，保护好、引导好、发挥好人民群众的政治热情，确保全市人大换届选举进展顺利，风清气正，圆满成功。

依法依规，科学决定重大事项。坚持市委领导，把市委的重大决策贯穿于依法履职的整个过程，落实到人大工作的各个方面，确保积极把握、及时跟进，全面落实。要进一步健全重大事项决策机制，增强重大事项决定权行使的可操性，依法、科学、民主审议决定有利于体现市委主张和人民意愿、有利于促进全市经济社会发展的重大事项，适时就实施“十三五”规划、供给侧结构性改革、历史文化名城保护和建设、重大项目、重要人事任免事项等作出决定决议，通过法定程序来落实市委的决策意图，凝聚全市人民的力量与共识，从法律支撑与制度保障层面，着力推动全市经济社会科学发展。要依法行使人事任免权，加强对人大选举干部的任后监督。全面实行人大任命的国家机关工作人员向宪法宣誓工作。

突出重点，切实增强监督实效。围绕市委“三一”格局和“五个主题年”（片区攻坚年、旅游助跑年、圆满换届年、环境优化年、安全保障年）活动，把握经济社会新常态，坚持以创新的态度，求实的作风，进一步丰富和发展人大监督的形式与途径，在增强监督工作的权威性、透明度、公信力，加强监督成果运用和问效问责等方面下功夫、求实效。加大计划和预算的审查监督，积极推进财政预决算全口径监管、预决算公开、绩效审计工作、政府重大专项资金的监督等工作。选择人民群众关心的热点、难点开展专题询问，在规范程序的同时不断提高询问的实际效果。常委会听取和审议《中华人民共和国环境保护法》和《中华人民共和国农业法》贯彻实施、商务招商、人民陪审员管理等工作情况报告；听取和审议市人民政府办理市人大常委会2015年度提出的各项审议意见情况报告；听取和审议本年度国民经济和社会发展及财政预算执行情况报告。主任会议听取《中华人民共和国水法》《中华人民共和国妇女权益保障法》和《中华人民共和国未成年人保护法》贯彻实施、渌江新城项目建设、财政、民政、交通、移民、统计、义务教育、文物保护、经适房和廉租房建设、城市管理和“两改六化”等工作情况汇报。适时组织常委会组成人员和人大代表就有关议题进行视察、调研、督促检查，加大审议意见、代表建议督办力度，切实增强监督实效。

拓宽途径，发挥代表主体作用。要始终尊重人大代表主体地位，把代表工作作为常委会一项全局性、经常性、基础性工作抓实抓好，进一步提升联系代表、服务代表工作水平。注重提高代表建议的质量与水平，不断完善督办方式，切实提高代表建议办理实效。继续做好人大代表“连心解困”大走访活动，巩固代表联系群众工作室建设成果，加强常委会与代表、代表与人民群众的联系。创新代表履职服务平台，增强代表活动的针对性，扩大代表对常委会工作和活动的参与度。深入贯彻实施《人大代表述职办法》，开展市人大代表向原选区报告履职情况工作，促进市人大代表更好地接受原选区和人民群众的监督。

提升素质，着力加强自身建设。始终坚持群众

路线，不断巩固“三严三实”专题教育成果，严格落实“两个责任”，严格遵守《中国共产党廉洁自律准则》《中国共产党纪律处分条例》和各级有关干部廉洁从政的规定，持之以恒锤炼为民务实作风。继续开展大走访、“一进二访”、精准扶贫、党员和代表进社区等工作。重视干部队伍建设，加大人大干部培养、交流力度。不断加强机关文化建设和老干部服务工作，充分发挥机关总支、工会等作用，着力营造良好的“家”的氛围。认真贯彻落实《中共中央转发〈中共全国人大常委会党组关于加强县乡人大工作和建设的若干意见〉》文件精神，定期召开全市基层人大工作座谈会，指导、规范乡镇、街道人大工作和建设，完善机构和职能，巩固基层政权。

各位代表，推进民主法治，使命崇高；全面深化改革，责任重大；构建美好蓝图，义不容辞。历史值得铭记，未来更应开拓。这些年，我们见证并共创了光辉的历史；在未来，我们还将创造并赢得更加辉煌的明天！让我们在市委的坚强领导下，激情创业，勇争一流，不断开创人大工作的新局面，为胜利实现“十三五”发展规划良好开局而努力奋斗！

政府工作报告

——在醴陵市第十五届人民代表大会第六次会议上

（2016 年 1 月 22 日）

市人民政府市长　康月林

各位代表：

现在，我代表市人民政府向大会报告工作，请予审议，并请市政协各位委员和其他列席同志提出意见。

一、2015 年及“十二五”时期工作回顾

2015 年，我们在市委的坚强领导下，主动适应新常态，全面开展“招商引资年、改革深化年、项目攻坚年、安全保障年”四大活动，全面推进“一城三片区”、“一心六组团”、“一环三纵横”建设，着力稳增长、促改革、调结构、惠民生、防风险，全市经济平稳健康发展、社会大局和谐稳定，是政治生态最优、顶层设计最佳、项目建设最多、发展成效最好的时期之一。县域经济竞争力在全国百强中上升到第 82 位，工业经济实力居全国第 93 位。实现地区生产总值 531.6 亿元，增长 10.1%；完成公共财政总收入 45.03 亿元、税收收入 23.01 亿元，分别增长 17.2%、17.8%；完成固定资产投资总额 360 亿元，增长 18.7%；完成社会消费品零售总额 163.4 亿元，增长 12.6%；城乡居民人均可支配收入分别达 31093 元、20732 元，增长 8.6%、8.6%。成为全省唯一同时获得安全生产、计划生育、综合治理工作先进的县（市）。

（一）**产业发展有质有量。**工业经济持续向好。出台“工业十条”，助力产业发展，第二产业实现增加值 340.4 亿元，增长 9.2%。用好特色县域经济重点县政策资金，陶瓷标准化泥釉模配置中心、醴陵·世界陶瓷艺术城等产业平台建设扎实推进；高性能环保陶瓷膜、陶瓷 3D 打印等高新技术项目和湖南陶瓷技师学院新校区项目成功履约。坚持“扶优扶强、并小并散、退乱退弱”，兼并重整 86 家花炮企业，与宁波港签订烟花爆竹铁海联运战略合作框架协议及合作备忘录，花炮物流迎来新机遇。旗滨玻璃、升华科技技改扩能项目等竣工投产，时代金属轨道交通部件生产基地等加快建设，玻璃、轨道交通和电子信息产业等新兴产业不断发展壮大。经开区完成技工贸总收入 401.3 亿元，增长 17.2%；建成标准厂房 37.44 万平方米。以湘赣开放合作试验区建设为契机，加快推进了旗滨路、S333 城市环线建设。农业生产稳步发展。第一产业实现增加值 48.4 亿元，增长 4.0%。粮食播种面积 72.27 千公顷，粮食产量达 51.7 万吨。西乡片现代农业组团加快发展。新增农民专业合作社 160 家、家庭农场 52 家。市农业行政执法大队荣获“全国农业综合执法示范窗口”。全年实现无森林火灾、无较大自然灾害。第三产业活力迸发。第三产业实现增加值 142.8 亿元，增长 14.4%，三产占比提高 1.6 个百分点。金融机构存贷款余额分别达 262.3 亿元、131.4 亿元，增长 20.7%、7.4%。新增进出口企业 15 家，全市进出口总额达 3.33 亿美元。文化旅游全面提升，启动了渌江书院修缮整治等项目建设；加快推进旅游环线建设，以“枫林印象”“官庄山水”“黄乡民居”“沩山古窑”等为“名片”的“醴北人家”生态旅游休闲圈初现雏形。成功举办首届湖南（醴陵）陶瓷博览会，参观人数达 38.6 万人次；央视著名主持人董浩将工作室落户醴陵；圆满举办“黄乡民居——田园乐翻天”活动，旅游产业成为经济增长新亮点。组织陶瓷企业统一使用“中国醴陵·瓷彩天下”标识参展春秋两季广交会，实际成交 11869 万美元，增长 8.6%。房地产业平稳健康发展，第六届房交会实现交易总额 11.5 亿元，创历史新高。要素保障全面加强。全年报批土地 329.07 公顷。完成征地 359.93 公顷，腾地 401.73 公顷，征拆房屋 1007 栋（套），在株洲考核排名第一。工业用电量增长 24.7%，列全省县（市）第一。出台“招商六项”，激发全民积极性，合同引资 485 亿元，到位资金 154 亿元，分别是去年的

3.8倍和3.6倍。完成直接融资52.6亿元，撬动社会投资超百亿；市财政局获评全国财政系统先进集体。以"项目攻坚年"活动为抓手，"十大产业项目""十大基础设施项目"等105个重点项目扎实推进，80个建设项目完成投资106亿元。

（二）**城乡建设有规有样**。规划引领有新进展。进一步完善了"一城三片区""一心六组团""一环三纵横"发展格局规划，完成了渌江新区等片区规划。全面完成村镇布局规划、镇总体规划和村庄规划。城乡建设有新突破。成立渌江新区管委会，集中最优势资源和力量推进渌江新区各个项目建设，核心路网等项目建设进展顺利。加快旧城改造步伐，"瓷城古韵"等项目有力推进。新增公租房1410套，完成棚户区改造1030户、农村危房改造1300户；新建城市供水管网9.5公里、燃气管道17公里；完成垃圾处理厂、污水处理厂二期建设。实施税收奖励扶持政策，支持集镇加快基础设施建设；白兔潭镇获批全省新型城镇化试点镇。农村基础设施建设加快推进，完成省级农村通畅工程81.5公里、安保工程134.5公里；投资1.5亿元，整修、新建大小水利工程8000余处。农村环境综合整治扎实推进，农村面源污染得到有效控制。管理水平有新提升。以创建为抓手，大力推进"两改六化"，高质量通过省级卫生城市、省级园林城市复审。环卫保洁、拆违控违等城市管理体制机制改革不断深化。"数字醴陵"工程一期开通，城区重点区域、复杂场所、要害部位、关键路段实现视频监控全覆盖。

（三）**改革创新有形有实**。大力开展"改革深化年"活动，7大类21项改革纵深推进。简政放权持续加力，制定并公布"三清单一目录"（政府工作部门权力清单、责任清单、外商投资准入负面清单及政府核准的投资项目目录）。政府机构改革和乡镇区划调整圆满完成，设置24个政府工作部门，全市撤并为19个镇、4个街道，"李畋镇""左权镇""国瓷街道"等一批极富醴陵文化特征和产业特色的地名成为对外形象展示的"新名片"。投融资体制改革成效明显，通过PPP模式引进陶瓷生态花卉主题公园等项目6个，总投资129亿元。国企改革取得突破性进展，国光瓷业即将复牌上市。农村土地承包经营权确权登记颁证、不动产登记制度改革等有序推进。

（四）**民生改善有效有为**。民生实事全面完成，民生领域支出42亿元，占公共财政支出的70.5%。新增城镇就业8386人、农村劳动力转移就业4630人，城镇登记失业率控制在3.5%以下。高考成绩二本以上上线率稳居株洲地区首位，顺利通过全省教育工作第三轮督导评估，获评最高等级"综合优秀"，被认定为"省教育强市"。组织企业申报省级科技项目15个。市五彩艺术团代表中国赴法国参加国际排舞大赛，荣获原创节目类"团体第一"等三项世界级大奖。市中医院住院综合大楼即将投入使用，省湘东医院综合大楼项目启动建设。坚持精准救助，发放城乡低保、五保、医疗、临时救助资金1.5亿元。实施精准扶贫，开展"一进二访"活动，完成36758名贫困人口的建档立卡工作，派出20个工作队到贫困村开展驻村帮扶，5835名贫困人口"摘帽脱贫"。

（五）**社会管理有力有序**。深入推进"连心解困"大走访活动，网格化社会治理实现制度化、常态化，着力解决了"三个一批"（研究解决了一批历史遗留问题；化解了一批信访积案；办实办好了一批群众反映最强烈、最需要的民生实事）。建成市、镇、企业三级联网视频安全监控系统，经验在全省推介。扎实开展"两打三治"（安全生产"打非治违"、建设领域和社会治安"打恶治乱治霸"）、"九打九治"（突出在煤矿、金属与非金属矿山、危险化学品、油气管道、烟花爆竹、交通运输、建筑施工、消防、粉尘防爆等重点行业领域全面开展"打非治违"工作）、食品安全和校车安全等各类整治行动。安全生产和治超治限工作从全省"后进"变先进。认真落实计划生育各项政策，人口计生工作服务力度和水平均有新提高。全力防范和打击非法集资，金融风险总体可控。扎实开展系列严打整治行动，刑事案件数连续三年下降。全省综治民调排名由84位上升至55位，创历史最好成绩。

各位代表，刚刚过去的"十二五"，是醴陵经济快速增长、社会和谐发展、城乡面貌显著改善、各项社会事业加速进步、人民生活水平大幅提高的五年。我们在市委的坚强领导下，在市人大、市政协的有效监督和大力支持下，认真履行政府职责，加快经济转型升级，全力推进科学发展，胜利完成了"十二五"的各项目标任务，全市经济社会发展迈上新台阶。

五年来，县域经济在快速发展中转型升级。积极应对国内外宏观环境变化以及自然灾害等困难和挑战，全力以赴稳增长、促发展，推动了经济社会全面健康协调发展。获得中国最具投资潜力中小城市百强县、中国新型城镇化质量百强县（市）等近百项国家、省级荣誉。综合实力显著提升，"十二五"期间，地区生产总值增长1倍；公共财政总收入增长1.2倍；固定资产投资总额增长1.9倍；社会消费品零售总额增长1倍；城乡居民人均可支配收入分别增加12813元和10058元。工业总产值突破千亿元，工业总产值和增加值分别增长1.2倍、1.3倍。经开区技工贸总收入增长4.7倍，获评"国家新型工业化产业示范基地"。第三产业增加值增长0.9倍。粮食生产实现"十二连丰"，连续六年荣获"全国粮食生产先进县（市）"称号。成功创建省级金融安全区。

成功注册“醴陵陶瓷”、“醴陵花炮”等6个国家地理标志商标，申注中国驰名商标14个、湖南省著名商标59个，品牌效应不断凸显。

五年来，城乡面貌在持续改善中焕然一新。城市建成区扩展到29平方公里，城镇化率达53.9%。完成基础设施投资46.2亿元，增长2.8倍。沪昆高铁醴陵段、岳汝高速建成通车，沪昆高铁和岳汝高速城区连接线、醴陵大道、渌江大道、国瓷路、长庆大道顺利通车。泉湖体育馆等建成投入使用。累计完成农村道路通畅工程1129公里，危桥改造111座，“渡改桥”5座；乡镇通班车率达100%，行政村通班车率达99.3%。累计整修新建水利工程5万余处，除险加固病险水库115座，解决43.9万农民饮水困难问题，连续三年夺得省水利建设“芙蓉杯”。新建220千伏变电站1座、110千伏变电站2座，改造升级257个行政村配电网，成功创建省级新农村电气化县。城乡环境有序治理，完成113条小街小巷和27个农贸市场提质改造。加快建设“绿色生态醴陵”，全面实行封山育林、植树造林和防火护林，森林覆盖率达55.07%。推广利用清洁能源，主要污染物排放总量下降12%；工业废气废水排放达标率分别为95%、85%；城镇生活垃圾无害化处理率达85%。渌江综合治理成效明显，湘江保护和治理第一个“三年行动计划”全面完成。成功创建省级卫生城市、省级园林城市，保持“全省最干净县级市”地位，获评“全国生态文明先进县”。“十二五”期末，城市空气优良天数达337天。

五年来，发展活力在改革创新中竞相迸发。简政放权力度加大，精简本级行政审批事项11项。成功组建醴陵农村商业银行，引进长沙银行、沪农商银行、中信银行。深入推进投融资体制改革，整合5家国有平台公司，组建渌江投资控股集团；发行企业债券20亿元，是全省第一家成功发债的县级市。土地承包经营、土地流转和集体林权等农村综合改革不断深化。招商引资成效明显，累计引进项目300多个，实际到位外资6.2亿美元、内资126亿元。外贸出口不断扩大，全市自营进出口企业由183家增加到245家，累计完成外贸进出口总额15.8亿美元。

五年来，社会事业在和谐发展中全面进步。累计民生支出156.7亿元。养老、失业、医疗、工伤、生育五大保险全面推行；新型农村合作医疗参合率稳定在96%以上；城乡低保对象月人均补助分别从170元、70元提高到270元、112元；新改扩建敬老院17所，建成五保之家22所，获评“全国养老服务示范活动”示范单位。新增城镇就业4万余人，农村劳动力转移就业6万余人。改造农村危房4700余户，新建经济适用房33.44万平方米、廉租房3.6万平方米、公租房13.45万平方米。累计申请专利4000余件。教育体制改革“醴陵模式”在全国推介，义务教育均衡发展通过“国检”；“两基”成果巩固提高，被评为全国先进地区。渌江书院、渌江桥、李立三故居、醴陵窑被列入第七批全国重点文物保护单位。计生优质服务水平不断提升，连续十二年获评全省先进。广播电视实现“村村通”，城乡电视网络实现数字化。交通安全管理不断加强，成功创建“全国优秀平安畅通县（市）”。制定完善突发公共事件应急预案，社会预警体系和应急机制不断健全。创新信访维稳机制，强化社会管理综合治理，社会大局持续保持稳定。

五年来，民主法制在规范管理中不断加强。始终坚持市委领导，认真执行市人大及其常委会的决定、决议，定期向市政协通报工作，自觉接受各方面监督，把权力关进制度的“笼子”。深入开展党的群众路线教育实践活动和“三严三实”专题教育，严格执行中央“八项规定”、省委“九项规定”和株洲市委“若干规定”，大力整治“四风”（形式主义、官僚主义、享乐主义和奢靡之风），“三公经费”（政府部门人员因公出国（境）经费、公务车购置及运行费、公务招待费）支出下降45.9%。累计办理人大代表建议和议案358件、政协委员提案335件，办结率100%，满意率达99%。“六五”普法教育顺利通过验收，圆满完成第九次村（居）委会换届选举，全面推行政务、村（居）务、厂务和校务公开。“连心解困”大走访活动深入人心，共走访企业、学校、农户、居民家庭22.7万户，解决群众意见建议5.6万个。全面推广“五问工作法”，工作效能有效提升。落实党风廉政建设责任制，抓好行政监察和审计监督，从源头上遏制腐败。

与此同时，妇女儿童、老龄、残联、外事侨务、对台、宗教、住房公积金、文化执法、畜牧水产、招投标、档案、市志、质监、口岸、海关、检验检疫、社科联、供销、物价、国防、民兵预备役、烟草、通讯、移民、水文、气象、志愿者服务等工作均取得新进步。

各位代表，五年的成绩令人振奋，积累的经验弥足珍贵。工作中我们深深体会到，要实现全市经济社会全面进步：

必须始终坚持党的领导不动摇。实践证明，只有坚决维护市委核心权威，紧紧抓住团结这个最大品牌、制胜法宝，一张蓝图绘到底，一脉相承不走样，一以贯之抓落实，才能取得辉煌的业绩！

必须始终坚持加快发展不动摇。发展是解决一切问题的关键。只要紧紧围绕市委确定的经济发展方略和产业发展方向不松劲，坚持发挥市场在资源配置中的决定性作用，强化政策应对，主动发力，持续用力，就能实现经济社会发展的不断进步！

必须始终坚持狠抓项目不动摇。项目是发展的引擎。大项目、大发展，小项目、小发展。抓实招商引资、抓好征地拆迁、抓牢项目推进，就牵住了发展的“生命线”，扭住了发展的“牛鼻子”！

必须始终坚持激情创业不动摇。创业需要激情。激情就是敢于担当的闯劲、勇于创新的韧劲、乐于奉献的干劲。激情创业、勇争一流，就能不断开创新局面、再创新成就！

必须始终坚持民生优先不动摇。五年来，我们坚持从广大群众最关心、最直接、最迫切的实际问题入手，竭尽所能为群众做好事、办实事、解难事，真正做到一切事业依靠人民，一切发展为了人民，一切改革发展成果让人民共享！

各位代表，“十二五”期间经济社会发展所取得的成绩，是市委正确领导的结果，是市人大和市政协监督、支持的结果，是各民主党派、工商联、无党派人士、各人民团体参政议政的结果，饱含了各位代表和委员的智慧力量，凝聚了全市人民的辛勤汗水。在此，我代表市人民政府，向各位人大代表和政协委员，向驻醴部队、武警官兵和全市人民，向关心、支持、参与醴陵建设的各界人士，致以崇高的敬意和诚挚的谢意！

五年来，全市各项工作都有新的进步，但我们也清醒地看到，在发展过程中，还存在一些问题和不足，主要是：发展不平衡、不协调、不可持续的问题依然存在；第三产业仍是发展的“短板”，旅游、物流等产业亟待培育壮大；园区集聚效应仍需放大；重大产业项目比例仍然偏低，大项目、好项目还不够多；服务环境还有待进一步优化，一些群众关心的热点难点问题还没有解决好等。对这些问题，我们将高度重视并切实加以解决。

二、“十三五”时期的发展目标和任务

“十三五”是我市率先全面建成小康社会、开启基本实现现代化新征程的关键期，也是经济社会全面转型升级的决战期。从国际看，发达国家宽松货币政策转向正常化，世界经济增长复苏态势仍将延续。从国内看，我国仍处于大有可为的重要战略机遇期，结构性改革强力推进，供需两侧同时发力，经济发展进入全面转型调整的新常态，韧性好、潜力强；全省实施“一带一部”战略，促进“三量齐升”，推进“五化同步”；株洲以“三个率先”（率先全面建成小康社会，率先建成全国两型社会示范区，率先全面实现现代化）为总目标，实施“七大工程”（产业振兴、城镇扩容提质、县域崛起、创新创业、两型示范、开放带动、民生共享），建设“四区一带”（建设先进制造业集聚区、新型城镇化示范区、自主创新先导区、两型社会引领区和湘东开放型经济带），既为我们指明了发展方向，更为我们带来了政策红利。从我市自身看，经过近几年的持续较快发展，全市顶层设计深入人心，产业发展活力迸发，区位优势更加凸显，这些都为我们谋求更高层次跨越打好了坚实基础。我们必须坚定信念，保持定力，激发活力，精准发力，抢占先机。

“十三五”期间政府工作指导思想是：全面贯彻党的十八大和十八届三中、四中、五中全会精神，深入贯彻习近平总书记系列重要讲话精神，坚持“四个全面”战略布局，贯彻“五大发展”新理念，全面落实省委“三量齐升、五化同步”和株洲“三个率先”新要求，围绕“新创业、新醴陵，打造发展升级版，建好湖南东大门”战略目标，按照“融入长株潭，加快一体化；溯江而上，向东发展”的思路，坚持创新、改革、开放、投资“四轮驱动”，大力实施“工业强市、三产旺市、组团兴市、环境立市”四大战略，突出“片区攻坚、三产提升、招商引资、民生优先”发展重点，全面拉开“一城三片区”“一心六组团”“一环三纵横”建设，激情创业，勇争一流，争当全省县域崛起、产业振兴、城镇扩容提质和两型示范的排头兵，着力打造以现代陶瓷产业文明为主特征的历史文化名城。

“十三五”期间的发展目标，定性上讲，就是“打造发展升级版，建好湖南东大门”。定量上讲，就是确保实现“5986”的工作目标，即5年时间，实现地区生产总值900亿元、公共财政总收入80亿元，进入全国县域经济百强前60名；力争实现“5115”的奋斗目标，即5年时间，实现地区生产总值1000亿元、公共财政总收入100亿元，进入全国县域经济百强前50名。

实现上述目标，必须突出抓好“1345”，即：

紧扣一个定位。即紧紧抓好“打造以现代陶瓷产业文明为主特征的历史文化名城”定位，全力打造“产业发达，城乡美丽，文化彰显，社会有序，人民幸福”的新醴陵。

坚定“三一”格局。即全面推进“一城三片区”“一心六组团”、“一环三纵横”建设。

实施“四大战略”。即工业强市、三产旺市、组团兴市、环境立市。突出工业强市·　，强化园区攻坚，构建陶瓷、花炮、玻璃、轨道交通、服饰、电子信息、新材料等多极支撑的现代工业体系。突出三产旺市，大力发展生产性、生活性服务业，着力培养旅游业竞争能力，推动现代服务业转型升级。突出组团兴市，按照“一心六组团”的功能定位，努力推动产城融合、城乡联动，有效提升城市承载力、辐射力、竞争力。突出环境立市，围绕两型主题，加强生态环境保护力度，引导生态文明建设。从政府主导向社会共治、多方制衡转变，政府市场两手

发力，倒逼激励双向促动，打造良好的政务环境、市场环境、信用环境、生态环境、社会环境。

贯彻“五大发展”理念。即坚持创新、协调、绿色、开放、共享发展。坚持把创新作为发展的核心动力，突出创新驱动，形成以创新为主要引领和支撑的新体系、新模式。坚持把协调作为发展的内在要求，注重城乡统筹，形成城乡一体的发展新局面。坚持把绿色作为发展的必要条件，推进两型社会建设，形成人与自然和谐发展的生态文明建设新格局。坚持把开放作为发展的强力支撑，主动对接国家区域发展战略，深度融入“株醴都市圈”、“醴炎县域经济走廊”发展，形成开放合作新高地。坚持把共享作为发展的本质要求，注重共建共享，增进民生福祉，形成惠及全市人民的包容发展新机制，让人民群众有更多的获得感。

三、2016年总体要求和工作部署

2016年是实施“十三五”的开局之年，是全面建成小康社会决胜阶段的关键之年，也是全面推进供给侧结构性改革的攻坚之年。开好局、起好步至关重要。我们将认真贯彻落实中央、省、株洲市和醴陵市委各项工作要求，坚持稳中求进、进中求快、快中求优总基调，大力开展“片区攻坚年”“旅游助跑年”“圆满换届年”“环境优化年”“安全保障年”五大活动，着力抓好深化改革、招商引资、市场融资、片区攻坚、项目建设、征地拆迁、旅游助跑、民生实事、精准扶贫和社会管理十大重点工作，促进经济社会平稳健康较快发展，实现“十三五”良好开局。

今年全市经济社会发展的主要目标是：地区生产总值增长10%以上，公共财政总收入增长10%以上，融资60亿元以上，税收占公共财政总收入的比重提高2个百分点，固定资产投资总额增长20%以上（即“11622”目标）；社会消费品零售总额增长12.5%以上；城乡居民人均可支配收入分别增长10%以上；各项事业都有新的发展。

与此同时，将集中力量抓好十大产业项目、十大基础设施项目和十大民生实事工程。

十大产业项目：①推进陶瓷博览园建设（包括醴陵·世界陶瓷艺术城二期、瓷器口、会展中心、“1915”国际陶瓷文化特色街区、陶瓷生态花卉主题公园等）；②推进时代金属轨道交通部件生产基地建设；③启动陶瓷材料联合采购服务平台及强化陶瓷开发项目建设（包括陶瓷3D打印项目等）；④启动华联日用陶瓷智能制造升级改造项目建设；⑤启动华鑫绝缘电瓷产业化项目建设；⑥推进节能环保智能配电网设备项目建设；⑦推进醴陵湘东国际农机汽车城建设；⑧力争打通醴陵至宁波港烟花爆竹铁海联运出口通道，推进物流园区建设；⑨完成经开区标准化厂房项目建设任务；⑩推进中联天地高产油茶林建设。

十大基础设施项目：①推进渌江新区项目建设（完成核心区路网、创新创业服务中心主体工程建设等）；②推进莲株公路改扩建工程和东城大道（S331）建设；③推进S333城市环线和旗滨路建设；④完成寨子岭公园和慧心园建设；⑤启动城区供排水管网改扩建工程建设；⑥推进“瓷城古韵”项目建设（包括渌江书院修缮整治、文庙修复项目等）；⑦完成北乡旅游环线建设；⑧推进湖南陶瓷技师学院新校区项目建设；⑨完成省湘东医院综合大楼等工程建设；⑩启动一批棚户区改造项目建设。

十大民生实事工程：①就业创业工程；②扶贫增收工程；③全民社保工程；④医疗卫生工程；⑤教育惠民工程；⑥安居保障工程；⑦社会救助工程；⑧城乡设施工程；⑨生态环境工程；⑩食品安全工程。

围绕全年目标要求，重点抓好四个方面的工作。

（一）实施“四大工程”，做活实体经济，进一步增强发展竞争力。着力转方式调结构，去产能、去库存、去杠杆、降成本、补短板，构建集群、集聚、集约发展的现代产业体系。

传统产业升级工程。坚持“工业强市”，落实“工业十条”，设立产业基金，对接好制造强省“1274”（发展12大重点产业、实施7大专项行动和打造4大标志性工程）行动计划，加快传统产业与高新技术相结合、与文化创意相融合、与互联网相联合，助推产业发展。陶瓷产业方面，完善《醴陵市“十三五”陶瓷产业发展规划》，构建政策、展示、创新、智能、人才、协会、电商、物流、融资9大平台。重点推进陶瓷博览园、陶瓷材料联合采购服务平台及强化陶瓷开发等项目建设。加快编制《醴陵市陶瓷智能制造行动计划》，支持陶瓷新材料、电瓷智能电网等新领域发展，提升产业核心竞争力。规范陶瓷产品LOGO使用，加强央视推广，打响“中国醴陵·瓷彩天下”这一品牌。花炮产业方面，以第四轮行政许可换证为契机，继续加大“扶优扶强、并小并散、退乱退弱”力度，确保企业数量整合至300家以下。引导花炮企业向东乡片花炮产业组团集聚，加快自动化生产、集团化扩张、品牌化经营。支持花炮机械产业做大做强，着力研发机械化、智能化设备。力争打通醴陵至宁波港烟花爆竹铁海联运出口通道，做大花炮物流，打造花炮出口集散中心。现代农业方面，大力推广集中育秧技术和双季稻全程机械化，建设示范基地，实现粮食播种面积100万亩以上、粮食总产5亿公斤以上、水稻单产500公斤。实施农业产业升级“五个一”工程，抓好西乡片现代农业组团和106国道沿线、渌江沿岸等农业产业带建设。完成农村土地承包经营权确权登记颁证工作，加快推进农村资源资本化，增加农民财产性收入。引导农民瞄准市场优化种养结构，因地制宜发展特色产业，增加农民经营性收入。加快培育职业化新型农民和产业工人，增加农民工资性收入。

新兴产业培育壮大工程。对接“中国制造2025”（国务院于2015年5月8日公布的强化高端制造业的国家战略规划，是建设中国为制造强国的三个十年战略中第一个十年的行动纲领），大力发展新技术、新产业、新业态、新模式“四新”经济，重点扶持玻璃、轨道交通、电子信息等新兴产业做大做强。制定完善玻璃产业发展规划，以旗滨玻璃为龙头，引进培育相关配套产业，加快形成玻璃产业集群。以汽配园为载体，引进一流汽配企业落户，形成集聚效应。以时代金属轨道交通部件生产基地为基础，引进2—3家轨道交通装备制造企业，延伸产业链条，壮大产业规模。推进三网融合光纤设备制造等项目建设。

现代服务业提质工程。制定出台加快现代服务业发展的实施意见，重点扶持现代物流、金融服务、商贸流通、家政养老服务等产业发展。制定“互联网+”行动计划，促进以云计算、物联网、大数据为代表的新一代信息技术与现代制造业、生产性服务业等融合创新，打造新的产业增长点。引进实力强、品质高、影响大的房产开发企业，举办第七届房交会，促进房地产业精品化、精细化发展。大力发展电子商务，策划国光智慧园区等项目，尽快启动华联亿嘉电商产业园建设。加快发展现代物流，依托醴陵铁路货运站改造提升，整合现有物流公司，建设现代物流园区。

旅游产业助跑工程。旅游不仅是经济增长的新动力，更是扩大内需的新热点。高水平编制旅游规划，打造长株潭城市后花园和湘东赣西旅游目的地。重点发展以陶瓷博览园为核心的陶瓷文化旅游，以“醴北人家”为核心的生态休闲旅游，以名人故居、渌江书院为核心的人文文化旅游。全力搭建平台，成立旅游集团公司，包装策划主体项目，宣传推介精品线路，完善配套基础设施。着力招引项目，将“枫林印象”“官庄山水”“黄乡民居”“沩山古窑”等“串珠成链”，打造北乡旅游组团；举办具有本地特色的旅游节会活动，办好第二届湖南（醴陵）陶瓷博览会并形成定制，提高醴陵区域知名度。结合旅游产业精准扶贫，抓好旅游名镇、名村申报工作，连续5年每年抓好10个美丽乡村建设，创建一批特色星级乡村旅游区（点）。

（二）**夯实“四大载体”，巩固城乡基础，进一步增强发展承载力。**完成第六次城市总体规划修编，坚持片区攻坚、组团发展，构建产城融合、城乡联动的新型城镇化发展新局面。

开发新城区。围绕新的政治经济文化中心定位，全面推进渌江新区建设，带动流星潭片区和高铁片区发展。启动湖南陶瓷技师学院新校区、新城新天地（一期）A区、明月峰路、长庆公交站、地下综合管廊、沪昆高铁综合客运枢纽站等项目建设。完成核心区路网、创业创新服务中心、老祖殿、珊田安置区（一期）和渌江产业发展中心项目主体工程建设。抓好核心区路网延伸段以及学校、医院项目的前期工作。

提质旧城区。以文庙修复工程和渌江书院修缮整治等项目为重点，推进“瓷城古韵”项目建设。深化“两改六化”，推动旧城区基础设施改造提升。完成五大城市门户建设，将醴陵大道、玉瓷路、渌江大道建成陶瓷文化、烟花文化的展示路。完成李畋中路建设、醴泉路改造，启动文化南路、寨子岭路建设，提质瓷城大道，推进公交港湾、公共停车场、人行立交桥建设，提升城市通畅效率。完成寨子岭公园建设，建好一批城市文化公园。启动狮子坡水厂提质扩容改造建设，完善供水、排水、污水处理、电力、燃气、通信等市政设施。做好“海绵城市”建设前期工作，打造宜居宜业城市。

升级经开区。推进规划升级，完善经开区发展规划，重点打造陶瓷文化片区、交通装备片区、湘赣开放合作试验区“产城融合三片区”，全力争创国家级经开区。推进管理升级，进一步理顺经开区管理体制，完善高新公司法人治理结构，全面完成高新公司改革。规划建设陶子湖、慧心园，推进园区污水处理设施、10万平方米标准化厂房等建设。启动工业设计中心、创客中心建设，增强产业集聚功能。放大湘赣开放合作试验区示范效应，优化东富工业园区建设规划和产业规划，加快旗滨路、东富污水处理厂等项目建设。

建好小城镇。按照“一心六组团”整体布局，以集镇为中心，以产业为依托，出台支持政策，引导社会资本参与组团发展、片区开发。深度融入“株醴都市圈”空间布局，规划建设“株醴新城”。支持白兔潭、泗汾、东富三个新型城镇化试点示范镇建设，增强中心城镇的辐射带动功能。启动左权镇中小企业园区、船湾服饰产业园等建设，打造一批乡镇特色园区。加快推进“五小”水利工程（小水窖、小水池、小泵站、小塘坝、小水渠）、病险水库除险加固、饮水安全、中小河流治理、灌区节水续建、水土保持、通畅工程、危桥改造、农村电网等基础设施建设，构建覆盖城乡、设施配套、安全高效的基础设施网络。

（三）**强化“四大举措”，稳定经济增长，进一步增强发展推动力。**主动适应经济发展新常态，加强改革创新，破解发展难题，厚植发展优势，培育和催生经济社会发展新动力。

深化改革创新。加强供给侧结构性改革，提高供给体系质量和效率。深化行政体制改革，有序推进事业单位分类改革，推动政事分开、管办分离。坚持发挥市场在资源配置中的决定性作用，厘清政府和市场的“边界线”，破除计划烙印，放宽政策、放开市场、放活主体。按照“1332”要求，加快国光瓷业重整复牌。深化投融资体制改革，坚持“资源资产化、资产资本化、资本证券化”，在基础设施和公用事业等重点领域推广 PPP 模式；做实做强融资平台，加快渌江集团和高新公司两大投融资平台建设。拓展对外开放广度和深度，将引进来和走出去更好地结合起来，提高开放型经济水平，推进大众创业、万众创新。统筹推进户籍制度、社会保障制度、医疗卫生体制等其他各项重点改革。

推进项目建设。紧扣“471”［完成征地 4000 亩，征拆房屋 700 栋（套），推进 1000 亩城乡建设用地增减挂钩］目标，坚持“权力下放、责任下移、任务下沉、利益下得”原则，依法高效推进征地拆迁和土地储备。主动对接“一带一路”、长江经济带、长株潭自主创新示范区等战略，瞄准湘赣开放合作发展方向，主动融入“株醴都市圈”“醴炎县域经济走廊”发展，全力包装智能电网产业园、广州工业园、深圳工业园、名人文化园、渌水湾旅游度假小镇等项目，重点宣传、推进渌江新区、陶瓷博览园、“瓷城古韵”3 个“百亿”工程。做好莲株公路改扩建、东城大道（S331）、醴娄高速、长株攸快速通道等项目建设相关工作。

加强招商引资。全面落实“招商六项”，开展“迎老乡、回故乡、建家乡”三乡大行动，吸引企业家回乡投资创业，力促“精英回流”，发展“回归经济”。打造专业化招商队伍，实施定向、定位、定点招商和小分队招商，在产业上、区域上、项目上精准招商。用好“飞地产业园”模式，突出产业链招商，重点围绕战略性新兴产业和传统产业，开展补链、延链、强链集群式招商，大力承接产业转移，引进一批产业龙头和上下游产业链项目。强化市场融资，力争全年融资 60 亿元以上。

服务企业发展。紧扣“5123”目标，支持华联、华鑫、金利来烟花、旗滨玻璃、时代金属、升华科技等实体企业发展，着力引进、培育、壮大一批龙头企业。出台促进民营经济发展的意见，加快推进“个转企”、“小升规”，扶持一批成长性好的中小微企业。加强企业家队伍建设，引进培养一批科技领军人才、科技企业家和创新团队。加大产权交易市场建设，鼓励金融产品创新，解决融资难问题。灵活运用退税、贴息、金融支持等政策，支持企业扩大进出口和发展境外业务。实施名企名牌战略，培育自主品牌。加强行业协会、商会建设，促进有序竞争，规范行业秩序。

（四）守住“四大底线”，加强社会管理，进一步增强发展凝聚力。坚持主动作为、全力施为，切实守住民生、安全、管理、生态底线，努力做到保基本、兜底线、促安全、可持续。

突出精准扶贫，守好民生底线。按照“五个一批”的要求，深入实施扶贫攻坚三年行动计划，确保年内 13140 人脱离贫困线。整合涉农资金和财政扶贫资金，重点支持 307 个扶贫产业项目，做到“帮扶一个点，辐射一大片”。创新扶贫方式，激活贫困对象“造血”功能；采取补偿扶贫、低保线和贫困线“两线合一”等方式，兜住贫困人口的生活底线；通过“合作社＋贫困户”等方式，因地制宜发展特色产业，让每个贫困村有一项致富产业，每个贫困户有一个增收项目。强化扶贫合力，多点发力、各方出力、共同给力，努力构建党委统揽、政府牵头、社会动员、群众参与的大扶贫格局。全面落实惠农减负政策，着力维护农民合法权益。切实加强社会保障，确保社保基金安全运行。突出抓好高校毕业生、就业困难人员等重点群体就业，新增城镇就业 4000 人、农村劳动力转移就业 2800 人。健全低保标准增长机制，完善社会救助体系。新建 1 所医养结合的社会养老服务机构，新改扩建农村敬老院 2 所。完善住房保障体系，力争开工建设保障性住房及安置房 15 万平方米以上。加快发展现代职业教育，支持陶瓷烟花职业技术学校建设，创建“湖南省卓越职业院校”。启动渌江小学、国瓷学校和长庆学校建设。编制渌江桥、渌江书院、醴陵窑保护规划，加强非物质文化遗产项目的保护和挖掘。强化科技创新，加强知识产权保护。加速推进镇卫生院、村卫生室标准化建设，提升公共医疗卫生管理服务水平，着力打造“健康醴陵”。坚持基本国策不动摇，巩固省优地位，落实“全面两孩”政策，促进优生优育，加强优质服务。继续抓好爱国卫生、老龄、民族宗教、对台、档案、市志、气象、住房公积金、志愿者服务等工作。

突出问题导向，守牢安全底线。严格落实安全生产“三套机制”，确保“三个安全”（在生产安全上确保不发生重大安全事故，在社会安全上确保不发生重大群体性事件，在经济安全上确保不发生区域性金融风险）。坚持“三化引领”、“三个一律”、“三法强疗”，深入“打非治违”，开展“安全监管执法年”活动，打好记分管理、停产整顿、顶格处罚、关闭取缔等“组合拳”，构筑“3＋1”（市、镇、村三级和企业主体全覆盖的网格化安全监管体系）监管体系。突出抓好隐患排查治理、专项重点整治、示范创建活动、警示宣传教育、全员安全培训等工作，确保安全生产平稳可控。坚持“连心解困”网格化社会治理模式，启动中心城镇电子眼建设，着力构建立体化社会治安防控体系。全力防范和打击非法集资，依法打击逃废银行债务行为，深入开展“信用镇、信用村”创建，力保金融安全和稳定。加强应急管理体系建设，增强有效应对突发事件和各类事故的应急处置能力，促进社会和谐稳定。

突出从严治理，守稳管理底线。严格国土资源管理秩序，建立矿业权退出机制。严守耕地红线，确保占补平衡。完成永久基本农田划定和成果完善工作。加快推进不动产统一登记工作。坚持“运作市场化、作业精细化、管理网格化、考核常态化”，完善渣土运输、环卫等城市管理体制。抓好市容市貌、交通秩序、车辆超限超载、夜市摊点、“五小”行业、“六乱”等整治，提升城市管理水平。坚决查处违法违章建设行为，维护城市核心利益。启动人防疏散基地建设，大力推进国防、民兵预备役、武警和消防等工作。

突出两型发展，守住生态底线。以两型社会和湘江流域保护与治理为引领，启动渌江河流域保护和治理“三年行动计划”；严格实行环境监管和准入制度，坚定不移走绿色低碳循环发展之路。继续开展第二轮封山育林，扎实抓好工业“三废”和生活垃圾、污水的处置。深化农村环境综合整治，推广城乡环境同治和农村环境连片综合整治，抓好26个人居环境重点整治村建设。落实最严格的水资源管理制度，保护官庄、望仙桥水库水资源。深入推动城市创建，巩固全省“最干净县级市”地位，加快创建国家卫生城市、国家园林城市、国家交通管理模范城市。

四、着力提高行政效能

以法治政府建设为核心，加快推进治理体系和治理能力的现代化，全面提高服务水平，建设人民满意的务实廉洁高效政府。

坚持依法行政。尊法学法守法用法，所有行政行为都于法有据，把政府工作全面纳入法治轨道，推进决策科学化、民主化、法制化。深化行政执法体制改革，严格规范公正文明执法。自觉接受人大法律监督、工作监督和政协民主监督，认真办理人大代表建议和政协委员提案。认真听取民主党派、工商联、无党派人士和各人民团体的意见。

优化发展环境。进一步加大简政放权力度，推行网上办理和网上咨询，加快推进“三证合一、一照一码”登记模式；强化政务公开，铁腕整治“中梗阻”“小官僚”“冷面孔”,全力破解公共服务的“堵点”“痛点”“难点”，打造优质高效的政务环境。大力整顿和规范市场经济秩序，严厉打击欺行霸市、强买强卖、行业垄断、商标侵权等破坏市场公平竞争的行为。严格执行职能部门进驻项目制度，加强施工环境综合整治，着力解决企业发展难题和阻碍项目建设的突出问题。

践行务实担当。面对新形势、新任务、新要求，干事创业更要有新常态、新状态、新心态。必须始终保持奋发有为的昂扬斗志和踏实肯干的工作作风，把推动醴陵加快发展的责任扛在肩上，把群众的冷暖忧乐放在心上，有效作为，务实担当，让敢于担当、勇于担当、善于担当的责任意识和干事务实、做人踏实、作风朴实的高尚品格在全市变为好习惯、成为新常态。

加强廉政建设。巩固党的群众路线教育实践活动和“三严三实”专题教育成果，坚持把纪律挺在前面，全面落实党风廉政建设责任制，严格执行《中国共产党廉洁自律准则》《中国共产党纪律处分条例》。进一步完善政府投资项目、工程招投标、土地出让、产权交易、强农惠农、政府采购等制度，进一步规范公共资金、公共资源和国有资产监管，切实加强行政监察和审计监督，确保权力在阳光下廉洁运行。

各位代表，激情创业，正当其时；勇争一流，再谱新篇！让我们在市委的坚强领导下，紧紧依靠全市人民，团结一心，锐意进取，为“打造发展升级版，建好湖南东大门”而努力奋斗！

中国人民政治协商会议
醴陵市第十三届委员会常务委员会工作报告

——在政协醴陵市第十三届委员会第五次会议上

（2016 年 1 月 21 日）

市政协主席　杨　龙

各位委员，同志们：

我受政协醴陵市第十三届委员会常务委员会委托，向大会报告工作。请各位委员审议，并请列席会议的同志提出意见和建议。

2015 年工作回顾

2015 年，是全面深化改革的关键之年，也是全面完成“十二五”规划、谋划“十三五”发展承前启后的一年。一年来，在中共醴陵市委的正确领导下，市政协按照“新创业、新醴陵”的战略目标，围绕服务大局，履职为民的工作思路，切实履行政治协商、民主监督、参政议政职能，为推进我市经济社会发展作出了积极贡献。

一、服务大局，政治协商助推科学决策

一年来，市政协深入贯彻落实中央和省委关于加强社会主义协商民主建设的文件精神，按照市委的统一部署，就我市政治、经济、文化和社会生活中的重大问题，在决策之前或决策执行过程中，采取多种形式进行民主协商。

全体会议整体协商功能突显。在十三届四次会议期间，组织全体委员围绕政府工作报告及法检两院的报告等进行了协商讨论；组织部分政协委员以大会发言形式就陶瓷产业转型升级、旅游产业升温、官庄水源保护及职业教育发展等重要问题协商建言，得到了市委市政府的高度重视，为市委市政府科学民主决策提供了参考。

专题协商界别协商成效明显。围绕编制醴陵“十三五”规划、推进经济社会发展、民生改善、市政府全年工作、加强党外代表人士队伍建设等重要问题，邀请市党政领导与各党派团体、政协委员进行面对面的协商。就我市“十三五”规划编制工作中，组织数十位不同界别的委员对我市陶瓷、烟花两大传统产业的转型升级、新型城镇化、环境保护、卫生、教育、旅游等方面提出了一些建设性的意见，为编制“十三五”规划提供了决策参考。对我市乡镇区划调整改革工作进行了协商，分别就西山街道、黄泥坳街道、贺家桥等乡镇的名称，合并后各乡镇产业布局、工业发展、文化旅游等工作共提出 13 条建议和意见供市委市政府决策参考。

二、围绕中心，调研建言促进社会发展

过去一年中，我们紧紧围绕中心工作，发挥自身优势，组织和引导政协委员积极建言献策。

开展醴陵城市建设与发展调研。为建设好、发展好、管理好醴陵城市，市政协成立调研组，通过调查走访、查阅资料，座谈交流，在借鉴其他先进城市发展管理经验的基础上，找出了我市规划、建设、管理中存在的十三大问题。我们建议，要建设好醴陵城这个美好家园，应把城镇建设和发展列为重要战略来考量，应加强对干部在城市规划、建设、管理方面的专业知识教育，进一步建立健全相关制度，加大投入力度，把握好工作的各个环节，实施阳光操作、公开监督。

开展城乡垃圾处理调研。针对我市城乡垃圾日益剧增，原有垃圾填埋场已不能满足现实需要，且严重破坏我市生态环境和影响人民群众身体健康。为此，市政协组建调研组，深入乡镇村组、农户（居民户）进行调研，经过反复研讨和多方论证，形成了《关于城乡垃圾处理问题的调研报告》，建议市委市政府借鉴其他县市的先进经验，采取有效措施，

尽快建设垃圾焚烧发电厂，有效解决城乡垃圾减量化、无害化、资源化处理。

提出加强醴陵窑核心区保护与利用的建议。为保护好国家文物保护单位醴陵窑，市政协在深入调研的基础上，多次召开主席会议进行研讨，并以主席会议建议案的形式向市委市政府郑重建议：要加大对醴陵窑的保护力度，要坚决打击违章违法建房、非法采矿、盗挖文物等不法行为，要妥善解决好村民建房等实际困难。晓理书记对建议案作出了重要批示，要求相关部门及单位拿出相应措施，加强对醴陵窑核心区的保护与利用。

三、完善机制，民主监督增强工作实效

为完善民主监督制度，丰富民主监督形式，充分发挥政协民主监督重要职能作用，我们积极探索监督渠道、创新工作方法，群策群力，不断提高民主监督实效。

完善民主监督小组委派工作机制。在去年探索委派民主监督员工作的基础上，今年，市政协不断完善民主监督员委派工作，合理调整受派单位和民主监督员，强化组织领导，健全工作机制，进一步激发了监督小组整体活力。一年来，各民主监督小组向受派单位提出建议和意见100多条次，各受派单位认真研究民主监督小组所提建议，答复反馈及时，落实措施有力，一批民生实事得到了有效解决。如民主监督小组对小街小巷改造工程完成情况进行视察，提出“对破损严重、影响市民生产生活、通行人数众多的小街小巷要加快改造进度，对已改造的小街小巷要尽快完善附属设施”等建议，市住建局对建议进行了专题研究，并在工作中进行了落实。

深入开展提案办理工作。十三届四次全会以来，常委会始终坚持“提案求精、立案求准、办案求实”的原则，不断提高提案工作水平。2015年，市政协各界别小组和广大政协委员，围绕全市经济社会发展和民生改善等热点问题，共提交各类提案94件，立案88件，3件并案，3件来信处理。7月中旬，市政协组织委办负责人以及部分委员先后深入市花炮局、城管局、商务局、经信局等单位，了解办理情况，落实督办责任，指导提案办理。在市委市政府的高度重视和各办理单位的密切配合下，全部办结，多数提案建议得到有效办理。

畅通社情民意渠道。一年来，我们通过多种形式组织委员和各界人士，围绕改革发展中党委、政府重视、人民群众关注的重要问题，认真做好了社情民意的收集、整理、报送、督办和反馈工作，全年共收集63条社情民意，并通过政协渠道向党委政府及上级政协进行整理和报送，起到了沟通情况、化解矛盾的作用。

四、紧扣主题，团结民主营造和谐氛围

人民政协是发扬社会主义民主的重要形式。一年来，我们充分运用政协这一平台，进一步加强同各人民团体、工商联和新社会阶层代表人士的民主协商与合作共事，在政协平台上促进统一战线内部的大团结大联合，努力为加快经济发展凝聚人心、积聚力量。

深化团结合作。在工作中，坚持把多党合作的要求体现在履行政协职能的各个环节，采取多种形式为民主党派、工商联、无党派人士发挥作用创造条件。支持各民主党派、工商联、无党派人士履行职责、发挥作用。注重安排各民主党派、工商联、无党派人士在政协全体会议、常委会议、专题政治协商会议上发表意见，加强党派团体提案督办，各民主党派、工商联、无党派人士以集体和委员个人名义提交的大会发言、提案和社情民意信息占总量的比例显著提升；邀请政府领导进行定期政情通报，使委员们了解醴陵的发展情况；市政协各专委会开展调查、视察时，注重安排民主党派、无党派和工商联成员参与，使其有效发挥参政议政职能。

扩大宣传交流。成功举办醴陵市政协成立60周年系列活动。为了回顾和总结人民政协的光辉历程，继承和发扬民主政治工作中的好经验、好做法，市政协召开了庆祝市政协成立60周年座谈会，举办了庆祝醴陵市政协成立60周年书画展。通过庆祝活动，进一步加深了对人民政协性质、地位和作用的认识，更加明确了推进协商民主的努力方向，增强了道路自信、理论自信、制度自信，坚定了在党的领导下走中国特色社会主义道路的信念，更加自觉地为推动醴陵科学发展、创新发展、和谐发展贡献智慧和力量。此外，政协积极参加上级政协组织的各类交流活动，并通过《渌江桥》杂志积极宣传政协会议、调研视察、委员风采和其他重点工作、重要活动，深入反映委员真知灼见，不断增强协商监督实效，努力扩大政协社会影响，增加政协工作的知名度，让社会各方了解政协、理解政协、关心和支持政协工作，取得了较好的效果。

五、注重主体，自身建设夯实履职基础

一年来，常委会始终把加强自身队伍建设，发挥委员主体作用作为一项重要工作，为政协履行职能提供有力保障。

委员队伍素质进一步提高。进一步加强对委员的管理和考核，认真组织委员参加政治理论和业务知识学习，开展形式多样的委员培训。今年10月，市政协专门邀请了思博国家商务学院副教授，上海复旦大学华商研究中心研究员，全国礼仪指导委员

会委员胡杨同志就《礼仪规范与修养》为全体政协委员进行了授课。通过此次培训委员们掌握了礼仪知识，树立了文明规范服务的工作理念，履职能力和工作水平得到了有效提升。

委员活动进一步丰富。一年来，政协注重发挥委员主体作用，坚持依靠委员、尊重委员、关心委员、服务委员的原则，各小组以专委会为依托，积极开展视察、参观、调研、联谊等形式多样、丰富多彩的界别活动。如为助推瓷城旅游产业大发展，打好旅游升温战，民主党派组赴广东阳江等地开展旅游产业考察；工商一组组织赴云南开展茶文化调研；社科三组开展赴周坊烈士陵园凭吊革命先烈活动等。通过各具特色的界别小组活动，加强了委员间的联系，提高了委员的履职能力。

机关效能进一步发挥。市政协机关认真抓好机关干部的政治学习，及时组织机关干部学习中央八项规定、省委九项规定、株洲市委《关于改进干部作风的若干规定》《中国共产党廉洁自律准则》《中国共产党纪律处分条例》等文件精神，建立和完善机关管理制度，优化办事程序和工作机制，机关干部精神风貌和工作作风有了极大的改善，政协机关呈现出团结和谐、奋发进取的良好气象。

一年来，按照中共醴陵市委的统一安排和要求，市政协班子成员和部分机关干部积极参与北部旅游环线、官庄水厂、仙岳山文化景区、莲株高速公路工程、“一江两岸之瓷城古韵”、中国·醴陵花炮大市场和渌江书院修缮整治等全市重点项目建设，尽心尽责地协调相关职能部门帮助解决项目建设中遇到的困难和问题，为推进市委市政府重大决策部署和全市中心工作的有效落实发挥了积极作用。

各位委员、各位同志，一年来，市政协工作取得了一些成绩，这是中共醴陵市委正确领导的结果，是市人大、市政府以及各方面大力支持的结果，是广大政协委员团结奋斗的结果。在此，我谨代表市政协常委会向关心支持政协工作的单位和个人表示衷心的感谢！

在看到成绩的同时，我们也清醒地认识到，工作中还存在一些不足。比如机关的“制度化、规范化、程序化”建设仍需大力加强；履职成果转化机制有待进一步完善等等。我们真诚希望广大政协委员和社会各界对常委会工作提出宝贵意见和建议，共同把政协各项工作做得更好。

2016年工作展望

2016年是“十三五”规划的开局之年，是全面建成小康社会决胜阶段的关键之年，也是同步换届之年。新的一年，全市政协工作的指导思想和总体要求是：全面贯彻落实中共十八大、十八届三中、四中、五中全会和市委十一届十次全会精神，按照“新创业、新醴陵，打造发展升级版，建好湖南东大门”战略目标，紧扣“片区攻坚年、旅游助跑年、圆满换届年、环境优化年、安全保障年”的工作部署，突出助推发展和民生改善两个重点，切实履行政治协商、民主监督、参政议政三大职能，增强政治把握、调查研究、联系群众、合作共事四种能力，为实现醴陵“十三五”良好开局贡献智慧和力量。

一、紧扣工作大局，开展政治协商

人民政协是党领导下的多党合作和政治协商的重要机构，其民主协商的方式，能够广开言路，集思广益，增进共识。市政协应该借助政治协商机构这一平台，充分发挥具有广泛界别代表性和政治包容性的特点，全力推进民主政治建设，积极维护党委主张和工作大局。广大政协委员要秉持定准位、能发声、发好声的工作理念，建诤言、献良策，全力助推实现“新醴陵、新创业”的战略目标。

一是制定好协商计划。政治协商的内容很多，不可能做到面面俱到。关键是要从实际出发，抓住主要矛盾，加强同有关部门的沟通和衔接，根据党委政府不同时期的工作重点和主要任务，选好协商课题，拟定一个时期的协商方案，使政协的协商活动纳入党委、政府的工作计划。二是做好协商准备。协商课题确定后，要围绕课题，了解情况，搜集材料，确定方案，在全面掌握情况的基础上，使协商能够有的放矢，提出的意见有理有据，切实可行。三是改进协商形式。在充分运用现有协商形式的基础上，针对不同层次和不同内容，探索创新专题协商、对口协商、界别协商、提案办理协商等多种协商形式。

二、采取多种措施，实施民主监督

民主监督是我国基本政治制度一种具体实现形式，要切实有效地开展民主监督，必须做到以下几个方面：

一是完善监督方式。通过各种会议、各种活动，进行经常性地监督，努力拓宽民主监督渠道，将政协的民主监督与行风监督、新闻舆论监督结合起来，通过视察、评议、听证等多种方式有效履行职能。二是增强监督力度。民主监督是有组织、有秩序、高层次的监督，达不到一定的度，将难以奏效，超过一定的度，则会使政协自身力所不及，甚至越位。因此要制定好规章制度，克服随意性；明确监督重点，增强针对性；深入调查研究，讲究实效性。对委员提出的批评意见，我们应认真整理，积极催办，及时向委员反馈办理结果，使委员的意见件件有回复、件件有结果。三是维护委员监督权利。委员有提出批评、发表意见的权利，因履行职责受到不公正对待时，政协组织应予以维护，充分调动委员履职的积极性。

三、着眼发展要务，积极参政议政

参政议政是政治协商和民主监督的延伸，拓宽了政协工作的渠道和领域。我们在参政议政的过程中必须做到：

坚持与协商课题紧密结合，积极创造条件，组织开展课题调研，以深入调研提高协商质量，以有效协商转化调研成果，实现调研与协商互促共进。针对醴陵改革创新中的全局性、综合性、战略性问题，组织开展课题调研。围绕科技创新中心建设、全面推进依法治市、提高生态文明水平、经济转型升级、智慧城市建设、完善现代市场体系、国资国企市场化改革、社会治理创新等重大问题，深入务实开展调查研究，提出对策建议。

四、增强四种能力，优化自身建设

要适应新形势、经济新常态，助推实现“新创业、新醴陵”战略目标，全市广大政协委员必须增强四种能力，不断提升履职水平。

增强政治把握能力。继续深入学习贯彻中共十八大以来中央一系列重要会议精神和习近平总书记系列重要讲话精神，学习贯彻《中共中央关于加强社会主义协商民主建设的意见》，不断增强道路自信、理论自信、制度自信。要牢固树立大局意识、服务意识、责任意识，在工作中定准位、不缺位、更不越位，充分发挥好参谋、协调和纽带作用。

增强调查研究能力。委员的履职能力和政协的影响力，很大程度取决于建言的质量和可行性，我们要确保能发声、发好声、有回声，就必须坚持问题导向，坚持实事求是，深入开展调查研究，围绕市委的决策部署，群众的所急所盼，把调研的重点放在助推实现“新创业、新醴陵”的战略目标和如何构建好“三一”格局的具体措施上来，精选课题，精准调研，力争做到调研报告有高度、专题协商有深度、提案督办有力度。

增强联系群众能力。要履好职，服务于民，在工作中我们必须充分尊重群众、贴近群众、依靠群众、坚持走群众路线。要及时总结出、推介好群众工作当中的好经验、好做法，更好地服务群众、方便群众。要结合大走访、一进两访等各种活动、各种载体，问计于民、问政于民。要充分发挥好桥梁纽带作用，更好地引导界别群众关注、理解、支持党委、政府的工作，同时要及时把社会各界群众的心声、呼声反应传递给党委、政府，做好党委、政府和人民群众之间的传话筒、减压器。

增强合作共事能力。加强与社会各界的团结联合，推动发展充满活力的政党关系、民族关系、宗教关系、阶层关系、海内外同胞关系，为醴陵经济社会发展聚人心、添活力。完善工作机制，为各民主党派、工商联、无党派人士在市政协更好发挥作用创造条件，加强合作共事。积极促进党外代表人士队伍建设。认真落实党的民族宗教政策，协助做好城市民族工作，推动宗教优秀文化保护和开发。探索团结联系新经济组织、新社会组织和新社会阶层代表人士的途径和载体，进一步创新方式方法，为社会各界人士搭建平台，努力营造合作共事的良好氛围。

各位委员，新的形势和新的任务，对人民政协工作提出了新的更高要求，也为人民政协履行职能、发挥作用提供了更加广阔的舞台。让我们在中共醴陵市委的正确领导下，团结奋进，开拓创新，扎实工作，努力推进社会主义协商民主和人民政协事业发展，着力建设更加透明、更加开放、更加包容、更加进取的人民政协，为加快实现“新创业、新醴陵，打造发展升级版，建好湖南东大门”而努力奋斗。

概　　述

人口区划

【概况】2015年年末，全市户籍人口为106万人，其中农业人口90.9万人、非农业人口15.1万人。总人口中，男性54.33万人、女性51.67万人，男女性别比为1.0516∶1。年末常住人口为97.89万人，其中城镇人口53.03万人、农村人口44.86万人；按常住人口比例计算，城市化率为54.2%。全市出生1.41万人，人口自然增长率为7.58‰。

2015年区、街道、乡镇、村（居）委会人口区划一览表

表1

区、街道、乡镇	总面积（平方千米）	户籍人口（人）	政府驻地	所辖建制村、社区
长庆示范区	26.61	21343		珊田、马脑、黄沙、钟鼓、山峰、庄埠、清潭
来龙门街道（3个村、7个居委会）	40.8	55918	四塘社区居委会	上洲、东岸、双江、文庙、北门、胜利、四塘、马放塘、狮子坡、丁家坊
国瓷街道（10个村、5个居委会）	48.5	57283	龙凤路	老龙井、华塘、石子岭、姜村、横店、石塅、古城、土珠岭、竹湖、樟塅、八里庵、姜湾、国光、车顿桥、五里牌
仙岳山街道（9个村、4个居委会）	36.5	42221	碧山	碧山、河西、江源、五里墩、万宜、石成金、枫树塘、石门口、滴水井、南门、碧山、书院、财源塔
阳三石街道（11个村、3个居委会）	33.3	52195	泉湖村	泉湖、立三、阳东、企石、东门塘、玉屏山、荆潭、潭湾、石里浦、伏龙、立新、阳三石、向阳、渌江
李畋镇（21个村、2个居委会）	122	71311	南桥村	东塘、星火、潼塘、将塘、新树、清水、大平、南桥、凤形、裕民、明兰、石溪、洪源、花麦、华埠、塘坊、车上、利群、富里、麻石、双江、南园、海棠
白兔潭镇（14个村、2个居委会）	71.3	49476	湖下村	田心、余溪、洙塘、湖下、黄甲、栎塘、泉沅、峤岭、蛇青、山水、星湖、长庆、柏大、荷田、白市、金牛
浦口镇（20个村、4个居委会）	78.5	58712	天符村	李洲、保丰、三铺、天符、荣坪、河泉、山塘、花椒、冷水坑、碧泉、贯古、茅坪、仙石、合水、东方、联盟、王坊、荷花垅、泮川、石山、官山、大桥、桥头、三角坪

续表 1—1

区、街道、乡镇	总面积(平方千米)	户籍人口(人)	政府驻地	所辖建制村、社区
王仙镇（14 个村、3 个居委会）	85.9	48056	王仙村	司 徒、香 水、石 燕、三 狮、李 山、马 桥、书 堂、观 口、王 仙、灌 冲、温 泉、大屏山、渌 石、杨 林、中 心、新 民、瓷泥矿
沩山镇（12 个村）	86	20676	东堡村	东 堡、土埠桥、新 庵、大塘坳、望仙桥、沩 山、漏水坪、大 林、老鸦山、赤 竹、东 坑、泉 源
东富镇（19 个村、1 个居委会）	80.4	39789	四杨居委会	建 新、横 烟、黄土坝、狮 湾、莲石塘、森 冲、东 富、芷 泉、小洞塘、石坝上、北 冲、新 莲、花 木、龙源冲、楚东桥、西 林、凤仪塘、包 冲、桐 桥、四 杨
孙家湾镇（6 个村）	52.8	22839	龙虎湾村	观 前、李家山、孙家湾、西 岸、龙虎湾、文家湾
泗汾镇（12 个村、3 个居委会）	70.6	40329	陈家垅村	符 田、淇 田、茶埠塘、双 塘、石 虎、何家坝、枧 上、石 湾、泗 汾、陈家垅、茂 田、经 堂、车 站、林 田、农 场
船湾镇（17 个村、2 个居委会）	120.6	52896	金子坪居委会	玉 堂、星 桥、乐 家、大 界、丽 山、台 前、船 湾、狮 力、增加滩、国强富、清水江、杨木档、荆 村、界 陂、垅 塘、东 山、文 山、金子坪、四 方
沈潭镇（12 个村、3 个居委会）	53.5	29455	坪里居委会	美田桥、荆 仙、双 龙、鳌 仙、柞 市、新 塘、三星里、夏 星、沈 潭、庞 龙、新 田、江 口、星 湖、坪 里、马坡里
嘉树镇（12 个村）	63.1	25008	嘉树村	罗 儒、渗 泉、杉 仙、枫 林、嘉 树、荷 树、荆 林、乌 石、玉 茶、里 都、井 冲、新大塘
明月镇（25 个村、6 个居委会）	169.1	75777	大障居委会	东 江、双 桥、江边铺、罗夹口、柴 冲、新 联、陶家垅、盐 山、湾 富、弹子坑、汪家桥、申 明、汪家垅、马 恋、西 林、斋 江、妙 泉、琥 玛、新 台、水口山、寺 冲、贺 市、档梓山、洪 罗、七 星、大 障、白 果、建 湘、潇 湘、云 岩、明 月
茶山镇（21 个村、5 个居委会）	166.8	66539	茶山居委会	铁河口、枫树山、汤家坪、转 步、筱 溪、龙 虎、下三洲、西塘坪、大西垅、大石桥、冷 水、南 塘、茶 溪、南 源、营 田、石均塘、长 马、梅 筱、上 湖、双 滂、东 岗、长沙岭、神福港、栗 山、龙 井、茶 山
均楚镇（17 个村、2 个居委会）	172.4	42586	金山居委会	军 山、大垅洲、赵公岭、潘家冲、李婆塘、岱兴桥、殷家冲、樟 桥、老 湾、青 山、马家垅、荷叶坝、长岭坳、日新桥、黄 田、黄 谷、周 坊、金 山、均楚桥
石亭镇（12 个村、1 个居委会）	106.2	39693	石亭居委会	花 溪、妙 泉、聂 湖、上 保、长 岭、高 冲、永 红、樟 树、长 塘、渔潭洲、苏家垅、石塘岭、石 亭
板杉镇（17 个村）	89.9	40405	长坡口村	长坡口、大屋垅、枫树桥、黄 塘、杨家湾、大石桥、上 坪、竹花山、夏坪桥、红 光、流碧桥、东冲铺、唐家冲、擂鼓桥、耿 境、八步桥、寨 下
左权镇（19 个村、1 个居委会）	123	47125	莫家嘴居委会	荷 塘、陈家湾、青 泥、鱼梁桥、石 羊、新 阳、楠竹山、将 军、花 桥、湖 潭、狮形岭、清安铺、油 田、篾织街、仙 霞、杉仙店、赵家塅、东江冲、玉 潘、莫家嘴

续表 1—2

区、街道、乡镇	总面积（平方千米）	户籍人口（人）	政府驻地	所辖建制村、社区
枫林镇（19 个村、2 个居委会）	100.5	42243	台洲村	金　鸡、隆兴坳、狮形山、台　洲、大　湾、双　井、杨家垅、蕉　源、株抱樟、樟仙岭、唐家坳、五　石、枫林市、白眉冲、马家冲、黄　村、蒋家桥、肖家冲、太阳桥、社　冲、黄獭嘴
官庄镇（14 个村）	184.9	18137	大坝村	长　连、大　坝、新　桥、鹅　颈、小横江、利　川、大横江、桃　花、大阳坑、小阳坑、潭　塘、大口坪、瓦子坪、半边山

说明：长庆示范区不属于行政区，所辖村为托管，故无行政区域面积；表中人口数为市公安局年报户籍人口数。

（陈　灏　丁祥军）

气候特点与气象灾害

【气候特征】2015 年，全市年平均气温 18.6℃，高于常年平均值 1.1℃；年降水量为 1704.9 毫米，较常年偏多 226.5 毫米；日照时数为 1316.3 小时，较历年偏少 251.6 小时，年内平均气温高、光照少、降水多，属于正常偏暖年。

气温　全年平均气温 18.6℃，较常年偏高 1.1℃，较上年偏低 0.4℃。冬季平均气温 8.2℃，较历年偏高 1.4℃。春季平均气温 18.3℃，较历年偏高 1.5℃。夏季平均气温 27.3℃，较常年偏少 0.4℃。秋季平均气温 19.9℃，较常年偏高 1.3℃。气温变化为 7 月、8 月、12 月为负距平，其余各月为正距平；其中 1 月平均气温偏高 3.3℃。

降雨　全年总降水量为 1704.9 毫米，较常年偏多 226.5 毫米，较上年偏多 408.2 毫米，属于偏多年份。3 月、5 月、6 月、7 月、9 月、11 月降水量较常年同期偏多以外，其余各月均偏少，11 月降水量为 464.6 毫米，较常年同期偏多 181 毫米。年内共出现 5 次暴雨过程，分别出现在 5 月 2 日、6 月 14 日、6 月 18 日、7 月 25 日、11 月 17 日。冬季降水量为 106.5 毫米，较常年偏少 123.2 毫米。春季降水量为 514.4 毫米，较常年偏少 54.5 毫米。夏季降水量为 579.9 毫米，较常年偏多 125.1 毫米。秋季降水量为 409.2 毫米，较常年偏少 181 毫米。

日照　全年日照时数为 1316.3 小时，较常年偏少 251.6 小时，较上年偏少 110.8 小时。除 1 月、2 月、4 月、6 月、10 月日照时数偏多外，其余各月均偏少。冬季日照时数为 240.3 小时，较常年偏多 1.4 小时。春季日照时数为 290.5 小时，较常年偏少 4.8 小时。夏季日照时数为 494.4 小时，较常年偏少 113.5 小时。秋季日照时数为 359 小时，较常年偏少 66.8 小时。

【主要气候事件及影响】

低温雨雪冰冻　2015 年，全年冰冻日数 2 天，主要雨雪冰冻天气过程以 2 月 6—7 日为最强。

雾霾　2015 年，全年出现大雾日数 12 天，霾日数 3 天。雾霾现象频繁对交通、人体健康都造成一定影响，冬季由大雾引发的交通事故较历年有所增多。

暴雨洪涝　2015 年，全市共出现 5 次暴雨过程，其中 5 月 2 日降水量为 79.1 毫米。据市民政局统计，春季强降水引发的暴雨灾害造成全市农作物受灾面积 133.33 公顷，房屋受淹 200 户，倒房 2 户 6 间，严重损房 14 户 19 间，受灾人口 5064 人，转移人口 864 人，直接经济损失达 200 万元。6 月 14 日暴雨过程造成全市受灾人口 1.8 万人，紧急转移安置 125 人，倒房 6 户 15 间，严重损房 1 户 3 间，河岸滑坡 22 处、31 米，渠道滑坡 80 米，山塘滑坡 7 口，冲毁道路 15 处、24 米，经济作物受灾 140 公顷，农田受灾 235.33 公顷，直接经济损失 800 万元。

雷暴灾害与持续天气不利影响　2015 年春季，共出现雷暴 26 次，未出现大风冰雹等灾害天气。

高温热害　全年平均高温日数 23 天。8 月平均气温为 27.6℃，较常年同期偏低 0.7℃，最高气温≥ 35℃以上 8 天，出现轻度高温热害。（李　蕾）

国民经济和社会发展

2015 年，醴陵市以全面建成小康社会为总揽，坚持稳中求进工作总基调，全面推进“招商引资年”“改革攻坚年”“项目建设年”“安全保障年”四大活动，主动适应经济新常态，加快转型升级，以改革激发活力，以创新驱动发展，全力扩总量、提质量、增均量，全市经济发展呈现平稳增长、稳中向好的良好态势，各项社会事业取得新进步，县域经济基本竞争力在全国百强排名上升到第 82 位。

一、综　合

2015年，实现地区生产总值531.6亿元，增长10.1%。分产业看：第一产业实现增加值48.4亿元，增长4%；第二产业实现增加值340.4亿元，增长9.2%，其中工业增加值317.6亿元，增长9.2%；第三产业实现增加值142.8亿元，增长14.4%。三次产业结构由上年的9.1:65.6:25.3调整为9.1:64:26.9。三次产业对经济增长的贡献率依次为9.3%、46.4%和44.3%，分别拉动经济增长0.4个百分点、5.9个百分点和3.8个百分点。按常住人口计算，人均地区生产总值54301元。

“十二五”期间，全市主要经济发展成果显著，县域经济基本竞争力从第十届的118位上升到十五届的82位，主要经济指标实现翻番。与2010年比，2015年地区生产总值净增265.8亿元，增长1倍，年均增长12%；人均地区生产总值比2010年水平增长94%，年均增长14.2%。

2015年全市国民经济整体情况一览表

表2

指标名称	计量单位	绝对数（现价）	同比增长（%）
地区生产总值	亿元	531.6	10.1
第一产业	亿元	48.4	4.0
第二产业	亿元	340.4	9.2
第三产业	亿元	142.7	14.4
工业	亿元	317.6	9.2
建筑业	亿元	23.1	8.7
交通运输、仓储和邮政业	亿元	13.9	1.0
批发和零售业	亿元	21.6	8.2
住宿和餐饮业	亿元	7.2	8.3
金融业	亿元	4.4	15.8
房地产业	亿元	15.6	5.5
营利性服务业	亿元	23.2	18.7
非营利性服务业	亿元	55.6	23.4

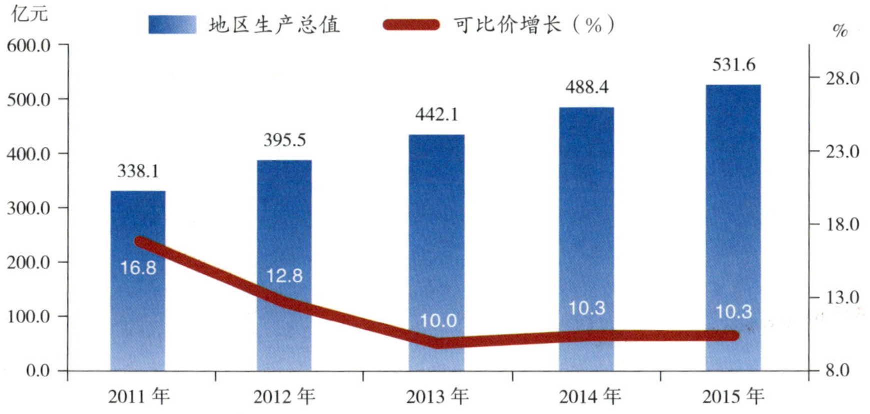

图1 “十二五”期间GDP总量及其增幅

二、农　业

2015年，实现农林牧渔业总产值68.9亿元，增长4.1%。其中农业产值34.1亿元，增长4.4%；林业产值3.3亿元，增长2.1%；牧业产值26.1亿元，增长2.3%；渔业产值3亿元，下降1.7%；农林牧渔服务业产值2.4亿元，增长8%。

2015年，全市农作物播种面积为104.9千公顷，增长3.6%。其中，粮食作物种植72.3千公顷，增长0.5%。粮食总产量达51.7万吨，其中稻谷49.1万吨。蔬菜产量70.5万吨，增长8%；水果产量8.1万吨，增长18.6%。全市种粮大户、规模经营组织达2560个，流转耕地18.5千公顷，占耕地总量的52.4%。

2015年，全市肉类总产量11.5万吨，增长0.4%；水产品产量2.1万吨，增长5.1%。出栏肉猪113万头，增加2.6万头；出栏羊36.5万头，增加1.5万头；出笼家禽796.7万羽，增加100.1万羽。

2015年末，全市拥有农机总动力90.7万千瓦，增长7.8%。全面机插面积18.8千公顷，水稻生产综合机械化水平达73.5%。全年完成农村公路建设81.5公里，新建、改造危桥20座，启动滩下渡改桥建设，建成农村客运招呼站15个。除险加固重点水库11座，新建集中供水工程16处，解决8万人饮水安全问题。

三、工　业

2015年，全市完成工业总产值1012.3亿元，增长13.2%，实现工业增加值317.6亿元，增长9.2%。其中，规模以上工业企业515家，完成产值886.3亿元，增长13.3%，实现增加值313.3亿元，增长9.4%。工业经济拉动GDP增长5.6个百分点，对经济增长贡献率达41.9%。

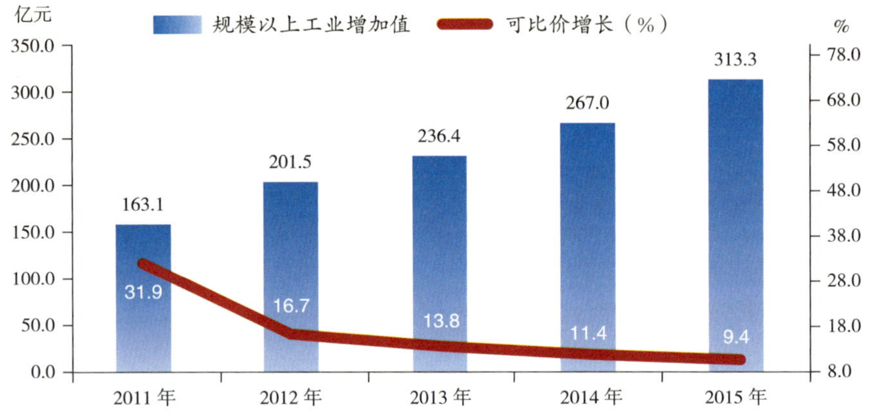

图 2 “十二五”期间规模以上工业增加值及其增幅

工业增加值占地区生产总值比重为59.7%，下降1.6个百分点；工业企业实缴税金10.6亿元，增长18.7%；规模工业企业全部资产利税率为22.7%；园区规模工业增加值占全部规模工业增加值比重56%；万元规模工业增加值能耗降低4.3%；高新技术产品增加值占工业增加值比重12.9%；工业固定资产投资总额294亿元，增长23.6%。

“十二五”期间，醴陵市坚持走新型工业化道路，推动工业化和信息化深度融合，工业发展向中高端迈进。2015年末规模以上工业增加值比2010年增长1.6倍，年均增长16.4%。“十二五”期间，装备制造业和高新技术产业增加值年均分别增长23.4%、25.1%，分别高于规模以上工业增加值增幅7和8.7个百分点。支柱产业地位进一步提升。2015年陶瓷、花炮产业产值分别达554亿元、189亿元，比2010年分别增长163.6%、57.1%，年均增长21.4%、14.9%，对经济增长贡献率分别为38.1%、13.5%。

四、建筑业、房地产业和固定资产投资

2015年，全市建筑业实现增加值23.1亿元，增长8.7%。具有资质等级的总承包和专业承包建筑企业27家、劳务分包企业14家，完成产值57.5亿元，增长23.4%。建筑房屋施工面积302.6万平方米，增长22.2%，房屋竣工面积222.9万平方米，增长8.9%。

2015年年末，全市有房地产开发企业44家，完成房地产开发投资15.7亿元，下降26.5%；商品房施工面积182.7万平方米，下降8.8%；竣工面积25.9万平方米，下降48.3%；销售面积55.3万平方米，增长10.3%；实现销售额20.8亿元，增长2.5%，其中住宅销售额18.8亿元，增长14.4%。

2015年，全市完成固定资产投资360亿元，增长18.7%。分产业来看，第一、二、三产业分别完成投资1.4亿元、294.1亿元、64.5亿元，一产业下降50.8%，二、三产业分别增长23.4%、4%。从投资方向来看，完成工业投资294亿元，增长23.6%，其中技术改造投资264亿元，增长19.9%；完成基础设施投资45.6亿元，增长34.6%；完成民生投资4.7亿元，增长101.5%。

“十二五”期间，醴陵市全社会固定资产投资累计完成1246亿元，是“十一五”期间的3.8倍，其中2015年固定资产投资额是2010年的2.9倍。五年来固定资产投资平均增长23.6%，拉动经济保持较快增长。

五、内外贸易、旅游和招商引资

2015年，全市完成社会消费品零售总额163.4亿元，增长12.6%。分地域看，城镇实现消费品零售额147.2亿元，增长12.5%；农村实现消费品零售额16.2亿元，增长13.6%。分行业看，批发和零售业实现零售额145.5亿元，增长13%；住宿和餐饮业实现零售额17.9亿元，增长9.1%。

“十二五”期间，消费对经济的基础性作用得到较好发挥。2015年醴陵市社会消费品零售总额比2010年增长1倍，五年年均增长14.5%。2015年消费对GDP贡献率达42.4%，高于2010年1.6个百分点。

2015年，新批进出口企业15

图 3 “十二五”期间固定资产投资总额及其增幅

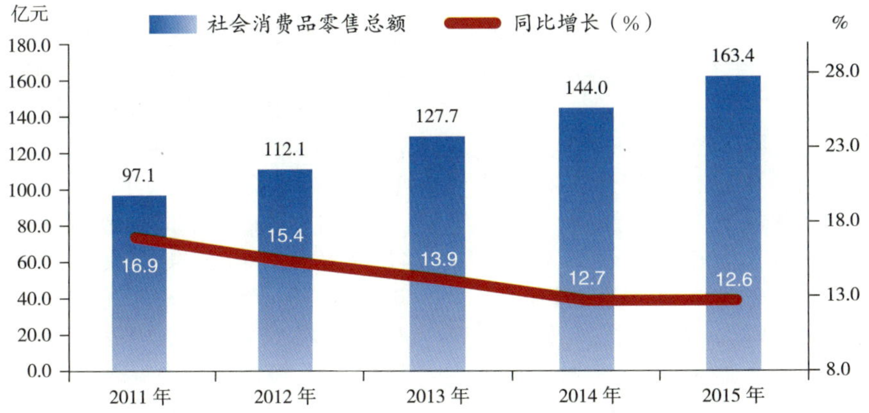

图 4 “十二五”期间社会消费品零售总额及其增幅

家，年末拥有自营进出口权的企业 245 家。全年完成货物进出口额 3.33 亿美元，同比下降 2.5%。组织企业使用“中国醴陵·瓷彩天下”统一标识抱团参展春秋两季广交会，成交 11309 万美元，同比增长 11.4%。“十二五”期间，尽管国际金融危机以来世界经济复苏缓慢，又遇反倾销调查，但由于醴陵市积极应对，措施得力，进出口贸易总体上保持稳定增长，2015 年货物进出口总额比 2010 年增长 48.1%，年均增长 10.3%。

2015 年，全市实现旅游总收入 25.6 亿元，增长 23%；旅游总人数 366 万人次，增长 23.3%。

2015 年，实际到位外资 1.65 亿美元，增长 14.5%；内联引资 36.75 亿元，增长 15.3%。

六、交通运输、邮电通信业

2015 年，全市交通运输、仓储和邮政业实现增加值 13.9 亿元，增长 1%。客运量 2807.5 万人次，增长 2.8%；货运量 1776.3 万吨，增长 0.7%。旅客运周转量 11.7 亿人公里，增长 2.5%；货运周转量 20.6 亿吨公里，增长 0.7%。

完成邮电业务总量 8.36 亿元，增长 19.4%。年末固定电话用户 13.5 万户，下降 9.4%。移动电话用户 75.4 万户，增长 10.7%，互联网用户 10.7 万户，增长 13.1%。

七、财政、金融

2015 年，全市完成公共财政预算收入 45 亿元，增长 17.2%。其中上划收入 10.6 亿元，增长 8.5%；地方一般预算收入 34.4 亿元，增长 20.1%。完成税收收入 23 亿元，占财政总收入比重为 51.1%。公共财政预算支出 59.6 亿元，增长 20.2%，其中教育、文化体育与传媒、社会保障和就业、医疗卫生、农林水事务、住房保障等事务支出分别为 7.7 亿元、1.1 亿元、7.6 亿元、5.5 亿元、6 亿元、1.7 亿元，分别增长 15.9%、113.2%、32.1%、5.4%、31.1% 和 114.6%。

“十二五”期间，醴陵市财政收入年均增长 17.4%。随着财政实力增强，财政对经济社会发展的支持不断加大，2015 年财政支出比 2010 年增长 1.1 倍，年均增长 16.3%。2015 年年末，全市金融机构各项存款余额 262.3 亿元，比年初增加 45 亿元，增长 20.7%；其中城乡居民储蓄余额 194 亿元，比年初增加 22.9 亿元，增长 13.4%。各项贷款余额 131.4 亿元，比年初增加 9 亿元，增长 7.4%。

八、节能降耗、环境保护和安全生产

2015 年，全市单位 GDP 能耗为 0.665 吨标准煤 / 万元，下降 4.2%，万元规模工业增加值能耗下降 4.3%。全市化学需氧量、氨氮削减率分别为 0.1%、0.2%；工业“三废”（废水、废气、固体废弃物）处理率 100%；全年空气质量优良天数 327 天，优良率达 92.4%。

2015 年，全市发生各类安全生产事故 85 起，死亡 5 人，受伤 144 人，直接经济损失 29.8 万元；其中，烟花爆竹企业发生伤亡事故 1 起，死亡 1 人。道路交通事故发生 115 起，死亡 19 人，受伤 182 人。

九、教育、科学技术

2015 年，全市有中、小学校 267 所，其中小学（含教学点）213 所、初中 44 所、高中 9 所（普高 5 所、中职 4 所）、特殊教育学

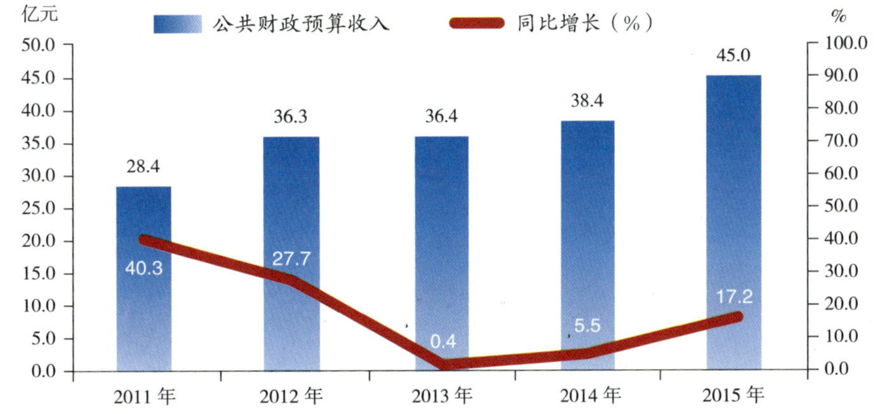

图 5 “十二五”期间公共财政预算收入及其增幅

校1所；有公、民办幼儿园422所（含小学附属学前班）。有在编中小学、幼儿园公办教师6147人；在校学生、在园幼儿142914人，其中中学生（含中职学生）43454人、小学生60398人、在园幼儿39062人。2015年全市高考上线率为99.82%，其中，二本以上（含二本）上线人数为1565人（按株洲市统计口径），上线率为57.31%；一本上线人数为472人，上线率为17.28%。全市小学入学率为100%，辍学率为0，升入本市初中学校升学率为97.29%；初中入学率为100%,辍学率为0.4%，升学率为96.68%。

2015年,共申请专利1068件，其中发明申请51件。授权661件，其中发明授权33件。科技计划项目申请35项，科技计划项目立项20项，科学技术经费醴陵市级支出2008万元。年末拥有高新技术企业44家，完成高新技术产品产值117.7亿元，增长22.7%。

十、文化、体育和卫生

2015年年末，全市有广播电视有线数字用户8.96万户，广播综合覆盖率为100%，电视综合覆盖率为100%。

市广播电视台主办《醴陵新闻》300期、出版《今日醴陵》报101期；制作播出《瓷城环线》、《法治视点》、《安全在线》、《瓷城房产》等专题节目190期；完成自采新闻稿件近4000条。举办大型文化体育活动131场次，送戏下乡136场，送电影下乡4092场；结合乡镇综合文化站建设，开展“一周一乐、半月一赛”系列活动72场次。市文化馆、图书馆、博物馆、纪念馆和乡镇综合文化站全部免费开放。

年末，全市卫生计生系统共有机构630家，其中市直医疗卫生机构12家，镇卫生院（妇幼保健计划生育服务站）19家、非建制镇卫生院8家、卫生分院6家、社区卫生服务中心（妇幼保健计划生育服务站）4家、民营医疗卫生机构8家、驻醴医疗卫生机构2家、村卫生室571家。每千人口拥有医生1.9人、护士1.8人；全市拥有床位数4853张，每千人拥有床位数4.6张。全市新型农村参合农民78.8万人，参合率96.57%；累计补助27.67万人次，补助金额3.6亿元，统筹地区政策范围内补偿率75.13%。

十一、人民生活和社会保障

2015年，全市城乡居民人均可支配收入25976元。其中，城镇居民人均可支配收入31093元，同比增加2457元，增长8.6%；农民人均可支配收入20732元，增加1640元，增长8.6%。城镇居民人均生活消费性支出19995元，其中食品支出5686元；农民人均生活消费性支出13855元，其中食品支出为3756元。

“十二五”期间居民收入持续增长。2015年城镇居民人均可支配收入比2010年提高12813元，农村居民人均可支配收入比2010年提高10058元。近五年，城镇居民、农村居民人均可支配收入年均分别增长11.9%、14.2%。

2015年，全市民生领域支出41.97亿元，占公共财政支出的70.7%。全市新增城镇就业8386人，新增农村劳动力转移就业4630人，城镇人口登记失业率控制在3.5%以内。“五大保险”（养老保险、失业保险、医疗保险、工伤保险、生育保险）参保人数达94万人次，支付各种待遇10亿余元。新改扩建农村敬老院3所，农村五保户分散供养标准达3360元/年。完成农村危房改造1300户，开工建设公共租赁住房（含廉租住房）1410套，发放住房困难租赁补贴1200户，解决近2万人住房困难问题。实施精准扶贫，开展“一进二访”活动，完成36758名贫困人口的建档立卡工作，派出20个工作队到贫困村开展驻村帮扶，5835名贫困人口“摘帽脱贫”。

1. 以上部分数据为初步统计数，正式统计数据以《醴陵市统计年鉴》（2016）为准。

2. 地区生产总值（GDP）、各产业增加值绝对数按现价计算，增长速度按可比价计算。

3、增长均为同比增长数。

（丁祥军）

大事记

2015 年

1 月

11 日　株洲市委副书记、市长毛腾飞率市直相关部门负责人到醴陵调研，并听取醴陵和攸县两地的人大代表、政协委员对株洲市《政府工作报告（征求意见稿）》的意见、建议。

16 日　中共醴陵市委十一届八次全体（扩大）会议在醴陵大剧院召开。

20—22 日　国家水利部特派员姜开鹏率工作组到醴陵稽查、督查农村饮水安全工作情况。

28 日　市人民政府召开专题会议，对旗滨大道二期暨莲易公路辅道线型设计方案进行论证。

2 月

2 日　中央电视台中文国际频道（CCTV4）《远方的家》栏目组到醴陵拍摄大型系列特别节目《江河万里行》醴陵篇，并于 4 月 8 日播出。

2—4 日　政协醴陵市第十三届委员会第四次会议在醴陵大剧院召开。

3—5 日　市第十五届人民代表大会第四次会议在醴陵大剧院召开。

4 日　省人民政府副省长何报翔到醴陵永胜陶瓷、星火陶瓷、力生瓷厂等企业和原西山街道枫树塘村，走访慰问困难企业、职工和农户。

5 日　省民政厅厅长段林毅到市福利中心、原板杉乡敬老院和来龙门街道四塘社区等地慰问困难群众并调研民政工作。

3 月

2 日　醴陵召开“湖南陶瓷技师学院”筹建工作会议。为助推醴陵陶瓷产业向千亿集群迈进，经省人社厅考察评议，并报省人民政府同意批准，由省轻工盐业集团有限公司作为业主方，醴陵市人民政府作为合作支持方，在醴陵建设湖南陶瓷技师学院。初步规划，以湖南技师学院为龙头整合醴陵职教资源，将其办成集教育、培训、科研为一体的机构，力争将湖南陶瓷研究所、醴陵市陶瓷烟花职业技术学校，醴陵市职教中心整合到学院合校办学。五年内，将该学院建设成为国内陶瓷行业一流的技师学院，并成功转轨为湖南陶瓷职业技术学院，实现陶瓷工程和陶瓷艺术专业为主与本科院校合作办学。

是日　中国陶瓷艺术大展暨首届湖南（醴陵）陶瓷博览会工作动员大会在醴陵大剧院召开。

10 日　全省烟花爆竹安全生产工作会议在醴陵召开。省安委办副主任、省安监局副局长李大剑参加会议。

16 日　省商务厅副厅长李心球率队到醴陵调研商务部门服务经济工作情况。

26 日　中国陶瓷艺术大展暨首届湖南（醴陵）陶瓷博览会（以下简称“瓷博会”）在醴陵·世界陶瓷艺术城开幕。首届瓷博会由中国轻工业联合会、中国陶瓷工业协会、湖南省商务厅、株洲市人民政府主办，醴陵市人民政府承办，湖南省陶瓷行业协会、华泽集团醴陵·世界陶瓷艺术城协办。展会共设立 16 个展区，总面积 18900 多平方米，共有展位 636 个。除中国陶瓷艺术大展第十届全国陶瓷艺术创新评比大赛、陶瓷新产品和新材料展销外，承办单位还组织策划开幕式、“欢乐瓷城”焰火晚会、快乐购电视购物现场直播、“中国醴陵·瓷彩天下”摄影展瓷城文化之旅等 16 项主体活动。瓷博会于 4 月 6 日圆满闭幕。

28 日　醴籍著名数学家阳名

珠专程来醴参加首届“瓷博会”。

4月

2日　省委政研室巡视员刘国良一行到醴陵调研陶瓷产业发展情况。

4日　省人大常委会原副主任蔡力峰到醴陵现场考察醴陵·世界陶瓷艺术城。

5日　中央电视台一频道《新闻联播》栏目头条播出“重读抗战家书系列报道——左权：愿拼热血卫吾华”，深切缅怀为国捐躯的醴籍将军左权。

11日　中国关心下一代工作委员会常务副主任武韬到醴陵考察醴陵·世界陶瓷艺术城。

15日　株洲市委宣布市人民政府主要领导任免决定：康月林任市委委员、常委、副书记，提名为市人民政府市长候选人。蔡周良任株洲市云龙示范区党工委书记，免去其醴陵市委委员、常委、副书记职务，省委和株洲市委同意提名免去其醴陵市人民政府市长职务。

是日　省军区后勤部部长刘高元，省军事法院院长刘立辉一行到醴陵督查人武工作情况。

16日　湖南卫视在醴陵召开2015年度新闻通联年会，全省各县、市、州百余家电视媒体齐聚醴陵，探讨业务、交流经验。湖南广播电视台副台长龚政文参加会议，并考察醴陵·世界陶瓷艺术城和陶瓷博物馆。

20日　省人大常委会内务司法委员会主任李平到醴陵检查推进司法公开工作情况。

20—21日　市委书记周晓理率华泽集团、经开区、经信局等单位负责人赴江西景德镇考察学习，寻求陶瓷产业转型升级的新路径。

23日　市十五届人大常委会召开第17次会议，审议并通过有关人事任免事项和其他议题。决定任命康月林为市人民政府副市长、代理市长，并接受蔡周良辞去市人民政府市长职务。

24日　市召开瓷博会总结表彰会暨“招商引资年”活动动员大会。为期12天的展会期间，共有参展企业436家、参展客商6500人，参展、参评作品11600件（套），参观人数38.6万人次。现场成交8760万元，协议成交5.77亿元；签约项目16个，合同引资金额41.76亿元；实现旅游收入1.78亿元。

25日　市委副书记、代市长康月林，市政协主席杨龙率政府办、财政、经信、招商和商务等部门负责人到广州市琶洲会展中心，实地调研醴陵市59家企业参加第117届春季广交会的参展情况。

25—26日　中华诗词学会副会长宣奉华率专家团队到醴陵，就醴陵创建“中华诗词之乡”工作情况考核验收。

28日　市第一中学举行110周年校庆。中国人民革命军事博物馆政委孟世强，军事博物馆研究员、书法家李铎及其夫人李长生参加庆典活动。

5月

4日　醴陵市召开渌江书院保护整治规划方案汇报会，北京清华同衡规划设计公司汇报书院保护整治规划。

6日　省人大常委会法工委主任肖迪明到醴陵调研，听取基层人大代表对《中华人民共和国地方各级人民代表大会和地方各级人民政府组织法》、《中华人民共和国全国人民代表大会和地方各级人民代表大会选举法》、《中华人民共和国全国人民代表大会和地方各级人民代表大会代表法》的修改意见。

18—19日　在醴陵大剧院召开市第十五届人民代表大会第五次会议，会议通过《醴陵市第十五届人民代表大会第五次会议选举办法（草案）》。19日，大会满票选举康月林为市人民政府市长。

31日　株洲市委书记贺安杰到醴陵泗汾镇泗汾村实地考察“同心乡村”创建点，并察看省委统战部“万企联村，共同发展”省级示范对接点——泗汾金湖湾生态农业与旅游休闲项目。

6月

1—2日　世界银行工作组到醴陵督查湖南森林恢复和发展贷款项目情况。

2日　《2015年中国工业发展报告》发布的2014年全国工业百强县（市）榜单中，醴陵市位居第93位，这是全国首次发布中国工业百强县名单。该报告由国家工业和信息化部规划司指导，中国信息通信研究院和人民邮电出版社联合发布。

4日　醴陵市各界在李畋殿前广场举行公祭花炮始祖李畋活动。

是日　省林业厅副厅长吴彦承一行到醴陵督查森林防火和病虫害防治工作。

10日　省旅游局和文化产业改革发展办公室公布首批湖湘风情文化旅游小镇名单，醴陵·世界陶瓷艺术城榜上有名。

16—17日　湘赣边区域开放合作“畅行秋收起义路·融入长江经济带”主题联席会在江西永新县召开。井冈山、莲花、醴陵、浏阳、平江、上栗、铜鼓、万载、修水、永新湘赣边区域合作十县（市），以及应邀出席会议的江西省遂川县代表决定共推20项重大交通基础设施建设，共建互联互通交通网络格局。

17日　水利部副部长李国英率涉农资金专项整治行动中央督导组到醴陵，督查指导涉农资金使用情况。省财政厅副厅长欧阳煌，省水利厅副厅长钟再群等参加督查。

18日　湖南陶瓷技师学院项目建设开工。学院项目选址渌江新城核心区，规划用地20公顷，一期总投资2.48亿元，包含教学综合大楼等9个单体建筑。

30日　来自辽宁、吉林、黑龙江和江苏等省的93名农业专家、农技人员到市泗汾镇石湾村和枧上村，现场观摩超级稻示范推广。

7月

2日　2015年湖南株洲投资推介会在深圳市召开，醴陵的波特城·中南总部、碱性酒生产基地、成瘾戒断中心、湖南省陶瓷技师学院、陶瓷3D打印研究所、金籁电子产品制造和铜排梯排铜钻异型材生产基地7个重点项目共引资193.9亿元。

4日　江西省进贤县委书记万凯率党、政代表团到醴陵考察交流城管建设工作经验。

8—10日　省爱卫办主任倪友新率省爱卫专家组通过查阅资料、现场检查以及走访群众等方式，对全市巩固提升省级卫生城市工作进行全面检查，认定醴陵市符合省级卫生城市标准要求，继续保留醴陵市“湖南省卫生城市”称号。

23日　醴陵市举行商务部国际商务官员研修实践实训基地授牌仪式暨阿尔及利亚陶瓷培训班开班典礼。市委书记周晓理为基地揭牌并出席开班仪式。

是日　株洲市军分区司令员雷鸣到醴陵视察人民武装工作。

8月

5日　省委常委、省军区司令员黄跃进到醴陵督导征兵工作。

7日　为理顺司法所管理体制，醴陵市将30个基层司法所整体收编。

11日　波特城董事、执行总裁陈华率队到醴陵，对接、洽谈项目落户后的前期规划、建设运营等具体事宜。

是日　醴陵市召开专题会议，安排部署2015年湖南省青少年游泳锦标赛的准备工作。

12日　省水利厅党组书记、厅长詹晓安到醴陵督导水利工程建设工作。

14日　省人民政府副省长、省公安厅厅长黄关春到醴陵恒达烟花有限公司、湖南外运醴陵市公司、市公安局及下属派出所、警务室进行现场调研。

21日　醴陵市举行庆祝醴陵市政协成立60周年座谈会。

22日　2015年第十五届全国“县域经济与县域基本竞争力百强县”名单揭晓，醴陵市排名第82位，比上年前进两位。这是自2010年醴陵市首次挺进全国百强县以来，连续5年跻身全国百强县，并不断进位赶超。

是日　首届湖南（醴陵）大湘东民俗文化节“黄乡民居、田园乐翻天”活动在原黄獭嘴镇耿传公祠开幕。该活动由中共醴陵市委、市人民政府主办，市旅游局、原黄獭嘴镇人民政府、株洲电视台承办，是大型趣味性旅游推介活动,持续到9月27日结束。

24日　由台湾联合报系记者组成的“大陆新发现”采访团走进醴陵，聚集醴陵市陶瓷文化发展之路，先后到醴陵·世界陶瓷艺术城、华联瓷业、新世纪陶瓷艺术馆等地采风。

25日　耿飚（醴籍人）的孙女、中国华夏文化遗产基金会理事长耿静到醴陵考察近年来陶瓷产业和教育事业发展情况，并到左权纪念碑、李立三故居和陈明仁故居等地参观。

26日　在耿飚将军诞辰106周年之际，耿飚铜像在耿传公祠揭幕。

28日　国家旅游局副局长李世宏带领国务院安委会第十一督查组到醴陵督查安全生产工作，先后到市中油燃气有限责任公司和湖南群乐化工贸易有限责任公司进行实地督查。

9月

1日　省委原书记熊清泉一行到醴陵考察陶瓷产业发展情况，省人大常委会原副主任蔡力峰、株洲市委书记贺安杰等参与考察。

1—2日　省委政研室负责人率队到醴陵调研县域经济发展情况。

3日　“中国人民抗日战争暨世界反法西斯战争胜利70周年”纪念邮票首发仪式在全省六个市、州、县举行。作为抗战英雄左权将军的故里，醴陵市成为全省2个县级市首发站点之一。

7日　市政府职能转变和机构改革工作动员会在醴陵大剧院召开。

是日　省委党史研究室副主任王文珍一行到醴陵开展“以史铸魂”调研工作。

7—9日　水利部特派员张杰率队到醴陵督查2015年农村饮水安全工程实施情况。

16—17日　省农委工作组到醴陵督查农民负担综合治理工作。

18日　中组部党建所理论研究室调研员、副主任韩灵一行到醴陵调研基层党建工作，并到原西山街道财源塔社区实地调研。

23日　省委督办专员、调研组组长蒋新祺率省发改委、经信委等部门负责人，就醴陵市经济开发区园区发展情况进行专题调研。

24日　全国烟花爆竹标准化技术委员会第四届第三次全体大会暨标准审查会议在醴陵召开。全国烟花爆竹标准化技术委员会和省质监局、安监局代表130人参加会议。

28—29日　湘赣边区域开放合作交流会第二次主题联席会议在江西省修水县召开。井冈山、莲花、醴陵、浏阳、平江、上栗、铜鼓、万载、修水、永新10县(市)，以及应邀出席的江西武宁县、湖北通城县达成共识，以“融入长江中游城市群，共建生态旅游休闲区”为主题，促进湘赣边区域打造长江中游城市群“绿心”。

30日　全国第二个“烈士纪念日”，全市100多名各界代表到烈士陵园纪念碑前，深切缅怀先辈们的不朽功勋。

10月

9日　省纪委副书记、省监察厅厅长周农带领省政府督查组到醴陵，督导检查醴陵市落实省委、省政府稳增长政策、措施工作情况。

10日　中央电视台著名节目主持人董浩在醴陵开办的“东豪瓷社”正式揭牌。

20日　醴陵市公务员职务与职级并行制度实施暨乡镇区划调整工作展开动员和部署大会在醴陵大剧院召开。

21—22日　中央电视台著名节目主持人董浩到市“醴北人家”集镇组团旅游项目实地采风，并就如何进一步充分挖掘醴瓷现有资源，做精醴瓷文化进行交流。

23日　第118届广交会第二期交易展示在广州启幕，醴陵此次共有60家企业参展，其中56家日用陶瓷企业设有174个展位，总量占到湖南省的四分之三。

25日　国家原卫生部部长、现中国妇幼保健协会会长张文康到醴陵调研医疗卫生、妇幼保健等工作，并到原市妇幼保健院实地调研。

26日　中央电视台《焦点访谈》栏目制片人再军到醴陵考察，先后参观醴陵·世界陶瓷艺术城、李立三故居和振美艺术瓷厂等。

28日　省委党史研究室主任张志初一行到醴陵调研“家规家训家风名宅”工作情况。

11月

2日　全国人大常委会原副委员长李铁映一行到醴陵考察醴陵·世界陶瓷艺术城项目，省人大常委会副主任刘莲玉，省老领导王克英、颜永盛等参加。

6日　中央电视台著名节目主持人董浩创作的陶瓷作品《人生如戏》捐赠给醴陵陶瓷博物馆永久收藏。

7日　宁波港股份有限公司总裁蔡申康率队到醴陵考察醴陵到港铁路运输项目，并与醴陵市人民政府签订框架合作协议。

10日　国家安监总局监管三司巡视员刘幼贞到醴陵督查安全生产工作，并实地督查金利来出口礼花弹厂、李洲出口花炮厂和天马机械等企业。

10—11日　湖南省烟花爆竹安全生产工作座谈会在醴陵召开。省安监局副局长李大剑出席会议并讲话。

13日　莲株高速公路征地拆迁工作动员大会在醴陵大剧院召开。莲株高速公路始于湘赣边界的莲花冲，止于株洲市红旗广场，全线50.38公里。其中，醴陵段全长31.05公里，需拆迁房屋152栋，征收土地67.13公顷，涉及阳三石、来龙门、原黄泥坳、东富和板杉5个乡镇（街道）。

是日　根据《醴陵市乡镇区划调整改革工作实施方案》，醴陵市将原有的26个乡镇（其中18个镇,8个乡）撤并为19个镇。乡镇区划调整改革后，全市有19个镇、4个街道，分别为：李畋镇、白兔潭镇、浦口镇、王仙镇、船湾镇、明月镇、茶山镇、左权镇、枫林镇、东富镇、板杉镇、沩山镇、嘉树镇、官庄镇、孙家湾镇、石亭镇、均楚镇、泗汾镇、沈潭镇和来龙门街道、国瓷街道、阳三石街道、仙岳山街道。

17日　湖南省新农村建设先进县和示范村考核验收组到市原板杉乡八步桥村、黄獭嘴镇隆兴坳村和枫林市乡枫林市村，实地督查指导农村道路、村级组织活动中心与集贸市场的建设、运行情况。

24日　农业部负担综合治理检查验收组到醴陵检查验收，并肯定醴陵相关工作。

25日　湖南省公共经济研究会年会暨湖南“十三五”公共经济发展理论研讨会在醴陵召开。省人大常委会党组成员陈叔红出席会议。

是日　全国输配电技术协作网举办的绝缘子专业技术委员会2015年度会议暨500KN和以上大吨位绝缘子技术讨论会在醴陵召开。

28日　省安委会考核组一行到醴陵督查安全生产。先后到市烟花爆竹安全指挥中心、潼塘永胜造纸厂等地现场督查。

12月

3日　省高速公路管理局局长谢立新率队到醴陵，现场督导莲株高速板杉段建设情况。

15日　省委、省政府督查组到醴陵督查乡镇区划调整改革和不动产统一登记工作情况。

17—18日　第二届湘赣边区域开放合作交流会在江西省萍乡市上栗县召开，湘赣边11个县（市、区）的相关党政负责人围绕“金融互动·交通互联”主题，共襄开放合作盛举，谋划联动发展新局。

25日　中国农业发展银行副行长林立一行到醴陵调研金融合作工作。

27日　醴陵市同时获“全省安全生产先进单位”、“全省计划生育工作优秀单位”和“全省综治工作先进县市区”称号，创历年最好成绩。

28日　省军区政委马必强一行到醴陵检查指导人民武装工作。

是日　全国财政系统先进集体和先进工作者表彰大会在北京举行，市财政局被人社部、财政部联合授予“全国财政系统先进集体”称号。（罗秀媛）

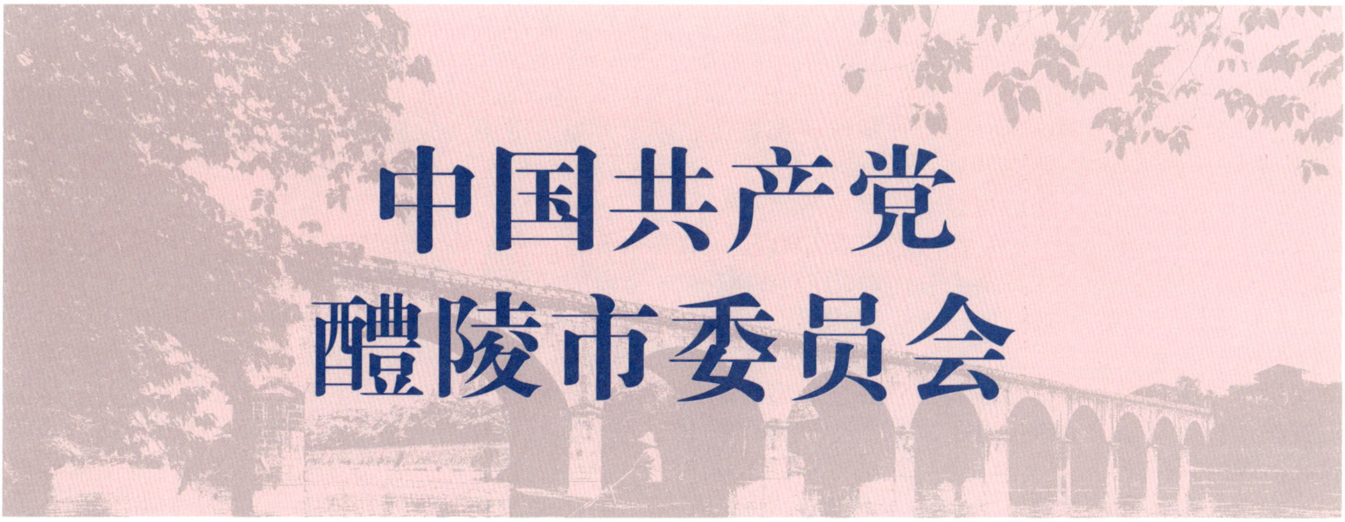

中国共产党醴陵市委员会

【概况】2015年是“激情创业，勇争一流”的丰收之年。全市上下按照既定思路，突出“稳抢快跑”要求，全面推进“四个”主题年（招商引资年、改革攻坚年、项目建设年、安全保障年）活动，各项工作硕果累累，各项事业蓬勃发展，实现了“十二五”完美收官。

产业转型，经济向好。面对经济发展新常态，主动适应，承压进取，理性筑底夯基，着力转型升级，取得经济发展换挡不失速、量增质更优的成效。全年实现生产总值531.6亿元，增长10.1%；完成财政总收入45.03亿元、税收收入23.01亿元，分别增长17.2%、17.8%；固定资产投资360亿元，增长18.7%；社会消费品零售总额163.4亿元，增长12.6%；城乡居民人均可支配收入分别达31093元、20732元，均增长8.6%，县域经济基本竞争力居全国百强第82位。工业总产值突破千亿大关，达1012.3亿元，增长13.2%；战略性新兴产业产值达196.3亿元，增长20%，工业强市迈上新台阶，居全国工业百强县第93位。陶瓷、花炮产业产值分别达556亿元、188.8亿元，增长13.5%、8%。三产占比提高1.6个百分点。经开区建成标准厂房37.44万平方米，完成技工贸总收入401.3亿元，获评“国家新型工业化产业示范基地”。金融机构各项贷款余额131.4亿元，增长7.4%，集体土地上房屋抵押贷款过亿元；工业用电量增长24.7%，列全省县（市）第一；外贸出口总额居全省县（市）前茅。

推进改革，激发活力。7大类21项改革纵深推进，市场在资源配置中的决定性作用得到充分发挥，“要素红利”逐渐转化成“改革红利”。政府机构改革有力有序，乡镇区划调整圆满完成，李畋镇左权镇国瓷街道等一批极富醴陵产业特色和文化特征的地名成为对外形象展示的“新名片”。投融资体制改革成效明显，完成直接融资52.6亿元，撬动社会投资超百亿，市财政局获评“全国财政系统先进集体”。国光企业改制取得实质性进展，年内筹备复牌恢复上市准备工作。对外开放全方位拓展，新增进出口企业19家，进出口总额达3.33亿美元。

项目攻坚，进展顺利。围绕“三一”格局，80个重点建设项目全线铺开，完成投资106亿元，征地359.93公顷，腾地401.73公顷，征拆房屋1007栋（套），32个项目完成征拆清零；完成土地报批329.07公顷，实现“项目等土地”向“土地等项目”的根本性转变。市旗滨玻璃、陶瓷艺术城、升华科技二期工程、湖电智能电网等项目竣工投产，“瓷城古韵”、陶瓷3D打印研究所、时代金属轨道交通部件基地、沪昆高铁连接线、李畋中路、北乡旅游环线等项目进展顺利，陶瓷文化特色街区、陶瓷技师学院、渌江书院、玻璃余热发电等项目开工建设，渌江新区项目梯度开发、递次推进，发展基础更实，后劲更强。

招商引资，业态多元。出台“工业十条”“招商六项”，激发全民招商积极性，全年新签约项目117个；合同引资485亿元，到位资金154亿元，分别为上年度的3.8倍、3.6倍，签约项目数、引资数均创历史新高，位居株洲首位。乡镇招商局面喜人，落地项目62个，到位资金26亿元。举全市之力成功举办首届湖南（醴陵）陶瓷博览会，引爆会展经济，签约项目16个，合同引资42亿元，中央电视台著名主持人董浩将工作室落户醴陵。“黄乡民居·田园乐翻天”做热“醴北人家”休闲旅游，旅游产业成为经济增长新亮点。“个转企”“小升规”呈千帆竞发之势，分别增加160家、83家。

网格管理，治理提升。推动“连心解困”大走访与信访维稳、安全生产紧密结合，网格化社会治理成为常态，全省综治民调由84位上升至55位，创历史最好成绩。落实领导干部分类定期接访制度，特护期间实现“零上访”“零登记”。“数字醴陵”一期工程开通，城区重点区域、复杂场所、要害部位、关键路段实现视频监控全覆盖，有效提升了社会治理的管控能力。

改善民生，和谐稳定。全年民生支出42亿元，占财政总支出的70.5%。104项民生实事全部完成，文教体卫等公共服务体系进一步健全。“两改六化”进展顺利，群众生活更方便、更舒心、更美好。社会事业全面发展，成功创建“中华诗词之乡”；高考成绩连续两年位居株洲地区首位，以最高等级通过全省教育工作第三轮督导评估，获评“湖南省教育强县（市）”。扶贫攻坚力度加大，5835名贫困人口“摘帽脱贫”。建成全省领先的花炮企业视频监控系统，实现事故起数、死亡人数、受伤人数、经济损失“四个”大幅下降。社会大局持续和谐稳定，安全生产、综合治理、计划生育工作同时荣获全省先进，为全省唯一县（市）。

狠抓党建，强力反腐。在株洲县、市、区中率先启动“三严三实”专题教育活动，市委书记的专题党课录像作为全省“两个代表”之一选送中组部。整顿38个软弱涣散基层党组织，建成10个“五彩社区”（建设管理有序、服务完善、环境优美、生活便利、和谐幸福的新型现代化社区，釉下五彩陶瓷和缤纷五彩花炮是醴陵特色产业，取意“五彩醴陵”，新社区建设统一取名“五彩社区”）。为283名村书记、村主任缴纳养老保险，基层基础进一步夯实。率先出台《处置不合格党员实施意见》，处置不合格党员103人。全面推广“五问工作法”，严格兑现“末位淘汰”制，2名科级干部被免职。大力提拔重用“十类人才”，选人用人风清气正。严格落实“两个责任”，惩防并举，立案190起，结案188起，党纪政纪处分187人。全面加强党委意识形态工作，率先推行对外新闻发布制度，醴陵“点击率”“好评度”大幅提升；“诚信老爹”潘尧生获评“全省道德模范”，入选“中国好人榜”，得到省委书记徐守盛亲切接见。党管武装工作成绩突出，被广州军区评为全省唯一的“全面建设先进单位”。市几套班子和衷共济、共谋发展，形成了市委总揽全局、协调各方，市人大依法履职、有效监督，市政府依法行政、狠抓落实，市政协参政议政、建言献策的良好局面。统战、工会、妇联、共青团等作用充分发挥，全市上下“激情创业，勇争一流”蔚然成风。

【市委十一届八次全体（扩大）会议】1月16日，市委十一届八次全体（扩大）会议在醴陵大剧院召开。会议任务是贯彻落实中央、省委经济工作会议和株洲市委十一届八次全会暨市委经济工作会议精神，总结2014年工作，部署2015年任务。市委书记周晓理作工作报告。报告第一部分，全面总结了2014年的工作成绩，客观分析了存在的困难和问题，精准提炼工作经验，号召全市上下在建设“新创业、新醴陵，打造发展升级版，建好湖南东大门”的征程中要团结一致、坚定信心、保持定力。报告第二部分，分析了醴陵所处的发展环境和面临的发展形势，明确2015年的工作指导思想和重点，推出“招商引资年”“改革攻坚年”“项目建设年”“安全保障年”四大主题年活动，提出了“稳抢快跑”的工作要求，制定了“11533”（地区生产总值增长10%，财政总收入增长10%以上，融资50亿元以上，一般收入占财政收入的比重提高3个百分点左右，固定资产投资增长30%左右）的工作目标。报告第三部分，全面部署了2015年的工作，指出全市上下要以更加理性的心态、更加务实的作风、更加高昂的激情、更加团结的氛围，推动各项工作落到实处。主要突出六项工作：一是坚持项目主导，增强发展动力。要加大力度推进项目，要加紧破解瓶颈要素，要加强环境优化。二是坚持改革创新，突出市场主导。要纵深推进改革，要全面扩大开放。三是坚持转型升级，推动产业提升。要做大做强工业；要发展现代农业；要提高三产比率，力争第三产业比重在3～5年内提高到30%以上。四是坚持两轮驱动，加快新区建设。要开发渌江新区，要构建集镇组团，要提升城市品位。五是坚持“以人为本”，发展民生事业。要促进就业创业，要加强社会保障，要繁荣社会事业。六是坚持底线思维，推进依法治市。要坚守安全生产、综治维稳、计划生育、国土管理、生态环保等工作底线；要创新社会治理，持续深入开展“大走访”活动；要建设法治醴陵，把法治贯穿于经济、政治、文化、社会、生态建设各领域；要加强党对法治工作的领导，把党的领导贯彻到全面推进依法治市的全过程。报告的第四部分，指出要按照“党要管党、从严治党”的要求，全面加强党的建设。要选好干部强班子，大力提拔重用“十类人才”；要夯实基层强基础；要严管严治树形象；要强化落实改作风。

【市委十一届九次全体（扩大）会议】7月31日，市委十一届九次全体（扩大）会议在醴陵大剧院召开。会议的主要任务是总结上半年工作，部署下半年任务。

市委书记周晓理作工作报告。报告认真总结上半年的工作成绩，主要表现为经济发展爬坡加速、城乡建设步伐加快、民生事业有序发展、改革开放活力迸发、社会大局平稳安全、文化宣传有声有色、“三严三实”教育全面铺开，并客观分析存在的问题和不足。报告科学分析醴陵的发展形势，动员全市上下树立“激情创业，勇争一流”的坚定信心，要有甩开膀子干大事的激情、要有齐心协力创大业的氛围、要有滴水穿石集大成的意志。报告安排部署下半年的工作，指出要在十个方面奋力有为，确保全年目标顺利实现。一是要准确把握政策走向，增强发展的研判力。二是要全力以赴攻坚项目建设，增强发展的带动力。要掀起征地拆迁的大高潮，要构建项目开工的大场面，要拉开新区建设的大气势，要形成招商引资的大氛围，要铺开要素保障的大格局，要开展税收征管的大清查。三是要着力优化产业结构，增强发展的竞争力。要转型升级传统产业、要大力引进战略性新兴产业、要主动对接长株潭产业转移、要落实“工业十条”承接沿海产业转移、要大力发展房地产业。四是要继续推进改革开放，增强发展源动力。要蹄疾步稳推动改革；要敢闯敢试促进开放。五是要全面发展民生事业，增强发展的向心力。要以为民办实事为抓手，围绕教育、就业、社保、医疗卫生、食品安全等重点民生问题，实打实地做，循序渐进地推。六是要持续加强社会治理，增强管理社会的掌控力。要纵深推进“连心解困”大走访活动；要推进数字化社区建设；要严守安全生产“红线”。七是要科学编制“十三五”规划，增强发展的持续力。要分析好机遇和挑战、优势和短板，科学确定总体思路、重大原则和奋斗目标。八是要深入推进识贫扶贫脱贫，增强扶贫的精准力。要坚持精准扶贫；要办好三件实事。九是要扎实开展“三严三实”专题教育，增强领导干部的公信力。要从一言一行中严起来、改起来，清白做人、干净干事、坦荡为官，永葆共产党人的政治本色。十是要切实抓好党建工作，增强各级班子的战斗力。要全面推广“五问工作法”；要全力抓好党风廉政建设和反腐败工作。

【经济工作会议】4月30日，全市经济工作暨“项目攻坚年”活动动员会议在醴陵大剧院举行。会议的主要任务是，贯彻落实市委十一届八次全会以及“两会”的会议精神，总结2014年工作，部署2015年经济工作，并对先进单位和个人进行表彰。市委书记周晓理作报告。肯定过去一年醴陵经济工作取得的成绩，并就下一步的工作提出十点意见：一是要抓融资，确保有钱办事；二是要抓拆迁，确保有地承载项目；三是要抓招商，确保有新的项目进入醴陵；四是要抓项目开工，确保有塔吊立起来；五是要抓新区，确保有形象、有进度；六是要抓大众创业和企业扩能，确保产业转型升级，做大做强；七是要抓房产，确保有效税源长短结合；八是要抓民生和消费，确保第三产业拉动作用显现；九是要抓底线，确保安全发展；十是要抓调度，确保工作有进度、有实效、有体现。（刘春晖）

纪检监察工作

【概况】2015年，中国共产党醴陵市纪律检查委员会（醴陵市监察局）在株洲地区率先推行纪律检查体制改革。改革后，机关编制总数54个，其中行政编制52个、工勤编制2个。内设办公室、组织部、宣传部、党风政风监督室（市政府纠正行业不正之风办公室）、信访室、案件监督管理室、第一纪检监察室、第二纪检监察室、第三纪检监察室、第四纪检监察室、案件审理室11个职能室。撤销4个派出纪工委。直接从事执纪监督的内设机构行政编制37个，占机关行政编制的71.15%，其中直接从事案件审查的行政编制数24个、占机关行政编制的46.15%。市纪委派驻纪检组总编制17个（全部为行政编制），对市委办等17家单位实施重点派驻，对市人大机关等71家单位实施归口派驻，实现派驻全覆盖。年内，各级纪检监察组织紧紧围绕监督执纪问责，深化转职能、转方式、转作风，全面提高履职能力，坚持聚焦主责、突出主业，以改革增活力、向创新要动力，凝聚工作合力，改进工作方式，全市党风廉政建设和反腐败斗争成效明显。

【党风政风督查】2015年，全市各级纪检监察组织围绕全市中心工作，加强对市委、政府决策部署及“五问工作法”、“两打三治”专项行动、区划调整等中心工作内容履职情况进行监督检查，发现并纠正各类问题52个，追责36人。“五问工作法”在全市推广，新华社和省纪委对此进行宣传推介，获株洲市纪委“纪检监察重点工作项目化管理一等奖”。协助市委出台《关于落实党风廉政建设党委主体责任和纪委监督责任的实施办法》等重要文件。开展“两个责任”宣传月活动。对10个单位主要负责人进行集体约谈，对13个单位开展专项巡查，对13个履行主体责任不力的“一把手”和3个履行监督责任不力的纪委书记进行问责追责。注重发挥市纪委委员、党风政风监督员的监督作用，对全市“三公经费”、办公用房、工作纪律等情况进行专项检查，对惠农补贴、低保资金、扶贫救济等进行专项治理并全程监督。全年开展明察暗访92次，点名道姓通报8期52人，纪律处分15人，组织处理7人。集中开展党员干部违规收送红包礼金问题的专项整治，全市16683名党员干部签订《拒收、不送红包礼金承诺书》，全市廉政账户收到廉洁自律款72.95万元。

【案件查办】2015年，坚持有腐必反、有贪必肃，"零容忍"惩治腐败。共受理信访举报269件，增长94.9%；立案190件，增长134.6%，结案188件，增长121.2%。党纪政纪处分187人，移送司法机关处理8人。大力推行主办人责任制和片区协作机制，全市乡镇（街道、区）纪（工）委立案数增长96%，得到中央纪委、省纪委的高度肯定，片区协作运行机制建设获株洲市纪委"纪检监察重点工作项目化管理三等奖"。发挥市委反腐败协调小组作用，各成员单位移送问题线索30条，通过认真调查核实，为全市91名党员干部澄清是非。

【廉政教育】编印"一准则一条例"(《中国共产党廉洁自律准则》《中国共产党纪律处分条例》)知识读本5万册，做到党员人手一册；发放《习近平关于党风廉政建设和反腐败斗争论述摘编》等廉政宣传资料2万册。组织学习宣传"两条例一准则"(《中国共产党巡视工作条例》《中国共产党纪律处分条例》和《中国共产党廉洁自律准则》)，承办株洲市学习"一准则一条例"知识抢答赛。将廉政教育纳入干部教育培训计划，市委书记、市长带头讲廉政党课，各单位主要负责人上廉政党课120堂。组织3000余名党员干部观看警示教育片，50家单位参观市反腐倡廉警示教育基地，开展典型案例剖析20余场次。开通醴陵党风廉政网。全年编报各类信息511篇，被上级采用287篇，位居株洲市各县、市、区前茅，被评为湖南省"2015年纪检监察信息工作先进单位"。

（周文勇）

市委办公室工作

【政研工作】2015年，市委政研室起草领导讲话材料52篇，完成汇报材料40余篇，株洲市级以上发表署名文章6篇，其中《瓷彩天下看醴陵—举办瓷博会的收获和启示》一文刊登在《湖南工作》上。市委书记周晓理"三严三实"专题党课录像作为全省"两个代表"之一选送中组部；"连心解困"大走访经验材料得到《湖南日报》、新华社的大力推介，并被国防科大列入优秀教学案例。抓好理论政策宣传，在报纸、电视撰写发表评论文章53篇，审核把关各类报道100余条。

【综调工作】2015年，市委综调工作就招商引资、项目建设、园区开发、新型城镇化等专题分别前往江苏宿迁、四川成都考察学习。围绕渌江新区建设、"工业十条"落实情况、陶瓷产业发展、安全生产、项目建设、森林防火等系列问题，深入开展调查研究，撰写10篇调研报告，促使一批好的意见和建议进入了市委的决策视野。深入研究全市征地拆迁、项目建设、经济发展升级重点工作等十个方面工作，制定《"激情创业，勇争一流"第一阶段竞赛活动方案》，推动市委九次全会精神落到实处。全年编发《市委通报》5期，《醴陵通讯》3期，《领导参阅》2期，《调研专报》4期。

（刘春晖）

【信息工作】全年共撰写经验性材料、基层反映、调研文章等636篇，完成省、株洲市预约稿件80余篇，落实中央、省委和株洲市重大会议精神等报道20余篇，《醴陵"三才"并用破解乡村医生困局》《醴陵市"五步走"推进"一进二访"》等材料被省委办公厅《要情专报》采用；在株洲地区党委信息工作考核中实现"五连冠"，在全省128个县(市)区中排名第六。在株洲市党务工作会上，醴陵市就党委信息工作作典型发言。

（李　芳）

【督查工作】2015年，市委督查工作紧紧围绕市委、市政府重大决策和重大工作部署、市委主要领导的批示件、市委常委会、市委协调会议定的重大事项，通过分解立项、催办查办、联合督查、跟踪督查、书面督查、电话督查、明察暗访等多种手段，抓好落实、推动执行。督查"环境优化年"各项工作的落实情况，促进全市发展环境持续好转。全年对领导交办事项和批示件建立台账，并实行"预安销号"制度，共落实办理市委书记交办事项61件；完成株洲市以上领导批示件、交办件41件，落实办理市委书记批示件154件，落实秘书长批示件34件，督查处理化解信访案件9件；编发《督查专报》27期，《督查通报》5期，做到"批必查、查必果、果必复"。

（李炳徽）

【机要密码工作】2015年，机要密码工作紧紧围绕市委、市政府中心工作，切实加强密码工作的领导和管理，促进密码管理工作科学化、规范化和制度化建设，确保"密码使用优质高效、密码管理安全可靠"。全年办理电报329份，其中密码电报117份、明传电报212份。启动党政信息化建设，全面推动全省电子政务内网终端汇集点建设。联合市保密局做好

对全市涉密单位的保密检查，及时发现问题，认真督促整改，杜绝失泄密事件的发生。（张 印）

【保密工作】2015年，市委保密局对全市9家核心涉密单位，36家重点涉密单位进行保密检查，共检查非涉密计算机108台次，涉密计算机19台次。联合市公安等部门，对全市100多个单位网络系统的安全保密情况进行专项检查，有效杜绝各类安全隐患。做好了国家秘密载体的定点销毁和涉密计算机及移动存储介质定点维护工作。抓好保密教育，培训干部4200多人次。将保密教育纳入公务员教育的培训计划，培训新录用公务员及事业单位招聘人员86人。利用单位电子显示屏、“保密工作QQ群”等宣传平台，全方位重点宣传《保密法实施条例》的重要内容。积极参加株洲市的“两识”（学习保密常识，增强保密意识）知识竞赛，获组织一等奖。年末，获评湖南省“保密工作先进集体”。（叶 红）

【综合协调工作】2015年，共送审送签市委、市委办公室各类文件128份，向株洲市市委办报备规范性文件21份。清理1978年至2012年的513件市委规范性文件，废止291件，宣布失效129件。对2015年已经完成工作的15个议事协调机构予以撤销。严格落实秘书长联席会议制度，全年共组织重要会议20余次，参与组织首届湖南（醴陵）陶瓷博览会、“黄乡民居·田园乐翻天”、耿飚铜像揭幕仪式等大型活动10余次，累计接待来宾56批次，其中接待省部级以上领导12批次。（潘 良 刘春晖）

【机关工委工作】2015年，市直机关工委继续开展机关党建工作。主办或承办三期市直机关入党积极分子培训班，共培训325人。严格执行“控制数量，提高质量，优化结构，慎重发展”的党员发展工作方针，全年发展新党员39人，审批预备党员转正38人。指导并审批12家机关党组织换届选举，改选机关总支书记、支部书记15人。深入开展党的群众路线教育实践活动，积极走访基层党员和联系点企业、群众，认真组织和参与了在职党员进社区和“连心解困”大走访活动。（李仁萍）

组织工作

【概况】2015年，市级领导对全市软弱涣散党组织进行检查指导，牵头做好驻村帮扶工作。选派56名优秀干部到行政村担任“第一书记”。截至年末，有38个软弱涣散村完成整顿。组织开展领导干部“一进二访”活动，选派20名市直机关干部担任贫困村扶贫工作队队长，实行驻村帮扶。加强阵地建设，投入1500万元，在城区推进“五彩社区”建设，年内已建成10个；投入300万元，在农村启动“农村党建示范点”建设，首批10个示范点已全部完成；投入13.3万元，更新党员教育培训基地、软弱涣散党组织、省级贫困村的40个远教站点设施设备。严把发展党员入口关，全年发展党员450名。5月20日，组织株洲市第十一次党代会第八代表组代表开展主题调研活动，提交“关于支持醴陵陶瓷产业发展的提议”。

【基层党建】2015年，全面落实基层党建工作责任制，制定、出台《醴陵市2015年党建工作考核细则》，突出了考核权重和结果运用，并实行常态化考核。建立村级转移支付逐年增长和分类拨付机制，行政村、社区年均运转经费分别达10万元、22万元。市财政按照农村党员40元/人·年、市管党费按照10元/人·年标准，向全市各村（社区）党组织拨付基层党建工作专项经费。建立在任村干部基本报酬逐届增长机制，投入15.4万元，为村书记、村主任购买意外保险。加强党员教育管理和服务，出台《处置不合格党员实施办法》，明确不合格党员的27种情形，全年共处置不合格党员103名，其中劝退3名。《湘组信息》第7期刊发醴陵严把进出口关，加强党员队伍建设的做法。

【干部管理】2015年，市委组织部加强干部教育培训工作，共举办培训主体班8个、19期，共计2000余人次。组织中青年干部培训班学员赴浙江大学开展为期半个月培训。举办项目建设专题培训班，组织58名科级干部赴成都置信集团开展为期2周的培训。《湖南日报》以《取来真经，为我所用》为题介绍了此次培训班的教学成果。继续推进“三超两乱”（超职数配备干部、超机构规格提拔干部、超审批权限设置机构，擅自提高干部职级待遇、擅自设置职务名称）专项治理，共消化超职数配备领导干部376名，消超进度位列株洲市第一；优化基层公务员队伍结构，录用选调生12名，公务员65名，从优秀村（社区）干部定向招录基层公务员2名；加强干部挂职锻炼，选派31名市直机关干部到乡镇（街道）挂职，有3名江西省萍乡市干部交流到经开区挂职。年内，株洲市委组织部先后在醴陵召开换届调研座谈会、干部调整工作推进会等会议。

【人才工作】2015年，全市继续落实“株洲市万名人才计划”，向株洲市推荐12名高层次人才，其中1人获评株洲市“科技领军人才”。启动“优秀企业家培养工程”，举办全市产业发展研讨班2期、专题讲座3场，培训陶瓷、花炮企业经营管理人才1200余人。成功举办湖南省大学生村干部暨“互联网+特色经济”（醴陵）培训班，培训大学生村干部及企业代表400余人。举办阿尔及利亚陶瓷培训班，开启人才培养国际合作模式。有序推进人才引进工作，公开招聘教育、卫生类高层次专业技术人才35人。精心打造株洲地区首个“人才之家、精英社区”服务平台，为不同行业优秀人才交流提供了平台。举办新春、夏季大型人才招聘会2场，达成就业意向6300余人。

【“三严三实”专题教育】5月，醴陵市启动“三严三实”专题教育活动。全年共组织3次专题学习研讨会，市委书记周晓理以《坚持忠诚干净担当，争做“三严三实”表率》为题，为全市干部讲专题党课，党课讲稿内容在《湖南日报》刊载，党课录像视频作为全省县、市、区唯一选定的市委书记党课被选送中组部。各村党支部书记通过村支两委会、党员大会、组织生活会等形式，拓展“三严三实”专题党课形式，确保党员教育全覆盖。培树“三严三实”基层先进典型，原孙家湾乡孙家湾村党总支书记叶志钢被评为“全国劳动模范”，并作为株洲市“三严三实”宣讲团中的唯一村支部书记代表，在株洲市各县、市、区中巡回宣讲。

【大走访活动】2015年，全市5578名干部深入基层开展“连心解困·大走访”活动，共走访11816户，解决实际困难3231个。根据“精准扶贫”工作要求，54名市级领导到所联系贫困村实地调研46次，并分别到联系乡镇召开调度会，协调相关工作。10月，举行“扶贫济困·与爱同行”募捐活动，筹集善款377万元。

【自身建设】2015年，市委组织部作为“一进二访”活动的牵头实施单位，负责原孙家湾乡孙家湾村、均楚镇周坊村的牵头单位，为认真履行“双重职责”，带头开展一系列活动。通过市慈善会为周坊村定向捐赠5万元帮扶资金；深入推进“连心解困·大走访”活动，多次与南昌铁路局协调，解决联系点孙家湾村垱下组山塘30多年的漏水问题。带头改进作风，严格执行中央、省委作风建设的有关规定，出台和落实财务管理、接待、会务、车辆管理等相关制度。全年公务接待费在上年下降56%的基础上，继续保持低位运行。清理规范性文件83件，清理公务车辆2台，机关作风进一步转变。带头学习提高，开设“组工讲堂”，采取“每月一主题、每周一期、每期一人、每人一讲”的方式，通过邀请专家学者讲、组工干部轮流讲，以讲促学、以讲测能，组工干部专业素质得到明显提升，机关学习之风日趋浓厚。年内，市委常委、市组织部部长刘湘林的《做敢于担当的好干部》一文在《湘组研究》第四期发表。（陈　钟）

宣传工作

【新闻宣传】2015年，醴陵市向上级各类主流媒体发稿773条，其中中央级媒体14条、省级媒体144条（其中《湖南日报》头版12条、湖南新闻联播37条）；株洲级媒体615条。2月，中央电视台中文国际频道（CCTV4）《远方的家》栏目组到醴陵拍摄系列节目《江河万里行》醴陵篇，详尽介绍醴陵的陶瓷烟花、自然风光和人文风情。3月，组织、策划瓷博会宣传工作，中央、省、株洲市媒体30余家、100余人到醴陵采访报道，新浪、腾讯等各大门户网站转载稿件1000余条，百度搜索相关信息62万余条。4月，由《湖南卫视》“湖南新闻联播”栏目推出的系列节目《直播大湘东》，将醴陵篇压轴播报，全景展示醴陵的陶瓷文化和旅游景点。8月，台湾联合报系“大陆新发现”采访团到醴陵，聚焦陶瓷文化发展之路，数家媒体对醴陵釉下五彩瓷予以重点报道。承办“第十届红辣椒评论佳作颁奖暨时评研讨会”，近百名与会代表走进醴陵、认识醴陵、宣传醴陵。9月，新华社第68期《内部参考》上刊发内参稿《湖南醴陵瓷抢搭“一带一路”发展快车》，向全国推介醴陵发展经验。10月，央视著名节目主持人董浩到醴陵创办“东豪瓷社”，宣传醴陵城市、助推陶瓷艺术。年内，中华诗词学会授予醴陵市“中华诗词之乡”称号，授予原孙家湾乡“中华诗词之乡”称号，授予市第一中学、姜湾小学“中华诗词先进单位”称号。

【组织建设】2015年，市委理论学习中心组集中（扩大）学习10次、共计13天，参学率达96%以上；系统学习习近平总书记系列重要讲话、深入研学了“按照‘三严三实’要求加强党的思想作风建设”等6个规定专题。组织中心组成员撰写了“学讲话用讲话”微心得、‘三严三实’专题教育集中学习心得，其中市委书记周晓理在《湖南日报》发表“三严三实”主题党课讲稿1篇。年内，组建“四中全会精神进基层”百姓微宣讲活动小分队，设立16个辅导专题，统一编写宣讲提纲，为各级各部门党委中心组专题学习，开展巡讲辅导50余场次，对象化、分众化、互动化、故事化宣讲模式被中央文明办、《株洲日报》等予以推介。

【网络宣传】2015年，市网宣办运营醴陵新闻网、醴陵政务网、醴陵手机报，醴陵新闻网等网络平台上传各类新闻稿件2400余篇，向“红网”推送优秀稿件180余篇，被采用136篇。全年醴陵政务网上传各类政务信息1900余条，公开重要通知、公示49篇，公开政府信息310篇、政府工作部门“三清单一目录”100条。组织网站、微信、手机报等网信平台宣传、发布、推送相关稿件1300余条。办理用网名写给市委书记周晓理的留言26次，位列株洲地区各县（市）区第一名。以“醴陵发布”为平台，传播党和政府的权威声音，该微博粉丝达1.14万余人。年内，下发《涉醴舆情处置情况通报》3期，编发《涉醴舆情》23期，下发舆情处置函70件，处置一般舆情200余件；办结株洲舆情交办函78件，回复处置率100%。有网评员130余人，累计完成网络评论任务55批次。举办宣传思想政治工作业务培训班，组织全市225名新闻发言人、通讯员和网络评论员进行业务培训。网宣办干部张发明撰写的《网信三问》获“全国网信系统践行网信精神”征文比赛一等奖。

【志愿服务】2015年，组织开展大型文化体育活动10余场，完成送戏下乡70场，送电影下乡2046场；图书馆免费开放服务读者5.2万人次。完成湖南省年度公益保险赠送工作，为70名志愿者办理免费公益保险。

【文明创建】2015年，全市文明创建成绩显著。市青少年校外活动中心获评省“文明窗口”，醴陵老百姓饭馆获评省“文明餐饮示范店”；市教育局、文化市场综合执法局获评株洲市“创建文明城市工作先进集体”，市来龙门街道四塘社区获评株洲市“创建文明城市工作文明社区”，钟飞跃等3人获株洲市“创建文明城市工作先进个人”。开展市第三届道德模范评选活动，评选出特别奖1名、道德模范7名。义务做好事30年九旬老人许明生和孝老爱亲检察官钟建平入围“中国好人榜”候选人，许明生获评2015年度株洲“身边好人”称号。10年还债300万元的“诚信老爹”潘尧生获评湖南省第五届“道德模范”，并作为株洲市唯一代表，受到省委书记徐守盛接见。

【未成年人思想道德建设】2015年，联合市妇联等单位，开展“真情助困，情暖瓷城”、“关爱孤儿，点亮未来”等活动，走访慰问孤儿130人，慰问青少年儿童80名，赠送慰问物资价值近5万元。成功申报1所中央项目乡村学校少年宫、2所省级项目乡村学校少年宫。

【核心价值观宣传】2015年，配合株洲市创建全国文明城市宣传工作，以“三个倡导”（倡导“富强、民主、文明、和谐”，倡导“自由、平等、公正、法治”，倡导“爱国、敬业、诚信、友善”）为主要内容，在广场、公园、交通要道旁、车站、城区进出口等场所，设立一批醒目的大型户外公益广告牌。市直、驻醴各单位利用专题宣传栏，大力宣传社会主义核心价值观，各街道、乡镇、社区、行政村利用宣传栏、文化活动室、图书室、农家书屋等阵地，张贴宣传挂图，制作墙报、板报。年内，开展理论学习和专题宣讲，把社会主义核心价值观纳入年度理论学习计划重点（专题）内容。组织宣讲小分队深入基层，开展“社会主义核心价值观”专题宣讲；对中宣部制作的“梦娃系列动画”进行全面推广，从全国优秀广播电视公益广告作品库中下载“梦娃”系列动画视频，作为开展社会主义核心价值观的生动教材，每月在电视台、电台、互联网等新闻媒体定时连续播放。（周　玲）

统战工作

【“同心”工程】2015年，为深入贯彻落实十八届四中全会精神，继续深入开展“同心”活动，切实抓好“四同创建”（同心园区、同心项目、同心社区、同心乡村），将6个“同心”工程（同心园区1个、同心项目2个、同心社区2个、同心乡村1个）打造为服务发展的坚强载体、彰显价值的响亮品牌。继续跟进省级“同心乡村”创建示范点泗汾镇泗汾村的创建工作。加强对泗汾村创建工作的跟踪指导和服务，推动实施一批具有产业发展、设施完善等特色项目。年内，投资28.7万元，拓宽、硬化该村下塘—龙山—雨岭组道路1200余米；投资12万元，硬化该村王家坝—廖家洲村道500米；投资14万元，除险加固寺前塘水库；投资400万元，新建村小学教学楼和幼儿园，对村小学升级改造，建成完小；新增变压器2台，硬化水圳2000米，清淤山塘6口等；成立金湖湾生态农业与旅游休闲项目建设领导小组，由市委常委、市纪委书记易文星任组长，年内，金湖湾营业额同比增长30%。“同心项目”升华科技在九三学社的帮助下，与多所高校结成对子，致力锂电池正极材料磷酸铁锂等新材料的研发、生产和销售，已申请4项国家发明专利，年销售额超亿元。“同心项目”旗滨玻璃，投资50亿元，截至年末已投产4条生产线，年产值达9.6亿元。

【党派工作】2015年，全市统战

工作坚持大统战理念，把统战工作纳入党委重要议事议程、党校宣传培训计划、党政领导班子考核内容等，建立健全“党委统一领导、统战部门牵头协调、各有关部门和人民团体各负其责”的工作格局。进一步完善常委和有关部门同各民主党派、工商联、党外代表人士对口联系制度，推行定期政情通报制度，建立党外代表人士直接向市委提建议制度。通过各种制度的完善、建立、推行等举措，为各民主党派提供全新便捷的政治参与渠道。年内，建立党外人士信息库，加强党外代表人士的考察、培训和选拔工作；截至12月，全市有副科级以上党外干部54名，其中副处级以上6名。全年辞免政协委员7人，增补政协委员1人；增补政协常委3人，其中党外2人。围绕全市经济社会发展的热点难点问题，开展调查研究，开辟建言献策“绿色通道”，撰写《放大瓷博会效应，加快发展陶瓷工业旅游》《创新基层工商联工作，推进守法诚信教育》、《关于加强醴陵市陶瓷产业人才队伍建设的调研报告》等调研报告，为党委决策提供有益参考。

【非公经济】2015年，全市有各类非公经济组织近4万户，各类非公中小工业企业近1500家。其中，规模工业企业515家，实现增加值313.3亿元。市“同心教育基金”自2014年成立以来，累计募集善款117.8余万元，捐赠善款50余万元，所有善款均用于支持醴陵教育事业发展。市工商联与司法局合作筹建全市首个服务非公经济的法律服务机构—醴陵市非公经济法律服务中心，主要向企业提供免费的法律咨询、法律培训等。组织会员企业50余人，参加株洲市、醴陵市的专题学习活动，提高企业管理水平及企业管理者的政治理论素养。深入企业、基层开展调研活动5次。全国人大代表、市工商联副主席黄小玲等人通过调研，向全国人大提交“在醴陵设立陶瓷自由贸易区”、“建立花炮散小企业退出补偿机制”2个提案，推动醴陵陶瓷花炮两大传统支柱产业的发展。

【对台工作】2015年，全市有5家台资企业，完成总产值2.6亿元，上缴税收近1400万元；新增台资投资6200余万元、就业岗位1400余个。采取“请进来”、“走出去”相结合的方式，开展同港澳台同胞、海外侨胞的联谊活动。全年接待到醴陵寻亲、祭祖、访友、考察的台属台胞台商150余人次。为宣传、推介醴陵，印发《醴陵风物吟》《醴陵市工业强市十条政策》《2015醴陵重大招商项目手册》《渌江新城项目推介手册》和《新创业新醴陵招商宣传片》等资料。

【民族宗教】2015年，民族宗教管理工作进一步加强。对藏族、维吾尔族、回族等来醴陵经商的少数民族人员加强管理和服务，及时参与并化解影响民族团结的矛盾和纠纷5起，帮助少数民族解决生产经营、医疗保障、子女就学、社会救助等实际问题。按照“保护合法、制止非法、抵御渗透、打击犯罪”的原则，依法监管宗教事务，积极协助化解市道协、真耶稣教派内部矛盾纠纷等问题。年内，加大宗教协调力度，有序推进“老祖殿重建”、“护国寺”露天佛像等整改报批工作，通过积极协调，全市佛教、道教、基督教“三教”和谐共处。全年省佛慈基金会、市佛教界、仙岳山“护国寺”、市基督教堂等，为市贫困学子、原枫林市乡敬老院共资助善款近20万元。

【爱心帮扶】2015年，开展“一进二访”活动，组织统战部机关工作人员赴原孙家湾乡孙家湾村摸排贫困对象，走访7户困难家庭，并针对每户的不同情况制定有针对性帮扶措施进行帮扶。年内，开展“精准扶贫”活动，安排专人负责到均楚镇周坊村驻村帮扶，解决专项扶贫经费5万元。通过“同心教育基金”项目和“一家一”同心工程，共为贫困学子捐资6000元。（林仕剑）

机构编制

【概况】截至2015年12月31日，全市市直党政群机关共有机构58个。其中，党委组成部门7个、部门管理机构1个、议事协调机构的办事机构1个；政府系统工作部门26个（含监察局、民族宗教事务局）；人大机构7个；政协系统机构5个；民主党派机构2个；群众团体系统机构7个；检察院机构1个；法院机构1个。全市有乡镇、街道办事处区划数30个，其中乡8个、镇18个、街道4个。全市有行政编制2590名、实有2445人，余编145名。全市有事业单位608个、编制15419名、实有10322人；其中，全额拨款机构523个、编制12431名、实有8342人，差额补贴机构47个、编制2492名、实有1605人，经费自筹机构38个、编制496名、实有375人。

【政府职能转变和机构改革】2015年8月，按照“精简统一效能”的原则和稳步推进大部门制改革的要求，结合全市实际，加大机构和职责整合力度，形成精干高效的机构组织体系。政府职能和机构改革情况如下：

（1）组建市卫生和计划生育局。将原市卫生局的职责、市人口和计划生育局的计划生育管理和服务职责整合，组建市卫生和计划生育局，为市政府工作部门。将原市人口和计划生育局的研究拟订人口中长期发展规划、年度计划及人口政策职责划入市发展和改革局，不再保留市卫生局、市人口和计划生育局。

（2）重新组建市农业局。将市农业局（市乡镇企业局）的职责、市委农村工作部（市政府农村工作办公室）的职责、原市商务局承担的生猪定点屠宰监督管理职能整合，重新组建市农业局，为市政府工作部门，挂市委农村工作办公室牌子。不再保留市委农村工作部（市政府农村工作办公室），市农业局不再保留市乡镇企业局牌子。

（3）组建醴陵市市场和质量监督管理局。将原市食品药品监督管理局的职责、市工商行政管理局的职责、市质量技术监督局的职责、市食品安全委员会办公室的职责、市商务局承担的酒类食品安全监督管理职能整合，组建醴陵市市场和质量监督管理局，为市政府工作部门，挂市食品药品监督管理局、市食品安全委员会办公室牌子。不再保留市食品药品监督管理局、市工商行政管理局、市质量技术监督局、市食品安全委员会办公室。

（4）组建市商务旅游和粮食局。将原市商务局的职责、市招商局的职责、市旅游局的职责、市发展和改革局（市粮食局）承担的粮食管理职能整合，组建市商务旅游和粮食局，为市政府工作部门。不再保留市商务局、市旅游局、市招商局。市发展和改革局不再保留市粮食局牌子。

（5）组建市经济科技信息化局。将原市经济和信息化局（市陶瓷产业局）的职责、市科学技术局、市知识产权局的职责整合，组建市经济科技信息化局，为市政府工作部门。不再保留市经济和信息化局（市陶瓷产业局）、市科学技术局、市知识产权局。

（6）组建市住房和城乡规划建设局。将原市住房和城乡建设局的职责、市规划局的职责整合，组建市住房和城乡规划建设局，为市政府工作部门。不再保留市住房和城乡建设局、市规划局。

（7）组建市城市管理和行政执法局，为市政府工作部门。不再保留市城市管理行政执法局。

（8）将市文化体育广电新闻出版局更名为市文体广电新闻出版局，为市政府工作部门。

（9）将市金融证券办公室的职责划入市政府办公室，市政府办公室挂市政府金融工作办公室牌子。不再保留市金融证券办公室，市政府办公室不再保留市政府经济研究室牌子。

（10）市发展和改革局对外可使用市物价局名称开展工作，不再保留市物价局牌子。

（11）市人民防空办公室既是市国防动员委员会的常设办事机构，也是市政府人民防空工作主管部门，列入市政府工作部门序列，不计入市政府机构个数。市政府办公室不再保留市人民防空办公室牌子。

（12）市纪律检查委员会与市监察局两块牌子、一套人马，合署办公，市监察局列入市政府工作部门序列，不计入市政府机构个数。

机构改革后，市政府工作部门共有24个，分别是：市人民政府办公室、市发展和改革局、市教育局、市经济科技信息化局、市公安局、市监察局、市民政局、市司法局、市财政局、市人力资源和社会保障局、市国土资源局、市环境保护局、市住房和城乡规划建设局、市城市管理和行政执法局、市交通运输局、市农业局、市水利局、市林业局、市商务旅游和粮食局、市文体广电新闻出版局、市卫生和计划生育局、市审计局、市市场和质量监督管理局、市安全生产监督管理局、市统计局和市人民防空办公室。

推进事业单位分类改革，对承担行政职能的事业单位，逐步将其行政职能划归相关行政机构或转为行政机构，涉及机构编制调整的，不得突破政府机构限额和行政编制总额，具体改革内容如下：

（1）将市房产管理局承担的行政职能划入市住房和城乡规划建设局，改为市住房和城乡规划建设局所属事业单位，暂保留正科级。

（2）将市畜牧兽医水产局承担的行政职能划入市农业局，改为市农业局所属事业单位，暂保留正科级。

（3）将市烟花鞭炮管理局承担的行政职能划入市经济科技信息化局，改为市经济科技信息化局所属事业单位，暂保留正科级。

（4）将市农业机械管理局承担的行政职能划入市农业局，改为市农业局所属副科级事业单位。

（5）将市园林绿化管理局（市城市绿化委员会办公室）承担的行政职能划入市住房和城乡规划建设局，改为市住房和城乡规划建设局所属副科级事业单位。

（6）将市道路运输管理所、市城市公共客运管理中心承担的行政职能整合划入市交通运输局，其余职责整合，重新组建市道路运输管理所，为市交通运输局所属副科级事业单位，不再保留市城市公共客运管理中心。

（7）将市农村公路管理站承担的行政职能划入市交通运输局，仍为市交通运输局所属副科级事业单位。

（8）将市国库管理局承担的行政职能划入市财政局，更名为市国库集中支付核算中心，为市财政局所属副科级事业单位。

（9）将市非税收入征收管理局承担的行政职能划入市财政

局，仍为市财政局所属副科级事业单位。

（10）将市经营管理局承担的行政职能划入市农业局，更名为市农村经济管理服务站，改为市农业局所属副科级事业单位。

（11）将市财政税费统一征收管理局承担的行政职能划入市财政局，仍为市财政局所属副科级事业单位。

（12）将市应急管理办公室的职责划入市政府办公室，不再保留市应急管理办公室。

（13）将市社会救助管理局的职责划入市民政局，不再保留市社会救助管理局。

（14）将市乡镇财政管理局的职责划入市财政局，不再保留市乡镇财政管理局。

（15）将市财政监督局的职责划入市财政局，不再保留市财政监督局。

（16）将市国有资产管理局（市国有资产投资经营公司）的经营性职责剥离，行政管理职责划入市财政局。其余职责整合，重新组建市国有资产投资经营中心，暂为市政府直属事业单位。不再保留市国有资产管理局（市国有资产投资经营公司）。

（17）将市融资管理办公室（市农业发展有限公司）的经营性职责剥离，行政管理职责划入市财政局。不再保留市融资管理办公室（市农业发展有限公司）。

（18）将市绿化委员会办公室的职责划入市林业局，不再保留市绿化委员会办公室。

（19）将市爱卫办公室的职责划入市卫生和计划生育局，不再保留市爱卫办公室。

（20）将市动物卫生监督所承担的行政职能划入市农业局，仍为市畜牧兽医水产局所属股级事业单位。

（21）将市市政工程管理处承担的行政职能划入市住房和城乡规划建设局，改为市住房和城乡规划建设局所属股级事业单位。

【其他机构设立、挂牌、更名和调整】2015年3月，市沩山窑管理所更名为醴陵窑管理所。10月，市委宣传部内设的新闻报道组加挂“新闻办公室”牌子，对外称市人民政府新闻办公室；环境监测站加挂“市环境应急与事故调查中心”牌子。11月，设立市福利彩票销售管理中心、市社会救助服务中心、市不动产登记中心。12月，市委办公室加挂“市委全面深化改革领导小组办公室”牌子；设置12个乡镇市场和质量监督管理所；26个乡镇卫生院（妇幼保健计划生育服务站）和4个街道社区卫生服务中心（妇幼保健计划生育服务站）调整为19个镇卫生院（妇幼保健计划生育服务站）和4个街道社区卫生服务中心（妇幼保健计划生育服务站）。（何岳祥）

党校工作

【概况】2015年，中共醴陵市委党校（以下简称“市委党校”）内设办公室、教研室、干部教育培训办公室和总务室4个股室；是全市干部教育培训和会议中心，全年培训干部4000余人。有在职在岗教职员工15人，其中专兼职教师13人，研究生学历3人，其余均为本科学历。年内，市委党校严格落实《中国共产党党校工作条例》，始终坚持“党校姓党”的原则，充分发挥干部教育培训主渠道、主阵地作用，真正强化决策咨询作用，全力服务于全市经济社会发展大局，各项工作取得明显成效。连续五年获评株洲市“党校行政学院系统科研工作先进单位”。

【干训工作】2015年，干训工作进一步加强，共举办中青年干部综合素质提升班、落实全面从严治党专题培训班、全面推进依法治市专题培训班等主体班16期、非主体班15期，培训轮训人员4060人。全年干部培训呈现要求高、任务满、领域宽和轮训班次多、学员层次广、教学效果好等特点，实现了数量和质量的“双量齐升”。准确把握时代特征，树立开放式办学理念。年内，聘请40多名部门负责人、6名基层先进工作者和10多名企业优秀代表进课堂，选聘近30名省级党校、高校的资深教授和从事多年教育培训的专家担任兼职教师。借助外脑提质增效，组织中青年干部综合素质提升班学员赴浙江大学进行为期一个星期的异地教学；征地拆迁班委托成都置信培训集团进行全封闭式专题培训。依托市特色资源，建立了革命传统教育、廉政教育、支柱产业、红色旅游、新农村建设示范等9个实训基地。教学设置突出“新”字。开设党性教育与执政能力建设、醴陵市情与产业经济发展、文化素养和人文精神等教学专题，专题更新率达80%以上。开展“实施研讨式、角色模拟式”等教学新方法，开发“全面深化改革”县域经济发展现场教学、“创新园区发展模式，充分发挥园区龙头作用”项目参与式教学、“如何更好服务民生”互动式教学等。不断完善“四级联动”学员管理机制，全面实行组织部、党校、送训单位、班委会共同参与的管理模式，制定学员量化考核办法，将学员综合得分及在校表现计入考核档案，并向送训单位通报，严把学员在校培训关。党性教育突出“深”字。编印《学员手册》，学员一入校就接受严格的入学教育；坚持党校“施教”，使学员在党校学习始终受到党性教育的熏陶；坚持主动

“送教”，组织教学人员深入到乡镇、社区和市直单位；送课上门40多场次。组织学员到党性教育基地接受传统革命教育，到贫困乡村现场教学。

【教学科研】2015年，组织全体教学人员深入基层一线开展调研，提升理论成果的实用性和可操作性。组织教职工对市内新型城镇化建设具有代表性的乡镇，以及江西省萍乡市，江苏省江阴市、宜兴市，贵州省遵义市、都匀市，四川省成都市等，开展新型城镇化建设调研，撰写2篇城镇化对策研究的理论性文章，《今日醴陵》分2期连载。同时，注重把调研成果转化成课题，年内有2项课题成功结项，其中省级课题1项、株洲市级1项，1项省级课题获准立项。出台《关于教学科研工作的奖励办法》，组织教研人员参加各级各类理论研讨会。全校教研人员撰写的调研论文共参加各级各类理论研讨会12篇次；其中获省级一等奖3篇次、二等奖3篇次，三等奖6篇次，获株洲市级一等奖1篇次、二等奖2篇次、三等奖2篇次；有8篇在省级刊物上公开发表。年内，组织编辑《醴陵党校》校刊，依托市档案史志局编著的《中国共产党醴陵历史》，推出《醴陵党史讲义》特色干训教材。

【效能建设】2015年，进一步规范机关管理，转变机关作风。落实党委中心组学习制度，组织中心组集体学习12次。努力提高教师教学水平，提高教师队伍整体素质，为教师赴上级党校学习、培训创造条件。全年选派4名教师赴省委党校学习、培训，选派2名青年教师参加株洲党校系统教学比武，选派1名教师参加省社科联理论研讨会。密切保持与市各媒体的联系，及时宣传报道工作动态，先后在《今日醴陵》、醴陵电视台、醴陵组工微信平台等媒体发表和播出工作报道20余条。出台学校网站建设方案，全年向市委办、市政府办等部门上报工作信息100多条。设施保障全面到位。全面维护设施设备确保安全，改造视频会议室、篮球场等设施；制定校园《文明公约》，规范教职工的日常行为，提升校园文明水平，顺利通过省级文明卫生单位复检，并获评株洲市“园林式单位”。全面提升服务质量，为每期干训班学员妥善安排就餐、住宿、饮用水等相关工作，精心准备市委、市政府交办的视频会议会场服务工作，全年承办电视、电话会议等各类会议共110场次。

【党建帮扶】2015年，党建帮扶工作以“三严三实”活动和“连心解困”大走访工作为切入点，扎实推进党建帮扶工作。在“连心解困”大走访工作中，认真履行牵头单位职责，开展群众工作日坐班活动10次，收集并解决“挂号问题”20余个；为石亭镇长塘、樟树、永红村解决帮扶资金3万元，为永红村村级医务室建设争取上级建设资金5万元。全年开展集中学习6次，其中支部书记邹明麟带头讲“三严三实”专题党课。面向全体机关干部和社会群众征求意见和建议，经认真梳理归纳为“三严三实”突出问题6条。召开专题民主生活会，提出自我批评意见32条，相互批评意见30余条。针对征求意见和群众反映的突出问题，制定《领导班子整改方案》，并狠抓整改落实。（王茹辉）

老干部工作

【概况】2015年，市老干部工作坚持围绕中心、服务大局，全面落实好老干部政治生活待遇，以“加强离退休干部思想政治建设和党支部建设”为重点，组织引导离退休干部为党和人民事业增添正能量，开展了老干部主题活动。年末，被评为省“老干部宣传工作先进单位”。年内，全市归口管理的离退休干部共220人，其中离休干部163人，离休干部中有行政编制40人、事业编制56人、企业编制57人（含接收株洲市属以上企业离休干部13人）、外地回醴陵安置的离休干部6人；享受副县级以上待遇的退休干部57人。离休老干部平均年龄在85岁以上。全市还有“506”老干部（1949年10月1日～1950年6月30日享受供给制的退休干部）42人。

【政治待遇】2015年，加强离退休干部思想政治建设。组织老干部学习领会十八届三中全会和习近平总书记系列讲话精神，开展特色社会主义、“中国梦”和形势政策宣传教育。2月10日，市委、市政府组织召开老干部政情通报会，邀请曾任副县级以上实职的离退休老领导参加。6月24日，在株洲市委老干部局的领导下，在市委党校开展邀请老同志“讲历史传统、讲先进事迹”的巡回报告会，有200多人参加。10月21日，与市委组织部共同组织30多名副县级以上实职离退休领导考察基层党建工作，重点考察“五彩社区”的建设。在乡镇区划调整前，组织老干部座谈会，听取老同志对乡镇合并的意见和建议。11月27日，组织“四个老字号”（关工委、老年大学、老体协、老科协）和街道办事处老干部工作专干，开展“五老”（老专家、老战士、老党员、老教师、老模范）工作座谈会，探索和推进“五老”在社区的作用发挥。加强离退休干部党组织建设，进一步明确落实离退休干部工作的主体责任，将离退休干部党组织建设纳入基层党组织建设考核范围和绩效考核内容。联合市委组织部开展了离退休干部党支部的调研，以深入走访各单位、发放调查表的形式进行调查，全面掌握全市离退休干部党支部建设现状。

【生活待遇】一是落实全市行政事业单位离休干部离休费的增资和企业单位离休干部基本信息的摸底工作；政策性补贴及时足额发放。二是按照《转发省委组织部等部门〈关于调整离休干部无固定收入的遗孀、配偶及建国前参加革命工作建国后退职干部生活补助费标准的通知〉的通知》（株老干〔2015〕3号）要求，与相关部门及时沟通、协调调标工作，确保政策的顺利执行。三是完成全市42名“506”老干部生活补助和医疗补贴的提标工作。四是坚持“四必访”（在职工遭遇急困时必访，亲人去世时必访，职工重病住院时必访，家庭发生重大矛盾纠纷时必访）制度，提高离退休老干部慰问标准。全年为老干部或家属送去慰问金、慰问品共计价值20多万元。

【主题活动】一是隆重纪念抗日战争胜利70周年。8月27日，市委书记周晓理、市长康月林分别带队看望抗日离休老干部代表李庆山、江玉田，对老干部表达了敬重之心、关爱之情。9月，邀请抗日离休老干部李庆山到青云学校向学生们宣讲抗战事迹，弘扬抗战精神；9月3日，开展走访慰问抗日老战士及抗日老战士遗孀活动，送去抗日纪念功勋章和慰问金。二是深入开展“美好株洲、阳光生活”活动。选树离退休干部先进典型，被推荐的王坊镇灌冲村90岁退休教师许明生成功入围“中国好人榜”候选人；广泛推介全国关心下一代工作先进个人陈自绪老人先进事迹；行业办离退休办主任杨忠五年如一日为老干部服务的先进事迹先后被《今日醴陵》《株洲日报》报道。举办“老凤雅颂新醴陵”离退休干部职工书画摄影展，共展出的书画摄影作品总计103幅，市委书记周晓理亲自为作品集出版写序。三是继续开展“连心解困”大走访及“精准扶贫”工作，协助解决原孙家湾乡李家山村新付塘组电力问题、梨树塘组水利问题和文家湾小学教学点恢复问题。拨付3万元，帮扶原孙家湾乡李家山村；对“精准扶贫”点均楚镇周坊村开展茶叶展销、农产品推广和金秋助学活动，并拨付对口帮扶资金3万元。（李春玲）

醴陵市人大常委会

【市第十五届人大四次、五次会议】 1月28—30日，市第十五届人大四次会议在醴陵大剧院举行。会议听取和审议市人民政府市长蔡周良所作的《政府工作报告》、市发展和改革局局长徐辉所作的《关于醴陵市2014年国民经济和社会发展计划执行情况及2015年计划草案的报告》、市财政局局长王志强所作的《醴陵市2014年财政预算执行情况和2015年财政预算草案的报告》、市人大常委会主任李理所作的《醴陵市人民代表大会常务委员会工作报告》、市人民法院院长高建明所作的《醴陵市人民法院工作报告》和市人民检察院检察长王友武所作的《醴陵市人民检察院工作报告》。通过有关决议决定，选举张水良、黄升开为市第十五届人民代表大会常务委员会委员。5月18—19日，市第十五届人大五次会议在醴陵大剧院举行。会议补选康月林为市人民政府市长。

【市十五届人大常委会第十七至二十七次会议】 市十五届人大常委会第十七次会议于4月23日在市人大常委会议室举行。会议决定任命康月林为市人民政府副市长、代理市长，接受蔡周良辞去市人民政府市长职务。决定任命黄升开为市人大常委会财政经济工作委员会主任，唐飞为市监察局局长，田安平为市安全生产监督管理局局长，曾峰为市人民法院审判委员会委员，张慎为市人民法院行政审判庭庭长，晏宇清为市人民法院泗汾人民法庭庭长，邓芳为市人民法院茶山人民法庭庭长，赖庆如为市人民法院民事审判二庭副庭长，刘昊为市人民法院审判监督庭副庭长，易凯为市人民法院审判一庭副庭长，宋子阳、文茂为市人民法院审判员，李海龙、刘慧、余伟、谭雪芹、周湘屏、贺泺榕、胡丽、段文圣、黎玲为市人民检察院检察员；免去傅晓江的市人大常委会财政经济工作委员会主任职务，陈彰伟的市监察局局长职务，潘应生的市安全生产监督管理局局长职务，帅罕文的市人民法院行政审判庭庭长职务，凌海军的市人民法院行政审判庭副庭长职务，晏宇清的市人民法院民事审判一庭副庭长职务，赖庆如的市人民法院未成年人案件审判庭副庭长职务，刘昊的市人民法院民事审判二庭副庭长职务，易凯的市人民法院白兔潭人民法庭副庭长职务。会议由第十二届全国人大代表黄小玲向常委会组成人员传达第十二届全国人大三次会议精神；会议向市人民政府交办十五届人大四次会议期间代表所提建议、批评、意见；听取和审议市人民政府融资工作情况汇报；审议通过市人民政府《关于提请审议醴陵渌江新城核心区基础设施综合开发一期工程项目委托代建有关事项的议案》，并作出《关于批准市人民政府〈关于提请审议醴陵渌江新城核心区基础设施综合开发一期工程项目有关事项的议案〉的决定》；审议通过《人大代表述职办法》和《市人大常委会专题询问办法》。

市十五届人大常委会第十八次会议于5月15日在市人大常委会议室举行。会议听取了《关于召开市十五届人大五次会议有关事项的汇报》；听取和审议代表异动情况和代表资格审查报告，补选康月林为市十五届人大代表。

市十五届人大常委会第十九次会议于6月2日在市人大常委会议室举行。会议听取和审议了《中华人民共和国食品安全法》综合执法检查和《中华人民共和国禁毒法》贯彻实施情况汇报。

市十五届人大常委会第二十次会议于7月15日在市人大常委会议室举行。会议听取市人大常委会代表资格审查委员会关于个别代表的代表资格的报告，林伯芝调离本行政区，其市第十五届人大代表资格终止。

市十五届人大常委会第二十一次会议于7月29日在市人大常委会议室举行。会议决定任命邹志超、廖宏力为市人民政府副市长，刘望鸣为市人民法院审判员、审判委员会委员、副院长；刘望鸣为市人民法院代理院长；接受高建明辞去市人民法院院长职务，向平辞去市人民政府副市长职务，黄利华辞去株洲市第十四届人民代表大会代表职务。会议听取和审议市人民政府2015年上半年经济运行情况报告、2015年上半年国民经济和社会发展计划执行情况报告、2014年市本级财政决算情况及2015年上半年财政预算执行情况报告和2014年度财政预算执行和其他财政收支的审计工作报告，根据市人大常委会财经委的调查报告，作出《关于批准醴陵市2014年财政总决算的决定》。

市十五届人大常委会第二十二次会议于8月27日在市人大常委会议室举行。会议决定任命廖胜云为市人民政府副市长；免去贺小玲的市人民政府副市长职务，谢诚的市人大常委会城乡建设环境资源保护工作委员会副主任职务。会议对市审计局《关于市林业局、市粮食局、市计生局、市农机局、市房产局的审计意见》进行交办，要求限期整改到位；会议审议通过市人民政府《关于提请审议租赁使用的醴陵市城区地下管网设施等固定资产的租金列入本级政府同期年度财政预算安排的议案》《关于将采购醴陵市城区供水管网改扩建工程项目服务资金列入财政预算的议案》《关于提请审议醴陵市国有资产管理局作为出资人发行2015年企业债券的议案》，并作出相关决定；开展驻醴第十四届株洲市人大代表述职，代表胡兆霖和李发佑在会上进行述职发言。

市十五届人大常委会第二十三次会议于9月24日在市人大常委会议室举行。会议决定任命曾敏为市人民政府办公室主任，程许芬为市人大常委会城乡建设环境资源保护工作委员会副主任，廖扩军、王小兰、贺永力为市人民法院人民陪审员；免去汤云辉的市人民政府副市长职务，谢圣才的市人民政府办公室主任职务；接受曾敏、田安平、唐哲明、彭湘陵、黄向阳、邓元新、万里鹏、肖小武辞去市第十五届人民代表大会代表职务。听取和审议市十五届人大四次会议代表所提建议、批评和意见办理情况的报告；开展驻醴株洲市第十四届人大代表述职，代表叶志钢和肖建辉在会上进行了述职发言，文智勇和吴明清作书面述职报告。

市十五届人大常委会第二十四次会议于11月19日在市人大常委会议室举行。会议审议通过《市人民政府关于提请审议〈醴陵市乡镇区划调整改革工作方案〉的议案》，并作出相关决议；开展《中华人民共和国食品安全法》审议意见专题询问，市食安办、市食品药品监督管理局、市质量技术监督管理局、市工商行政管理局、市卫生和计划生育局、市农业局、市畜牧水产局、市财政局、市教育局、市商务局、市粮食局等单位负责人接受常委会组成人员询问。

市十五届人大常委会第二十五次会议于12月15日在市人大常委会议室举行。会议补选康月林、顾东来、付志仁为株洲市第十四届人民代表大会代表；免去江晋的市人民法院林业审判庭庭长、审判员职务。会议听取和审议审计整改工作情况汇报；审议通过市人民政府《关于提请审议"渌江古城一江两岸文化休闲带"等6个项目采取PPP合作模式的议案》，并作出相关决定；听取和审议产业发展情况汇报、《中华人民共和国环境保护法》贯彻实施情况汇报和2014年专题询问落实情况汇报；书面听取关于加强镇（乡）、村庄规划建设审议意见落实情况汇报；书面听取了官庄二水厂建设审议意见落实情况汇报；听取和审议关于个别代表的代表资格审查的报告；开展驻醴株洲市第十届人大代表述职，王吉祥、巫绍中、邓日成分别在会上述职。

市十五届人大常委会第二十六次会议于12月28日在市人大常委会议室举行。会议补选易作岗为株洲市第十四届人民代表大会代表。

市十五届人大常委会第二十七次会议于12月31日在市人大常委会议室举行。会议决定任命张国文为市人民代表大会常务委员会财政经济工作委员会主任，余汉平为市人民代表大会常务委员会内务司法工作委员会主任，何春伟为市人民代表大会常务委员会教科文卫工作委员会主任，丁辉为市人民代表大会常务委员会城乡建设环境资源保护工作委员会主任，黎平华为市发展和改革局局长，徐德军为市经济科技信息化局局长，彭新为市监察局局长，谢新国为市司法局局长，李子平为市人力资源和社会保障局局长，邹柏柯为市环境保护局局长，丁际秋为市住房和城乡规划建设局局长，凌伟为市城市管理和行政执法局局长，李荣佳为市交通运输局局长，朱思球为市农业局局长，刘高飞为市水利局局长，吴均成为市商务旅游和粮食局局长，盛勇为市文体广电新闻出版局局长，邓少仁为市卫生和计划生育局局长，唐飞为市审计局局长，许君明为市市场和质量监督管理局局长，胡兆霖为市统计局局长，荣树伟为市人民防空办公室主任，易祖斌为市人民法院审判员、审判委员会委员、副院长，杨坚为市人民法院林业审判庭副庭长，王剑为市人民检察院副检察长；免去宋文革的市人民代表大会常务委员会教科文卫工作委员会主任职务，张柏花的市人民代表大会常务委员会内务司法工作委员会主任职务，瞿运生的市人民代表大会常务委员会城乡建设环境资源保护工作委员会主任职务，黄升开的市人民代表大会常务委员会财政经济工作委员会主任职务，汪海雕的市人民代表大会常务委员会农业工作委员会副主任职务，程许芬的市人民代表大会常务委员会城乡建设环境资源保护工作委员会副主任职务，汪长科的市人民代表大会常务委员会内务司法工作委员会副主任职务，文南英的市人民代表大会常务委员会任免联络工作委员会副主任职务，徐辉的市发展和改革局局长职务，刘金堂的市经济和信息化局局长职务，李忠业的市科学技术局局长职务，唐飞的市监察局局长职务，杨鹏的市司法局局长职务，李子平的市人事局局长职务，徐德军的市劳动和社会保障局局长职务，凌伟的市住房和城乡建设局局长职务，张国文的市环境保护局局长职务，谢洪华的市交通运输局局长职务，易拔山的市农业局局长职务，丁辉的市水务局局长职务，吴均成的市商务局局长职务，易小龙的市文化体育广电新闻出版局局长职务，邹柏柯的市卫生局局长职务，李冬汉的市人口和计划生育局局长职务，丁全生的市审计局局长职务，谢新国的市食品药品监督管理局局长职务，朱卫兵的市统计局局长职务，潘真的市人民法院审判委员会委员、副院长职务，杨坚的市人民法院民一庭副庭长职务，汪建国的市人民检察院副检察长职务；接受王太忠、王宇、匡兴武、左孟良、陈云涛、刘天汉、张承谊、朱思球、邓少仁、刘高飞、盛勇、谢辉荣、荣树伟、周海军、周绪球、谢建林、吴礼阳、黄志敏、钟敏辞去市第十五届人民代表大会代表职务。

【服务全市中心工作】2015年，市人大常委会积极推进“四个主题年”活动，着力推动经济发展转型升级。参与瓷博会的各项筹备工作，组织30余名人大代表对展馆布置、环境卫生等开展视察；展会期间，接待宾客31批、402人次。围绕“十三五”规划编制开展专题调研，广泛听取人大代表、基层群众等各方面意见，提出有针对性和可操作性的建议和意见28条。深入明月镇水口山村、枫林镇樟仙岭村、焦源村、板杉镇大石桥村、均楚镇潘家冲村开展“一进二访”精准扶贫活动，先后组织100余万元，帮助贫困村改善村级公益基础设施，帮扶贫困对象。助推项目建设，联系、协调和服务沪昆高铁东互通、湖电智能电网项目、珊田安置区、阳三棚户区改造、333省道、渌江书院修缮整治等重点工程建设。沪昆高铁连接线醴陵东互通改、扩建项目进展顺利，路基和沥青摊铺已全部完成；湖电智能电网项目已完成一期改、扩建工程，获得国家电网入网许可证；珊田安置区桩基工程已基本完工，项目进入全面施工阶段；阳三棚户区改造项目一、二期工程4.04公顷的征地任务如期完成；333省道项目涉及4个乡镇、1个街道的13个行政村、78个村民小组，共57公顷土地征用和33栋房屋拆迁任务提前完成；渌江书院修缮工作稳步推进。

【绿色生态文明建设】2015年，市人大常委会始终把生态文明建设摆在重要位置，持续开展“环保世纪行”，再次听取市人民政府关于贯彻实施《中华人民共和国环境保护法》及办理2014年《市人大常委会关于〈中华人民共和国环境保护法〉贯彻执行情况审议意见》的情况报告，连续第四年督促绿色生态醴陵建设决议落实。年内，全市空气质量良好天数达336天，良好率92.3%、PM2.5良好天数达93.7%。推动生态空间保护，镇规划编制工作自2013年启动以来，市人大常委会鼎力助推。截至12月，完成全市所有行政村村庄规划和白兔潭、枫林2个中心镇控规编制，实现全市村、镇规划全域覆盖。推动水源水质保护，针对渌江河、望仙桥、官庄、雪峰山等饮用水源存在的畜禽粪便、生活垃圾污染和水体富营养化等问题，作出水域水源保护的决定，开展执法检查，保障群众饮用水安全。持续关注官庄二水厂项目，支持并督促政府推进水厂建设项目落地。推动林业资源保护，为巩固第一轮封山育林成果，推动第二轮封山育林决定的顺利实施，听取市政府贯彻落实《中华人民共和国森林法》情况汇报，共同营造林业法治氛围，维护森林生态安全。全年全市活立木总蓄积量达264.4万立方米，森林覆盖率提升至55.19%，全市森林资源有效增长，生态环境明显改善，森林生态功能大幅提升。

【农业农村发展】2015年，市人大常委会听取全市农业综合开发工作情况汇报，提出科学制定项目前期规划，着力打造“三心工程”（政府放心、自己安心、农民舒心），加强产业化项目库建设等意见和建议，有力促进农业农村经济规模化、现代化和产业化。开展气象防灾工作调研，提出多条防雷减灾方面的建议和意见。抓好“农产品质量安全行”活动，督促市政府建立健全农产品质量安全检验检测体系。在市人大常委会督促下，市农业局投入10余万元，免费为蔬菜基地赠送10台检验检测设备。以农产品标准化生产体系和溯源体系建设为重点，督促职能部门认真履职，提升农产品质量安全水平，打造绿色农业品牌，促进农村经济健康持续发展。

【社会事业监督】 密切关注陶瓷和花炮两大传统产业人才培训、青少年吸毒、“人口老龄化”、村医队伍建设等民生问题，听取工作情况汇报，开展专题调研，并向市人民政府提出多条建议和意见。为争取陶瓷技师学院落户醴陵出谋划策，项目于6月破土动工建设；督促市政府将老龄事业纳入“十三五”规划并进行具体部署；围绕“推动村卫生室建设，提高农村卫生服务能力”的主题，开展“三湘农民健康行”活动，推荐2名优秀乡村医生参加2015年度株洲市“最美乡村医生”评选并成功获评；开展“民族团结进步行”，听取民族宗教工作情况汇报，推进民族团结和维护社会稳定。

【财政经济监督】 2015年，按照新预算法要求，积极推进全口径预决算审查监督。加强审计刚性监督，开展审计审议意见整改落实情况的专题询问。针对审计工作报告所指出的有关单位廉租房住房补贴发放不规范、固定资产核算不实、违规发放补助、虚列支出等14项问题，市人民政府召开专题会议研究部署审计整改工作，并将整改情况向市人大常委会专题汇报。年内，14项整改任务已有12项整改到位，整改到位率85.7%。

【城建城管监督】 2015年，听取城市管理和“两改六化”工作情况汇报，积极参与“项目建设年”和“创建国家卫生城市”活动，邀请50名代表参与对“四街两区”（来龙门、仙岳山、阳三石、国瓷街道和经济开发区、长庆示范区）和相关单位查违控违拆违、维护城市环境卫生的考评监督，推动征拆依法透明。面对近年来全市小型汽车以每年近万辆的速度递增，导致交通压力日益加剧的情况，听取《中华人民共和国道路交通安全法》贯彻实施情况汇报，建议政府健全交通规划体系，加快交通建设步伐，着力解决“停车难”“行车难”问题。

【司法监督】 2015年，市人大常委会组织开展“司法公正行”活动和案件监督活动，对市法院司法信息查控系统、数字法庭建设和检察院常规公开、规范执法等工作进行督查。全年人民陪审员参与审理案件1845件，占法院年度审结案件的36.9%。继续组织代表听审评议法院庭审案件，共组织全市各级代表117人次，听审、评议案件5件，反馈意见16条。组织参加省人大法工委《中华人民共和国地方各级人民代表大会和地方各级人民政府组织法》、《中华人民共和国全国人民代表大会和地方各级人民代表大会选举法》、《中华人民共和国全国人民代表大会和地方各级人民代表大会代表法》立法调研。认真开展规范性文件备案审查工作，对市政府及有关部门报送备案的15件规范性文件进行登记、备案和审查。认真执行市级领导信访值班制度，全市接待群众来访75批、399人次。

【执法检查】 2015年，市人大常委会积极回应社会对食品安全的监督检查，组织开展较大规模《中华人民共和国食品安全法》综合执法检查。市、乡两级人大紧密配合、上下联动，召开汇报座谈会18场次，明察暗访各类食品生产经营场所106个，抽取各类样品85批次，撰写专题调查报告，摄制电视专题片《食品安全大如天》。6月，听取审议《中华人民共和国食品安全法》贯彻执行情况的汇报，将审议意见向市人民政府进行交办。市人民政府对此开展一系列行之有效的整改行动，如立即取缔中兴街“善园”无证肉制品作坊，罚款2万元并责令停止生产。11月，市人大常委会召开审议意见办理落实情况专题询问会议，围绕检查中发现的重点问题向应询部门提出10项问题，各部门主要负责人正视问题，认真应询。同时，组织开展《中华人民共和国大气污染防治法》《中华人民共和国传染病防治法》《中华人民共和国档案法》《中华人民共和国安全生产法》等法律法规贯彻实施情况检查。

【代表工作】 坚持落实市人大常委会组成人员走访代表制度，指导、督查、创新乡镇、街道代表联系人民群众工作室建设。孙家湾镇将平台建设进一步向基层延伸，建立6个村级代表联络活动室、8个企事业单位接待点。继续深入开展代表“连心解困”大走访活动，接待群众来访、主动走访选民9176人次，收集和整理群众意见和建议860余条。经会商交办，再生稻示范推广、高标准农田建设、均楚镇老街小巷沥青改造等一批实际问题得到较好解决。加大代表建议交办、督办力度，促进工作及时落实到位。在市十五届人大四次会议以来代表所提的90件建议中，选择10件作为主任会议重点督办件进行督办。针对《关于协调解决企业融资抵押担保用地“证照不全”问题的建议》，市人民政府2次召开市长办公会研究具体解决方案，助推中小企业发展；在办理《完善新建小区的社会化管理的建议》过程中，市政府及相关部门深入开展调研，出台《醴陵市物业管理办法》。做好驻醴上级代表出席国家、省、株洲市人大会议的服务工作，促进部门与代表的交流互动，引导代表围绕醴陵发展大局献计献策，驻醴上级代表共提出建议53件，其中《建立花炮企业退出补偿机制》《提质改造320国道》《适当调整东城大道规划并尽快启动实质性建设》等建议得到国家、省、株洲市的重视和支持；花炮企业退出补偿建议得到国家安监总局的高度肯定，年内在进行政策出台的前期调研；320国道提质改造项目已经动工。坚持邀请人大代表列席常委会会议，参加执法检查、专题调研、专项工作评议等各项活动，在专题询问时将询问权、审议权、投票权延伸至与会代表。丰富代表履职活动，指导全市33个代表小组围绕重点工程建设、实体经济发展、规划建设管理、城乡综合整治等主题开展各类调研、视察、座谈和走访活动70余次，形成《关于蔚蓝国际小区规划执行情况的调查报告》等一批有价值、有针对性的建议和报告，为市委市政府决策提供有价值的参考。建立和完善代表述职、辞职、考核、履职登记以及约谈、劝退等约束机制，出台《人大代表述职办法》，组织代表向选区选民或选举单位就代表职务履行情况进行述职，夯实人大工作的民意基础。全年共组织9名株洲市人大代表向市人大常委会汇报履职情况。

【科学决定重大事项】为破解发展的资金瓶颈，市人大常委会按照“资源资产化、资产资本化、资本证券化”思路，批准政府发行2015年企业债券，听取审议并通过市人民政府关于渌江新城项目建设、加快推进城区地下管网建设等10项议案，支持市政府融资52.6亿元，推进城市建设。赴长沙县、宁乡县等地考察调研PPP模式应用情况。12月15日，市人大常委会第25次会上，支持并批准市人民政府提交的一江两岸之“瓷城古韵”等6个项目采取PPP合作模式，推进“激情创业，勇争一流”的建设热潮。贯彻落实市委关于全市乡镇区划调整和机构改革工作的有关精神，深入基层开展专题调研，广泛征求意见和建议，作出《批准〈醴陵市乡镇区划调整改革工作方案〉的决议》，为稳妥推进改革发挥积极作用。

【人事任免】2015年，市人大常委会坚持党管干部和依法任免干部有机统一的原则，完善任职资格审查、法律知识考试、任前发言等制度。在机构改革调整到位后，及时任命18名政府工作部门主要负责人。全年依法任免国家机关工作人员94人次，及时补选和接受株洲人大代表辞职8人次，依法审查代表辞职补选、资格终止42人次。（唐超群）

醴陵市人民政府

【概况】2015年，醴陵市全面开展“招商引资年、改革深化年、项目攻坚年、安全保障年”四大活动,全面推进“一城三片区”“一心六组团”“一环三纵横”建设，着力稳增长、促改革、调结构、惠民生、防风险，全市经济平稳健康发展、社会大局和谐稳定。县域经济竞争力在全国百强中上升到第82位，工业经济实力居全国第93位。实现地区生产总值531.6亿元，增长10.1%；完成公共财政总收入45.03亿元、税收收入23.01亿元，分别增长17.2%、17.8%；完成固定资产投资总额360亿元，增长18.7%；完成社会消费品零售总额163.4亿元，增长12.6%；城乡居民人均可支配收入分别达31093元、20732元，均增长8.6%。年内，醴陵市是全省唯一同时获得安全生产、计划生育、综合治理工作先进称号的县（市）。

【产业发展】农业生产稳步发展。第一产业实现增加值48.4亿元，增长4%。全年粮食播种面积7.227万公顷，粮食产量达51.7万吨。西乡片现代农业组团加快发展。年内，新增农民专业合作社160家、家庭农场52家。年末，市农业行政执法大队获“全国农业综合执法示范窗口”。工业经济持续向好。出台“工业十条”，助力产业发展；第二产业实现增加值340.4亿元，增长9.2%。用好特色县域经济重点县政策资金，陶瓷标准化泥釉模配置中心、醴陵·世界陶瓷艺术城等产业平台建设扎实推进；高性能环保陶瓷膜、陶瓷3D打印等高新技术项目和湖南陶瓷技师学院新校区项目成功履约。坚持“扶优扶强、并小并散、退乱退弱”，兼并重组86家花炮企业，与宁波港签订烟花爆竹铁海联运战略合作框架协议及合作备忘录，花炮物流迎来新机遇。旗滨玻璃、升华科技技改扩能项目等竣工投产，时代金属轨道交通部件生产基地等加快建设，玻璃、轨道交通和电子信息产业等新兴产业不断发展壮大。经济开发区全年完成技工贸总收入401.3亿元，增长17.2%；建成标准厂房37.44万平方米。以湘赣开放合作试验区建设为契机，加快推进旗滨路、333省道城市环线建设。第三产业活力进发。全年第三产业实现增加值142.8亿元，增长14.4%，三产占比提高1.6个百分点。金融机构存贷款余额分别达262.3亿元、131.4亿元，分别增长20.7%、7.4%。年内，新增进出口企业19家，全市进出口总额达3.33亿美元。文化旅游全面提升。启动渌江书院修缮整治等项目建设；加快推进旅游环线建设，以“枫林印象”“官庄山水”“黄乡民居”“沩山古窑”等为“名片”的“醴北人家”生态旅游休闲圈初现雏形。成功举办首届瓷博会，参观人数38.6万人次；央视著名主持人董浩将工作室落户醴陵；圆满举办“黄乡民居－田园乐翻天”活动，旅游产业成为经济增长新亮点。组织陶瓷企业统一使用“中国醴陵·瓷彩天下”标识参展春秋两季广交会，实际成交额11309万美元，增长11.4%。房地产业平稳健康发展。第六届房交会实现交易总额11.5亿元，创历史新高。要素保障全面加强。全年报批土地329.07公顷；完成征地359.93公顷，腾地401.75公顷，征拆房屋1007栋（套），在株洲市五县（市）中考核排名第一；工业用电量增长24.7%，位列全省县（市）第一；出台“招商六项”，激发全民积极性，合同引资485亿元，到位域外资金154亿元，分别是上年的3.8倍和3.6倍；完成直接融资52.6亿元，带动社会投资100余亿元；市财政局获评“全国财政系统先进集体”。以“项目攻坚年”活动为抓手，“十大产业项目”“十大基础设施项目”等105个重点项目扎实推进，80个建设项目完成投资106亿元。

【城乡建设】2015年，城乡建设成绩显著，进一步完善“一城三片区”“一心六组团”“一环三纵横”发展格局规划，完成渌江新区等片区规划。全面完成村镇布局规划、镇总体规划和村庄规划。成立渌江新区管理委员会，集中优势资源推进渌江新区各个项目建设，核心路网等项目建设进展顺利。加快旧城改造步伐，“瓷城古韵”等项目有力推进。新增公租房1410套，完成棚户区改造1030户、农村危房改造1300户；新建城市供水管网9.5公里、燃气管道17公里；完成垃圾处理厂、污水处理厂二期工程建设。实施税收奖励扶持政策，支持集镇加快基础设施建设；白兔潭镇获批“全省新型城镇化试点镇”。农村基础设施建设加快推进，完成省级农村通畅工程81.5公里、安保工程134.5公里；投资1.5亿元，整修、新建大小水利工程8000余处。以创建为抓手，大力推进“两改六化”，高质量通过省级“卫生城市”“园林城市”复审。环卫保洁、拆违控违等城市管理体制机制改革不断深化。“数字醴陵”工程一期开通，城区重点区域、复杂场所实现视频监控全覆盖。

【改革创新】大力开展“改革深化年”活动，7大类21项改革纵深推进。简政放权持续加力，制定并公布“三清单一目录”。政府机构改革和乡镇区划调整圆满完成，设置24个政府工作部门，全市26个乡镇、4个街道撤并调整为19个镇、4个街道，李畋镇、左权镇、国瓷街道办事处等一批极富醴陵文化特征和产业特色的地名成为对外形象展示的“新名片”。投融资体制改革成效明显，通过PPP模式引进陶瓷生态花卉主题公园等项目6个，总投资129亿元。国企改革取得突破性进展，国光瓷业筹划复牌上市工作。农村土地承包经营权确权登记颁证、不动产登记制度改革等有序推进。

【民生事业】2015年，全市民生实事指标全面完成，民生领域支出42亿元，占公共财政支出的70.5%。新增城镇就业人数8386人、农村劳动力转移就业人数4630人，城镇登记失业率控制在3.5%以下。年内，高考成绩二本以上上线率稳居株洲地区首位，顺利通过全省教育工作第三轮督导评估，评为最高等级“综合优秀”、获“湖南省教育强县（市）”。组织企业申报省级科技项目15个。市五彩艺术团代表（中国赴法国）参加国际排舞大赛，获原创节目类“团体第一”等3项世界级大奖。市中（一）医院住院综合大楼竣工，湖南师范大学附属湘东医院综合大楼项目建设启动。坚持精准救助，发放城乡低保、五保、医疗、临时救助金1.5亿元。实施精准扶贫，开展“一进二访”活动，全市36758名贫困人口的建档立卡工作完成；派出20个扶贫工作队到贫困村开展驻村帮扶，有5835名贫困人口“摘帽脱贫”。

【社会管理】深入推进“连心解困”大走访活动，网格化社会治理实现制度化、常态化，着力解决“三个一批”。建成“市、镇、企业”三级联网视频安全监控系统经验在全省推介。扎实开展“两打三治”、“九打九治”、食品安全和校车安全等各类整治行动。安全生产和治超治限工作从全省“后进”跻身先进行列。认真落实计划生育各项政策，人口计生工作服务力度和水平均有提高。全力防范和打击非法集资，金融风险总体可控。扎实开展系列严打整治行动，刑事案件数连续第三年下降。综治民调在全省排名中，由84位上升至55位，创历史最好成绩。（贺　鹏）

【市政府常务会议】2015年，市人民政府共召开14次市政府常务会议。

1月5日，研究安全生产工作和东富工业园旗滨大道二期工程建设有关问题，传达学习中办国办加强安全生产工作有关文件精神。

1月8日，研究经济开发区体制改革、重大产业资金管理、组建醴陵市校车公司等有关问题。

1月23日，研究2014年度全市安全生产工作和人口和计划生育工作考核情况、《2015年政府工作报告（送审稿）》、《醴陵市2014年国民经济和社会发展计划执行情况与2015年计划草案的报告（送审稿）》、《醴陵市2014年财政预算执行情况和2015年财政预算草案的报告（送审稿）》、防范和处置非法集资工作等有关问题。

2月16日，研究调整人防易地建设费征收标准、理顺全市乡镇（街道）司法所管理体制、市人民政府领导分工调整等有关问题。

4月2日，研究市人民政府职能转变和机构改革工作、全市经济工作会暨“项目攻坚年”活动动员大会会议方案以及表彰对象建议名单、防汛工作、森林防火工作等有关问题。

4月22日，市长康月林就市政府工作和班子建设发表讲话；研究2015年“项目攻坚年”活动和“招商引资年”活动方案、考核办法和奖励办法，融资工作等有关问题。

5月12日，研究2015年征地拆迁和房屋征收工作、国有林场改革工作、全市养殖业工作、推进清单工作、创建湖南陶瓷技师学院等有关问题，通报4月17日由市委书记周晓理率市“四套班子”主要负责人召开的“数字醴陵”工程建设现场办公会议精神。

5月29日，研究醴陵国际陶瓷商贸城项目建设，被征地农民社会保障、机关事业单位养老保险改革，建设烟花爆竹安全视频监控系统、全市煤矿关闭退出工作、拨付醴陵旗滨新能源公司科技三项费用和产业发展基金、原醴浏铁路公司社会管理职能和相关资产移交、国光集团重整、治理车辆超限超载、调整全市非居民用天然气价格方案、陶瓷博物馆建设、禁毒、“数字醴陵”一期工程建设及开通运行等有关问题。

6月23日，研究责任清单、权力清单、外商投资准入管理目录（负面清单）、涉企收费清单，资产资源配置、统计工作、进一步落实全市动物防疫长效机制、国土资源管理工作、醴陵东互通整体搬迁资产置换、对有关干部进行处分等有关问题。

8月4日，研究市人民政府领导成员工作分工、建设全市“综合治税信息平台”、融资工作、湖南华联瓷业股份有限公司“中国清洁发展机制基金贷款项目”、全面开展农村土地承包经营权确权登记颁证工作、全市人口和计划生育工作、2015年合格学校建设、全市信访突出问题等有关问题。

8月24日，研究“十三五”规划编制、无偿献血工作、启动005（株醴）县道大修工程、2015年特色县域经济重点县项目计划申报、国光瓷业重整、市高新公司发行2015年企业债券工作、有关项目融资、安全生产工作、林业棚户区建设及住房信息系统建设等有关问题；研究坚决落实“两个责任”（党委负主体责任、纪委负监督责任），扎实推进政府系统党风廉政建设有关问题。

9月30日，研究项目合作及融资工作、市2015年规划内剩余一般小（二）型病险水库除险加固项目、北部旅游公路建设、食品安全、制订房地产业发展政策和举办市第六届房交会等有关问题，学习中共湖南省委办公厅、湖南省人民政府办公厅《关于重申和严明党政机关公务接待有关纪律规定的通知》。

11月12日，研究市乡镇区划调整改革工作有关问题。

11月27日，研究市人民政府工作部门“三定”（定部门职责、定内设机构、定人员编制）规定编制工作、2015年前三季度金融工作、市农业发展有限责任公司存量债务置换，落实《关于对部分城镇军队退役人员继续实施援助的通知》（株信联办发〔2015〕16号文件）有关工作，开展金融产业扶贫小额贷款整体推进工作、“枫林印象”之枫溪谷生命科学园项目建设，开展农村环境综合整治整县（市）推进工作、环卫管理体制改革和环卫作业市场化运作，加强城市建筑垃圾专业化密闭运输工作、规划工作，聘请市人民政府规划顾问，以及不动产统一登记工作等有关问题；学习新修订的《中国共产党廉洁自律准则》和《中国共产党纪律处分条例》（简称《准则》《条例》），部署政府系统学习贯彻《准则》和《条例》工作。

【市政府专题会议】2015年，市人民政府共召开市政府专题会议13次。主要研究事项有：《G320醴陵段辅道设置及交通研究》（方案），《旗滨大道二期工程线型设计》（方案），李畋中路公租房及马放塘社区居委会办公用房建设，醴陵渌江新城核心区基础设施综合开发一期工程项目对接农发行整体城镇化建设贷款试点工作，将全市加油（气）站网点开发权配置给市渌江投资控股集团有限公司，杭长高铁和醴茶高速施工破损道路修复改造，《醴陵市“十三五”站场发展规划方案》，湖南恒凯通信息科技有限公司光纤项目，原西山街道河西村滑坡地质灾害治理和肖家台子巷提质改造，全市乡镇区划调整改革工作，对中国·醴陵花炮大市场项目规划区内市浦口中达出口花炮厂、市汇成出口烟花厂和市吉泰引线厂二工区3家关闭企业进行征拆，原大障镇弹子坑村修建乡村道路，湖南国光瓷业集团股份有限公司资产转让等有关问题。

（殷　维）

市人民政府办公室

【综合信息调研】2015年，市人民政府办公室主要围绕财政收入、节会经济、“互联网+”等领域，深入乡镇（街道）、龙头企业，走访相关部门，广泛开展调研，撰写《关于旅游产业发展的思考》《醴陵市特色产业发展研究报告》《关于加快推进全市“互联网+陶瓷”的调研报告》等调研报告，及时为市领导提供经济形势分析和提出针对性的建议。全年撰写《政府工作报告》、大会报告、领导讲话、典型发言、专项汇报等文稿材料220余篇；在《湖南日报》等省级党报党刊上发表市长署名文章3篇；负责审核把关市政府主要领导新闻稿件110余篇，在省、株洲市主要新闻媒体发表新闻稿件20余篇。发挥“纽带”作用，圆满完成市首届瓷博会等重要活动的综合协调工作。围绕全市中心工作，认真组织编写、编辑、组稿，及时向株洲上报政务信息。全年上报政务信息1822篇，政务信息采用量排名株洲市前列；向株洲市政府门户网站上报信息1829条，被网站《县市区动态》栏目采用

313 条。全年编发《调查与研究》10 期、《学习与交流》13 期、《政务参考》27 期。办理省长信箱信件 5 件；对株洲市政府“市长信箱”转来的信件采取转办、交办、呈办等方式，及时处理并回复，及时办理、答复各类信件 290 封，答复反馈率 100%；加强醴陵市级“市长信箱”管理，及时办理、答复信件 701 件，答复率 100%。

（贺　鹏　肖　岚　周根初）

【政府网站普查】2015 年，对全市所有政府网站开展全面摸底、自查和整改工作，经最终核查有 18 家政府网站参加全国网站普查，对其余 20 多家网站执行永久关停。每月组织一次网上检查，对全市 17 家部门、单位政府网站实行网上检查 15 次，指出各网站存在的问题 200 余处，并要求限期整改到位。为进一步巩固政府网站工作成果，推进政府网站的持续有效运行，安排部署网站普查“回头看”工作，并加强日常监管，有效解决群众反映强烈的政府网站“僵尸”“睡眠”等问题，使政府网站成为提升治理能力、推进“互联网＋政务服务”的重要平台。（肖　岚）

【政务监督】2015 年，市政府办紧紧围绕市委、市政府重大决策部署、市政府常务会议议定事项、群众关心的热点、难点问题，以及市长批示件、领导批示信息等开展各类督查活动，重点对《政府工作报告》确定的十大产业项目、十大基础设施项目、“民生 80”（80 项民生实事）工程等中心工作，以及市政府常务会议、办公会议、专题会议议定的事项进行跟踪督查。办理市领导批示件 100 余件，组织和参与重要工作督查 40 余次。认真承办株洲市政府督查室交办或转办的查办件，办结率 100%。年内，组织办理市人大代表建议 90 件、市政协委员提案 88 件，办结率均为 100%。编发《政务督查》《督查专报》共 26 期。（温立峰）

【“市长热线”办理】2015 年，“市长热线 23512345”共接到市民来电 1300 多个，反映问题集中在噪音污染、环境污染、征地拆迁、田土山岭纠纷、河道采砂、农村环境整治等方面，办结率为 100%，市民满意率达 98% 以上。全年完成株洲市“市长热线 12345”、“市长信箱”转来的咨询、建议和投诉 681 件，办结率达 100%，满意度达 98% 以上。

（吴集兴）

【依法行政工作】2015 年，根据湖南省、株洲市依法行政工作安排和依法行政考核方案的精神和要求，制定并下发《醴陵市 2015 年依法行政工作安排和依法行政考核方案》，对全市依法行政工作和依法行政考核进行全面安排部署。完成权力清单清理工作，共清理行政许可、行政处罚等行政事项 3513 项，其中行政许可 232 项、行政处罚 2444 项、行政强制 161 项、行政征收 68 项、行政给付 12 项、行政确认 64 项、行政奖励 27 项、行政检查 138 项、行政监督 92 项、其他行政权力 275 项，涉及法律法规 1166 部。审核政府规范性文件 78 件（其中规范性文件 15 件），提出法律意见 210 条，按期向株洲市人民政府、市人大常委会予以备案，备案率、合格率均为 100%；审核部门文件 5 件，并按“三统一”（统一登记、编号、公布）登记 5 件。审查政府合同 44 件，对违反法定程序和法定条件订立的政府合同，提出法律意见予以纠正；起草《醴陵市政府合同管理办法（草案）》。加强执法证件的核发管理，新发行政执法证 92 本。抽查 23 个行政执法单位的执法案卷，对 23 个行政执法单位 69 份行政执法案卷进行评查。收到行政复议申请 15 件，其中依法决定受理 10 件、不予受理 5 件。受理的 10 件行政复议案件中，经审查依法决定终止行政复议 4 件、维持 5 件、撤销 1 件。办理市人民政府被复议案件 2 件，其中 1 件申请撤诉终止、1 件维持；接收行政诉讼案件 13 件。年内，对 4 个重大行政决策组织听证会，保证决策合法有效。（孙玉泉）

【征拆征收工作】2015 年，全市征拆征收工作在理顺和创新工作体制机制基础上，加强机构、人员、资金综合协调，解决大批疑难遗留问题，实现从“项目等土地”到“土地等项目”的根本性转变。全年完成征地 359.93 公顷、腾地 401.73 公顷，征拆房屋 1007 栋（套），42 个项目完成征拆清“零”。年内，在株洲市“项目攻坚年”征地拆迁活动中，完成集体土地征地面积 296.95 公顷、完成率为 143.64%；完成国有土地房屋征收面积 6.02 公顷，完成率 286.52%。在株洲五县、市中排名第一。（漆　品）

市政务中心

【概况】2015 年，醴陵市政务服务中心集中审批、办证项目 1484 件，实现规费收入 9040.5 万元，其中“一表式收费”7993.7 万元；即办件办结率和按时办结率均为 100%，群众满意率达 99.8%。全市网上政务服务和电子监察系统受理审批事项 9343 件，其中办结 9272 件审批事项、办结率 98.88%；办事结果通过市政务服务虚拟大厅实时向社会公布。年末，全市 24 个乡镇（街道）中有 21 个已建立便民服务中心，3 个未建立的乡镇（街道）在筹备中。

【政务公开】2015年，政务公开工作加强制度建设的管理，建立健全“首问责任、一次告知、限时办结”等管理制度，在办事窗口实行首席代表、并联审批、全程代办等制度。编制《醴陵市行政审批项目及流程资料汇编》，公布所有项目办事流程、办理时限、办事依据。在市政务中心继续推进行政审批“两集中、两到位”[部门行政许可职能相对集中到一个股室、行政许可股室集中进财务中心办公，部门行政许可（服务）事项进政务中心要到位、部门对政务中心窗口授权要到位]改革，实行一个窗口统一收费，逐步实现“一窗口受理、一条龙服务、一站式办结”的方式。在市政府门户网站首页上设立《2015年政府信息公开情况专栏》，将全市政府工作信息汇总展示。醴陵新闻网上传各类新闻稿件2400余篇，向红网等权威网站推送优秀稿件180余篇，其中被红网总站采用136篇；醴陵政务网上传各类政务信息1900余条，公开重要通知公示49篇、政府信息情况310篇。处理市长热线、市长信箱中的群众咨询、建议和投诉701件，办结率100%。办理回复网民写给市委书记的留言26次。编发《醴陵政报》4期，公开市政府、市政府办公室文件及重要人事任免；回应公众关注热点和重大舆情200余次。（吴贝立）

信访工作

【概况】2015年，全市信访工作进一步健全工作机制，畅通信访渠道，信访形势平稳可控。全年受理上访群众156批、2797人次，受理群众来信130件，群众来信来访稳步下降；集中化解信访积案8起，复查信访问题13件，对43件信访突出问题进行市级领导包案；开发公益性岗位，安排五类涉军人员17人。在全国“两会”及抗战胜利70周年纪念活动特护期间实现“零进京”“零登记”工作目标。

【接访制度改革】2015年，根据全市信访工作的特点，改革领导接访制度，将原市级领导轮流值班接访制度改革为市级领导常态化值班接访与副市长分类接访处访相结合的制度，实行每周星期一为市长接待日，副市长带领分管部门轮流坐班接访。非市长接待日每天安排一名其他市级领导交叉轮流值班接访。通过接访制度的进一步改革，既保证每天有市级领导值班，现场接待群众集访、及时接返越级集访上访，又能让信访群众有针对性地反映和解决问题。全年有40名市级领导参与值班接访，共接待群众185批、853人次，解决信访实际问题169件次，办结率为90%以上。

【特护期间信访维稳】2015年，市信访局在各级两会和全国纪念抗战胜利70周年等大型活动特护期间，有针对性地开展重点排查，要求各乡镇（街道）及市直单位均召开信访维稳专题会议，制定维稳和接返方案。全年在特护期间排查矛盾纠纷43件、重点对象76人，对排查出的矛盾纠纷和对象，全部按照“五包一”（包掌握情况、包思想教育、包解决困难、包稳控管理、包依法处置。一个包案领导、一个工作班子、一套化解方案、一份会办纪要、一套稳控措施）的要求进行责任分解。加强进京维稳和驻长沙值班，全年接待、劝返赴省进京上访群众17批、39人次，通过一系列信访维稳措施，确保特护期间进京、赴省、到市“零登记”的工作目标。

【信访维稳保障】2015年，全市信访工作得到市委、市政府领导高度重视和全力支持。一是多次召开市委常委会、市长办公会等专题会议，研究信访工作。市委书记周晓理、市长康月林专门听取信访工作情况汇报，对28件信访积案当场进行责任交办。市委副书记刘海宾，市委常委、市委政法委书记黎平组织有关人员到信访部门进行调研，分析全市信访形势，并对下一步信访工作提出具体要求。二是市委书记周晓理在市委常委扩大会上当场批示，要求市财政给予每个乡镇（街道）安排信访工作经费10万元，为基层信访维稳工作提供有力保障。三是加大化解资金投入。全年投入29万元，用于发放村级信息员补助，投入400余万元用于发放原民办教师、乡村医生补助；对原乡镇国土、户籍管理员、市红旗煤矿农民工等群体，给予一次性或定期困难生活补助。

（邓阳炯）

档案史志

【概况】2015年，市档案史志局内设办公室、档案馆、业务法规股（行政审批股）、党史资料征集编研办公室和年鉴编辑办公室，有在职干部16人。市综合档案馆有馆藏档案8大类，共有档案18万余卷（册）、资料4万册；全市设立档案全宗单位262个，已进馆全宗单位193个。

【法律法规宣传】2015年，加大档案法律法规的宣传力度，深入基层单位宣传档案法律法规200余人次，接待咨询档案法律法规100余人次。5月初，组织举办乡镇（街道）档案业务培训。长庆示范区和全市乡镇（街道）分管领导及办公室从事档案工作人员共计70人参加，会议通报全市各乡镇（街道）档案进馆情况，并对基层档案工作人员进行业务培训。在“‘6·9’国际档案日”，围绕“档案——与你相伴”主题，制作各种宣传展板20余块，在局机关大院、北门社区和原市物价局等单位分别举办专题宣传展览活动，现场解答市民有关档案方面的问题，并向社会发放档案宣传资料。《三湘都市报》《今日醴陵》等媒体对此进行现场采访。年末，市档案史志局被湖南省、株洲市档案局分别评为“2015年度全省档案宣传工作先进集体”和株洲市“档案宣传工作先进单位”。

【档案业务建设】2015年，为摸清全市乡镇、村级档案工作的家底，有计划地对全市乡镇、村级档案工作进行详细调查。召开乡镇、村两级干部档案工作座谈会，下发《株洲市档案工作示范村（社区）创建活动实施办法（征求意见稿）》和农业农村档案工作情况调查问卷，通过进一步强化档案业务建设，乡镇和村级组织对档案工作的认识得到进一步提高。按照国家档案局《农村土地承包经营权确权登记颁证档案管理办法》的精神和要求，配合原市农办完成农村土地承包经营权确权登记颁证档案管理工作。为完成此项工作，局领导十分重视，召开专题会议，进行明确分工，提前设计登记表格，组织培训承包公司的相关技术人员，明确确权档案管理的操作规程，确保任务的如质如量完成。

【机构改革档案管理】2015年，为做好全市机构改革和乡镇区划调整中的档案管理工作，确保涉改单位档案完整与安全，市档案史志局与市编办联合向有关单位下发《关于加强机构改革中档案管理的通知》，明确其档案的移交内容、整理要求、归属与流向。并在市委宣布机构改革方案后，安排业务人员到涉改单位进行档案摸底调查统计。年内，启动档案库房扩容改造工程，为涉改单位和撤并乡镇档案顺利接收进馆做好前期准备。

【基层档案馆升级】2015年，市档案史志局协助、指导国家统计局醴陵调查队档案室升级工作。11月4日，在收到国家统计局醴陵调查队《关于机关档案工作规范化管理省二级评估的请示》后，第一时间组成评估小组，严格按照湖南省地方标准《档案工作规范化管理》要求对其进行评估。通过看、听、查、议等方式，评估成绩为71.5分，达省二级标准。

【档案保护和利用】2015年，档案馆共受理查阅事项89件，办结率100%。接待查阅利用档案人员600余人次，调阅档案3000余卷次。剪辑反映醴陵情况的《湖南日报》75篇、《株洲日报》近500篇，整理各类进馆资料40余种、400余本（册），报纸10种、120余本。在加强馆藏档案日常保护的同时，聘请专业人员对严重破损、褪色的重要历史档案进行翻拍、裱糊，启动重要档案异地备份保护工作。协助市委办对1978—2012年党内规范性文件进行清理，共复印清理文件目录近3000页、文件3万余页，确定规范性文件近600份、2万余页。

【党史工作】2015年，组织有关人员撰写回忆文章12篇，向上级党史报刊、书籍投稿。继续做好地方党史进党校工作，市委党校以《中国共产党醴陵历史》一、二、三卷为蓝本，编辑《中国共产党醴陵党史讲义》，并将其作为市委党校教育培训的一门重要课程。由市纪委牵头指导、市档案史志局具体负责，组织人员通过查阅资料、实地采访等方式，编撰《醴陵家风丛书》，倡导树立知荣辱、讲正气、作奉献、促和谐的家风、家训、家规。在纪念原中央书记处书记、中央宣传部部长邓力群诞辰100周年活动中，配合桂东县史志办人员多方查找有关邓力群到醴陵视察的文献资料及相片，撰写的《邓力群同志视察醴陵》一文，刊登在《力群，一座丰碑——纪念邓力群诞生100周年纪念集》中。11月，局长杨月香受邀赴桂东县参加邓力群诞辰100周年纪念活动。

【志鉴工作】年内，组织、编辑、出版、发行《醴陵年鉴》2015卷。此卷是自创刊以来的第29部，全书在篇目结构上有适当调整，约70万字，有彩版114幅。改革发行方式，将有偿发行改为免费赠送，共发行558本。组织开展《湖南乡镇（街道）简志·株洲卷·醴陵市分卷》编纂工作。5月，组织乡镇（区、街道）召开编纂培训会，全面启动《乡镇简志》编纂工作。11月，全市31个组稿单位完成初审并获单位负责人签字认可。完成《株洲年鉴》醴陵部分近8000字组稿工作，并撰写《秋收起义在醴陵》等3篇稿件上报《湖南年鉴文献与人物》编辑部。（王　珏）

政协醴陵市委员会

【市政协十三届四次会议】2015年2月2—4日，市政协十三届四次全体委员会议在醴陵大剧院召开。会议听取审议市政协主席杨龙代表十三届委员会常务委员会所作的工作报告，市政协副主席易磊代表市政协十三届委员会常务委员会作十三届三次会议以来提案工作报告，听取市政协委员刘娅、黄志成等的大会发言。全体政协委员列席市第十五届人民代表大会第四次会议,听取“一府两院”工作报告。

【市政协第五次常委会议】2015年1月17日，市政协十三届第五次常委（扩大）会议召开。时任中共醴陵市委常委、常务副市长向平代表市政府通报2014年全市经济社会发展情况；市城管委书记、市政府秘书长谢圣才通报2014年政协提案办理情况；协商通过《关于召开政协醴陵市第十三届委员会第四次会议的决定（草案）》等有关文件和汪孝凡等7名政协委员的辞免决定，增补陈彰伟为市政协委员。

【市政协第六次常委会议】2015年8月27日，市政协十三届第六次常委（扩大）会议召开。中共醴陵市委常委、常务副市长邹志超代表市政府通报2015年上半年全市经济社会发展情况；市政协主席杨龙总结市政协上半年工作并对下半年工作进行部署。

【参政议政】2015年，市政协组成调研组，就城乡垃圾处理问题开展专题调研，形成《关于城乡垃圾处理问题的调研报告》。为加强“醴陵窑”核心区保护与利用，以主席会议建议案的形式向市委、市政府建议加大对“醴陵窑”的保护力度。市政协各界别小组和广大政协委员围绕社会热点问题，共提交各类提案94件，立案88件，3件并案，3件来信处理。7月中旬，市政协组织委、办负责人以及部分委员，先后深入市花炮局、城管局、商务局、经信局等单位落实督办。年内，在市委、政府的高度重视和各办理单位的密切配合下，多数提案、建议得到有效办理。

【民主监督和委员活动】2015年，市政协不断完善民主监督员委派工作，合理调整受派单位和民主监督员，进一步激发监督小组整体活力。全年各民主监督小组向受派单位提出建议和意见100余条次，各受派单位认真研究民主监督小组所提建议，答复反馈及时，落实措施有力，一批民生实事得到有效解决。10月，市政协邀请思博国家商务学院副教授、上海复旦大学华商研究中心研究员、全国礼仪指导委员会委员胡杨就《礼仪规范与修养》为全体政协委员授课。（肖　燕）

民主党派

中国国民党革命委员会醴陵市委员会

【概况】2015年，中国国民党革命委员会醴陵市委员会（以下简称“民革醴陵市委会”）下设8个支部，有党员182人。党员中有省人大代表1名，株洲市政协委员1名，市人大代表3名（其中市人大常委1名），市政协委员19名（其中市政协常委3名），另有人民陪审员5名，株洲市、醴陵市特约检察员各1名，市政协民主监督员2名（其中监督组组长1名）。年内，有14人担任副科级或以上行政实职，其中市人民政府副市长1人。

【民革党组织建设】2015年，民革醴陵市委会完善《民革醴陵市委基层支部和党员考核办法》《参政议政工作考核奖励办法》等规章制度，使参政议政工作走向规范化、制度化。广泛吸纳参政议政能力强的人才，全年发展3名新党员，其中1人是主治医师、1人是市政府机关工作人员、1人为广电系统工作人员。为纪念民革醴陵市委会成立30周年，编印纪念画册、筹办文艺会演、评选“民革十佳”、召开“庆祝成立30周年”党员大会，开展一系列庆祝活动。组织党员开展“践行社会主义核心价值”体系活动、“观故居，走多党合作之路”活动，并组织党员参加民革株洲市委组织的“纪念抗战胜利70周年”芷江考察活动，提高民革党员的参政议政思想理论水平。加强民革党员学习建设，组织党员积极订阅《团结报》，学习中共中央、民革各级文件的精神。年内，推荐5名党员参加民革省委组织的各类培训班，推荐1名党员参加中共株洲市委统战部组织的“2015年中青年干部培训班”；市人民政府副市长、民革主委李忆湘的典型事迹在民革中央《团结报》上刊登。

【民革党员参政议政】2015年，民革醴陵市委会围绕“新创业新醴陵”的总目标，重点确定了几个调研课题，撰写《关于加强醴陵市陶瓷产业人才队伍建设的调研报告》《关于醴陵市社区居家养老情况的调研报告》等，其中关于居家养老的报告得到政府相关领导的高度重视，并确定民革党员在2016年市政协会上作专题发言。民革醴陵市委会及各支部在三湘统战网、民革省委及株洲市委网站、《湖南民革报》、株洲政协网等媒体刊发信息、社情民意32条，将一些社情民意转化成提案，并获得市有关部门的重视与采纳。全年提交提案21件，其中集体提案8件、个人提案13件。针对《关于完善救助体系，建立信息共享平台的建议》，市民政局以新出台的《社会救助暂行办法》和《湖南省城乡居民家庭经济状况核对办法》为契机，成立了市低收入家庭认定工作小组；针对《关于修缮民主党派、工商联办公用房的建议》，市财政局等部门高度重视，年内完成修缮工作；针对《关于人性化开关路灯的建议》，市住房和城乡建设局对市城区85处无终端路灯及景观亮化地段，每隔1—2个月安排有关人员逐一进行时间校对、调整；针对《建立渣土管理信息管控平台的建议》，市城管局建立渣土管理信息管控平台和缴纳卫生保洁保证金制度，引导做强专业渣土运输公司。

【监督与服务】2015年，民革醴陵市委会的民主监督对口单位是市民政局。为此，民革醴陵市委会将城乡低保、救灾救济作为2015

年民主监督的重点。年内，协同市民政局共同开展城乡低保“阳光行动”，对全市近6万城市低保对象的相关信息进行比对，共核减594人。参与市法院等单位的各种协商会、通报会、座谈会，对市委、市政府相关职能部门的发展项目进行考察，为全市旅游事业发展建言献策。组织开展“博爱·牵手”活动，为神福港镇长沙岭小学捐赠价值数千元的风扇等物资，并将长沙岭小学定为长期帮扶点。与民革株洲市委、中共醴陵市委统战部一起，对共建的“同心社区”—仙岳山街道碧山社区捐赠图书等物资价值4万余元；在来龙门街道马放塘社区开展法律进社区、义诊进社区、文化进社区、民意采集进社区“四进”活动。年内，民革党员不仅在本职工作岗位上兢兢业业，还积极参与送教下乡、广场舞比赛等文化、教育活动，展现民革党员良好的精神风貌。（杨　颖）

中国民主同盟醴陵市总支委员会

【概况】2015年，中国民主同盟醴陵市总支委员会（以下简称“总支”）下设陶瓷、教育、医卫、经济科技4个支部，共有盟员38人。其中，有高级技术职称20人（占盟员总人数的52.6%）、中级技术职称14人（占36.9%）。盟员中教师15人、陶瓷工艺美术大师及研究员12人、医卫工作者5人、市政府公务员2人、企业家3人、律师1人；原醴陵市人大常委会副主任1人，株洲市政协委员2人，醴陵市政协常委1人、委员4人，副科及以上领导3人。年内，总支对刘家巷办公场所进行维修，进一步规范档案管理及办公制度，各项工作不断完善。

【总支换届】2015年12月，总支召开换届选举工作会议，选举产生由主委瞿孝林和林利（陶瓷支部主委）、周洁（医卫支部主委）、涂飞虎（教育支部主委）、熊建蓉（经济科技支部主委）4个支部主委组成的第五届委员会。在新一届总支委员会中，中高级知识分子占比80%，陶瓷工艺美术及相关科技人员占比20%。通过换届选举，总支成员结构更加合理，特点更加明显。（瞿孝林）

中国民主促进会醴陵总支委员会

【概况】2015年，中国民主促进会醴陵总支委员会共有委员63人，其中市政协委员8人、株洲市政协委员1人、株洲市人大代表1人。全年围绕“突出招商引资、改革攻坚、项目建设、安全保障”四大重点工作，全体委员积极参政议政。全年撰写《四个抓—创新政党协商》、《加强思想建设，发挥民主党派职能作用》等调研报告10余篇；提交个人提案和议案10个、联名提案5个。其中，《如何切实提高行政机关行政执法水平》的提案受到株洲市政府重视并获落实，《关于农村信用社改制存在的问题和建议》的提案，对助推农商行顺利改制起到积极作用。（付梓仁）

九三学社株洲市委员会醴陵市工作委员会

【概况】2015年，九三学社株洲市委员会醴陵市工作委员会（以下简称“工委”）共有3个支社，43名社员，社员均具有本科以上学历，其中高级职称24人、中级职称19人。社员中有副处级干部1人、正科级干部3人、副科级干部1人，株洲市政协委员1人、特约检察员1人，醴陵市人大常委1人、市政协常委2人、市人大代表3人、市政协委员7人、市人民陪审员4人。全年吸收3名优秀人才入社。年内，主委黄向阳参加2015年株洲市第二期中青班学习，社员付笑成参加株洲市统一战线骨干成员培训班，汪立奋等7人参加九三学社株洲市委骨干社员暨新社员培训。年末，工委被九三学社湖南省委评为“先进基层组织”，黄向阳等3人被评为省级“优秀社员”，三支社被株洲市评为“先进支社”，陈庆恩等13人被九三学社株洲市委授予“优秀社务工作者”“参政议政积极分子”。

【社员履职】2015年，工委社员围绕醴陵市改革发展的大局，充分发挥自身职能，促进经济社会发展。一是开展多领域、多形式的参政议政工作。组织社员调研，撰写的《农村吸毒问题调研报告》被推荐在株洲市政协联组会议上发言，主委黄向阳主持撰写的《放大瓷博会效应，加快发展陶瓷工业旅游》的专题调研，在株洲市政协八届第十一次常委会上发言，获得株洲市委、市政府高度重视。由株洲市政协委员、工委主委黄向阳向株洲市政协提交的《关于把国光群力厂区打造成醴陵的798》提案，得到市政府高度重视并获答复，提交的《规范“家校通”等服务平台》和《政府定期向民主党派报告工作》等建议均得到市相关部门的重视和答复。市政协委员陈庆恩等提交的《支持民主党派办公用房维修》提案得到市有关部门落实。3月，工委组织社内陶瓷艺术大师参加湖南省“九三经典”艺术展，省政协副主席、九三学社湖南省委主委张大方和数万艺术爱好者一同领略醴陵陶瓷大师的艺术作品；瓷博会在市世界陶瓷艺术城举行，工委社员、国家级陶瓷艺术大师钟放平负责此次瓷博会的形象设计、展位展品陈设设计、并担任评委；高端大气的设计和独具匠心的陈设让来宾赞不绝口。工委社员、省级工艺美术大师李跃进负责陶瓷博物馆一、二楼的所有景观设计，担任评委工作并被授予“评委特别奖”。此外，三支社7名陶瓷艺术大师共有参展作品15件，其中三支社主委、省工艺美术大师王旭明的作品《一塘荷气》获金奖、省工艺美术大师李跃进的作品《桃源三结义》获铜奖、社员伍世龙的作品获优秀奖。（李　能）

市工商业联合会

【概况】2015年，醴陵市工商业联合会（以下简称“市工商联”）有在职工作人员7人，常执委71人。全市有非公企业4839家，个体工商户24518家；有商会会员696个，其中团体会员44个（覆盖企业1867家）、企业会员392个、个人会员260人。4月，市工商联与市司法局合作筹建全市首个服务非公经济的法律服务机构——“醴陵市非公经济法律服务中心”，向企业提供免费的法律咨询、法律培训等，指导会员企业防范和化解法律风险。将每月的15日定为执业律师坐班日，由市司法局指派执业律师在中心办公室进行现场咨询或电话咨询，为会员企业提供综合性的法律服务。此外，市工商联关注企业发展，维护企业合法权益，作为用工方代表，参与劳动调解、仲裁。

年末，市工商联获“湖南省‘五好’县级工商联示范点”称号、同心教育基金被中共株洲市委统战部授予“同心项目”、市工商联非公经济法律服务中心被中共株洲市委统战部授予“2015年度统战工作实践创新成果奖”。

【非公有制经济学习交流】2015年,市工商联把教育引导作为“第一职责”，组织开展多元化、多层次的学习交流活动，提高非公有制经济人士综合素质。全年组织会员企业中100余人，分别参加株洲市工商联主办的“经济转型下的压力和机遇暨企业超常规增长密码”论坛、醴陵市委组织部与原市经济信息化局联合举办的“新常态下民营企业战略升级董事长专题论坛”、市委统战部组织的“湖南省创新创业先进典型巡回报告”、市政协主办的“礼仪规范与修养”培训等学习活动，提高非公经济人士的企业管理水平。发挥非公企业在招商引资中的主体作用和行业、异地商会在招商引资中的桥梁作用，组织开展各类投资考察活动，服务醴陵经济发展。7月，组织市工商联（总商会）副主席、副会长共计20余人赴青海、甘肃等地开展考察交流活动；赴酒泉卫星发射中心进行爱国主义教育。以瓷博会为契机，依托醴籍企业牵头成立的新疆喀什湖南商会、无锡湖南商会、昆明市株洲商会、深圳醴陵商会等，大力开展醴陵招商引资宣传活动。8月，与麻阳、龙山、辰溪、宁远、赫山、花垣、凤凰7县、市缔结友好商会，进一步加强商会间的交流与联系，实现资源和信息共享。

【非公经济参政议政】2015年，市工商联充分发挥参政议政主渠道作用，深入企业、基层，就全市非公有制经济现状、发展规划等问题开展调研活动5次。打造非公企业发声平台，组织非公经济人士围绕非公经济发展中存在的问题向“两会”提交提案、议案。组织全国人大代表、市工商联副主席黄小玲等人，向全国人大提交“在醴陵设立陶瓷自由贸易区”、“建立花炮散小企业退出补偿机制”提案。

【基层组织建设】4月15日，株洲市工商联系统组织工作会议在醴陵召开，株洲市委统战部副部长、工商联党组书记张长高出席会议并讲话，株洲市工商联副主席李虹对如何开展组织工作进行安排部署。6月，市工商联在经济开发区、长庆示范区、各乡镇（街道）新设基层分会29个、新增会员30人。截至12月实现全市基层分会全覆盖。

【同心教育基金】8月16日，市工商联同心教育基金组织非公企业开展募捐活动，共募集善款80余万元。响应市委、市政府“扶贫帮困、精准扶贫”号召，对富里镇华埠小学等5所学校、刘青山等81名贫困学子（含长期捐助学子12名）进行捐助，共捐助善款22.3万元。在10月17日举行的全市“扶贫济困与爱心同行”活动中，市工商联同心教育基金捐款10万元，该基金自2014年成立以来,累计募集善款110余万元，捐助善款50余万元。（邓少富）

群众团体

市总工会

【概况】2015年，醴陵市总工会内设经济法律保障部、基层工作部、财务部、办公室和市困难职工帮扶中心；下辖市职工学校、市工人文化宫2个事业单位；有在编人员13人。4月中旬，召开十六届三次全体（扩大）会议，继续强调坚持“三个贴近”（贴近职工、贴近企业、贴近基层）工作思路，践行“两个信赖”（工会组织成为职工群众最可信赖的职工之家，工会干部成为职工群众最可信赖的娘家人），大力实施建功立业、维权帮扶和固本强基“三大工程”，用法治思维和法治方式开展工会工作，为开创“新创业、新醴陵”贡献力量。全年税务代收工会经费714万余元，为年计划任务的102.7%。在全市开展的“连心解困”大走访活动中，对网格责任村原神福港镇龙虎村、筱溪村共发放慰问金及物资合计价值4万余元。年末，市总工会获株洲市“2015年度工会工作红旗单位”和醴陵市“2015年度文明建设先进单位”。

【职工素质建设】2015年，市总工会从多方面着手，努力提高职工自身素质。继续以园区企业为重点，广泛开展以“加快产业转型、促进经济发展”为主题的技术革新、合理化建议、岗位练兵、节能减排、职业技能竞赛等技术比武活动，着重提升职工职业技术和业务技能素质。发挥工会“大学校”作用，在湖南省技师学院、职工学校等原有的5个教育培训基地的基础上，成立“醴陵市总工会陶瓷技能职工培训基地”、“醴陵市总工会职工技能培训中心”，开展职工技能、下岗失业职工转岗等培训，全年培训职工1.4万余人。与市委宣传部、文明办、团市委、妇联联合主办“醴陵市第三届道德模范”评选表彰活动，大力挖掘基层的先进、典型人物，充分运用榜样力量引导全市职工形成讲道德、尊道德、守道德的文明风尚，推动职工道德素质和社会文明程度不断提高。年内，选拔优秀职工代表，组队参加株洲市总工会举办的纪念《中华人民共和国劳动法》实施20周年“中国梦·劳动美”职工法律知识竞赛活动，引导职工学会运用法律武器理性合法地维护自身权益；市总工会获“优秀组织奖”。组织各级工会财会人员参与中华全国总工会组织的“全国工会财会知识网上答题竞赛”活动，全市共100余人参与，通过参加活动有效提升工会财会人员的业务知识水平和能力。携手市妇联、司法局、东乡片乡镇，开展“关爱生命、构建和谐”大型禁毒联盟宣传活动，定点采用LED科技手段强制宣传；市司法局选派3名公职律师、乡镇工会联合会主席和市妇联主席分别进学校、家庭和企业，以授课方式对学生、居民、职工开展禁毒知识宣传，让广大职工、群众自觉远离毒品、抵制毒品，营造良好的禁毒宣传教育氛围。

【劳动竞赛】2015年，市总工会将劳动竞赛作为工会服务大局的重要切入点，充分调动广大职工干事创业的积极性和创造性。组织33名陶瓷行业优秀职工参加“中国陶瓷技能大赛”湖南产区预赛；其中，市红官窑瓷业、振美艺术陶瓷等企业的8名职工作为湖南产区推荐人选，进入全国陶瓷技能大赛决赛；8名参赛选手，通过全国决赛的角逐，有6人获评“全国陶瓷技术能手”称号。全年全市32个行政单位及基层企业，共开展技能竞赛800余场次，参与职工近5万人次。

醴陵市统计局

LI LING SHI TONG JI JU

党组书记、局长　胡兆霖

领导班子

醴陵市统计局承担着实施宏观经济监测，研判经济社会发展，服务领导科学决策等职能。内设综合核算股、工业能源股、贸易投资服务业股、法规股、办公室，下设乡镇（街道）经济发展考核办、社会经济调查中心、普查中心、数据管理中心（加挂“醴陵市产业调查队”）。全局核准编制32人，有在岗人员27人，其中班子成员5人。机关干部中具备大学本科学历22人，具有中级专业技术职称12人。年内，获株洲市“统计系统2015年度红旗单位”，醴陵市“文明建设先进单位”、“社会管理综合治理工作先进单位”和“粮食生产先进部门”等称号。

统计基层基础工作大检查

2015年统计工作总结表彰会议

开展精准扶贫

醴陵市人力资源

领导班子研究人力资源和社会保障工作

党风廉政建设专题会

服务大厅

新春大型现场招聘会

局“两学一做”学习教育动员大会

和社会保障局

局领导陪同市人大常委会副主任翁菊清视察元创机械

株洲市就业扶贫专项活动启动仪式在醴陵举行，左图为株洲市人社局局长蒋湘晖在启动仪式上讲话，右图为招聘会现场

醴陵市

省委教育工委书记、省教育厅厅长王柯敏（前排右二）到醴陵市姜湾小学调研

局长钟国建在省家庭教育工作经验交流会上作典型发言

教育系统党建日重温入党誓词

"大爱瓷城、金秋助学"大一新生资助金发放现场会

学生在醴陵市红玉红瓷研究中心进行实训

学校物理实验室

左权红军小学——姜湾小学

教　育　局

2015 年第 31 届教师节庆祝大会暨名教师讲学合影

2015 年第 31 届教师节庆祝大会上醴陵名教师表彰现场

教育系统开展丰富多彩的文艺活动

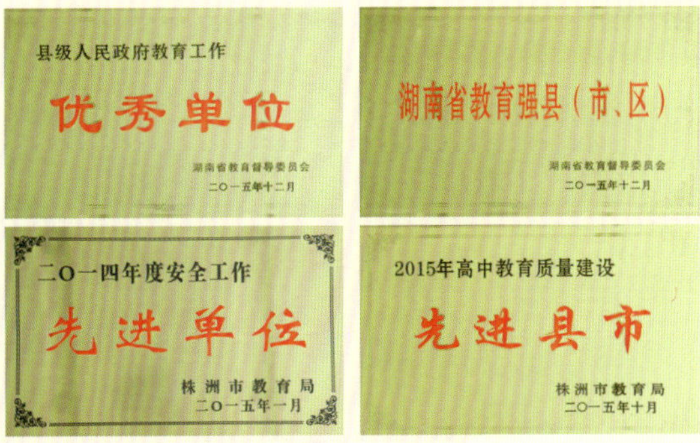

醴陵市中小学社会实践活动掠影

醴陵市交

省交通运输厅督察组到醴陵督查通畅工程建设情况

局班子成员及股室长工作总结汇报会

交通运输党员服务队

交通运输夜间执法

醴陵市交通运输局全景

通运输局

湘运汽车中心站

醴陵大道

上图：碧马公路
下图：高速公路船湾德星桥

沪昆高速公路

醴　陵　市

领导班子研究农业发展大计

“五问工作法”推进会

农产品质量安全监管培训暨检测技能比武工作会议

农资“三下乡”

“农产品质量宣传日”活动

农 业 局

省农委副主任黄其萍（右二）到醴陵视察春耕备耕

党组书记、局长朱思球走访贫困户

“激情创业，勇争一流”主题演讲比赛

醴　陵　市

领导班子

财政部农业司司长吴奇修（中）到醴陵考察

株洲市林业局局长陈诚到醴陵市考察油茶产业情况

“五问工作法”汇报会

森林防火宣传

野生动植物保护宣传活动

林　业　局

市委常委、副市长廖宏力为森林灭火救援中队揭牌

市人大常委会主任李理到局调研

湖南中联天地油茶开发项目调度会

株洲县林业局领导一行到醴陵学习国有林场改革经验

装修一新的办公大楼

醴 陵 市

党组书记、局长　刘高飞

领导班子“两学一做”讨论会

省水利厅督查专员刘志强（前排右一）到醴陵督查山洪沟建设工作

省水利厅工管局长郭炳奎到醴陵调查官庄灌区漆家坳渡槽险情

株洲市委常委、市委秘书长，时任醴陵市委书记周晓理检查防汛工作

株洲市人大常委会副主任汤少云（右二）到醴陵调研

水利局

局领导深入库区检查水库安全

庆祝中国共产党成立95周年暨“七·一”表彰大会

民兵抗洪抢险分队集结演练

沈潭镇栗树冲水库施工现场

全市水利系统集中学习《两项法规》

醴陵市畜牧兽医水产局

LI LING SHI XU MU SHOU YI SHUI CHAN JU

领导班子

省畜牧兽医水产局领导考察醴陵市明鑫农场

株洲市畜牧兽医水产局领导一行到南桥镇“石笋尖”肉牛养殖基地进行现场指导

秋冬季重大动物疫病防控暨畜牧水产品质量安全监管工作会

开展鱼类人工增殖放流活动

农技推广员现场指导黑山羊养殖

醴陵市农业综合开发办公室

LI LING SHI NONG YE ZONG HE KAI FA BAN GONG SHI

“五问工作法”汇报会

农村水利项目开发建设现场

沈潭镇高标准农田示范建设项目动员大会

清水江乡高标准农田项目开发建设

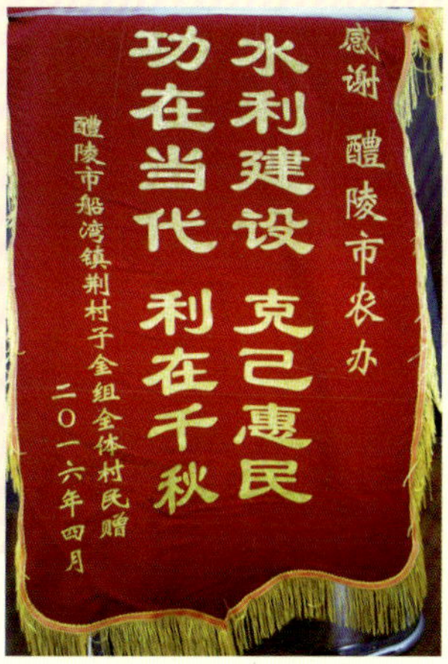

醴陵市房

LI LING SHI FANG

党组书记、局长　杨　鹏

市领导出席第六届房产交易会开幕式

年终总结表彰大会

办证服务大厅一角

承办 2015 年株洲市房产管理工作督查汇报会

2015 年醴陵市房地产交易展示会

产 管 理 局

CHAN GUAN LI JU

市领导考察房产开发项目现场

组织党员干部参加株洲市学习新《中国共产党纪律处分条例》、《中国共产党廉洁自律准则》知识抢答赛

大型保障性住房小区——“金石小区”健身休闲设施

棚户区改造项目

办公大楼

醴陵市市场和

LI LING SHI SHI CHANG HE

领导班子

省人大常委会党组书记、副主任韩永文（左二）到醴陵考察

食品药品行政处罚程序培训

市烟花爆竹质量提升暨标准培训会

“安全米粉工程”动员大会

质量监督管理局

ZHI LIANG JIAN DU GUAN LI JU

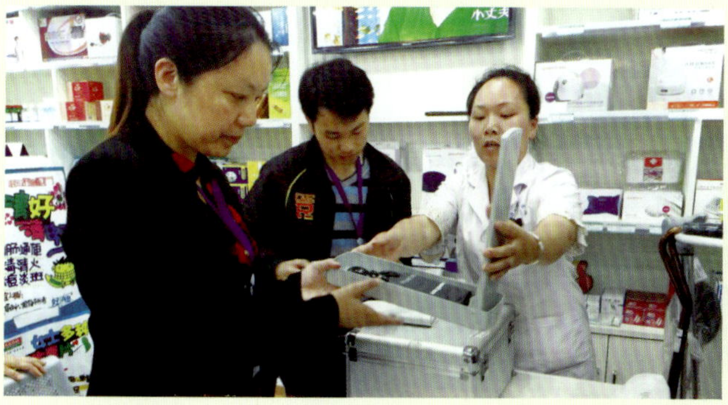

检查药店

检查市场食品安全

国际消费者权益日宣传活动现场

党内法规知识测试

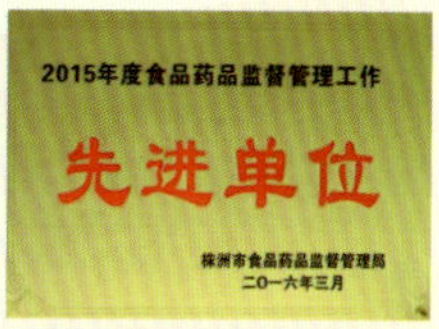

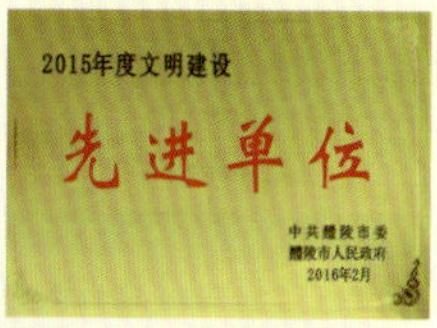

全市食品药品监督管理工作会议

醴陵市城市管理

LI LING SHI CHENG SHI GUAN LI

党组书记、局长　凌　伟

领导班子

市委、市人大、市政府、市政协领导视察数字城管监督指挥中心

机关开展学习活动

全体党员重温入党誓词

和行政执法局

HE XING ZHENG ZHI FA JU

开展庆祝“中国共产党建党 95 周年”活动

洪水过后，组织环卫工人清扫道路

检查城区渣土运输车辆

对拆迁现场进行警戒

拆除违规户外广告牌

醴陵市卫生和

LI LING SHI WEI SHENG HE

党组书记、局长　邓少仁

2015 年末，全市卫生计生系统共有机构 630 家，其中市直医疗卫生机构 12 家、镇卫生院（妇幼保健计划生育服务站）19 家、非建制镇卫生院 8 家、卫生分院 6 家、社区卫生服务中心（妇幼保健计划生育服务站）4 家、民营医疗卫生机构 8 家、驻醴医疗卫生机构 2 家、村卫生室 571 家。每千人口拥有医生 9 人、护士 8 人；全市拥有床位数 4853 张，每千人拥有床位数 6 张。

团结奋进的局领导班子

全市卫生工作会议

业务培训

计划生育局

JI HUA SHENG YU JU

省财政厅副厅长欧阳煌（右一）一行到醴陵市基层卫生院调研

市委常委、副市长廖宏力到精神病医院调研

走访慰问

现场办公

街头宣传

办公大楼

醴陵市民政局

LI LING SHI MIN ZHENG JU

民政部中彩中心副主任娄曲果（右三）一行到醴陵调研

省民政厅厅长段林毅（右四）到醴陵看望慰问五保老人

市长康月林“八一”慰问驻醴部队官兵

党组书记、局长温国战在《湖南新闻联播》中介绍醴陵市乡镇区划调整工作先进经验

醴陵市引入第三方评价机构上户进行低保核查工作

醴陵市审计局

LI LING SHI SHEN JI JU

领导班子

党组书记、局长唐飞到官庄镇小横江村扶贫调研

LI LING SHI SHEN JI JU

市科级领导干部经济责任审计集中进点会

开展企业帮扶工作

“两学一做”专题研讨会

“讲政治、有信念”专题党课

醴陵市政务服务中心

LI LING SHI ZHENG WU FU WU ZHONG XIN

株洲市委常委、市委秘书长，时任醴陵市委书记周晓理到明月镇便民服务中心指导工作

领导班子

2015 年，市政务服务大厅集中审批、办证项目 1484 件，收取规费 9040.5 万元，其中一表式收费 7993.7 万元。即办件办结率达 100%，按时办结率达 100%，群众满意率达 99.8%。全年全市网上政务服务和电子监察系统共受理审批事项 9343 件，办结 9272 件，办结率 98.88%，办事结果通过市政务服务虚拟大厅实时向社会公布。

集中学习

中心为民众办理业务

中心大厅一角

仙岳山街道办事处办证服务大厅

明月镇便民服务中心

醴陵市安全生产监督管理局

LI LING SHI AN QUAN SHENG CHAN JIAN DU GUAN LI JU

党组书记、局长　田安平

株洲市委常委、市委秘书长，时任醴陵市委书记周晓理（左一）一行到局调研

市长康月林（左二）深入花炮企业督查安全生产

局长田安平陪同株洲市委常委、市委秘书长，时任醴陵市委书记周晓理（左三）和市委常委、常务副市长邹志超（左二）深夜下基层督查安全生产工作

全市安全生产工作暨“监管执法年”“安全保障年”动员大会

全市安监系统“周一学习日”专题讲座

醴陵市烟花鞭炮管理局

LI LING SHI YAN HUA BIAN PAO GUAN LI JU

党组书记、局长　黎志清

局长黎志清在产业发展研讨班上讲课

烟花鞭炮工作座谈会

烟花鞭炮生产

烟花鞭炮产品展示

“欢乐潇湘·五彩醴陵”焰火晚会

醴陵市环境保护局

LI LING SHI HUAN JING BAO HU JU

集中学习新《中华人民共和国环境保护法》

“两学一做”全体机关党员干部大会

市领导带队检查企业环保工作

与市公安、经信、电力等部门联合执法

办公大楼一角

开展“6·5”环境日宣传活动

环保应急演练

醴陵市水库移民开发管理局

LI LING SHI SHUI KU YI MIN KAI FA GUAN LI JU

党组书记、局长　熊习军

领导班子

市三峡外迁移民安置验收工作汇报会

召开建党 94 周年党员座谈会

移民培训

移民种养的黄花丰收

醴陵市邮政局

LI LING SHI YOU ZHENG JU

局　长　易合超

省邮政公司副总经理黄绍湘一行到醴陵泗汾镇指导工作

2015 年代理金融业务“开门红”启动会

醴陵市首届电商交流会

与友乾公司联合开展互联网创业特训营培训

开展“送金融知识”活动

醴陵市人民防空办公室

LI LING SHI REN MIN FANG KONG BAN GONG SHI

省人防办主任卜功富等一行到醴陵市调研

全市人防工程评审会

开展“连心解困”大走访活动

人防工作街头宣传

组织学习习近平总书记系列重要论述

保密消防工作汇报

在株洲市总工会开展的“中国梦·劳动美—寻找最美班组长”活动中，国网醴陵市供电公司市场班班长陈佳艺芳获株洲市“最美班组长”“五一劳动奖章”称号；市自来水公司管网维修所班长刘章林等5人获市“最美班组长”称号。年内，开展推动职工技术创新活动，推荐湖南升华科技有限公司董事长彭澎申报“第三届湖南省职工科技创新促创业特别奖”，推荐其公司年产3000吨新能源汽车动力电池正极材料磷酸铁锂建设项目申报“科技创新奖”。深入开展“工人先锋号”“五一先锋号”活动，为获株洲市“2014年度五一先锋号”的市烟草公司、市公交公司进行授牌；推荐市烟草公司申报湖南省“工人先锋号”。

【“劳模”管理】 2015年，继续做好“劳模”推选和管理服务工作，充分发挥“劳模”典型示范作用。坚持公平、公正、公开原则，全力做好全国、省、株洲市三级“劳模”评选和推荐工作。“五一”前夕，原孙家湾乡孙家湾村党总支书记、株洲市人大代表叶志钢获“全国劳动模范”称号，成为2015年度株洲地区唯一一名获评“全国劳动模范”的农村基层代表；市国家税务局局长肖国平获湖南省“先进工作者”称号；市供电公司总经理黄先晃获株洲市“劳动模范”称号；市地税局局长刘迎春获株洲市“先进工作者”称号。年内，大力支持创建黄小玲劳模创新工作室，工作室主要将职工的创业创新、技能培训、师带徒实训基地建设融为一体，打造一个高标准的劳模创新工作室,进一步加强“劳模”管理，全年分别开展省部级以上、株洲市级及75岁以上劳动模范的基本情况摸底调查工作，准确摸清三级劳动模范的工作、生活、收入状况。春节期间，走访慰问困难、患病劳模以及75岁以上女性和80岁以上男性劳模共24人、送去慰问金3.2万元。全年为劳模发放救助金共40万元。

【职工文体活动】 2015年，先后组织多场职工文体活动，提高职工综合素质，充实业余生活。在“五一”前夕，组织开展全市首届“劳动最美丽”千金电影文化节，专场请市城管、环卫、公安、交警、公交等一线职工免费看电影，并向基层工会、困难企业免费发放观影券数千张，在庆祝广大劳动者自己节日的同时，丰富职工群众精神文化生活。免费举办职工太极拳培训班2期，邀请陈式太极拳馆总教练、陈式太极拳第十一代传人刘天姿专场授课，全市有50余个党政、企事业单位的1000余名职工参与，使全市广大职工都能浸润太极文化，达到强身健体、充实业余文化生活和传播国粹文化的目的。加强职工书屋建设，为职工搭建学习平台，在认真考察的基础上，推荐中油燃气醴陵分公司职工书屋申报2015年全国工会“职工书屋”示范点。联合市文体广新局举办市首届“全民彩色跑”活动，有2000人报名参与，在全市掀起一股全民健身热，传递着“让运动成为时尚、让运动成为习惯”的健康生活理念。组织开展市“第三届职工书法”大赛，收到各级工会参赛作品200余幅，从中遴选出150余幅作品统一装裱，并在市青少年活动中心进行为期5天的展出。同时，选送50余幅书画作品参加株洲市“中国动力谷杯”职工书画大赛；市总工会获“优秀组织奖”。组织开展市第二届“活力工会杯”羽毛球赛，有210余名职工参与。

【职工维权】 一是大力推动工资集体协商工作，举行“春季要约行动”启动仪式，要求全市50人以上的非公企业都要单独建制，坚持把工资集体协商作为协调劳动关系、维护职工合法权益的重点工作予以推进。年内，全市共签订区域性工资集体协商协议32份、50人以上非公企业签订工资集体协商协议103份，覆盖职工9万余人，工资集体协商建制率达93%。二是对全市国有、集体企业的改革改制情况开展专题调研，对未改制企业的历史遗留问题和职工队伍状况提出对策和建议。三是开展小微企业职工参加养老保险、新业态职工队伍、工会工作情况的专题调研，深入6家不同行业的小微企业和2家新业态企业，组织80余名企业职工开展问卷调查和座谈；通过专题调研，对企业的基本情况、职工参保情况及职工队伍稳定情况掌握第一手资料。四是组织开展“女职工维权行动月”、“五一劳动法律服务月”活动，大力加强职工的法治宣传教育与权益维护工作。五是开展安全生产大检查、“情系职工送清凉”活动。投资10万余元，采购绿豆、白砂糖、矿泉水等防暑降温物资，为高温作业岗位上的2000余名一线职工送去清凉和关爱。同时，号召各级基层工会深入开展“安全生产隐患职工百日大排查”活动，加强劳动保护监督检查，确保高温期间职工的生产生活安全健康。六是加强信访和劳动仲裁工作力度。市总工会全年参与仲裁立案109起，其中调解55起、裁决54起，结案101起，涉案金额达570余万元；通过信访、劳动仲裁的力度加大，使工会组织在解决劳动纠纷、维护职工合法权益中的作用不断提升。

【困难职工帮扶】 2015年，进一步完善困难职工帮扶中心的管理，突出抓好“两节”（元旦和春节）送温暖、职工医疗互助、金秋助学等帮扶工作。在开展“两节”

送温暖活动中，走访慰问困难职工 363 名，发放慰问金 18.5 万元。开展职工医疗互助活动，在第二期职工医疗互助活动中，参与的行政事业单位 192 个、职工 14105 人，收缴会费 76.59 万元；共发放职工医疗互助补助金 12 批、724 人次，共计 76.27 万元。12 月，第三期职工医疗互助活动团体申报全面铺开并超额完成任务，共申报单位 188 个，参与职工 14440 人，收缴会费 92.97 万元；女职工特殊疾病保障活动参与职工 6328 人。开展"金秋助学"活动，全市共有 507 名困难职工、困难农民工子女获 182.71 万元的爱心助学金，其中醴陵市级发放助学金 9 万元、帮助 30 名困难职工、困难农民工子女顺利入学就读。提供法律援助服务，聘请 4 名公职律师，长期开展"法律援助进企业"活动，免费为困难职工提供法律服务，全年共办理困难职工劳动纠纷案件 38 件。其中，涉及工伤 12 件、拖欠工资 21 件、其他 5 件；为困难职工挽回经济损失 260 余万元。开展平时救助和大病救助。全年为 39 名困难职工发放生活救助金 2.5 万元，为 109 名困难职工发放大病救助金 25.8 万元。

【队伍建设】一是探索新常态下的建会模式，重点抓农业专业合作社建会、花炮行业组建联合工会。通过组建行业、企业联合工会、区域性工会联合会等形式，立体化、多层面扩大工会组织覆盖。开展"农民工入会"集中行动，对全市各乡镇的农业合作社、农产品加工单位进行摸底，逐步摸索农业专业合作社组织建会模式，提高农民工组织化程度。年内，全市共新建工会 57 家，新增农民工会员 5100 人；其中，新建农业专业合作社 28 家，年末有各类农产品专业合作社 92 家。二是按照"六有"（有牌子、有章子、有制度、有档案、有记录、有经费）标准，加强工会组织规范化建设。在 32 个行政板块中，开展工会规范化达标竞赛活动，实施分级创建示范"职工之家"工程；按照"基层建家、会员评家、自行申报、上级验收"的模式，实行分级创建、分层管理；对各行政板块工作任务进行分解，实行目标管理量化考核，完善《工作经费以奖代拨办法》。完成市国税、地税、电力等 8 个工会的株洲市"职工之家"示范基地的申报立项工作，并推荐申报 1 个省级、财源塔社区工会等 5 个株洲市级模范职工之家，其中财源塔社区工会等 4 家基层工会获株洲市"模范职工之家"；市公路局工会获株洲市"职工之家示范基地"称号；推荐市经济开发区、王仙镇工会成为湖南省总工会"组织示范点"建设培育对象。（郭　媛）

共青团醴陵市委

【概况】2015 年，共青团醴陵市委（以下简称"团市委"）机关有行政编 4 个、工勤编 1 个，有工作人员 6 人（其中，行政编 3 人、事业编 1 人、临聘人员 1 人、大学生西部计划志愿者 1 人）。全市有 35 岁以下青年 27.76 万人，其中共青团员 4.68 万人。下辖 135 个一级团组织，有非公企业和新社会组织团组织 219 家，联系青年社会组织 6 家。年内，团市委向市委申请将团干培训纳入全市干部培训计划。7 月，组织举办全市基层团干部、少先队辅导员培训班共培训 110 人。

【青少年思想道德教育】2015 年，通过开展青少年思想道德教育一系列活动，加强青少年思想道德教育，培养青少年社会主义核心价值观。以"我的中国梦"为主题，开展"优秀传统文化在我身边"、清明祭扫、迎端午敬老爱老、"红领巾心向党"等活动，帮助全市青少年树立理想信念。全市共青团和少先队组织以团、队日主题活动、专题讲座等形式，开展"做一个有道德的人"、"迈入青春门、走好成人路"、"向善·向上"青年电影月、"花儿朵朵·快乐红领巾"等主题活动，践行社会主义核心价值观。"看醴陵，同梦想"毅行活动有 600 余名青年参与，主要引导全体市民积极关注城市发展、参与城市建设，传递社会正能量。年内，表彰一批先进共青团、少先队组织、个人，评选团建创新综合行动优秀项目；通过典型带动，切实推进各项工作创先争优。开通团市委微信平台，以加强全市各级团组织青年文明网络建设；开展网络主体宣传教育活动、阳光跟帖行动、"为雷锋精神点赞"活动，骨干少先队员加入青年网络文明志愿者等，利用新闻媒体引导青少年。

【青年建功立业】一是营造就业创业氛围。在市陶瓷烟花职业技术学校开展"彩虹人生"主题教育活动，举办就业培训和专题讲座 4 场，传播就业创业理念。举行奋斗的青春最美丽—"企二代"文化沙龙活动，为"企二代"青年代表搭建思想沟通的桥梁，促进青年创业要素对接。二是发布就业创业信息。联合原市劳动和社会保障局、人事局和工商联等单位，在市人事人才网发布就业信息 300 余条，提供见习岗位 58 个。三是搭建就业平台。7 月，与原市劳动和社会保障局、市人才办等单位联合举行"汇智瓷城"2015 夏季人才招聘会，近百家企业提供 1 万余个岗位，有 2301 人达成就业意向。年内，创建市青年创业者、农村致富带头人协会，为创业青年提供交流、发展平台。四是选树就业创业典型。通过拍摄青年创新创业典型系列电视专题片，树立青年创业标杆，营造创业创新氛围，“醴陵创业青年彭江波的故事”成为株洲市中考的政治考题。

【青年志愿服务】2015年，青年志愿服务，继续以“‘蒲公英’青年志愿者行动”为统揽，大力弘扬“奉献、友爱、互助、进步”的志愿精神，全年全市5000名志愿者参与社区发展、扶贫助困、城市环境、文化宣传、心理帮扶、健康医疗、禁毒防艾、网络文明等服务活动，共计服务1.24万小时。其中，在春节期间开展的“暖冬行动、温暖回家路”志愿服务活动，为500人次旅客提供服务，得到社会各界好评。3月，在醴陵市举办的首届中国陶瓷艺术大展暨首届湖南（醴陵）陶瓷博览会中，组织300余名青年志愿者参与10个志愿服务项目，提供志愿服务5万人次，累计服务7800小时。年末，全市有醴陵义工、醴陵联邦98义工、醴陵心理协会、关爱生命万里行醴陵小组等一批特色鲜明的志愿服务团队，成为弘扬城市文明新风尚的生力军。

【青少年维权】2015年，一是重视预防青少年违法犯罪工作。开展“共青团与人大代表、政协委员面对面”活动，通过调研座谈，撰写《如何支持和培育社会组织健康发展》的人大建议和政协提案。组织经市司法行政机关认可的共青团干部、青年志愿者等热心青少年事务人员组成工作队伍，参与刑事案件办理，维护未成年人合法权益。组织市政法系统青年干部开展校园“以案说法”活动。与市检察院合作，聘用15名有心理辅导专业资格的社会人士分区域、分片为未成年人提供心理辅导。以“蓝结行动”为载体，积极推进青少年禁毒宣传工作，共张贴禁毒宣传标语300条、发放禁毒防艾宣传资料4000余份，进一步增强青少年的防毒、防艾意识。二是关爱重点青少年群体。积极整合各种社会力量，针对闲散青少年、不良行为青少年、农村留守儿童、服刑人员未成年人子女、流浪乞讨未成年人和刑满释放青少年等重点青少年群体，通过希望工程“一元捐”“母亲节爱心义卖”“放飞希望梦想、关爱留守儿童”等活动，积极开展公益性帮扶。上半年，希望工程共筹集资金20余万元，帮助200余名青少年。7月，组织开展暑期勤工俭学活动，为14名贫困应届毕业生提供实习岗位。（李清宇）

市妇女联合会

【概况】2015年，醴陵市妇女联合会（以下简称“市妇联”）深入开展“巾帼建功”“巾帼关爱”“巾帼维权”“巾帼成才”等行动，完成《2010—2015妇女儿童发展规划》终期评估，启动《2016—2020年妇女儿童发展规划》，全年全市妇幼工作成效显著。年末，市妇联获评株洲市“妇女工作红旗单位”，主席丁瑜获评全省妇联系统“宣传工作先进个人”，醴陵市评选表彰“三八红旗手”4名、“三八红旗集体”2个。

【巾帼建功】2015年，围绕中心大局，积极开展“大众创业万众创新·巾帼行动”系列活动。组建市农副产品女经纪人协会，通过搭建平台、强化交流、信息共享，促进农村女性抱团创业的发展。推树典型，为女性创业树标立杆，年内接受株洲、醴陵市妇联挂牌的巾帼文明岗4个，巾帼科技示范基地3个。按照推进农村妇女“一人学一技”的要求，主动与上级妇联、劳动、农业、科协等部门衔接，在市东、西、南、北和城区开展新型职业女农民培训6期，巾帼家政培训5期，手工编织培训5期，SYB（START YOUR BUSINESS，意为“创办你的企业”）培训4期；通过培训，为500余名妇女提供创业、就业、技能支持。发动妇女参加省手工编织职业技能创新创业大赛，共推荐4人、10余件作品参加比赛。举办“最美她时代”女性创业沙龙，搭建女性创业交流学习平台，促进资源共享。广泛开展“三个最美”（最美家庭、最美创业、最美女性）寻找活动，努力打造“家”字新品牌，利用国际家庭日契机，启动寻找“最美家庭”系列活动之免费摄影公益活动，分发活动邀请函1万份，发动广大家庭参与“最美家庭”评选活动。召开庆祝“三八”国际劳动妇女节105周年暨总结表彰大会，对28户最美家庭进行表彰，并拍摄专题宣传短片在电视台进行播放。其中，刘天健家庭申报省“最美家庭”，相关事迹被《中国妇女报》专版报道；市来龙门街道四塘社区支部书记李红霞作为株洲市推荐对象，获省最美湘女参评资格。启动“两型示范家庭”“平安家庭”“书香家庭”创建活动，共评选出市“两型示范家庭”62户、“书香家庭”36户、“平安家庭”2000余户。年内，全市三分之二以上的乡镇、街道（区）均举办辖区“平安家庭”表彰大会，平安家庭观念深入人心。

【志愿服务】2015年，市妇联通过做项目、搭平台，以“半购买半公益”的方式，将更多专业性强、公益热情高的女性吸纳到巾帼志愿者队伍中来。为切实改善农村留守儿童生存发展环境，市妇联指导并筹资10万元，位于仙霞镇的“儿童之家”投入使用。“儿童之家”包括活动室和悄悄话室，市妇联与市心理协会志愿者“一月一主题”开展为期一年的心理关爱、品德培养、安全培训、亲子教育、扶贫帮困等活动。年内，“儿童之家”开展“交流从心开始”、“播种希望，守护幸福”为主题的心理健康活动，举办一次食品安全知识讲座，有近200名留守儿童参与。在中国陶瓷艺术大展暨首届湖南（醴陵）陶瓷博览会期间，组织巾帼志愿者开展“巾帼献爱瓷博会”系列主题活动，并通过发放环保宣传袋倡导两型理念等，实现志愿服务与社会需求有效结合。着力推进“妇女之家”示范创建工作，指导村（社区）整合“妇女之家”用房，创造性地在市来龙门街道四塘社区开展“推荐最喜欢的一本书”、“女性读书月”等特色示范创建活动。市来龙门街道马放塘、四塘社区，成功创建株洲市示范社区“妇女之家”和醴陵市示范社区“妇女之家”。5月，为庆祝醴陵撤县建市30周年，联合团市委开展“30公里毅行看醴陵”大型户外活动，共有600余名市民参与，让广大市民充分感受醴陵城市发展30周年巨变。

【巾帼关爱】2015年，联合市人力资源和社会保障局开展“春风送岗位”“夏季人才招聘会”等活动，帮助1000余名妇女达成就业意向。加大小额担保贷款宣传力度，全年共有91名妇女获批小额担保贷款712万元，为创业妇女提供资金保障。参加全市“扶贫济困·与爱同行”签名募捐活动，单位和个人合计捐款1.2万元。倾力关注农村“两癌”（宫颈癌和乳腺癌）妇女生产生活情况，完善“两癌”妇女信息库，及时了解掌握患者信息，帮助“两癌”妇女家庭解决实际生活困难，年内获株洲市妇联“两癌”帮扶资金31万元。联合市五彩书吧，启动“为农村儿童捐一本书”活动，募集爱心书籍800余本，全部捐赠给山区小学。联合女企业家协会成员开展“庆六一、送温暖”活动，为山区寄宿制学校仙霞镇赵家塅小学捐赠ABK公共广播系统、手提电脑、文体用品等价值2万余元的物品。选送10名品学兼优的留守儿童参加株洲市春蕾爱心屋梦想达人训练营，以梦想助力孩子成长。启动为期两年的“有爱不孤单·陪伴心成长”关爱儿童计划。通过对全市孤儿及困境家庭儿童实地走访，建立孤儿及困境家庭儿童信息库，并借助电视、微信、纸质媒体发出“成长爸妈”招募倡议，第一批招募“成长爸妈”近30名；承办为期2天的“有爱不孤单”成长爸妈志愿服务培训班，在培训中主要学习如何与孩子沟通交流、如何陪伴孩子成长；由市妇联牵头指导建立的“成长爸妈有爱QQ群”，明确片区联络人，并制定一系列活动守则和规定。9月，精心策划、组织由“成长爸妈”、孤儿及困境家庭儿童监护人约100余人，参加的“有爱不孤单·陪伴心成长”关爱儿童计划见面会，现场24对成长爸妈与小孩牵手成功。11月，召开第一期成长爸妈经验交流会。通过经验分享、心得交流、困惑解答，助力陪伴成长计划更健康有序发展。对失独家庭进行摸底，把有亲情需要的失独家庭纳入关爱计划，将失独家庭与孤儿家庭进行对接。为庆祝第66个国际儿童节，以市“连心解困”大走访活动为契机，发动各乡镇、街道及其他走访单位，开展“情系留守儿童·为成长加油”主题关爱活动，营造关爱留守儿童的浓厚氛围。活动期间，全市共有8000余名儿童收到活动组的节日礼物和关爱祝福。结合市“连心解困”大走访活动，为网格内3名贫困高考应届毕业生争取爱心资助1.5万元，慰问困难党员、残疾人士、退伍军人等15人次。在“6·26”国际禁毒宣传月期间，联合市禁毒委员会其他成员单位，开展“关爱生命·构建和谐—禁毒联盟行动”“珍爱生命，远离毒品”等系列活动，共有50余名禁毒妈妈进学校、社区；通过发资料、上讲台等方式开展禁毒宣传。积极响应省妇联号召，引导妇女同胞在《今日女报》凤网上加入“不让毒品进我家”禁毒妈妈联盟，利用网络力量，进一步宣传禁毒知识。

【巾帼维权】2015年，按照市推进依法治市的总体部署，举办“依法治市·巾帼行动”系列活动，履行维权职能。开展源头维权，以“‘三八’维权宣传周”为契机，联合7个妇儿工委成员单位在城区中心地段开展街头法律宣传，组织家庭律师深入多个社区，以普法讲座、上门为居民解答法律问题等方式，促进市民学法、知法、守法、用法。年初，制定《“反家暴”考核细则》，并与各乡镇、街道（区）妇联签订“反家暴”责任状，明确基层妇联组织“反家暴”责任，构建上下联动“反家暴”格局。有力发挥婚姻家庭纠纷专业性人民调解委员会、心理法律咨询室、家庭暴力伤情鉴定中心作用。其中，婚姻家庭纠纷专业性人民调解委员会自7月挂牌试运营以来，共接待自愿进入调解程序的离婚夫妻148对，其中就子女安排、财产分割达成协议和平离婚的37对，通过调解程序重归于好的夫妻111对；心理法律咨询室全年接待来信、来访、来电88件；家庭暴力伤情鉴定中心帮助7名女性完成伤情鉴定。

【巾帼成才】2015年，举办第三期女性能力素质提升班，有41名优秀女性代表参加培训。选送

12名女性参加全国、省、株洲市学习，助力女干部能力水平提升。市妇联代表株洲市参加全国妇联召开的妇联组织建设和培养选拔女干部工作调研座谈会，会上就如何更好地促进基层妇联工作、完善组织网络、争取同级财政支持、培养选拔女干部等方面提出意见和建议。不断更新完善女性人才数据库建设，全年新增创业就业、心理健康等女性人才18名，通过拓宽举荐渠道，带动全社会形成尊重女性人才、保护女性人才、重用女性人才的浓厚氛围。致力国学传播，通过大力吸纳教学志愿者加入妇联传播国学队伍，推广“国医启蒙”“经典素读”等项目；举办2期“国医启蒙”暑假培训班、3次“经典素读”分享会，选送3名教学志愿者赴山东济南参加为期10天的陈琴经典骨干教师特训营学习，着力培养醴陵自有师资，并多次利用节假日开展“经典素读”公益培训活动。（喻　磊）

市残疾人联合会

【概况】2015年，醴陵市残疾人联合会（以下简称“市残联”）内设办公室、康复办、教育就业办、宣传文体办，有市残疾人劳动就业服务所、残疾人辅助器具服务站、残疾人权益维护中心3个二级机构；有在职人员11人。主要负责全市残疾人康复，残疾人辅助器具供应，残疾人就业培训，残疾预防，扶贫开发等工作。全年全市共办理残疾人证3014份、补发证132份，审核不符合条件的人员9人。接待来信来访120件（次），其中困难救济问题占70%，为3名残疾人提供法律咨询和援助。深入开展扶贫帮困活动，共发放各类帮扶资金9.6万元，其中结对帮扶贫困残疾人21户。

【残疾人补贴】2015年，严格执行《湖南省重度残疾人护理补贴制度实施办法》（湘政办发〔2014〕65号）、《醴陵市重度残疾人护理补贴制度实施细则》（醴政办发〔2014〕14号），共审核一、二级重度残疾人补贴对象6989名，按每人每月50元标准，通过社会化方式发放重度残疾人护理补贴资金555万元。投资11万元，对20户贫困残疾人家庭进行无障碍设施改造。发放残疾人机动轮椅车燃油补贴，306名燃油补贴对象每人享受260元燃油补贴。

【残疾人康复】一是做好残疾儿童康复需求筛查。通过开展“辅助器具流动服务车”活动，对全市82名残疾儿童进行听力、视力、矫形等项目筛查。结合市“连心解困”大走访活动，帮助网格内1名残疾儿童进行康复训练，为1名贫困残疾人家庭进行无障碍设施改造，解决他们生活的后顾之忧。二是开展为贫困精神病残疾人提供服药补贴服务项目，全年共补贴精神病人300名，并对20名贫困重症精神病人提供无偿住院补助。三是完成“省为民办实事”项目——帮助0—7岁残疾儿童实施抢救性康复任务，共输送53名脑瘫、自闭症残疾儿童赴省、株洲市康复机构进行3—6个月不等的康复训练。四是完成市“民生100”工程项目，为残疾人提供辅助器具任务，全年共向各类残疾人免费提供电子助视器、盲人手机、轮椅、腋拐等180件。

【残疾人就业帮扶】2015年，严格执行《湖南省按比例安排残疾人就业规定》，共审核用人单位25家，按比例安排就业残疾人46名，财政代扣、地税代征残疾人就业保障金303万元。加强残疾人创业扶持，举办职业技能培训班2期，免费培训残疾人60名；推选4名残疾人参加远程教育培训，选送3名盲人赴株洲市黄程保健按摩中心学习，推荐两家盲人按摩店申报2015年“省盲人按摩示范店”并通过验收。完成市“民生100”工程项目残疾人职业技能和实用技术培训免费培训任务，共投入培训资金31.36万元，举办农村实用技术培训3期，免费培训残疾人90名；完成市“民生100”工程项目创业扶持城乡残疾人任务，共组织20名残疾人顺利完成创业培训学习，并投入扶持资金22万元给予帮扶和技术指导。实施“2015年度残疾人居家托养服务”项目，共补贴对象180名，发放补贴10.8万元。投资30万元，扶持残疾人种养专业户、自主创业户36名。

【残疾人组织宣传】一是组织开展慰问贫困残疾人活动。春节期间，共慰问残疾人113名，发放慰问金7.62万元。在“第二十五次全国助残日”活动期间，由市委办、政府办联合发文倡导、市走访办督办，组织128家市直单位下乡开展走访慰问孤独症儿童和特困残疾人活动，共走访慰问残疾人504户，发放慰问金及物资价值20余万元。二是扎实推进乡镇（街道）、村（社区）残疾人组织建设工作。全市各乡镇、街道办事处已配备专职委员，社区、村、居委会共配备专职委员394人。三是推荐沈潭镇残联申报株洲市“乡镇（街道）残疾人工作规范化建设”达标创建顺利通过验收，沈潭镇残联被株洲市残联授予“株洲市残联工作示范乡镇”称号。

【残疾人服务和康复调查】2015年，市残联按照全国残疾人基本服务和康复需求专项调查工作的部署安排，1—3月，共发放各类调查表格13000份、收回12896份，并将所有信息按要求录入“专项调查”系统，录入率和合格率达100%，圆满完成调查任务。经初步统计，全市12896名持证残疾人中，享受医疗康复、住房、临时救助等专项救助的残疾人达7738名，占调查总人数的60%；享受低保、五保的残疾人有3352名，占调查总人数的26%。截至12月，全市初步建立“补短板、托住底”的残疾人基本生活保障体系。（王　怀）

市科学技术协会

【概况】2015年，醴陵市科学技术协会（以下简称“市科协”）有工作人员5人。9月，市科普志愿者协会正式成立，设4个分会、有会员200余人。年内，市科协被中国科学技术协会评为“全国科普日优秀组织单位”；市青蛙蔬菜种养协会获全国“‘科普惠农兴村’先进农技协组织”称号，并获国家奖补资金20万元；国瓷街道国光社区被湖南省科学技术协会授予“科普示范社区”称号，并获省级奖补资金10万元。

【科普宣传】2015年，市科协在市大塘生态养殖基地举办2期创业创新培训班，共培训学员200余人。11月，与原市卫生局、妇幼保健院等联合在国瓷街道国光社区举办“科普进社区”活动。联合市相关市级学会、基层农技协、科普示范基地开办农村种养殖技术培训班16期，培训农村各类技术人员2000余人次。9月，组织开展以“万众创新·拥抱智慧生活”为主题的“全国科普日”宣传活动，通过展板展示、科普文艺会演、有奖竞答等方式，向市民传达科技知识。联合市其他协会组织，开展“爱地球，看我的”世界地球日主题活动及以“践行绿色生活”为主题的“世界环境日”大型科普宣传活动等，累计发放各类宣传资料近8万份，摆放宣传展板近100块，参加单位达50余个。联合醴陵电视台综合频道推出《瓷城科普》专栏20期；与市委组织部和市教育局等单位合作，在全市机关单位、中小学校推广“CNKI科普网络书屋”，注册单位达500余个。

【学术交流】2015年，在第36届湖南省青少年科技创新大赛上，醴陵市选送的“可控次数跳跳杆”“‘启梦天宫——我与太空种子共成长’种植实践活动研究”获金牌。其中，“‘启梦天宫——我与太空种子共成长’种植实践活动研究”项目，代表株洲地区参加第30届全国青少年科技创新大赛获三等奖；市实验小学获“全国科技教育创新优秀学校”，是湖南省唯一一所获此荣誉的小学。（陈珊珊）

武　装

市人民武装部

【概况】2015年，醴陵市人民武装部（以下简称“市人武部”）围绕“聚焦强军，顺应改革，提升能力，转变作风，确保稳定”的要求，按照“一季度抓整组、二季度抓集训、三季度抓征兵、四季度抓演习”的工作部署，稳步推进国防后备力量建设。年内，市人武部被原广州军区评为“全面建设先进单位”，被湖南省军区评为“军事训练先进单位”，被株洲市军分区评为“安全管理先进单位”“新闻报道先进单位”和“征兵工作先进单位”；市人武部党委被省军区评为“先进党委”。

【思想政治建设】2015年，市人武部按照上级统一部署，扎实开展党委机关“三严三实”专题教育整顿和“学习践行强军目标，做新一代革命军人”主题教育活动，抓好方案制订、思想发动、理论武装、对照检查、氛围营造等各个环节。赴茶陵、炎陵等革命纪念地参观见学，重温入党誓词，现场接受革命传统教育。召开党委专题民主生活会，根除思想积垢，开展思想交锋；传达学习徐才厚、郭伯雄等违法案件通报，彻底肃清其影响。

【战备训练】2015年，市人民武装工作认真贯彻“能打仗、打胜仗”强军要求，扎实抓好军事斗争准备，全面提升民兵预备役人员遂行应急应战任务能力，确保始终能够“召之即来、来之能战、战之必胜”。一季度，按照“到位、托底、创新、可靠”的要求，采取“全面核、重点建、整合统、创新验”的方法，狠抓民兵组织整顿。3月，分组对31个基层单位完成全面验收，民兵整组排名工作位列株洲军分区第一。4月，在渌江河段组织12艘冲锋舟、90人进行为期10天的冲锋舟操作骨干集训；参训分队完成队形行进、孤岛救援等课目的汇报演练；中央电视台七套和湖南卫视对集训和演练活动分别进行报道。5月，为拓宽训练路子，在广州军区油训大队组织101人的工程抢修和医疗救护分队挂靠训练，利用现役部队的训练场地、教学力量，全面提升专业分队的训练效果。筹划、部署“湘江—2015”演习，参演分队于10月22日展开实兵现地推演，并聘请军区训练基地教员现场指导。11月，严格按照演习预案，共完成演习预案等文书40份，在株洲市军分区组织的文书成绩评定中排名第一（团级单位）。尽早筹划征兵工作，严密组织体检、政考，按程序完成定兵。分组组织新兵回访，先后赴河南、山西、北京、新疆等地部队，鼓励醴籍新战士安心服役，年内新兵实现“零退兵”。

【参建参治】3月瓷博会期间，组织60名应急分队人员担任维稳安保任务，培训展会青年志愿者。参与市“连心解困”大走访活动，累计走访均楚镇30余户困难家庭，解决实际困难28个。8月1日，开展“欢庆八一，感恩社会”活动，为市交警和市环卫工人送慰问品价值近3万元。在市扶贫办统一调配下，对均楚镇李婆塘村实施精准扶贫，扶贫工作人员多次进村入户组织调研、捐钱捐物，为该村早日脱贫出谋划策。8月28日，联合市消防、公安、安监等10余个军、地单位300余人，在市中油燃气公司内开展危化品事故救援演练，有效整合军、地力量，进一步提高队伍应急处突能力。（黎　建）

预备役部队

【军事训练】2015年，湖南预备役驻醴陵部队（以下简称“部队”）坚持以军事训练为中心，以遂行多样化军事任务为牵引，较好地完成各项军事训练任务。3月，组织新入队人员进行为期7天的正规训练，使其掌握基本的军事技能。4—5月，现役营、连长参加全省预备役部队现役营、连长集训，其中谢金波被评为“优胜个人”。6月中旬，在市渌江河开展为期5天的舟桥骨干训练，从实战需要出发，突出技能练习、心理素质考验，提高抢险分队官兵的能力和素质水平。6—7月，安排60余人参加省军区组织的“湘江—2015”演习，提高预任预编官兵遂行多样化军事任务的能力。8月，在三连预编单位石亭镇组织召开转服现役人员现场会。9月，组织18名预任预编官兵参加炮兵实弹射击集训和战术演习，取得实弹射击发发命中的成绩。10—11月，现役干部参加团级组织的迎考集训并接受师级考核组的考核，成绩均达合格。

【军地融合】2015年，部队以打牢组织基础为重点，开展组织调整工作，加强营队基础建设。一是扎实进行预任干部、预编士兵和预征装备的调整。按照师团组织调整工作的指示精神和有关要求，展开组织调整调查摸底工作，通过走访、调查摸底、征求意见、人员筛选、整理归档，更新全营组织编配，调整工作圆满结束。全年共调整预任干部4人、预编士兵68人，调整后全营退伍率达68.9%，专业对口率达89.4%，在位率达95%。二是进一步加强营、连部硬件建设。投入近30万元，提升二连连部的硬件建设；为营部、一连连部配备全新战备物资、器材和非战争军事行动器材，为营、连部更新宣传橱窗和各种标语制度标牌；完善营、连部软件建设；在营、连部设置兵员信息栏，更换预编官兵档案，为每名预编官兵建立信息档案资料。年内，与试点单位进行有效对接，严格按照试点单位的标准和要求，完善软件等基础设施建设。（旷忠元）

武警株洲支队醴陵市中队

【概况】2015年，武警株洲支队醴陵市中队（以下简称“中队”）按照年初制定的整体工作思路，围绕国防和军队建设主线，以执勤处突为中心，大力加强部队全面建设。严格落实党支部委员集体学习制度，在全体党员中开展专题教育，组织参加武警总部的网上学习研讨和支队干部网上理论学习和培训，全年选送30余人参加株洲市武警支队组织的各种培训。严格落实《军队基层建设纲要》《基层正规化管理规定》和《军队党支部工作条例》等，全年撰写论文30篇、读书心得64篇，部分文章在《解放军日报》《人民武警报》《株洲日报》上发表；在株洲市武警局域网上刊稿80余篇，新闻报道工作在株洲市武警中队中排列第二。年内，中队被省武警总队评为“2015先进中队”。

【内部管理】2015年，开展“学习践行强军目标，做新一代革命军人”主题教育活动，组织集中学习《为人民服务》《纪念白求恩》和《愚公移山》；参加市“瓷博会”、“公祭日”、耿飚铜像揭幕仪式等活动，以红色文化建队育人。开展捐助地方五保户、义务献血、义务劳动、植树造林等公益事业，融洽警政、警民关系。开展专勤专训，加强反恐应急班的战术协同训练，担负“春节”“五一”和“十一”期间的战备工作和城市武装巡逻任务。全年完成押解勤务20余次，各类安保勤务10余次。妥善安排后勤工作，抓好种养业，蔬菜基本自给。（陈　龙）

市公安消防大队

【概况】2015年，醴陵市公安消防大队（以下简称“大队”）共有工作人员74人，其中干部15人、战士32人、专职消防队员20人，其他人员7人。下辖2个中队。大队主要担负各类火灾的扑救、灾害事故的抢险救援工作。年内，投入92.5万元，购置抢险救援车1台。年末，中队拥有战斗车辆10台，其中泡沫水罐车6台、抢险救援车辆3台、举高消防车1台。全年接警出动202次（含增援），出动车辆318台次，出动警力2230人次，营救被困群众20人，疏散被困人员60人。

【消防安全监管】2015年，消防安全监管工作以“今冬明春火灾防控工作”“劳动密集型消防安全专项整治”“百日整治”“两打三治”“夏季消防检查”等专项行动为契机，全面开展火灾隐患排查整治。全年检查各类场所、单位1528家（次），发现火灾隐患或违法行为830处，已督促整改802处，下发《责令改正通知书》677份，下发《行政处罚决定书》55份，下发《临时查封决定书》9份，责令“三停”（停业停产、停止使用、停止施工）单位19家，罚款77.05万元。（唐　莎）

市人民防空办公室

【概况】2015年，醴陵市人民防空工作紧扣“战时防空、平时服务、急时支援”的主题，以工程建设为主抓手，圆满完成全年工作任务。市人民防空办公室（以下简称“市人防办”）内设综合股、工程股、行政审批股，下辖人防指挥信息保障中心；有在职干部职工9人、退休人员6人。年末，被评为株洲市“人防工作先进单位”。

【工程建设】一是制定并完善人防发展系列规划。年内，启动编制人防“十三五”发展规划，深入基层收集数据，开展调研、论证等系列工作，年末圆满完成规划编制工作。补充修订《醴陵市人防工程建设专项规划》。二是严格开展行政审批工作。全年审批民用建筑人防报建项目15个，其中易地建设防空地下室审批项目12个、结合民用建筑修建防空地下室审批项目3个；综合结建率为100%。年末，结建工程竣工验收1个，在建结建项目2个。

【指挥通信】2015年，进一步完善防空警报体系建设，新装警报器数台，健全指挥通信体系维护管理制度。11月，依法组织实施防空警报试鸣，警报器鸣响率、音响覆盖率均达标；结合防空警报试鸣，开展群众防空应急演练，增强市民的国防观念和人防意识。12月，参加“株防—2015”人防系统机动指挥车省内跨区拉练。

【宣传教育】2015年，开展人防法律法规的专项宣传工作，重点宣传《关于核定人防系统行政事业性收费标准的通知》，下发专门文件，针对其中的关键点及相关收费标准的变动部分进行全面解读。开展防空防灾知识宣传教育活动。在“5·12”全国防灾减灾纪念日、“11·1”全省防空警报试鸣日、“12·4”全国司法日和社区活动等重要活动期间，与市相关单位联合开展防空防灾知识宣传活动。定期向市领导及市相关部门、单位赠阅《中国人民防空》《湖南人防》杂志及法律法规文件；面向企业、社区、学校开展防空防灾等专题授课和应急演练。年内，制作4期防空防灾应急知识动漫短片，并在醴陵电视台黄金时段播出。全年印发防空防灾等宣传资料3.5万册，设置户外宣传栏4块，摆放展板26块、悬挂横幅80条。

（江华林）

法　治

政法委及综治

【概况】2015年，全市政法系统各部门充分发挥职能，认真履行职能，积极预防和妥善解决一批影响社会稳定的突出问题，群众对社会治安的安全感和满意度进一步提升。醴陵市在2015年社会管理综合治理民意调查中排名全省第55位、株洲市第2位，创历史最佳成绩。

【社会维稳】2015年，共接待群众来访185批、853人次，解决信访问题169件次，办结率90%以上；共调处化解交通事故6544起、医疗纠纷14起、劳资纠纷77起和进京非访18批次。在全国“两会”、“9·3阅兵”、瓷博会等特护期间，实现进京非访“零”登记。

【平安创建】2015年，多渠道开展平安创建活动，市政法各部门组织开展“下基层、访民情、保稳定、促发展”活动，共收集问题1686个，解决1243个。通过“平安家庭”创建活动，全市共评选出各类“平安家庭”11万余户。在居民住宅小区、高速、国道、省道等出入口设立“平安创建”宣传牌110块。加强对刑满释放人员、社区矫正人员的管理、教育和帮扶工作，安置率和帮教率均达100%。年内，在全省社会治安综合治理民意调查中，群众对平安创建的评价排株洲地区第一位。

【专项整治】1月10日至4月20日，开展“扫黄赌、除毒害、清火患、保畅通”百日整治行动，共破获黄赌案件91起，抓获19人，行政拘留284人；破获毒品刑事案件41起、抓获46人，缴获毒品673.6克。农村道路交通拥堵警情同比下降46%，交通事故死亡率同比下降22.6%。5月27日至9月30日，开展以安全生产“打非治违”、建设领域和社会治安“打恶治乱治霸”为主要内容的“两打三治”专项行动，共破获刑事案件279起、刑事打击172人，查处行政案件195起，行政拘留396人。其中，查处非法生产、经营、储存50起，查获烟花成品、半成品4713箱，引线1028箱，销毁余药120多公斤，销毁废旧机械设备143台；打击取缔非法生产户、工区114户，行政拘留19人、刑事拘留3人，行政处罚19万元；查处安全隐患4520余处，暂扣企业安全许可证1家，停产整顿企业14家，取缔非法生产经营单位8家。

【“数字醴陵”建设】2015年，市财政投资4100万元，打造集平安城市、智能交通、数字城管3个平台为一体的“数字醴陵”动态视频监控系统。4月，“数字醴陵”一期工程正式投入使用，563只高清“电子眼”遍布大街小巷，城区重点区域、复杂场所、要害部位、关键路段实现视频监控全覆盖。

【见义勇为】2015年，全市在“平安醴陵”创建过程中，涌现出一批以实际行动维护社会正义，捍卫国家和人民利益的见义勇为先进典型，产生良好社会影响。黄申喜被追授为株洲市和醴陵市“见义勇为先进个人”称号；李才建等6人被授予株洲市和醴陵市“见义勇为先进个人”称号。

黄申喜，男，1951年5月出生，原黄獭嘴镇隆兴坳村人。2015年8月7日11：00时许，黄獭嘴镇隆兴坳村村民江召德发现自家养的小牛不慎掉落在杂屋的红薯窖中，便下窖救牛。江召德不知地窖内缺氧，等发现状况时已无力从窖中爬出，只好拼命呼喊求救。恰逢黄申喜经过，听到呼救声后，一边大声朝周围住户呼喊救人，一边跳入窖中营救江召德，也遭遇到江召德同样的困境。由于红薯窖太深，通风条件差，周边村民赶到后，不敢贸然下窖救人。直到消防队员赶到，戴上专业设备才将窖内的黄申喜和江召德救出，但2人均已不幸身亡。

李才建，男，1966年出生，中共党员，白兔潭镇田心村人。陈仕计，男，1963年出生，白兔潭镇田心村人。2015年11月4日20:00时，白兔潭镇湖下村村民黄科根像往常一样到澄潭江中捕鱼，不慎滑入水中，因河水湍急，无法脱困，便大声呼救。恰逢李才建和陈仕计参加完当地举办的龙王庙祭祀活动准备回家，听到呼救声后，李才建来不及脱掉身上的衣裤，猛然扎进水中，陈仕计随着也跳入水中，参与救人。由于落水者身处一个10余米深的大沙坑，沙子不断下滑难以攀附，加上河水冰冷，落水者穿着橡皮防水裤，给施救带来极大困难。李才建和陈仕计费了好大力气，在岸边村民的帮助下，才将黄科根救上岸。

尹建辉，男，1969年2月出生；王雪元，男，1969年1月出生；陈志江，男，1976年2月出生；漆星明，男，1975年10月出生；4人均为原西山街道南门社区居民。2015年7月26日深夜1:00时许，正在吃夜宵的尹建辉突闻有人呼喊吴治宇家失火，赶往火灾现场时，大火正肆虐着吴治宇家的房子。吴治宇在外地未归，其父亲在医院住院，只有年迈的母亲在家，情况十分危急，尹建辉立即踹门冲入火海将吴母护送到安全区域，王雪元、漆星明和陈志江3人也赶到现场救援。大火呈蔓延之势，随时危及整条街道。关键时刻，尹建辉、王雪元、漆星明和陈志江4人号召周围居民，用家中的水桶接自来水救火。情急之中，王雪元记起家中备用的消防带，返回家中将消防带接到路边的消防栓上，以扑灭大火。经过半个小时全力扑救，火势基本得到控制，消防队员赶到现场后接手了灭火和善后的工作。在灭火过程中，断裂的横梁从屋顶掉落，砸中尹建新的左脚，王雪元、漆星明、陈志江也不同程度被火烧伤。（张　利）

市公安局

【概况】2015年，全市公安工作紧紧围绕“管理创新”的主线，扎实推进基础信息化、警务实战化、执法规范化、队伍正规化建设，稳步推动醴陵公安事业全面提升，确保全市社会大局和谐稳定。年内，全市未发生造成重大影响的涉稳案事件及“大丑恶”治安事件，全市刑事发案数同比下降3.1%，连续3年保持稳步下降的态势、连续10年实现“命案必破”的工作目标。年内，公安业务及办公技术大楼投入使用；刑事技术室通过国家公安部示范刑事技术室的检查验收；“数字醴陵”一期工程建设项目竣工并投入使用，其中图侦技术成为新的破案增长点，获株洲市“2012—2015年度禁毒工作先进单位”等称号；下辖的派出所中，有2个被国家公安部评为“一级派出所”、6个被评为“二级派出所”。

【维稳安保】2015年，维稳安保工作坚持严密防控和主动进攻相结合，强化对敏感节点情报信息掌控，全年搜集预警情报信息1253条，消除各类涉稳隐患苗头46起，妥善处置群体性事件35起。完成“两会”、“瓷博会”、“9·3”安保、国家领导人到醴陵视察警（保）卫等一系列重大任务，获得上级领导的肯定。年内，争取市委、市政府支持，新组建20人特辅警处突队伍，并邀请公安部警务实战教授团队授课；开展反恐制暴集中培训演练，有力提升公安干警的体能素质和实战技能。

【侦破打击】2015年，立刑事案件3496起、破案1337起，破案率达38.24%、同比增长53%；立现行刑事案件3218起、破案1012起，破案率达31.4%、同比增长48.3%；移送起诉787人，同比增长7%。年内，成功侦破国家公安部“2015—109号”“2015—619号”目标案件等一大批大要案件，命案侦破、打击涉毒犯罪、治安重点案件侦破战果排名株洲市公安机关前列，并获单项奖励。深入推进“数字醴陵”监控平台和三级防控网络建设，8类恶性案件（杀人、放火、爆炸、投放危险物质、故意伤害致人重伤、抢劫、强奸、绑架）发案率同比下降22.5%，抢劫、抢夺、扒窃、入室盗窃案分别同比下降53.1%、51.1%、41.6%、6.7%，全市治安防控能力明显提升。

【专项整治】开展“两打三治”专项行动，有效化解矛盾纠纷93起，查破相关案件474起，有效整肃强揽工程、非法阻工等陋习恶俗。严厉打击经济犯罪，全年破获经济犯罪案件59起、抓获涉案人员79人，分别同比增长195%、92.7%，为群众挽回经济损失2000余万元。扎实开展交通、消防、危爆物品安全整治，查处一批涉“非”刑事、行政案件，采取刑事强制措施36人，行政拘留107人。通过整治，全市非法生产违法犯罪现象得到有效打击。

【管理创新】2015年，“数字醴陵”

工程运行后，组建图侦中队，开启视频作战新模式，形成多警联动、整体作战态势；在“百日会战”中，多警种合成破案数占全年破案总数的60%以上。年内，在株洲地区率先筹建科信大队，有效解决信息化项目统筹建设、资源共享问题。为解决“重破案、轻办案”问题，加强案件审批把关，将监督、服务前移，推行法制员派驻制度。开通醴陵警方微信公众号，单篇阅读量最高近10万人次，平均达3000人次。

【队伍建设】制定出台《醴陵市公安局制度汇编》（修订本），共收集整理66项规章制度；抓好《中国共产党党员领导干部从政若干准则》和《中国共产党纪律处分条例》贯彻执行，筹备制定《醴陵市公安局党纪条规汇编》，基本建立领导带头、全警执行的制度体系，形成了抓队伍的长效管理态势。探索契合基层特点、符合民警需求的思想政治工作方法，做到年度、阶段以及重点工作有小结、有奖惩，并开展公开授奖、送奖上门、向家属报喜等活动。开展“警营文体活动月”和“党委赠书、民警读书”活动，提出“责任、荣誉、崇法、唯民”的醴陵公安精神，进一步激发队伍活力，提升队伍战斗力。全年有17个单位、39位民警获株洲市级以上荣誉。（曾湘纯）

典型案列

【侦破部督“2015—619”贩毒团伙案】2015年4月，市公安局专案组历经5个月，转战湖南、广东、江西3省，侦破公安部“2015—619号”毒品目标案件，摧毁1个网络层级达到六级的跨省贩毒团伙。抓获贺小秋、李双、刘洪国等涉嫌贩卖毒品的犯罪嫌疑人22人，共收缴冰毒10.36公斤、麻古0.08克、海洛因2.26克、麻黄碱352.11克、咖啡因10.68克、毒资13万余元、涉案车辆5台。年内，犯罪嫌疑人贺小秋等22人被移送起诉。

【侦破省督“2015—207”贩毒团伙案】2015年8月，醴陵市公安局禁毒大队通过侦查发现，周敏多次从株洲籍男子王鹏处购进冰毒、麻古，将毒品贩卖给黄虎、刘天丁、江育等下线；王鹏的冰毒、麻古是从株洲籍男子张利奇处购买，而张利奇的毒品购买上线为广东籍男子陈勇。该案贩毒团伙长期活跃在广东、湖南等地，是1个网络层级达到四级的跨省贩毒团伙，牵涉面广、涉案人员多、涉毒数量大，案情重大，经逐级上报至湖南省公安厅后，该案被列为省督“2015—207号”毒品目标案件。为了尽快侦破此案，市公安局抽调20名精干警力组成专案组，历经3个月，转战湖南、广东2省，于11月20日，抓获陈勇、张利奇等涉案人员10人，收缴冰毒20.23克、麻古196.46克（1952粒）、毒资1万余元、涉案汽车1台。年内，涉案人员均被依法逮捕。

【侦破邹浩、朱宪诚非法制造枪支案】2015年7月8日，市公安局接到群众举报，在市白兔潭镇余溪村有人非法制造枪支。市公安局接到报案后，组织精干警力开展集中抓捕行动，抓获犯罪嫌疑人邹浩、朱宪诚等人，现场收缴非法制造的枪支3支及电钻、磨割机等作案工具。经查，自2015年1月，邹浩、朱宪诚购买工具非法制造出售枪支、弹药，并将枪支存放于买家易水民处。7月9日，办案民警将犯罪嫌疑人易水民抓获，当场缴获疑似枪支5支。为进一步扩大战果，专案组民警循线追踪，摸清了其他涉案嫌疑人的基本情况、活动规律、落脚点等情况。10月28日，专案组兵分数路，在市白兔潭镇及江西省萍乡市等地开展集中收网行动，将非法持有枪支的犯罪嫌疑人邓军、罗玉芝、刘维等抓获，收缴枪支3支。至此，市公安局专案组成功破获此起非法制造、买卖枪支案，共抓获犯罪嫌疑人9人，收缴枪支10支；犯罪嫌疑人邹浩、朱宪诚被依法逮捕。

【侦破张光明、彭勇等销售伪劣产品案】2015年初，市烟草局稽查大队在工作中发现刘保良从外地购入大量假烟后在醴陵境内销售，并将该线索反馈至市公安局。市公安局经过数月的前期侦查，初步摸清该销售假烟团伙的整体结构、运行模式、销售渠道等情况。自2014年，张光明通过物流运输方式，由黎金充当中间人，负责到物流公司提取、运送，将假烟贩卖给罗长寿；罗长寿、彭勇又分级贩卖给刘保良、陶长初、张婷等人；再由陶长初、张婷等人在醴陵境内销售。10月12日，市公安局治安大队、网安大队和市烟草局联合出击，开展收网行动，抓获犯罪嫌疑人张光明（福建省漳州市人）、彭勇（江西省萍乡市人）、刘保良、陶长初（湖南省浏阳市人）、张婷（醴陵市人）、黎金（江西省萍乡市人）等6人，收缴假冒香烟470条。犯罪嫌疑人张光明、罗长寿等6人因涉嫌生产、销售伪劣产品罪被依法逮捕。

【侦破易显全系列入室盗窃案】2015年下半年，醴陵市多地接连发生单人入室盗窃案件，案犯作案手法老练，犯罪时间、空间跨度较大，侵入手段变化多端。市公安局刑侦大队刑事技术室经多次例会商讨，均难以确认该串案件是否系同一人所为。刑事技术室重新对前案进行梳理，对之后发生的类似单人盗窃案更加仔细勘查案发现场，以求新的突破。10月5日，城区姜湾地段发生一起入室盗窃，技术民警在勘查现场的过程中提取到1枚嫌疑人指纹。10月22日，醴陵永胜瓷厂1户居民家中被盗，刑侦大队技术民警提取到嫌疑人在现场留下的脚印和指纹等关键性线索。经比对，发现先后2次提取到的指纹完全吻合，刑事技术室串并了另外9起有现场脚印的案件，锁定系列案件的重大嫌疑人易显全（男，28岁，市南桥镇人）。11月5日，办案民警在嫌疑人易显全出租屋内将其抓获。经查，自2015年8月，犯罪嫌疑人易显全利用熟悉地形等有利条件，采取攀爬撬门等方式先后窜至市阳三石街道永胜、陶机小区等地入室盗窃作案18起，盗窃总价值近5万元的财物。犯罪嫌疑人易显全被依法逮捕。

【侦破陈国胜、龙建华系列盗窃摩托车案】自2015年6月，市城区发生多起摩托车被盗案，市公安局刑侦大队图侦中队通过视频分析串并案件、排查线索，锁定犯罪嫌疑人陈国胜、龙建华。9月22日，民警获悉2名嫌疑人伺机作案，通过视频跟踪，发现2人先在市浦口镇盗取1辆黑色女式摩托车后，窜至市工业园附近加油站加油，侦查民警对2人实施抓捕。经审讯，2人对其合伙盗窃摩托车20余起的犯罪事实供认不讳；犯罪嫌疑人陈国胜、龙建华被依法逮捕。

【侦破谢和军等系列盗窃摩托车案】2015年1—9月，市来龙门派出所辖区发生多起摩托车被盗案件，对城区摩托车被盗案进行串并案分析，发现2名男子经常从外地窜至市城区频繁作案。通过查看监控视频、蹲点守候、跟踪追击，于10月18日将犯罪嫌疑人谢和军、邓如军抓获归案。经查，2名嫌疑人在2015年1—9月间，窜至醴陵城区，撬锁盗车作案28起；犯罪嫌疑人谢和军、邓如军被移送起诉。

【侦破公安部督办“1·09”专案】2015年，市公安局网安大队组织牵头，联合市治安大队、巡特警大队等单位集中侦破公安部督办案“1·09”专案。该案自2014年11月开始着手侦破工作，通过深挖发现，韩振初团伙系从“排队”网络公司租用赌博网站用于开设赌场，“排队”网络公司除向韩振初团伙提供赌博网站外，还向梁楚忠等一系列网络赌博犯罪团伙提供赌博网站。根据湖南省公安厅的统一安排部署，市公安局成立专案组，并入“1·09”专案组，省公安厅指定市公安局侦办梁楚忠等人涉嫌开设赌场一案。2015年7月2日晚，在“1·09”专案指挥部及市局领导的指挥下，专案组40余人赴深圳将犯罪嫌疑人梁楚忠等抓获归案。经查，该网络赌博犯罪团伙共计发展下线股东39个、总代理70个、代理112个、会员628个；接受投注金额数亿元，从中获利数千万元；当场扣押电脑20台、手机18部，冻结涉案账号344个、资金1.7亿元。11月13日，该案6人已被市人民法院依法判刑，没收赌资1.87亿元。此案的成功告破，摧毁多年以来横行于中国与境外的1条集研发、出租、组织网络赌博为一体的犯罪链。国务委员、公安部部长郭声琨签署《关于给湖南、广东公安机关成功侦破“1·09”特大跨境网络赌博案的嘉奖令》，对主侦部督“1·09”特大跨境研发、组织网络赌博案件的湖南省公安厅（醴陵市公安局、岳阳市公安局）和配合协助办案的广东省公安厅及全体参战民警通令嘉奖。（曾湘纯）

市公安局交通警察大队

【概况】2015年年末，全市有道路通行里程3181.8公里，注册登记机动车160574辆、驾驶人17.55万余人。年内，市公安局交通警察大队（以下简称“大队”）有在岗民警87人，交通协管员112名；内设车辆管理所、办公室、政工监督室、科技所、道路交通事故救助基金管理中心和安宣、事故、法制等11个中队。其中，车辆管理所为副科级机构。全年全市上报道路交通事故发案115起，死亡19人、伤182人；直接经济损失9.58万元，下降14.1%。其中，死亡人数下降17%，连续第二年实现道路交通事故实际致人死亡案件、致人死亡数双下降。“数字醴陵—智能交通指挥系统”项目成功升级改造，系统所具备的违法查纠、查缉布控、智能识别、分析预警等功能与应用水平达到全国同类城市先进水平。

【行政服务】年内，出台“助推发展升级十二条”，实施摩托车带牌销售、4S店登记服务站等便民措施。全年办理机动车上户17969辆，其中汽车9191辆；科目一汽车驾驶人考试16197人，摩托车驾驶人考试3857人；审验驾驶人5466人，核发车辆检验合格标志6584份。

【春运安全】2015年春运期间，大队强化源头管理、宣传教育和路面管控，严查七座以上客运车辆和危险化学品运输车辆，严处客车超员等严重交通违法行为。春运期间，全市上报道路交通事故发案15起，伤30人，直接经济损失1.08万元；杜绝了群死群伤等特大交通事故，实现了春运全市道路交通“零”死亡。

【打非治违】2015年，组织开展道路交通安全“九打九治”“打违法治乱源”等专项行动，突出整治超员超速、酒后驾驶、无牌无证等严重交通违法行为；以大中型客车、重中型货车、农村面包车、校车、危化品运输车“五类”车辆为重点，常态化整治乱停乱放、摩托车加装遮阳伞、闯红灯、逆行等可见交通违法行为。全年查处各类交通违法行为6.63万起，其中在开展的44次专项整治中查处可见交通违法行为4.2万余起。

【安全宣传】2015年，安全宣传工作以“12·2交通安全日”“交通安全一节课”“请你看到我”等为主题，运用广播电视媒体、微信公众平台等媒介，利用“防灾减灾日”等社会宣传资源，广泛开展交通安全宣传教育活动。全年开展宣传活动44次，安全教育授课462堂，发放宣传资料17万份，制作各类宣传牌、横幅、标语504块。

【设施建设】一是完善交通语言体系。全年新增电子警察19处、信号灯路口21处、升级卡口4处；新增交通护栏633米、交通标志173套、道路监控36处、制高点8个；新划补划交通标线6.1万平方米。在城区主次干道施划摩托车停车泊位3974个，设置摩托车待行区。二是组织开展阳三片区交通管理调研，出台建设执勤岗亭、完善中心护栏等系列措施，为全警购置新型防护服、荧光指挥棒、执法记录仪等警用设备，将城市交通管理从核心区域向全城覆盖。三是有序推进农村中队营房建设。年内，阳三石执勤岗亭建成并投入使用，三中队启动营房建设工程，四中队完成征地手续，五中队进入报批程序。

【维护稳定】2015年，稳妥处置涉军群体、安置区建设等突发事件5起，侦破“1·31”“2·19”“6·19”“7·26”致人死亡等交通肇事逃逸案件5件，抓获潜逃11年之久的交通肇事网上逃犯1名。全年刑案立案41起，抓获犯罪嫌疑人41人，刑拘15人，移诉35人；调解一般以上交通事故损害赔偿案件308件，其中行政调解113件、人民调解92件、司法调解103件，司法判决88件。年内，筹措交通事故救助基金76.97万元，救助交通事故困难家庭52户。

【交通安保】2015年，主动对接“项目建设年、环境优化年”，为全市经济社会发展提供优质交通管理服务。对“两改六化”、旗滨玻璃、高铁连接线等项目开展驻点交通维护，安排专人到项目指挥部协助工作。配合治理超限超载工作，调派10人参与常态化治超，组织40%的警力开展为期3个月的全市“治超”集中整治行动。全年，周密组织执行各类交通警保卫和交通秩序维护任务133次。在瓷博会期间，大队设置10个工作组、10个外围控制卡点，28个巡逻管控点，11组机动车巡逻队、7个停车区，共出动警力2000余人次，圆满完成瓷博会道路交通安全保卫工作任务，并获评“瓷博会保卫工作”先进集体。

【规范执法】2015年，规范执法以立案突出问题治理等专项活动为契机，以改革创新教育培训机制、提升交警实战能力为切入点，努力提高规范执法能力。全年共组织执法记录仪、新行政诉讼法、“一路通”事故处理系统等各类执法培训23次，全警参训率、参考率、合格率100%，组织参加上级各类培训25人次。认真执行上级各项纪律禁令，切实加强对民警涉车、涉酒、涉赌、涉毒等违法违纪行为的教育监督。出台《绩效评估办法》，突出主业意识；健全执法制度，采用执法巡查、考核讲评、案卷抽查等方式，组织执法检查12次，纠正执法问题266案次，执法过错责任追究13人次。

【行政服务】2015年，车驾检部门开展大整顿活动，改进服务举措，核准市33家销售商行试点摩托车带牌销售，设立汽车“4S”店机动车登记服务站等便民措施，切实解决机动车登记上户、驾驶人考试和机动车安全技术检验等工作中存在的突出问题。教育处罚中心通过引进排队叫号机、增设导办岗、增加服务窗口等方式，日均办理业务量增至1000人次，全年办理机动车注册登记1.77万辆，其中汽车9191辆；通过小型汽车以上驾驶证申领科目一考试16197人，摩托车驾驶人考试3857人；驾驶证审验5466人，核发车辆检验合格标志6584份。（张　勇）

市人民检察院

【概况】2015年，醴陵市人民检察院内设17个科（室、局），有检察专项编制83个，在职干警79人。全市检察工作紧紧围绕市改革发展大局，以维护社会稳定为基本任务，以促进社会公平正义为价值追求，以保障人民安居乐业为根本目标，全面履行检察职能；坚持严格执法、公正司法，全院工作整体推进、亮点纷呈。年内，律师参与化解和代理涉法涉诉信访案件、未成年人刑事检察、查办职务犯罪等多项重点工作得到上级检察机关的高度肯定。年末，在株洲市检察机关分类综合考核中继续名列前茅。

【职务犯罪预防】2015年，共开展预防调查2次，发出检察建议9份；开展警示教育20余批次，有1000余人次接受职务犯罪预防警示宣传教育。全年受理行贿档案查询1600余次，比上年增长100%。制定《检察工作服务和促进经济社会发展的意见》，将预防职务犯罪关口前移，以投资大、工期长的重点工程作为预防工作的重点，积极介入辖区内重点工程和重大项目建设；开展同步预防，保障项目建设顺利推进，促进资金安全。

【职务犯罪侦查】2015年，职务犯罪侦查坚持“无禁区、全覆盖、零容忍”工作原则，切实加大职务犯罪查办力度，依法立案侦查职务犯罪案件14件、21人；其中贪污贿赂案件12件、18人，渎职侵权案件2件、3人；重点查办市农业综合开发办原主任许某等6人私分国有资产、贪污、滥用职权案；市环保局工作人员傅某在淘汰落后产能方面涉嫌滥用职权案等。积极参与侦查一体化办案，承办上级检察机关交办的中冶长天国际彭某、周某涉嫌贪腐案，张家界市国土资源局执法支队长、总会计师田某受贿案，荷塘区征地拆迁领域贪腐系列案等5件、5人。

【刑事检察】2015年，批准逮捕各类刑事案件及犯罪嫌疑人308件、375人，提起公诉466件、600人。依法从宽处理轻微犯罪、未成年人犯罪以及达成刑事和解等刑事案件，不批准逮捕案件66件、110人，不起诉140件、197人。突出打击涉枪涉爆、涉黑涉毒等严重危害公共安全和社会秩序的犯罪，提前介入公安机关侦查的1起跨越粤湘赣三省的贩卖毒品案件，批准逮捕犯罪嫌疑人20余名。积极履行法律监督职责，切实加强立案、侦查活动和审判监督工作，全年监督立案8件、8人，已判决6件、6人；追捕9件、10人，已判决8件、9人，其中被判处三年以上有期徒刑3人。追诉漏犯7人，追诉漏罪14件，纠正侦查活动违法4件、审判活动违法2件；提出抗诉2件。高度重视证据合法性，全年排除非法证据5份，督促侦查机关完善、补充案件相关证据、查清事实，严防冤假错案。

【未成年人刑事检察】2015年，为全面贯彻对涉罪未成年人教育挽救感化方针，成立全省检察机关首个“未成年人心理辅导专业人才库”，聘请16名具有心理咨询资质的人员，对未成年人开展心理评估、疏导、矫正，对涉案人员开展心理帮扶6人次。年末，未成年人刑事检察科被授予株洲市“优秀青少年维权岗”称号；同时，全省检察机关司法改革集中采访团对市未成年人刑事检察工作进行专题采访报道。

【控告申诉检察】2015年，控告申诉检察工作不断健全“12309”举报电话、网上信访、来信、来访“四位一体”信访工作机制，借助检察机关统一业务应用系统，实现信访案件网上分流、网上转办、网上督办，进一步有力地推进信访维稳工作，积极化解社会矛盾。全年共接待信访300余人次，受理控告、申诉、举报61件，办结刑事申诉案件5件、刑事赔偿案件1件；两刑案件息访息诉6件，告急访息访3件。年内，探索信访工作机制改革，在市委政法委的指导下，与市司法局联合出台《检察环节律师参与化解和代理涉法涉诉信访案件制度》，在全省首推“信访人不服检察机关处理意见时，可以在律师人才库中自主选择律师提供免费法律服务”的新规定。该制度试运行和正式推出以来，共提供现场法律咨询12件，出具书面法律意见6份，参与公开评议8件，提供专案专人服务6件，律师参与代理刑事申诉、刑事赔偿信访案件5件，均全部息诉。该项工作得到上级检察机关高度肯定，湖南省人民检察院检察长对此作出专门批示，勉励进一步积极探索并为全省积累经验，最高人民检察院就该项制度到市检察院开展专题调研。

【民事行政检察】2015年，依法办理各类支持起诉案件14件、督促履职8件、执行监督案件线索1件、审判程序监督案1件，帮助市院办理审判监督案2件，移送2起渎职线索至市反渎局。

【监所检察】2015年，着力加大对刑罚执行和监管活动监督，推出“三强三建”（加强多方沟通协调，建立“脱漏虚”管快速发现与纠正机制；加强交付、变更执行环节监督，建立“脱漏虚”管重点监控机制；加强惩戒、警示、教育力度，建立“脱漏虚”管防控机制）工作法。在刑罚执行和监管活动中，发放违法通知书78份，检察建议书73份，检察意见书13份。全年依法办理暂予监外执行提请审查案件14件、14人，建议收监执行1件、1人；对在押人员进行羁押必要性审查案件10件；纠正指定居所监视居住不当4件；办理死刑复核案件阶段被告人情况调查4件；办理控告、举报、申诉案件7件。

【信息调研】2015年，共刊发各类综合信息76篇，其中中央级2篇、省级37篇、株洲市级37篇；发表调研文章40余篇，在《人民检察（湖南版）》和《检察风云》《法制与社会》《政法论坛（基础理论)》《法学教育》《株洲检察调研》等综合类法学期刊上均有刊发。全年完成宣传稿件333篇，其中行贿档案查询、检务公开、检察文化等经验做法，先后获《法制周报》《株洲日报》等媒体报道推介；党建工作、“五问工作法”等经验及做法分别被高检院队伍建设专栏、省院政工专刊《湖南检察(情况反映)》《人民检察(湖南版)》等总结推介。其中，“五问工作法”经验做法被株洲市检察院以文件形式在株洲市检察机关转发和推广。

【检务公开】2015年，大力推行检务公开工作，邀请市人大代表、政协委员、人民监督员及基层代表，参加规范司法行为的专项整治活动、“检察开放日”以及检务听证等活动30余次，推进执法过程公开化。搭建案件信息公开、查询和在线答疑互动交流3个平台，公开案件信息1188条，公布法律文书478份。通过检务公开一系列举措，保障人民群众对检察工作的知情权和监督权。

（伍爱科　邓方圆）

市人民法院

【概况】2015年，醴陵市人民法院内设办公室、刑事审判庭、政工科、监察室、司法警察大队、审判管理办公室等16个部门和板杉、茶山、泗汾、白兔潭4个法庭；有在编在岗人员108人。全年共受理各类案件6263件，审执结4999件、同比上升19.7%和14.8%。法官人均结案79.4件、同比上升16.5%，审执结案标的6.96亿元；收案数、结案数、法官人均结案数均创新高。年内，在全省法院法官结案数通报中，市人民法院有5名法官进入前100名、2名法官办案数超过200件。

【刑事审判】2015年，刑事审判工作坚持宽严相济的刑事政策惩罚犯罪，开展“两打三治”专项行动，严惩涉黑、涉爆、涉毒、非法生产、“两抢一盗”犯罪案件，审结386件，判处443人。全面推进反腐工作，审理贪污、贿赂、私分国有资产等职务犯罪案件9件、14人。打击网络犯罪，审结了梁楚忠等5人利用互联网开设赌场一案，追缴涉案赃款、违法所得及罚金1.88亿元并上交国库。全年共受理各类刑事案件517件、审结455件；对589名被告人作出了有罪判决，其中判处3年以上有期徒刑162人。

【民商审判】2015年，市人民法院依法平等保护各类市场主体的合法权益，共受理各类民商事纠纷案件3446件，审结2775件。审理婚姻家庭、损害赔偿、医疗纠纷等案件1096件，审结劳动合同、拖欠工资等案件441件，审理房地产开发、商品房买卖、建设工程施工等纠纷案件115件，审结民间借贷纠纷案件647件。年内，充分发挥调解优势，尝试新民事诉讼法解释规定的“保证书”制度和借助微信平台开展调解，调撤案件1585件，调撤率达57.4%。

【行政审判】2015年，行政审判工作坚持保护行政相对人合法权益与支持监督行政机关依法行政并重，共受理行政诉讼案件41件，审结41件；受理行政机关申请的行政非诉执行案件259件，执结251件。积极推动行政诉讼庭外协调和解，经法院协调后原告撤诉19件，调解结案1件，促进了人民群众与行政机关之间的理解和信任。依法监督行政机关依法行政，判决撤销行政行为案件6件，经审查裁定准予执行行政机关行政行为案件4件，促进司法与行政良性互动。

【执行工作】2015年，加大执行力度，维护胜诉当事人合法权益，全年受理各类执行案件2000件，执结1477件，实际执结到位标的7151.6万元。创新反规避执行机制，通过司法查控系统查询存款余额3152万元。实行失信被执行人信用惩戒制度，有1130名“老赖”被列入黑名单；通过《今日醴陵》、醴陵交通生活频道、微信朋友圈等媒介先后曝光“老赖”591人次，并在新街口户外电子屏上滚动播出。加大对拒不履行义务被执行人的惩罚力度，对54人采取司法拘留强制措施，向市公安机关移送涉嫌拒不执行判决、裁定案件8件、8人，依法以拒不执行判决罪判处3件、3人。年内，为执结剩余未结案件，开展“百日执行”大会战，析清底数、分类管理，用足用尽法律措施，共兑现涉民生案件标的981万元。

【司法服务】2015年，市人民法院倾力服务重点项目建设，利用非诉执行平台，建立服务指导、快速反应机制，为“阳三新城”“渌江新区”“莲株高速”“中储粮旧城改造”“沪昆高铁连接线”“旗滨玻璃商置区”“矿产交易市场”等重点工程建设项目排阻清障，共派出15个工作组、45人协助各项目部签订征拆协议93户；受理“李畋中路”项目部申请的强制执行房屋征收补偿决定案件7件，并全部执结完毕。竭力服务经济转型升级，深化金融债权保护，健全金融审判执行工作，全年审执结金融纠纷案件647件，维护了金融安全和市场稳定。建立涉重大企业案件审执“绿色通道”，主动上门问需求，开展“零”距离服务，为企业转型升级提供法律支持。年内，针对湖南省国光瓷业集团股份有限公司重整一案，指派具有丰富审判经验的资深法官组成合议庭，指导破产管理人制定重整计划，在较短时间内成功审结。着力推进社会治理创新，努力打造少年审判专业模式，全年审理涉未成年人的刑事、民事案件45件，帮助10名失足青少年回归家庭，融入社会。不断畅通信访渠道，实行每周四的“院长接待日”制度和远程视频接访，引导群众理性表达诉求，共接待处理来信来访126人次，化解信访积案13件，实现了进京上访“零”登记。加强法制宣传，全年在各级媒体上发表各类法制文章186篇，其中省级以上媒体刊发65篇；开展法制宣传月活动，印制刑事被告人、失信被执行人布告2000余份，张贴在全市各社区和村组，有效推进依法治市进程。

【公正司法】一是深入推进司法公开。以株洲市人大常委会组织的“司法公正株洲行”活动为契机，邀请市人大代表、政协委员评议庭审6场、89人次，办结5件代表建议和3件委员提案，按时办结率和沟通率均为100%。全年在“阳光司法”平台及时发布审执信息7000余条，利用微博、微信等新媒体发布原创微博198条、微信订阅号210期；运用科技法庭开展案件远程提讯、庭审网络直播25场；举办“法院开放日”活动，邀请湖南工业大学法学院150名师生、社区居民326人次参观法院、旁听庭审；充分发扬司法民主，加强人民陪审员管理，强化履职能力培训，扩大陪审案件范围，一审普通程序案件陪审率达100%。二是强化审判管理。完善以法官职业操守、工作业绩、司法能力为核心的考核体系建设，构建科学、客观、公平的绩效评价机制，不断强化案件质量，在2015年案件质量评查和裁判文书评查中，案件质量优秀率为98.4%，合格率为100%。推进“数字化法院”系统应用，对文书送达、均衡结案、信息录入、审限预警等实行节点控制，实现了审限内结案率100%；健全预防和纠错机制，严格瑕疵案件和错案责任追究，促使法官依法审慎行使司法权，全年立案准确率达100%，一审裁判发回重审率、改判率均未超过1%。三是有效提升司法效率。以“让审理者裁判、由裁判者负责”为目标，尊重法官主体地位，并针对审判、执行的不同岗位制定了权力和责任清单，强化法官办案责任，案件平均审理期限缩短了6.5天。加快信息化建设步伐，建成集执行指挥、视频会议、信息集控、安保监控于一体的执行指挥中心，审执效率进一步提升。

【司法为民】一是着力满足群众司法需求。全面实施立案登记制，依法做到有案必立、有诉必理，自5月4日实行立案登记制以来，共受理案件2090件，同比增长25.6%，无不予登记、拒收诉状现象。推进诉讼服务中心建设，为当事人提供便民手册、设立POS机、开辟接待室，导诉平台接受当事人咨询958人次，诉讼引导1315人次。注重立案调解工作，诉前立案调解案件99件，办理司法确认案件16件，与人民调解室进行诉调对接案件73件。年内，依法审理各类房屋买卖、相邻纠纷、劳动争议案件469件，高质量审理市顺丰瓷业拖欠农民工工资一案，帮助280名农民工追回劳动报酬110万元。二是加强对弱势群体的权益保护。妥善审理涉妇女、儿童、老年人权益案件857件。开展巡回审判65场次，解决“最后一公里”问题。将市“连心解困”大走访与“一进二访”活动相结合，通过实地走访开展入户摸排和驻村帮扶工作，对原栗山坝镇22户贫困户实施“一对一”结对帮扶。努力解决经济困难当事人打不起官司的问题，对350名经济困难当事人依法决定缓减免交诉讼费60万元。认真执行刑事被害人、申请执行人以及涉诉信访救助资金制度，积极协调财政部门逐年提高司法救助金预算，对78名经济困难当事人依法发放司法救助金35万元。主动加强司法救助与社会救助的衔接，对未纳入司法救助范围和司法救助后仍然生活困难的群众，协调市民政部门依法实施低保、医保、慈善助学、助残助困等社会救助22人。

【队伍建设】一是开展思想教育。开展“三严三实”专题学习研讨、讲党课等活动5场次，制定整改措施13条；学习邹碧华、钟江武和株洲“司法为民好法官”的先进事迹，推进创先争优、树塑身边典型、提升政治素养。二是狠抓岗位练兵和技能训练。开展庭审观摩、优秀裁判文书评比等活动，组织全体干警参加株洲市中级人民法院“月末大讲坛”学习12次，选送20余名干警参加上级法院举办的业务培训。三是狠抓党风廉政建设。坚持“抓党建带队建促审判”工作思路，组织开展“守纪律、讲规矩、转作风”专项整治行动，重点解决司法不廉、管理不严、作风不佳、礼仪失范等问题。通过短信平台在节假日前夕，向每位干警发送廉政短信提醒600余条，督促干警端正工作态度，严明工作纪律，转变工作作风。 （张水文）

市司法局

【概况】2015年，醴陵市司法局

机关内设办公室、人事教育股、宣传教育股、政策法规股、基层工作管理股、公证律师工作管理股、社区矫正工作办公室、法律援助中心、公证处、计财股10个职能股室；有干部职工37人。下辖30个基层司法所、5个律师事务所、4个基层法律服务所、2个司法鉴定所。全市有注册执业律师42人，法律服务工作者23人。年末，被湖南省司法厅记集体三等功，被湖南省人民政府法制办公室和湖南省司法厅评为“法治建设信息化管理工作先进集体”。

【法制宣传】一是加强普法宣传力度。与市工青妇、公安、工商等部门配合，在“3·8”“3·15”“6·26”“12·4”等重要时间节点，开展专题法制宣传教育；举办以“普法惠民促和谐，服务大局助发展”“下基层、促工作，访民情、解民忧”等为主题的法制下基层、下企业活动；全年开展各类宣传活动48场次，发放宣传资料7.8万份，展出展板100余块次。二是拓宽普法宣传渠道。与市广播电视台合作，在醴陵电视台黄金时段滚动播出法制宣传公益广告；开通市司法局微信公众号，运用现代网络技术手段，扩大法制宣传教育工作的影响力和辐射力。三是搞好“六五”普法验收工作。聘请50名具有良好职业素质和工作经验丰富的人员担任全市中小学的法制副校长，为创建平安校园、预防青少年犯罪发挥重要作用；组织机关干部、律师、法律服务工作者深入村（社区）、学校、企业开展集中宣传、法制讲座、法律咨询等“法律六进”活动；举办全面推进依法治市专题培训班；为“六五”普法迎检营造良好氛围。按照《醴陵市“六五”普法规划》和迎检要求，认真做好各项准备工作，顺利通过验收。

【人民调解】2015年，充分发挥人民调解在化解矛盾纠纷，维护社会稳定方面的基础作用。健全矛盾纠纷排查机制，针对热点难点问题开展重点排查，及时掌握有可能引发矛盾的苗头和隐患，将矛盾纠纷解决在基层，消灭在萌芽状态。全年共排查、调处各类矛盾纠纷1451件，调处成功率保持在99.6%以上，未出现因调解不及时而引发民转刑、群众性上访、群体性械斗事件。针对湘赣边界矛盾纠纷调处，积极构筑省际“边界和谐平安网络”。7月30日，环株“6＋1”边界矛盾纠纷联防联调工作座谈会在醴陵市召开，进一步完善联防联调工作的长效机制，促进了湘赣边界的长治久安。

【安置帮教】一是着力加强衔接管控工作，从严落实刑满释放重点对象必接必送制度。二是建立健全安置帮教工作长效机制，深化“三帮一促”（帮助思想教育转化、帮助培训安置就业、帮助解决实际困难，促使其成为合法公民）主题帮教活动。截至12月，全市共有刑满释放和社矫期满在册人员1036名，安置率和帮教率均为100%，重新犯罪率为1%。

【社区矫正】2015年，社区矫正以规范化建设为目标，努力提升社区矫正监管能力和执法水平。广泛吸纳社会志愿者等社会力量参与矫正对象的监管和教育改造，组织开展形式多样的公益劳动、法制教育和技能培训。进一步加强管控，严防矫正对象脱管漏管和重新犯罪。在市公检法等部门配合下，全年收监社区矫正对象2名，警告处分45人次，取得了警示、震慑效果，有效防止社区矫正对象脱管、漏管，重新犯罪。全年全市有在册社区矫正对象597人，累计接收2068人、解除矫正1471人，做到无一脱管、漏管，无一重新犯罪。

【法律援助】2015年，全市法律援助工作继续被纳入株洲市“民生100”工程，任务数为290件。法律援助中心提供法律咨询306人次，实际承办各类援助案件312件，完成率108%，为受援助人挽回经济损失285万余元。

【法律服务】一是加强对律师行业的管理，优化资源配置，着力打造专业化、规模化、品牌化的法律服务机构。与法治视点栏目合作，组织优秀律师为广大听众解答法律问题、宣传法律知识。开展全民创新创业专项法律服务，不断提高综合服务保障能力，帮助企业破解难题。联合市检察院、妇联、总工会、工商联等部门，在化解和代理涉法涉诉信访案件，保障全市妇女儿童、企业职工合法权益，为全市非公企业提供法律服务等方面发挥重要作用。年内，全市律师共办理案件487件，担任法律顾问279家。二是提升公证服务水平，主动服务经济建设。市公证处为市民服务中心、矿产交易市场、李畋中路、长庆大道等重点工程项目提供证据保全，有效减少征地拆迁矛盾，节约了征地拆迁资金投入；为瓷博会等社会活动及保障房分配等民生工程进行公证监督。年内，公证处共办理各类公证1252件，其中涉外及涉台港澳510件，做到无一错、假、瑕疵证发生。

【政务公开】2015年，完善窗口单位服务职能，在公证处、法律援助中心、全市各律师事务所设立公示栏，对服务内容、办事流程、申报材料、收费标准、承诺时限、投诉电话等内容向社会公开。通过《湖南日报》、湖南长安网、湖南司法厅网站、《株洲日报》、法治视点等渠道，及时报道司法行政工作动态。全年在省、株洲市及以上网络媒体发表信息72篇，在地市级网络媒体发表信息76篇，提升司法行政工作的社会知晓率。加强门户网站及微信公众号建设，把“醴陵市司法局网站”和“醴陵市司法局”微信公众号作为公开司法行政工作的主要载体，完善网上办事大厅、网站查询功能，方便公众获取便捷式法律服务。

【基层队伍建设】 2015年，着力充实基层司法队伍，完善司法所管理体制。2月，在市十五届人民政府第32次常务会议上，专题讨论由市司法局提出的《进一步理顺基层司法所管理体制的工作方案》。6月，市委办、市政府办正式发文部署此项工作，全市基层司法所核定政法专项编制45名。年内，按照上级要求，经乡镇（街道）推荐，并征求本人意见，同意收编符合要求的基层司法工作者16人。针对仍缺编的基层司法所，通过公务员公开招录，给基层司法所补充新鲜血液。（焦 玉）

综合经济与管理

发展和改革

【概况】根据《中共醴陵市委醴陵市人民政府关于印发〈醴陵市人民政府职能转变和机构改革方案的实施意见〉的通知》（醴发〔2015〕9号）和《中共醴陵市委醴陵市人民政府关于醴陵市人民政府机构设置的通知》（醴发〔2015〕10号）文件，设立醴陵市发展和改革局，为市人民政府工作部门，其承担的粮食管理职能整合到市商务旅游和粮食局，不再保留市粮食局牌子，对外可使用市物价局名称开展工作，不再保留市物价局牌子。局内设办公室、综合规划股、经济发展股（加挂环境和资源股）、社会发展股（加挂三产和服务业股）、投资管理股（加挂行政审批股）、价格收费管理股（加挂市价格调节基金征收管理办公室）。下设市价格监督检查局、市重点项目前期工作办公室、市价格认证中心、市价格监测中心、市成本调查队4个二级机构。

【项目建设】2015年，项目建设始终把重点项目推进作为工作重心，加快全市重点项目建设。全年全市安排105个重点项目，其中建设项目80个、开工72个、开工率为90%。列入株洲市的37个重点项目中，实际新开工项目12个、竣工项目5个，共完成投资55亿元；全年征地面积360公顷、腾地402公顷，在株洲市“项目攻坚年”活动重点工程投资额年度考核中排名第一。市旗滨玻璃、市陶瓷艺术城等工程竣工并投产，市时代金属轨道交通部件基地、沪昆高铁连接线、“一江两岸”等项目强力推进，市陶瓷技师学院、玻璃余热等项目有序实施。完成年度巩固退耕还林成果项目实施，项目建设质量优、效益好。完成固定资产投资项目审批、核准、备案等工作，全年无投诉。

【价格调控】一是加强生活必需品价格监测预警。密切关注居民生活必需品价格，对大米、食用油、蔬菜、生猪等农产品价格及时采价，做好价格监测预警工作，并通过对监测数据进行总量分类预测，认真分析市场价格变化的原因和趋势。全年向市委、市政府及上级价格主管部门报送主要商品价格信息、市场巡视报告、农资价格报告和价格综合分析材料370余篇，为政府宏观调控和价格监管提供了高质量的信息参考，引导市场价格的合理形成，及时疏导价格矛盾。二是扎实开展价格调节基金征管工作。采取多沟通、常联系、多协助、多服务、勤宣传的方式，加强与各代征单位的交流协作，确保征收工作按进度完成，全年征收价格调节基金615万元，超额完成全年工作计划23%。规范价调金扶持项目申报制度，具体规定申报范围、条件、内容、程序及要求，进一步规范“菜篮子”工程项目申报操作程序；加强实地考察调研，落实“为民办实事”工作。

【价格管理】一是全面完成对全市行政事业性收费和服务价格的年度检审工作。全年检审行政事业性收费许可证66本、服务价格登记证93本，年检年审率100%。通过年检年审，取消收费项目142项、市场化34项、降标92项，规范和纠正个别单位收费公示不到位、票据不规范等问题。二是制定秋季中小学教育收费标准。8月底，与市财政、教育、农民减负办联合发文，在转发株洲市秋季教育收费文件基础上，对中小学住宿、伙食、校服费等相关问题作出明确规定，要求各学校开学期间严格实行收费公示制度，接受社会监督。三是加强民用液化气价格管理。按照《湖南省民用液化石油气价格管理办法》规定，根据民用液化气进货价格变动情况及时对全市民用液化气价格进行调整。

【价格监管】一是开展教育收费专项检查。9月，根据株洲市物价局、教育局关于秋季教育收费工作相关文件的要求，与市教育局组成联合检查组，在全市开展秋季教育收费专项检查。检查采取自查自纠与重点检查相结合的方式，各学校根据要求积极开展自查自纠，认真填报《醴陵市教育收费专项检查自查自纠上报表》；根据各学校自查自纠情况进行重点检查，对检查中发现的乱收费问题依法依程序处理。二是开展执法、监管、公共服务等窗口行业和领域收费专项检查。主要检查市建设、国土、规划、公安、环保、工商等执法监管部门和市政府与部门设置的政务服务中心、水电气等市相关单位2014年1月以来的价格和收费情况。年内，共检查单位9个，对检查中发现的涉企乱收费问题，依法依规依程序进行处理。三是加强市场节假日价格督查和日常巡查。为规范"中秋""国庆"节日市场价格行为，下发《关于开展2015年"中秋""国庆"节日市场价格检查的通知》，对全市农贸粮油市场、大型超市销售涉及人民群众日常生活的重要商品价格进行检查，宣传相关价格政策，对可能出现的各种虚假标价、模糊标价、虚构原价、虚假折扣等价格欺诈行为，以及乱涨价、乱收费、未明码标价等扰乱市场价格秩序的行为进行提醒告诫和检查，有效维护节日市场价格秩序。四是认真做好价格投诉举报工作。"12358"举报电话实行专人值守，保持24小时畅通，做到有报必查，有查必答，有错必纠，维护群众合法权益。全年受理"12358"价格投诉举报70余件，通过投诉举报清退消费者消费款9450元。

【价格服务】一是开展价格认证工作。全年完成市公、检、法各类价格鉴定230件，鉴定总额2600余万元。开展涉税二手房交易价格免费认定工作，完成涉税二手房交易价格认定33起、认定金额达1100万元。二是加强农调户工作管理。对农调队伍进行调整、优化，形成涵盖5个乡镇的由15户种植调查户、13户生猪养殖调查户组成的农产品成本调查网络体系；完成"生猪养殖成本情况调查月报""农户存售粮情况调查""农资购买情况调查"等调查任务，撰写上报调研报告4篇。三是做好价格成本监审工作。全年受理全市中小学伙食费成本、青云学校生均培养成本测算、永胜棚户区改造建设成本等价格成本监审工作4项，出具成本审核报告4个，核减成本581万余元。（张　乐）

国土资源管理

【概况】2015年，醴陵市国土资源局内设办公室、档案室、信息中心、人教股等14个行政股室；辖18个下属二级机构，其中13个副科级单位（含11个国土资源中心所、分局）、5个股级单位；有人员214人，其中在职在编在岗人员145人。年内，市国土资源管理工作以服务大局、保障发展为主线，以保护资源、合理利用为目标，主动适应和把握经济发展新常态，各项重点工作扎实推进、成效明显。年末，醴陵市获湖南省地质灾害防治高标准"十有县"称号。市国土资源局获评株洲市"2015年度文明单位"。

【耕地保护】2015年，建设项目占用耕地76.67公顷，新增耕地156.6公顷，全部按"先补后占"要求完成补充任务，实现耕地占补平衡；完成土地整理项目8个，其中省级投资项目2个、株洲市级投资项目6个；土地整理项目建设总规模1246.67公顷；全市基本农田划定工作有序开展。年内，全市实际耕地面积5.27万公顷，基本农田实际保护面积4.45万公顷，均超过保护目标，切实守住耕地红线和完成基本农田保护任务。

【国土资源开发与利用】2015年，获批项目用地36宗，总面积329.07公顷，为上级下达年度指标任务的3倍多，有效保障各重点项目的用地需求。科学编制《2015年度土地供应计划》，全年供应土地141宗、总面积181.16公顷、总价款24.49亿元。招拍挂出让成交矿权3宗，整合采矿权1个，关闭煤矿1家，注销矿山企业的采矿许可证20本。加强执法监察，清理新开工建设用地项目86宗、总面积122.8公顷，有效遏制原王坊镇大屏山境内非法开采行为，顺利通过2014年度全国土地矿产卫片执法检查验收。

【维护群众合法权益】一是做好防灾减灾工作。完成1：5万地质灾害详查工作，成功申报贺家桥镇新台村胜利滑坡重大地质灾害治理工程的省级项目立项和多个小型地质灾害村民搬迁避让工程立项。二是做好"阳光征拆"工作。完成征地面积289.56公顷，拆迁房屋413栋；在莲株高速的征地拆迁工作中，在7天时间内完成征地75.73公顷、在22天时间内签订莲株高速全线150余栋房屋拆迁协议。三是做好信访维稳工作。认真解决涉及群众切身利益的民生问题，妥善处理历史遗留问题和改革发展中的突出矛盾，全年受理“12336”举报热线60条，接待来信来访35件、76人次，均全部办结。

【文明创建】2015年，文明创建工作力度进一步加大，对机关环境进行美化、亮化，并开展形式多样的职工文体活动，成立瑜伽、自行车等10个兴趣小组；举办“国庆杯”篮球邀请赛并获冠军，参加市公安局主办的“金盾杯”篮球邀请赛和机关篮球比赛，分别获第一名和优秀组织奖。以“4·22地球日”和“6·25土地日”、测绘日等宣传活动为契机，开展“爱地球·看我的”健康徒步等普及低碳生活理念的服务活动，极大地丰富广大干部职工业余生活。 （赵　强　王爱丽）

审计管理

【概况】2015年，醴陵市审计局内设办公室、法制、财政金融审计、行政事业审计、基建外资审计5个股室和经济责任审计科、重点建设项目审计中心。年末有在职人员26人，人事代理人员6人；另外聘用专职审计人员4人。审计工作充分发挥服务政府、保障经济社会健康运行、推动完善监督等职能，全年共完成财政预算执行审计、财政财务收支审计及经济责任审计等项目40个，提交审计报告和专项审计调查报告40份，查出违纪违规问题和管理不规范金额13.13亿元；完成工程结算审计项目310个，出具工程结算审计报告310份，审核建设资金5.16亿元，核减工程支出824万元；依法处理上缴财政414万元；向市有关主管部门移送案件线索2起，发出审计整改函2份；提出审计建议并被采纳53条。年末，经济责任审计项目被湖南省审计厅评为“县级审计优秀项目表彰奖”。

【财政审计】2015年，在同级财政审计中，坚持以推进公共财政体系的健全和完善、维护财政安全为目标，强化财政预算执行审计。坚持从构建财政审计的大格局、财政资金的绩效分析、财政体制机制的建立完善、问题整改的效果等方面入手，重点关注预算管理、财政管理、政府债务、税收征管、部门预算方面存在的问题，着力提升预算执行审计质量。注重审计对象的选择，审计重点的把握，审计内容的全覆盖。年内，审计范围涉及市财政局、地税局、教育局、文体局、计生局、环保局、农机局、粮食局和特色县域经济办公室等部门单位。在预算管理中，突出对市财政收入真实性的审计；在财政财务管理中，突出对政府采购、专项资金分配管理及使用效益方面的审计；在政府债务中，突出对债务资金的使用与管理的审计；在税收征管中，突出对房地产行业房产租赁税及残疾人就业保障金的审计；在部门预算管理中，突出关注部门“三公”经费支出情况及部门参与管理的专项资金使用情况。

【经济责任审计】2015年，审计中结合部门预算执行情况将部门单位预决算公开、落实中央“八项规定”和省、株洲市相关要求以及机构编制使用情况列入经济责任审计的重要内容，并就要求查实的内容制定相应的表格，将被审计对象所在单位“三公”经费使用情况和奖金福利发放情况进行对比反映，加强对会议、出访、接待活动等行政经费使用情况的监督审查。在全年完成的12个项目中，共查出各类违纪违规问题金额6119.75万元，界定应负领导责任金额6119.75万元，处罚上缴财政资金64.87万元，责令调整账目682.42万元，提出审计建议32条；对领导干部个人罚款3000元；向市有关主管部门移送案件线索2起，对2个单位发出了加强对下属单位财务监督管理的整改函。通过审计，进一步促进党风廉政建设，为市委使用干部提供参考。

【投资项目审计】2015年，对市政府投资监督的重心由以审预算为主转为以审结算为主，实现了对投资项目结算审计的全覆盖。在审计中，重点关注工程造价高估冒算问题，全年完成工程结算项目审计310个，审核建设资金5.16亿元，核减工程支出824万元。其中，对渌江大道渌水大桥建设工程项目的结算审计，在财政评审中心评审结果基础上复审核减189万元，审计核减率达9.24%；针对项目情况发出审计要情，提出了加强工程管理的建议，得到市级领导的肯定，并批转为政府督办件。对审计中发现市相关部门把关不严，存在超付工程款现象，发出审计整改函。在总结结算审计工作情况的基础上，向市政府出具汇报材料，提出《加强政府投资管理的建议》。

【内部审计】2015年，全市有内审机构9个，共完成审计项目64项，查出损失浪费资金980万元，促进增收节支1656万元，纠正违规违纪资金584万元；提出合理化建议和意见33条。

【党建工作】一是抓好党员队伍思想教育工作。每季度开展党日党课教育活动不少于1次，如期召开党员大会，投票通过1名预备党员转正。二是以创建学习型组织为目的，着力提高全体党员干部的政治素质和业务素质。年内，选送10余人参加市全面推进依法治市专题培训班、省厅计算机技术培训班、《中国审计报》审计新闻业务培训班、投融资体制运行研讨班等培训学习。三是持续深入开展“与百姓连心，为百姓解困”大走访活动，共走访群众616户，新收集问题32个，解决和答复问题32个；向联系点拨付帮扶资金8万元，向外争取资金5万元。四是全力做好扶贫攻坚工作。根据市委、市政府的统一安排，选派工作队长到茶山镇（原栗山坝镇）石均塘村开展扶贫工作。工作队长通过进村入户，逐户摸排，找准致贫的症结及制约发展的突出问题，组织驻村队员、村支干部共同研究讨论并制定脱贫规划。对贫困户进行走访慰问，对2名贫困在读大学生分别资助2000元。年内，筹集3万元用于石均塘村的扶贫工程。（凌志良）

统计管理

【概况】2015年，醴陵市统计局内设综合核算股、工业能源股、贸易投资服务业股、法规股、办公室；下设乡镇（街道）经济发展考核办、社会经济调查中心、普查中心、数据管理中心（加挂“醴陵市产业调查队”）；全局有核准编制32人，有人员31人。年内，在株洲市统计局年度18项工作考核评比中，有12项专业和专项工作位列第一；连续第7年获评株洲市“统计系统红旗单位”。

【统计改革】2015年，把全面深化统计改革作为推动全市转型升级的基础性工作，纳入综合考核和政绩考核。快速对接落实统计改革任务，市人民政府研究制定《关于深化统计改革加强统计工作的实施意见》《全面深化统计改革加强统计工作实施细则》，聚焦制度建设及统计体系提出了新要求，突出强化部门统计及乡镇统计，以此作为全市统计工作新一轮改革创新和自我完善的突破口。

【统计基层基础工作】2015年，继续巩固乡镇、街道统计建设成果，建立统计清单制度。重点推进社、村统计进网格工作，全面建好“一室一库一账”（统计工作室、统计名录库、电子台账），并在社区服务中心建立统计窗口，明确统计责任人。进一步提升部门统计履职能力，确保部门统计机构达到“七有”（有分管领导，有责任股室，有专业队伍，有组织网络，有行业统计制度，有单位名录信息和统计信息共享责任机制，有设立调查项目和发布统计数据的操作流程）标准。建立统计工作督查通报制度，由统计工作协调委员会办公室牵头，成立专门的督查组，定期或不定期对乡镇、街道及部门单位履行统计职责、完成重要阶段统计工作展开督查，工作绩效得到保证。

【统计业务】2015年，统计业务以开展“统计改革攻坚年”活动为主线，全面加强统计业务建设。一是顺利完成1%人口抽样调查。按照省、株洲市1%人口抽样调查办公室的统一部署，坚持“启动从早，谋划从细，推动从紧，落实从实”的原则，精心组织，广泛动员。年内，完成1%人口抽样调查小区的划分及绘图、前期宣传、综合业务培训、入户登记、数据复核等各阶段工作，取得良好成效，获上级普查机构肯定。二是扎实做好核算监测工作。按月收集市财政、人民银行、房产、建筑、交通、税务等部门数据，认真开展核算工作，针对GDP支撑短板指标，及时向领导汇报协调，发挥预警预报功能，以准确的基础数据和质量，更好地为宏观决策提供服务。积极收集小康监测各项统计指标，及时完成季度监测报表。撰写《株洲市全面建成小康社会目标值责任分解方案》意见函的建议，制定全市小康短板指标倒排表，向市级相关部门进行通报，并针对株洲市对建成小康社会的精神，及时研究分析，为全市小康监测调度会议多次提供高质量、高水平的分析报告。三是大力推进统计信息化。投入160万元，加强信息化基础设施建设。全面改造、升级机房，配备硬件防火墙、安全准入控制系统、动环控制系统、企业级杀毒软件，以及千兆核心交换机等设施，从硬件上构建安全防御网络；建成了民意调查中心，完成2015年社会管理综合治理民意调查电话访问以及市财政局机关服务对象满意度测评等工作任务，受到市级领导以及社会的高度评价；开通VPN网络接入业务，使网络向乡镇延伸，确保市、乡两级统计网络安全稳定运行。

【队伍建设】2015年，在全局继续实施专业季度业务检查评比制度，对数据质量、台账建设、分析调研等全部实行量化计分，并引进“今目标”干部管理网络平台，全面融合在线考勤、事项审批、目标管理以及业务交流功能。创新开展的“五问工作法”使机关干部工作作风扭转，并获市纪委肯定和重点推介。大力抓实教育培训工作，认真组织“统计业务大讲堂”活动3期，科级干部在线学习学分完成情况良好，政治理论集中学习确保每月一学，选派优秀干部参训北大统计业务提升班、中青班、从严治党培训班等培训活动。组织全市34名乡镇统计员赴株洲参加为期2天的统计业务集中培训；组织230余名在岗统计员参加从业资格考试或继续教育学习。

【统计服务】2015年，统计服务工作积极适应新常态，着力服务县域经济社会发展，主动加强与中郡县域经济研究所、中小城市经济发展委员会等机构对接，客观报送参评数据及醴陵经济发展状况材料。2015年，醴陵市获评县域经济基本竞争力82位、综合实力全国中小城市百强92位、全国最具投资潜力百强县76位（比上年前进3位）、中国新型城镇化质量百强县市59位。牵头负责株洲市经济发展升级重点工作考核的有关工作部署，负责日常报表收集、考核指标目标责任分解、数据结果上报并及时就进展情况全面分析，为巩固醴陵市在株洲市、省级经济强县地位并获得株洲市年度考核第一提供坚实的统计保障。围绕“十三五”期间，醴陵冲进县域经济“五十强”战略目标进行可行性统计分析，形成分析报告及时报送市委、市政府。

【党建帮扶】2015年，按照全市统一安排部署，在继续推进“连心解困”大走访活动的基础上，准确把握“一进二访”要求，深入推进精准扶贫工作。与市妇联联合开展关爱留守儿童活动，送去帮扶资金3600元；配合市民政局“爱心献功臣”活动，给5户退伍老兵送去2000元慰问金。走访干部深入原栗山坝镇南源村、龙井村58户贫困家庭进行实地走访，逐户明确帮扶措施，做到因村施策、一户一策，对症下药、精准扶贫；在“‘10·17’扶贫济困，与爱同行”活动现场以单位名义捐赠3万元。（贺中云）

社会经济调查

【概况】2015年，国家统计局醴陵调查队（以下简称“醴陵调查队”）内设业务股、专项调查股和办公室；有在职干部职工8人、退休2人。醴陵调查队认真贯彻全省统计调查工作会议和市委全会精神，坚持从严治队，激情创业，实现工作新跨越，全年撰写各类分析调研材料48篇，其中重大信息21篇，被国家统计局湖南省调查总队采用14篇。

【档案规范化管理】2015年，将档案工作达标升级作为全年目标管理的内容之一，克服资金短缺、人员紧张、库房紧张、业务不熟等困难，对醴陵调查队1984年建队以来所有的资料，按年组卷、按月排序、装订整齐；建立文书、业务、会计、声像档案等门类。年内，通过专家评审小组听、查、议等方式的评估，符合“湖南省二级档案室”标准并被授牌。

【调查服务】一是严格操作规程。在恪守统计调查“四条红线”（坚持所有调查样本由总队统一管理，严禁随意变更调查样本；坚持由调查对象、调查人员独立填写源头数据，严禁授意调查对象、调查人员填写不真实的数据；坚持由调查对象、调查人员据实修改源头数据差错，严禁随意修改数据；坚持调查数据独立上报，严禁擅自提供未经国家统计局或总队审定的数据）的前提下，严格执行专业业务规范化标准和国家统计调查制度，抓好居民收入、农产量等各项常规调查，完成住户调查、畜禽监测等网点轮换工作。做好基础数据库的维护和管理，对地块草图、住户情况、畜禽网格、企业动向等进行信息更新，确保网点信息准确，掌握调查户最新动态。4—5月，联合市农业局2次对20个粮食产量调查点的早稻播种情况进行核实和督查，对源头数据进行现场核对，使数据的真实性得到保证。二是提高调查能力。针对近年来单位人员流动大，业务骨干断层的现象，加强对新进人员的业务培训和工作历练，每月开展1次队内业务学习和培训会，以老带新，一对一帮扶。注重提升基层调查员和辅助调查员的统计调查能力，全年下点开展各种业务培训和辅导1000余人次；在农产量调查的实割实测环节中，由包点调查员和辅助调查员严格按照规定程序操作，坚持下田取样，不走过场。三是创新工作方法。“记账信息反馈卡”和“电话访问登记卡”双管齐下，队领导带头下点入户，包点调查员坚持每月访户不少于1次、每季度访遍所有调查户，辅助调查员到户指导每月不少于2次，队领导每月对下点入户进行抽查，主动将质量关口下移，有效化解质量风险。建立QQ工作群，制作电话联系卡，开通短信慰问平台，搭建多元化交流平台。开展“下基层、入农户”走访活动，宣传调查意义，慰问贫困调查户，拉近与调查对象的距离，有效提高调查户的配合程度。创新住户调查基础工作评比方式，由以往的调查队内部评选变为辅助调查员相互评选，一比账本封面完整程度，二比账页规范、是否混记，三比记账全面准确、有无漏记。常规调查采取电话回访与现场抽查相结合的方式，每月抽取20%的调查户进行检查，定期与不定期地对基础工作进行巩固，既查调查户、也查调查员。年内，组织2次由市农业、统计、畜牧等部门参加的粮食产量抽样调查和畜禽监测数据质量大巡查。

【法治宣传】一是加大统计法治

教育力度，将统计法治精神融汇到调查制度布置和统计业务培训中。二是带头宣讲《中华人民共和国统计法》。通过下乡到点入户与调查对象面对面交流，广泛深入宣传统计法律法规，消除调查对象记实数、报实情的后顾之忧，全年发放统计法律法规宣传手册120余册。三是增强统计调查人员对统计法律法规的敬畏意识，切实维护统计调查数据的真实性、保密性。年内，与市保密局签订《保密责任状》，工作人员签订《保密协定》，辅助调查员签订《保密承诺书》。

2015年醴陵市住户收支与生活状况调查主要指标

表3

主要指标	单位	总计	城镇	农村
一、基本情况				
1. 调查户数	户	123	66	57
2. 常住人口	人	481.75	259.75	222
3. 劳动力人数	人	332	187	145
4. 百户耐用消费品拥有情况				
洗衣机	台	102.4	109.1	94.7
电冰箱（柜）	台	101.6	106.1	96.5
空　调	台	136.6	171.2	96.5
热水器	台	55.3	69.7	38.6
摩托车	辆	119.5	92.4	150.9
家用汽车	辆	21.9	30.3	12.3
固定电话	台	39	57.6	17.5
移动电话	部	297.6	293.9	301.8
彩　电	台	152	154.5	149.1
家用计算机	台	68.3	83.3	50.9
二、居民收入情况				
可支配收入	元	25976	31093	20732
（1）工资性收入	元	11286	13045	9483
（2）经营净收入	元	7894	8141	7640
其中：第一产业经营净收入	元	1341	1030	1660
第二产业经营净收入	元	2364	1206	3551
第三产业经营净收入	元	4188	5905	2428
（3）财产净收入	元	1739	2989	457
（4）转移净收入	元	5058	6917	3152
三、居民支出情况				
消费支出	元	16963	19995	13855

续表 3—1

主要指标	单位	总计	城镇	农村
1、食品烟酒	元	4733	5686	3756
2、衣着	元	1112	1370	848
3、居住	元	3409	3664	3148
4、生活用品及服务	元	1251	1462	1036
5、交通通信	元	1903	2608	1181
6、教育文化娱乐	元	2927	3339	2505
7、医疗保健	元	1213	1338	1084
8、其他用品和服务	元	414	529	297

（宋玲玲）

市场和质量监管

【概况】2015年12月，醴陵市人民政府整合市食品药品监督管理局、市工商行政管理局、市质量技术监督局、市食品安全委员会办公室和市商务局承担的酒类食品安全监督管理职能，组建醴陵市市场和质量监督管理局，为市政府工作部门，加挂市食品药品监督管理局、市食品安全委员会办公室牌子，不再保留原市食品药品监督管理局、市工商行政管理局、市质量技术监督局、市食品安全委员会办公室。年内，醴陵市市场和质量监督管理局下设办公室、人事教育股、法规股、行政审批股、食品安全综合协调股、食品生产与流通安全监管股、食品餐饮安全监管股、药品医疗器械监管股（保健食品化妆品监管股）、市场规范管理股（消费者权益保护股）、监督管理股、商标广告监管股、质量管理和科技股、标准计量股（认证监管股）、特种设备安全监察股（市特种设备事故调查处理办公室）、信息管理股15个内设机构；辖白兔潭、王仙等12个市场和质量监督管理所；有食品药品和质量技术检验检测所、市场和质量监督执法大队、消费者委员会、个体劳动者私营企业协会4个事业单位。有在职人员242人、离退休干部职工107人。

【行政审批改革】一是行政审批，深入开展“优质服务窗口”评比活动，建立良好登记氛围；严格落实国家总局先照后证改革，执行工商前置审批事项；推行“三证合一、一照一码”（将企业登记时依次申请，分别由工商行政管理部门核发工商营业执照、质量技术监督部门核发组织机构代码证、税务部门核发税务登记证，改为一次申请，由工商行政管理或市场监管部门核发一个加载统一社会信用代码的营业执照的登记制度）登记模式，通过“一窗受理、互联互通、信息共享”，由原来的市工商行政管理、质量技术监督、税务部门分别核发不同证照和分别编号赋码，改为由市工商行政管理部门核发加载统一社会信用代码的营业执照，促进企业诚信体系建设。二是行政收费。全面落实“5123”工程有关政策，在市委、市政府有关减免政策基础上，全面免征营业执照工本费、企业注册和个体工商户注册登记费；废除药品委托检验费收费项目，取消药学会、医疗器械协会的会员单位服务费，对进行了健康检查的食品药品从业人员免收健康证工本费。截至年末，全市共有个体工商户26272户，各类企业5728家。在各类企业中，有有限公司2391家、企业集团4家、个人独资企业1278家、合伙企业450家、农民专业合作社865家、其他740家；注册资本大于等于1000万元的有438家，大于等于5000万元的有87家,大于等于1亿元的有28家。年内，新增个体工商户3401户，新增企业800家，其中新增农民专业合作社168家。全年已办理组织机构代码业务3908家，已核发“食品流通许可证”4002本；已有245家药品经营企业通过药品经营质量管理规范认证，其中年内受许可162家。

【商标品牌】一是结合“3·15国际消费者权益日”、“4·26世界知识产权日”、日常巡查、商标走访等活动，开展商标主题宣传活动，提升市场主体商标意识。二是落实商标“三书三档”（“三书”指《商标策略提示书》《商标法律告知书》《商标注册申请建议书》，“三档”指注册商标档案、未注册商标档案、闲置商标档案）制度，强化商标注册分类指导，夯实商标战略基础。三是扩大引导力度，全面启动使用“醴陵陶瓷”地理标志证明商标，进一步发挥证明商标的品牌集群效应。四是引导企业争创驰、著名商标，提升商标价值。全年全市共拥有国际国内有效注册商标1936件，地理标志证明商标6件，“华联”等驰名商标14件、“港鹏”等著名商标59件。年内，为企业和个人免费查询商标600余件，指导企业申请国际商标注册1件、国内商标注册60余件；引导新申请注册商标企业16家，其中9家企业商标续评“湖南省著名商标”，4件商标获“中国驰名商标”认定。

【个私经济监管】 一是帮助企业解决融资难题。全年为企业办理股权质押登记16起，帮助企业融资4320万元；指导企业办理动产抵押登记41起，帮助企业融资10554万元；通过与银行对接，为900余户个私会员解决周转资金近0.8亿元。二是支持企业发展电子商务，加强网络商品交易市场监管。全年全市共有网络经济户5636户。三是开展“守合同、重信用”活动。全年推荐28家企业参加湖南省2014年“守重”企业评选。四是主动对接招商引资项目。成功引进投资280万元的株洲市天天康连锁有限公司在醴陵设立药品零售店24家。五是加强全民创业，建立绿色通道。建立“招商引资”“改制企业”“下岗职工再就业”等多种绿色通道，促进全民创业，共走访帮扶对象31户，落实帮扶资金2.6万元。六是努力做好“个转企及小升规”工作。充分发挥牵头单位作用，积极协调，强化协作，与市各相关部门联动发力，各项工作任务全部超额完成。七是抓好企业信息公示年报工作。

【食品安全监管】 2015年，出动食品安全监管人员1443人次、执法车辆154台次，检查各类食品经营户3852家次；共立案查处各类食品案件116起、取缔无证无照食品经营户42家，没收假冒伪劣和问题食品1625公斤。其中，在“四小”（食品生产加工小作坊、小食品经营店、小诊所、小药店）整规方面，出动执法人员500余人次，检查小餐饮、学校及学校周边食品经营店、小食品生产作坊、酒类经营店365家；当场行政处罚18家、取缔无证无照经营户16家；责令整改17家，下达停业停产通知33家、监督意见书95家；收集问题食品214公斤，查扣涉案酒类270瓶，没收生产经营工具8台件。在餐饮安全检查中，检查餐饮服务单位1119家次，下达责令改正通知书120份、整改意见书80份；完成瓷博会、田园乐翻天等10余次重大接待活动中餐饮服务保障工作。在校园食品安全检查中，检查学校食堂593家次，敬老院食堂32家次，下达执法文书和整改意见共计500余份；对全市551所学校、幼儿园定期开展饮用水卫生监督检测，合格率达100%；为98所学校引进阳光楚康校园连锁超市，推进学校食品集中配送制度；全年全市已有“阳光食堂”496家、“放心商店”105个。在肉制品安全执法行动中，打捞掩埋病死动物116头、小猪18头；开展打击私屠滥宰和不合格肉品上市销售违法行为的联合执法行动6次，出动执法人员300余人次，没收白板肉400余公斤；联合市公安局治安大队取缔私屠滥宰窝点2处，收缴非法屠宰的生猪产品318公斤。

【质量安全监管】 一是完成中国地理标志产品“醴陵瓷器”相关素材的编写、收集、上报，“醴陵瓷器”被收录至《中国地理标志产品大典》。二是在船湾镇举办服装标准培训班，以提高企业质量意识和管理技能，助推打造市南部服饰城；培训班共有41家企业、82人次参加。三是加强快速报装、报检力度。通过与株洲市质监局、特检院协调，加快快速报装、报检。年内，帮助旗滨玻璃安装压力容器160台、锅炉5台、叉车13台、行车32台、压力管道2万余米、起重机械80台，确保项目顺利生产。四是做好烟花爆竹质量安全监管。全年共监督抽检烟花鞭炮481批次；组成2个执法组，加大对烟花爆竹监检不合格企业处理力度，依法立案查处不合格企业26家；组织召开全市黑火药、引火线标准培训班，有54家企业参加培训；派出3名执法人员前往南桥和官庄卡点配合市安委会查处烟花爆竹及黑火药、引火线违法运输行为。五是加强特种设备安全监察。全年受理压力管道开工告知46份，电梯、锅炉、起重机械告知监察49家；开展“打非治违”安全大检查，下达特种设备安全监察指令28份。召开全市电梯维保单位及大型使用单位电梯专项整治会议、电梯维保单位座谈会；举办电梯安全知识培训班1期；开展电梯专项整治，对全市16家小区电梯进行安全全面排查，立案处罚电梯安装单位2家、电梯维保单位12家、电梯使用单位6家；消除市荣富木材加工厂锅炉安全等重大安全隐患2起。

【“四品一械”监管】 2015年，全市“四品一械”（餐饮食品、保健食品、药品、化妆品，医疗器械）安全监管有新进展。一是开展食品药品“四查”（主体大普查、风险大排查、执法大检查、问题大清查）执法行动，出动执法人员536人次，普查食品药品生产经营主体户6301户，审核录入主体户数据6301户，普查餐饮服务企业1075家、保健食品经营企业167家、药品零售企业271家、小诊所529家、化妆品经营企业65家、医疗器械经营生产企业26家，普查率达到100%；处置风险隐患161处，下达责令改正通知书142份，查办违法案件12起,关停无证经营企业7家。二是开展小药店、小诊所、小器械等专项整治行动。以处方药品、特殊药品、中药饮片、基本药物为重点，对非法渠道购进药品、销售假劣药品、未凭处方销售处方药、无证经营药品等违法行为进行重点打击。三是开展计生药械专项整治行动。重点加大对个体诊所、零售药店违规使用、销售米非司酮药品及促排卵药品的查处力度；4月和7月分别在全市范围内开展终止妊娠药品及促排卵药品专项整治行动，检查药品经营使用单位46家，查处违规销售米索前列醇案1起，当场予以没收药品和行政处罚。全年共收集上报药品不良反应600例，医疗器械不良事件200例；共检查药械经营使用单位421家、责令整改29家，当场行政处罚18家、立案查处15起；共检查保健食品化妆品经营企业121家。

【行政执法】2015年，立案查处各类行政案件291件，组织专项整治行动25次，出动执法人员8000余人次，执法车辆1100余台次。一是加强农资管理。为全市370户农资经营户配备统一的制度和档案盒；全年查处涉农案件31件，其中种子案件11起、农药案件7起、饲料案件6起、兽药案件7起。二是打击传销行为。全年发放打击传销宣传资料及画册3200份，印制横幅30条，在市第一中学、第四中学的户外显示屏上发布打击传销公益信息；接待咨询传销的群众18人次；开展打击传销联合行动2次，出动执法人员70人次，执法车辆25台次。三是进一步加强打假力度。全年立案查处各类假冒伪劣商品案48件；10月，与市公安局开展联合行动，一举端掉制售假冒佳能电子产品黑窝点，现场查获涉嫌假冒佳能、尼康、索尼、苹果等品牌的电子产品、货值金额约50万元；案发时，当事人的淘宝账号已销售上述假冒产品200余万元，此案已依法移送公安机关处理。四是加强烟草监管。开展烟草市场专项整治行动5次，出动执法人员586人次，执法车辆105台次,检查烟草经营户806户、取缔无证经营户12户，下发责令改正通知书260份。五是加强广告管理。全年办理户外广告登记130余件，以医疗、药品、保健食品、化妆品广告为重点，开展虚假违法广告专项整治行动，共查处违法广告案件6件。

【检验检测工作】一是加大对产品质量检验检测机构资金投入。8月，新增的“医用三源”（医用诊断仪器或治疗仪器的辐射源、超声源和激光源）等6项计量器具检测项目完成审查认证；建立社会公用计量标准24大项和检验项目1项，全市计量检测检定能力可完全覆盖辖区内使用计量器具的溯源和量传，计量检验检测能力和检定量居全省县级市前列。二是整合食品安全检测机构，增强检测能力。年内，增添食品检测设备，完成食品检测实验室改造，提升食品检验检测能力，已有138项检测设备具备食品检测能力。全年抽检各类产品37178批次，检定各类计量器具11762台件。协助开展国家、省级工业产品抽检493批次。其中，抽检食品36256批次、合格36220批次、合格率为99.9%；快速检测水产品类、肉类及其制品、保健食品、调味品、干货等3872组，检测不合格下架退市食品126公斤。年内，抽检餐饮企业5家、抽检餐饮单位食品原材料20批次；抽检生猪产地检疫“瘦肉精”11348头份，抽检屠宰检疫“瘦肉精”2345头份，结果全为阴性。以基本药物为重点品种进行抽样,共抽检药品37批次，合格率100%；抽检肥料、种子等农资产品27个品种；抽检小家电、板材、皮鞋皮具等样品26批次。

【消费维权】2015年，市消费者委员会全力提升消费维权效能，努力营造安全放心的消费环境，全年共受理投诉992件,解决983件、解决率为99%；挽回经济损失48.7万元。组织开展“3·15纪念日”、“12331主题日”、“药品安全宣传月”等系列宣传活动，号召和动员社会各界关心重视消费维权工作。新成立醴陵市“12331”投诉举报中心并开通专线电话，完善“12315”“12365”“12331”消费维权体系和消委工作机制，秉承“热心、耐心、诚心、细心、专心”五心原则调解消费纠纷；3条消费者维权专线全年共接受咨询1002人次。其中,受理“12315”投诉举报226件、处理224件，挽回经济损失6万余元，调解率99%；受理“12365”投诉举报28件，处理率100%；受理“12331”投诉举报28件，答复率100%。

【食品安全协调工作】一是加大经费投入和人员配备力度。年内，市财政安排食品安全专项工作经费205万元，在24个乡镇、街道设立食品安全监管站，配备专职监管员32名、村级信息员398名。二是认真做好食品安全综合执法检查工作，围绕执法检查范围和重点，认真开展自查自纠，查找在贯彻《中华人民共和国食品安全法》工作中存在的问题并形成报告，自觉接受市人大常委会和人大代表的监督。三是开展食品生产企业诚信建设、分类分级管理。将全市73家生产企业分类为A级3家、B级47家、C级23家。四是加强风险监测能力建设。重点将粮食、蔬菜、肉、乳、婴幼儿食品等品种纳入监测计划，充实数据库，增设监测点，强化监测手段，加强风险评估，及时发布警示。完善部门联动机制，组织开展食品安全事故应急演练，通过演练有效提升各环节应急处置能力。（段　超）

市场管理

【概况】2015年，醴陵市市场服务中心（以下简称“中心”）辖湘东摩托车市场、阳三石农贸市场、新市场龙盛商业街和黄獭嘴、仙霞镇2个农村集贸市场；有在职干部职工18人，其中在编干部11人。全年实现市场管理收入135.3万元，为年计划任务的112.5%；引资争项650万元，超出年度计划任务150万元。支付党建帮扶资金8万元，落实社区“创卫”扶持指导资金4.2万元；投入市场改造资金109.08万元。

【市场监管】一是将市场管理关口前移。针对市场区域分散、流动性强、管理难度大的特点，适时将机关干部充实到各市场，由班子成员对口联系指导1个市场。二是强化监督检查。由市场管理员负责每日基层市场的检查，市场股股长负责每周巡查，分管领导每月进行专项督查，及时排查各类安全隐患和矛盾纠纷，建立各类隐患台账。三是加大宣传培训力度。全年组织干部职工、市场经营户开展安全培训2次、消防演练1次；在“安全生产月”活动中，接受群众咨询10人次，发放安全宣传资料200余份；开展专题健康知识讲座2次，出版以健康教育为主要内容的宣传栏4期，发放爱卫宣传资料1000余份，张贴宣传标语、横幅30余幅，设置禁烟标示标牌40余块。四是细化量化各项考核指标。根据中心年初各项绩效考核目标任务，制订并完善《干部职工绩效考核奖惩办法及细则》《市场精细化管理细则及考核办法》，实现定人、定岗、定责的动态化和责任化管理。

【市场改造】2015年，中心筹资100余万元，提质改造湘东摩托车市场广场地面砖、卷闸门、下水道，阳三石农贸市场下水道、晴雨棚和新市场龙盛商业街公厕等市场硬件设施，使市场环境卫生、市容市貌得到明显改善。其中，投入50万元，扩建黄獭嘴市场，新建1处占地近1000平方米的钢架结构农贸市场，为群众提供环境优良的购物场所。

【引资争项】2015年，中心克服项目少、经费紧的困难，及时调整工作思路，完善招商方案，组织小分队外出招商洽谈2次。3月，成功引进湖北武汉私营业主田中日到醴陵投资开办“味上时光”餐饮。该项目总投资650万元，占地800平方米，选址在市中心繁华商业地带，是1家以“原味烹饪、生态环境”为主题的经济型中式餐饮店，安排就业52人。5月正式对外营业。

【“连心解困”大走访】2015年，根据市“连心解困”大走访网格责任调整，中心在原仙霞镇油田、狮形岭村和蔑织街村开展民情走访。一是每月安排3名干部驻村接访，及时收集社情民意。二是高温季节，中心领导7次带队深入网格村协助和督促高危企业停业整顿和复产验收。三是在“一进二访”期间，对25名贫困户对象的情况逐户上门予以核实，确保政策落到实处。四是高度关注贫困弱势群体。全年开展各类慰问活动5次，发放慰问金0.8万元。五是全力支持联系点乡镇的发展。全年落实扶贫资金8万元，协助联系点乡镇下属村、组修缮道路和水利设施建设等项目；投资1万元，对口扶持均楚镇村级组织建设。（卢明耀）

安全生产监管

【概况】2015年，醴陵市安全生产监管工作以“安全保障年”活动为抓手，进一步健全“党政同责、一岗双责、齐抓共管、失职追责”的安全生产责任体系，全面推进隐患自查自纠，深入开展打非治违和重点行业领域专项整治，推动安全生产形势持续稳定向好。全市共发生各类生产安全事故85起，死亡5人（占全年事故控制指标33.3%），受伤144人；直接经济损失29.8万元。与上年同期相比，事故起数、死亡人数、受伤人数、经济损失分别下降23.4%、72.2%、33.1%、96.6%，未发生较大以上生产安全事故。年内，醴陵市被省人民政府授予“2015年度全省安全生产工作先进单位”称号。

【安全监管】2015年，全市安全监管工作从基层基础着手，注重源头预防。一是扎实推进隐患自查自改月报工作，共排查安全隐患5037处，整改到位4973处，整改率98.73%。二是开展示范乡镇、企业标准化等创建工作，以点带面推动安全生产工作上台阶。年内，创建省级安全示范乡镇1个、株洲示范乡镇3个；通过三级以上标准化评审的企业355家。三是全面推进安全生产责任险工作。全市有349家高危企业购买安责险，共投保425万元。四是加强制度、技防建设。出台举报奖励制度、企业和安全监管人员12分管理制度等；开通并启用全省第一个县级“12350”举报热线，对举报查实的奖励金额为1—10万元，全年发放奖励资金30余万元；投资1500万元，建立市、乡、企业三级联网视频安全监控系统，对所有作业场所实行24小时不间断监控，实现人防和技防的有机结合。

【打非治违】2015年，打非治违工作按照国家、省、株洲市关于开展“九打九治”打非治违的各项要求，通过责任片区网格化实名负责制、挂号销号、信息月报和办点干部包村、村干部包组、组长包户“三包”工作制度等措施，构建全覆盖的打非工作体系，全年共打击取缔非法生产、经营、储存、运输行为204起，立案92起，刑事拘留26人，行政拘留84人。年内，全市未发生一起非法生产安全事故。

【烟花爆竹安全生产综合整治】2015年，积极实施烟花爆竹安全攻坚各项措施，促进烟花爆竹产业提质升级。通过企业兼并、关停退出等方式，总数控制在省安全生产监督管理局下达的350家以内。全市投入整改资金10余亿元，完成安全行政许可企业325家。开展黑火药引火线道路运输专项整治，在原南桥镇、官庄乡分别设立2个卡点，实行24小时轮流值班。严格高温复产验收，并以此为契机，开展安全管理示范性企业创建和环境卫生综合整治，通过示范化管理和综合整治，进一步提升企业安全防范能力。

【阶段性专项整治】年初，部署并开展烟花爆竹“打非清剿”和“闪电”行动，共查处非法案件18起，刑事拘留3人，行政拘留18人；关闭企业36家。开展全方位安全生产大检查，共组织7950人次，检查各类生产经营场所5620家次，责令改正、限期整改、停止违法行为2652起。扎实推进劳动密集型企业消防安全专项治理、烟花爆竹安全攻坚、油气输送管道隐患整治攻坚战等专项行动，共组织集中执法行动1868次，出动执法人员5180人次，检查生产经营单位2346家次，排查发现安全隐患3567处，责令停产整顿企业62家，处罚92.8万元，对8家存在安全隐患的企业予以记分，取缔非法生产经营建设单位118家，提请关闭企业1家，抓捕涉嫌犯罪人员57人。

【“三项行动”整治】“8·12”天津港大爆炸事故后，湖南省非常重视，加强危化品、易燃易爆物品等行业的安全监管，出台一系列措施。市安监局为确保全市高危行业的安全生产和预防安全事故的发生，落实国家、湖南省、株洲市安全生产电视电话会议精神，对全面扎实做好全市安全生产大检查、“九打九治”打非治违、危化品和易燃易爆物品专项整治三项行动进行再研究、再动员、再部署。迅速、全面开展安全生产大检查，共组织检查组390个，派出检查人员1874人次，检查企业1349家，排查发现隐患3351处，投入隐患整改资金217.1万元；治理隐患3009处，责令停产整顿企业31家，取缔非法生产经营建设单位20家，依法抓捕犯罪嫌疑人3人。突出重点，扎实推进打非治违和易燃易爆物品专项整治，共组织开展集中执法行动575次，出动执法人员1673人，检查企业671家，排查安全隐患854处，取缔非法生产经营建设单位31家，抓捕犯罪嫌疑人7人。

【宣传培训】一是加大宣传力度。年内，在市广播电视台、《今日醴陵》设立“安全365”在线专栏，建立手机短信平台，发送各类安全信息140余万条。二是开展以“加强安全法治，保障安全生产”为主题的安全生产月活动，共发放安全生产宣传资料5万余份，悬挂横幅400余条，张贴宣传标语4000余张，刊出专题板报50余期。三是加强安全教育培训。开展“三项岗位人员”（煤矿主要负责人、安全生产管理人员及特种作业人员）和企业全员安全培训，培训各类人员2.1万余人。四是强化警示教育。在“9·22”爆炸事故发生地竖立重大事故警示碑，建立全省第一个安全警示教育基地，将9月22日设为全市安全生产纪念日；召开“9·22”一周年事故警示教育大会；将每月19日定为“企业安全教育日”，全市所有花炮企业在当天停产，并组织开展安全培训、隐患排查、设备检修、应急演练和警示教育。

【队伍建设】一是加强基层队伍建设。全市各乡镇设立安全生产工作站，增加全额事业编制95个；组建市烟花爆竹安全监察大队，在乡镇、街道、村中，配备专职安全员及“打非”人员近500人；村级设立安全生产信息员，构建市、乡、村三级和企业主体“3＋1”的全覆盖监管网络。二是加强安监队伍作风建设。主要转变执法作风，积极履职履责，按照严查、严管、严办、严惩的原则，督促企业落实主体责任，全年立案处罚87起、处罚金额204万元；所有立案件均在法律规定时限内做到100%结案；严格落实规范权力运行机制，建立健全党风廉政建设各项规章制度。（侯良容）

烟花爆竹质量监督检测

【概况】2015年，农业部烟花爆竹质量监督检验测试中心（醴陵）（以下简称“中心”）共检验烟花爆竹出厂产品81.2万箱。完成省质监局定期监督年度检验计划任务633批次，累计抽查企业263家。其中，合格批次560批次，产品合格率为88.5%，合格企业198家、企业合格率75.3%。年内，接受委托检验样品206个，其中合格样品181、合格率87.9%。

【防静电服务】2015年，中心为确保企业安全生产，深入企业进行防静电技术指导。在高温停产期间，对株洲地区的200余家企业进行技术指导。9—10月，受省安全生产监督管理局委托，对全省100家生产企业的防静电设施进行抽检，重点抽查爆竹、组合烟花、礼花弹、黑火药、引线5类生产企业。10—11月，受国家安监总局委托，对江西和四川省的97家烟花爆竹生产企业防静电设施进行安全抽查。

【“平台”服务】2015年，中心继续完善醴陵市烟花爆竹产业窗口平台服务功能，人才与培训、技术创新和质量服务能力稳步提升，服务质量明显提高。年内，针对醴陵烟花爆竹产业面临的产业发展、需求等问题，进一步完善和增加信息服务、管理咨询、市场开拓、产学研合作、事务代理等一系列新兴服务项目，逐步开展产学研合作、事务代理、企业电子邮局服务、广告服务、网上调查服务、政策法规、标准信息下载服务等10余项特色服务。全年组织开展各类服务活动28次，服务企业涵盖市内烟花爆竹和相关企业700余家，以及湖南省其他县、市（区）的相关企业和四川、江西、广西、云南等省的烟花爆竹企业，累计服务企业6000余家次，提供各类服务1.4万余人次。

【标准修订】2015年，中心促成全国烟花爆竹标准化技术委员会第四届第三次全体大会暨标准审查会议在醴陵召开，来自全国各地的130多名专家委员、观察员出席此次会议。会议共审查国家标准17项，其中由中心修订的GB/T 21242-2007《烟花爆竹禁限用药剂定性检测方法》通过标委会审查，新的检测标准有利于进一步规范花炮产业，杜绝生产企业使用禁限用药剂，促进花炮产业安全发展。（邹　澜）

招标投标管理

【概况】2015年，全市共完成各类招投标项目143宗，交易总额14.83亿元，共节约财政资金1.17亿元。其中，工程开标100宗，交易额13.99亿元，节约财政资金1.01亿元，资金节约率比上年增长20.8%；采购开标43宗，交易额8406.45万元，节约财政资金1612.32万元，资金节约率同比下降39.37%。

【监管创新】一是加强视频监控。运用视频监控系统对开标评标现场进行“直播”并实时刻录光盘，投标人、供应商可透过监控室的玻璃幕墙观看封闭式评标室的现场情况。二是建立评标专家自动抽取系统。利用系统的语音功能自动拨打由计算机随机抽取的专家电话，并通过短信平台确认，以增强评标专家和评标项目的保密性。三是建立投标保证金保密系统。年内，与多家银行签订保密协议，保证开标截止时间前，投标人名称、数量无法从银行保证金账户上查询。四是加强评标人员管理。对政府重大投资项目的评标专家实行异地随机抽取，加强对评标专家和代理机构的管理。五是构建建筑行业技术人员信息查询平台。对全市建筑行业技术人员进行摸底、核实，并将人员信息在局网站公示。

【优质服务】2015年，出台《关于推进“项目攻坚年”活动专题会议纪要》，走访市渌江控股集团、经济开发区、长庆示范区、高新公司等重点项目业主单位；发出项目招标服务函，协助做好项目招标前期服务工作。严守监管底线，做到能优则优、能快则快、能省则省，绝不越法律的“红线”。

【执法稽查】一是完善执法检查制度。印发《醴陵市建设工程标后约谈及履约检查管理办法（试行）》，调整政府采购货物及服务类招标服务费取费标准，公示工程类招标交易服务费收取标准，确定工程建设违法项目经济处罚罚款计算标准。二是切实加大日常执法稽查和标后履约检查力度。重点打击规避招标、未招先建、假借资质、资料造假等违法违规行为，全年开展标后履约检查13次，查处违法项目15起。

（朱莹莹）

农　业

综　述

【概况】2015 年，全市粮食播种面积达 72.3 千公顷，总产 51.7 万吨，粮食增产实现“十二连丰”；蔬菜播种面积 1.4 万公顷，实现产值 10.6 亿元。全市农产品加工企业达 498 家，实现产值 29.8 亿元。2015 年，全市农村居民人均可支配收入达 21097 元，同比增长 10.5%。

【民生服务】2015 年，农产品质量监管不断加强，农产品质量合格率达 99.8%。纠正惠民政策不落实和缩水走样专项行动取得实效，各项惠农政策全面落实，强农惠农资金管理规范有序，农民负担监管到位，全年未发生一起涉农恶性事件和群体性事件。开展涉农资金专项整治行动，清退违规资金 28.78 万元。农业综合开发、移民、水文、气象等工作得到新发展，服务经济社会发展能力进一步提高。美丽乡村示范村和人居环境重点整治村建设积极推进，农村环境综合整治进一步加强。

【农村能源建设】2015 年，全市新增农村沼气用户 350 户、高效生物质炉灶用户 552 户、太阳能热水器用户 817 户（其中太阳能路灯 170 盏），分别为省级“为民办实事”工作任务的 117%、110% 和 163%。沼肥在经济作物种植、水稻和蔬菜种植等方面得到综合利用，每年可增收节支 10 余万元，产生良好的经济、环保和社会效益。

【扶贫开发】2015 年，扶贫攻坚成效显著，全市建档立卡贫困人口由原 31857 人减少至 26017 人，全年有 5840 人实现脱贫。一是扶贫机制更加完善。严格执行党政一把手负责制，层层签订责任状。市级领导带头包村、网格责任人包户，推行“结对帮扶全覆盖，整体脱贫大包干，村村派驻工作队，户户都有干部帮”的工作机制，扶贫责任得到进一步落实。二是驻村帮扶更加深入。全年派出 20 个工作队进驻省级贫困村，驻村工作队队长担任“第一书记”，科学指导贫困人口增收脱贫、贫困村脱贫“摘帽”。三是扶贫对象更加精准。通过开展“一进二访”排查和“四类”（有财政供养的、有购买汽车的、在城镇购买商品房或自建住房的、个体工商户或有经营公司的）对象清理，识别出已脱贫对象 1719 户，清查出“四类”对象 368 户，新增贫困对象 288 户。四是扶贫措施更加有力度。设立专项扶贫基金，支持扶贫项目实施，市农业、移民、水利、林业、发改、住建、交通、电力、教育等部门的项目资金向贫困村倾斜；包村市级领导、驻村工作队为贫困户“一对一”制定帮扶措施。五是扶贫氛围更加浓厚。以“10·17”全国扶贫日为契机，组织开展以“扶贫济困·与爱同行”为主题的系列活动；在电视台、报刊、醴陵红网等媒体开设专栏，持续宣传报道扶贫攻坚相关政策、工作动态，形成全社会共同关注扶贫事业、关心贫困群体的良好氛围。

【新农村建设】2015 年，新农村建设工作全面贯彻“美丽乡村”理念，以“人居环境整治”为抓手，全力推进新农村建设。围绕“农业产业升级、基础设施提质、村庄环境美化”三个战略要点，重点抓好 5 个为民办实事“美丽乡村示范村”建设；着力扶持 5 个市级“美丽乡村示范村”建设；继续支持 5 个省级新农村建设示范村后续发展；整体指导建设好 1 个新农村示范片，继续扎实开展农村环境综合整治，24 个人居环境重点整治村效果明显。

【农民负担监管】2015年，醴陵市被国家农业部和湖南省委、省政府分别列为全国农民负担综合治理单位和湖南省农民负担重点监控对象。为将农民减负工作落到实处，成立由市长任组长的农民负担综合治理工作领导小组，制定出台《醴陵市农民负担综合治理工作方案》，分别召开市委常委会、政府常务会议，对农民负担综合治理工作进行专题研究和安排部署。对各项惠农补贴资金发放情况和涉农收费情况进行不定时、不定期的检查和问题排查，并下发交办函交由有关单位限期办理。市纪委、市委组织部、两办督查室按照每一阶段时间节点，开展减负工作督查和责任追究。逐步建立健全涉农收费公示制、报刊征订限额制、责任追究制、惠农补贴"一卡通"制等农民负担监管、农民权益维护长效机制，稳步实现农民负担监管工作的常态化、规范化、制度化。年内，清退各类涉农乱收费50.46万元，清退各类报纸杂志乱摊派15.33万元。

【农村经营管理】一是稳妥推进土地确权颁证，完善现有土地承包关系。醴陵市被列为2015年全省48个整县推进农村土地承包经营权确权登记颁证工作县、市、区之一。8月14日，召开醴陵市农村土地承包经营权确权登记颁证工作总动员、总部署会议，按照"保持稳定、依法规范、尊重历史、民主协商"的原则，全面开展土地确权颁证工作。截至年末，全市外业调查摸底完成率为99%。年内，市农村经营管理局被湖南省评为"农村土地承包经营权确权登记颁证工作先进单位"。二是培育新型农业经营主体，激发农村经济发展活力。积极指导合作社规范办公场所、完善内部管理制度、健全财务管理制度、开展业务培训，以促进示范社的健康快速发展；筛选推荐市瑞阳油茶种植农民专业合作社、市群益畜牧养殖农民专业合作社、市金峰生态林种植农民专业合作社为省级示范社。培育家庭农场作为新型农业经营主体，年内新增家庭农场66家；截至年末，全市共有家庭农场113家，其中经农业主管部门认定的有83家，工商部门注册登记的有30家。全市农民专业合作组织的发展已形成一定规模，成为推动农村经济发展的重要力量。截至年末，经市工商部门注册登记的合作社有934家，年内新增183家，位居株洲地区第一。三是强化集体"三资"监管，发展壮大村级集体经济。进一步完善村账乡代理制度，开展清理整顿村级财务和"三资"问题专项整治工作，制定2015年度村级集体经济发展计划，建立集体经济空壳村台账。四是积极引导农村土地流转，推进农业适度规模经营。根据《湖南省人民政府办公厅关于印发〈湖南省农业"三项补贴"改革试点方案〉的通知》文件要求，为提高补贴的指向性、精准性和实效性，鼓励粮食适度规模经营，加快形成激励种粮新局面，对耕地流转面积在2公顷以上从事粮食作物种植的适度规模经营者进行统计申报，并给予相应补贴。

（廖　莉）

种 植 业

【概况】2015年，全市农作物播种面积为10.49万公顷，增长3.6%；其中，粮食作物种植7.23万公顷，增长0.5%。粮食总产量为51.7万吨，其中稻谷49.1万吨。蔬菜产量70.5万吨，增长8%；水果产量8.1万吨，增长18.6%。

【行政执法】全年开展农资打假专项整治行动8次，出动执法车辆255台次、行政执法人员439人次，检查农资门店655家次；抽样检测水稻品种56批次、肥料11批次，合格率均为100%；检测农药43批次、合格率90%。检查产品标签900余张，查处案件18件，其中种子案件9起、农药案件9起；挽回经济损失155万元。年内，被农业部评为全国"农业综合执法示范窗口单位"，1个案卷被评为省"优秀案卷"。

【农业标准化】2015年年末，全市已建立部、省级标准化水稻、蔬菜示范基地5个，株洲市级标准化水稻、蔬菜示范基地12个，标准化生产基地面积达2670公顷，无公害基地产地认定面积1.197万公顷。全年全市有无公害农产品认证79个、认证绿色食品3个，拥有注册商标13个，引进油茶、蔬菜、水果等优质高产新品种10多个。全市农业企业在各级农产品展示展销活动中获金奖5个、银奖及其他奖项4个；农产品品牌"青泥湾"、"旺侬"被评为省著名商标，浦缘蔬菜种植农民专业合作社注册的"浦口黄瓜"、茶叶品牌"翠云峰""云霄山"和熟食品牌"辣的爽""仙都""指上美食"，已逐渐成为区域性知名度较高的品牌。

【农产品监管与农资纠纷调处】全年开展4次农产品质量专项整治行动，深入白兔潭、富里、南桥、上洲蔬菜种植重点乡镇、村、63家农产品生产单位进行实地检查，加强农业投入品使用监管，检查是否经营、使用国家明令禁止的高毒高残留农药；建立健全《田间生产档案》，强化质量安全意识，确保农产品质量安全。认真做好涉农纠纷的调解工作，努力把农资纠纷化解在基层，杜绝群体性上访事件发生。全年调解农资纠纷8起，其中水稻除草剂药害2起、经济作物药害2起、种子纠纷3起、铁路涉农纠纷1起，为农民挽回直接经济损失30余万元。

【科技服务】2015年，共发送农技服务短信100余万条,编印《农业技术简报》16期。接受农民和农技人员技术咨询2000余人次，为农民解决技术难题1500余个。推广水稻病虫害绿色防控技术、水稻机械化全程育插秧等主导技术12项，推广"中早39"、"H优518"等新品种15个。组织并参加"3·15消费者权益日"、放心农资下乡进村、食品安全宣传周等普法宣传活动，宣传涉农法律法规、农产品质量安全知识，现场讲解农资识假辨假、维权和科学使用等知识，接受咨询83人次，发放宣传资料2.5万份、书籍5000本、宣传图册1500份、悬挂横幅5条，张贴宣传标语12张，展出宣传板报2块。组织举办以"安全科学合理使用农药"为主题的培训班4期，培训农产品生产基地用药人员158人次。全年在农药示范店建立农家书柜20个，添置农业书籍2万余本。

【科技示范】2015年，遴选800名水稻、蔬菜农业科技示范户进行科技新成果示范，建立原大障镇陶家垅村水稻高产高效栽培示范基地、原泗汾镇农场水稻新品种展示基地；建设原神福港镇、均楚镇等15个双季超级稻整体推进乡镇、原板杉乡大屋垅村和原清水江乡文山村等210个重点示范村，核心示范组405个和核心示范户6000余个。全年累计推广超级稻6.38万公顷，占双季稻播种面积的95%以上。开展农村实用技术培训、受训2万余人次，培育新型职业农民800人。全市有适度规模种粮户逾3000户。全年发展市级以上龙头企业17家、家庭农场100余家、农民专业合作社930余家。

【项目建设】2015年，通过统一规划布局，统一建设内容，统一建设标准，涵盖中央基建（市农业局实施的新增粮食产能）、农业综合开发、国土整理、小农水等项目(包含8项中央投资项目)，共建设高标准农田3333公顷。年内，大力推进现代农业综合产业园优质稻产业化项目建设，共投资3600万元，其中中央财政专项资金投入600万元、整合其他财政资金1200万元、引导社会资金投入1800万元。投入84万元，用于示范区推广优良品种（"株两优2008"、"湘晚籼12号、13号"）597.27公顷，建立新品种展示基地，优质稻加工，病虫害统防统治。

【耕地修复】2015年，全市有7.05千公顷耕地被上级列为重金属污染修复试点范围。根据上级有关重金属污染耕地修复试点的精神和要求，进行认真勘察，并根据污染程度不同分别采取治理措施。一是对污染严重的耕地进行种植结构调整，全年调整种植面积572.27公顷。其中，均楚镇调整种植耕地面积549.33公顷，王仙镇调整种植耕地面积22.93公顷。二是对重金属轻、中度污染耕地区域开展修复治理，治理面积6470公顷。运用VIP＋N（低镉品种［variey］＋合理灌溉［Irrigation］＋调节酸碱度［pH］＋辅助措施［N］）先进技术，开展5个VIP试点，建立低镉水稻品种对比示范种植面积33.33公顷。年内，强化适用低镉积累品种筛选工作，在均楚镇建立玉米、花生、油菜、水稻品种筛选试验田15丘、450个小区，筛选适合湖南种植的低镉积累品种；建立施用生石灰定位效果监测点5个和水稻低镉品种繁育基地100公顷、花卉苗木基地100公顷。

【企业培育】2015年，全市新增农业产业化市级龙头企业2家(醴陵市唐丰生态种养殖有限公司、醴陵市恒盛生态农业有限公司)，省级农业产业化龙头企业2家(湖南湘洲食品有限公司、湖南金巢食品有限公司)，年末有市级龙头企业15家，农产品加工企业498家。全年完成销售收入29.8亿元、增长12.03%，完成利润总额0.4亿元、增长11.1%；上缴税金0.16亿元、增长10.8%；建有基地面积2.92万公顷，带动农户3.5万户，提供就业岗位1.8万个。

【休闲农业】2015年，全市休闲农业企业发展到38家，接待游客63万人次，实现经营总收入0.69亿元，增长11.3%。组织、指导永盛山庄、姜村休闲农庄2家休闲农业企业成功申报株洲市级"五星级休闲农庄"。（刘 亮）

养 殖 业

【概况】2015年，醴陵市畜牧兽医水产局内设5个股室，下辖5个全额拨款正股级事业单位，有干部职工61人。全市27个基层动物防疫站有乡镇动物防疫员143人。年内，全市发展生猪215.4万头，出栏113万头，分别同比增长3.9%和3.43%；发展山羊68.31万头，出栏36.5万头，分别同比增长4.26%和4.19%；发展牛3.28万头，出栏1.52万头，分别同比增长4.39%和3.97%；出笼家禽796.7万羽，同比增长22.67%。蛋产品总量1.17万吨，同比增长4.46%；肉类总产量 11.5 万吨，同比增长 0.4%；水产养殖利用面积 4660 公顷，水产品总量 2.1 万吨、同比增长 5.1%。全年养殖业实现总产值 26.2 亿元。

【动物防疫】一是落实各项防控责任。分级签订“2015 年度重大动物疫病防控工作目标责任状”，建立和落实全年重大动物疫病防控工作责任制，实现责任、任务、目标到人。二是按时保量完成免疫任务。按照防控目标任务要求全面完成春秋两季猪瘟、高致病性猪蓝耳病、高致病性禽流感、猪口蹄疫、牛羊口蹄疫、小反刍兽疫等重大动物疫病的集中免疫工作，应免畜禽免疫密度达 100%，防疫、养殖档案建档率和牲畜耳标佩挂率达 100%。三是做好 H7N9 流感和小反刍兽疫的防控。年内，组织有关人员对全市各农贸市场进行巡查，向活禽批发经销商、山羊经营户发放 H7N9 流感防控知识问答、小反刍兽疫防控知识宣传单,下达《检疫监管事项告知书》1700 份；检查家禽经营户 25 户、山羊经营户 28 户，制作监督检查意见书、监督检查记录 60 份；签订《承诺书》60 份。年内，在市太一市场建立家禽消毒和休市制度。

【质量监管】一是开展病死动物无害化处理。印发《关于进一步加强病死动物无害化处理监管工作的通知》，制订《2015 年打击非法处置病死动物专项整治方案》和《打击销售病死猪肉专项整治工作实施方案》；召开“病死动物无害化处理监管工作会议”3 次；开展“建立病死畜禽无害化处理机制宣传月”活动，张贴宣传标语 300 张，编印《经营贩售、不按规定处置病死动物受刑事、行政处罚的案例》200 份；开展以案说法活动，向规模养殖场发放《病死动物无害化处理告知书》1000 份，并签订《不出售病死动物承诺书》，翻印《生猪规模养殖场无害化处理补助和数据上报工作要求》30 份。全年统计上报生猪规模化养殖场（小区）无害化处理病死猪 2761 头。二是加强监督检测力度。全年共检查规模养殖场 1328 家次、兽药店 169 家次、饲料店 273 家次、饲料厂 12 家次。督促养殖户、经营户建立档案，搞好防疫和粪污处理设施，不使用人用药物、过期药物、违禁药物和非法添加剂。生猪产地检疫“瘦肉精”抽样检测 11348 头、屠宰检疫“瘦肉精”抽样检测 2345 头，结果全为阴性。年内，立案查处 1 起经营过期兽药案，没收销毁过期兽药 20 盒、罚款 200 元。三是强化动监执法工作。全市 26 个乡镇已建产地检疫申报点 20 个，向 4 家定点屠宰场（点）派驻官方兽医 10 名。全面开展产地检疫和定点屠宰检疫，产地检疫生猪 24.83 万头、禽类 223.5 万羽；屠宰检疫生猪 3.96 万头。全年立案查处不按国家规定处理动物及动物产品案 1 起，没收违法所得并处以罚款 1.18 万元。

【渔政管理】2015 年，市渔政站加大对渌江河和官庄水库等重要水源地的渔政执法力度，开展鱼类人工增殖放流活动，有效保护了水资源的生态平衡。在河堤、水坝、桥梁、水库等地域喷刷“严禁电鱼、炸鱼、毒鱼”宣传标语；印发《致渔业捕捞人员的一封信》《告渔业捕捞人员书》各 200 份；利用船舶上牌的时机向渔民宣传禁止“电鱼、毒鱼、炸鱼”知识。在渌江河开展电鱼专项整治行动 9 次，现场执法管理和批评教育 16 人，拆除 20 艘渔船上的电鱼设施，责令 3 家经营电鱼机商店进行整改；对 9 个鱼苗鱼种场进行检查，未发现使用禁用渔药的行为。印发《关于实行渌江干流春季禁渔期制度的通告》500 份，并在乡村、码头张贴；自 2015 年起，每年 4 月 1 日 12:00 时至 6 月 30 日 12:00 时为禁渔期，在渌江干流禁止所有捕捞作业；禁渔期间对澄潭江、铁江、渌江、官庄水库开展巡查 10 次。6 月 18 日，与官庄乡人民政府在官庄水库联合开展“2015 年醴陵市水生生物增殖放流活动”，共放流草、鲢、鳙、鲤、鲫、鲴鱼夏花 300 万尾，成鱼 2 吨。

【养殖污染治理】一是制定畜禽养殖业污染治理实施方案，确定工作目标、内容和工作职责，建立专项治理考核办法。年内，确定市黄鹤生态农业发展有限公司、红种养殖场等 9 家养殖场纳入湘江保护和治理项目。二是加强畜禽禁养，限养区域的宣传力度。投入资金 40 余万元，在全市 444 处畜禽禁养、限养区域竖立不锈钢标志牌，明确禁养、限养区域。三是联合市环境保护局对 2 家养殖减排企业分场进行检查、整改，制定整治方案，给予科学指导和技术服务。对市东岸小学、西山幼儿园等周围的养殖污染投诉进行调查处理。（蒋枚丰）

农　机

【概况】2015 年，醴陵市农业机械管理局内设办公室、纪检监察室、人事教育股、财务审计股等 9 个股室（办），辖市农机安全监理所、农机技术推广培训中心、农机技术管理总站、农机公司和 23 个农机安全管理服务站。全市拥有农业机械总量 14.4 万台（套）、总动力 90.7 万千瓦，分别比上年增长 7.5% 和 7.8%。全市农机综合作业水平达 73.2%。全年农机化服务收入 5.7 亿元。

【农机管理】2015年，以大力推动水稻生产全程机械化为重点，农机生产水平得到进一步提升。全市新增插秧机101台（其中高速插秧机30台、步进式插秧机71台），机插面积达1.88万公顷；组织农机合作社和种粮大户引进谷物烘干设备18台套，开展社会化服务，填补水稻机械化生产的最后一个空白环节。年内，组织全市1.6万台套农机具投入水稻生产，共完成机耕面积7.38万公顷、机播面积1.13万公顷、机收面积7.07万公顷，有力保障双季水稻增产增收。扶持14家农业合作社跻身全省现代农机合作社建设项目，全市农机作业服务总面积达25.17万公顷。开展农机打假护农活动，发放宣传资料2500余份。全年落实农机购置补贴1925.32万元，补贴机具2999台套，受益农户1597户。

【农机安全监理】2015年，出动农机安全教育宣传车42台次，发放宣传资料2360份，参加宣传人员158人次，受教育群众3000余人次。加强对农机牌照、档案管理和监督，建立健全农机电子档案，严把农机上户、年检、驾驶员技术培训和考试关。开展“两节”、“两会”、春耕生产期间的农机专项整治行动和农机“安全生产月”活动，共出动执法车辆180台次，安全检查76次，检查农机车辆1569台次，纠正违章432次，查处安全隐患198台次，责令整改198次。农机安全互助保险工作成效显著，全年收缴会费53.89万元，出具保单1292份，受理事故报案117起，理赔19.99万元。全年农机安全生产态势保持平稳，未发生重大以上农机事故。

【农机培训】2015年，市农机推广培训中心不断探索农机培训新模式，将日常培训与新型职业农民培训相结合、普通培训与重点培训相结合、课堂培训与现场培训相结合，全年培训各类农机操作人员1276人次，其中农机驾驶操作人员743人次。组织举办社会服务型新型职业农民培训班4期、培训农民200人，取得良好社会效果。（王　为）

林　业

【概况】2015年，醴陵市林业局内设办公室、计财股、政工股、宣传综合信息办、法制办，有9个林业中心站、森林资源管理保护站（野保森防站）、生态公益林管理站、林场森工管理站等24个二级机构，辖森林公安局、绿化委员会办公室、山林纠纷调处办公室、林业综合执法大队4个副科级单位；有直接从事林业工作人员300余人。

【造林绿化】2015年，全市完成营造林总面积3340公顷，任务完成率为100.2%。其中油茶造林733.33公顷、退耕还林工程配套荒山造林66.67公顷、中央财政造林补贴项目666.67公顷、“裸露山地”造林733.33公顷。完成中央财政森林抚育项目面积666.67公顷，低效林改造1670公顷，中幼林抚育间伐4000公顷，封山育林项目2670公顷；完成世界银行贷款湖南森林恢复与发展项目面积523.6公顷，成活率95%以上，任务完成率为100%。组织开展“3·12”义务植树活动，栽植香樟0.67公顷、1000余株；组织全市各乡镇、街道、经济开发区、长庆示范区，在辖区范围内、岳汝高速沿线建立32个义务植树基地，栽植桂花、香樟、红叶石楠、国外松等树木共计4万余株。截至年末，全市有林地面积12.64万公顷，林地保有量为100%，森林覆盖率达55.19%，年增长率为0.2%；活立木总蓄积量达264.4万立方米，年增长率为3.2%。

【封山育林】2015年，通过新闻报道、报纸刊登以及印发《醴陵市人民政府关于第二轮封山育林的通告》10余万份，以分发各乡镇及相关成员单位的形式，继续加强封山育林宣传。年内，出台《醴陵市“封山育林”期间林木采伐管理办法》；开展清理整顿非法采砂采石专项行动，以及打击在城区山岭乱埋乱葬坟墓等毁林、擅自改变林地用途等违法行为。

【森林防火】2015年，全市森林受害率控制在上级考核范围之内，森林防火保持平稳态势。全市采取多种形式、全方位的宣传活动，大力开展森林防火宣传，共张贴防火标语1.5万条、悬挂防火横幅300条、新增宣传牌1万块、出动宣传车700余台次、发放宣传资料25万份、群发防火短信42万条。全市聘请428名护林员包村宣传、巡护；投资近100万元，安装并实施护林员GPS定位轨迹管理系统，实现森林防火队伍全覆盖。在春节、清明等重要节日，采取市级领导包联系点，市直各部门到乡镇办点和乡村干部包村、包组、包山头地块的方式，切实将森林防火责任落实到人。通过开展“火案清零行动”等专项行动和森林公安局联合林业检察、法院的快侦快破行动，从严从快打击失火违法犯罪行为。

【国有林场改革】2015年，通过全面调查，摸清资源资产、人员结构、社会保障、债权债务等基本情况，广泛征求职工对国有林场改革的意见和建议，分析梳理改革面临的困难和问题，合理测算改革成本，研究改革资金筹措办法，科学编制出市国有林场改革实施方案，在株洲地区率先获省林业厅批复。9月16日，市国有林场改革工作顺利通过省级检查验收，成为株洲市地区第一个通过省级验收的县（市）。

【创建工作】2015年，认真组织宣传发动，积极指导乡镇（街道）创建绿色村庄、乡镇，原栗山坝镇东岗村成功申报2015年省级“秀美村庄”建设；原泗汾镇被株洲市绿委会授予株洲市“绿色乡镇”称号。大力招商引资，引进湖南中联天地公司油茶开发项目等项目资金3533.6万元和欧洲投资银行油茶发展项目贷款200万欧元。积极做好中联天地科技有限公司到醴陵投资开发6666.67公顷油茶项目服务工作。截至年末，湖南中联天地油茶开发项目已完成11个乡镇规划，完成流转土地面积1478.33公顷。

【为民办实事】2015年，制定对原东堡乡赤竹村帮扶方案，定期驻村开展帮扶工作，对困难职工、贫困户做好爱心帮扶及困难救助工作。通过土地流转、合作经营等方式，带动贫困户发展产业；向原东堡乡赤竹村捐款扶贫资金7万元。年内，进一步完善全市生态公益林管理相关电子台账，所有直补资金通过“一卡通”直接发放到农户手中，确保农民真正得到实惠。

【项目征拆】2015年，根据市渌江书院项目建设要求，按照“任务到人、责任到人，奖罚到人”工作要求，通过上门家访、集体谈话等方式，积极协助政府完成办公楼搬迁及私产房征收工作。8月完成8户公产房搬迁，9月10日前与所有门面、店铺及市兰天汽贸公司签订“搬迁补偿协议”，9月16日前完成办公楼整体搬迁。10月20日，36户私产房征收任务全面完成。

（吴庆军　杨传春）

水　利

【概况】2015年，全市水利系统有在职人员260人，局机关有在职工作人员68人，其中行政编16人、工勤编1人、事业编35人（机关事业编21人、乡镇水利站编14人）、人事代理3人、水管所公益性岗位编12人、纪委派驻1人。机关内设办公室、人事教育股、计财股、水建办、建管股、工管股、水政水资源股、农饮建管中心、纪检监察室9个股室；下辖防汛办（副科级）、水土保持站（副科级）、水政监察大队、抗旱服务队、水利水电技术服务中心、河道站6个二级机构；有官庄灌区醴陵管理处（副科级）、酒埠江灌区醴陵管理所（副科级）和望仙桥、雪峰山、藕塘、荷田、周坊中型水库管理所等；设立乡镇水利站30个。全市有各种水利设施4万余处，各类水库207座，其中大型水库1座、中型水库5座、小（1）型水库14座、小（2）型水库187座；有山平塘31215口，大型灌区2处；中型河坝3座、小型河坝1131座，电灌机埠1670处。全市配套各类水库、河坝的灌溉渠道干渠59条、支渠1607条，总长3012千米；形成东以荷田、雪峰山、望仙桥三座中型水库为群体，西南地区以酒埠江东、北干渠为龙头，北以官庄水库为依托，中以渌江河为纽带，配以星罗棋布的小型水库和机电排灌设施的灌溉网络。

【项目建设】2015年，争取国家、省、株洲市水利资金1.06亿元，水利建设项目和防洪、民生、生态工程齐头并进。一是水库除险加固项目有序推进。完成罗家冲等5座小（1）型和南冲等6座小（2）型水库的除险加固工程建设，其中中央投资770万元；完成13座小（2）型水库应急处置工程建设，醴陵市级财政投入200万元；组织开展2015年度全市规划内剩余48座小型病险水库除险加固初步设计、审批和招标；组织开展全市187座小（2）型水库大坝注册登记、调查、测绘、复核和上报。二是完成铁江等多处中小河流治理项目。铁江清水江乡河段治理工程综合治理河段长为9.79千米，到位中央项目资金1200万元，省级配套资金168万元，年内到位资金的项目工程全部完成；磨子石河新阳段治理工程综合治理河长为7.63千米，规划治理河长6.5千米，到位中央资金600万元、省级配套资金48万元，年内完成到位资金的全部工程量；渔潭洲防洪圈保护工程项目到位资金715万元，年内基本完成到位资金的工程量。三是生态清洁小流域项目有突破。该项目区土地总面积23.88平方千米，其中水土流失面积4.94平方千米，中央财政补助590万元，年内完成60%工程进度。四是续建官庄、酒埠江灌区配套项目。中央投资2280万元，年内完成80%工作量。五是启动昭陵河山洪沟治理工程。9月，开展对沿河河堤、河坝、沟渠、河堤疏浚等工作，年内完成80%工程量。六是加强“五小”水利工程建设。总投资2061万元，完成并验收合格“五小”（小水窖、小水池、小泵站、小塘坝、小水渠）水利工程258处。省级小型农田水利财政资金项目建设（14个村）完成总投资305万元，为计划任务的100%，其中财政奖补112万元、县级配套或乡村投资筹劳合计193万元。

【防汛工作】2015年，全市降雨频繁，4—8月共发生16次强降雨过程，其中超过120毫米的特大暴雨5次，渌江大西滩最高水位达54.27米、超过警戒水位4.77米。在迎战大暴雨中，市防汛抗旱指挥部加强组织调度，迅速传达上级指示，及时发布预警预报和调度命令，全市各级各部门认真贯彻落实防汛责任，抓实工作措施，强化值守巡查排查，及时处置隐患，全力抗洪救灾。加强水损工程修复和工程管护，科学调度，提高用水效率。确保在灾情、险情出现时无人员伤亡，最大限度减小人民群众的财产损失，实现各项防汛总目标。

【安全整治】全年召开质量安全专题会议3次，对每处开工的水利建设项目明确主要责任人、分片责任人和现场责任人，实行网格化管理；对每项水利工程就近聘请1～2名位社会监督员进行质量监督，公开举报电话，接受社会监督；建立“专户储存、专账核算、封闭运行”资金管理模式，项目资金直接拨付到项目建设单位，并接受市财政、审计、监察等部门的检查以及社会各界的监督。组织工程技术人员先后8次深入各乡镇、村开展安全大检查，对全市207座水库、22座农村水电站和重要河堤、水闸进行全面检查，查出比较严重的各类险情隐患52处，并下发督办函限期整改到位。争取醴陵市级财政资金150万元，对原大障镇湾富村上灌塘水库拉杆弯曲启动困难、湾富村石塘水库内坡塌陷、石亭镇长塘村和花溪村防洪闸门老化、大中型水库灌区主干渠道滑坡和闸门启闭不灵等89处隐患进行应急除险处理。制订《醴陵市水利局“六打六治”打非治违专项行动工作方案》，突出水利工程建设与运行、农村水电、河道采砂、防火防爆和危险化学品等4个重点领域。组织开展联合执法，查处6条违法采砂船，行政处罚案件结案3件。

【农村饮水安全】一是解决原贺家桥镇、大障镇、东堡乡、南桥镇等16个乡镇、街道和55个行政村饮水不安全的问题。饮水安全项目总计22处，其中新建工程2处、管网延伸6处、单村工程14处；涉及人口7.9万人，其中居民69538人、学生9462人；工程总投资3760.76万元，其中中央投资2256.47万元、省投资515.71万元、市县配套资金626.98万元、群众自筹361.6万元。二是加大农村饮用水水质监管力度。投资140万元，新建水质检测中心，更新完善水质检测设备；全年联合市卫生疾控中心和原市卫生监督所，组织举办水厂管理人员和水质检测人员集中培训3次；每月定期与市疾控中心对各水厂的水质进行抽检。

【水行政综合管理】2015年，加大水资源管理工作力度，在制度建设、水环境监测、水资源规划、水法律法规宣传、行政许可审批、水资源管理绩效考核、湘江保护治理等方面取得明显成效。严格实行水资源管理制度和“三条红线”（控制用水总量、控制用水效率、限制纳污）指标体系，将水资源管理纳入市政府对各乡镇、街道办事处、长庆示范区、经开区社会事务管理局和市直各有关单位的绩效考核范围，由市水务局牵头，会同市环保、发改、经信、统计等有关部门进行考核。及时归口做好全市水资源管理绩效考核指标、信息、数据收集和上报工作。定期监测渌江、望仙桥等饮用水源水质。深入取水用水企事业单位了解生产经营和取水情况，征收水资源费和水土保持补偿费，全年共征收“两费”150余万元。清理、规范水行政审批，保留14项许可审批事项，共受理34项行政许可，评审、批复34项。开展水资源监控能力建设，对取水户、用水户、灌区和排污口等进行调查统计和核实。整顿城区取水用水秩序，加大饮用水源保护力度。加强全市在建项目的水土保持监督管理，对涉及水土流失的企业进行专项执法检查。

【河湖管护】一是巩固河道采砂成果。年内，在河道禁采期间，开展河道水域清理整顿，依法查处河道水域“六乱”行为。对所有滞留在河道内的采砂船只建立详细台账。加大渌江、铁河、澄潭江河道的巡查力度，全年对南桥、富里、白兔潭用挖掘机、铲车在河道内非法采砂行为进行5次集中整治，扣押非法作业设备3台，有5条采砂船被分割上岸。截至年末，河道非法采砂重灾区澄潭江已有65条船只被分割上岸，未上岸的船只均已集中靠停，河道采砂滥采乱挖的现象得到根治。二是开展城区河道保洁，起草《醴陵市河道保洁工作实施方案》，成立专门保洁队伍，明确责任分工，加强督促检查，保证城区河道水面清洁、水流通畅，河道创园创卫顺利通过各级检查验收。

【水利工程管护】一是加大水利工程管护的宣传力度。利用广播、电视、网络等新闻媒介，在“世界水日”、“中国水周”等水利主题节日，采取多种形式在全市进行广泛、深入的宣传教育，筑牢工程管护的群众基础。二是创新水利工程管护机制。积极探索工程管护与群众利益有机结合的新途径，鼓励按照“村民自治管理”的原则，以水利工程所在乡（镇）、村为单位自愿组建水利工程管护协会，有条件的村可实行企业化经营管理机制，以产权换资金，搞活经营，从而实现对各类水利工程的统一化、专业化、规范化、科学化管理，使水利工程管护更加富有成效。三是增加管护专项资金投入。年内，对日常管护到位的中型、小（1）型、小（2）型水库分别拨付管护经费1万元、5000元、2000元。

【党建帮扶】一是深入开展大走访活动。结合“三严三实”专题教育，开展以“下基层、解民忧、谋发展、促和谐”为主题的大走访活动，筹集5800元，慰问16名困难党员、特困户；组织3万元资金，修复马家龙村水利设施。拨付帮扶经费10万元到办点乡镇，每个联系村各1万元；实施安全饮水工程和山洪地质灾害防治工程，改善办点村水利设施条件。二是认真开展“一进二访”活动。向市均楚镇李婆塘村捐款6万元，帮助改善水利设施，扶持产业项目；制订三年帮扶计划，帮助解决水利基础设施“最后一公里”问题。（何春雪）

移民开发

【概况】2015年，市水库移民开发管理局设办公室和后扶股，有在职干部11人。全市共有大、中型水库移民18825人，其中三峡移民375人；库区和移民安置区涉及25个乡镇、4个街道。年内，水库移民工作以保稳定、促发展为核心，以保障和改善民生为重点，扎实推进移民后期扶持工作，全市库区和移民安置区社会大局稳定，移民经济取得新的进展。年末，被省移民局评为“2015年度全省移民工作先进单位”。

【后期扶持资金管理】2015年，严格执行移民资金管理和有关财务制度，认真做好集中核算和支付工作，严格实行县级报账制，所有移民资金拨付严格按程序进行，做到不挤占、不截留、不挪用。年内，核发移民直补资金1040万元，口粮补贴93万元。

【移民开发项目建设】2015年，根据上级移民开发项目建设要求和“十二五”移民后期扶持规划，及时编制上报2015年移民后扶项目年度计划和移民扶助金项目资金计划，为移民后扶项目建设奠定基础。年内，申报项目118个，落实移民楠竹、茶叶产业招商项目2个，争取上级资金1000余万元。其中，配套市委决策修建的北乡旅游大道建设资金100万元，自来水水厂建设资金50万元，修建道路47千米，解决8个村、1520人的安全饮水问题。全年新建油茶基地1处、40公顷，茶叶基地1处、13.33公顷，蔬菜基地2处、26.67公顷，楠竹基地2处、266.67公顷。

【移民培训】2015年，举办移民培训班7期、培训移民465人，其中实用技术培训385人、就业技能培训80人。全年转移就业人员80人，超额完成省级下达的考核目标任务。

【移民维稳】2015年，有效化解均楚航电枢纽遗留问题和小水库移民诉求等问题，共接待上访6批、26人次；接待来信上访3件，办结3件；处置群体性上访事件1起、11人，解决问题2个。通过“三级信访”终结方式，解决均楚、官庄库区多年的信访积案，有力维护移民库区的社会稳定。

【扶贫帮困】2015年，在“两节”期间看望、慰问困难移民53户、166人，发放慰问金4.6万元；资助贫困大学生10人，拨付助学金3万元。根据省移民局、卫计委的要求，在全省大中型水库库区和移民安置区开展“关爱计生特困家庭行动”，对移民群体中存在独生子女伤残、死亡和计划生育手术并发症人员的9户家庭予以每户1000元的资金帮扶。认真落实市委、市政府精准扶贫工作，共落实贫困移民村14个，贫困移民2578人，确立移民村、贫困移民产业发展项目18项，拨付扶贫资金155万元。全年为扶贫联系点官庄乡鹅颈村捐资3万元，发放项目扶持金9万元。

（谭 利）

气 象

【概况】2015年，醴陵市气象局设综合管理办公室、气象台、农气资料室、防雷减灾办公室、人工影响天气办公室、气象行政执法队、气象服务中心。有职工13人，其中在职职工6人、外聘人员7人；有高级工程师1人、工程师2人、助理工程师7人、技术员3人。

【基础业务】2015年，地面测报台站错情率为“零”，天气预报晴雨准确率91.3%，暴雨预报准确率65%，测报、农气、各月、年报表质量均为优秀。自动气象站网络专线、卫星接收等现代化设备运行良好，能有效获取中小尺度灾害性天气的预警信息，大大增强全市防灾减灾的能力。

【依法行政】2015年，坚持贯彻落实《中华人民共和国气象法》《防灾减灾管理办法》等法律法规，认真履行观测环境保护、安全防雷和氢气球升放的审批管理职能。开展防雷安全专项整治活动，对无防雷设施的加油站、烟花鞭炮企业不予办理安全评价和“安全生产许可证”年检及新证

颁发；对新、扩、改建工程按照程序进行防雷装置设计技术评价和竣工验收检测工作，保证防雷设施的安全使用性能。（李　蕾）

水　　文

【概况】2015年，醴陵市水文局辖大西滩、潼塘、董背冲、泗汾、枧头洲、石亭6个水文站（其中大西滩站为国家重点水文站，其余5个水文站均为省级重点水文站）；6个水质监测点，2个省界河流监测站，62个雨量站，3个高山中继站和20个水情自动测报站。

【内业工作】2015年，全市属枯水年，受降雨时空分布不均影响，地区差异明显。年内，完成各站点水文数据的整理工作，保证各种水文资料的连贯性，准确测报每次洪水过程。大西滩水文站是渌水控制站，全年最高水位为50.94米，最大流量1130立方米/秒；最低水位为46.13米，最小流量8.94立方米/秒。全年降雨量为1480毫米，降雨天数为182天。铁水泗汾水文站年降雨量为1786.9毫米、最高水位达56.15米、最大流量972立方米/秒，最低水位达50.67米、最小流量9.55立方米/秒。南水潼塘水文站年降雨量为1603.8毫米、最高水位96.58米，最大流量597立方米/秒；最低水位93.27米，最小流量0.81立方米/秒。

【水情服务】2015年，在汛期每日向市防汛抗旱指挥部及时、准确通报适时雨、水情。采用短信群发方式，每日向全市各有关单位发送雨、水情信息，坚持24小时值班；积极协助市防汛抗旱指挥部对可能出现的水情作出准确预报。年内，汛期中向国家防总、省、株洲市各防汛单位拍发各类雨、水情信息4500条。另每月坚持将《水质简报》及时报送市政府有关领导及部门。

（贺明春）

工　业

【概况】2015年，全市完成工业总产值1012.3亿元，增长13.2%。实现工业增加值317.6亿元，增长9.2%；其中规模以上工业实现增加值313.3亿元，增长9.4%。工业经济拉动GDP增长5.6个百分点，对经济增长贡献率达41.9%。全市有规模以上工业企业515家，年内新增38家，净增3家；规模工业增加值占全部工业增加值的比重达56%，增长9.4个百分点；规模以上工业累计实现主营业务收入799亿元、增长14.3%，实现利税127.78亿元、增长28.8%。在规模以上工业企业中，有亏损企业31家、亏损额8099万元。全市新型工业化进程加速推进，工业增加值占GDP的比重达59.7%，比上年下降1.6个百分点；工业企业实缴税金10.6亿元，增长18.7%；规模工业全部资产利税率达22.7%；园区规模工业增加值占全部规模工业增加值的比重达56%；万元规模工业增加值能耗下降4.3%。年内，研发经费支出（全社会研究与社会发展经费为11.35亿元）占生产总值的比例为2.1%；高新技术产品增加值占工业增加值的比重达12.9%；工业固定资产投资总额达294亿元，比上年增长23.6%；工业技术改造投资比上年增长19.9%。

（黄　鑫）

园区经济

【概况】湖南醴陵经济开发区（以下简称“经开区”）内设党政办公室、产业发展局、招商合作局、规划建设局、社会事务管理局5个正科级机构和财政所1个副科级机构；受市委、市政府委托管理醴陵市陶瓷研究中心、醴陵市高新技术产业发展中心2个正科级机构；醴陵市高新技术产业发展有限公司全面承担园区建设和开发任务。有工作人员84人。全年全区实现技工贸总收入401.33亿元，同比增长17.16%；完成工业增加值145.31亿元，同比增长17.58%；累计完成固定资产投资135.87亿元，同比增长37.68%。年内，被工信部确评为“国家新型产业化示范基地”，获批“省级特色产业园区”。

【项目推进】2015年，经开区新开工项目24个，续建项目9个，竣工项目17个。截至年末，醴陵·世界陶瓷艺术城项目的陶瓷博物馆等主体场馆及周边配套设施建设全部完成，图兰朵酒店及其他场馆仍在装修建设；旗滨玻璃第四条生产线点火投产，实现年产值9.6亿元；时代金属轨道交通部件生产基地项目5.6万平方米厂房完成主体建设；瓷器口古街项目启动建设；“1915”陶瓷文化特色街区全面动工；振美、精陶、醴泉窑艺3家企业建成投产；天鑫、红玉红瓷、瓷宝斋厂房主体建设完成；正华瓷艺、尚方窑、陶润文化等3家企业处于设计阶段。

【产业发展】年内，在加快传统产业发展的同时，继续加大对新型产业的扶持力度，积极与上级部门对接，落实特色产业奖补资金。以陶瓷产业为龙头的传统产业规模不断扩大，市华联瓷业、泉湘陶瓷、振美瓷业、红玉红瓷等企业发展势头良好，销量同比上升。新兴产业规模日益壮大，交通装备、电子信息、玻璃、新材料产业成为园区经济发展的新增长点；市时代金属全年实现工业产值3.32亿元，市恒茂电子在长沙设立新的研发基地，市升华科技实现产值2.85亿元，同比增长158%，市正阳精密陶瓷有限公司销售收入同比增长260%。

【招商引资】2015年，积极开展“迎老乡、回故乡、建家乡”行动，加大战略型新兴产业、文化创意产业和服务业的招商力度，引进企业15家，协议引资18.13亿元，到位资金15.9亿元。株洲市创新创业园区“146”工程标准厂房建设项目在经开区新开工面积23.62万平方米，建成面积38.44万平方米。

【高新公司发展】一是注资和重构改革工作顺利展开。2015年，按照《关于进一步加快湖南醴陵经济开发区发展的若干意见》(醴发〔2015〕2号)文件精神，联合市国资局成立专门班子，启动注资和重构改革工作，拟定第一批配置资产。会同湖南中天华会计师事务所对第一批拟注入的资产进行摸底和初步评估，起草《醴陵市高新技术产业发展有限公司重构改革方案(征求意见稿)》，拟在转变经营方式、重构主营业务、重组组织架构、再造内部管控体系等10个方面进行重构改革。二是融资工作稳步推进。年内，公司建立融资项目库，为融资工作开辟新通道。成功取得AA信用等级评级，10亿元企业债券发行获国家发改委审批。全年融资到位资金12.84亿元。三是建设项目进行有序。标准化厂房二期房建工程和标厂一期配套工程等政府指令性建设项目竣工，完成釉下五彩生产基地配套项目、釉下五彩生产基地10千伏配电安装工程、金升路道路工程、东富安置区市政配套道路工程、东富龙楚学校求知路道路工程等5个基础工程项目。启动建设B2区污水改造和华塘安置区二期等民生工程，经营性项目公租房第2、3号楼栋1.7万平方米房建工程竣工。四是资产经营有突破。公司成立资产经营公司，对公司土地资源情况进行全面梳理，积极推进土地经营。分期出让陶瓷商贸城20.47公顷土地，完成标准化厂房5.33公顷土地的国有土地使用权证手续，启动标准化厂房三期工程的土地出让挂摘牌，办理旗滨路及城市外环线12.67公顷土地报批手续；标准化厂房一期工程招租完成70%，2家入驻企业投产。截至年末，公司实现经营收入8700万元，新增资产17亿元。五是财务管理不断加强。年内，公司应付银行本息7.81亿元，已还本付息7.81亿元；支付工程款0.95亿元，支付征、拆、报、安等费用0.4亿元，其他支出0.15亿元，代垫旗滨项目0.75亿元。根据公司融资工作的需要，积极与各银行对接，开展银行承兑、质押、助保贷等工作。

【科技成果】2015年，市恒茂电子有限公司与中南大学组成项目团队，耗时3年研发的专利产品——健康路由器(healthy router)成功面世。该款路由器通过无线网络速率自适应算法，结合防辐射纳米吸波陶瓷和双核双频千兆硬件，可根据用户使用Wi-Fi的位置和情况自动调整Wi-Fi信号，智能完成健康节能低辐射模式切换。健康路由器的辐射和功耗总量只有普通路由器的10%，信号和性能却优于普通路由器。该发明专利已通过科技成果转化，可进行大规模生产。

(余　里)

经济科技信息化

【概况】2015年12月，根据《中共醴陵市委醴陵市人民政府关于印发〈醴陵市人民政府职能转变和机构改革方案的实施意见〉的通知》(醴发〔2015〕9号)和《中共醴陵市委醴陵市人民政府关于醴陵市人民政府机构设置的通知》的精神，设立醴陵市经济科技信息化局，为市人民政府工作部门，原市经济和信息化局(市陶瓷产业局)、原市科学技术局、原知识产权局的职责和市烟花鞭炮管理局的行政职能划入市经济科技信息化局。编制数25人，内设10股室和电力行政执法大队1个二级机构。年内，全市完成工业总产值1012.3亿元，比上年增长13.2%；传统产业中陶瓷产业实现总产值554亿元，同比增长13%；花炮产业实现总产值189亿元，比上年增长8%。工业固定资产投资294亿元，比上年增长23.6%；其中技改投资264亿元，比上年增长19.9%。

(张致轶)

【中国陶瓷艺术大展暨首届湖南(醴陵)陶瓷博览会】2015年，是醴陵市撤县设市30周年、醴陵釉下五彩瓷扁豆双禽瓷瓶获“巴拿马太平洋万国博览会”金奖100周年。为扩大对外交流与合作，推进陶瓷产业转型升级，经省人民政府批准，中国陶瓷艺术大展暨首届湖南(醴陵)陶瓷博览会(以下简称“瓷博会”)于3月26日—4月6日在醴陵·世界陶瓷艺术城成功举办。展会由中国轻工业联合会、中国陶瓷工业协会、湖南省商务厅、株洲市人民政府主办，醴陵市人民政府承办，湖南省陶瓷行业协会、华泽集团醴陵·世界陶瓷艺术城协办。其中，中国陶瓷艺术大展即第十届全国陶瓷艺术与设计创新评比是由中国轻工业联合会与中国陶瓷工业协会共同主办的，是国内陶瓷界规模最大的评比活动。

展会共设立16个展区，总面积1.89万平方米，共有展位636个。展品主要有日用陶瓷、艺术陶瓷、电瓷、陶瓷酒瓶、花纸色釉、陶瓷装备等品种1.16万余件(套)，陶瓷博物馆陈列陶瓷精品

548件（套）；大师联盟展出作品180件（套），大师笔会创作精品26件。共有参展企业436家，日本—柴田陶瓷、山东华光陶瓷、长沙望城铜官陶瓷参展布展。第十届全国陶瓷艺术与设计创新评比活动有参评作品3100件（套），其中醴陵市500余件；经评选，湖南省共获金奖16个、银奖16个、铜奖45个、优秀奖24个，其中醴陵获金奖14个、银奖14个、铜奖40个、优秀奖20个。

一是展会规模宏大。在为期12天的展会期间，参观醴陵·世界陶瓷艺术城内展馆及醴陵陶瓷博物馆总人数约38.6万人次；参加陶瓷DIY体验、焰火晚会、美食节、瓷城文化之旅累计近22万人次。中国轻工业联合会、中国陶瓷工业协会和省、株洲市领导莅临现场，联合国教科文组织陶艺学会主席、瑞士日内瓦巍巍工艺学院陶艺系主任杰克·考夫曼教授出席展会并亲任评委，日本、新加坡、瑞士，以及我国香港、台湾地区，全国陶瓷主产区党政领导、陶瓷协会专家、签约代表、参展商、客商代表等共6500余人参加。展会云集国内外颇具影响力的评委专家、国家级陶瓷艺术大师、各院校专业教授、收藏家、参评选手及各界媒体记者5000余人。

二是主题特色鲜明。展会设计专门的“liling”展会标识，始终坚持以“中国醴陵·瓷彩天下”为主题，以“弘扬陶瓷文化、发展陶瓷产业，打造绿色瓷城、文化瓷城、商贸瓷城”为目的。展区布局分别设醴陵炻瓷、釉下五彩瓷、电瓷、酒瓶陶瓷、陶瓷机械装备、色釉花纸等特色产品主展区，更加凸显醴陵陶瓷产业特色和展会主题，充分体现展会的专业性与特色。

三是活动内容丰富。展会除突出中国陶瓷艺术大展第十届全国陶瓷艺术创新评比大赛，陶瓷新产品、陶瓷新材料展销外，还策划组织开幕式、“欢乐瓷城”焰火晚会、中国陶瓷艺术设计中心揭牌仪式、“世界和瓶”气模巡展、快乐购电视购物现场直播、“中国醴陵·瓷彩天下”摄影展、“舌尖上的五彩醴陵”美食节、大师联盟“全家福”、陶瓷DIY体验和表演、纪念邮折发行、“瓷韵天使”颁奖晚会、瓷城文化之旅、招商项目推介和签约、陶瓷艺术学术论坛、参评作品点评会等16项主体活动。其中，“欢乐瓷城”烟花晚会，共燃放礼花弹5000余发，架子、特效烟花2000余束，瀑布烟花100余米；“中国醴陵·瓷彩天下”摄影展共展出照片38幅。期间，200余家企业参加陶瓷艺术学术交流论坛，以“传承与创新：中国陶瓷艺术发展论坛”为主题，邀请清华大学、西安财经大学、北京工业大学、青岛大学和景德镇陶瓷学院等院校的6名专家、教授到现场作主题报告。参评作品点评会上，邀请市外全国各陶瓷产区代表200余人（其中外地国家级大师、省级大师40余人）、市内代表100余人（其中国家级大师、省级大师60余人）参加。

四是经贸成果丰硕。研究制定《2015醴陵重大招商项目手册》，对外发布44项重大招商项目。瓷博会期间，共签订招商项目8个、企业合作项目8个，合同资金共计41.76亿元；现场成交额达8760万元，协议成交额5.77亿元，其中，市华联、陶润、新世纪等企业销售火热。“瓷博会”实现旅游收入1.78亿元，快乐购销售额626万元；美食节营业收入达132万元。除“瓷城文化之旅”接待嘉宾、游客团队1300余人次外，“熊声贵大师从艺六十周年作品”展馆、新世纪陶瓷艺术馆、李立三故居及耿传公祠等景点共接待游客约3.8万人次。

五是展会亮点纷呈。场馆设施设备新。瓷博会举办地醴陵·世界陶瓷艺术城由世界著名的意大利阿克雅建筑师事务所设计师马尔科·卡萨蒙帝主持设计，总占地面积43.33公顷，总建筑面积100万平方米，总投资近30亿元。瓷博会期间共派出志愿者300人次，醴陵市企业纷纷为瓷博会捐资献计，共收到企业捐款近400万元、大师捐赠作品60余件；同时，北京、长沙、株洲等地艺术家捐出多幅书法、绘画作品为瓷博会点赞助兴。筹备期间，借助省内外几十家主流媒体，对展会筹备、参展情况进行集中报道和宣传造势；展会期间，新华社、《人民日报》、中央电视台、《湖南日报》、湖南卫视、《株洲日报》等60余家中央、省、株洲市及醴陵媒体分别到现场争相报道，新兴媒体也给予持续关注，其中，《湖南日报》“艺术人家”栏目对瓷博会进行11期的专版宣传。微醴陵等群众传媒积极参与宣传，《醴陵欢迎你》火爆网络，共播放40万次；组委会适时编发瓷博快讯、手机信息报共60余期；编印瓷博会会刊、特刊和《中国当代陶瓷艺术大系·醴陵卷》共7500份；设计、制作、发行瓷博会纪念邮折3000余份；五彩书吧赠送瓷博会纪念书签5万张，媒体原创新闻100余条，网站转载1000余条。

六是总结、表彰及时。市委、市人民政府为总结经验，树立典型，评定原市经济信息化局等16个单位为“中国陶瓷艺术大展暨首届湖南（醴陵）陶瓷博览会先进单位”，市华联瓷业等10家企业为“中国陶瓷艺术大展暨首届湖南（醴陵）陶瓷博览会优秀参展企业”，林德建等40人为“中国陶瓷艺术大展暨首届湖南（醴陵）陶瓷博览会先进个人”，张瑜等7人为“中国陶瓷艺术大展暨首届湖南（醴陵）陶瓷博览会优秀平安卫士”，肖益民等4人为“中国陶瓷艺术大展暨首届湖南（醴陵）陶瓷博览会优秀城市美容师”，杨洲等9人为“中国陶瓷艺术大展暨首届湖南（醴陵）陶瓷博览会优秀青年志愿者”，刘琼芝等2人为“中国陶瓷艺术大展暨首届湖南（醴陵）陶瓷博览会优秀服务司机”，李书再等6人为“中国陶瓷艺术大展暨首届湖南（醴陵）陶瓷博览会优秀市民”，给予刘金堂等5人记三等功奖励。

展会经验启示：一是领导重视是保障。瓷博会得到中国轻工业联合会、中国陶瓷工业协会、省、株洲市和醴陵市相关部门的大力支持。株洲市人民政府市长毛腾飞主持开幕式、市委书记贺安杰出席并致欢迎辞；中国轻工业联合会会长步正发到会指导，副会长、中国陶瓷工业协会理事长杜同和出席并作重要讲话；省委常委、宣传部长许又声，省人大常委会副主任陈君文，省人民政府副省长黄兰香，省政协副主席欧阳斌出席并参加点火仪式。为办好瓷博会，市委、市政府成立“陶瓷博览会组委会”，市委书记、市人大常委会主任、市政协主席任顾问，市委副书记、市长任主任，市委副书记任常务副主任、总协调人，其他市有关市委常委、副市长任常务副主任或副主任，全市各级各有关部门单位为成员单位。

二是履责协作是关键。瓷博会是全市各级各有关部门的“大合唱”。从筹备到举办，全市各级各有关部门将其作为全市的重点中心工作，积极参与、主动配合、全力支持。特别在扎实开展市容秩序集中整治行动中，共教育劝导各类违规行为9300余次，整治各类出店、占道经营户1365家，纠正人行道乱停放摩托车车2310余辆次，查处和拆除各类违章搭建的广告牌匾、横幅580余块等。

三是宣传引导是基础。1月份以来，组委会先后在全市主要路段安装瓷博会宣传道旗灯牌1630个、大型户外广告牌100余块。市宣传部门充分利用醴陵电视台、《今日醴陵》、醴陵新闻网、瓷博会官方网站、醴陵政府网、“醴陵发布”官方微博等媒介广泛宣传，共上传相关宣传稿件800余条。红网醴陵手机报及时推送瓷博会宣传短信近100条；在321处高速公路、街道和宾馆酒店电子显示屏进行宣传，制作社区宣传栏、宣传牌52处，在城区各主要路口、候车亭、公园、高铁站等地设置瓷博会的图片和标语1000余条（幅）。市交通部门利用公交车车身、车载视频、出租车LED显示屏播出瓷博会宣传标语1000余条；成功举办新闻发布会，邀请中央、湖南省、株洲市30余家媒体、100余人进行全方位报道，发布信息，制作专版（栏）。

四是接待安保是重点。市委办、市政府办、市接待办以及对口接待单位，按照“一对一”、对口接待的原则，接待国家相关部委、省“四套班子”分管领导及40个省直部门的领导、株洲市“五套班子”主要领导和其他领导近70个市直部门的领导、14个陶瓷产区党政代表团、浏阳市等10个兄弟县（市、区）领导、陶协系统嘉宾、特邀嘉宾、招商洽谈代表、媒体记者等6500余名嘉宾。展会期间，共投入执勤保卫力量1530人次、交警1400余人次，设置水马300余只、警戒带1000余米、安检门10张。在整个展会期间，未发生任何知识产权问题和信访维稳、消防安全、停电停水等突发事件。

（陈　灏　张致轶）

【落实产业发展政策】 一是湖南省特色县域经济强县重点县项目的落实。年内，按照市委、市政府的安排，把有限资金重点投入基础平台建设，在前期征集的178个2015年特色县域经济重点县项目基础上，通过充分研究、审查，向省特色县域经济强县办公室上报14个重点平台产业项目。二是“工业十条”政策的落实。《醴陵市工业强市实施意见》及《醴陵市工业强市十条政策》出台以来，在全市范围内掀起工业强市的新高潮，下发的《申报工业十条政策的有关程序的通知》，使全市216家企业享受政府的各类奖励、补贴近1000万元，极大地服务和引导产业的转型升级。三是积极为企业争取上级技改、节能减排、信息化推广、参展补贴等一系列扶持产业发展专项资金近500万元。

【规划与调研】 2015年，聘请专家团队深入一线，分类别、分环节、分布局对全市经济和产业情况进行全面“把脉开方”，制定“十三五新型工业化”“十三五陶瓷产业规划”“陶瓷产业智能制造行动计划”等产业中、长期规划，使其更好地服务于产业转型升级及长远发展。年内，针对产业发展重点领域和攻坚方向，开展“展会经济”“互联网+”“智能制造”“陶瓷产业转型升级”4项专题调研；通过座谈、调研、问卷等形式，充分了解全市产业的整体情况及企业生产经营的基本情况，撰写调查报告，为政府决策提供数据支持。

【平台建设】 一是研发平台建设。扶持企业科研平台发展壮大，申报国家、省扶持项目；重点打造市政府投入的全市公共研发平台标准化泥釉模配置中心、市陶瓷3D打印研究所、市工业设计创意中心、市陶瓷装备研发总公司等，通过资源、人才、技术的聚集与共享，不断降低陶瓷生产企业的运营成本。二是检测平台建设。一方面，依托市商检局、陶研所，强化日用瓷、电瓷的质量监管，积极创建国家级日用瓷、电瓷质量安全示范区；另一方面，争取国家电网公司认可的权威检测机构（如西安国家级电瓷检测所）在醴陵设立授权点，以节约企业异地检测成本。三是销售平台建设。依托醴陵·世界陶瓷艺术城（瓷谷）办展，引导全市陶瓷企业踊跃参展，在一定区域内形成品牌影响力。鼓励企业走出去，组织市相关陶瓷企业积极参加各类展销会，醴陵瓷在泰国、上海、北京、广州等地展示；总投资15亿元的醴陵国际陶瓷商贸城已完成项目可行性研究和项目规划选址，签订框架合作协议。四是人才平台。借助市陶瓷烟花职业技术学校平台，举办多期企业管理培训、产业转型、“互联网＋”等培训，累计培训人员3000余人次；组织企业老板远赴北京、上海、长沙等地高校学习。五是融资平台建设。帮助企业开展融资担保工作，通过推广租赁融资模式，建立有政府公信力的担保机制等方式，创新融资模式。

【服务企业】一是开展百家企业帮扶行动。年内，用3个月时间，分行业、分片区、分重点深入各企业生产经营第一线，共搜集各工业企业情况反馈表113份，反馈各类问题280个，将问题交办到市各职能部门解决落实，解决率达93%。二是继续做好维稳信访工作。针对原改制的市红旗、大障、马颈坳等工矿企业的农民轮换工要求生活保障金提标的诉求，一方面积极做好接访息访工作，另一方面通过前期全面的摸底调查，初步形成农民轮换工的调查报告，提出具体的解决问题的建议和意见。积极主动开展企业小区平安创建工作，在市渌电小区举行综治维稳宣传日活动。三是安全生产常抓不懈。由班子成员带队分组，对重点企业进行安全生产的集中检查，发现问题，整改问题；配合市安委会、消委会、食安委及环委会的工作，对全市一些违规生产或者不规范生产的企业进行督查整顿，市电力执法大队与电力部门对个别屡犯不改的企业进行断电处置。

【项目建设】一是积极申报省、株洲市科技计划项目。年内，共组织市醴泉窑艺陶瓷有限公司等企业和单位，向上级科技部门申报科技项目31个，其中省级科技项目15个、株洲市科技项目16个。二是切实加强对立项项目的管理。指导市东方红种业公司等企业，完成科技富民强县项目验收，对省科技厅2014年所立项的6个县域特色经济项目进行跟踪；认真实施醴陵市级科技计划项目，全年安排3批、31项科技计划项目,落实资助金85万元。

【高新产业】2015年，通过项目支持、政策兑现、产学研合作等多种方式，努力培育高新技术企业，积极引导现有高新技术企业做大做强。组织工作人员对市89家企业进行调查和统计，充实高新技术企业后备力量。指导醴陵旗滨玻璃有限公司等6家企业申报高新技术企业，指导醴陵华鑫电瓷科技股份有限公司等4家企业接受高新技术企业复审。

【专利工作】2015年，为促进知识产权工作健康发展，重点抓企业知识产权管理制度和服务保障建设。全年全市申请专利1068件，完成年度计划任务的105.92%。其中，发明申请51件，授权661件，其中发明授权33件。市知识产权局先后3次组织执法检查，累计查处假冒专利12件。年内，经过调解，市正招雨衣、雨虹雨具与攸县某企业的专利侵权纠纷达成和解协议。

【科技兴农】2015年，科技兴农工作重点加强对农业科技龙头企业的扶持力度，推广应用农业科技新品种、新技术10项，有效提高农业发展后劲。继续开展科技特派员活动，14名农业科技特派员共开展涉及蔬菜种植、病虫害防治、畜牧养殖、油茶种植等方面的实用技术培训5场次，培训农民1000余人。

【科普宣传】一是积极开展“科技活动周”活动。联合市科协、市民政局等27家单位，在市嘉茂银座广场开展以“创新创业、科技惠民”为主题的集中宣教活动，共展出宣传展板80余块，发放各种宣传资料4万余份，现场接受群众咨询3000余人次。二是加大防震减灾工作的宣传力度。5月，在市政府的统一组织安排下，开展防震减灾知识宣传活动，在城区制作展板20余块，发放宣传资料5000余份。积极开展防震减灾科普示范学校创建活动，截至年末，全市有4所防震减灾科普示范学校。（张致轶）

国企改制

【概况】2015年，驻醴株洲市国有企业改革办公室稳妥推进驻醴株洲市属国有企业管理及改革工作，妥善处理国企遗留问题，服务基层，关注民生。依法引进深圳市智宇实业发展有限公司为国光瓷业完成资产拍卖、股份划转、资产和资金捐赠等资产重组工作。对10家企业、单位部分欠缴养老保险费和预留离退休人员的养老保险基金挂账3.3亿元。筹资分离国光集团建陶公司工业用电与居民用电分户162户，分离国光瓷业水改工程第二期工程工业用水与居民用水户1220户，新民瓷厂水改勘探设计项目已完成自来水表前管道改造。启动8家企业、11项棚户区改造工程，年内竣工住房633套。企业生活区提质改造项目受益770户。开展大病救助、金秋助学、帮扶帮困等活动，共发放困难职工救济金300余万元。（谢甘霖）

陶瓷工业

【概况】2015年，全市共有陶瓷企业501家，主要有日用陶瓷、工业陶瓷、建筑陶瓷和工艺陶瓷4大类，有4000余个品种。陶瓷工业企业完成工业总产值554亿元，比上年增长13.5%；实现税收5.4亿元，占全市税收比重23.6%。陶瓷产业安排从业人员13.65万人，其中规模以上陶瓷企业安排从业人员10.7万人。全年生产日用陶瓷87.9亿件、同比增长11.7%，其中出口陶瓷30.1亿件、增长2.8%；生产工业陶瓷119.2万吨，同比增长10.8%。全市196家规模以上陶瓷企业完成工业总产值390.3亿元，同比增长15.6%。（黄　鑫）

湖南华联瓷业股份有限公司

【概况】2015年，湖南华联瓷业股份有限公司（以下简称“公司”）有员工近5000人，主要从事陶瓷制品设计、研发、生产与销售，主要产品有日用陶瓷、艺术陶瓷、新材料陶瓷和电瓷；拥有全国日用陶瓷行业唯一的国家认定的“企业技术中心”，打造“华联”“红官窑”和“火炬”三大中国驰名商标品牌。全年完成营业收入7.2亿元，产值5亿元，上缴税费7274万元，实现工业增加值3.5亿元。通过增资方式入股湖南安迅物流运输有限公司，占股35%。

【经营管理】2015年，公司经营管理重点培植、服务价值和战略客户，采取“高层对接、资源倾斜、政策支持”等方式拓展国际市场，锁定宜家、吉普森、邦实等一批优质客户，深化合作关系，全年前20名客户订单收入占总收入的80.5%，毛利近1.32亿元。市华联亿嘉利用互联网平台实现销售收入6000万元，其中淘宝在“双十一”购物节期间销售额达910万元。年内，产品的技术含量和设计美感进一步提升，平均每件样品接单价格为928美元，同比增长28%；解决了宜家釉面刀叉划痕问题，增强了客户合作信心，新开发的“红官窑”餐具、火炬高铁棒瓷、特陶生物陶瓷等具有较强的市场竞争力。年内，公司依托订单优势，全面铺开提质增产活动，由注重规模生产向注重价值生产转型，所有生产指标呈现上升趋势；全年产量指数同比增长7.36%，质量综合指数同比增长2.8%，产值同比增长13.6%。全年利用人民币贬值加快外汇回款等措施，降低财务成本480余万元；针对参展、物流运输、包装、ORC费用的实际情况，制定切实可行的专项控制措施，营销费用综合减少240万元；通过提质量、降成本、拓市场等方式，市华联火炬电瓷全年减亏600万元。全年三项费用（管理费用、销售费用和财务费用）率为23.17%，同比下降5.54个百分点。进一步放大外购模式，全年对外采购额达730万美元，逐步改变自产自销模式，实现产销分离。（石曙光）

湖南泰鑫瓷业有限公司

【概况】2015年，湖南泰鑫瓷业有限公司（以下简称“公司”）有在册职工1049人，有固定资产1.3亿元；主要生产精细炻瓷、中高档陶瓷酒瓶、化工陶瓷、结构陶瓷、釉下五彩艺术瓷。全年出口日用瓷2000余万件、创汇1亿元。产品主要销往美国、德国、以色列、日本、俄罗斯等30多个国家和地区，并与非洲、东欧、中东、南美洲、东南亚等地区的50多个国家建立出口贸易往来关系。年内，生产的新材料、高性能结构陶瓷，在石油钻采、原煤加工、环保设备、精密医疗电子设备、高纯化工原料研磨、分散等领域应用成熟，得到众多国内五百强企业认可，国内销售收入同比增长13%；研发的“紫色无光釉及制作方法”“形成自然褶皱纹理釉的制作方法”“自然形成网状纹理的金红色金属釉及其制备方法”“陶瓷釉中移印方法”和“在窑变釉面上移印后再喷铁系析晶釉的方法”5项新技术，获国家知识产权局发明专利授权。截至年末，公司累计拥有自主发明专利30余项，外观专利420余项。

【新项目投产】年内，全资子公司——醴陵千汇实业有限公司标准化泥釉模配制中心项目总投资1.5亿元，设计能力为年产标准化瓷泥16.5万吨、釉料1.65万吨、模具8250吨。其中，项目一期工程完成投资9000余万元，已于年初正式投产。该项目适应低温、中温、高温烧成的炻瓷、细瓷、酒瓶、镁质瓷等日用陶瓷泥料生产，有光釉、无光釉、透明釉、窑变窑等钙质釉、铝无光、镁无光、钡无光等标准的共性基础釉生产，开发出不同价位、不同使用寿命的模具，结合3D打印技术和设备，为客户快速、准确开发和提供优质模具。截至年末，标准化瓷泥、釉料、模具年产能达到设计产能的40%，产品主要销往市和兴瓷业、华智瓷业、华日瓷业等周边陶瓷企业。年内，项目年产生的5.48万吨废水，通过项目配套设施污水污泥处理设备的集中净化处理后，全部回收利用，实现零排放，对削减河流重金属污染效果显著。（曾日伦）

湖南正阳精密陶瓷有限公司

【概况】湖南正阳精密陶瓷有限公司（以下简称“公司”）注册资本2000万元，主要从事注射成型高性能纳米氧化锆结构陶瓷异型件的研发和生产制造。2015年，公司有员工236人，其中中级以上专业技术人员28人、技师以上专业技能人员56人；有30余台注射成型机、420套成型模具，12条窑炉生产线、8条排胶生产线，月生产陶瓷光纤套管2500万支、陶瓷光纤插芯1000万支。全年实现生产产值4200万元，比上年增长256%；实现销售收入3602万元，比上年增长2.42倍。（黄红卫）

湖南省醴陵星火陶瓷实业有限公司

【概况】2015年，湖南省醴陵星火陶瓷实业有限公司（以下简称“公司”）有下岗职工938人（含留守人员7人）、离退休职工1353人（含留守人员3人和离休干部6人）。公司设党政工办公室、安置组和综合管理组。年内，对下岗党支部主要成员进行了调整。全年实现租金收入55.6万元，支付职工住房维修、电损、电器设施设备维修资金和环卫工作经费共计32.5万元。

【帮扶解困】2015年，株洲市人民政府为公司1003名困难职工拨发生活救济金30.09万元；株洲市总工会拨发节日慰问金4万元、物资（米、油）150份，为57名大病特困职工解决帮扶救助金10.02万元；株洲市国税局发放节日慰问金、金秋助学资金6万元；市11家民营企业为99名特困职工捐赠扶贫金5.62万元、米、油等物资28份。年内，办理职工退休54人，职工抚恤费37人和职工劳动能力鉴定2人；看望和慰问患重病住院职工45人次，发放慰问金1.02万元；为6名离休老干部和1名全国劳动模范送去春节慰问金0.18万元；完成1200余名退休职工人脸建模认证和年检工作。

【改造工程】2015年，公司棚户区改造项目建设工程一期工程竣工，共完成房屋348套，其中电梯房54套、经济适用房198套和廉租房96套，年内配套工程建设启动；二期工程的棚改工程72套房屋已建至第4层。市政府投资150万元，改造2栋、48户旧房；企业投资29万元，在辖区职工居住区路段安装路灯49盏。（王大平　李子群）

花炮工业

【概况】醴陵市烟花鞭炮管理局（以下简称“市花炮局”）是市人民政府授权主管全市烟花鞭炮工作的正科级事业单位，主要承担贯彻落实国家烟花鞭炮产业发展政策，制定并组织实施产业发展中、长远规划，负责花炮人才引进及培训，引导组建花炮商会和产业集团，花炮及相关产业科研成果开发和推广，花炮市场开发等工作。内设办公室、市场推广、产业促进、行业协调4个股室。年内，全市共有花炮企业372家，生产花炮产品14大类、4000余个品种；产品畅销100多个国家和地区，遍及全国省、市、自治区。全年全市花炮产业实现工业总产值189亿元，同比增长8%；生产鞭炮烟花5012万箱，同比增长10.6%，其中出口2018万箱、同比增长11.5%；实现税收1.86亿元，占全市税收比重的8.0%。全市186家花炮规模企业完成工业总产值169亿元，同比增长8.2%。年内，花炮产业安排从业人员11.2万人，其中规模以上花炮企业安排从业人员9.4万人。

【产业扶植】2015年，结合工业强市战略和花炮产业发展现状，制订《关于打造过亿企业、成立产业集团、创建公共平台、扶植特色产品基地的计划》，重点扶植市金利来礼花弹厂、湖南省科富花炮实业有限公司等10家具备核心竞争优势的花炮企业，并以其为核心，以市场渠道、融资借贷、企业文化等因素为纽带，组建10个花炮产业集团，形成集约化、规模化经营模式。

【营销推广】2015年，邀请市级领导率队，组团前往河南、河北、山东、辽宁、贵州、安徽等省开展定点订货工作，开拓国内销售市场。成功在醴陵举办天津市订货会、瓷博会的“欢乐瓷城”焰火晚会、公祭李畋、全国烟花爆竹标准化技术委员会第四届第三次全会等活动，组织市花炮企业参加国际花炮节、新产品评比、燃放赛事和高峰论坛等会展活动，通过参展活动，进一步提升醴陵花炮影响力。支持鼓励企业建立营销渠道，收购或控股花炮销售公司。年内，先后推出李畋烟花、“PDC”（制造—销售—消费）联盟等模式，组成企业联合体共同向产业链下游发展。截至年末，以市科富、富招等为代表的花炮生产企业，获国内得35个县级以上区域销售公司经营权，各区域平均年销售额达

3000万元以上。

【实施项目带动】2015年，组织招商小分队，赴安徽、云南、浙江等省和省内退出花炮生产的地区，引进项目资金、经营管理人才，以促进全市花炮产业提质升级。年内，培育、推进市金利来礼花弹厂产能提升、市赖氏烟花有限公司文化综合项目、浦口小炮弹生产基地建设等项目；引进华泽集团向市金利来礼花弹厂注资1.5亿元，新建全自动机械化烟花生产线，年内产值突破8亿元。

【安全防控】2015年，全市烟花鞭炮安全防控工作力度进一步加强。一是加强安全教育培训，提升行业安全意识和防护能力。组织市花炮企业广泛开展安全警示教育，邀请国家工信部防静电专家组到醴陵考察、指导花炮生产中静电防护技术。二是抓好牵头商会和企业安全防控意识。年内，牵头商会和企业分别开展安全生产自查自纠，对安全管控到位和加强提质改造的企业，在整合兼并、融资担保、市场信息等工作中予以政策支持。

（郭争光　黄　鑫）

电力工业

【概况】2015年，国网湖南电力公司醴陵市供电分公司（以下简称"公司"）下设综合管理部、财务资产部、运检部、安全监察质量部、客户服务中心、发展建设部、乡镇供电管理部、电力调度控制分中心、三力公司9个部门；有滴水井、横店村、石子岭等23个变电站和五里墩10千伏开关站。下设输配电线路班、营业班、计量班、市场班、变电修试班、物资站、变电运维一、二班8个班组和9个供电所及4个运检所。有在职人员185人，离退休人员106人；有农电人员439人。截至年末，醴陵电网共有35千伏及以上变电站23座，其中有滴水井、横店村220千伏变电站2座，主变3台、主变容量420兆伏安；110千伏变电站7座，主变12台，主变容量440.5兆伏安；35千伏变电站14座，主变26台，主变容量130.45兆伏安；10千伏开关站1座，110千伏线路13条、135.83千米，35千伏线路24条、235.27千米。截至12月31日，公司累计实现人身安全6359天，设备安全4218天的安全生产纪录。

【经营指标】2015年，完成售电量12.01亿千瓦时，同比增长10.79%；售电均价为761.6元/千千瓦时，比计划值高1.6元/千千瓦时。电费回收率100%，全口径到户线损率9.46%、同比下降1.56%，供电可靠率99.83%，职工劳动生产率为106.46万元/人·年。年内，公司同业对标指标综合排名在全省107个县公司中位居A段第9名。

【电网建设】2015年，公司克服材料不齐、优质服务压力大、现场阻工等诸多困难，采取有力措施，在确保现场安全和施工质量的前提下，保证了农网改造工程的进度。全年完成低电压改造工程63个，其中2个农主网工程按期完工。完善狮子潭变的双电源，增容扩建泉塘变#2主变，解决多年来的春节期间过载问题，荷叶塘变新增4条10千伏线路，解决荷牛线、荷桔线的过载问题；浦洲线等4条新线路的投运及新增的多处互联线路，解决局部10千伏线路过载问题，配网运行方式更加灵活。

【供电服务】2015年，公司不断规范营业窗口，完善故障抢修服务，打造标准化服务管理平台，服务水平不断提升。制定针对性应急预案，加强值班值守，提前调整运行方式，最大限度发挥每条线路的供电能力。推广用电服务"绿色通道"、台区经理制和掌上电力APP，主动接洽用户办理业务；打造城区"十分钟缴费圈"，行政村缴费网点覆盖率达100%。全年开展"零点检修"8次，带电作业12次。年内，配合市有关部门圆满完成瓷博会等重大活动和重要节假日的保电工作50余次。

（钟文丽）

湖南电力电瓷电器有限公司

【概况】湖南电力电瓷电器有限公司（以下简称"公司"）前身为中国能源建设集团有限公司湖南电力电瓷电器厂，原为中国能源建设集团有限公司经营性分支机构。2015年7月，公司按照中国能源建设集团（股份）有限公司整体上市要求，并经湖南省工商行政管理局名称核准，设立为湖南电力电瓷电器有限公司，成为中国能建集团装备有限公司全资子公司，中国能源建设集团旗下专业制造高压互感器、高压电瓷和配网产品重点企业，其法人代表、注册资本、经营范围、主营业务保持不变。年内，有在职职工694人，其中高、中级工程技术人员80余人；占地面积26万平方米；拥有固定资产2.4亿元；内设厂长工作部、党群工作部、市场营销部、生产管理部、企业管理部、人力资源部、资产财务部、技术质保部、物资管理部、后勤工作部10个部门和1个电器分厂。全年完成市场签约金额1.5亿元，其中电网市场8255万元、大工业市场4463万元、海外市场2295万元；实现营业收入1.3亿元。

【市场开拓】一是继续保持在国家电网建设中的行业领先地位。积极化解电网项目投资大幅压缩带来的巨大压力，努力做好“两网”（中国国家电网、中国南方电网）集中规模招标，深挖省网维修改造服务、协议库存项目，力争在国网酒泉—湖南、晋北—南京、锡盟—泰州、上海庙—山东等四个特高压直流项目招标获得新订单。二是进一步拓宽国内大工业市场。通过重点攻关五大发电集团等电源市场、国内EPC总包项目中标，全年项目中标额突破4000万元。三是进一步提升产品出口能力。通过加强国际总包项目跟踪与前期配合，相继中标葛洲坝电力公司委内瑞拉项目和华北院白俄项目总金额2300余万元；积极参加国际电力展会，强力推介企业品牌，扩大企业品牌影响力，产品直接出口美国、罗马尼亚、印尼等20多个国家。

【技术创新】年内，为适应白俄罗斯市场需要，公司组织研发363千伏正立油浸式互感器和电容式电压互感器，并先后通过俄罗斯计量认证、GOST-R认证、海关联盟认证，取得通向俄语系国家的市场通行证；成功研发一体化智能传感的500千伏SF6电流互感器，实现SF6气体压力、温度和微水含量的在线检测，满足特高压直流项目的需要，并在灵邵 ±800千伏特高压直流项目获得成功应用；与武汉大学联合开发的电能质量治理方面的电力电子新产品，与南网广州电科院、华北电力大学、清华大学等国内知名院所合作，开展“高压套管绝缘状态评价新技术研究及应用”“智能化电流、电压互感器研制开发及工程应用”等前沿科技项目研究，为推动传统互感器智能化开辟新渠道。（朱冬祥）

服装工业

【概况】2015年，全市有服装企业121家，其中生产企业98家、完成工业总产值34.7亿元、安排从业人员1.3万人。全市70%的服装企业集中在船湾镇；其中，有服饰销售企业5家，从事服装制造、批零销售的个体户313户，配套仓储物流个体户38户。成立纺织服饰产业商会，有直接从事服装加工、销售、流通的从业人员9200余人。年内，船湾镇实现服装加工企业总产值26.3亿元，其中规模以上企业产值24亿元；占全市规模以上服装企业产值的82.2%。全市服装工业主要产品为系列标志服，其中“韶峰”牌标志服被评为“中国驰名商标”，“帅欧”牌商标被评为“湖南省著名商标”“湖南省名牌产品”，“凯瑞特”牌西服获“湖南省名牌产品”。全市有在外承揽服饰业务的营销人员3000余人，营销网络发达。（黄 鑫）

建材工业

【概况】2015年，全市建材产品主要包括玻璃、防水材料、耐火材料、砖瓦砂石等制品。全市计划以东富工业园区为中心，把玻璃深加工作为产业开拓重点，适度引进玻璃产业配套项目，探索“陶玻一体化”特色之路，力争在5 ~ 10年内将其打造成中南部具有影响力的玻璃制造、研发、出口基地。年内，建筑防水防腐材料业走出低谷，完成防水施工产值3.6亿元，同比增长17.9%。随着城市建设力度的不断加大，水泥预制构件、轻质建材、耐火建材、装饰材料等生产单位迅速发展，涌现“帅旗”“神舟”“环宇”“广发”等一批规模建材生产企业，全年全市建材工业实现工业总产值23.1亿元。（黄 鑫）

醴陵旗滨玻璃有限公司

【概况】2015年，醴陵旗滨玻璃有限公司（以下简称“公司”）第四条生产线点火投产，第五条生产线具备点火条件。5条生产线的建设任务完工，标志着旗滨集团株洲玻璃生产基地整体搬迁工作顺利完成。公司生产规模达3000吨/天，年产量达1887万重箱、销售1729万重箱，产销率91.67%；全年实现产值9.6亿元、利税1426万元，安排就业人员1300余人。年内，根据市场需求扩张产品线，大量使用新型的、先进的设备与装备，产品档次提升换代，原有的优质浮法玻璃、着色（绿、蓝、灰）原片等产品质量得到提高，全年新增在线的Low-E节能镀膜玻璃、在线TCO（光伏太阳能）镀膜玻璃、阳光控制镀膜玻璃（旗滨蓝）、阳光控制低辐射镀膜玻璃（Solar-KB）、超白优质浮法玻璃等节能玻璃、绿色能源玻璃产品。

【节能减排】2015年，不断提高玻璃清洁生产技术，在节能环保方面不断创新。对生产线实施低温余热发电项目改造，所有窑炉实现余热能源综合利用。生产用水全部采用封闭式循环冷却，每天只需补充少量自来水用于补充冷却时蒸发损失的水量；产生的生活废水经过厂内污水处理后达标排放。针对生产过程中燃烧产生的二氧化硫、氮氧化合物和烟尘等污染物，一方面使用硫含量低的洁净燃料，减少排放量，另一方面采用烟气处理工艺干法脱硫除尘一体化技术（CFB）脱硫除烟尘、运用选择性催化还原（SCR）

法脱硝减少氮氧化合物、布袋除尘器除尘等一系列先进技术，确保排放的气体达标。（李　凯）

机械工业

【概况】2015年，全市机械工业主要是陶瓷、花炮、包装三大类机械产品。全市共有机械制造企业147家，其中陶瓷机械企业22家、花炮机械企业90家、其他机械企业29家；实现工业总产值31亿元，安排就业人员8600余人；拥有固定资产15亿余元、各种机械设备2100余台。年内，湖南元创机械有限公司、湖南坜丰、湖南全盛，湖南星月等汽车零部件厂家完成产值3.6亿元。

（黄　鑫）

株洲时代金属制造有限公司

【概况】2015年，株洲时代金属制造有限公司（以下简称“公司”）内设1个研发（试验）中心、2个生产基地。总面积23.33公顷，总资产3.7亿元；有员工1100余人，其中大专学历以上文化程度员工比例超过40%。有各项设计、试验、试制、生产设备500余台，其中热工综合试验、三坐标仪检测、水浸超声波检测等设备性能达到国际一流水平，是国内轨道交通行业重要部件研发、生产企业、轨道交通冷却系统行业标准制定单位之一。公司主要产品有冷却系统、集成气路板、钣金屏柜、压力容器、机车门窗五大系列上千种品类，广泛应用于各种电力机车、动车组、工程机车、地铁等车型。公司负责国内大部分轨道交通车辆冷却器的设计研发，并承担国家动车组牵引系统冷却器、变流柜体国产化生产任务；与中国中车、东芝、西门子、ABB、庞巴迪等国内外知名企业建立了长期的合作关系。

年内，公司设立职工培训学院，主要提升员工素质；联合中南大学、重庆大学、铁道科学院等科研院校成立“战略发展研究院”，旨在提高自主研发能力。国家级热工系统检测中心正式运行，各型先进试验检测设备全部安装调试完毕。综合大楼建筑工程竣工，增添先进办公设备，开设多媒体会议室、多功能厅和企业文化展示厅，有效提升公司对外形象，投资1.2亿元的新基地一期工程建设项目年内完成车间建设、道路硬化、绿化等工程。全年实现产值3.6亿元，上缴税收3600万元，发放员工工资8000万元，各项经营指标同比增长10%。（李　啸）

采掘工业

【概况】2015年，全市共有采矿企业36家，其中规模企业11家。实现工业总产值14.7亿元，安排从业人员5000余人。主要开采高岭土、煤炭、黄金、铅、锌、萤石、石灰岩、耐火石、硅火泥等矿产。（黄　鑫）

醴陵中油燃气有限责任公司

【概况】2015年，醴陵中油燃气有限责任公司（以下简称“公司”）注册资本1亿元，有固定资产近7亿元，年创产值5亿元，累计税收达3亿元。下设经营管理部、工程管理部、客户服务中心、运营管理部（包含母站、门站、调度中心、维抢修队、湘醴支线、巡检队）、安全监察部、财务资产部和综合办公室7个部门，有员工157人。截至年末，公司有投运场站22座，其中门站1座、LNG气化站1座、CNG母站1座、西二线连接线首末站各1座、区域调压站17座。年内，投资新建高压管线83千米，次高压管线123千米；中压管线308千米，庭院管线755千米；累计开发居民用户80084户，工业用户318户，公福用户505户；日供气72万立方米，年供气2.5亿立方米，累计输送和销售天然气约14.8亿立方米，城区居民气化率达90%以上。公司解决200人就业，全年未发生安全事故。（彭　芝）

食品工业

【概况】2015年，全市有食品制造企业18家，实现工业总产值6.3亿元，安排从业人员2500余人。其中，规模企业有湘洲、金巢、庄王米业等5家。主要产品有肉食、粮油、糖果糕点、酒、饲料、调味品、方便面等17个门类、2000余个品种，拥有“旺侬”“青泥湾”等品牌。已建立5个部、省级标准化示范基地，7个株洲市级农业标准示范基地；无公害基地认定面积16.67千公顷、无公害农产品认证85个、绿色食品认证2个，蔬菜基地商品率达95%。（黄　鑫）

化学工业

【概况】2015年，全市化学工业以橡胶制品、塑料制品、碳酸氢铵、碳素、金水、颜料、涂料、蚊香等为主要产品，主要分布在城区、原栗山坝镇、东富镇、富里镇、孙家湾乡等地。共有化工企业38家，其中颜料企业28家。全年化学工业企业实现工业总产值10.2亿元。（黄　鑫）

其他工业

【概况】2015年，随着全市陶瓷、花炮两大支柱产业的快速发展，相关产业也迅速成长，冶金、窑炉热工、造纸、印刷、包装和其他加工行业大量兴起，在花炮业集中的乡镇发展尤为明显。其中，造纸业集中在原王仙镇、均楚镇，主要产品有机制纸、箱板纸、宣纸、土纸、再生纸等；印刷业向彩印、瓷用纸发展；包装业产品有纸箱、复合包装、塑料袋等。2015年，全市其他工业企业实现工业总产值28.9亿余元。（黄　鑫）

贸易·旅游

商贸旅游

【概况】2015年12月，根据市委、市政府《醴陵市人民政府职能转变和机构改革方案》，由原市商务局、旅游局、粮食局和招商局合并组成市商务旅游和粮食局，整合原4家单位所有职责，为市政府工作部门。年内，局内设办公室、计划财务股、法规股（行政审批股）、外经外贸股、商业股（市场体系建设股）、投资股（联络股）、市场运行调节股（电子商务股）、旅游发展股、粮食调控股、粮食行业发展股10个职能股室；下辖市商务综合执法大队、市招商项目策划中心和市旅游质量监督管理所3个正股级全额拨款事业单位及市军供储备粮油管理站1个正股级自收自支事业单位。共有编制47名，其中行政编制21名（其中局长1名、副局长3名）、事业编制24名、工勤编制2名。实有工作人员59人，其中行政编制人员33人、事业编制人员20人、工勤编制人员2人、临聘人员4人；有中共党员47人，民革党员1人。领导班子配备一正八副，原4个单位留任6人（其中，原市商务局留任3人，原市旅游局留任1人，原市粮食局留任2人）；班子成员平均年龄44岁，其中60后5人、70后2人、80后2人。

【商贸服务】2015年，新批进出口企业15家，完成进出口总额3.33亿美元，比上年下降2.5%。组织企业使用“中国醴陵·瓷彩天下”的统一标识抱团参展“春秋两季”广交会，成交1.13亿美元，同比增长11.4%。市恒茂电子、三塘瓷业、精陶瓷业等企业成功申报“湖南省国际知名品牌”。市亿嘉致远、彩天陶瓷、天鑫瓷业、陶润实业被认定为省电子商务应用企业。市华联、港鹏、仙凤等23家企业成功获批中国海关认证证书。全年对外投资总额1.9亿美元、较上年增长23倍，对外承包工程和劳务合作营业额达3200万美元、较上年增长113%。推动富余产能向境外转移，帮助企业拓展发展空间，引导市旗滨玻璃向新加坡、马来西亚输出富余产能，先后在新加坡、马来西亚注册成立全资子公司，与台湾泰特博公司合作成功开发国际上独特的软性全固态电致变色技术及材料。市裕丰烟花在美国、英国成功举办“烟花文化节”和“圣诞节”庆典活动。

【商贸流通】2015年，完成社会消费品零售总额163.4亿元，同比增长12.6%。完成原清水江、板杉、东堡3个省重点民生实事项目建设任务。年内，在株洲地区率先建立生活必需品和重要商品储备体系。组织市陶润、红官窑、指上美食等11家企业参加“湘品六进”活动。电子商务快速发展，全年电子商务完成交易额5.7亿元；在“双十一”期间，市华联亿嘉电子商务销售额达1亿元。截至12月，全市75%的规模陶瓷企业均建立展示公司产品的网站、80%以上的外贸出口企业利用电子商务应用平台，拓展销售业务。

【招商引资】2015年，推进“小分队、点对点、专业化、产业链”精准招商，积极参加国家、省、株洲市组织的投资贸易活动，利用经贸平台聚焦专题对接，高性能陶瓷膜、陶瓷3D打印顺利落户。借助醴陵商会资源，发挥陶瓷、烟花产业文化优势，吸引了中央电视台著名主持人董浩到醴陵开展陶瓷创作，并设立工作站。3月，瓷博会招商活动签约项目8个。6月，重大项目签约活动中签订正式合同2个，7月，在株洲市组织的深洽会上组织集中签约项目7个。10月，“激情创业、勇争一流”招商活动签约项目11个。全年全市招商引资工作呈现三个特点：一是签约项目多。全年全市新签约项目117个，合同引资总额485亿元；其中一产类项目9个，二产类项目52个，三产类项目40个，基础设施类项目16个；有PPP项目6个、合同资金129亿元。二是资金到位好。全年全市到位醴陵域外资金153.5亿元（含项目资金、融资和相关部门争取上级资金），超额完成年度计划任务3.5亿元；其中到位项目资金78.8亿元、平台公司融资到位资金54亿元。三是项目开工快。全年新开工招商引资项目97个，其中一产类项目12个、二产类项目49个、三产类项目36个。年内，签约的玻璃余热发电、新型烟花环保材料基地、惠州市金籁电子项目等一批产业类项目均已开工。

【旅游市场】2015年，继续做好《醴陵市旅游产业发展规划》修编工作，指导市金湖湾成功申报“五星级乡村旅游区（点）”。在央视、省级媒体上积极推介“醴陵瓷谷”，与湘赣边区城市开展旅游产品开发、线路组合、市场营销合作，举办湘赣边（醴陵）第二届“清水出芙蓉”野生荷花节、首届湖南（醴陵）大湘东民俗文化节“黄乡民居·田园乐翻天”活动，提升醴陵知名度和美誉度。

【粮食收储】2015年，全市收购粮食6.2万吨，实现粮油工业产值3亿元；重点扶持产值过5000万元龙头企业2家。全年全市储备粮轮换4500吨，升级改造储备粮检查电子测温系统，全市库存粮食总体安全、数量准确、品质良好、粮情稳定，达到储备粮“一符四无”（账物相符，无虫、无鼠雀、无霉变、无事故）要求。军粮合格率达标，应急保障率和部队满意率为100%。（谭金秀）

口　岸

【概况】2015年，全市检验检疫出境产品4219批、货值1.46亿美元，产地证签证2753份、签证金额6908万美元，同比分别增长1.3%、0.9%。企业自营进出口的货物总值3.33亿美元，其中出口3.28亿美元、进口431万美元；醴陵至盐田港五定班列共运输11179标箱、货运量30.18万吨，其中进出口货物7555标箱、货物量20.4万吨。

【口岸建设】一是市花炮出口铁海联运通道项目建设。在上年工作基础上，继续聘请广东正太凯盈投资管理有限公司，完善项目可行性研究工作，组织拍摄醴陵花炮产业宣传片《火种》；争取省政府及相关部门支持，湖南省政府就恢复开通醴陵至盐田港花炮出口通道事宜专门致函广东省政府，得到高度重视，广东省商务厅、口岸办召开专题会议研究解决湖南花炮通道受阻问题。年内，市政府与浙江省宁波港股份有限公司达成共识，双方在《战略合作框架协议》的基础上签订了《醴陵至宁波烟花鞭炮铁海联运项目合作备忘录》。二是市湘东国际物流园项目建设。在原有工作的基础上，继续做好市物流产业概念规划，完成专业市场布局研究以及湘东国际物流园等项目的评审、结题工作。主动拓展外贸货源，努力发展口岸物流，争取引进国内外知名商企进驻醴陵投资建设经营。加快口岸相关基础设施建设工作，营造促进现代物流良性发展的制度、政策环境，将市湘东国际物流园项目作为内陆“无水港”进行招商，年内争取浙江省宁波港股份有限公司到醴陵投资建设与经营的合作意向已基本明确。（何立志）

检验检疫

【概况】2015年，湖南出入境检验检疫局醴陵办事处（以下简称“醴陵办事处”）共受理出入境检验检疫4219批、货值14627万美元，其中出境4213批、货值14468万美元；完成包装鉴定1889批、387万件；签发各类产地证2531份、贸易总额达6308万美元。

【质量安全】2015年，醴陵办事处对辖区内企业输美年审中，强化质量体系的有效性审核，确保企业质量风险可追溯；强化安全、卫生关键控制点的审核，确保产品质量符合国外强制要求。为防止国外有害生物侵入，加强对进口粮食的监管，对发现的假高粱、北美苍耳、曼陀罗等检疫性杂草种子实施监控，并首次在湖南境内发现超级检疫性杂草“长芒苋”。年内，对市40家涉危企业进行安全风险排查，重点核查企业的生产资质是否齐备、危险公示标签分类定级报告、药物安全性能检测报告。通过排查，全市发现1家企业安监许可证上的企业名称与登记证所列企业名称不一致，督促3家企业及时提交危险分类定级试验申请，确保危险品生产企业正确识别危险源，便于检验监管。

【实验科研】9月19—20日，醴陵办事处检测中心顺利通过中国合格评定国家认可委员会

（CNAS）实验室认可、资质认定监督评审，具备日用陶瓷、建筑陶瓷、烟花爆竹、绝缘子、化工产品等 13 个领域、100 个检测标准和 210 项参数检测能力；陶瓷领域的检测能力可满足加州、欧盟对日用陶瓷产品的所有物理和化学性能要求。

【陶瓷联盟峰会】12 月 17 日，国家陶瓷检测重点实验室联盟第六次会议在醴陵办事处召开，国家总局和 8 个联盟成员单位领导及实验室相关负责人参加会议。会议总结近两年的工作情况，讨论联盟运行中出现的问题及探讨联盟的发展方向和工作思路。

（陈　诚）

海　关

【概况】2015 年，株洲海关驻醴陵办事处（以下简称“醴陵办事处”）有工作人员 4 人，其中主任 1 人、副主任 1 人、关员 2 人。全年围绕海关职责定位和地方经济发展思路，实施简政放权、区域通关一体化等改革政策措施，全年接受进出口报关单申报 318 份，集装箱 567 个标箱；征收税款 513.9 万元。截至 12 月，企业注册备案累计达 237 家。

【进出口业务】 2015 年，醴陵地区进出口货物总额为 3.33 亿美元，其中出口 3.28 亿美元、进口 431 万美元。出口产品主要有日用瓷、烟花、陶瓷绝缘子、以太网交换机、箱包等。其中，出口日用瓷 1.97 亿美元、下降 3.3%；出口烟花 4375 万美元，增长 16%；出口陶瓷制绝缘子 3484 万美元，下降 17.6%；出口以太网路交换机 1754 万美元，增长 15.8%；出口箱包 985 万美元，下降 32.9%。年内，外贸企业中，私营企业进出口总额 1.95 亿美元，增长 1%，占外贸总额的 56.87%；中外合资企业进出口总额 1.07 亿美元，下降 3.4%，占比 31.35%。年内，出口北美 1.16 亿美元，增长 12.9%，占出口总额的 34.6%，为醴陵出口第一大贸易伙伴；出口欧洲 9601 万美元，下降 6.6%，占出口总额的 28.4%，为全市出口第二大贸易伙伴；出口亚洲 9542 万美元，下降 12.1%，占出口总额的 28.2%，为出口第三大贸易伙伴；外贸出口三大市场呈三足鼎立态势，共占醴陵地区出口总额的 90% 以上。

【服务地方经济】2015 年，醴陵办事处积极投身于地方外向型经济发展，采取多种措施，加强通关知识宣传，帮助企业熟悉通关操作，便利企业对外贸易。一是积极解决企业通关过程中遇到的问题。年内，处理企业在口岸通关受阻问题 7 项，为企业归类指导 5 次。二是定期、集中组织企业培训。全年向企业介绍“属地申报、口岸验放”“区域通关一体化”等通关模式，引导企业采取最优化的出口方式。三是加强“关企 QQ 群的建设”。与醴陵市所有进出口企业建立 QQ 群联系，“关企 QQ 群”成为对外贸易宣传政策法规、远程服务企业的重要方式。四是对关区内重点进出口企业定期巡查。主要询问企业通关难点，为企业量身定做通关方案，帮助企业解决实际困难。

（刘凌云）

供销合作

【概况】2015 年，醴陵市供销合作总社（醴陵市行业办公室）主动把握供销发展新常态，深入推进综合改革，经营性资产收入增长 41%，完成年计划任务的 120%。年末，被评为株洲市“供销合作系统综合业绩考核特等奖”，被评为市“维稳工作先进单位”。

【安全维稳】2015 年，按照《醴陵市行业办公室信访工作制度》要求，继续实行领导班子成员日常轮流接访，全年接待来信来访人员 430 余人次，大部分来信来访问题当场予以答复；建立接访工作台账；全年回复各类信访函件 27 件，化解可能发生越级上访事件 6 起。年内，按照《消防管理条例》和上级要求，进行安全检查和落实整改，对市东方市场门面老化线路、市肉联厂老化设施等进行了改造和加固，全年系统资产安全营运，安全事故率为零。

【为农服务】一是进一步推进农民专业合作社建设步伐。以做强做大特色农业为突破口，以股权多元化为合作途径，以标杆社建设条件为标准，以经济效益为中心，因地制宜，稳步推进农民专业合作社建设。年内，牵头组建市金桥油茶种植农民专业合作社，该社已成为全国总社示范社、湖南省人民政府“为农办实事示范基地”和省“林业高产油茶培育示范园”。筹资 102 万元，与市金桥油茶种植农民专业合作社、市金桥生态林农实业有限公司合作，共建市油茶籽存储加工中心。二是争取项目资金扶持，做优农联会服务平台。紧扣合作和服务主题，搞好农民专业合作社摸底调研，开展与涉农部门的项目协调和对接，举办成员单位业务骨干培训，开展“农超对接”牵线搭桥，引导成员社参与土地流转，实行规模化标准化种养、培育示范社。按照基层社标杆社和农民合作社示范社申报评审条件，推荐申报1个“2015年度基层社标杆社”和2个“农民合作社示范社”。获批新网工程扶持资金23.4万元，市农民专业合作社联合会获省级财政支持10万元。开展发展农村电子商务工作调研活动，撰写的《农民专业合作社建设发展调研报告》在湖南合作经济刊物上发表。年内，1个社属企业获评全国供销合作总社“农业产业化重点龙头企业”，有3个合作社被全国供销合作总社评为“示范社”，有2个合作社被国家农业部等九部委评为全国示范社。三是引进农资采购供应大户，建立联储联销机制。采取入库储备、订单储备、直达储备的方式，切实做好农资储备工作。全年农资储备配送中心农资经营联合体调入各种化肥1.8万吨，其中尿素6000吨、复合肥9000吨、钾肥2900吨、磷肥100吨；调入各种农药4万件，调入农地膜190吨；销售各种化肥1.5万吨，其中尿素4200吨、复合肥8000吨、钾肥2730吨、磷氮肥70吨；销售农药3.5万件，农地膜160吨。全年实现农资销售额6500万元，有效保障全市农资正常供应。

【党建帮扶】2015年，按照市党建帮扶工作安排和要求，走访原石亭镇花溪、上保、高冲、樟树、长岭、长塘6个行政村的农户和镇有关单位，开展座谈访谈，根据贫困户致贫原因的不同等情况，进行分类梳理，建档立卡。在“爱心互助”活动中，为11户因病致贫的特困家庭总共发放救助金1万余元。组织全社干部50余人参与“慈善天天捐”活动，共募集捐款1.06万元。10月17日为第二个全国贫困日，在当天举办的扶贫济困、签名募捐活动共筹集捐款2万元，分别捐赠给原石亭镇上保、长岭、花溪村的贫困户。（张申龙）

盐务管理

【概况】2015年，醴陵市盐务局（湖南省轻工盐业集团有限责任公司醴陵支公司、湖南盐业股份有限公司醴陵市分公司）内设综合科、仓储科、营销科；有在职干部职工26人，退休人员19人。全年购进各类盐4862吨，销售各类盐4781吨、为年计划任务的106%；各类盐库储存664吨，销售非盐商品107万元。年内，公司重新将醴陵市场划分为两大片区，实行片区经理责任制，设立2名营销负责人，主要指导、监督片区各类商品的销售和各项工作执行情况，利用户外广告牌和车身广告在乡镇范围确保盐、非盐商品销售目标任务的顺利完成。年内，进一步推广海藻碘等新品种盐、“雪天”盐等商品盐，以提高市场占有率。在“3·15”消费者权益日和“5·15”防治碘缺乏病宣传日中，通过发放传单、板报展示、入户调查等宣传活动，提高市民对健康盐的认识。（张志军）

石油供应

【概况】2015年，因上级公司重组，中国石油化工股份有限公司湖南醴陵市石油公司更名为“中国石化销售有限公司湖南株洲醴陵石油分公司”（以下简称“公司”）。内设综合办公室、财务室、直销批发配送中心、业务大厅；共有员工157人，其中正式工17人、劳务工140人。年内，公司有在营加油站24座；其中，城区、城郊加油站7座（含全自助站1座），国道加油站6座（含全自助站1座），农村加油站11座。下设IC卡发卡网点4处，IC卡充值网点7处，有IC卡加油站19座。全年销售油品6.36万余吨，其中汽油零售3.54万吨、柴油零售2.22万吨、直分销6000吨；便利店实现营业额759万元，“IC卡”充值1.03亿元；上缴国家税收400万元。

【优质服务】一是加强网点建设。对市大障、马恋等5个加油站进行形象升级和改造，对城东、桎木嘴等6个加油站进行地坪站房油罐设备设施翻新和维护；新增1个“IC卡”充值网点，实现城区“IC卡”加油服务基本全覆盖。二是加大营销力度。长期开展便利店商品、“IC卡”充值送礼等优惠活动，全年送出各种礼品价值10余万元。三是完善客户管理制度。按销量划分客户群体，完善客户档案，并定期走访；针对客户需求，提供油品价格信息，以站级配送政策和优惠互动活动吸引客户；对市鑫发运输公司、市安迅物流等大客户，以“积分奖励优惠和回馈”等方式使客户得实惠。四是提高员工素质。年内，在员工中开展“比学赶帮超”、优质服务竞赛活动；举办员工培训班6期、培训员工114人。（刘　越）

烟草专卖

【概况】2015年，醴陵市烟草专卖局（湖南省烟草公司株洲市公司醴陵分公司）内设办公室、综合室、内管派驻组、专卖监督管理股、市场服务分部、株洲烟草物流配送中心醴陵区域中转站6个职能股室和基建办1个临时机构；有在册在岗职工67人、离退休员工21人。全年销售卷烟4.93万大箱，实现销售收入12.5亿元，同比增长3.7%；实现毛利3.57亿元，同比增长 11.84%；上缴国地两税 1 亿元，同比增长 17.8%。

【卷烟市场监管】5 月 19 日，市白兔潭农村专卖管理所正式运行，主要管理白兔潭、浦口等 7 个乡镇的卷烟市场，为 730 户零售户上门服务。年内，强化与市公安、工商、检察、法院的协作机制，开展大型整治卷烟市场行动 4 次，借助市白兔潭专卖管理所的地域优势，与市公安联手破获 1 起案值 126.54 万元的国标假烟网络案件和 1 起省局标准的真品卷烟刑案。全年查获各类违法案件 142 起，查获违法卷烟 1.73 万条，罚没款 21.78 万元。通过联合开展卷烟市场整治，有力维护了卷烟零售户和消费者权益。

【营销服务】2015 年，在在研项目《客户经理标准化服务体系建设与应用研究》的 24 项关键指标中，有 14 项指标在株洲地区排名第一。严密跟进建设进度及建设资金，对已建 75 户放心店进行"回头看"；截至年末，醴陵地区现代零售终端已建成 355 家。根据客户需求，细分服务项目，为零售户提供定制、专业、个性化、定时定点配送服务，醴陵区客户满意度为 94.4%，排株洲市第三。

【提税顺价】经国务院批准，自 2015 年 5 月 10 日起调整卷烟消费税政策，烟草消费税上调。为此，市烟草专卖局及时组织专卖、市场分部、物流、协会等部门，从宣传、调研、维护、监管 4 个环节精准引导，做好政策宣传和价签发放，确保客户知晓率 100%，价格标签发放覆盖率 100%。8 月、10 月，班子成员带头组织开展"局机关干部为基层人员顶一天班"活动，深入了解客户经营动态，坚定客户经营信心，全市卷烟市场保持稳健发展态势。

【证件管理】年内，积极推行烟草专卖零售许可"1＋2＋1＋1"（证件管理员在 1 个工作日内受理、审核符合要求的客户申请材料，并交至责任片区管理员，责任片区管理员在 2 个工作日内协同另 1 名专卖人员，完成现场勘查并将勘查材料反馈至证件管理员，1 个工作日内完成部门审核、领导审批、证件打印等内部审批流程，证件管理员 1 个工作日通知客户进行烟草法律法规宣传教育并领取证件）工作法，采用统一窗口受理、各片区分片勘查、内部审批时间压缩等方法，将法定的 20 个工作日办结时限缩短至 5 个工作日办结，行政审批时间压缩 60%，平均办结时间 3.5 天，行政许可效率进一步提高。办证窗口进驻市政务服务中心，集咨询、新办、后续管理和反馈投诉于一体，方便服务群众。截至年末，全年新增零售客户 257 户，在网运行户 3791 户，申请人服务满意度达 100%。（李青玉）

城建·环保

城市管理

【概况】2015年8月20日，醴陵市城市管理行政执法局更名为醴陵市城市管理和行政执法局，原下设6个二级机构中的园林局、市政工程管理处与市政公司2个二级机构被划归市住建部门管理。变更后，内设办公室、人事股、宣教股、督察考评室等10个股室，有市环卫处、执法大队、查违大队、数字城管监督指挥中心4个二级机构；有干部职工1311人。

【市政设施养护】2015年，全市市政设施养护工作以便民服务为目的，突出应急响应与设施维护，努力构建设施完备的城市市政基础服务体系。增加应急人员和车辆设备配置投入，完善应急服务预案，开通应急服务热线，健全应急出动奖罚工作机制；汛期多次启动市政抢险预案，出动抢险人员、车辆设备及时清理、疏通，有效排除险情。通过增加维护工班、注重养小养早、加强维修质量、提高维护标准、集中使用资金5项措施，加强养护管理。年内，完成城区油路和砼路维修1.67万平方米；瓷城大道、立三路等人行道板提质改造7650平方米，人行道维护21.5万平方米，侧平石维护2980米；完成城区主次干道检查井、泄水井清理2820座，排水管道疏通8320米，积水处理95处，安装防坠网430座、检查井提质改造273座，整治损毁市政设施42次；通知其他管线单位整治、修复问题道路井75座，有效保障市政设施良好状态。

【城管执法】2015年，城市管理行政执法大队在城区主干道开展市容秩序整治行动161次，处理各类行政执法案件159起，教育劝导各类违规行为为2.3万次，整治出店占道经营2853次。开展夜市整治46次，取缔市第一中学转角、金融路、高铁醴陵站、火车站、瓷博馆等处的成群夜市烧烤摊点，规范管理国瓷路、滨河路2处夜市经营秩序。开展马路市场整治行动28次，重点整治太一市场等3处马路市场，规范管理姜湾、东门上及阳三石等3处马路市场。联合市交警部门实施为期30天的车辆停放整顿和规范行动，纠正摩托车乱停乱放2460余辆次，查处小车乱停乱放75辆次。查处处罚渣土违章运输及撒漏污染路面案件70余起，警告教育20余起，清洗路面1万余平方米。下达店牌设置停工通知312份，占道促销（帐篷、拱门、气模、舞台）整改通知245份，拆除整改通知书260份，清理城区乱挂的广告横幅1000余条，清理地贴广告400余张；拆除城区破损广告、有安全隐患广告、逾期未办理行政许可广告、非法设置广告共460余块、面积5000平方米。

【控违拆违】2015年，市查违大队具体负责城市规划区范围内存量违法建设的强制拆除、协助城区"四街一区"范围内的新增违法建设拆除工作，全年查处"四街一区"新增的违法建设341户、建筑面积4.3万平方米。组织开展违法建设拆除行动60余次，拆除违法建设107户、面积2.05万平方米。

【数字城管监督】2015年10月，数字城管监督指挥中心完成组织机构的注册、登记、备案工作，是市城市管理和行政执法局独立的二级机构。主要职能是负责全市数字化城市管理指挥调试、协调工作；拟定编5人，设座席员10人、信息采集员40人。数字城管系统利用数据普查对城市路灯、井盖等部件设施进行分类编号，实施准确定位和入库；利用城市监控对违章占道、渣土管理等进行实时监控和动态监管；依托数字城管平台，开通城管网站、城管热线、短信投诉平台、市民APP和微信等多种渠道，提高市民对城市管理工作的参与度。通过数字城管系统的实施，改变传统的被动管理模式，节约城市管理资源和成本，应急问题及时解决率达96%。（詹　婷）

城市环境卫生

【概况】2015年，醴陵市环境卫生管理处（以下简称“市环卫处”）内设办公室、考评股等9个部门；城区有环卫工人1000余人。主要负责城区所辖范围500余万平方米的街道清扫保洁和主要街道清洗；城区20平方千米范围内生活垃圾清运及无害化处理；城区58座垃圾收集站、14座压缩式垃圾中转站和32座公厕的管养；城区果皮箱、垃圾桶的保洁维护和管理等工作。年内，协助市城管局完成垃圾无害化处理物二期工程建设并投入使用。全市日均收集清运生活垃圾200余吨，生活垃圾无害化处理率100%。

【城市环境卫生管理】一是全力捍卫“全省最干净县级城市”称号。着力消除清扫盲区，扩大市场化清扫保洁覆盖面；创新垃圾处置方式，达到收集密闭化、垃圾转运压缩化；创新道路扫洗工艺和监管方式，提升路面洁净效果；致力环卫管理精细化，制定《醴陵市城区环境卫生质量考评手册》，将工作责任分解到部门、个人、地域、时段，实行处、股、班组长三级督查考核模式。二是加强环卫设施管理。对照国家卫生城市标准，全面自查环卫设施，查漏补缺；继续采取站、厕标段承包，提升管理要求；按国家I级标准继续强化垃圾场监督管理。年内，醴陵市以95分的成绩顺利通过省级“卫生城市”复审考核和省级“园林城市”复查，成绩在株洲地区五县（市）城市管理工作年度检查考评中位居首位。

【环卫管理体制改革】2015年，为进一步提高城区环境卫生整体水平，争创国家卫生城市，按照市委、市政府提出的“运作市场化、作业精细化、管理网格化、考核常态化”的思路，积极推进城市管理体制改革。按照“将原未纳入招投标范围的小街小巷、城中村、城郊村、城郊接合部全部纳入清扫保洁范围”的要求，将原由市城管环卫统一管理的城区大街小巷范围，改为将城区主次街道的环卫作业及环卫设施维护仍由市城管环卫统一管理，发挥专业单位的专业作业优势；其他除主次街道外的“四街一区”所辖范围内的小街小巷、城中村、城郊村结合部的清扫保洁、垃圾收集清运移交至“四街一区”管理，实行重心下移，发挥“四街一区”的属地管理优势。截至12月，城市大街小巷环卫作业面积由原城区村、社区的469.1万平方米扩大至“四街一区”所辖巷、城中村、城郊村、郊外村公共区域面积816.6万平方米。12月，按照市政府常务会议安排，市招投标局就城区环境卫生清扫承包工作依法依规向社会公开招标，各街道办事处、区及中标公司分别按各自负责辖区正式接管运营，开展环卫作业，城区卫生和道路清洗明显提质。（魏小平）

住房和城乡规划建设

【概况】2015年12月，根据《醴陵市人民政府办公室关于印发〈醴陵市住房和城乡规划建设局主要职责内设机构和人员编制规定〉的通知》，设立醴陵市住房和城乡规划建设局，为市人民政府工作部门。内设办公室、人事教育股、计划财务股、法规股（住房政策股）、技术股、城市建设股、公用事业股、建筑业管理股（建筑节能与科技股）、行政审批股、村镇建设股、规划用地股、规划工程股12个行政股室，局机关有在职在编职工61人；下辖市自来水公司、市园林绿化管理局、市建设工程质量安全监督站、市燃气管理办公室、市灯饰管理所、市重点工程建设管理办公室6个副科级事业单位和市市政工程管理处、市建设行政执法稽查队、市城建档案馆、市集镇办公室、市建筑装饰装修管理办公室、市污水处理管理办公室、市散装水泥和墙体材料改革办公室、市规划法规监察队、市规划测绘院、市规划设计院、市规划信息服务中心11个正股级事业单位。年内，获株洲市“住房和城乡建设局目标管理先进单位”等称号。

【规划编制】2015年，规划创新性地引入弹性控制的管理模式，以控规单元为基础，实现刚性与弹性的灵活控制，使规划更具科学性和可操作性。编制《渌江新城城市设计及控制性详细规划》《状元洲一江两岸老城区改造与建设规划》《城北片区发展战略规划》《经开区核心区控制性详细规划及城市设计》《醴北人家生态旅游休闲度假区总体规划》《渌江书院环境整治规划》《320国道拓宽改造与辅道设计》以及《陶瓷特色街区修建性详细规划》等。进一步完善《醴陵市城市综合交通体系规划》、《中国醴陵陶瓷博览园概念规划》和《高铁片区控制性详细规划及城市设计》等。探索镇、村规划编制新思路，率先提出采取集镇组团发展新模式，坚持以产带镇，以区域为基础，以产业为纽带，采取集镇组团发展模式，逐步形成“一心六组团”发展格局。截至年末，组织编制完成村镇布局规划、原24个乡镇总体规划、所有村庄规划和4个镇（乡）控规；城乡区域内已基本实现规划编制全覆盖，这是“十二五”期间城乡规划建设的最大成果之一。

【规划实施】一是依法行政，增强规划的严肃性。严格按照国家相关法律法规，依法依程序编制和修改城乡规划。对用地性质、容积率等重大事项以及有关重大技术指标调整和变更事项，一律呈报市人民政府、市规委会决定、审批，并自觉接受市人大常委会监督。以《状元洲一江两岸老城区改造与建设规划》实施为契机，对过去已审批或已规划的项目进行重新检视，对影响新规划实施、城市建设大格局、城市景观的项目进行合理调整，坚定地维护城市长远利益。二是堵疏结合，完善控违长效机制。为全面遏制违法建设的发生，进一步完善违法建设巡查、受理投诉举报、通报和报告制度。年内，与市城管、国土部门和“四街两区”密切协作，构建严密的违法建设监管网络，查处各类违法建设23处、拆除面积5400余平方米。在对城市私房建设严格控制数量、进行限制性审批的前提下，坚持以人为本，适度解决城中村村民建房诉求。以行政村为单位科学编制17个村民集中居住区布点规划，从源头上减轻私房建设审批压力和减少私房建设违法现象的发生。

【城市建设】2015年，全市重点项目建设强力推进，完成泉湖体育馆场馆主体工程，承办全省青少年游泳锦标赛及多项市级群众性体育活动，各项设施设备运行良好。设计污水处理能力2万吨/天的污水处理厂二期工程项目主体工程基本完工，将进入设备安装后调试及厂区道路、绿化等附属工程建设。李畋中路项目建设完成全线单幅底层水稳层铺设，基本完成预定目标。体育路底层沥青路面铺设及配套管网设施工程基本完成，二圣河改造完成180米。继续推进“小街小巷三年行动计划”，城区48条小街小巷提质改造工程仍在有条不紊地进行中。对接渌江新城、渌江书院、高铁连接线、一江两岸、旗滨大道二期工程、陶瓷特色街等项目建设，积极推进前期工作和手续办理，实现规划、报批与建设无缝链接。

【市政公用事业】一是城市供水安全稳定。全市有供水管网649千米、用户76213户；年供水量2181万吨，水质综合合格率100%。二是城市燃气不断普及。年内，新建燃气管道10千米、新增用户3000余户、城区燃气普及率88%，年供气量2.5亿立方米；实现通气企业278家、公建用户285家，共有居民用户5.6万户。三是灯饰亮化可圈可点。大力推进路灯节能工作，全市新建、改造LED路灯3600盏，部分楼宇、标志性建筑、桥梁、渌江沿岸等区域新建亮化74处、改造亮化28处，路灯亮灯率、景观灯完好率均在99%；全年安装116条小街小巷路灯，在城区基本实现路灯全覆盖。四是污水处理能力提升。严格按要求监管污水处理达标排放，全年完成污水处理量903万吨，实现化学需氧量削减978吨,氨氮减排95吨，卫生填埋污泥2739吨，生活污水处理率达88%，出水水质合格率100%。五是市政维护不断增强，全年维修油路、砼路1.68万平方米，改造人行道板7650平方米，清理主次干道检查井、泄水井2820座，疏通排水管道8320米，安装防坠网2880座；完成城区27座桥梁常规检测，排查、整治桥梁安全隐患6处。

【村镇建设】2015年，启动并完成市白兔潭镇玄武大道两厢开发建设、石亭镇新区道路改造、泗汾镇喜森·奥特莱斯市场建设以及“醴北人家”等一批项目工程建设，全市小城镇功能进一步完善，建设档次明显提升。年内，市白兔潭镇被列入全国重点镇和省新型城镇化试点镇，石亭镇被列入省示范镇，船湾镇被列入省特色镇。认真谋划《“十三五”新型城镇化发展规划》编制工作，聘请专家团队制定推进新型城镇化工作方案，理顺发展路径，明确发展目标。完成危房改造1300户，获省财政配套资金975万元，有效缓解困难群众居住难问题。

（周　宇）

建筑工程质量安全监督

【概况】2015年，全市有建筑施工企业49家，其中总承包企业18家（其中一级资质企业1家、二级11家、三级6家），专业承包企业13家，劳务分包企业18家。全市建筑行业有从业人员2.5万人,其中工程技术人员2633人。年内，报建项目39个，总建筑面积90万平方米。建筑行业完成产值55亿元、利税4.5亿元。

【建筑市场管理】2015年，建筑市场面临行业监管面广、人多的压力，为确保行业规范健康发展，坚持服务与严管并重。以宣传贯彻国家《建筑业企业资质标准》为契机，为建筑企业在资质就位、安全生产动态考核等方面提供指导与服务。牢固树立安全“红线”意识和“底线”思维，深入开展建筑施工领域“打非治违”、专项治理行动，全年未出现质量安全事故，伤亡事故率为零。创建株洲市标准化样板工地1个，永胜棚户区改造和旗滨·公园里项目代表株洲市接受全国“工程质量治理两年行动”执法监督检查。城建档案管理规范高效，入库档案实行数据管理，实现内外网检索分离；年内新进馆案卷1500余卷，预审项目档案进馆率达98%。（周　宇）

城市重点建设工程

【“一江两岸”渌江风光带示范段项目】渌江古城文化休闲带“一江两岸”渌江桥至醴陵人行桥示范段项目，总体定位为渌江风光带建设的启动段，醴陵市“滨水生活”的示范段。项目西至渌江书院桥、东至渌江石拱桥，全长740米、面积约3.46万平方米；建设年限为2年；项目估算总投资约2.5亿元。项目建设工程主要是防洪堤道路，景观、排水和供电照明工程。年内，项目完成环评批复、防洪评估报告的批复、可研批复立项、工程地质勘查、土堤测量及抽芯检测、杆线搬迁、初步设计及文本批复、施工图设计及审查、预算编制及施工招标工作。项目区域的A、B、C区北向绿化、铺装、亮化及架空平台等工程完成并向市民开放，B、C区慢行道路路面基础工程完工。

【小街小巷道路改造】2015年，根据市人民政府工作报告及市“小街小巷三年行动计划”的精神和要求，城区小街小巷道路提质改造工程力度进一步加大，启动城区49条小街小巷道路提质改造工程，其中黄泥坳街道辖区13条、来龙门街道辖区13条、原西山街道辖区11条、阳三石街道辖区12条；改造道路总长11237米，主要提质改造路面、排水、管线、人行道、亮化、美化及绿化等，道路平面及竖向基本遵循现状。小街小巷提质改造工程招标总价为3369.2万元（其中，黄泥坳标段816.45万元、来龙门标段941.9万元、西山标段497.03万元、阳三石标段1113.82万元），民富路招标总价为345.35万元。年内，49条小街小巷提质改造工程的项目立项、拆迁及线路搬迁、地勘、初步设计及批复、施工图设计及审查、预算、招标等前期工作完成。截至12月，黄泥坳街道的12条小街小巷道路提质改造完工并通过预验收，来龙门街道13条小街小巷道路路基处理、砼路面、排水、人行道及绿化亮化提质改造、沥青路面铺设和剩余部分扫尾工程完工，原西山街道的10条小街小巷道路路基、砼路面、人行道及绿化亮化提质改造、沥青路面铺设和剩余部分扫尾工程完工，阳三石街道的10条小街小巷道路提质改造完成。

【沪昆高铁（醴陵）连接线新建工程醴陵东互通项目】沪昆高铁站（醴陵）连接线新建工程醴陵东互通项目位于市王仙镇。项目南起醴陵大道、北至沪昆高铁站前广场，道路长约3公里，路宽100米，双向6车道，设计时速60公里；总投资约1.23亿元。项目工程内容路基路面及绿化、顶推框架桥、A匝道顶推框架桥工程。连接线互通设2处箱涵地道桥；醴陵大道框架桥设有2座混凝土箱涵，其中一座宽17.2米、高8.3米、长45米，另一座宽9.3米、高5.85米、长48米；A匝道框架桥由宽17.7米、高8.3米、长48米的混凝土箱涵构成。年内，项目的立项、可研、水保、初步设计、施工图设计及审查、预算等前期工作完成；主线3.1公里、路基路幅100米、路基内土石方、道路、给排水、电力及通信等配套工程完工。

【岳汝高速醴陵连接线一期项目工程】岳汝高速醴陵连接线项目是打开醴陵向北通道的重点建设项目。项目全长3.77公里、路宽60米，双向四车道，预算投资2.93亿元。连接线西起岳汝高速醴陵西互通口，东依次与凤凰大道、石子岭南路（规划）、寨北路（规划）等相交，与醴官路相接，连接沪昆高速、岳汝高速、320国道（莲易高速）、333省道、醴官路和醴株路。年内，项目完成立项、可研、水保、初设、施工图设计及审查、预算等前期工作。项目工程中的醴陵西收费站至凤凰大道段内线路土石方、路面、绿化、给排水、电力及通讯、景观及其他配套工程完工。

【梧桐路建设项目】梧桐路（向阳路—长庆大道）是渌江新城“三纵三横”规划路网的主干道之一，从北至南依次与向阳河路、醴陵大道和长庆路相连。项目总投资4200万元，全长748米，设计路幅宽36米，双向四车道，道路等级为主干道。项目建设内容包括道路工程以及排水、供电、照明、通信、绿化、交通附属设施工程等；项目由市市政建设工程公司承建。年内，项目设计范围内的道路、景观及相关配套等完工并进行试通车。

【保障性住房珊田安置区项目】保障性住房珊田安置区项目位于渌江新区珊田村境内醴陵大道与彰仙岭路交汇处，项目总用地面积7.67公顷，总建筑面积22.26万平方米。项目拟建设安置房、公寓（公租房）、商品房以及安置区内绿化景观、道路、停车位等附属设施工程；规划建设安置房368套，商品房816套，共设停车位1282个。项目总投资6亿元，分两期建设，预计2019年全面完工。年内，项目立项、可研、水保、初设、施工图设计及审查、预算、招标等前期工作完成。通过公开招标，中国五冶集团有限公司中标。项目取得国有土地使用证、办结工程施工许可证，项目报监报建工作完成。年内，项目1#、3#、4#

栋土石方及桩基础工程完工。其中，1# 栋完成裙楼到第二层楼面、主楼地下室底板施工工程完成；3# 栋完成主楼第三层楼面、完成第一层楼面建设裙楼；4# 栋地下室顶板施工工程完工；售楼部主体施工工程完成。

【旗滨路项目】旗滨路是醴陵市城区至东富工业园之间的重要通道。项目东起规划中的旗滨大道与东富大道平交处，沿旗滨路布线，在 k1 ＋ 679.8 处与规划中的产业大道平交，继续沿规划旗滨路往西布线，终点顺接立三路与渌江大道相交。道路估算总投资约 5.1 亿元，全长 6.49 千米；旗滨路路段按 36 米、立三南路段按 42 米设计道路红线宽度，双向六车道；道路等级为城市主干道，设计时速 40 公里 / 小时。项目建设内容包括路基土石方工程、路面工程、给排水工程、绿化工程、照明工程、交通工程及其他配套设施等。年内，项目完成招投标工作，启动工程施工；红线范围内清表约 15 万立方米，清淤换填约 5 万立方米，土石方开挖约 15 万立方米，土石方填筑约 10 万立方米；筹备全线桥涵施工及便道修筑。（候清瑞）

城市供水

【概况】醴陵市自来水公司（以下简称“公司”）有员工 238 人，其中在岗员工 177 人；内设党政工办公室、财务供应股、勘测设计预算股等 14 个股室，有固定资产 1.3 亿元。狮子坡水厂日供水能力设计为 6 万立方米，主要供水水源为东堡乡望仙桥水库；渌江河水属应急和备用水源。全年完成供水量 2180.7 万立方米实现营业总收入 3630.59 万元。截至年末，全市供水管网总长 653.31 千米，供水面积约 20 平方千米；有用户 76213 户、22 万人。

【重点工程供水】2015 年，市重点工程供水工作得到有力保障。确保沪昆高铁连接线供水工程建设进度，完成新华联晴岚苑、金城家园、欧洲城、星火棚户区二期工程等房产开发项目给水安装业务；配合完成丁家坊、上洲、华塘等村农村安全饮水工程管道安装。全年全市安装管道总长 6.37 万米。

【水质监管】2015 年，全市供水水质监管严格执行国家新颁布的水质检测标准，加强水质监控力度。市水质监测站坚持每天检测源水、出厂水的感观性状等 9 大指标，每月分 2 次抽取 10 个点管网末梢水 7 个点的检测指标，每月对水源水、出厂水、管网水进行 1 次常规分析检测；全年出厂水水质综合合格率 100%。

【供水设施维护】2015 年，完成丁家巷、苏家巷、李家排、青山街共 60 余户移表改造和长庆路与龙园山庄连线改造，解决以上片区供水水压低的难题；对旗滨供水专线每周进行 2 次巡管，查漏并抢修；配合市小街小巷提质改造工程，及时抢修车站路、国声路等 48 条小街小巷道路中因施工损坏的供水管道，其中城北中学路、车站路、国声路等进行管道整改，有效保障城区生产生活用水。

【供水服务】2015 年，公司不断完善管理制度，抓好软、硬件建设，不断创新供水服务理念和方式。继续做好“供水服务进社区”活动，利用节假日走访社区，受理市民咨询，解决市民的用水困难和用水纠纷。及时完成 6 次市长热线、5 次网络舆情中的供水问题，调查回复《法制周报》读者问题。全年查处欠费停复水 778 户，追回欠费 101.3 万元；损坏供水设施 61 起，调整和重划用水性质 134 户。组织开展安全生产、消防等业务技能培训，在宣传窗、电子屏内采用图文并茂的方式，加大对黄、赌、毒的宣传，创造平安、良好的供水环境。（邹靖滢）

园林绿化

【概况】2015 年，在全市机构改革后，醴陵市园林绿化管理局（以下简称“园林局”）隶属市住房和城乡规划建设局，是负责城市绿化规划、建设、维护、管理的副科级事业单位；内设综合股、绿化股、绿线管理股、园林科研所；有干部职工 199 人，其中高级工程师 1 人、工程师 12 人、助理工程师 25 人、技师 2 人。截至年末，全市有建成区绿地总面积 959.12 公顷，绿地率 32.51%、绿化覆盖率 36.63%；城市道路绿化达标率 80.54%；公园绿地面积 205.5 公顷，人均公园绿地面积 8.3 平方米。全市有省级、株洲市级园林式单位 70 家、园林式小区 15 个。

【园林养护】一是提高园林养护人员业务素质。邀请国家、省级园林专家多次到醴陵讲课，现场点评绿化养护情况；与湖南林业科技大学、农业大学达成授课意向。组织局管理层和技术层干部职工赴外考察学习 6 次，参加上级组织的专业技术培训学习 4 次；主要学习精细化养护要点、施工新技术等。投入 2 万余元，新建素质提升阅览室，并制定集中学习制度，逐步提升职工素质，强化园林队伍战斗力。二是推广园林养护新技术。采用围土保墒、滴灌、非常规栽植、地栽鲜花土壤保肥技术，对绿化进行精细化养护；引进新型绿化生产垃圾处理设备，缓解绿化垃圾处理问题；推出新养护考核机制，巩固绿化建设成果。三是加强执法力度。年内，对全市绿地按照行政区域各配备2～3名队员，行使园林监察管理职能，执法力度有效加强；严格按照《城市绿化条例》和《中华人民共和国行政许可法》的要求，根据各类法律、法规规范程序，严格执行跟踪现场监察施工、查勘，全年受理临时占用绿地和砍伐移植城市树木申请6例，处理交通肇事损坏绿化违法违章行为9例，收取各类绿化赔偿(补偿)费用10万余元；对醴陵大道、左权路等项目建设地点绿化带内的2000余株乔木、7000余平方米的小苗等，建立详细台账并做好移植工作，确保不因建设而损毁一片绿色。

【园林建设】一是提升仙山公园形象。投入72万元，结合市书院社区游园提质和公园拆围透绿项目工程建设，完成仙山公园南大门仿古式、1000平方米现代化游园建设。二是完成寨子岭北路等5项城市干道提质改造项目。其中，寨子岭北路提质改造新增绿化800平方米，313省道城区段绿化提质4000米，凤凰大道南段绿化提质8800平方米，滨河路景观提质1.3万平方米，完成一江两岸景观移植工作。三是提升升级游园、广场，重点完成新街口、书院社区、火车站广场、车顿桥、广电局、老干局等6个广场、游园共1.01万平方米的景观提质，扩大城市休闲空间。四是做好常态化鲜花换植及养护工作。全年地栽鲜花50万盆，在春节、瓷博会、国庆等重要节日期间，在城区范围内摆放鲜花20余万盆。

【党建工作】一是继续开展“连心解困”大走访活动。市园林局22名走访干部，主要负责对国瓷街道横店、石塅、姜村的587名走访对象的走访工作，全年收集问题425个，销号318个，有107个问题仍在处理中，其中上报市相关部门15个。二是加强党组织建设。坚持每月开展“五问工作法”，提高干部职工工作主观能动性、强化责任心；建立健全公务车辆规范、公园管理办法、职工考核办法、绿化精细化管养考核等规章制度，机关运行效率提高；年内推选1名青年入党积极分子，发展2名预备党员。三是提高党员党性修养。组织全体党员参加《中国共产党党章》学习和知识竞赛活动，“七一”期间，组织党员参观李立三故居、耿传公祠，重温入党誓词；集中学习《中国共产党廉洁自律准则》和《中国共产党纪律处分条例》，全体党员签订《拒收不送红包礼金承诺书》，通过一系列学习活动的开展，进一步筑牢廉政思想防线。（翁　勇）

市政工程管理

【概况】2015年，醴陵市市政工程管理处针对市政设施维护面积年年攀升，资金不足等问题，采取增加维护工班，注重养小养早，加强维修质量，提高维护标准，加大维护投入5项措施，全年完成城区油路维修1.77万平方米，人行道维护2.57万平方米，侧平石维护2856米，城区主次干道检查、清理井、泄水井2556座，疏通排水管道5124米，积水处理48处，防坠网安装2260座，整治损毁市政设施36处，书面通知其他管线单位问题道路井整治、修复63座。全年应急出动维修人员748人次，抢修“城市陷阱”463座次；提供市民生活性服务帮助297次。（宋鑫巍）

渌江新区

【概况】渌江新区是按照全市“一城三片区”的顶层设计、“溯江而上，向东发展”的发展思路和打造推动城市转型升级的综合服务中心，汇聚多样功能的产城融合示范平台。规划范围包括长庆示范区、来龙门街道、国瓷街道的部分区域，规划面积23平方公里。8月，成立渌江新区建设管委会，下设综合管理部、发展规划部、征地拆迁协调部、招商合作部、投融资部和社会事务部6个工作部。

【重点建设】2015年，完成核心区路网4条道路设计、珊田安置区（一期）工程的规划及建筑设计、创新创业服务中心、新城新天地（一期）工程、总部经济区、渌江产业发展中心、陶瓷技师学院等项目的修建性详细规划设计；全年征地62.87公顷、累计征地8367公顷，累计报批土地102公顷。核心区路网、珊田安置区（一期）工程腾地任务全部完成，渌江产业发展中心、创新创业服务中心项目土地出让工作完成。全年签订房屋拆迁协议105户，拆除房屋88户，发放征拆资金2亿余元。年内，核心区路网长庆路建设全面完工，梧桐路完成工程量近80%，向阳河路完成除石山段外，其他全部完成清表工作，启动路基建设；彰仙岭路完成清表工作，启动路基建设；云盘山路完成清表清淤工作，启动路基建设。珊田安置区（一期）工程，1、2号栋基础施工结束，启动地下室工程，3、4号栋在进行桩基础施工。渌江产业发展中心土地拍卖工程招标、清表工作完成。创新创业服务中心，红线范围内清表和土地平整基本完成。老祖殿土方工程完成，启动桩基础施工。沪昆高铁连接线醴陵东互通改扩建工程、路面工程、旗滨公园里一期工程顺利开盘。

【百亿工程】渌江新区“百亿工程”主要包含公共设施、产业及平台、魅力宜居新城建设三大类项目工程，总投资100亿元以上。其中，公共设施类主要通过渌江新区核心区公共设施综合开发，加快新区建设；产业及平台类主要建设总部经济区、创新创业服务中心、湖南陶瓷技师学院新校区、渌江产业发展中心等项目工程，形成产业综合服务体系；魅力宜居新城类新建新城新天地、渌水湾度假小镇、珊田棚户区、旗滨公园里、名人文化园等项目工程，构筑品质生活平台，建设魅力宜居新城。

【招商引资】一是夯实基础，勤练内功。年内，编制新城项目招商手册、策划主题公园、深圳工业园、广州工业园、智能电子产业园、地下综合管廊等项目工程。二是宣传造势，营造氛围。策划对外推介项目15个，发放项目推介书2000余份；创新创业服务中心、渌江产业发展中心、新城新天地（一期）工程和总部经济区规划设计的广告宣传，在醴陵大道两厢展示。三是主动出击，对接项目。积极与宿庄华夏集团等具有投资意向的企业对接，市农机汽配市场新建项目工程框架协议年末签订。加强与南京中核华兴对接，签订创业创新服务中心、学校、医院等3个项目，项目以PPP模式合作建设，注册渌江华兴建设投资有限公司；创新创业服务中心的工程设计、高中学校和三级医院的规划设计及3个项目的PPP社会资本公开招标等工作顺利推进。四是拓宽渠道，加大融资。以渌江新区核心区项目对接农业发展银行整区域新型城镇化试点项目，获贷款12亿元；成功对接国家开发银行融资2.4亿元，用于向阳河路建设。通过以渌江产业发展中心项目对接华融湘江银行、以保障性住房项目对接建设银行、以渌江新区地下综合管廊项目对接国家开发银行等形式，拓宽融资渠道，推动项目建设。（唐江华）

城市建设投资开发

【概况】2015年，醴陵市渌江投资控股集团有限公司（以下简称“渌江集团”）有注册资本20亿元，系市政府国有独资公司。设董事会、监事会、经理层等管理机构及党委、纪委、工会等组织；内设综合管理部、人力资源部等7个职能部室；下辖市国有资产经营有限公司、基础设施建设投资有限公司、渌江文化旅游投资开发建设有限公司等5家全资子公司；控股市友谊商厦公司，参股醴陵农村商业银行和沪农商村镇银行。截至年末，集团资产总额达131亿元，同比增长62.9%；净资产62亿元，同比增长53.8%；资产负债率为52.2%。全年主营业务收入7亿元；实现利润1.8亿元。

【资产配置】2015年，渌江集团与市发改、国土、财政、规划等部门配合协调，成立“醴陵市土地储备中心渌江集团办事处”。年内，办事处完成建设用地报批115.27公顷，征地163.4公顷，拆迁房屋152栋、154套，土地收储9宗、33.33公顷，项目建设用地及房地产摘牌119宗。与市政府及相关部门沟通协调，做好行政事业单位非转经资产、经营性资产的移接交工作，初步完成国有资产门面租赁经营权、城市户外广告经营权、加油（气）站特许经营权等无形资产归集配置，进一步夯实集团实力，为集团的评级增信和融资发债工作打下坚实基础。

【融资引资】2015年，积极拓展融资渠道，严格控制融资成本，实现到位融资资金28.5亿元，年综合成本不超过9.5%。农业发展银行新型城镇化试点项目贷款12亿元；成功对接英大证券、中信建投、长城证券等券商，组织申报4.6亿元企业债券；筹划发行15亿元非公开发行私募债。年内，集团包装策划“PPP”项目实施。与湖南兴旺集团、中核华兴集团、株洲城发集团、杭州赛石园林集团分别就瓷城古韵（一江两岸）文化休闲带项目、渌江新城创新创业服务中心、医院、学校项目、东城大道项目、花卉旅游综合体项目成功签订“PPP”合作协议，其中渌江新城核心区工程建设运营项目、瓷城古韵（一江两岸）文化休闲带项目、东城大道醴陵段建设项目入选湖南省第三批“PPP”示范项目。年内，成立招商引资工作领导小组和招商小分队，多次赴北京、上海、广州等地开展招商引资活动，并与中国五冶、湖南国通、湖南建工等企业签订项目合作框架协议，达成招商引资合作意向资金130余亿元。

【项目建设】2015年，渌江集团采取细化任务、优化措施、强化督查等方式，努力确保全市重点项目顺利推进。沪昆高铁连接线、醴陵东互通、梧桐路、小街小巷项目顺利通车；瓷城古韵（一江两岸）文化休闲带南岸一号示范段、渌江书院项目如期开放，东城大道、旗滨路、“1915”醴陵国际陶瓷文化特色街区、创业创新服务中心、医院、学校项目、渌江新城珊田安置区、向阳河路、樟仙岭路、云盘路、公交南站、老祖殿等项目启动建设；333省道、岳汝高速连接线二期工程、醴泉路提质、玉屏安置区、新城新天地、加油（气）站、户外广告合作经营等项目顺利对接、推进。全年承建全市各大建设项目

63项，其中市重点项目23项；完成投资20亿元，拨付项目建设资金9亿元，其中项目征拆资金5亿元。

【内部管理】2015年，完善公司章程，构建科学合理、权责统一的法人治理结构，推动集团公司由事业制法人向公司制法人转型。合理设置四大主营业务版块，推动集团由以城市基础设施建设为主向产业投资、资产经营管理、金融控股、城市运营、城市旅游等多元化业务转型。年内，加大创新内部管理力度，颁布七大类三十九项规章制度，编制和出台《渌江集团管理制度汇编（试行）》，进一步规范工作流程；聘请专业财务、法务、会计咨询顾问，对集团资源资产、财务审计、资金拨付流程审批、风险防控等进行细致梳理并层层把关，确保财务运行平稳、风险防控效果理想；聘请人力资源专业团队，对集团制度建设、人员招聘、薪酬管理和绩效考核等进行细化完善，公开组织2次人员招聘，录用一批优秀业务骨干；将全市推行的“五问工作法”与集团绩效管理有机结合，按不同层级、不同时序严格推行“五问工作法绩效考核”，组织集团公司副总经理、子公司负责人、子公司副总经理和集团部（室）长进行集中述职和现场测评。（钟　华）

房产管理

【概况】2015年，醴陵市房产管理局根据市委、市人民政府机构改革的精神和要求，完成市直单位机构改革任务，为正科级全额拨款事业单位。内设6个职能股室，辖17个下属机构；有干部职工213人，其中在岗职工129人；局党总支辖4个党支部，有党员111名。年内，以全市项目建设年为发展契机，以促进房地产市场稳健发展为工作重点，着力转作风，强监管，优环境，做服务，全面履行房产管理职能，实现全市房地产业持续、健康、稳定发展。

【市场培育】2015年，面对经济下行压力，积极引导房地产业主动适应经济发展新形态，有序推进28个续建项目和6个新建项目的建设，稳定开发市场。建立市级领导联系开发项目机制，深入调研解决项目建设问题；召开全市房地产开发工作座谈会，出台房地产业发展政策，举办市房交会，保持房地产市场良好发展势头。全年完成开发投资23.72亿元、同比增长19.14%；新开工项目6个、面积49万平方米。实现商品房销售面积56.47万平方米、同比增长11.29%，销售收入25.41亿元、同比增长26.84%；商品住宅均价3580元/平方米，同比下降0.67%；实现房地产业税收5.21亿元。11月8—10日，醴陵市第六届房产交易展示期间，共实现房屋交易2471套、成交面积31.29万平方米，交易总额11.53亿元，交易总量和总额均创新高。年末，商品房存量近40万平方米，且多为尾盘、顶层，去库存压力较小。全年全市物业服务覆盖率达94.9%，新建小区的物业服务覆盖面100%。归集维修资金5473万元、使用维修资金11.6万元，专户归集维修资金累计达2.1亿元。

【住房保障】一是加强组织领导。成立保障性住房管理所，专项负责保障性住房的经营管理。二是加快项目进度。狠抓全程管理，确保保障性住房的质量安全。三是强化后续管理。把好分配关口，严格实施“三级审核”（保障性安居工程申请对象要经社区、街道办事处、市房产管理局三级审核）和“四级公示”（符合保障性安居工程住户名单要经社区、街道办事处、市房产管理局、政府门户网站四级公示）制度，做到政策、价格、房源、保障对象公开，建立健全住房保障体系，稳步提升住房保障水平。年内，启动公租房新建项目21个、1383套，公租房维修改造项目1个、27套；实施城市棚户区改造项目3个、1030户，建设保障性住房15.5万平方米，均达年度计划任务指标。全年发放住房租赁补贴1258户，安置各类保障性住房1037套（户），通过实物配租和租赁补贴惠及住房困难群体近2万人。

【房屋征收】2015年，按照株洲市经济发展升级重点工作要求和全市项目建设总体部署，紧扣全市80个重点建设项目，有力推进房屋征收工作。全年完成房屋征收面积520户、7.17万平方米。其中，长庆大道6户、1300平方米。湘东医院39户、2200平方米。阳三粮库112户、1.54万平方米。李畋中路199户、2.22万平方米。渌江防洪堤（二期）工程26户、5955平方米。渌江书院138户、2.46万平方米。

【房政服务】2015年，进一步规范房屋登记、白蚁防治及房屋测绘等业务工作，强化窗口服务功能，提升业务水平。办证服务大厅设置业务咨询台，开通业务咨询电话，建立主任值班制度；开辟老年人、残疾人绿色通道，对因身体原因不能到办证大厅办理业务的房屋登记申请人主动安排人员上门服务；对急需办理相关业务的企业实行特事特办、延时服务或安排专门时间预约服务，减少申请人来回办理业务的时间，提高工作效率。全年窗口共受理登记业务13749件，提供档案资料利用1.3万卷（次）；完成房屋测量业务508宗、面积209.24万平方米；白蚁预防施工面积86万平方米，灭治面积7万平方米，灭治率99%。年内，组织开展全市老楼危楼安全排查，加大公房维修力度，维修房屋1.91万平方米，妥善处理房屋突发安全隐患4起，出具《房屋安全鉴定报告》或《房屋安全鉴定意见书》140份、鉴定面积3.8万平方米。进一步完善网上签约、维修资金自缴系统建设，全年完成网上签约4583户、面积57.5万平方米。

【作风建设】2015年，深入开展群众路线教育实践活动回头看活动，着力整改四风不实方面的问题；扎实推进落实“五问工作法”，着力提升机关工作效能。深入推进“连心解困”大走访活动，为联系点村、组群众解决一批事关切身利益的症结难题。切实落实“两个责任”，建立健全一把手负总责，相关负责人各负其责的廉政机制。认真贯彻《中国共产党廉洁自律准则》、《中国共产党纪律处分条例》及有关作风纪律规定，深化党风廉政建设，带出高素质党员干部队伍，不断提高廉洁意识，增强拒腐防变能力。全年召开廉政建设及专题民主生活会2次，慰问救助困难群众20户，发放慰问救助金1万元，捐助创建资金4万余元，拨付联系点帮扶资金20余万元。

（易雪辉　向　前）

环境保护

【概况】2015年，醴陵市环境保护局设办公室、纪检监察室、计划财务股等9个内设机构；辖市环境监察大队、环境监测站2个二级机构。有干部职工110人，其中离退休18人；在职人员中有高级工程师4人、环评工程师5人、工程师13人。全年全市城市环境空气质量达到和好于二级的天数为336天、优良率为92.1%；地表水水质总体保持稳定，在望仙桥、枧头镇、三刀石、神福港4个水质监测断面中，望仙桥水库水质符合地表水Ⅱ类水质标准，其余监测断面水质均符合地表水Ⅲ类水质标准；城市区域声环境质量达到Ⅱ类标准。

【污染物排放控制】2015年，完成110家工业源、130家农业源、2家集中式污染源污染物产生量、处理量、排放量数据的统计和上报；完成28家工业企业氮氧化物、氨氮排污权有偿使用费的重新核定和征收。完成市靓洁洗衣坊等建设项目总量指标审核20家、排污权交易6家；征缴54家排污权有偿使用费39万余元。按年度计划完成2家农业源和湖南湘洲食品有限公司的污染物减排工作。年内，国家重点减排项目，市污水处理厂二期工程主体工程竣工并通过验收。

【环保审批】2015年，环保审批严格执行《中华人民共和国环境影响评价法》等环境管理法律法规，做到不违规、不越权审批，对新、改、扩建项目从严把关，谨慎审批。全年共审查批准新、扩、改建设项目42项，环评审批率100%；否决不符合准入要求项目3项。同时，对批准的建设项目进行严格的跟踪督查，完成18家建设项目的“三同时”（建设项目主体工程与需要配套建设的环境保护设施同时设计、同时施工、同时投产使用）验收，在建项目和已建项目的“三同时”执行率均达100%。全年新发、换发排污许可证152家。

【污染治理与纠纷处理】一是继续推进窑炉改造。改造市金莎瓷业有限公司、醴东碳素厂等企业燃煤炉窑10座，拆除烟囱11根。二是加强污染治理。改造治理市泉湘、华鑫等3家重点陶瓷企业废水升级项目，回收治理11家加油站的废气污染。三是开展重金属污染治理。完成“醴陵市洪源金矿金明矿区重金属污染综合治理工程”项目，组织实施验收。截至年末，全市共有856座炉窑实施改造或采用余热利用技术，拆除烟囱223根。全市有282家企业使用天然气环保燃料，年用气量近3亿立方米。四是突出对环境污染纠纷的调处。全年处理环境信访案件326件，其中来电186件、市长热线68件、来访49件、红网23件；结案326件，处理率、结案率均达100%，满意率97%。

【环境监管与应急处置】一是实行网格化监管。制定《醴陵市环境监察网格化管理工作实施方案》及相关考核办法，围绕“明情况、抓重点、定责任、强监管”的工作目标，科学合理划分监管网格，明确各责任领导和责任人对网格内企业环境监管负完全责任，逐步建立“三清三到位”（区域清、底数清、职责清、监管到位、互通到位、服务到位）的立体式环境监管机制和纵向到底、横向到边的网格化责任管理体系。二是完善监管措施。对50家重点企业按要求下达环境监察和监测计划，分类开展监察、监测；对42家重点工业企业安装在线视频监控，实行24小时监管。三是成立环境应急领导小组，制定《醴陵市环境保护局突发环境事件应急工作实施方案》，组织市相关职能部门40余人，在株洲时代金属有限公司开展高浓度酸水泄漏应急演练，增强突发环境事故的处置能力。全年出动1000余人次，检查企业300余家，未发生重、特大环境污染和生态破坏事故。

【城市污水和垃圾处理】2015年，市污水处理厂设备运行平稳、出水水质稳定达标、污泥处置规范有序，一期工程日处理生活废水2.53万吨、城镇污水处理率达83%，处理后排放的污水水质稳定达到国家GB18918-2002一级B类标准；污水处理厂二期工程完成建设并通过验收；工业园污水处理厂建成，待完善管网等基础设施。市垃圾填埋场垃圾无害化处理率达100%，全年无害化处理生活垃圾8.6万余吨、处理垃圾渗漏液3万余吨，废水处理后均达标排放。

【农村环境综合整治】2015年，市农村环境整治主要以饮用水安全、畜禽养殖业污染治理、生活污水处理、生活垃圾处置为重点，扎实推进农村环境综合整治工作。完成《城市饮用水源评估报告》、农村1000人以上集中饮用水源调查评估等专业资料。根据湘江治理第一个《三年行动计划》的要求，配合市畜牧局对9家畜禽养殖场污染治理项目的进展情况进行督查，对全市存栏100头以上的生猪养殖场进行统计，确定坐标位置。编制完成《农村环境综合整治推进实施方案》及工作方案。

【环保执法】2015年，制定《环境行政执法检查工作计划》和《全市环保大检查工作方案》，开展环境安全隐患大排查、造纸行业专项整治、饮用水源检查等专项行动6次。配合市人大、株洲市人大、省人大进行大气和《中华人民共和国水污染防治法》的执法检查。严格贯彻实施新《中华人民共和国环境保护法》，执行全市首例因环境违法行为的行政拘留案件。全年查处环境违法案件53件，其中现场处理30件；市执法部门立案处理23件，处罚金额18万余元；查封无证非法洗冶项目1个。

【环保宣教】2015年，全市环境和保护宣传主要利用广播、电视、报刊、网络等媒体，积极开展各类环境宣传活动。6月5日，在火车站广场举行主题为“践行绿色生活”的活动，纪念第44个世界环境日。活动展出新《中华人民共和国环境保护法》等宣传板报20余块；设立3个咨询台现场接受市民咨询；市环保志愿者协会开展花鼓戏“赞环保”等精彩的文艺表演；向市民发放环保购物袋1000个、环保宣传手册等宣传资料6000余份。落实信息报送，围绕全市环保中心工作，准确、及时地报送反映全市环境保护和社会发展等方面的环境信息和调研文章90余篇。

【环境监测】一是加强环境质量监测。对城区大气质量（2个点位）、降水水质（1个点位）、渌江河水水质（4个断面、8个点位）、饮用水水源水质、交通噪声（14条道路、26个点位）、城区区域环境噪声（117个点位）进行全面监测；升级改造2台、6项因子空气自动监测站，已并网投入运行，适时发布环境质量。二是加强污染源监测。对全市50余个重点污染源排污口进行监视性监测，全年监控监测废水、废气处理设施30余台（套）；按时完成年检换证、环评本底值、“三同时”验收等常规监测100余次；制定并实施环境应急监测方案，共开展应急监测和污染纠纷监测31次。

【生态创建】2015年，积极开展“生态乡镇”、“生态村”和“绿色学校”等绿色生态创建工作。石亭镇创建“国家级生态乡镇”工作已通过省环境保护厅的审核，并已报送国家环保部；醴陵市顺利通过“省级卫生城市”的复检验收。截至年末，全市共有9所学校成功创建省、株洲市“绿色学校”，白兔潭等11个乡镇被命名为“省级生态乡镇”，丽水、双桥等17个行政村被命名为“省级生态村”。（陈 莹）

交通·邮政·通信

交通运输

【概况】2015年，醴陵市交通运输局内设办公室、人事教育股、财务股、基建工程股、运输综合股（安全股）和政策法规股（加挂行政审批股）；下辖农村公路管理站、道路运输管理所、城市客运管理中心、航道管理站和交通行政综合执法大队5个二级机构；共有在职人员135人。全市交通运输紧紧围绕“一城三片区”“一心六组团”“一环三纵横”的工作部署，按照“十二五”交通规划目标，扎实开展“项目建设年、改革攻坚年、安全保障年、招商引资年”活动，实现“十二五”圆满收官。年末，全市治超工作考核获株洲地区第一，获评株洲市“2015年春运工作先进单位”、“2015年度安全目标管理先进单位”和“2015年度交通运输发展目标管理考核先进单位”。年内，结合全市交通现状，全面深入开展调研论证，重点开展农村公路基础数据采集、交通规划与城市发展、新农村建设、园区经济相衔接，铁路、公路、水路相联通，交通规划与长株潭两型核心试验区、湘赣开发合作试验区、省际、县际交通发展相对接，全面升级《2011—2020醴陵市道路交通建设管理规划》，科学编制《“十三五”交通运输发展规划》，将市醴娄高速、东城大道、渌江航道综合开发等一批项目纳入“十三五”规划。

【交通项目建设】2015年，全市交通重点工程和民生工程全面推进。基本完成沪昆高铁醴陵连接线建设项目，全部完成岳汝高速黎家冲至城区连接线；启动莲株公路（320国道）改、扩建工程中路基土石方工程；启动333省道老关至铁河口公路工程施工招投标工作；全力推进东城大道（331省道醴陵屏山至芦淞区栗塘村公路）、105省道株洲云龙楠山铺至醴陵塘坊公路、205省道醴陵挫断坳至杉仙殿公路的前期立项工作；完成209省道长株攸公路的方案论证；完成“枫林印象、黄乡民居、官庄山水、沩山古窑”市北部旅游道路42.03公里环线路基，全面启动该项目的道路路面硬化工程。完成省级农村通畅工程81.53公里、村组连通公路150公里，县乡提质改造及大、中修工程23公里，省级道路安保工程任务203.85公里，校车行驶路线安保工程100.86公里；完成省级沈潭江口大桥、嘉树民兵大桥的危桥改造项目，醴陵市级危桥改造20座；启动泗汾石湾大桥危桥改造的招投标工作；完成省级滩下渡改桥下部构造建设任务；完成杨枧、猫形潭、双江口、界陂4处渡改桥的前期工作；新建农村客运招呼站38个，改造渡口码头5处，更新渡船17艘。

【公路养护与管理】2015年，公路养护与管理进一步推进农村公路管养体制改革。对乡、村道路实行“身份证”管养模式，各乡镇均建立管养机构，具体负责辖区内乡村公路的养护工作，实行“定人、定线、定责、定标、定酬”的考核奖补机制；交通运输部门提供专业技术指导，并进行定期和不定期的养护巡查，有效地保护道路建设成果。年内，全市农村公路总里程2826.34公里，高于全省平均水平的63.1%，公路密度达147.86公里/百平方公里、30.37公里/万人；全市农村公路列养率达100%，常养里程县道达100%、乡村公路达70%，县乡公路优良率平均达86.1%，绿化率达82%。

【交通运输行业监管】2015年，

在全市积极推行道路运输服务质量信誉考核机制，90台志愿公交车、出租车为市瓷博会提供优质高效服务。注销10家不符合资质的运输企业经营许可。依法取缔原仙霞、南桥镇2个非法驾驶员培训点。不断加大执法力度，共纠正、整治随意占用公路、乱搭乱建行为220起。全面深入开展“打非治违”专项行动，查处非法营运“黑车”16台、无证经营货车103台、无证客车1台、违规经营出租车54台；更新新能源公交车辆20台。开展为期60天的“治超”（治理超限、超载、超重）集中专项行动，采取全面摸底排查、源头企业管控、边境“关口”蹲守、路面联动执法等工作措施，建立严格工作考核制度，形成严管、严查、严纠、严处的高压态势。截至年末，共摸排货运车辆2584台，对1116台非法改装车辆全部进行切割恢复原状，执法查处超限超载车辆137台、卸载货物1279.46吨。年内，对全市566家企业进行深入摸排，对其中88家重点企业实行“进驻”监管。

【道路交通安全维稳】2015年，建立健全横向到边、纵向到底的金字塔形安全生产责任体系。水上安全责任层层落实到每个乡镇、渡口、码头和船舶，工作责任落实到具体的人头。落实危货车辆GPS监管及官庄库区视频监管，建立车辆动态监督管理信息中心，对全市402辆客运车辆、296辆普通货运车辆、9家汽车维修二级维护作业企业实施动态视频监管，更好地保障人民群众生命和财产安全。加大企业安全标准化建设，以道路运输、水上交通、铁路道口、校车行驶线路、交通建设施工现场为重点，深入开展安全隐患大排查、大整治专项行动，全系统近18年来无任何大小安全责任事故。（朱小军）

中国外运长航集团
湖南外运醴陵市公司

【概况】2015年，中国外运长航集团湖南外运醴陵市公司（以下简称“公司”）有在岗员工21人；下设办公室、财务部、业务部等5个部室。公司有仓库面积1.2万平方米（其中危险品仓库面积5000平方米）、集装箱堆场1.5万平方米。拥有铁路专线1360米，专线月台可全天候作业；拥有完善配套的装卸设备，取得烟花爆竹经营（批发）许可证、危险化学品经营许可证和危险化学品运输资质。公司是湘东地区较大的储运企业，是经南昌铁路局批准的唯一烟花鞭炮铁路整车发运点，是商检、海关同时设立监管点的监管企业。全年通过火车中转烟花鞭炮等货物187卡，其中国际联运烟花98卡。（江剑阁）

交通建设质量安全监督

【概况】2015年，醴陵市交通建设质量安全监督局以交通工程建设质量安全生产监督工作为中心，扎实开展质量安全监督和行业管理等各项工作，监督范围内的交通建设工程质量逐步提高，建设工程、安全生产形势较为平稳，全年未发生重大质量和安全责任事故。修建乡村公路81.53公里，改造危桥2座、中型公路桥2座；开展监督检查90人次，其中协助株洲市交通建设质量安全监督处下乡监督检查40人次；下达整改通知书3份。（黄其林）

公路管理

【概况】2015年，醴陵市公路局负责境内264.76公里道路管养，其中106国道62.98公里、7条省道共计171.05公里、5条县道共计30.73公里。局机关内设办公室、工务股、财务股、政工股、法规安全股、纪检监察室、机械设备部7个股室；下设路政大队（含2个中队）、养护应急中心2个二级机构。全年全市道路管养干线平均优良路率为94.26%、支线为91.8%。共争取省、株洲市资金5900余万元，大、中修公路50.98公里；其中106国道3.85公里、313省道25.43公里、005县道21.7公里；完成危桥改造3座、计77.56延米。全面开展“迎国检劳动竞赛”活动，完成行道树刷白、公里碑、百米桩、标志标牌、桥梁栏杆刷漆等工作；全年新增、维修钢护栏8573米、平交道口45个，更换桥梁伸缩缝160米。全年完成外建项目产值6700余万元，其中网岭、旭日大道工程完成产值4000余万元，市旗滨大道完成产值2700余万元。投资建设市路缘综合服务区加油站。

【路政管理】2015年，路政管理以“两治”（治理超限、超载和路域环境）、“一创”（创建“示范路政大队”）为重点，全面铺开其他各项工作。一是治理超限超载。全年出动40名路政执法人员和助勤人员进行治超工作，检查车辆1374台次，其中对226台违法车辆进行卸（驳）载、割除栏板、劝返等处理，车辆超限超载得到明显遏制。二是治理路域环境。平均每月巡查坚持在22天次以上，开展路域环境专项整治行动22次，制止或纠正违法行为2000余起，办理路政案件21件、结案21起；无复议、上诉案件。年内，创建省级“示范路政大队”，投入4万多元，新建政务厅，完善基础设施，建立健全各项规章制度。全面实行路政巡查人员驻站制，提高路政服务和处置突发事件能力。

（黄科虎　王　锦）

湖南株洲湘运集团有限责任公司醴陵客运分公司

【概况】2015年，湖南株洲湘运集团有限责任公司醴陵客运分公司有营运客运车辆66台，有员工110人；下设汽车北站（老站）和汽车中心站（新站）。汽车北站主要经营长沙、湘潭、株洲方向班线，为二级甲等站，日发班车130余次、日发旅客3500人次。汽车中心站地处市立三大道与渌江大道交汇处，占地3.33公顷，设计日发班车300余次、发送旅客5000人次，属一级乙等站；经营长沙、湘潭、株洲方向以外的其他班线，辐射湖南、广东、江西、湖北、浙江、福建等省市，拥有20条省、市、县际班线，承接旅游运输、包车、客运配载、小件托运、停车等业务。

（黎君辉）

铁路运输

南昌铁路局宜春车务段醴陵车站

【概况】南昌铁路局宜春车务段醴陵车站（以下简称"醴陵车站"）是南昌铁路局宜春车务段辖内的一个二等车站，监管东冲铺站（无人站）。位于市国瓷南路3号（原为市解放路东段1号），中心里程为沪昆线K1060＋748.9，沪昆线东端与灯芯桥车站相连，西端与东冲铺站为邻。醴陵站主要办理客运业务和客、货列车的接发作业。车站有正线2条、到发线4条，信号楼1个，其中信号楼设有调度集中系统（CTC）车务终端、信号联锁设备采用EI32–JD计算机连锁。客运站房设候车室、贵宾室、售票厅、行包房、出站口及广播室，候车面积783平方米，旅客乘降站台3个、14514平方米，雨棚3座、长957.2米，行人地道及行包地道各1座。售票厅面积177平方米，有售票窗口4个，自动售、取票机2个，车站全面实现微机联网电脑售票。2015年，醴陵站设客运、运转2个班组，有在岗职工109人，其中女职工33人、干部7人。全年醴陵车站共办理列车96对，其中办理营业旅客列车31列。发送旅客55.86万人次，为年计划的90.1%；实现客运收入4428.49万元，完成年计划的117.5%。截至12月31日18时，醴陵车站实现运输安全3927天。

（唐　海）

邮　政

中国邮政集团公司湖南省醴陵市邮政分公司

【概况】2015年，根据《中国邮政集团公司关于授权各省（区、市）邮政公司所属分支机构办理变更登记的通知》等相关文件精神，"醴陵市邮政局"于4月9日正式变更为"中国邮政集团公司湖南省醴陵市分公司"（以下简称"公司"）。年内，公司设综合办公室、市场经营部、大客户中心、代理金融中心、函件中心；下辖王仙、白兔潭、南桥、浦口、泗汾、清水江、大障、船湾、嘉树、神福港、均楚、黄獭嘴、阳三石13个支局和仙霞、板杉、解放路、火车站、车顿桥、渌江所6个所；有从业人员218人，其中合同A类用工70人，合同B类用工40人，劳务用工81人，劳务承揽27人。全市共有汽车邮路20条、489公里，投递段道52段，农村投递线路总长3476公里；有邮政储蓄网点16处、邮政营业网点4处、邮政报刊图书销售点19处、邮政信报箱群27处、邮政信筒信箱490个、信报箱格口1120个、邮政妥投点3618个，年内新增王坊、富里、东堡、沈潭、孙家湾、东富、官庄、枫林市、贺家桥、栗山坝、石亭、新阳12个邮政代办所。公司全年完成业务收入5170万余元，较上年增加874万元、增长20.33%；其中函件收入146.56万元、保险收入378.81万元、汇兑收入3.80万元、报刊收入403.78万元、集邮收入209.37万元、储蓄收入3410.02万元、代办收入92.65万元、电子邮政310.52万元、快递包裹业务151.99万元、其他收入62.77万元。年末，公司被株洲市邮政分公司评为绩效考核一等奖，并被授予"先进企业"称号；在全省县、市局评级划类中由原二类三级升格为二类二级。

【金融代理业务】2015年，公司调整发展方式，突出以保险、理财、短信为重点的金融总资产全面发展，积极开展"亮单行动"、"厅堂有礼"、产说会、理财讲座、茶话会、大客户联谊会、广场舞营销等多种营销主题活动，并大力开展平推式走访活动，扩大基础客户群，提升金融总资产发展水平。推进网点转型，加大人员和服务设施投入，改善服务环境，网点竞争能力显著增强。精减后台人员，有效充实一线力量，配备16名大堂经理、理财经理；完善网点自助服务设施，配备ATM、CRS机13台，网银自助终端3台，补登折机11台，邮政网点综合服务能力普遍提高。年末，公司邮政储蓄余额达22.16亿元、储蓄网点点均新增余额1923万元，总资产增加4.96亿元；年内有4个网点跻身全省邮政系统100强，有6个网点跻身株洲市邮政系统10强。

【函件集邮】2015年，公司以“文化惠民”为切入点，加强政企合作，着力推进文化演出项目。组织“丑小鸭”、“冒险王”大型儿童剧表演，累计销售票务2710张。大力推进村志项目，实现由经营产品向经营平台的转型。继续开展“传递彩虹邮包、情暖留守儿童”公益活动，共捐赠“彩虹邮包”1000余个。积极开展生肖产品营销活动及新春邮品鉴赏会，共实现产品销售额100万元。积极融入地方经济，以市瓷博会为契机，开发个性化瓷博会邮折1.2万册。开发抗战题材邮品3300册、定向邮品800册，将集邮品逐步实现进企业、进校园、进社区，为客户提供个性化集邮品牌服务。

【报刊发行】2015年，累计完成报刊收入352.28万元，为年计划的95.73%。认真部署图书巡展工作，以旗舰店火车站营业厅阵地营销为主，确保图书巡展进学校、进社区、进企业，全年实现收入80万元。党报党刊、重点畅销报刊、行业报刊、校园报刊、第三方订阅、网上订阅均超额完成年度计划任务。

【电商分销】2015年，公司与市保险公司深度合作，在火车站营业厅开设车险业务台席，由市保险公司派驻人员在网点进行专项受理理赔和业务宣传工作，使客户获得“一站式”服务，提高客户满意度。全年累计车险出单249台，实现保费77.27万元。组织召开酒水订货会2场。通过酒文化宣讲、产品介绍、有奖竞猜、抽奖有礼、酒水竞拍义卖等环节，实现销售酒水收入60万元，比上年增加20万元、增长50%。

【速递业务】2015年，速递业务工作紧扣醴陵陶瓷资源特色，大力抓好瓷器电商寄递业务。在省公司领导的大力支持下，醴陵陶瓷产品已于2014年7月正式登陆“邮三湘”平台。为加快开发标快业务，以省内“次日递”为抓手，为标快业务发展打下良好基础。通过叠加邮政综合便民服务站业务，加快乡镇快递包裹市场的深挖，全年累计实现快递包裹业务收入57.35万元，揽收快递包裹8.53万件，开发电商客户16户。（汤　瑜）

通　信

中国电信股份有限公司醴陵分公司

【概况】2015年，中国电信股份有限公司醴陵分公司（以下简称“公司”）设综合部、渠道销售部、网络部和客户服务部，前端划小承包后设3个政企分部、4个城市支局、21个农村支局；有在职合同制员工115人、劳务派遣工86人、退休员工88人。年内，公司紧紧围绕互联网+战略整体部署，配合市人民政府重点工程项目的实施，取得市安监、林业、环保等6个项目的突破；通过光网快速推进、4G和ITV的融合发展，品牌质量凸显。全年新增光网端口6.8万个，全市累计光网端口达12.6万个，城区覆盖率100%，城区窄带及ADSL设备全部下网，在12月底城区全部完成平移工作；农村集镇覆盖率100%，农村行政村覆盖率为85%，农村平移工作完成约70%。全年开通4G基站156个，城区和106国道沿线集镇、沪昆高铁沿线均已实现4G信号全覆盖。（易武林）

中国移动通信集团湖南有限公司株洲市醴陵市分公司

【概况】2015年，中国移动通信集团湖南有限公司株洲市醴陵市分公司（以下简称“分公司”）内设综合部、市场部、网络部，有员工117人。年内，分公司重点放在网络和网点建设上，着重推进4G信号在城区、高速、高铁干线全覆盖。满足客户在上网、电视、娱乐、聊天多方面的“快”与“省”。截至12月，全市城乡有移动网点241个、2G基站398个、3G基站126个、4G基站493个；有54个小区（乡镇）具备宽带业务发展能力，实现城乡服务与信号纵深覆盖。5月，立三路营业厅全面装修升级，新增4G手机体验台，针对高端客户，设立星级客户服务区。“一站式”的贴心服务让立三路营业厅成为行业内的五星服务标杆厅。（龙丽莎）

中国联合网络通信有限公司醴陵市分公司

【概况】2015年，中国联合网络通信有限公司醴陵市分公司设醴陵本部、醴陵城南营销、醴陵东营销部、醴陵西北营销部、醴陵南营销部5个基层业务单元，有员工100余人。全市乡均村设有中国联通代办业务网点，均能办理手机上户、话费缴纳等业务；城区4G网络覆盖均值达95%，固定电话及宽带业务已覆盖全市城区及大部分乡镇。全年通服收入比上年增长7.3%。（丁晓芬）

财政·税务

财　政

【概况】2015年，市财政局内设14个股室，下辖6个全额拨款事业单位和24个财政所；年末全系统有在编干部206人。全年全市公共财政预算总收入达45.03亿元，比上年增长17.18%，为近三年来最高增幅，绝对值是2010年的2.2倍。其中，完成地方收入34.44亿元，比上年增长20.13%，是2010年的2.65倍，年均增长22.74%。全市完成税收收入23.01亿元，比上年增长17.8%，是2010年的1.75倍，年均增长12.84%。全市一般公共预算支出达59.38亿元，增长19.86%，是2010年的2.37倍，年均增长19.22%。财政实力不断壮大，为全市经济社会发展提供坚实的财力保障。年末，市财政局被国家人社部、财政部评为“全国财政系统先进集体”。

【民生支出】2015年，全市一般公共预算支出中，用于教育、“三农”、社保、医疗等民生领域的支出达42亿元；比上年增长20.65%，是2010年的2.3倍，年均增长18.68%，民生支出占比达70.5%。一是促进教育优先发展。主要加大“两基”（基本实施九年义务教育和基本扫除青壮年文盲）教育的投入，年内新开工项目143个，新建项目投资总额达18750万元；进一步完善教育经费保障机制，逐步提高农村义务教育阶段公用经费标准。二是确保各单位正常运转。年内，按照单位人均3万~5万元标准，共计拨付资金1.65亿元。共安排人员经费10.5亿元，比上年增长40%。其中，拨付资金5172万元，确保6月25日前全市在职人员工资标准调整的发放到位。三是完善社保和就业体系。全年完成社会保障和就业支出76361万元，同比增长32.06%，逐步提高企业退休人员基本养老保险金，月人均养老保险金提高到1820元，确保养老、低保、五保、优抚、重度残疾人等各类社会保障支出，全面落实低保、五保提标工作。四是助推医疗卫生事业发展。全年累计支出55004万元，比上年增长5.37%；进一步提高新农合、城镇居民医保以及基本公共卫生服务人均补助标准，加强重特大疾病医疗保险和救助。支持基层医疗卫生机构实施基本药物制度，巩固基层医改成果。五是保障惠农补贴落实到位。年内，落实强农惠农补贴发放项目20个，通过“一卡通”发放惠农补贴资金20901万元。

【财政改革】2015年，全市财政改革工作以《中华人民共和国预算法（2014年修正）》颁布实施为契机，完善综合预算体系，全面推进预决算公开。将政府债务纳入预算管理，加大“四本预算”（一般公共预算、政府性基金预算、国有资本经营预算、社会保险基金预算）统筹力度，全市80家部门预算单位收支预算于7月初全部公开。在株洲市率先推广运用PPP模式，一次性成功引进城市环线道路及地下综合管廊一期工程、陶瓷生态花卉主题公园等6个项目，总投资129亿元。全面实施乡镇国库集中支付改革，进一步规范资金审批、拨付程序，成为全省财政系统推广的典型。积极推行电子化政府采购管理，五年累计节约财政资金2亿余元。积极推进投融资体制改革，制定对投融资公司的财务管理制度，理顺与渌江集团、高新公司的财务管理关系，提高政府投资预算编制的完整性和准确性。

【财政管理】2015年，全市财政

管理工作以省财政厅开展存量资金检查行动为契机，盘活存量资金4000余万元，将资金统筹用于重点支出。积极推进预算绩效评价，对醴陵市级预算安排的412个重点项目的17.2亿元专项资金开展绩效目标管理，取消、核减项目金额5850万元、核减率为3.4%。强化政府债务管理，全面清理甄别全市存量债务，建立预警监管机制，确保债务风险安全可控，市政府综合债务率为79%；年末醴陵市被湖南省人民政府评为"地方政府债务绿色安全地区"。前移财政监督关口，深入开展"小金库"专项治理、会计监督检查和涉农资金专项检查，维护财经纪律的严肃性，确保财政资金和财政干部"两个安全"。大力开展标准化财政所创建活动，加大乡镇财政干部培训力度，加强乡镇财政"两基"（基础工作和基本服务）建设，出台《醴陵市村账乡代管暂行办法》，以加强村级财务管理。

【队伍建设】2015年，财政干部队伍建设坚持财政业务工作与队伍建设"两手抓"，锻造一支精于理财、严于律己的财政队伍。一是队伍素质明显增强。建立财政业务知识题库，举行财政业务考试，掀起财政理论学习热潮。开展财务赛账活动，在加强乡村财政精细化管理的同时，进一步提高财政干部的专业素质能力。深入开展党的群众路线教育实践活动和"与百姓连心、为百姓解困"大走访活动，积极转变作风，树立财政干部形象。二是服务水平不断提升。制订《醴陵市财政局服务满意度测评实施方案》并进行每年2次测评，切实提升财政服务质量；年内，市国库管理局获评株洲市"文明窗口""青年文明号"等称号。三是廉政意识深入人心。大力建设机关走廊廉政文化，组织廉政教育学习活动，扎实开展"五问工作法"，增强干部的压力感和责任感。积极开展机关作风检查，严格落实机关各项工作纪律，确保监督行为常态化，使廉政文化在干部职工中内化于心，外化于行。

2015年度醴陵市一般公共预算收支总表

表4　　　　　　　　　　　　　　　　　　　　单位：万元

预算科目	决算数	预算科目	决算数
一、税收收入	124178	一、一般公共服务支出	83895
增值税	16955	二、外交支出	0
其中：改征增值税	2053	三、国防支出	436
营业税	19160	四、公共安全支出	18610
企业所得税	7962	五、教育支出	77107
企业所得税退税	0	六、科学技术支出	2008
个人所得税	2179	七、文化体育与传媒支出	10868
资源税	590	八、社会保障和就业支出	76361
城市维护建设税	8581	九、医疗卫生与计划生育支出	55004
房产税	8154	十、节能环保支出	8773
印花税	1652	十一、城乡社区支出	98344
城镇土地使用税	2064	十二、农林水支出	59923
土地增值税	30675	十三、交通运输支出	14111
车船税	1418	十四、资源勘探信息等支出	64933
耕地占用税	2969	十五、商业服务业等支出	2165
契税	21819	十六、金融支出	13
烟叶税	0	十七、援助其他地区支出	0

续表 4—1

预算科目	决算数	预算科目	决算数
其他税收收入	0	十八、国土海洋气象等支出	4190
二、非税收入	220208	十九、住房保障支出	17141
专项收入	8398	二十、粮油物资储备支出	821
行政事业性收费收入	6923	二十一、其他支出	7
罚没收入	26197	二十二、债务付息支出	996
国有资本经营收入	0	其中：地方政府一般债券付息支出	896
国有资源（资产）有偿使用收入	175079	二十三、债务发行费用支出	0
其他收入	3611		
本年收入合计	344386	本年支出合计	595706

（胡　鹏）

农业综合开发

【概况】2015 年，醴陵市农业综合开发办公室内设综合股、土地治理项目股和产业化项目股，有干部职工 13 人，其中领导职数 2 人、专业技术人员 3 人。年内，市农业综合开发办以实施农业综合开发项目为依托，积极争取项目和资金，加大农业综合开发投入力度和项目管理，抓好项目制度建设和干部队伍建设，取得良好成效。

【土地治理】2015 年，土地治理项目为清水江高标准农田建设，总投资 1764 万元，其中中央财政资金 1260 万元，省级财政资金 504 万元。项目涉及清水江乡 9 个行政村，建设高标准农田 906.67 公顷，计划衬砌渠道 29.61 千米，新修拦河坝 1 座，山塘防渗 10 口，造防护林 66.67 公顷。9 月，完成项目招标，年内项目大部分建设工程已完成。

【农业产业化项目】2015 年，全市农业产业化实施项目为金桥油茶、吉泰禽业的扩建项目和新立红薯的种苗培育基地，总投资 675 万元，其中中央、省两级项目资金 280 万元。年内项目工程全部完工。　（张水良）

国有资产管理

【概况】2015 年，醴陵市国有资产管理局机关内设办公室、行政事业资产监督管理股、企业资产和国有资源监督管理股（产权交易中心）、国有资产投资经营监督管理股（加挂资本合作股牌子）、综合财务股、政策法规股；有在编人员 16 人。全年实现资产处置收入 73600 万元，上缴税收 11000 万元。按照“股权多样化、经营项目化、责任层级化、管理专业化”的要求，国资监管取得较好成绩，渌江集团资产总额达 101 亿元，资产负债率为 44%、信用跟踪评级达到“AA”。牵头组织对市高新技术产业有限公司体制进行承购改革，实现融资融券 7.4 亿元。　（邹　蓓）

国家税务

【概况】2015 年，市国家税务局（以下简称“市国税局”）内设 12 个行政科室，有 1 个直属局（稽查局），下辖 5 个税务分局；有在职人员 190 人，离退休人员 55 人。主要负责全市增值税、消费税、企业所得税、个人利息所得税和车辆购置税的征收管理，担负着全市 1253 户一般纳税人、10013 户小规模纳税人的税收征管工作。全年完成税收 10.84 亿元，同比增收 1.6 亿元，增长 17.47%，增幅为株洲第一。

【税收征管】2015 年，全市税收征管主要是加强对税收的规范化管理和提高服务化水平，推动税收良性发展。在突出规范，推进依法治税方面，认真落实国家税务总局“简政放权”部署，全面清理行政审批项目清单，104 项涉税审批平均提速 40% 以上。全面开展税收政策执行反馈，严格抓好税收执法督察工作，规范行政执法。打击发票违法犯罪行为，实施高风险重点税源企业检查，加大税收稽查力度，针对医药、商贸等重点行业开展税收清查，提高纳税遵从度。全年入库稽查税款1245万元。年末，市国税局被湖南省授予“国税系统法治税务示范基地”称号。

【纳税服务】2015年，纳税服务全面推行《全国税务机关纳税服务规范》2.0版，优化表单证书90余项；精简办税流程，窗口即办涉税事项65项，占涉税事项总数的63%、提高近13个百分点。优化便民举措，深入推进“便民办税春风行动”，全年举办纳税人培训班8期。认真贯彻“大众创业万众创新”部署，加强政策宣传力度，全面落实各项税收优惠政策，为小微企业减免税款1700余万元。落实“企业直通车”“班子成员挂点”服务制度，帮助旗滨玻璃和升华科技等企业争取支持产业发展资金近2亿元。深入调查、分析经济税收发展趋势，其《陶瓷行业管理经验》被新华社《内部参考》刊登；开展税收政策执行调研，促进政策落地生根。全年办理各种减免税3000余万元、出口退税1.72亿元。年内，在“湖南省国税系统纳税人满意度调查”中名列全省前10名。

【队伍建设】一是强化素质建设。全年开展各类干部培训30余次、参训600余人次。分4批次组织全体干部赴高校学习深造，提升干部综合素质。定期开展业务练兵比武活动，明确奖罚标准，提升干部综合素质。年末，市国税局绩效管理在株洲市9县（市、区）中排名第二，被评为“湖南省国税系统先进集体”、“株洲市国税系统绩效管理先进集体”。二是抓文明建设。加强“职工之家”建设，班子成员定期与干部开展谈话谈心活动；落实关怀慰问、体检、救助等保障制度，完成泗汾、板杉分局装修工程；密切联系群众，定期到联系点坐班接访，帮助社区老百姓解决居民用气、路灯安装等实际问题10余件，受到广泛好评。年内，被湖南省文明委评为“湖南省文明标兵单位”。三是抓作风建设。坚持制度保廉，严格执行“中央八项规定”，学习贯彻《中国共产党廉洁自律准则》、《中国共产党纪律处分条例》等制度，从源头管控廉政风险。四是深化教育醒廉。开展“特色纪检日”活动，组织48名中层干部前往市法院旁听庭审；分批次组织干部前往耿飚、李立三故居开展爱国主义教育，提升干部廉洁意识。五是强化纪律管廉。开展“三严三实”专题教育活动，组织“四风”问题“回头看”，“三公经费”下降20%以上。开展“拒收违规红包礼金”专项整治，190名干部签订《自律承诺书》；不定期组织明察暗访，预防腐败现象发生。

2015年醴陵市国家税务局税收分行业完成情况

表5　　　　单位：万元

项　目	累计入库				
	税额	为计划的（%）	上年同期	比上年同期	
				增加额	增长（%）
各项收入总计	108418	104.15	92298	16120	17.47
一、两税合计	89345	106.24	77458	11887	15.35
中央级	68791		60246	8545	14.18
省　级	5158		4348	810	18.63
县　级	15396		13044	2352	18.03
1. 增值税	82212	108.03	69715	12497	17.93
其中：一般纳税人	71194		59429	11765	19.80
纺织品	4		8	–4	–50.00
纸制品	860		809	51	6.30
服　装	4297		3063	1234	40.29

续表 5—1

项　目	累计入库				
	税额	为计划的（%）	上年同期	比上年同期	
				增加额	增长（%）
化学化工产品	762		691	71	10.27
非金属矿物制品	3721		3206	515	16.06
陶瓷制品	37736		29518	8218	27.84
其中：日用瓷	24021		19070	4951	25.96
其他瓷	13508		10448	3060	29.29
机械制造	1600		1252	348	27.80
鞭炮烟花	4388		4288	100	2.33
煤炭	157		222	–65	–29.28
供电	2962		3118	–156	–5.00
商业	12500		11509	991	8.61
其中：批发业	8947		7942	1005	12.65
零售业	3553		3567	–14	–0.39
橡胶制品	260		181	79	43.65
营改增	2737		2072	665	32.09
其他	10228		9641	587	6.09
2. 消费税	7135	89.19	7881	–746	–9.47
酒	0		0	0	0.00
鞭炮烟花	7100		7846	–746	–9.51
贵重首饰	38		35	3	8.57
二、企业所得税	19071	95.36	14700	4371	29.73
其中：陶瓷	1182		–19	1201	2642.86
鞭炮	26		17	9	52.94
商业	2893		2866	27	0.94
房地产	876		770	106	13.77
三、个人所得税	0		0	0	0.00
四、车辆购置税	7511		7237	274	3.79

续表 5—2

项　目	累计入库				
	税额	为计划的（%）	上年同期	比上年同期	
				增加额	增长（%）
附注：					
鞭炮税收合计	11396		12146	–750	–6.17
其中：内销	5502		5276	226	4.28
外销	5894		6870	–976	–14.21
工业税收	78911		67500	11411	16.91
免抵增值税	18866		12727	6139	48.24
出口退增值税	29160		12968	16192	124.86
出口退消费税	4357		2993	1364	45.57
文化建设事业费收入	72		45	27	60.00

2015 年醴陵市国家税务局税收分税种完成情况

表 6　　　　单位：万元

项目	增值税				消费税				两税合计				企业所得税			
税额 单位	年度计划	累计完成	上年同期	同比增长（%）	年度计划	累计完成	上年同期	同比增长（%）	年度计划	累计完成	上年同期	同比增长（%）	年度计划	累计完成	上年同期	同比增长（%）
全　局	76100	82212	69715	17.93	8000	7135	7881	–9.47	84100	89347	77596	15.14	20000	19071	14700	29.73
管理一科		37583	29895	25.72		0				37583	29895	25.72		1151	–85	–1454.12
管理二科		22519	19951	12.87		3956	4651	–14.94		26475	24602	7.61		16543	13470	22.81
王仙分局		3708	3502	5.88		2624	2773	–5.37		6332	6275	0.91		30	18	–66.67
泗汾分局		5681	4814	18.01		113	72	56.94		5794	4886	18.58		71	31	129.03
板杉分局		1898	1978	–4.04		150	96	56.25		2048	2074	–1.25		235	241	–2.49
渌江分局		6197	5603	10.60		248	243	2.06		6445	5846	10.25		364	532	–31.58
四塘分局		3359	3476	–3.37		49	46	6.52		3408	3522	–3.24		676	493	37.12
稽查局		1251	239	423.43		0				1251	239	423.43		0		

（张伟淇）

地方税务

【概况】2015年，市地方税务局（以下简称“市地税局”）内设办公室、人事教育科、监察审计室、税政法规科、征管和科技发展科、收入规划核算科、财务管理科7个科室；下辖办税服务中心、信息中心、稽查局3个直属机构和5个税务分局；有在职干部职工137人。主要负责全市2469户企事业单位、8752户个体工商户的地方税收征收管理工作。年末，被评为株洲市“地税系统绩效考评先进单位”。

【税费征收】2015年，全市累计入库地方税收和教育费附加、地方教育附加12.63亿元，为市人大年初预算目标12.59亿元的100.30%。其中，地方税收和教育费附加12.41亿元，比上年同期增收1.85亿元、增长17.42%，为省局计划口径的108.78%。年内，征收文化事业建设费18万元，征收社会保险基金1186万元，代征残疾人就业保障金160万元，代征工会经费714万元，征收水利建设基金535万元，征收价格调节基金97万元。全年累计征收各项税费（金）12.90亿元，比上年增加1.88亿元、增长17.11%。

【税收征管】2015年，加强征管信息化建设，清理异常数据1.6万余笔，补录各类数据1.8万余条。举办网上办税服务厅、个税代扣代缴等“金三”特色软件推广培训，共培训纳税人3000余人次，确保“金税三期”系统的成功上线和平稳运行。实行欠税动态管理，加大清欠力度，在办税大厅和网站予以公告，全年清理欠税5942余万元。对市船湾服装行业税收进行专项管理。推动上规模的个体户建账建制、如实申报纳税，不断规范和加强个体户税收征管。加强委托代征工作，与10户保险单位签订《车船税委托代征协议》，与市国税、邮政协商签订《窗口代开发票代征地方税费协议》，并做好后期协调、沟通等工作。

【税政管理】一是流转税管理。开展金融保险业营业税数据调查，加强自建营业税管理，为下一步“营改增”做好准备。二是所得税管理。积极推行所得税分类预缴，加强所得税纳税评估，突出抓好医院、学校所得税汇缴管理和日常申报，加强年所得在12万元以上个税管理，对股权转让、货币性资产投资个人所得税进行追踪管理。全年学校、医院共入库所得税106万元。三是财产行为税管理。做好土地使用税调等工作，加大土地增值税清算力度，年内土地使用税税源增长50%以上，共清算应补土地增值税1587.41万元。

【税务稽查】2015年，税务稽查健全涉税违法监督举报网络，立案查处举报案件6起。强化发票违法犯罪行为打击力度，全年查处9起发票违法案，查处非法发票29份、涉及金额2883万元。加强部门协作，与市公安部门联合办案12起，追缴税款、滞纳金、罚款共计580万元。突出大要案查办、专项检查和案例分析，查办案件24起，查补入库各项收入共计1260万元，其中查办500万元以上的大要案一起。加大税收违法案件的媒体曝光力度，有效震慑税收违法行为。

【纳税服务】2015年，深入落实“便民办税春风行动”，不断推出便民办税新举措，提升纳税服务水平。为小微企业、高新技术企业、未达起征点、下岗就业、二手房转让的纳税户、创业户等减免各项税收2000万元。组织干部集中学习，落实《纳税服务规范》2.1版；加强“纳税人学校”学习培训，与市国税局联合举办纳税人培训班；举办新企业所得税汇算清缴申报表培训2期，共培训1500余名企业财务人员；在机关院内设置“纳税人专用车位”，解决申报期纳税人停车难问题；印发500余张办税“便民服务卡”，免费发放给纳税人；制作“表证单书架”，提升服务效率；创建纳税服务微信群，及时提供最新涉税信息和涉税咨询，努力打造醴陵地税“天天在线”优质服务品牌，年末获株洲市地税系统优质服务“流动红旗”。

【税收宣传】在2015年瓷博会期间，与市国家税务局联手开展“共建和谐税收、助力瓷城发展”的主题宣传活动，同时开展税法宣传进展会、“诚信税收”倡议签名、纳税人满意度问卷调查等一系列活动，共发放宣传资料2000余份，接受咨询210人次，有1000余人参与诚信税收签名活动。开展“纳税服务日”、“换位升级送春风”活动，帮助纳税人解决涉税疑难问题。

【内部管理】2015年，不断强化内部管理，提升地税系统干部形象。加强廉政建设，鼓励干部通过“微课堂”“微考场”学习党纪法规，聘请7名兼职监察员，筑牢反腐思想防线。做好固定资产实物管理系统上线工作，对全局1523件资产粘贴二维码。加强项目管理，修缮改造二分局和机关大院地面工程，为干部创造舒适的办公环境。加强文化建设，提炼“税载道，韵五彩”的文化核心理念，抓好内刊编发工作，升级图书室，开展道德讲堂2期，完成和二、三、五分局的文化展示。积极组织健康向上的文体和文明创建活动，开展“青春逐梦，五彩飞扬”青年主题活动和气排球比赛，在组织参加株洲市系统乒乓球比赛中，女子获团体第二名。

2015 年醴陵市地方税收收入分单位完成情况

表 7　　单位：万元

单　位	全年入库	较上年同期		年度计划	为年计划的 %
		增加额	增长（%）		
合　计	124116	18416	17.42	123700	100.34
一分局	86885	14598	20.19	85847	101.21
二分局	21962	3450	18.64	21965	99.99
三分局	7431	377	5.34	8314	89.38
四分局	2026	–487	–19.38	3028	66.91
五分局	4549	676	17.45	4546	100.07
稽查局	1263	–198	–13.55		

2015 年醴陵市地方税收分税种入库情况

表 8　　单位：万元

项　目	年度累计	较上年同期		年度计划	为年计划的 %
		增加额	增长（%）		
地方税收合计	120703	18019	17.55	120400	100.25
1. 营业税	25547	–6051	–19.15	37049	68.95
2. 企业所得税	9050	–2277	–20.10	12747	71.00
3. 个人所得税	7231	–1268	–14.92	10500	68.87
4. 资源税	778	–186	–19.29	1130	68.85
5. 城市维护建设税	8475	–2238	–20.89	12561	67.47
6. 房产税	8154	5593	218.39	3003	271.53
7. 印花税	1638	380	30.21	1475	111.05
8. 城镇土地使用税	2949	–620	–17.37	2600	113.42
9. 土地增值税	30675	22669	283.15	13210	232.21
10. 车船税	1418	272	23.73	1500	94.53
11. 契税	21819	2637	13.75	22055	98.93
12. 耕地占用税	2969	–892	–23.10	2570	115.53

（朱睿敏）

住房公积金管理

【概况】2015年，株洲市住房公积金管理中心醴陵管理部围绕年度工作目标，强化业务管理，提升服务技能，各项业务发展再创佳绩。全年归集住房公积金2.11亿元，累计归集11.17亿元，归集余额7.10亿元。新增开户单位9家、1693人；发放住房公积金贷款334户、8375.90万元，累计发放贷款3539户、52752.60万元；贷款余额25290.50万元；贷款逾期率0.001%；实现年度增值收益1816万元。（张家根）

湖南建业会计师事务所有限公司醴陵分所

【概况】2015年，湖南建业会计师事务所有限公司醴陵分所有各类从业人员16人，其中执业注册会计师10人（10人中有7人具有“双师”资格，其中执业注册资产评估师4人、注册税务师1人、注册土地估价师2人）、其他各类从业人员6人。全年完成各项业务153项，其中验资业务29项、审计业务51项、专项审计业务55项、咨询业务5项、资产评估业务13项。

（谭　娟）

银行·保险

银 行

中国人民银行醴陵支行

【概况】2015年，中国人民银行醴陵支行（以下简称“支行”）设人秘股、国库会计股、货币信贷与统计股、货币金银股、保卫股、外汇管理股6个股室；有在职干部职工25人。年内，支行灵活传导货币信贷政策，深化金融服务创新，强化内控安全管理，支持地方经济发展。支行标准示范发行库创建工作效果明显，得到长沙支行领导高度评价，《人行醴陵支行探索标准示范发行库建设取得实效》的经验在武汉分行《工作简报》中推介，并得到分行行长肯定与重视。《人民银行醴陵支行多项举措支持地方经济发展》的信息也被中国共产党新闻网、红网、株洲新闻网等多个媒体报道。年末，支行获中国人民银行“标杆职工之家”称号；被株洲支行评为“工作业绩考评优胜集体”和制度建设“四大活动”先进单位；获醴陵市“文明建设先进单位”。

【货币信贷】2015年，货币信贷从数据对比分析、辖内金融动态、金融政策解读和经验推介等方面不断提质创新，通过金融月报、形势分析会、信贷指导意见等形式，及时传导国家货币政策，引导全市金融机构加大对全市民生工程、重大项目、重大改革的信贷投入。年末，全市金融机构各项存款余额262.3亿元，增加45亿元、增长20.7%；各项贷款余额131.4亿元，增加9.1亿元、增长7.4%。年内，积极为银企搭建交流平台，拓展融资新渠道。在株洲举行的“项目攻坚年”重点项目签约仪式中，共有9个重大项目签约，协议融资30.2亿元。全年金融机构表外资产业务余额达15亿元，新增9.7亿元、增长183%。完善“1＋N”（“1”代表货币信贷政策、金融市场管理工具等形式，“N”代表政府性配套政策）两支一扶工作机制，发放“三农”创新贷款7亿余元；集体土地上房屋抵押贷款近亿元；协助市花炮局与担保公司、银行合作，成立“市花炮企业互助担保融资协会”，全年联贷联保贷款近1亿元。

【维护金融秩序】2015年，积极落实存款保险制度，确保制度顺利实施。迅速处置因谣言造成基础养老金集中支取事件，对醴陵农商行未履行重大事项报告责任予以通报。配合市政府开展打击非法集资活动，协助查处2家农民专业合作社以社员入股方式吸收民间资金案件。严厉打击逃废银行债务行为，配合市金融证券办与市人民法院和金融机构联合开展金融案件审理判决执行专项行动。年内，全市金融机构共申请强制金额1700余万元，收回本息200余万元。对恶意逃废银行债务行为的典型户依法拘留8人，立案逮捕1人，并通过列入黑名单和微信、电视广告、报纸宣传等方式公布欠债户信息，促使不良贷款户自动履行还款500余万元，进一步推动“诚信醴陵”的建设发展。

【“特色”履职】2015年，深入推进跨境人民币业务取得新突破，全市共有15家企业办理人民币收汇业务90笔、3493万元。开展“金融知识普及月”、送金融知识下乡等活动，散发宣传资料5300余份，接待消费者3000余人；通过一系列活动的开展和实施，进一步拓宽群众金融知识、风险意识。年内，在全市公交系统推广、运用金融IC卡，为推进醴陵数字化建设进程起到积极作用。

【现金供应服务】2015年，共办理商业银行出入库业务1473笔、86.7亿元；其中出库408笔、41.8万元，入库1065笔、44.9亿元。纠正存款差错2起，长款3万元；退回不合规钱捆15次、8360万元。收缴假币4250张、39.86万元。

【经理国库业务】2015年，共办理会计业务3547笔，办理收纳预算收入28.87万笔、47.01亿元，办理预算支出5129笔、61.85亿元，办理预算收入退库3.19亿元。全年组织发行储蓄国债12期、金额575.84万元，增加83万元。

【外汇业务】2015年，共办理25家出口企业名录登记，全市累计登记出口企业194家；年检审核在册外商投资企业30家。全市进出口贸易保持稳定增长，全年出口总额3.47亿美元，出口收汇3.49亿美元；进口总额173.8万美元，进口付汇385.63万美元。办理国际收支统计业务13567笔、3.25亿美元；其中，涉外收入12996笔、3.1亿美元；对外付款571笔、1500万美元。（廖亚会）

中国工商银行股份有限公司醴陵支行

【概况】2015年，中国工商银行股份有限公司醴陵支行（以下简称“支行”）内设综合管理部、业务营销部、营业管理部。下辖解放路、阳三石、胜利路3个分理处和新街储蓄所、支行营业间5个对外营业网点；有青云路、湘东医院自助银行2个。有在册员工87人。全年实现利息收入8928万元，实现拨备前利润5800万元，缴纳各项税收1993.5万元。年内，成功收回国光瓷业账销案存1030万元。

【金融业务】2015年，支行各项存款余额23.27亿元，较年初增加3.24亿元。其中，储蓄存款余额18.02亿元，较年初增加1.04亿元；对公存款余额5.25亿元，较年初增加2.19亿元。各项贷款余额15.35亿元，较年初减少2.02亿元。其中，公司贷款余额2.39亿元，较年初减少2.16亿元；个人贷款余额12.96亿元，较年初增加1333万元。全年办理票据贴现1000万元；不良贷款余额3434万元。新增对公结算账户133户、个人手机银行户11960户、企业网银户123户、“e支付”10010户；营销信用卡4056张；完成国际业务1691万美元。（谭辉玲）

中国农业银行股份有限公司醴陵市支行

【概况】2015年，中国农业银行股份有限公司醴陵市支行（以下简称“支行”）内设综合管理部、个人金融部、公司业务部、风险管理部和运营财会部；下辖支行营业部和瓷城、城东、国泰、火车站、城南、白兔潭、王仙、泗汾8个分理处。年末有在职员工140人，有离退休员工67人、内退员工11人。年内，新设船湾镇自助银行，搬迁、装修城东分理处、装修白兔潭和城南分理处。

【金融业务】2015年末，支行各项存款余额30.83亿元，比年初净增2.4亿元。其中储蓄存款余额26.67亿元，比年初净增1.84亿元；对公存款4.15亿元，比年初净增0.56亿元。支行各项贷款余额12.96亿元，比年初增加0.02亿元。全年实现中间业务收入1478万元，比年初减少49万元；实现账面利润5624万元。

（黄雄飞）

中国建设银行股份有限公司醴陵支行

【概况】2015年，中国建设银行股份有限公司醴陵支行（以下简称“支行”）内设业务部、营业部；下辖中心街、火车站支行；有在职员工40人。年末，支行一般性存款余额为22.18亿元，比年初新增2.94亿元。信贷余额为10.99亿元，其中公司贷款余额8.92亿元、个人贷款余额2.07亿元。全年发放贷款1.52亿元，主要用于支持全市基础建设、株洲醴陵旗滨玻璃有限公司、陶瓷和烟花两大支柱产业发展及以个人住房按揭、助业、消费为主的个人贷款。不良贷款余额83.19万元、比年初减少11.36万元，不良率为0.08%；公司不良贷款为零。（兰启祥）

中国农业发展银行醴陵市支行

【概况】2015年，中国农业发展银行醴陵市支行（以下简称“支行”）内设客户业务部、财务会计部、办公室；有在职干部职工18人，其中有在读研究生3人。年内，在各类新闻媒体发稿25篇，其中省级及以上刊物刊登15篇。开展“连心解困大走访”、“一进二访”扶贫帮困活动，共走访农户155户，帮助学校、村委会及百姓解决困难和问题20余个。抓档案归集管理，收集整理档案资料180余卷（册），严格按照新档案管理办法及时有序归档，是株洲市农发行系统第一个达档案管理二级行标准的支行。截至12月，支行实现中间业务收入94.07万元,外汇结算211万美元；实现利润3617万元，同比增盈491万元。年末，支行获总行授予“青年文明号”称号、被省金融工会评为“模范职工之家”。

【支持地方经济】2015年，支行全力助推地方经济发展，重点支持全市基础设施和产业项目建设。支持中储粮醴陵购销公司收储粮食2.32万吨，在支持粮油产业上继续发挥好主导作用。借株洲市被列为国家新型城镇化综合试点城市的契机，上报醴陵渌江新城建设项目，达成意向贷款12亿元，成为株洲市农发行系统第一批上报此项业务的支行。开展农发重点建设基金投资业务，全年投放资金1.63亿元，重点解决醴陵釉下五彩城、市华联瓷业、轻工技校、华鑫电瓷项目建设资金不足问题，加快启动项目建设。年内，上报时代金属轨道交通项目金额6400万元。

【存款管理】2015年，存款管理工作牢固树立“存款增效”理念，努力拓宽存款组织渠道。全年争取财政性涉农存款、吸收财政性存款2.39亿元，促成《醴陵市财政（公共）性资金存款竞争分配方案》文件的实施。通过上海朗科、邦银、徽银等基金，吸收存款2.2亿元。加强与同业机构的合作，与醴陵沪农商村镇银行签订《战略合作协议》，累计营销同业存款11.25亿元。年末，支行各项存款5.99亿元，各项存款日均余额5.28亿元，同比增加1.96亿元。

【贷款管理】2015年，抓好信贷风险防范，除履行贷前调查和贷后监管职能外，定期开展贷后管理检查，设立专职风险经理岗位，对各类贷款定期进行风险排查分析。做好地方政府债券置换工作，确保现有存量贷款全部纳入政府一类债务，全年收回平台类客户贷款2.6亿元。年末，支行各项贷款12.88亿元，不良贷款继续保持为零。（罗明艳）

中国银行股份有限公司醴陵支行

【概况】2015年，中国银行股份有限公司醴陵支行（以下简称“支行”）内设综合保卫部、营业部；下辖上正街、瓷城大道、青云南路支行。7月，省行下派挂职副行长1人、新分配合同制员工1人，年末有员工61人。全年实现拨备前利润4080万元。在株洲市系统绩效排名第二。

【存贷业务】2015年末，支行人民币各项存款余额25.33亿元，新增5.65亿元。其中，储蓄存款余额15.79亿元、新增1.77亿元，完成全年计划任务的101.54%；公司存款余额9.55亿元、新增3.88亿元，完成全年计划任务的339.01%。外币储蓄存款余额397.39万美元，增加57.26万美元；外币公司存款280万美元，增加87万美元。人民币各项贷款余额8.64亿元，减少8166万元。其中，公司贷款余额4亿元、减少8476万元，实际新投放3.36亿元；个人贷款余额4.06亿元、增加3461万元，实际新投放1.09亿元；银行卡透支3931万元、减少511万元；票据贴现余额1426万元、减少2716万元；非应计贷款余额397万元、增加76万元。全年实现中间业务收入1000万元，完成业务净收入6243万元。

【创新业务】2015年，支行为规避汇率风险，降低企业汇兑成本，促进外向型企业更好发展，承办“涉外企业跨境人民币业务”讲座，具体解读跨境人民币业务相关政策，介绍醴陵出口状况，推介跨境人民币业务金融服务方式和产品；全市各出口企业约90人参加讲座。10月12日，共发出抗战胜利70周年纪念币6000枚。为对接资本市场，举办投资策略报告会，聘请中银基金管理有限公司研究员钱亚风云、嘉实基金华中分公司总经理陈奇等专家到会，为投资者存在的问题进行权威解读，给大家带来市场最新研究观点和对后期市场的判断。（刘宏玉）

中国邮政储蓄银行股份有限公司醴陵市支行

【概况】2015年，中国邮政储蓄银行股份有限公司醴陵市支行（以下简称“支行”）内设综合管理部、三农金融部和公司业务部；下辖4个二级支行；有在职员工65人，其中正式员工56人、劳务派遣员工9人。全年实现收入4644万元，实现利润2066万元。

【金融业务】2015年末，支行各项存款余额10.43亿元、净增6373万元。其中，个人存款余额7.22亿元、净增3794万元；对公存款余额3.21亿元、净增2579万元。各项贷款余额6.5亿元、净增2.36亿元。年内，支行为市烟草、石化、电信、电力等企业及商贸流通企业，提供营业资金归集、销售货款电子结算、集团现金管理、代收客户费用、POS收单、网上银行等服务，为市财政、社保、教育、住房公积金等各类单位，提供代理非税、集中支付、代发工资、代发补贴等服务。年内，开展“金融知识进千村入万户”活动，通过召开金融产品推介会、银企对接会、理财沙龙、投资者座谈会等形式，先后开发集体土地抵押贷款、医院贷、税货通、烟草贷、烟花鞭炮行业等贷款新产品，提高服务“三农”的能力。（汤　瑜）

华融湘江银行醴陵市支行

【概况】2015年末，华融湘江银行醴陵市支行各项存款余额8.03亿元，增加0.3亿元。各项表内贷款余额5.88亿元，增加0.62亿元。其他表外授信余额6.69亿元，增加1.89亿元。（阳　敏）

湖南醴陵农村商业银行股份有限公司

【概况】2015年，湖南醴陵农村

商业银行股份有限公司（以下简称“醴陵农商银行”）内设办公室、人力资源部、会计财务部、稽核审计部等11个部门；下辖营业部、29个支行、17个分理处，服务网点遍布全市城乡。年末，有各项存款余额87.06亿元，较年初净增11.31亿元、增长14.93%，为年计划任务的116.59%；其中定期存款52.05亿元、较年初净增7.18亿元，占各项存款净增额的63.48%。各项贷款余额45.27亿元，比年初净增6.02亿元、增长15.33%，为年计划任务的85.93%；其中涉农贷款余额37.39亿元、占贷款总额的82.59%、比年初净增5亿元。年内，累计发行福祥借记卡39.47万张、便民卡9184张、公务卡170张、贷记卡51张、代理发行金融社保IC卡51万张；开通手机银行用户36389户、电话银行用户45975户、网银客户25895户；安装ETC（电子不停车收费系统）3006台。全年实现总收入7.25亿元，比上年增加1.24亿元、增长20.72%。年内，被中国银行业协会评为文明规范服务“五星级”金融网点。

（黎宇衡）

长沙银行醴陵支行

【概况】2015年，长沙银行醴陵支行（以下简称“支行”）有在岗员工22人；下设营业部、市场营销部、综合管理部和醴陵荟萃社区支行。年末，支行各项存款余额8.09亿元、比年初增加2.01亿元、增长33%；其中储蓄存款2.39亿元、增加0.28亿元、增长13.27%。各项贷款余额7.78亿元，比年初增加3.65亿元、增长88.38%；新发放贷款6.89亿元，贷款质量连续四年保持零不良。支行存贷比为96.17%。上缴地方税费266.21万元。年末，支行被总行评为“优秀一级支行”，被株洲分行授予“最佳经营奖”。

（田国富）

中信银行株洲醴陵支行

【概况】中信银行株洲醴陵支行（以下简称“支行”）是中信银行长沙分行在湖南区域的第32家网点，标志着中信银行完成湖南区域的“中国百强县”布局。2015年，支行下设公司部、零售部、营业部、市场营销部；有在岗职工21人。年末，支行各项存款余额15.3亿元，对公存款13亿元，储蓄存款2.28亿元，各项贷款余额6.28亿元。年内，通过融资租赁方式，募集企业债资金10亿元。

（邹瑞志）

保　　险

中国人民财产保险股份有限公司醴陵支公司

【概况】2015年，中国人民财产保险股份有限公司醴陵支公司（以下简称“支公司”）内设车险部、非车险部、营销部、农险部、理赔分部及综合部。年末有在编员工34人，营销员78人。在市交通警察大队等单位分别设有3个机动车辆交强险服务窗口，与市18家车行、车队，4家金融机构建立代理合作关系；成立3家“三农”营销服务部。全年完成保费收入6250万元，其中机动车险保费收入5200万元、非车险保费收入750万元、农业险保费收入300万元；保费规模排名株洲市人保财险系统第二。全年支付赔款3487万元，提取未决赔款准备金1902万元。

（晏莉莎）

中国人寿保险股份有限公司醴陵支公司

【概况】2015年，中国人寿保险股份有限公司醴陵支公司（以下简称“支公司”）内设综合部、个险部、银保部、团险部、客户服务部；下设10个农村营销服务部。有在编员工28人，专职代理人1012人。年内，开办养老、医疗、意外、理财等5大类保险，实现总保费收入1.89亿元。公司整体市场份额达50%以上，其中寿险新单保费5915万元。年内，在全市范围内率先开展老年人保险、村干部保险、学生险及计划生育家庭等惠民保险业务。承保最大个人保单年交保费200万元。积极承担社会责任，全年纳税353.96万元，吸纳惠民保险专干近300人，发放各种帮扶慰问金5万余元。年末，支公司获全省系统“三十强县支公司”“优秀县支公司”，经理刘华玲获全国系统“感动国寿十大人物”提名奖。

【诚信服务】2015年，共支付各类保险金6800余万元，赔案2454起、赔付1410万元。其中，意外险赔案1635起、赔付658万元，健康险819起、赔付752万元；个人最大赔款为33万元。提高理赔时效，对资料齐全且无争议的满期及理赔在3—10天内给付。提供保单借款服务，全年借出资金3100余万元。开展保单免息复效服务工作，为2122名失效客户进行保单免息复效。加大“国寿1＋N”服务力度，全年举办与财富握手、企业资产与家庭财富管理、健康生活等理财及健康知识等各类讲座及各类服务活动近30场。5月，组织VIP客户免费体检。6月，推出“6·16客户节”大型客户答谢会，为2000余名客户免费提供防癌筛查体检。

（刘华玲）

民政·社保

民　　政

【概况】2015年，按照《关于印发〈醴陵市民政局主要职责内设机构和人员编制规定〉的通知》（醴政办发〔2015〕15号）精神，市民政局主要职责、内设机构和人员编制均有所调整。取消、调整、增加由市政府予以变动的行政审批事项，将农村危房改造有关职责划入市住房和城乡规划建设局，将原社会救助管理局的职责划入市民政局；撤销市社会救助管理局，原核定的编制予以核销；增设市社会救助服务中心、市福利彩票销售管理中心。调整后，市民政局设办公室、法规股（行政审批股、信访室）、计划财务股、优抚安置股（市退伍军人接收安置办公室、市“双拥”工作领导小组办公室）、社会救灾救助股、社会福利和社会事务股（市老龄办公室）、基层政权股（社会工作股）、纪检监察室8个内设机构；下设市慈善办公室（副科级）、市烈士陵园管理所、市社会福利中心、市军队离休退休干部休养所、市婚姻登记处、市殡仪馆、市救助管理站、市地名委员会办公室、市社会救助服务中心、市福利彩票销售管理中心10个二级机构。全年上报各类信息120余条，调研材料11篇。全年全市民政亮点工作先后被各级新闻媒体推介、报道，其中《中国社会报》1条（次）、湖南卫视新闻联播1条（次）、《湖南日报》1条（次）、《株洲日报》11条（次）。年内，福利彩票销售工作经验在全省福彩工作会议上作典型推介，中福在线销售经验在全省《福彩通报》刊发，《关于加强全市老龄工作的调研报告》被市政府《调查研究》简报刊发。年末，醴陵市获评湖南省“2015年度城市社区建设示范市”、“福利彩票销售工作先进市”；市民政局获评湖南省“爱国拥军模范单位”“民政信访工作先进集体”“民政新闻宣传信息工作先进单位”和株洲市“文明建设先进单位”。

【低保救助和五保供养】2015年，全市有农村低保对象16301户、28041人，月人均救助112元，共发放救助金3692万元；城市低保对象12102户、19225人，月人均救助273元，共发放救助金6490万元。全市有农村“五保”对象7226人，共发放资金2826.7万元。其中，分散供养对象5155人，供养标准280元/月；集中供养对象2071人，供养标准480元/月。全年发放农村五保丧事一次性补偿费46.18万元。

【敬老院建设】2015年，全市有敬老院34所，集中供养床位3236张。年内，新、改、扩建均楚镇第三敬老院、新阳乡敬老院、东富镇第二敬老院、南桥镇敬老院，新增床位252张。加强对已建敬老院的管理，提质改造设施落后的原东堡乡第一敬老院、原栗山坝镇敬老院、原嘉树乡敬老院、泗汾镇敬老院、原神福港镇第一敬老院，共拨付补助金182.27万元。年内，会同市消防、食品、药品安全监督管理联合组成的工作组，对所有敬老院进行多次安全大检查，排除安全隐患80起。年末，市东富镇敬老院、浦口镇王坊敬老院获评省级“三星级农村五保供养服务机构”。

【民政救助】2015年，全市先后出台《醴陵市医疗救助补充规定》《醴陵市“救急难”工作实施办法（试行）》和《醴陵市城乡困难群众临时救助实施办法》，全面建立临时救助制度，积极探索“救急难”试点，并明确城乡低保对象

醴陵市国家税务局

LI LING SHI GUO JIA SHUI WU JU

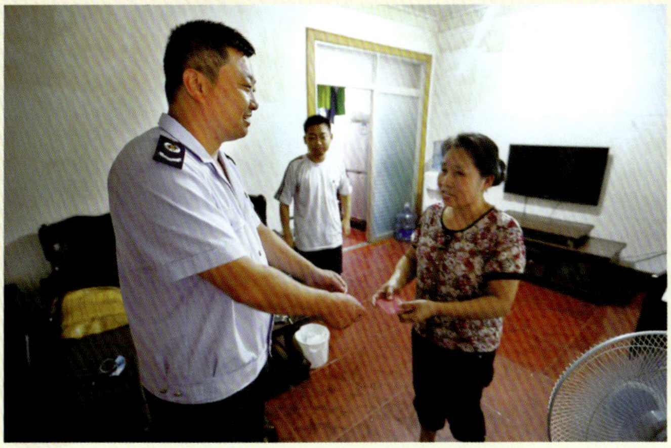

党组书记、局长肖国平慰问困难群众

局领导和社区干部一起回访居民

纳税人学校组织小微企业税收优惠政策培训

税法宣传走进瓷博会

开展“岗位大练兵，业务大比武”活动

组织干部旁听庭审，现场接受廉政警示教育

醴陵市招投标管理局

LI LING SHI ZHAO TOU BIAO GUAN LI JU

局　长　谢辉荣

开标会议现场

评标专家培训班

召开局务会

党章知识考试

醴陵市文体广电新闻出版局

LI LING SHI WEN TI GUANG DIAN XIN WEN CHU BAN JU

领导班子召开中央电视台“端午乐三天·走进醴陵”活动工作会议

省委常委、宣传部部长张文雄到醴陵视察文化礼堂

组织市书法家协会、诗词楹联协会开展春节送春联活动

省级文化遗产保护项目“星子灯”表演

醴陵快乐荧光夜跑暨篝火晚会现场

“欢乐潇湘·五彩醴陵”焰火晚会

“欢乐潇湘·五彩醴陵”龙舟赛

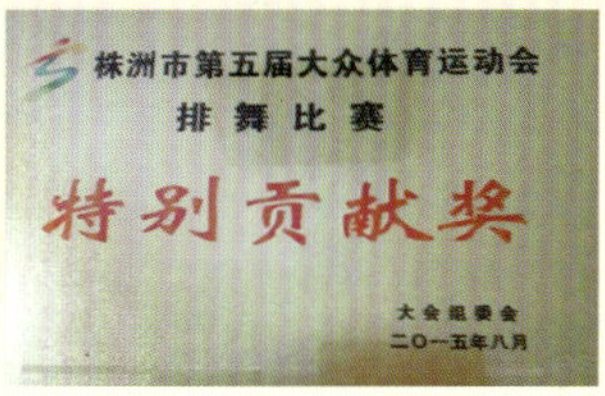

醴陵市广播电视台

LI LING SHI GUANG BO DIAN SHI TAI

市长康月林（右一）、市委常委、宣传部长曾毅鹏（左一）到市广播电视台指导工作

机关十佳明星员工

庆祝第十六个中国记者节

市广播电视台记者参加湖南省“好记者、讲好故事”活动

开展丰富多彩的趣味活动

醴陵市文物局

LI LING SHI WEN WU JU

全局工作人员合影

2015年，市文物局认真贯彻落实“保护为主、抢救第一、合理利用、加强管理”的十六字方针，全市文物工作更上一个台阶。首届瓷博会期间，市陶瓷博物馆接待游客20万人次，受到社会各界好评。年内，圆满完成醴陵南四区苏维埃革命活动旧址本体维修和陈列改版工作；启动渌江书院全面修缮和消防改造工程，做好周边环境整治；完成全国重点文物保护单位渌江书院、渌江桥、李立三故居和醴陵窑的“四有档案”编制工作；全面推进第一次全国可移动文物普查工作。年末，获市“文明建设红旗单位”、“全市项目建设管理先进工程单位”称号，耿传公祠获株洲市“文明景区”称号。

株洲市委常委、市委秘书长，时任醴陵市委书记周晓理（左二）和耿飚孙女耿静（右）为耿飚铜像揭幕

市委、市人大、市政府、市政协领导现场调度渌江书院修缮整治工程

湖南卫视《直播大湘东》栏目专题报道耿传公祠，图为节目录制现场

游客参观市陶瓷博物馆

中小学生在耿传公祠开展爱国主义教育活动

醴陵市文学艺术界联合会

LI LING SHI WEN XUE YI SHU JIE LIAN HE HUI

领导班子

全市文学艺术界走进湖电虎年迎新春联欢晚会

送文化下基层

当代醴陵陶瓷名家作品展

李铎农民书法班开班典礼

"邦和·东郡"杯青少年书法赛暨颁奖典礼

醴陵市文化市场综合执法大队

LI LING SHI WEN HUA SHI CHANG ZONG HE ZHI FA DA DUI

大队长　何柳望

对娱乐场所进行执法检查

全队工作人员合影

“不一样的网吧”免费上网活动

“唱响五彩醴陵”免费K歌惠民活动

醴陵市供销合作总社
醴陵市行业办公室

庆祝建党 95 周年暨表彰大会

省供销社领导到醴陵调研

组织供销系统干部参观耿传公祠

农资储备配送中心

板杉供销社惠农服务中心

醴陵市市场服务中心

LI LING SHI SHI CHANG FU WU ZHONG XIN

主　任　何细珠

领导班子

中心领导调研湘东摩托车市场产业发展情况

干部职工观看警示教育片

中心领导现场办公，解决市场安全监管难题

国家统计局醴陵调查队

GUO JIA TONG JI JU LI LING DIAO CHA DUI

全队工作人员合影

领导班子

队长汤建军带领队员深入农田实地测产调查

全市第三次农业普查农作物面积遥感测量暨县级粮食产量对地调查工作会议

队综合档案室获省二级档案室授牌

醴陵市公安局交通警察大队

TRAFFIC P0LICE · LI LING

大队长、政委　刘建文

省交管局局长唐国栋（中）到大队视察指导工作

安全宣传

夜查酒驾

冒雪执勤

警营篮球赛

醴陵市残疾人联合会

LI LING SHI CAN JI REN LIAN HE HUI

理事长　朱卫兵

省、株洲市残联领导到醴陵督导贫困残疾人家庭无障碍改造项目

全市重度残疾人护理补贴工作会议

与残疾人自强典型户商讨创业项目

免费举办残疾人实用技术培训

免费为残疾儿童安装矩形器

醴陵市科学技术协会

LI LING SHI KE XUE JI SHU XIE HUI

主　席　李忠业

领导班子

株洲市科协主席周志辉（左二）到醴陵考察

"全国科普日"活动

"世界地球日"活动

"5·12"防灾减灾日宣传活动

中国人民银行醴陵市支行

ZHONG GUO REN MIN YIN HANG LI LING SHI ZHI HANG

行　长　贺广迪

领导班子

全市金融工作调研座谈会

全市金融机构征信业务知识专项培训

办公大楼

中国人寿保险股份有限公司醴陵支公司

领导班子

上门理赔服务

国寿创业说明会

市民排队购买惠民新保险

客户服务大厅

醴陵市农村

LI LING SHI NONG CUN

省联社党委副书记邓德林（右三）到醴陵农商银行调研指导工作

株洲市银监分局领导到醴陵调研指导

全行业务工作会议

开展“关爱儿童 守望成长”公益活动

董事长凌光武深入官庄镇大横江村开展精准扶贫

开展通讯员写作培训

营业部柜员为客户办理业务

商业银行

SHANG YE YIN HANG

营业部员工风采

办公大楼

醴陵市水务集团

LI LING SHI SHUI WU JI TUAN

集团总经理、自来水公司经理　吴礼阳

2015年，集团（公司）有员工248人，其中在岗188人，设党政工办公室、财务供应股、勘测设计预算股等13个股室，拥有固定资产约1.3亿元。全年完成供水量2180.7万立方米，实现营业收入3630.59万元。水质监测站每天检测源水、出厂水的感观性状等9大指标，每月2次抽取10个点管网末梢水，出厂水水质综合合格率达100%。截至年末，全市供水管网总长653.31千米，供水面积约22平方千米，用户总数76213户。

领导班子

服务大厅

为用户服务

（醴陵市自来水公司）

(LI LING SHI ZI LAI SHUI GONG SI)

水质化验

敬业的工作人员

城区自来水厂全貌

狮子坡自来水厂

公司综合服务大厅

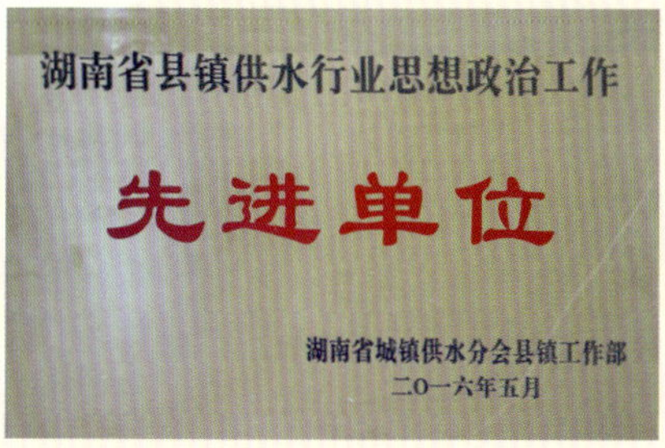

醴陵市渌江投资

LI LING SHI LU JIANG TOU ZI

董事长　王吉祥

成立一周年年会活动

2015年，渌江集团紧紧围绕市委、市政府中心工作安排部署，深入推进投融资管理体制改革，凝心聚力，攻坚克难，总体工作“运行平稳，风险可控，来势向好”。财务指标稳健夯实。资产总额达131.4亿元，同比增长62.9%，净资产62亿元，同比增长53.8%；资产配置有序推进。完成建设用地报批115.27公顷、征地163.4公顷，拆迁152栋、154套，完成土地收储9宗33.33公顷、项目建设用地及房地产摘牌119宗。融资引资成效显著。全年实现融资40.5亿元，大力推广“PPP”模式，达成招商引资合作意向130亿元；项目建设有声有色。全年承建项目63个，完成投资20亿元，渌江新城核心区工程建设运营项目、瓷城古韵（一江两岸）文化休闲带项目、东城大道醴陵段建设项目成功入选湖南省第三批“PPP”示范项目。

“招商引资年、项目攻坚年”活动誓师大会

控股集团有限公司

KONG GU JI TUAN YOU XIAN GONG SI

醴陵国际陶瓷文化特色街区效果图

渌江产业发展中心办公大楼效果图

渌江书院效果图

一江两岸效果图

高铁片区项目现场

创新创业服务中心效果图

醴陵市高新技术产业

LI LING SHI GAO XIN JI SHU CHAN YE FA

株洲市委书记毛腾飞（左一）到公司视察陶瓷会展馆规划建设情况

新办公楼搬迁升旗仪式

参加经开区陶瓷会展馆调度会

醴陵市高新技术产业发展集团有限公司（以下简称公司）成立于2009年3月，注册资本20亿元，属国有独资企业。主要经营高新技术产业投资、开发，公司受让地块内土地开发；市政基础设施建设、投资，设备供应安装，建材经营，仓储物流，进出口技术、设备信息服务等。内设人力资源部、综合管理部、融资部、投资策划经营部、审计法务部、财务部和规划建设部7个部门；辖高新技术基础设施投资建设有限公司、滨城开发建设有限公司和高新技术产业投资经营管理有限公司3个全资子公司，子公司下设物业及其他参股公司等。2015年，有职员52人，其中中高级技术人员16人。

项目建设调度会

办公大楼

发展集团有限公司

ZHAN JI TUAN YOU XIAN GONG SI

董事长易勇（前排左三）带头参加集体学习

关爱留守儿童

集团培训

投资商到醴陵考察

集团展示厅一角

招聘员工面试和笔试现场

醴陵市陶瓷烟花

LI LING SHI TAO CI YAN HUA

全国职业教育先进个人、湖南省职业教育杰出校长、湖南省职教评估与咨询专家、株洲市“十佳校长” 郭米红

领导班子

省教育厅厅长王柯敏（右二）到校指导工作

省教育厅副厅长邹文辉（左二）到校指导工作

校长郭米红在湖南省卓越职业院校建设高级研修班上作典型发言

株洲市委常委、市委秘书长，时任醴陵市委书记周晓理到校参加阿尔及利亚陶瓷制作技术培训班开学典礼

职业技术学校

ZHI YE JI SHU XUE XIAO

第十五届校园技能节总结表彰大会暨 2016 年元旦文艺汇演

学校与湖南环球烟花有限公司共建现场教学基地揭牌仪式

朝气蓬勃的教师队伍

新生军训

学生志愿者队伍

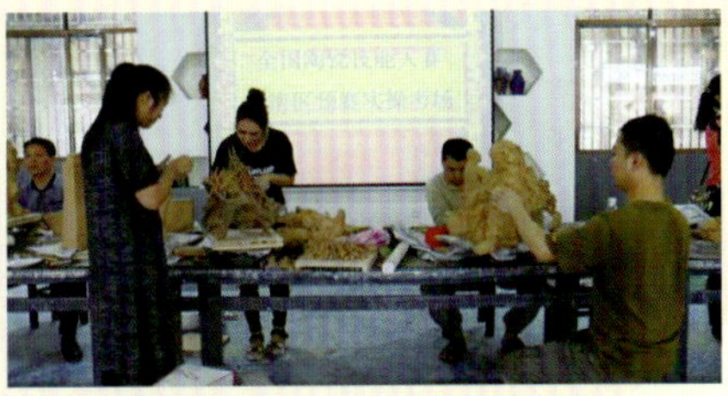

全国陶瓷技能大赛在校进行

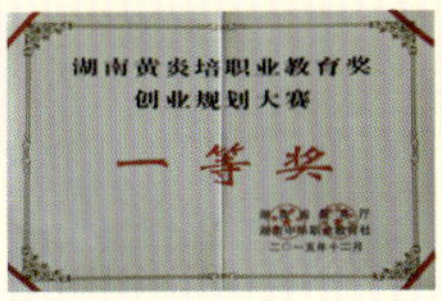

醴陵市第一中学

LI LING SHI DI YI ZHONG XUE

领导班子

著名书法家、校友李铎为母校捐款

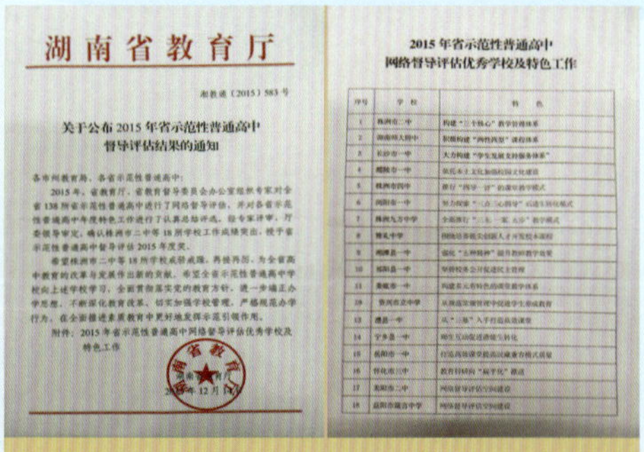

获省示范性普通高中督导评估2015年度奖

绿色诗韵图书馆

古色古香校史馆

醴陵市第二中学

LI LING SHI DI ER ZHONG XUE

领导班子

株洲市委常委、市委秘书长，时任醴陵市委书记周晓理在校长易军陪同下到学校视察

市长康月林到学校调研

校领导班子研究学校发展大计

学生军事训练

多媒体教学

学校全貌

醴陵市第四中学

LI LING SHI DI SI ZHONG XUE

党委书记、校长　曾祥平

省教育专家陶妙如到校讲学

教学研讨活动

学校领导和老师走进课堂

学生参加成人仪式

学生参与课程改革

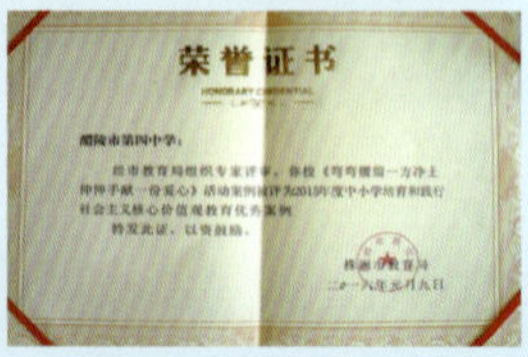

醴陵市中医院（一医院）

LI LING SHI ZHONGYI YUAN（YIYIYUAN）

党委书记、院长邹家全在科室查房

120 急救中心远程指挥调度系统

医院国药堂

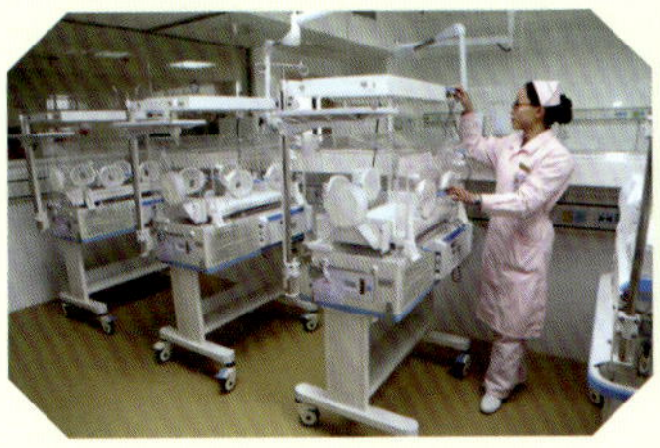

新生儿室

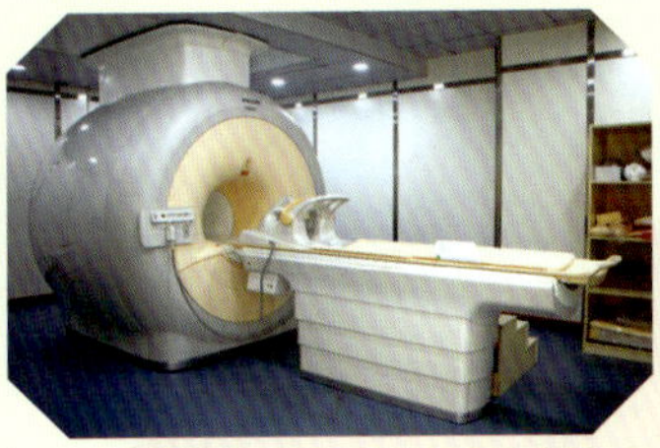

飞利浦 1.5T 磁共振仪

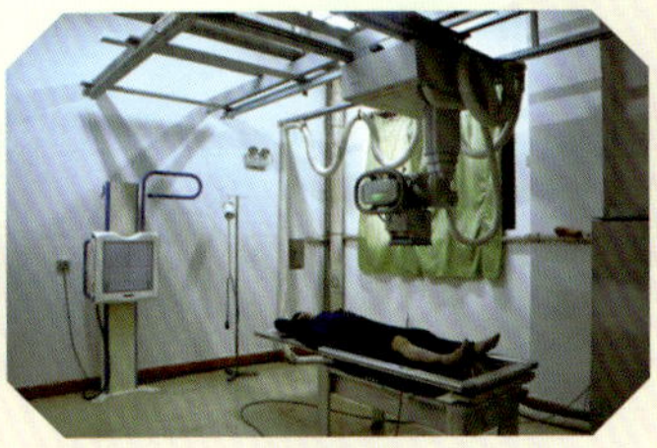

DR 机

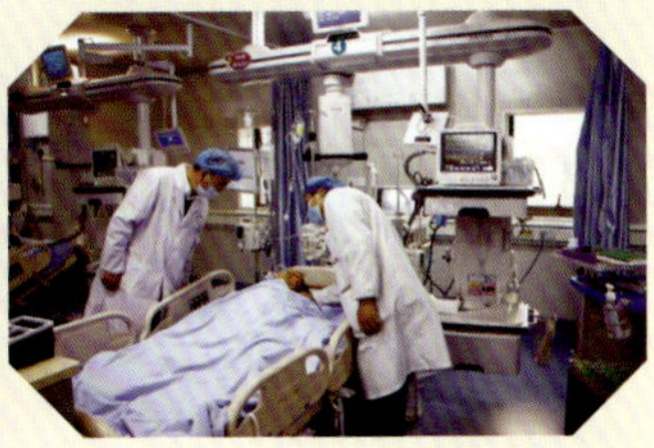

重症监护室（ICU）

门诊大楼

二住院楼

醴陵市精

LI LING SHI JING

领导班子

“五问工作法”推进暨党风廉政建设工作会议

中层管理干部公开竞聘演讲会

医护人员认真学习

业务培训

神病医院

SHEN BING YI YUAN

副市长李忆湘到医院慰问医护人员

市委常委、副市长廖宏力到医院指导工作

药房一角

门诊服务大厅一角

新门诊大楼投入使用

醴陵市疾病预防控制中心

LI LING SHI JI BING YU FANG KONG ZHI ZHONG XIN

主　任　刘学礼

领导班子

中国疾病预防控制中心纪委书记王健（右二）到醴陵调研

省消除疟疾行动计划中期评估暨醴陵市消除疟疾考核评估现场会

“五问工作法”汇报会

中心办公大楼

深入市场督查，预防禽流感

的住院费用在新农合或城镇居民医保补偿后的基本医疗费用中自费部分的救助比例，由原60%提高至70%，年最高限额为5000元。年内，对符合条件的3446户低保对象实施救助，共发放救助金990.65万元，其中发放患重特大疾病救助金56.52万元；全年资助5.78万名城乡低保、农村“五保”对象及“三无”（城市居民中无劳动能力，无收入来源，无法定赡养、抚养、扶养人）人员等特困对象参合参保，共资助516.44万元，合计医疗救助金1507万元。全年实施临时救助7710人次，发放救助金430万元。规范临时救助审批，实现临时救助一站式服务，大大方便求助对象。全年救助流浪乞讨人员2095人次，其中帮助101名流浪未成年人回到父母身边、为263名身患疾病的求助人员提供医疗救助。

【救灾救济】2015年，积极开展冬、春期间生活救助工作，下拨冬令救助金270万元、春荒救助金85万元，共救助困难受灾群众7369人。以全国第七个“防灾减灾日”及宣传周活动为契机，发放“防灾减灾日”主题宣传挂图300套，进一步增强全社会防灾减灾意识。制定、完善《2015年度汛期抗险救灾工作预案》，健全汛期值班制度及采购应急储备物资。开展综合防灾减灾示范社区建设工作，国瓷街道八里庵社区和来龙门街道丁家坊社区分别获评湖南省“综合防灾减灾示范社区”。

【社会福利和慈善事业】2015年，创新福利彩票销售管理，加大对投注站的规范化建设力度，全年新增福彩投注站16个。12月，在国瓷南路筹备新增中福在线第二个销售厅。年末，全市共有彩票站点92个、中福在线厅1个。组织开展“福彩公益行，走进醴陵”活动，销售即开型彩票310万元，为30名孤儿发放福彩公益救助金6万元。全年完成福利彩票销售1.04亿元，为全市社会福利事业募集公益金700万元。严格按照《福利企业资格认证办法》，规范管理全市11家社会福利企业，确保残疾职工安置比例不低于25%，残疾职工上岗率不低于80%。继续抓好孤儿保障政策贯彻落实，进一步规范孤儿认定、档案建设和保障资金管理发放工作，全年发放孤儿生活费100.62万元。募集慈善款物589.7万元，其中捐赠物资价值5万元。先后组织开展春节慈善送温暖、慈善医疗救助、慈善医疗卡救助、“六一”国际儿童节、中国儿童慈善日、“大爱瓷城，金秋助学”等活动，共救助对象8000人次，累计支出338万元。

【优抚安置】2015年，优抚安置工作以“双带双促”（带头建设家乡，促进经济发展；带头维护稳定，促进社会和谐）活动为载体，依法做好涉军保障服务工作，共下拨各类抚恤金3700余万元。全年走访、慰问569名特困优抚对象，发放1—4级伤残军人护理费25.6万元。为480人次重点优抚对象办理住院医疗补助，发放补助金183万元。深化烈士褒扬工作，精心安排抗战胜利70周年、烈士纪念日等活动，共走访慰问抗战老兵51人，发放抗战胜利纪念章51枚和一次性生活补助25.5万元。全年烈士陵园接待游客超过10万人次。进一步加强涉军群体稳定和信访接待工作，认真研究和解决涉军群体的突出问题，向市联席会起草涉军诉求答复处理意见，并提出建议，解决一批信访积案，缓解全市涉军信访压力，被湖南省民政厅评为“全省信访维稳工作先进单位”。认真完成退役士兵接收和安置工作，全年安置退役士兵32名，下拨退役士兵自主就业一次性生活补助433.5万元。按照“政府主导、个人自愿、城乡一体、免费培训”的模式，积极开展退役士兵职业教育和技能培训，全年共培训356人，合格率达100%；完成10所“退役军人之家”的建设工作，下拨建设资金50万元。

【区划地名】2015年，圆满完成全市7个乡镇撤并调整任务，“醴陵市第二次全国地名普查”的前期业务工作完成。区划调整改革工作的做法与经验被株洲市《区划调整简报》专题刊发。国瓷街道、李畋镇、左权镇的命名，成为醴陵陶瓷、烟花鞭炮两大传统产业和红色旅游产业的一张亮丽名片。

【基层民主和城乡社区建设】2015年，全面实施社区基础设施提质改造工程，配合市委组织部对城区19个社区进行规范化建设，完善智能数字平台，不断优化社区居民服务功能，方便群众办事。做好农村社区建设试点和社区工作站试点的相关工作，指导城市社区实施管理体制改革试点，为在全市城区建立社区工作站提供参考。创新村务公开形式、发挥村民代表作用，加强农村基层组织建设和民主政治建设，积极促进村务公开民主管理工作向制度化、规范化发展。全市村务监督委员会建有率、村务公开率均达100%。指导市嘉树镇和仙岳山街道财源塔社区完成湖南省“村务公开民主管理示范乡镇”和“和谐社区建设示范社区”申报工作。

【社团管理和社会工作】2015年，积极探索、建立“三社联动”（社区、社会组织和社会工作者）机制，以提高社会治理工作水平。做好社会组织登记管理工作，进一步简化登记流程，全年新登记社会团体14家、民办非企业单位24家；全年全市372家社会组织通过年检，年检率为85%、合格率100%。进一步加强社会工作人才队伍建设，联合市有关部门组织社工、义工、志愿者等，开展“社工引领义工，创新社会治理”的国际社会工作日宣传活动，展出板报14块，发放各类宣传册2000余份。组织开展社会工作调研，撰写《醴陵市社会工作人才队伍建设调研报告》。组织市民政系统职工举办职业资格考试培训，参加2015年社会工作职业资格考试。年内，安排有关人员赴株洲大同社会工作服务中心参观学习，了解社工组织发展方向及运营模式。

【老龄工作】2015年，共发放基本养老服务补贴53.04万元。进一步推动老年优待政策的落实和老年人意外伤害保险工作，全年投保老年人18934人，完成保费117万余元，参保人数、金额和参保率在株洲地区排名第一。年内，通过争取省厅项目资金和配套醴陵市级福彩公益金，完成姜村等31个农村幸福院建设，新增养老床位180张。认真落实“两项待遇”（生活待遇、政治待遇），投资300万元，新建一栋集健身、娱乐、办公、食堂等功能于一体的军休老干部综合服务楼。福利中心投资8万元，对食堂进行改造，进一步改善“五保”老人和优抚对象的就餐环境。与市第三人民医院和渌江医院达成协议，为“五保”老人提供一站式医疗服务，使每位生病的老人均能得到及时有效的治疗。

【婚姻登记】2015年，加大推进婚姻登记的正规化建设力度，全面启动“AAA级”婚姻登记机关的创建工作，实现婚姻登记、医学体检、矛盾调解、颁证宣誓一体化服务。6月，婚姻登记处整体搬迁到市妇幼保健院内。严格执行婚姻登记各项规定，全年共办理结婚登记7579对、离婚登记2022对，补发结婚登记证1636对；办理收养登记38例。

【殡葬管理】2015年，大力倡导文明殡葬，完成非税收入420万元，免除困难群众基本殡葬服务费76人次、15.96万元。年内，继续实行街道、社区殡葬工作责任制，共查处违法事件9起，有力地维护了城区殡葬的正常秩序。

（肖迪强）

人力资源和社会保障

【概况】2015年12月，根据醴政办发〔2015〕18号文件精神，设立醴陵市人力资源和社会保障局（以下简称“市人社局”），为市人民政府工作部门。下设市劳动就业管理局、医疗保险局、工伤保险局、社会劳动保险局、人力资源服务中心（干部考试培训中心）、劳动监察队6个副科级和城乡居民社会养老保险中心、绩效评估委员会办公室2个正股级事业单位；局机关内设办公室、计划财务股、基金监督股、仲裁股、公务员管理办公室、事业单位人事管理股、工资福利股、工伤认定股、信息中心、劳动人事档案管理股，共有在职在编职工92人。年内，人社局获评市“文明建设红旗单位”“安全生产先进单位”；市劳动监察队获市“文明建设先进单位”。

【公务员管理】2015年，全面完成机关事业单位11744名工作人员年度考核奖惩工作，共评选优秀等次1556人；公务员和参公管理人员连续三年考核优秀记三等功96人，基本称职51人、不称职10人，不定等次5人；及时掌握登记公务员队伍中人员异动情况，全年办理辞职公务员63人、调出34人。按照上级要求妥善安置2名军转干部。年内，承办并提请市人大常委会决定的人事任免4项、市人民政府决定的人事任免7项。完成年度公务员考录计划申报、考察和分配等各项工作，年内申报的12个职位共有报考人数1447人，公开招考69人。在公开招考人员中，通过笔试、面试、体检、考核等程序，录用公务员和参照管理公务员65人。

【事业单位人事管理】2015年，事业单位人事管理工作严格执行《湖南省事业单位公开招聘人员试行办法》，事业单位公开招聘率100%。年内，会同组织市安全生产监督管理局公开招聘乡镇安监员72人；会同市教育、卫生系统及市直事业单位分别招聘306人、126人、46人；面向社会公开招聘“三支一扶”（大学生在毕业后到农村基层从事支农、支教、支医和扶贫工作）人员5人。进一步加强职称评审工作，职称评审公开透明，全年申报各系列职称评审355人；其中，在组织开展的工美系列中级职称评审现场会中，有42人通过评审并取得中、高级工艺美术大师资格，通过率达72%。

【工资福利】2015年，开展遗属生活困难补助复核工作，共办理抚恤费及遗属生活困难补助115例。完成全市机关事业单位在职、离退休人员基本工资调标工作，全年办理退休手续322人，核实认定工伤4起。人事统计工作进一步完善，实现全市机关事业单位人员动态管理。

【人才服务与培训】2015年，根据上级有关精神和要求，取消档案托管收费，新增加档案762人。进一步优化网上招聘与求职平台，醴陵人事人才网日点击量达1000余人次，通过网站达成初步聘用意向3000余人次。年内，市公共职介服务中心举办招聘会12场，提供就业岗位4.7万个，共为4.8万余人提供就业服务；其中，达成初步就业意向的有3.5万余人，基本实现服务就业、服务产业、服务发展的工作目的。举办专技人员公需科目培训班参培200余人；组织4名公务员开展初任培训；牵头组织54名市直机关中层干部，举办执行力提升培训班。以产业结构和用人单位用工需求为出发点，加强技能培训工作，全年开设陶瓷、烟花、计算机、机械加工、保育员、电子电器、车工、电焊工等工种以及创业培训班共98期、6130人次，通过各类专业的培训和学习，劳动者职业技能明显提高。全年参加技能鉴定人数2212人次，有2101人获技能资格证书。

【实事考核工作】2015年，全市共承担104个为民办实事考核指标，其中省级16个、株洲市级49个、醴陵市级39个。按照“年初动员交办、年中督查调度、年底考核验收”的工作思路，扎实稳步推进为民办实事工作，各项指标均全面完成或超额完成，涌现市永胜棚户区改造、枫林市村新农村建设示范村、珊田安置区、东堡镇自来水厂等一批亮点工程。12月，醴陵作为株洲市各县（市、区）唯一代表，接受湖南省绩效评估和重点民生实事年终考核验收，得到省考核组的充分肯定和高度评价。

【社会保险】2015年，全市企业养老保险新增扩面单位36家，实现基金收入65135万元，发放养老金54905万元。机关事业养老保险参保单位217家、11616人，基金收入14352万元。为6553名离退休人员累计发放离退休养老金14685万元；离退休人员养老金按时足额发放，养老金社会化发放率达100%；失业保险参保人数2.86万人、基金收入675万元，为失业人员发放失业保险金94万元；基本医疗保险参保单位645家、参保8.58万人、基金收入12084万元，全年支付医疗保险费11828万元；城镇居民医疗保险参保9.51万人、基金收入4169万元，支付医疗保险费4390万元，住院费补偿率达70%；生育保险参保人数2.43万余人、基金收入552万元，支付生育保险待遇360万元。年内，被征地农民养老保险实现基金收入3761万元，支付征地农民养老保险费4328万元。工伤保险参保单位1035家、参保7.1万人，基金收入5465万元；支付工伤保险待遇5393万元。城乡居民基本养老保险参保5.54万余人，基金收入21396万元；为符合条件的13.94万人发放养老金14041万元。全年全市“九大”险种实现基金总收入12.7亿元，共支付各类待遇11亿元，基金累计结余6.6亿元；全市社保基金的规范运作率和安全完整率均达100%。

【就业创业】2015年，全市共新增农村劳动力转移就业4630人，失业人员再就业3704人，新增城镇就业8386人，零就业家庭动态援助率100%，城镇登记失业率控制在2.9%以内。年内，全面落实小额担保贷款扶持政策，共发放小额担保贷款1707万元。进一步健全创业培训体系，全年为350名劳动者提供免费创业培训。

【劳动关系】2015年，劳动争议仲裁机构处理各类劳动争议案件461起，立案率、结案率、准确率均达100%。全年工伤认定972起，劳动能力鉴定181件。市劳动监察队全年受理投诉案件375起，为1530名职工追回工资392.56万元、押金12.7万元。12月，联合市公安、住建部门，开展农民工工资支付专项检查行动，对全市“四小”企业（小煤矿、小烟花鞭炮生产企业、小矿山、小砖窑）的用工情况进行拉网式排查，对违规违法企业进行教育或责令整改；对情节严重者，坚决予以处罚。（张育瑶）

教　育

综　述

【概况】2015年，全市有中、小学校267所,其中小学(含教学点)213所、初中44所、高中9所(普高5所、中职4所)、特殊教育学校1所；有公、民办幼儿园422所(含小学附属学前班)。有在编中小学、幼儿园公办教师6147人；在校学生、在园幼儿142914人，其中中学生(含中职学生)43454人、小学生60398人、在园幼儿39062人。全市高考成绩连续两年位居株洲地区首位，醴陵市连续5年获株洲市“高中质量建设先进县(市)”；株洲市高中质量建设现场会连续两年在醴陵召开。醴陵市以最高等级通过全省教育工作第三轮督导评估,获评省“教育强县(市)”；市教育局获评“2015年国家义务教育质量监测县级优秀组织单位”,湖南省“2015年度中小学校责任督学挂牌督导创新县”“教育阳光服务优秀单位”“2015年国培计划‘送培到县’示范性培训项目工作先进单位”，株洲市“未成年人思想道德建设工作先进单位”“法治株洲建设工作先进集体”等称号。

【教育改革】2015年，全面落实中小学责任督学挂牌督导制度，被湖南省教育厅推荐参评“全国中小学校责任督学挂牌督导创新县”。年内，先后有大连、常州、新疆、湛江、南昌等50余批次教育督导同行到醴陵学习教育督导体制改革“醴陵模式”。实施教育综合评价改革，改变过去以学生学业考试成绩、学校升学率为主的评价方式，把学生的品德、学业、身心发展水平和兴趣特长养成、学业负担状况等，作为评价学校办学质量的主要内容；醴陵市被确定为“全国中小学教育质量综合评价改革试点县(市)”。深化课堂教学方式改革，深入推进以提升质量为核心，以培养学生的创新精神和实践能力为重点的课堂教学方式改革。创建高效课堂，切实减轻学生课业负担，全面开展“达标课”验收活动。

【各类教育发展】一是大力发展学前教育。新改建原神福港镇、富里镇等8所乡镇公办中心园。学前一年入园率达100%、三年入园率达92.6%，高出省平20个百分点。二是均衡发展义务教育。进一步缩小城乡之间、校际之间办学条件和办学水平差距。全面实行初中、小学就近、划块、免试入学招生制度；均衡编班，严禁举办任何形式的重点班、实验班、特长班，保障每一个孩子尤其是留守儿童、残疾儿童和进城务工人员随迁子女公平接受教育的权利。全年全市小学入学率为100%，辍学率为零，升入市内初中学校升学率为97.29%；初中入学率为100%，辍学率为0.4%，升学率为96.68%。三是优质发展高中教育。全年高考成绩再创新高,全市上线率为99.82%。其中，本科上线率为77.74%；二本以上(含二本)上线人数为1565人(按株洲市统计口径)，上线率为57.31%。醴陵市文科人平总分为447.45分，高出省平45.28分；理科人平总分为465.64分，高出省平37.92分。市第一中学刘致远同学被清华大学录取。普通高中学业水平考试正考成绩合格率达98.14%，处于全省领先水平。四是提质升级职成教育。年内，成功申创国家级农村职业教育与成人教育示范县(株洲市唯一入围县市)；被湖南省教育厅推荐为“全国社区教育实验区”。市陶瓷烟花职业技术学校成功申报为湖南省首批“卓越职业院校”(株洲县市中唯一一所入围学校)。湖南陶瓷技师学院建设项目顺利签约，并启动建设。

【教育保障】2015年，新建教师公租房343套,恢复农村小学（教学点）7所，扩容改造学位紧张学校11所，提质改造薄弱学校150所。加强教育信息化建设，“三通两平台”（宽带网络校校通、优质资源班班通、网络学习空间人人通；建设教育资源公共服务平台、教育管理公共服务平台）实现全覆盖。全年新招聘、引进新教师315名，定向送培小学、幼儿园教师116名。

【作风建设】一是继续深化教育阳光服务。坚持实行“首遇责任制”和“四个有”（有问必答、有疑必释、有诉必查、有责必究）服务承诺，对来访群众做到“四个一”（一张笑脸相迎、一把椅子让座、一杯清茶解渴、一席话语解惑）。在醴陵教育信息网上开通阳光服务平台，并与湖南省教育厅阳光服务平台实现对接。年内，共受理群众政策咨询18件，投诉10件，全部给予答复，满意率100%；接待群众来访56人次，当场解决关于学生转学、学生资助、助学贷款等事项52人次。在全市教育系统全面推广市委“五问工作法”，提升工作效能；开展大走访、大宣传，广谈心、广解困、广创优（简称“两大三广”）活动，市教育局工作人员和各中、小学负责人深入基层走访5.23万余人次，与师生群众谈心，着力为基层群众排忧解难。

【第31个教师节庆祝活动】2015年9月8日，在醴陵大剧院隆重举行名校长讲学暨第31个教师节庆祝大会。市委书记周晓理主持，市长康月林作主题报告；长郡中学副校长陈来满应邀讲学。800余名教师参加会议。会上对193位获株洲市“百优教师”、“先进教育工作者”和“醴陵市名师”、醴陵市“三好教师”“高考功勋教师”等荣誉的优秀教师进行表彰，对13名“醴陵市名师”给予重奖。（汤向荣）

醴陵市陶瓷烟花职业技术学校

【概况】醴陵市陶瓷烟花职业技术学校（以下简称“学校”）是国家重点中等职业学校、湖南省示范性（特色）中等职业学校、国家中等职业教育改革发展示范学校、湖南省首批卓越职业院校。2015年，学校占地面积15.33公顷；有在校学生3600余人，教职工220人。学校有全国职业教育先进个人1人，株洲市首批核心专家1人，9人获评陶瓷、烟花工艺大师。陶瓷工艺名师工作室被评为首批株洲市名师工作室；学校牵头组建湖南醴陵陶瓷职教集团，是“醴陵釉下五彩瓷烧制技艺”国家级非物质文化遗产传承基地，湖南省陶瓷行业协会副会长单位；学校成功组织株洲市校企合作现场会和湖南省职业教育与成人教育工作现场会现场观摩活动。学校获评“全国教育系统先进集体”；中央电视台、湖南卫视、《湖南日报》、《中国教育报》等媒体多次专题报道学校办学事迹和经验，校长郭米红受到习近平总书记等党和国家领导人接见。

【自身建设】年内，选派15位教师参加省、国家组织培训，20余位教师参加市级培训、40余位教师参加企业顶岗实践。在第五届中国陶瓷艺术大地奖评比活动中，有5位教师共获1金、1银、3铜。在株洲市“创新杯”说课大赛中，3位教师获一等奖；代表株洲市参加省级比赛，分获一、二等奖；代表湖南省参加国家级比赛，获2个一等奖和1个三等奖。学校被评为“中国职业教育微课程及MOOC联盟”理事单位。年内，完成为期三年的国家中等职业教育改革发展示范校建设，全国农村职业教育与成人教育示范县建设项目入围第二批创建名单，“陶瓷工艺专业—釉下五彩陶瓷彩绘”已申报第二批全国职业院校文化传承与创新示范专业点项目，株洲市卓越中职院校、中高职衔接试点、现代学徒制试点和职教信息化特色项目成功立项。学校当选为全省首批十三所卓越职业学校之一；校长郭米红在省卓越职业院校建设研讨会上，作为唯一的中职学校代表作典型经验介绍。

【特色办学】学校“大汉陶艺馆”首创醴陵体验式的工业旅游模式，在瓷博会期间共接待游客2000余人次；广信公司全程参与全市红绿灯维护维修、数字化城市管理；与每天惠商学院签订共同培养协议，与湖南汽车工程学院、湖南安全技术职业学院等签订中高职衔接合作协议；有校企合作企业130余家，其中醴陵市企业87家。湖南醴陵红玉红瓷陶瓷有限公司、御品坊瓷业有限公司、渌顺进口汽车维修中心3家企业入驻校园；与湖南环球烟花有限公司等企业合作，共建学校现场教学基地。学校与湖南华联瓷业股份有限公司、湖南华天大酒店等知名企业实行“订单”培养,组建“华联班”“华天班”“将军烟花班”。

【教学改革】2015年，学校高考二本以上上线率达51%，获全市教育系统“2015年高考争取目标奖”一等奖。在春季职业院校技能大赛中，1名学生获中职组建筑CAD比赛全国三等奖，9名学生分获省一、二、三等奖。在黄炎培职业教育奖创业规划大赛中，学校参赛学生获一等奖。在株洲市职业院校技能竞赛中，获团体总分第一。全年学校招收新生 1441 人。与 160 余家企业建立人才供求关系，学生一次性就业率达 98.2%、对口就业率达 90%。全年为企业和社会培训各类职业人员 9823 人。学校是国家商务部国际商务官员研修实践实训基地，顺利承办阿尔及利亚陶瓷生产技术培训班及 9 个发展中国家制陶技术培训班。

醴陵市陶瓷烟花职业技术学校 2015 年教师获奖及论文发表情况

表 9

姓　名	竞赛（作品）及论文（课件）名称	获奖及发表情况	颁奖或发表单位
陈兵武	论文《提升中职网络安全防护课程教学效益路径初探》	发　表	省级刊物《新校园》（CN37-1458/C）
	论文《中职金牌网管师（助理级）课程教学探索》		省级刊物《读写算》（CN42-1078/G4）
郭米红	2015 第七届生命论坛	致敬奖	中国生命关怀协会
胡文军	全国中等职业学校体育课程“创新杯”教师信息化教学设计和说课大赛	一等奖	中国职业技术教育学会
张　沙	全国中等职业学校语文课程“创新杯”教师信息化教学设计和说课大赛		
丁冬梅	全国中等职业学校数学课程“创新杯”教师信息化教学设计和说课大赛	三等奖	
朱晔婷	信息化教学设计项目比赛	一等奖	湖南省教育厅
喻　池 丁佳富	论文《让“制”落地　校企共育人才之“果”》		湖南省职业教育与成人教育学会
贺　婷	论文《职业学校音乐教师角色如何定位》	二等奖	
胡文军	信息化教学设计项目比赛	三等奖	湖南省教育厅
刘　方	论文《浅谈如何培养中职学生良好的英语学习习惯》		湖南省职业教育与成人教育学会
刘雨薇	论文《中职英语分组合作学习探究》		
易　彤	论文《情境教学在中职旅游专业对口升学教学中的应用》		
朱树桃	论文《中职学校专业群建设实践与思考》	一等奖	株洲市职业教育与成人教育学会
易清云	论文《中职生校园暴力行为产生原因及解决办法浅析》		
何小乐	论文《关于如何提高实训教学质量的探索》	二等奖	
杨湘钧	论文《浅谈用主题日记点燃学生积极向上之热情》		
陈细平	论文《陶瓷文化之窗》		
黄　刚	论文《浅谈中高职衔接的意义与方法》		
	论文《中职学校教学目标质量标准研究》		
易清云	论文《信息化教学〈清塘荷韵〉教学设计》		
常　锋	论文《中职对口计算机应用专业教学的思考》		
吴小姣	论文《浅谈创客教育在中职计算机课程中的运用》		
张　毅	论文《让语文的基因植根职业教育的生命中》		
邓兰芳	论文《浅议中小学教师信息素养培养途径》		

续表 9—1

姓　名	竞赛（作品）及论文（课件）名称	获奖及发表情况	颁奖或发表单位
黄小芳	论文《浅谈雕塑作品创作过程》	二等奖	株洲市职业教育与成人教育学会
丁冬梅	论文《谈谈如何构建中职数学高效课堂》	三等奖	
颜小梅	论文《浅谈中职语文教学的“生活化”》		
陈　敏	论文《中职生礼仪培养的探究》		
易　彤	论文《情境教学在中职旅游专业对口升学教学中的应用》		
林芳媛	论文《巧用微课，打造数学高效课堂》		
瞿江林	论文《中职学校教师如何提高教育科研能力》		
徐丽云	论文《略谈班主任的批评技巧》		
唐　婷	论文《浅谈中高职衔接的实践探索》		
林秀兰	论文《浅谈民办幼儿教师专业成长的困惑》		
	论文《如何提高中职幼教专业学生学习〈幼儿教育学〉能力》		
彭小平	《浅谈职业高中阶段开设英语选修课的见解》		
文　宇	论文《中等职业教育质量监控指标体系的探究》		
陈海根	论文《浅谈中职英语教学中专业特色的渗透》		
胡　莎	论文《浅谈信息化与计算机应用基础教学》		
匡世南	论文《浅谈如何提高职高数学教学质量》		
杨晖红	论文《英语教学中如何活跃课堂气氛之我见》		
刘　娟	论文《浅谈如何利用多媒体打造高效中职英语课堂》		
欧阳雪	论文《浅谈中职数学教学中课堂气氛之激活》		
蒋香英	论文《关于中职计算机专业双师型教师队伍的思考》		
张旖旎	论文《团体心理辅导在中职首次主题班会中的应用探究》		
胡牡丹	论文《中职社会主义核心价值观教育的举措》		
张　沙	论文《吟诵知诗味》		
瞿　蓓	论文《醴陵釉下五彩瓷的工艺性及装饰特点》		

（陈少东）

醴陵一中

【概况】 2015年，醴陵市第一中学有教学班54个、在籍学生2893人；有在职教职工246人，其中高级教师75人、专任教师235人、醴陵市、株洲市级学科带头人10人。年内，学校设党政办公室、督导室、教务处、教科室、德育处、艺体处、总务处、团委、宿管处。学校党委下辖高一、高二、高三、处室、离退休5个支部和共青团委员会、工会。学校是全省10所高中课改样板校之一，是株洲地区唯一一所高中课改样板校。年末，学校获省“高中教育质量建设先进单位”“中学数学教师解题比赛团体奖”“示范性普通高中督导评估2015年度奖”“学校心理健康教育工作先进单位”“教育科学研究工作者协会先进会员单位”“安全文明校园”和株洲市“国考优秀考点”、“2015年度中小学创新教育科研工作先进单位”等称号。

【教学质量】2015年，学校有907人参加高考，上二本以上总人数742人，位居株洲高中学校第二；二本以上上线率81.8%，比上年净增5.6个百分点。其中，一本上线人数338人，上线率37.2%、比上年净增6个百分点，总分600分以上人数54人、比上年增加14人。有2名学生分别被清华大学美术学院和解放军航空大学录取。高中学业考试一次性合格率达99.69%。

【教研教改】2015年，学校《重视学生情感需求，激发高效学习内驱力的实践与研究》等10个子课题。6月，《技术课程竞赛活动中学生创新能力的培养研究》课题顺利结题。年内，在参加各级教学业务竞赛中，学校获国家级奖励3人、省级奖励21人、地市级奖励11人。在参加湖南省“一师一优课、一课一名师”活动中，2名教师的课堂获湖南省优质课、7名教师获株洲市一等奖。

【德育工作】2015年，完善传统文化涵咏、人生规划引领、爱国与责任教育、励志教育践行、养成规范教育“五大”德育课程；全面实施《醴陵一中德育月工作目标体系实施纲要》。全年学生犯罪率为零，综合素质测评合格率达100%，行为习惯养成教育量化考核优良率达98%。

【艺体教育】2015年，音体美总参加高考人数86人，专业和文化双上线55人，双上线率63.95%。音乐专业22人参加高考，专业上线21人、文化和专业双上线20人，双上线率90.9%。竞技体育生7人参加高考，专业文化上线率100%，其中学生潘敏峰以文化507分、专业283分的成绩被北京体育大学录取；体育专业文化双上线总人数9人。美术专业47人参加高考，文化和专业双上线26人、双上线率为55.3%，学生刘志远以文化和专业综合分208.1分的成绩被清华大学美术学院录取。年内，学生在参加株洲市“至美”杯中小幼绘画、书法（篆刻）、摄影比赛中，有5人、14人、19人分获一、二、三等奖。学校田径队在湖南省体育传统项目学校第十四届田径锦标赛中获高中组团体总分第六。

【创新教育】2015年，在第22届中华圣陶杯中学生作文大赛中，学校有1人获全国二等奖、2人获三等奖。在第十四届全国创新英语大赛中，获全国二、三等奖各1人，获华中赛区一、二、三等奖分别有1人、6人、5人。在全国高中数学联合竞赛中，获全国二、三等奖分别有1人、4人，获湖南省一、二、三等奖分别有12人、26人、41人，获株洲市一、二、三等奖分别有39人、46人、74人。在全国高中数学联合竞赛中，获全国三等奖3人，获湖南省一、三等奖各2人，获株洲市一、二、三等奖分别有6人、15人、30人。在株洲市第三届技能创新大赛中，36名参赛学生均获奖，学校获株洲市团体总分第一。

【自身建设】2015年，学校自身建设实施“八大工程”（师德工程、人心工程、青蓝工程、校本研修工程、名师培育工程、书香校园工程、身心健康工程、师表形象工程），校长丁平、副校长杨军分别获株洲市“创新型校长”。1名教师被评为株洲市“百优教师”、2名教师被评为市“三好教师”、5名教师被评为市“2015年高考功勋教师”、2名教师被评为市“优秀班主任”。

【基础设施建设】2015年，学校图书馆新添图书2万册；投资30万元，安装录播设备；投资20万元，配置学生用计算机。由校友捐款近60万元，修缮校史馆；教工活动中心装修完毕。提质改造南校门，完成北校门的环境整治工作。

醴陵一中2015年教师获奖及论文发表情况

表10

姓　名	竞赛（作品）及论文（课件）名称	获奖及发表情况	颁奖或发表单位
陈名亮	《“探究功与速度变化的关系”实验的改进》	发　表	《实验教学与仪器》2015年第4期（总第324期）第32卷
李克月	《江南景，少年心——柳永〈望海潮〉之情感探析》		《语文报》2015年第21期
谢　丹	《目标明确　学生主体语言实践》		《英语学习辅导报》第6期
李和平	《反弹琵琶法》		《语文周报》2015年第18期

续表 10—1

姓　名	竞赛（作品）及论文（课件）名称	获奖及发表情况	颁奖或发表单位
刘艳辉	第十届全国创新英语大赛	高级辅导老师	全国创新英语大赛组委会
龙　颖	第十届全国创新英语大赛	优秀辅导老师	全国创新英语大赛组委会
陈明敏	第十届全国创新英语大赛	优秀辅导老师	全国创新英语大赛组委会
吴　浩	第十届全国创新英语大赛	优秀辅导老师	全国创新英语大赛组委会
谭超纲	第十届全国创新英语大赛	优秀辅导老师	全国创新英语大赛组委会
吴　升	中国·白银第十五届 PHE 国际青少年书画大赛	优秀辅导奖	中华文化促进会
刘　丹	第六届全国中学语文说课大赛	一等奖	《教育》杂志社
杨　庆	《基于中学体育课堂教学的时效性分析》	一等奖	中国教育发展学会
杨　庆	第四届全国基础教育课程改革教研成果	一等奖	中国教育发展学会
邓海兵	《锤炼“三节”，打造亮点，成就美文——例谈高考记叙文写作技巧之情节、细节与关节》	一等奖	中国语文教育教学研究会
杨颖敏	全湘版地理教材第二届课堂教学大赛录像课评比高中组	一等奖	中国教育学会
曾妞妞	《怎样让 IT 课堂行散而神不散》	一等奖	湖南省电化教育馆
曾妞妞	《教学两条线　课堂更精彩》	一等奖	湖南省电化教育馆
易李平	《用智能工具处理信息——模式识别》教学设计	一等奖	湖南省电化教育馆
万明星	《构建高效课堂需巧设问题——〈指数函数〉的教学反思》	一等奖	湖南省教育学会
王林波	《幸福密码》教学设计	一等奖	湖南省教育学会
王林波	《遇见未知的自己》教学设计	一等奖	湖南省教育学会
王林波	《走出烦恼的死胡同——修正非理性信念》辅导案例	一等奖	湖南省教育科学研究院
易李平	湖南省中学信息技术课教学比赛	一等奖	湖南省教育科学研究院
谢明桂	《构建核心概念　发展科学思维——“DNA 复制”概念教学》	一等奖	湖南省教育科学研究院
彭菊芬	《阁夜》教学设计	一等奖	湖南省教育科学研究院
张佳佳	《Module 2 unit 2 project making a travel leaflet》	一等奖	湖南省中小学教师发展中心
谢江华	《信息素养与语文素养相得益彰》	一等奖	湖南省中小学教师发展中心
刘春芳	《古诗词学生自主学习教学模式案例初探》	二等奖	湖南省教育学会
兰　健	《用智慧敲击学生的心灵——〈老子〉五章教学思考》	二等奖	湖南省教育学会
钟胜昔	《不拘一格　贵在鲜活——浅谈时事与地理学习的运用》	二等奖	湖南省教育学会
朱若玲	《优化顶层设计方案　实施自主科学管理—577 班管理经验出摊》	二等奖	湖南省教育学会
肖兰辉	《异同都有匠心在——〈故都的秋〉同课学习比较》	二等奖	湖南省教育学会
杨金球	《我们是不是该重新认识一下这个平衡移动的方向》	二等奖	湖南省教育学会

续表 10—2

姓　名	竞赛（作品）及论文（课件）名称	获奖及发表情况	颁奖或发表单位
文红波 谭艺茜 夏万军 张白霜 龙　芳 文飞娥	湖南省中学数学教师解题比赛高中组	二等奖	湖南省教育学会
谢　丹	《例谈英语教学活动设计的有效性》	二等奖	湖南省教育科学研究院
邹玲花	《种群的特征》第一课时教学设计	二等奖	湖南省教育科学研究院
肖兰辉	《自求其乐乐也多——语文教师如何找到职业幸福感》	二等奖	湖南省教育科学研究院
万明星	《平面向量共线的坐标表示》教学设计	二等奖	湖南省教育科学研究院
王林波	《认知神经科学视角下的早期教育》	二等奖	湖南省中小学教师发展中心
汤其军	《设计的基本原则》	二等奖	湖南省中小学教师发展中心
易李平	《丽升与全通网上阅卷系统使用经验的对比体会》	二等奖	湖南省中小学教师发展中心
邱　谧	《班级管理实践总结与思考》	二等奖	湖南省中小学教师发展中心
肖兰辉	《2013 年—2015 年全国高考语文新课标卷研析》	二等奖	湖南省教育学会
兰　健	《登岳阳楼》教学实践及反思	二等奖	湖南省教育学会
廖兰芳 夏　雪 文　苗 傅跃东	湖南省中学数学教师解题比赛高中组	三等奖	湖南省教育学会
钟飞祥	《谈高中物理实验教学的创新》	三等奖	湖南省教育学会
熊利平	《词块教学在高中英语写作教学中的运用》	三等奖	湖南省教育学会
曾　静	《Module 3 Unit 3 Reading Lost Civilization》教学设计	三等奖	湖南省电化教育馆
范彩红	《Lost civilizations 》教学设计	三等奖	湖南省电化教育馆
王林波	《善用积极心理学，传递心理课堂正能量》	三等奖	湖南教师教育学院 湖南省中小学教师发展中心
陈　英	《浅谈信息技术课探究学习教学模式的构建》	三等奖	湖南省教育科学研究院
谭　岭	《认真钻研教材，努力提升青年教师教育教学能力》	三等奖	湖南省教育科学研究院
朱若玲	《利用英语比赛平台，提高英语教学质量》	三等奖	湖南省教育科学研究院
刘卓卓	《How to describle a person》教学设计	三等奖	湖南省教育科学研究院
翁开云	《酵母菌》专题复习教学设计	三等奖	湖南省教育科学研究院
易李平	《用智能工具处理信息——模式识别》教学设计	三等奖	湖南省教育科学研究院
李克月	《语文教学话创新》	三等奖	湖南省教育科学研究院
汪　爽	《浅谈信息技术课堂教学中创造性思维的培养》	三等奖	湖南省中小学教师发展中心
刘卓卓	《把课堂真正交给学生》	一等奖	株洲市中小学教师继续教育研究会

（李彩平）

醴陵二中

【概况】醴陵二中位于市泗汾镇，校园占地总面积7.45万平方米、绿化面积3.06万平方米，绿化覆盖率为42.5%；有教学用房面积18568平方米，教学辅助用房面积6800平方米。2015年，学校共有50个教学班，有在校学生2975人；有在岗教职工207人，其中高级教师41人、研究生25人。8月，经过第十一届一次职代会表决，确定11名中层正职干部。年末，学校获株洲市高中教育质量建设突出贡献单位、教育学会先进单位。唐新秋等3名教师获株洲市学科带头人、教师汤雪斌获株洲市“优秀教师”。

【德育工作】2015年，德育教育工作坚持抓好班级德育考评活动，做好常规值周检查。以“德育一体化”的形式，保证检查时间和结果的公平性。通过晨检等方式，落实和常规管理学生日常行为规范。举行升旗仪式和国旗下的演讲活动，做到每周一个主题，对学生进行良好的常规教育和爱国主义教育。组织远足、学雷锋、两考志愿服务、“践行社会主义核心价值观”作文竞赛、班级文化建设等活动，大大提高了德育的实效性。市教育局总督学方勇利用2个工作日为高三年级学生作励志报告。举行2015届学生成人宣誓仪式。

【教学教研】2015年，学校教学教研工作继续执行不定期教学常规检查制度，进一步强化集体备课、课组间团结协作意识。完成市级组织的“一师一优课、一课一名师”晒课活动,共晒课167堂，向市级推选优课16堂，其中刘金山、漆建敏、邹艳琴老师的三堂课，入选湖南省优课并获株洲市一等奖。全年组织、选送60余篇论文参加上级组织的论文评选，其中数学教研组获湖南省“优秀教学案例集体奖”。省级课题——《传统教学与基于信息技术环境下教学的优势互补研究》被评为优秀。《用大历史观统率历史校本研修工作的研究》和《中学生汉英思维转换》课题年内结题。制定《醴陵二中青蓝工程实施方案》；9月，组织举行青蓝工程师徒结对仪式。全年高考一次性上线一本77人，二本以上426人,三本以上647人；上线率为84.9%。其中，二本以上上线人数比上年增加73人。年末，有3位老师被评为株洲市“学科带头人”、13位老师被评为株洲市“优秀教师”,7位老师被评为市“高考功勋教师”。

【“特色”教育】2015年，特色教育进一步加强，成绩显著。组织开展庆“五四”学生拔河比赛、师生篮球赛等赛事。完成第十二届校园科技艺体节，组织评选校园“十佳歌手”。在株洲市“三好杯”田径比赛中，女子组获团体总分第五名、男子组第三名，男子跳高、1500米、3000米和女子三级跳远等项目获银牌，女子跳远、男子200米获铜牌；在健美操比赛中获2金、3银成绩。在市第十九届中小学生田径运动会上,获团体总分第三名,夺2金、6银、6铜。在株洲市“至美杯”中小幼美术、书法、摄影作品比赛中，5名学生获一等奖、10名学生获二等奖、18名学生获三等奖；教师王方、钟梅的作品获一等奖，刘小军的作品获二等奖；教师刘小军水彩作品《春到沩山窑》获全国美术教师作品大奖赛三等奖。全年艺体生共有177人参加高考，专业上二本线105人。先后组织参加湖南省科技教育协会年会暨全省青少年科技创新教育组织辅导工作培训班和株洲市青少年科技创新大赛等活动。其中，学生吴梦天发明的《高速公路应急车道占道提示器》获省第三十六届青少年科技创新大赛二等奖。年末,校团委被授予“五四红旗团委”称号，学生汪玲被评为株洲市“优秀共青团员”。

醴陵二中2015年教师获奖及论文发表情况

表11

姓 名	论文及课件名称	获奖及发表情况	颁奖或发表单位
唐新秋	《同时不同态》	发 表	《高中生》第5期·高考指导
	《高考英语作文考前演练》		《高中生》第8期·高考指导
易海兵	《时事政治在高中政治课堂中的应用研究》		《新教育时代》
余艳飞	《揭开虚词的神秘面纱——文言文虚词复习方法探索》		《新校园（上）》第5期
瞿明斓	《巧用“旧瓶”，也盛得“佳酿”》		《新校园（中）》第2期
	《把好脉，看准症，找对因，因人施教》		《新校园（下）》第3期

续表 11—1

姓　名	论文及课件名称	获奖及发表情况	颁奖或发表单位
何桂平	《如何让学生在复习课中有收获》	发　表	《学习方法报》第 7 期
	《还科学实验在探究性学习中的一片蓝天》		《学习方法报》第 8 期
宋庆宇	《越策越开心》		《学习方法报》第 13 期
刘志华	《征文指导》	二等奖	教育部关心下一代工作委员会
何桂平	《奔跑吧，我的学子》	一等奖	湖南省教师教育学会
欧阳中艳	《巧用生活事例活化地理课堂》		
荣拥军	《浅谈我的班级管理》		
凌剑虹	《缀以书法，课堂生花》		
黎　明	《回归高考的真实意思，彰显历史教学的生活价值》		湖南省教育学会
易海兵	《时事政治在中学政治课堂中的应用研究》		湖南省教育科学研究院
黎水明 易聪明	《新课改下的农村课堂教学工作探究》		
杨　燕	《充分利用多媒体课件提高英语课堂教学效果》	二等奖	湖南省教师教育学会
刘　艳	《细胞核——系统的控制中心》的教学设计		
江来香	《人民代表大会》的教学课件设计		
郭立华	《中学生汉英思维转换过程中的常见错误分析及对策》		湖南省教育学会
朱世荣	《从事件史到社会史》		
钟雪军	《高中数学“作业和周练”结构的调整尝试》		
凌剑虹	《缀以书法，课堂生花——谈语文教学中书法艺术的运用》		湖南省教育科学研究院
江君飞 王建林	《让想象和联想为作文添翼》		
唐文玲	《常见的天气系统》		
欧阳中艳	《地理模式图的判读技巧与运用》	二等奖	湖南省教育科学研究院
二　中 数学组	“基于数学课程校本化的导学案研究”案例展示		
张久林 丁佳水	《高速公路应急车道占道报警器》		湖南省科学技术协会
宋庆宇	《架起心灵的桥梁》	三等奖	湖南省教师教育学会
黄利平	《论班主任行为在管理中的作用》		
唐新秋	《欲速则不达——案例分析》		湖南省教育学会
江　哲 冯　兴	《归去来兮辞隐逸思想的分析》		
黄艳花 冯　兴	《“啦啦操进校园”对湖南省啦啦操运动发展的影响》		

续表 11—2

姓 名	论文及课件名称	获奖及发表情况	颁奖或发表单位
江来香	《小议现代信息技术在高中思想政治课教学中的运用》	三等奖	湖南省教育科学研究院
宋庆宇	《越“策”越“开心”——高中语文教师课堂语言魅力初探》		
唐新秋	《考试观察——不可忽视的教学环节》		
易昭良	《巧用电教手段提高历史高考复习实效》		
易智军	《浅谈新课程背景下培养学生学习化学的兴趣》		
江君飞 王建林	《立足校情，科学研训——醴陵二中校本研训工作调查》		
李 海	2015 年湖南省中学数学教师解题比赛		湖南省教育学会中学数学教学研究专业委员会
凌剑虹	《缀以书法，课堂生花》	一等奖	株洲市教育局
王 方	“至美杯”书法、摄影比赛		
钟 梅	“至美杯”书法、摄影比赛		
漆建敏	《“一师一优课、一课一名师”优课——故都的秋》		
邹艳琴	《“一师一优课、一课一名师”优课——虞美人》		
刘金山	《“一师一优课、一课一名师”优课——结构的功能与分类》		
尹小平	《高中体育“跨栏跑”过栏技术教学思考》		株洲市教育科学研究院
钟雪军	《实施“分层学导式教学”，搞好初高中数学的衔接》		
冯全国	《校园标语标牌英语的信达雅》		
唐文玲	《锋面系统》微课堂录像课竞赛		
刘 艳	《细胞核——系统的控制中心》的教学设计	二等奖	株洲市教育局
吴洪武	中学物理教师实验技能大赛		
周文健	中学化学、生物教师实验创新大赛		
李 云	中学化学、生物教师实验创新大赛		
刘小军	“至美杯”书法、摄影比赛		
江 哲	《“一师一优课、一课一名师”优课——动物游戏之谜》		
胡艳平	《“一师一优课、一课一名师”优课——Amazing people》		
尹小平	《“一师一优课、一课一名师”优课——球类运动》		
江来香	《“一师一优课、一课一名师”优课——价值与价值观》		
江来香	《人民代表大会》的教学课件设计		
欧阳刚	《“一师一优课、一课一名师”优课——伴性遗传》		
潘 赞	《关于减少高考体育运动损伤的思考》		株洲市教育科学研究院
唐文玲	《正午太阳高度角》微格课堂教学竞赛		

续表 11—3

姓 名	论文及课件名称	获奖及发表情况	颁奖或发表单位
易海兵	《关于中学政治课的道德情感教育实施的浅思》	三等奖	株洲市中小学教师继续教育研究会
何桂平	《奔跑吧，我的学子》		株洲市教育局
荣拥军	《浅谈我的班级管理》		
杨 燕	《充分利用多媒体课件提高英语课堂教学效果》		
李喜欢	《"一师一优课、一课一名师"优课——Helping people around the world》		
李湘华	《"一师一优课、一课一名师"优课——The world online》		
何桂平	《"一师一优课、一课一名师"优课——化学能与电能》		
唐文玲	《"一师一优课、一课一名师"优课——澳大利亚》		
易晓玲	《"一师一优课、一课一名师"优课——从汉至元政治制度的演变》		
胡珍贵	《"一师一优课、一课一名师"优课——牛顿第二定律》		
黄利平	《"一师一优课、一课一名师"优课——直线与圆的位置关系》		
钟雪军	《"一师一优课、一课一名师"优课——简单的线性规划问题》		

（江 哲）

醴陵四中

【概况】2015年，学校有54个成建制班级；有学生3114人；有教职工254人，其中教师224人，教师中有高级教师58人、中级教师110人。设党政办公室、教务处、教科室、德育处、督导室、艺体教育中心和总务处等7个处室。另有工会、团委等群团组织。学校连续11年被评为湖南省"学校心理健康教育工作先进单位"，被国家教育部命名为"全国青少年校园足球特色学校"。

【队伍建设】2015年，校党委编印学习资料《五论协调推进"四个全面"》并组织学习。5月，组织开展《党章》知识的闭卷考试，全校103名在职党员参加。暑假期间，完成中层处室干部（正职）轮岗交流，并组织全体行政人员进行集中培训。12月，召开"讲纪律，守规矩，做党和人民满意的好老师"的主题党员大会，给每位党员醴发《中国共产党廉洁自律准则》《中国共产党纪律处分条例》。年内，以省特级教师、正高级教师郭智和省优秀教师刘云英为首，筹备并建立"名师工作室"。开展"一师一优课，一课一名师"活动，上传录像展示课24堂，通过活动提升教师的课堂教学水平。选送3批次、20余人赴北京、杭州、长沙等地学习培训。全年举办教育论坛8次，评选第三届"明星班主任"，其中9名班主任受表彰。年内，有7名教师被评为第六届"师德标兵"，1名教师获评"盛芳奖"。

【德育工作】2015年，召开德育工作年会，对班主任和青年教师进行德育培训。4月，邀请全国感恩教育推广大使、青少年心灵成长顾问、湖南语学堂苏醒老师到校开展"不让爱你的人失望"的大型励志演讲活动，师生均受震撼。学校团工作注重抓实社团建设和志愿者活动，被共青团株洲市委评为"五四红旗团委"。以《安全在我心、保障看我行》为主题的平安校园建设优秀成果，在湖南省第二届平安校园建设优秀成果展评中获一等奖。《弯弯腰留一方净土伸伸手献一份爱心》活动案例，被株洲市教育局评为"2015年度中小学培育和践行社会主义核心价值观教育优秀案例"。学校高规格建设毒品预防教育基地。12月，法制副校长在国旗下给全校学生上法制教育课。

【学科建设】2015年，科学对接"一师一优课，一课一名师"活动，实施五环教学模式升级版—导学案"三部曲"（独学文本，初步感知（A级）；互学解疑，习得方法（B 级）；迁移运用，巩固提高（C 级）＋限时训练）。国家级课题《高效课堂背景下“五环教学法”课型创新的实验研究》和《基于生命教育开展高中心理健康教育的实践研究》已结题。“十二五”省级课题《运用现代教育技术优化教学管理的应用研究》已顺利结题并被评为优秀。年内，接受湖南省第三轮县级教育工作督导评估团检查，并对学校给予高度评价，一致认为学校办学特色鲜明、课程优质多样、机制充满活力、资源开放共享。2015 年高考，有 617 名学生考入本科以上大学；高二年级参加全省高中学业水平考试，一次性合格率达 98.3%。

【艺体教学】2015 年，音乐、美术高新特长生首次进行自主招生。作为株洲市艺体课程项目基地学校，在株洲市教育局组织的考核评估中，被评为“优秀”，并在株洲市教育局举办的经验交流会上进行展示。在全国中学生田径锦标赛上，学生汪嘉莉夺女子 100 米铜牌，学校获“体育道德风尚奖”；学生汪嘉莉以专业第一名的成绩被清华大学录取。学校学生参加各级体育赛事成绩显著。在湖南省首届学生运动会上，学校代表株洲市参赛，获 1 金、3 铜；在参加省青少年田径锦标赛上夺 6 枚金牌；在株洲市中学生“三好杯”田径运动会上，获男、女团体总分第一、并包揽 14 个单项冠军。在艺体高考中，1 名体育生获 300 分（满分）、7 名学生在 290 分以上。年内，音、体、美特长生二本上线率近 70%，居株洲地区首位。2 月，应德国汉堡国立音乐学院的邀请，音乐教师樊明勇赴德国演出醴陵民歌《思情鬼哥》。12 月，教师黎曼作为株洲南四县唯一入选代表，参加由株洲市教育局、教育科学研究院主办的株洲市 2016 年动力乐歌师生新年音乐会，演奏三弦独奏《十八板》。

【后勤工作】2015 年，完成校史长廊建设，更新求真馆的文化布置，规范学校道路铭牌和部分景观设置。以“两条例一准则”和十八届五中全会精神为主要内容，开辟党建长廊和明星教师长廊。投资数百万元，增容电力变压器，给教室和学生寝室安装空调，升级改造校道、水路、电路，装修青年教师楼，新建校园超市等。年末，学校获评湖南省“生态文明示范校”。

醴陵四中 2015 年教师获奖及论文发表情况

表 12

姓 名	论文及课件名称	获奖及发表情况	颁奖或发表单位
欧阳永 彭秋瑾	《县域高中生应对方式与心理健康的相关研究》	发 表	《教师》杂志
	《“男生危机”的教育对策探讨》		《新课程》杂志
张年英	《碎片化阅读时代中学生的思维特征和思维培养》		《中国教育学杂志》
汤 琼	《由抗日神剧引发的思考》	一等奖	湖南省教育学会
黄建和	《请让孩子有灿烂的笑脸》		
周 水	《世界那么大，请活在当下——在记念刘和珍君的教学中渗透生命教育》		
林晓春	《短文虽短，意味深长——热爱生命中的生命教育》		
谢 婷	《三分自由　七分信任　十分精彩》		
黄桂芬	《化学教学中如何培养学生的创新思维能力的几点体会》		
陈 鑫	“踩点法”实验复习		
武伟云	《微笑，送给孩子最好的礼物》		
黄梅芳	《高中英语学困生自学能力培养的初级任务》		
易建辉	《物理学习中的心理素质——意志力》		
易湘礼	《班主任工作由管理型向服务型转变》		

续表 12—1

姓　名	论文及课件名称	获奖及发表情况	颁奖或发表单位
郭　智	《我的班级德育观》	一等奖	湖南省教育学会
张申德	《用翻转课堂和微课程理念升格“五环”教学法》		
谭兴和	《祖国统一大业教学设计研究》		
何辉龙	《试用百家思想来治班》		
胡　庆	《在历史课上抓住学生的心》		
瞿　意	《浅谈家校微信群师生隐私权的保护》		
刘云英	《浅谈考试焦虑》		
谭欠汉	《改善青春期亲子关系的点滴尝试》		
王小平	《心育手段让德育更高效》		
钟水泉	《班主任要用爱培育爱》		
周勇辉	《寻因激趣，突破高一英语》		
何新梅	《手机，使教学更精彩》		湖南省电教馆
汤　检	《〈稳态与环境〉多媒体课件制作探究》	二等奖	湖南省教育学会
杨　晓	神经调节的教学设计		
钟水泉	《〈人民代表大会：国家权力机关〉教学设计》		
李凤娇	《关于在地理教学中进行创新教育的几点思考》		
骆　婵	《湘教版高一年级〈地形对聚落分布的影响〉教学设计》		
李　柱	《中美关于氧化还原反应教学内容比较》		
汤　琼	《给学困生插上翅膀》		
彭晓陵	《浅谈合理处置骨膜炎方法》		
陈金南	《优秀的家长和老师都是骗子》		
王利军	《关于双指示剂滴定法的一些思考》		
周勇辉	《M4U1 教学设计》		
瞿　意	《M3U3 教学设计》		
肖　准	《五米三向运动常出现的问题及纠正方法》		
张　岭	《简单的线性规划》		
黄桂芬	《浅谈新课标下高中化学限时训练的选编与使用》		
王　辉	《浅谈高中育人绿色生态核心构建》		
易湘礼	《浅谈与后进生交流的技巧》		
陈　君	《浅谈高中历史教学中的心理健康教育》		
何辉龙	《三句话决定你在学生心目中的地位》		
	《唱响生命的乐章》		

续表 12—2

姓 名	论文及课件名称	获奖及发表情况	颁奖或发表单位
刘春英	《让孩子在犯错中成长》	二等奖	湖南省教育学会
彭辉平	《让语文课堂也成为心育的良好渠道》		
王利军	《春风化雨 润物无声》		
文春霞	《挖掘生命教育蕴含 点亮学生心灵》		
李云希	《激活内驱力，拯救“伪厌学者”》		
易建辉	《运用数字化管理平台进行学分管理》		湖南省电教馆
刘春英	《卫星远程合作让我的教学锦上添花》		
武伟云	《语法专项复习——三大从句与高考教学设计》	三等奖	
林爱平	《Mi unit 3 word power 教学设计》		
刘 玲	《词汇复习课教学设计》		
荣海燕	《语言点课教学设计》		
钟水泉	《浅谈高中政治导学案与多媒体教学整合的实践与思考》		
龙远方	《浅谈高考地理图像的复习》		湖南省教育科学研究院
郭 智	《排球正面双手垫球典型教学设计研究》	一等奖	株洲市教育学会
张年英	《碎片化阅读时代中学生的思维特征与培养》		
谭兴和	《在反思中历练，在总结中成长》		
汪智慧	《用心管理出一个优秀班级》		
王 华	《借助“诱”与“思”，与学生共建和谐课堂》	二等奖	
	《如何打造生动的高效课堂》		
骆 婵	微课现场教学竞赛		
胡 庆	《2014 年新课标全国卷——历史试题 41 题评选与教学启示》		
汪建凡	《都说改革好为什么在国内遇到重重阻力》		
汪智慧	《浅谈体育专业班育人的艺术》	三等奖	
郭 智	《道之所存，师之所存——浅议学校德育工作师生观》		

（何开思）

湖南轻工高级技工学校

【概况】2015 年，湖南轻工高级技工学校（以下简称“学校”）设陶瓷、机电一体化、电子电气、计算机、经济管理 5 大专业，开设数控加工、模具制造、电气自动化、汽车电子、陶瓷工艺美术、陶瓷工程等 23 个专业。投入固定资产 4318.6 万元，年末拥有固定资产 9322.38 万元。全校有教职工 320 人，其中专职教师 228 人、兼职教师 59 人；具有高级职称教师 65 人，中级职称教师 84 人。年内，招收全日制新生 1530 人；实现财务收入 6830.24 万元，比上年增加 1755.91 万元。2013 年经省人民政府批准，在学校基础上筹建的湖南陶瓷技师学院，选址市长庆示范区渌江新城核心区，规划用地面积 17.33 公顷。该项目总投资 2.5055 亿元，总建筑面积为98300平方米，建设期两年，6月18日举行项目启动仪式。

【教学教研】2015年，学校与三一重工、中国中车集团、威盛集团等企业冠名办学。重新修订和完善教学管理制度，注重优化教学工作流程和细节管理，采取教学巡查、“推门听课”和教学抽考等形式，加大课堂监控，做好教学质量的跟踪、分析与反馈。学校技工部、陶瓷教学部获团体奖3项，36人次获个人单项奖。

【教学培训】2015年，一次性本科上线79人，其中600分以上35人，重点本科院校录取11人。完成各级各类职业技能培训6213人次，其中1251人通过相关职业的技能鉴定考试。

湖南轻工高级技工学校2015年教师获奖及论文发表情况

表13

姓　名	竞赛（作品）及论文（课件）名称	获奖及发表情况	颁奖或发表单位
罗　金	作品《水乡行舟情悠悠》	金　奖	中国工艺美术协会
	作品《清韵》	银　奖	中国轻工业联合会 中国陶瓷工业协会
	作品《登高一呼万山皆应》	铜　奖	湖南省陶瓷行业协会
林　威	作品《梦之蓝》	永久收藏	第三届中国西部陶瓷峰会
李勇志	《计算机网络教学研究》	发　表	《电脑知识与技术》杂志
曹小毛	《flash动画制作设计浅析》		《信息与电脑》杂志
王　彦	《浅谈中职学校电子商务专业建设》		《新校园》杂志
盛　敏	《浅谈釉下五彩陶瓷书法作品装饰方法》		《艺术中国》杂志
罗　金	作品《梦入江南烟如路》	三等奖	第三届中国西部陶瓷峰会
管祥久	《薄弱高中历史学考复习方略刍议》	一等奖	广西省教学学院杂志社
	《再论清季“海防”与“塞防”之争》		湖南省教育学会
刘　力	《论高三学生心理压力产生原因及其缓解措施》	三等奖	
伍育光	《湖南对口高考数学教学初探》	一等奖	株洲市教育科学研究院
王　芳	《向“淘宝”学“经营”》		
朱　双	《高中英语课堂教学的情感成果研究》	二等奖	
杨　芳	《浅谈高中生的书写》		
何利军	《对口高考语文高分突破策略的思索》		
	《用爱为孩子们撑起一片蓝天》	三等奖	
朱山丹	《对高考不分文理科与高中教育该如何应对的探讨》		
江济民	《浅谈醴陵陶瓷行业劳动力结构状况及其优化对策》		
周　秦	《如何提高职高对口升学考试英语匹配题的得分》		

（胡　晟）

醴陵市机关幼儿园

【概况】2015年，醴陵市机关幼儿园共有教职工66人、离退休职工13人，开设大、中、小班15个，收托幼儿1075名。幼儿园给每班配备空调、电视机、VCD、电钢琴、消毒柜和饮水机等设施设备，保证幼儿一人一床、一人一杯、一人一巾。

【教育教学】2015年，幼儿园根据各班幼儿年龄特点，创新设立游戏区域，提供种类繁多的游戏模具，有目的地引导幼儿进入活动区域。在开展《主题背景下如何有效开展区域游戏》的教研课题时，教师积极参与园本教研，在掌握幼儿兴趣、水平和需要的基础上，预设或生成游戏内容，使主题活动与区域游戏有效结合，促进幼儿全面发展。在湖南省2015年度全省婴、幼特论文评审活动中，1名教师获三等奖，在湖南省婴、幼特教优秀科学教育活动中，选送的《中班科学活动：小刺猬的项链》获三等奖。年内，共有5名教师获株洲市“百优教师”、“第二届幼儿园教育能手”、“2015年度幼儿园优秀园长”和“优秀教师”称号。

【保育保健】2015年，幼儿保育保健工作做到餐具、毛巾、玩具等幼儿用品天天消毒。活动室、午睡室下班前用艾叶、紫外线消毒。加强对传染病及流行病防治工作的宣传与管理，全园未发生过“手足口病”等传染病及流行病。根据幼儿年龄特点和市场供应情况，制订适合幼儿生长发育需要的食谱。加强幼儿的自我保护意识和安全防范能力，每月对班级安全工作开展情况进行统计。（黄　梅）

醴陵市德才外语学校

【概况】2015年，醴陵市德才外语学校（以下简称“学校”）开设商务英语专业，学制三年。有教职工48人，其中专任教师30人；专任教师中有中学高级教师5人、中学一级教师9人、中学二级教师12人。年内，设12个教学班，有在籍学生630人。2015届毕业学生138人中，有70人直接就业，其中14人通过选拔考试出国就业；有68名学生通过高考升入高等院校深造。

【教育教学】一是加强以培养学生好习惯为重点的德育工作。汇编《德才学生100个好习惯》。二是让学生在活动中学、思、练和提高。5月中旬、9月初和12月中旬，3次聘请外籍教师到校讲学、交流。三是按有效、高效教学要求，探索“做中学、做中教”高效教学模式，重点推广、应用“小组合作学习”教学方式。四是坚持“校企合作，顶岗实习”的人才培养模式。年末，学校被株洲市教育局评为“骨干民办学校”（中职类）、被株洲市职业教育与成人教育学会评为“先进集体”。学生在参加全国公共英语二级考试中，过级率达72%；在参加全国信息化办公office考试中，过级率为100%。（顾美玲）

文化·体育·传媒

文　化

【概况】2015年8月，醴陵市文化体育广电新闻出版局更名为“醴陵市广电新闻出版局”，内设办公室（计划财务股）、社文股、群众体育股、文化市场股（行政审批股）、广播电视事业管理股5个股室。辖市文化市场综合执法大队、市文物局、市李铎艺术馆、市文化馆、市图书馆、市李立三同志故居管理所、市体育运动学校、市电影事业管理站、市醴陵窑管理所、市剧院、市花鼓戏剧团、市电影公司12个二级机构。全市有基层文化站23个，民间职业剧团8个，铜管乐、电声队、锣鼓班子、腰鼓队90个；有从事文艺工作人数1.2万人。年内，开展“一周一乐、半月一赛”、“状元洲电影周”活动，承办全省青少年游泳锦标赛；完成农民建设工程25套，演艺惠民、送戏下乡136场，送电影下乡4092场。年内，结合乡镇综合文化站建设，开展活动156场，更新343家农家书屋图书；制定《农村广播“村村响”工程建设方案》，物资采购及招标工作完成。

【文艺创作】2015年，全市选送多个文艺作品参加株洲、省、国家、国际等各类文艺比赛，其中获世界级荣誉1个、国家级荣誉5个、省级荣誉18个、株洲市级荣誉42个。市宗宗艺校在参加第十四届“百花迎春”中国青少年艺术人才评选活动湖南选拔赛中，有7人获舞蹈专业少儿组金奖；在参加第五届湖南省少儿才艺大赛全省复赛中，有4人获舞蹈项目一等奖、2人获民族舞项目银奖。市蓓蕾艺校在“逸凰杯”体育舞蹈大奖赛拉丁舞比赛中，共获126个奖项，其中金牌42块、银牌44块、铜牌40块；舞蹈《味道》参加株洲市2015年优秀节目展演，舞蹈《兔气扬眉》在参加全国校园时代、相约清华大学少儿春晚中获金奖和最佳表演奖。市智慧树文化艺术学校在第七届艺术新星大奖赛中，舞蹈《飞呀飞》《卓嫫》获金奖，《你是我的眼》获银奖；在全国“小荷风采”舞蹈比赛中，原创《瓷趣》获湖南赛区“小荷奖”；节目《思情鬼歌》在法国国际排舞大赛中，获金奖。

【群众文化】2015年，市广电新闻出版局举办、承办、协办“欢乐潇湘、五彩醴陵”等各类活动218场次。在市状元洲文化公园安排每周放映公益电影2场。全年开展“演艺惠民、送戏下乡”活动136场；市陶瓷博物馆、李立三故居、博物馆、先农坛、耿传公祠等景点实行免费开放。完成“创建国家公共文化服务体系示范区”醴陵测算和乡镇文化站电子阅览室管理信息平台建设。全年送戏下乡136场次，送电影下乡4092场，送书下乡72.87万本。

【文物管理】2015年，全市文物管理工作稳步推进。启动渌江书院修缮、征拆工作。对渌江书院外围环境进行整治，聘请相关专家对书院形象进行整体提升设计，消防及安防工程设计。充实陶瓷博物馆馆藏。全年向民间征集陶瓷作品141件，接收醴陵籍陶瓷大师捐赠作品49件，向其他博物馆及个体收藏家借调展品86件。年内，编制沩山村传统村落申报材料；完成李立三故居人员配置及材料汇编工作。

【文化市场】2015年，全市共有书店14家，互联网电子出版店3家，音像店1家，印刷企业55家。完成印刷企业年审登记55家，打字复印市场年检换证15家，书刊音像制品市场年检换证12家；新增书店3家、出版物企业1家；变更印刷企业登记4家。年内，各企业年审、年检全部合格。

【非物质文化遗产】2015年，釉下五彩瓷用毛笔制作技艺、毛瓷成型制作技艺、沩山豆腐制作技艺、王英版枣等项目，已申报株洲市级非物质文化遗产名录项目。醴陵釉下五彩烧制技艺项目传承人陈志峰申报株洲级项目继承人。年内，公布“牛灯”等醴陵市级非遗项目11项。

（曾　丽）

文学艺术

【概况】2015年，醴陵市文学艺术界联合会（以下简称“市文联”）下属的多家文艺协会齐头并进，共同发展。《文笔峰》杂志年发行量达4000余份，市作家协会会员创作的文学作品在全国多家刊物发表。市诗词楹联协会顺利通过国家和省诗词协会“中华诗词之乡”的验收，全年共创作诗联作品1000余首（副）。市诗词楹联协会向省内外刊物寄送作品300余篇（首），其中80余篇在《老年人》《岳麓诗词》《株洲诗词》《株洲楹联》《对联》杂志上发表，其中许征武、李纪干、林清河等均获诗词楹联全国大赛奖项。成功举办市第三届职工书法大赛，共收到来稿200余幅，《书法报》对此进行专题报道。在原新阳乡清泥村小学举办李铎将军书法培训班，邀请知名书法教师每星期授课一次。10月，市文联邀请全国著名青年书法家王义军到醴陵进行学术讲座，省、株洲市书法界及院校艺术门类学生50人参加。邀请著名花鸟画家中国美术学院教授胡进曦到醴陵举办为期一年的花鸟画高研班，共招收学员40名。为纪念抗日战争胜利70周年和左权将军诞辰110周年，出版《战地黄花》画册。举办《匠心·熊声贵从艺六十周年艺术展》；市摄影家协会举办以“中国醴陵，瓷彩天下”为主题的摄影作品展，共展出会员作品50余件。3月以来，市摄影家协会组织会员开展创作采风10次，参加会员185人次，与原清水江乡联合举办“魅力清水”摄影大赛。7月，在法国巴黎举办的“2015年UCWDC世界排舞联赛”中，醴陵五彩艺术团《思情鬼歌》获原创节目类团体第一。8月，在市文联指导下，市智慧树、蓓蕾、宗宗、青青、新天骄5个艺校依次举办“瓷城之夏”文化艺术节，并从中选出优秀节目和选手参加全国、省、株洲市级比赛，取得优异成绩。

2015年醴陵市主要文艺作品一览表

表14

<table>
<tr><th>作品名称</th><th>作　者</th><th>获奖大赛（刊载期刊）</th><th>获奖（发表）情况</th></tr>
<tr><td>《桃花血》（散文）</td><td>桂新华</td><td>“中华杯”全国散文大赛</td><td>二等奖</td></tr>
<tr><td>《敢教薯香满山川》（报告文学）</td><td>邓立平</td><td>《共和国骄子》</td><td rowspan="13">刊　发</td></tr>
<tr><td>《击碎美玉的丑石》（寓言）</td><td rowspan="12">肖邦祥</td><td rowspan="6">《中国当代微寓言精品》</td></tr>
<tr><td>《笼中鸟和篓中鱼》（寓言）</td></tr>
<tr><td>《肉眼与心眼》（寓言）</td></tr>
<tr><td>《人与猴》（寓言）</td></tr>
<tr><td>《顺手牵羊的人》（寓言）</td></tr>
<tr><td>《旅行者与强盗》（寓言）</td></tr>
<tr><td>《海中的蛟龙》（寓言）</td><td rowspan="6">《廉政寓言》</td></tr>
<tr><td>《玉帝和农夫》（寓言）</td></tr>
<tr><td>《牛拉破车》（寓言）</td></tr>
<tr><td>《战马的请求》（寓言）</td></tr>
<tr><td>《老鼠和捕鼠夹》（寓言）</td></tr>
</table>

续表 14—1

作品名称	作 者	获奖大赛（刊载期刊）	获奖（发表）情况
《用生命托起的承诺》	肖邦祥	《中国乡土诗人》第二辑	刊 发
《这根绑带》	肖邦祥	《中国乡土诗人》第二辑	刊 发
《人生的索道》	肖邦祥	《中国乡土诗人》第二辑	刊 发
《生命的霞光》（散文诗）	肖邦祥	《中国乡土诗人》第二辑	刊 发
《口中生蛋的风波》（童话集）	肖邦祥	株洲市第五届炎帝文艺奖	三等奖
《绿海南》（散文）	丁发明	株洲市第五届炎帝文艺奖	三等奖
《水佬倌》（小说）	屈继元	《文艺窗》2015 年第四期	刊 发
《宋江为什么上梁山》（杂文）	徐 峰	《百家讲坛》2015 年九期	刊 发
《妞妞看戏》（舞蹈）	宗宗艺术学校	“汇桥杯——三湘蒲公英”少儿音乐舞蹈大赛	银 奖
《舞起幸福鼓》（舞蹈）	青青艺术学校	“汇桥杯——三湘蒲公英”少儿音乐舞蹈大赛	银 奖
《骏马奔腾》（舞蹈）	灵感文化艺术学校	“汇桥杯——三湘蒲公英”少儿音乐舞蹈大赛	银 奖
《小鸡也疯狂》（舞蹈）	灵感文化艺术学校	“汇桥杯——三湘蒲公英”少儿音乐舞蹈大赛	银 奖
《小当家》（舞蹈）	灵感文化艺术学校	“汇桥杯——三湘蒲公英”少儿音乐舞蹈大赛	银 奖
《波斯猫》（舞蹈）	灵感文化艺术学校	“汇桥杯——三湘蒲公英”少儿音乐舞蹈大赛	铜 奖
《天蓝苜蓿》（舞蹈）	水晶鞋文化艺术学校	“汇桥杯——三湘蒲公英”少儿音乐舞蹈大赛	铜 奖
《娃娃的梦》（舞蹈）	水晶鞋文化艺术学校	“汇桥杯——三湘蒲公英”少儿音乐舞蹈大赛	铜 奖
《小脚丫》（舞蹈）	水晶鞋文化艺术学校	“汇桥杯——三湘蒲公英”少儿音乐舞蹈大赛	铜 奖
《我和芭比》（舞蹈）	水晶鞋文化艺术学校	“汇桥杯——三湘蒲公英”少儿音乐舞蹈大赛	铜 奖
《雪域踏欢》（舞蹈）	水晶鞋文化艺术学校	“汇桥杯——三湘蒲公英”少儿音乐舞蹈大赛	铜 奖
《天蓝苜蓿》（舞蹈）	水晶鞋文化艺术学校	2015 年艺术之星全国优秀特长生才艺展示	特金奖
《我和芭比》（舞蹈）	水晶鞋文化艺术学校	2015 年艺术之星全国优秀特长生才艺展示	金 奖
《波斯猫》（舞蹈）	宗宗艺术学校	“校园未来星”第 12 届全国特长生展示	金 奖
《妞妞看戏》（舞蹈）	宗宗艺术学校	“校园未来星”第 12 届全国特长生展示	金 奖
《明亮的眼睛》（舞蹈）	宗宗艺术学校	“校园未来星”第 12 届全国特长生展示	金 奖
《花丛中的小姑娘》（舞蹈）	宗宗艺术学校	“校园未来星”第 12 届全国特长生展示	金 奖
《山村小姑娘》（舞蹈）	宗宗艺术学校	“校园未来星”第 12 届全国特长生展示	金 奖
《我和月亮说句话》（舞蹈）	宗宗艺术学校	“校园未来星”第 12 届全国特长生展示	金 奖
《起舞弄清影》（舞蹈）	宗宗艺术学校	“校园未来星”第 12 届全国特长生展示	金 奖
《小薇小薇》（舞蹈）	宗宗艺术学校	“校园未来星”第 12 届全国特长生展示	金 奖
《罗敷行》（舞蹈）	宗宗艺术学校	“校园未来星”第 12 届全国特长生展示	金 奖
《小茶馆》（舞蹈）	宗宗艺术学校	“校园未来星”第 12 届全国特长生展示	金 奖

续表 14—2

作品名称	作 者	获奖大赛（刊载期刊）	获奖（发表）情况
《中国芭比》(舞蹈)	宗宗艺术学校	“校园未来星”第 12 届全国特长生展示	金 奖
《爬坡上坎》(舞蹈)	宗宗艺术学校	“校园未来星”第 12 届全国特长生展示	金 奖
《小当家》(舞蹈)	宗宗艺术学校	“校园未来星”第 12 届全国特长生展示	金 奖
《阿拉瑞普》(舞蹈)	宗宗艺术学校	“校园未来星”第 12 届全国特长生展示	银 奖
《好日子》(舞蹈)	宗宗艺术学校	“校园未来星”第 12 届全国特长生展示	银 奖
《小扁担三尺三》(舞蹈)	宗宗艺术学校	“校园未来星”第 12 届全国特长生展示	银 奖
《小荷尖尖》(舞蹈)	宗宗艺术学校	“校园未来星”第 12 届全国特长生展示	银 奖
《马背少女》(舞蹈)	宗宗艺术学校	“校园未来星”第 12 届全国特长生展示	银 奖
《花之雨》(舞蹈)	宗宗艺术学校	“校园未来星”第 12 届全国特长生展示	银 奖
《孔雀飞来》(舞蹈)	宗宗艺术学校	“校园未来星”第 12 届全国特长生展示	银 奖
《笛中花》(舞蹈)	宗宗艺术学校	“校园未来星”第 12 届全国特长生展示	银 奖
《女兵走在大街上》(舞蹈)	宗宗艺术学校	“校园未来星”第 12 届全国特长生展示	银 奖
《掀起你的盖头来》(舞蹈)	宗宗艺术学校	“校园未来星”第 12 届全国特长生展示	银 奖
《阳光下的孩子》(舞蹈)	宗宗艺术学校	“校园未来星”第 12 届全国特长生展示	铜 奖
《彩云之南》(舞蹈)	宗宗艺术学校	“校园未来星”第 12 届全国特长生展示	铜 奖
《采蘑菇的小姑娘》(舞蹈)	宗宗艺术学校	“校园未来星”第 12 届全国特长生展示	铜 奖
《小扁担三尺三》(舞蹈)	宗宗艺术学校	“百花迎春”中国青少年艺术人才评选活动湖南选拔赛	金 奖
《波斯猫》(舞蹈)	宗宗艺术学校	“百花迎春”中国青少年艺术人才评选活动湖南选拔赛	金 奖
《霓裳梦》(舞蹈)	宗宗艺术学校	“百花迎春”中国青少年艺术人才评选活动湖南选拔赛	金 奖
《如梦年华》(舞蹈)	宗宗艺术学校	“百花迎春”中国青少年艺术人才评选活动湖南选拔赛	金 奖
《我和月亮说句话》(舞蹈)	宗宗艺术学校	“百花迎春”中国青少年艺术人才评选活动湖南选拔赛	金 奖
《花丛中的姑娘》(舞蹈)	宗宗艺术学校	“百花迎春”中国青少年艺术人才评选活动湖南选拔赛	金 奖
《小荷尖尖》(舞蹈)	宗宗艺术学校	“百花迎春”中国青少年艺术人才评选活动湖南选拔赛	金 奖
《罗敷行》(舞蹈)	宗宗艺术学校	“百花迎春”中国青少年艺术人才评选活动湖南选拔赛	银 奖
《浮花恋影》(舞蹈)	宗宗艺术学校	“百花迎春”中国青少年艺术人才评选活动湖南选拔赛	银 奖
《采蘑菇的小姑娘》(舞蹈)	宗宗艺术学校	“百花迎春”中国青少年艺术人才评选活动湖南选拔赛	银 奖
《敦煌乐鼓》(舞蹈)	宗宗艺术学校	“小荷风采”湖南赛区总决赛	银 奖
《小扁担三尺三》(舞蹈)	宗宗艺术学校	“小荷风采”湖南赛区总决赛	银 奖
《我和月亮说句话》(舞蹈)	宗宗艺术学校	“小荷风采”湖南赛区总决赛	银 奖
《海鸥飞翔》(舞蹈)	灵感文化艺术学校	2015 年湖南省第四届“艺术之星”全国优秀特长生才艺大赛	特金奖

续表 14—3

作品名称	作　者	获奖大赛（刊载期刊）	获奖（发表）情况
《阿西拉依》（舞蹈）	灵感文化艺术学校	2015 年湖南省第七届“艺术新星”大赛	金　奖
《茉莉花》（舞蹈）			
《雪中梅》（舞蹈）			
《我有一双小小手》（舞蹈）			银　奖
《临水》（舞蹈）			
《中国芭比》（舞蹈）			铜　奖

（邓　丹）

醴陵市作家协会

【概况】2015 年，全市作家协会有会员 432 人，其中株洲级作协会员 77 人、省级作协会员 36 人、中国散文家协会 5 人、中国小说家协会 1 人、国家二级作家 1 人；年内发展新会员 17 人。开展各类文学研讨、采风和文学沙龙活动 32 次，有 24 篇文章刊登在地市级以上报刊或获地市级以上奖项。《文笔峰》出版 6 期，共刊载各种形式文学作品 300 余篇，突破 4000 份的发行量，为母刊株洲《文艺窗》的 4 倍。（屈继元）

图书发行

【概况】2015 年，湖南省新华书店有限责任公司醴陵市分公司（以下简称“公司”）有 60 余年国有图书音像出版物和文化用品发行历史，主要经营中外文图书、教材、音像制品、电子出版物、文化用品、数码产品等。开展“献爱心、送温暖”活动，共捐赠特困生 676 人，捐赠金额 18 万余元。年末，被湖南省国税、地税部门评为“纳税信用 A 级单位”，被株洲市人民政府授予“园林式单位”称号。

【教材发行】2015 年，公司严格贯彻落实国务院关于义务教育阶段学生全部享受免费教科书的政策，严格兑现“课前到书，人手一册”的承诺，全年免费送书上门 600 余车次。全力做好教材的余缺调剂工作，及时解决因学生增减而产生的课本余缺，保证学校正常的教学秩序。在新华园仓库设立课本零售点，实施课本零售一站式服务，方便学生对零售课本的需求。

【门店营销】2015 年，打造“书香醴陵新华书店”微信服务平台，开展“世界读书日，阅读越快乐”“她世纪：时代的女性宣言”“六一快乐”等主题营销活动。全年完成 343 个“农家书屋”网点配送工作和各个网点图书上架、分类陈列、商品验收交接、摄影留存及资料整理汇总等工作。发行政治书籍 7008 册，销售码洋 32.12 万元。年内，利用预订、上门征订、送书上门和门店销售等方式发行《中国共产党党章》3668 册。

【“名家进校园”活动】2015 年，湖南省新华书店策划、市教育局、市新华书店协办的“名家进校园”活动在全市各学校中开展，台湾“童书皇后”管家琪教授分别在市阳三、南门、五里牌和王仙小学，与学校师生进行面对面交流，活动营造良好的校园读书氛围。

（汤海珊）

文化市场执法

【概况】2015 年，醴陵市文化市场综合执法局内设办公室、计财股、执法一中队、二中队，政策法规股 5 个股室。全市共有各类文化经营场所 300 余家。年内，开展“春节、两会期间、扫黄打非、校园周边文化环境、瓷博会期间、高考保驾护航”等专项整治行动，累计检查网吧 116 家、出版物印刷单位 43 家、书刊、音像制品零售摊点 28 处，收缴淫秽光碟 500 余盘，收缴非法书刊 1550 余册；检查娱乐场所 54 家、电游室 19 家；落实查处举报 9 起，上级督查 2 起。组织开展查堵非法有害出版物、打击侵权盗版教材教辅专项治理行动、校园周边出版物市场治理、出版物市场“秋风”专项整治行动、新闻出版广电系统虚假违法广告整治行动，完成非法出版物《醴陵人》刊物的查处。（王美玲）

体　育

【体育赛事】2015年，参加“三省四市”（湖南、广东、江西，醴陵、浏阳、萍乡、深圳）传统武术邀请赛；举办醴陵市首届篮球联赛、首届彩色跑活动、第二届“活力工会杯”羽毛球赛等。历时6个月，协助市老年体协参加株洲市第八届老年人运动会12个项目比赛，并承办健身球比赛项目及闭幕式，参赛代表近200人，醴陵代表团获团体总分第二名。承办2015年湖南省青少年锦标赛游泳赛及夏训营活动。组团参加株洲市第五届大众体育运动会并承办篮球赛，有578名运动员参加12个项目的比赛，醴陵代表团获县、市、区组团体总分第二名。

【群众体育】2015年，市体育部门对全市各系统、行业、各种所有制形式的体育场地的类型、结构、分布和使用管理等基本情况进行普查。通过普查，清楚掌握全市群众体育设施设备家底，掌握第一手资料。全市共有公共文化体育设施686个，其中体育场馆135个（包括体育场2个、体育馆2个、小运动场118个、田径场房13个）；游泳跳水场馆5个；综合房（馆）及专业训练房馆27个；室外专项体育场356个；全民健身路径工程55个；村级农民体育健身工程48个；健身步道1个；其他类体育场地59个。

【“体彩”发行】2015年，市文体广新局召开4次体彩会议，新增传统店5个、竞彩网点7个；为18个站点安装POS刷卡机。

【体育运动学校】2015年，市体育运动学校进一步充实游泳项目后备力量，选拔50余名游泳训练队员。暑假期间，租赁国光游泳池对队员进行游泳培训，共培训学生100余人，集中41名进行强化训练。　（曾　丽）

传　媒

广播电视

【概况】2015年，醴陵市广播电视台由台机关、电视频道、广播频道、声屏广告公司、《今日醴陵》报社和湖南有线醴陵网络有限公司6个部分组成。台机关内设办公室、总编室、财务审计部和人力资源部4个部室，电视频道设新闻中心（新闻部、播音组）、专题部和技术部4个部室，广播频道设广播节目部1个部室，声屏广告公司设广告一、二、三部，《今日醴陵》报社设综合部、采访部和编辑部；共有从业人员376人。全年开办《醴陵新闻》《瓷城环线》《法治视点》《瓷城房产》《健康相约》《安全在线》等电视栏目，日播出时长100分钟；开办102.7兆赫兹交通生活频道、《好车好房》《下班gogogo》《连心解困·大走访热线》等广播电台栏目；连续五次获评县级电视台“优秀通联集体”。年内，湖南卫视2014年度新闻通联工作表彰会在醴陵召开，台长郭健获“湖南广播电视台年度通联工作特殊贡献奖”、新闻部潘婷玉获评“年度优秀通联记者”。撰写的《株洲醴陵：30所公益书吧将陆续亮相》新闻稿件获“年度优秀通联稿件”。全年全市有有线广播电视传输干线3000公里、有线广播电视用户89672户（其中付费数字电视用户37021户、双向电视用户28019户）、无线广播数字电视用户10000户。全市广播、电视人口综合覆盖率均达到100%。

【醴陵交通生活频道】2015年，醴陵广播电台交通生活频道（FM102.7）频道信号覆盖湘东南、赣西北毗邻县市，每天不间断播音18个小时以上。年内，开办《新闻早班车》《警方时空》《法院在线》《检察之声》《微时代》《整点瓷城新闻》《音乐巴士》《好车好房》《开通交警直播室》等栏目。　（张丽君）

【《今日醴陵》】《今日醴陵》报由醴陵市广播电视台承办，每周二、周五出刊，全年发行量2万份、100期，其中增刊15期。报道内容主要围绕市委、市政府中心工作，突出深度报道、典型人物、重大活动。年内，《今日醴陵》报在纸质媒体和网络媒体发稿300余条。其中，在新浪、网易、凤凰等网络媒体发稿51条；在《湖南日报》等省级主流媒体发稿100余条；在《株洲日报》等株洲市级媒体发稿近170条。　（周　刚）

【宽带网络】2015年，市广播电视台网络公司投资1100万元，推进宽带网络建设。在全市108家小片网中，有105家与公司签订数字电视传输联网协议（其中，已完成89家，有16家已启动或正在平移）。全年完成用户平移7万余户；农村合作宽带用户700余户，城区宽带在网用户达1.95万户；完成主营业务收入5000余万元。全年架设600公里有线光缆工程和乡村1.9万户的农村宽带网覆盖工程，接入宽带散户1200户；熔接光纤2.3万多芯，完成日常检修530余次。　（陈　清）

【宣传报道】2015年，市广播电视台共策划实施宣传方案60余个，推出专题、专栏70余个，制播大型专题汇报片20余期，配发电视、报纸评论50余篇，完成自创稿件4000余条。年内，围绕“招商引资年”“改革深化年”“项目建设年”“安全保障年”4大主题活动，开设《招商进行曲》《改革在行动》《项目建设千帆竞》《安全365》4个专栏。全年电视频道在国家级主流媒体共播发稿件3条，在省级主流媒体播出新闻、专题稿件50条；在地市级主流媒体播出新闻、专题稿件52条。醴陵新闻微信平台，粉丝已超5万人；“微今日醴陵”微信公众平台，发展微友近8600人。在2014年度宣传创优活动中，选送的广播电视作品获省三等奖5个，株洲市一等奖1个、二等奖2个、三等奖3个。其中，新闻专题篇《诚信故事：这个老爹有蛮拼》获株洲一等奖；系列报道《家乡·记忆》获株洲二等奖；系列报道《家乡·记忆》获“湖南新闻奖”三等奖。

【媒体活动】2015年10月23—24日，醴陵市首届乡村文化艺术节首站在原官庄乡长连小学举行。“醴陵市首届乡村文化艺术节·美丽官庄行”活动内容包括广场舞展示、皮影戏表演、官庄风情展、民俗趣味运动会、醴陵好声音第二季选拔赛、舞龙灯和车展七大项目。活动项目均以农民为主角，内容形式来源于农村。（汤梦琼）

医疗卫生

市卫生和计划生育局

【概况】2015年10月，由原市卫生局、人口和计划生育局、爱国卫生委员会办公室合并组成醴陵市卫生和计划生育局。主要承担全市临床医疗、疾病预防、妇幼保健、农村社区卫生、公共卫生服务、医学科研、卫生计生综合监督、爱国卫生和计划生育服务管理、利益导向政策和流动人口计划生育服务管理等职责。局机关内设办公室、机关党委、纪检监察审计室、宣传股、人事教育股、计划财务股、规划信息办、法规股(行政审批股)、医政股、医改办、计划生育基层指导股、计划生育家庭发展股、公共卫生股、科技股、爱卫办、流动人口计划生育服务股16个股室；辖市计划生育协会办公室、市红十字会、市基层医疗卫生机构财务集中核算中心等二级机构。2015年末，全市卫生计生系统共有机构630家，其中市直医疗卫生机构12家、镇卫生院（妇幼保健计划生育服务站）19家、非建制镇卫生院8家、卫生分院6家、社区卫生服务中心(妇幼保健计划生育服务站)4家、民营医疗卫生机构8家、驻醴医疗卫生机构2家、村卫生室571家。每千人口拥有医生1.9人、护士1.8人；全市拥有床位数4853张，每千人拥有床位数4.6张。乡镇区划调整后，有24个镇（街道、示范区）卫生和计划生育办公室。醴陵市连续12年保持全省计生工作模范（优秀）地位。获省"'两非'典型案件查处工作先进单位"、株洲市"计生工作模范单位"等称号；白兔潭中心卫生院获"全国群众满意的乡镇卫生院"、市中(一)医院获"全国医院横断面调查先进单位"、市疾病预防控制中心获评"中国全球基金湖南省结核病项目先进集体"。

【队伍建设】2015年，全市卫计系统坚决查处医疗卫生服务领域损害群众利益行为，开展"不收送红包礼金"专项整治、"三严三实"专题教育、"一进二访""连心解困"大走访、"扶贫攻坚"等活动。建立健全党组会议事、财务管理、后勤接待、党务管理、廉政体系、人事管理、财务审计、行业管理等机制体制。为强化干部队伍建设，创新股室长和基层院（站）长定期向局党组会汇报、述职述廉等制度。年内，原市卫生局公开招聘卫生专技人员117人、乡镇卫生院公卫业务副院长3名，其中有7名学科骨干入选株洲市卫生人才"135"工程；与5名大学生签订《农村定向医学生免费培养协议》；引进西部计划大学生5名。组织培训专业技术人员3221人次，组织545名乡村医生参加IPTV培训。全市村级计生专干、组级指导员队伍网络健全，工作人员报酬按要求落实到位。

【卫计执法】2015年，组织开展全市医疗审查工作，协同市医保局、市农合办组织医疗专家重点督查14家医疗机构，随机抽查病历180份，对不合理检查、用药、治疗和违规收费等现象进行严肃查处。组织开展医疗卫生机构专项整治，对全市471家二级以下医疗机构进行审查，对合格的440家医疗机构予以换发新证，对25家存在问题的医疗机构予以暂缓校验换证，对6家不具备医疗资质的予以证照注销。与市公安部门联手取缔隐蔽多年的"黑诊所"2家，抓获"医托"人员3人。年内，加大打击"两非"专项整治工作力度,查办5起"两非"典型案例。加大社会抚养费征管和使用监督力度，扎实推进社会抚养费村级骨干劝缴制度。录入违法生育个案4974例，申请执行案件157件，拘传36人，司法拘留29人，诉前财产保全123起，依法征收社会抚养费2135万元。

【医政管理】2015年，市来龙门街道司法所挂牌成立“醴陵市医疗纠纷第三方调解委员会”。建立医疗应急救治基金制度，为5家医疗机构争取应急基金50万元。开展“群众满意乡镇卫生院”创建、“三好一满意”(服务好、质量好、医德好、群众满意)、“平安医院”创建活动。选拔10名自愿到村卫生室服务青年，并自费参加全省本地化乡村医生培训；为502名乡村医生换发新证，为1061名老年乡村医生发放生活困难补助143.28万元。白兔潭镇蛇青村村卫生室、浦口镇茅坪村村卫生室被评为株洲市“十佳村卫生室”。加强市直医院与乡镇卫生院对口支援工作，组织市中（一）医院与原神福港、清水江等5家乡镇卫生院结队帮扶。争取国家专项资金50万元，加强对5家基层医疗卫生机构的中医馆建设。全年行政审批服务共办理医疗执业准入审批服务项目5大项，为服务对象注册办件1775件，核发供浆证2301本。年内，统筹资金55万元，与株洲市医疗废弃物处置中心签订《医疗废弃物集中处置合同》，全市实行医疗机构医疗废弃物集中无害化处置。全年完成市政府交办的2015年夏、秋季征兵体检、“两考”期间医疗救治、中央首长到醴陵视察、全省体育赛事、“黄乡民居”等大型活动的医疗保障工作。

【公立医院改革】2015年，稳步推进公立医院改革，破除“以药补医”的方式，深化人事制度改革。公开招聘高层次卫生专业技术人员12名。建立以公益性为核心的医院绩效考核体系，坚持“多劳多得、优绩优酬”原则，重点向关键岗位、业务骨干和成绩突出的工作人员倾斜，全员实行岗位绩效工资制度，绩效工资总额在总收入的25% ~ 35%之间。进一步完善中、高层干部的选拔任用、激励机制、问责机制，探索法人治理结构的建立和实施，落实县级公立医院经营管理自主权。公立医院全面推行“十项便民惠民”举措，市妇幼保健院在全省县级城市中率先推进“互联网+信息平台”和“天使医生”项目。

【公共卫生服务】2015年，稳步推进13大项45小项基本公共卫生服务项目，建立居民健康档案77.45万份。落实重点人群健康管理制度，对7.77万名65岁及以上老年人、1.45万名孕产妇、9.03万名0 ~ 6岁儿童、4.63万名高血压患者、1.47万名糖尿病患者、3431名重性精神疾病患者、788名肺结核患者实施健康管理；适龄儿童预防接种建证、建卡率100%，国家扩大免疫疫苗全程接种率99.67%；共上报传染病3037例，发病率292.02 / 10万，较上年同期下降8.77%；发放各种健康教育宣传资料28万份，更新宣传栏454块，开展健康知识讲座374次、公众咨询活动302次，参与群众8万人次，居民健康知识知晓率85.6%、服务满意度95.2%。全年排查重性精神疾病患者3948名，完成125例重性精神疾病患者救治救助目标任务，完成率100%。全市未发生因漏管导致重性精神疾病患者肇事肇祸事件。全年无孕产妇死亡，5岁以下儿童死亡75例、死亡率5.15‰，较上年同期下降0.62‰。全面落实重点传染病防控，全年未发生重大传染病暴发流行。切实做好预防接种服务，全市无疫苗针对性传染病暴发流行。

【基本药物制度】2015年，加大基本药物制度改革力度，组织医药厂家、基层医疗机构代表和专家代表组共30余人，在全省率先对常用低价基本药物进行了三轮议价。通过基药制度改革，取得了明显的效果。可供采购配送的基药品种、基药配送率、基层就诊率和群众对基药接受度明显提高，高价位药品销售量、拖欠药款现象和农合基金的支出都明显降低。

【卫生项目建设】2015年，全市卫生项目建设步伐加大。启动“十三五”区域卫生规划，在渌江新城筹建“醴陵市中心医院”。为原市新阳乡卫生院、仙霞镇卫生院争取改、扩建项目，面积2720平方米，计划总投资340万元；为市均楚镇大垅洲村等46个村卫生室争取改、扩建项目，面积2760平方米，总投资230万元；向上级发改部门申报原东堡乡沩山村等卫生室投资计划。投入2.74亿元，启动湖南省师范大学附属湘东医院门急诊综合大楼建设项目，建筑面积5.2万平方米；投入1030万元，改扩建原嘉树乡卫生院等7个基层卫生院、原嘉树乡罗儒村等20个村卫生室。年内，加大为民办实事工程建设，改扩建卫生院2所，完成上级“为民办实事”年度指标，拓展方便基层群众看病就医。投入180万元，在白兔潭中心卫生院新建全省乡镇卫生院最具先进的儿科建设项目，占地面积1000平方米，设置床位62张。

【医疗卫生机构财务核算】2015年，全市有33家基层医疗卫生机构纳入财务集中核算。局核算中心设会计组、银行会计组、审核组。核算中心建立健全各项管理制度，全方位开展学习与培训，不断规范基层医疗卫生机构的财务制度和行为，重点加强基本公卫服务经费的支出管理。对全市村级卫生室的公共卫生经费实行银行转账支付，及时有效地保证资金安全。

【计生统计】2015年，全市出生1.41万人，政策内生育1.14万人，省卫计委评估户籍符合政策生育率80.76%，常住符合政策生育率81.91%，出生男女性别比为106.86:100，人口出生率为13.31‰，人口自然增长率为7.58‰。年内，全面启动计划生育“村直报”工作，投资70余万元，按照“组级采集、村级直报、乡镇审核、实时更新、动态监管”原则，为全市389个村级配备“村直报”手机终端、26个乡镇配备信息平台，并组织389个村级计生专干参加业务培训。

【计生宣传】2015年，人口和计划生育工作宣传力度加大，宣传阵地进一步扩展，全年在高速公路、国道、省道和市级主干道旁设立大型计划生育公益广告牌130余块，张贴计划生育宣传标语2000余条。在市电视台播出计生新闻、公益性广告68条，在醴陵人口文化网站、《今日醴陵》报、《潇湘晨报》醴陵主页开辟专栏，共发布计生信息185条；在省级以上媒体刊登计生信息28条。在开展计划生育宣传服务活动中，发放计划生育宣传陶瓷杯5万个，印发宣传小折页2万余本。在醴陵电视台开辟“落实城镇独生子女父母奖励工作”等访谈专题节目，制作专题报道4期，举办专题培训班6期，制作宣传栏120余块，发放告知书2.2万份。

【计生综合治理】2015年，进一步健全、完善计划生育综合治理机制2个，切实加强日常管理。严格计划生育工作审核把关，共审核综合性评先评优先进单位和个人1523例，“一票否决”16例。市劳动保障部门在办理档案托管业务、就业和失业登记时，实行查验计划生育证明，查验率100%；市公安部门及时向计生部门通报计生信息，并通过“实时通”系统录入数据1.27万条；市农业部门在安排涉农扶持项目时，对独生子女和农村“两女户”给予优先优惠；市法院、公安等部门密切配合，切实加大强制执行力度；市审计、财政、计生等部门对社会抚养费使用情况进行审计检查。

【计生利导服务】2015年，全市有计生奖励扶助对象1.38万人，共发放奖励资金2227.64余万元。其中，农村计划生育家庭奖励扶助对象6471人、新增913人，特别扶助对象534人、新增108人，新增“两扶”（农村部分计划生育家庭奖励扶助对象，计划生育家庭特别扶助对象）对象及时率为81%；发放奖励扶助和特别扶助金共877.54万元、独生子女保健费129.34万元。严格实行对计划生育家庭的奖励优待与保障制度，继续提高计划生育特殊困难家庭的扶助标准，独生子女伤残家庭、死亡家庭的扶助标准均提高到每人每年4800元。

【计生科技】2015年，免费孕前检查8104对，完成率103%。早孕随访率100%，妊娠结局随访率100%。为高危人群免费服务，完成出生缺陷免费干预检测261例，筛出高危孕妇23例。落实计划生育基本公共服务项目，计划生育基本公共服务目标人群覆盖率100%。全年完成各类咨询门诊58207人，女扎1290例，落实补救措施3433例，上环12433例、取环657例，上（取）皮埋术5例，药具应用23793人。开展妇科病查治7.63万例，其中患病2.69万例。全年发放宣传资料15万份。查治不孕不育47例，治愈10例，3对独生子女死亡家庭被列入省、株洲市两级出资进行人工授精“试管婴儿”助孕服务。组织专家鉴定组为9名脏器损伤类手术并发症对象鉴定并进行免费定点治疗。

【计生流动人口管理】2015年，全市有流出人口17.19万人，其中已婚育龄妇女7.95万人；有流入人口8384人，其中已婚育龄妇女2759人。加强信息化应用，提高服务管理效率，共接收反馈处理各类信息3.85万条，信息反馈及时率达100%，省内流入人口信息匹配率100%。做好国家婚育证明电子化改革试点工作，共发放婚育证明1.03万本，无一例推诿上访事件。加强区域协作，深化紧密协作关系，与江西省吉安市、陕西省渭南市、山西省运城市等5个市、县流管站签订《区域协作协议书》。

【爱国卫生】2015年，爱国卫生工作通过“湖南省卫生城市”复审验收，在爱卫组织管理、健康教育等11个项目考核中排名全省第一，醴陵市继续保留“湖南省卫生城市”称号。基层卫生创建成果显著，新申报的省级卫生村和文明卫生单位、株洲市级卫生镇和卫生村，均通过省、株洲市两级爱卫会考核验收。全市“四害”（苍蝇、蚊子、老鼠、蟑螂）密度常年控制在国家标准范围之内。

【计生协会】2015年，建立省计生协会扶持的“三结合”（计生工作与发展农村经济、与帮助群众勤劳致富奔小康、与建设文明幸福家庭相结合）项目示范基地7个，投入和配套“三结合”项目资金40多万元，有2900多户计生家庭受益。开展“5·29”协会会员活动日、“7·11”世界人口日等活动，举行计划生育政策法律知识竞答赛，组织10台车辆在市区巡回宣传，制作10余块宣传板报重点宣传城镇独生子女父母奖励政策、优生优育等知识；接受群众咨询300余人次。认真做好计划生育系列保险工作，连续5年为1万户独生子女、农村“两女户”家庭购买计划生育保险30万元。

【红十字会】2015年，市红十字会积极开展无偿献血工作，无偿献血总人数4720人次，累计献血量161.78万毫升。医疗临床用血红细胞9143.5单位、成分血使用率100%；全年采供血无一例差错事故出现，全市临床用血100%来自无偿献血。推进均楚镇老湾村“博爱家园项目”工程项目建设，并顺利通过省级项目验收。推进红十字救灾救助工作，共救助10户重大疾病的特困家庭，发放救助资金5000元。组织举办初级卫生救护培训，有2人取得救护培训师资。加强物资仓库管理，切实做好赈灾救援、接受社会捐赠等工作。倡导群众无偿捐献造血干细胞和人体器官组织，市阳三石街道企石村村民刘夕概无偿捐献遗体一例，获中国红十字会总会、中国人体器官捐献管理中心证书。（柳　叶）

市卫生计划综合监督执法局

【概况】2015年11月，在全市机构改革中，市卫生监督所与市计生执法局合并，组建醴陵市卫生计生综合监督执法局，内设办公室、财务股、公共场所卫生监督股、医疗卫生监督一、二股、计生监督股、计生执法股和综合监督股8个股室；有在编人员31人，其中高级职称1人、中级职称9人、初级职称12人。

【卫生行政许可】2015年，对全市住宿业公共场所实施卫生行政许可，并实行量化分级管理制度，覆盖率达95%。全年全市受理卫生行政许可申请66户，发放许可证66本。培训公共场所从业人员等7016人，发放健康合格证7016本，其中培训公共场所从业人员1933人次、食品从业人员5083人次，体检培训率达100%，“五病”（肺结核、肝炎、痢疾、传染病、皮肤病）调离率100%。

【医疗机构监管】2015年，全市受理并审核发放“医疗机构执业许可证”12家，监督检查医疗机构624家，规范村卫生室设置425家。开展打击“非法行医”专项整治行动，共检查医疗机构373家，注销不具备执业资格的医疗机构9家，取缔非法医疗机构3家，对22家医疗机构进行警告，责令整改34家，对2家医疗机构进行处罚，罚款5万元。

【公共卫生监督】2015年，对全市481家公共场所进行全面的监督检查，在上年量化分级管理的基础上，进一步完善公共场所行业量化分级管理等级评定工作，对202家住宿业和153家美容美发业实施量化分级管理，监督覆盖率达100%。

【饮用水监督】2015年，全市有规模自来水厂15家，日供水2.25万吨，供水人口34.5万人，规模自来水厂均安装有完善的净化、消毒水处理设施，具备9项水质指标的自检设施和能力。

【学校卫生监督】2015年，原市卫生监督所对全市城乡481所学校、幼儿园，开展学校传染病防治工作专项整治，下达监督意见书35份，并责令限期改正。通过加强监督管理，进一步规范各类校园传染病防治工作，有效防止突发安全卫生事件的发生。

【餐具监管】2015年，全市共有餐饮具消毒企业26家，其中生产规模较大、为城区餐饮单位提供消毒餐具的5家，占全市消毒餐具总生产量的70%；为农村“一条龙”餐饮服务经营者提供消毒餐具的小型消毒企业21家，占全市消毒餐具总生产量的30%。全年开展农村小型餐具消毒企业卫生监督检查25家次，下达责令改正卫生监督意见书25份。

【监督协管与保障】2015年，全市有卫生监督协管单位31家、卫生监督协管员64人，组织协管员针对公共场所、医疗卫生、生活饮用水、学校卫生等方面知识开展培训。全年开展各类巡查5242家（次），其中医疗机构1982家（次）、公共场所930家（次）、饮用水单位66家（次）、学校2264家（次）。在全市“两会”和中、高考等重大活动期间，向活动会场、代表入住宾馆和中、高考考点派驻卫生监督员，全面完成卫生安全保障任务。

【计生执法】2015年，继续开展整治“两非”（非医学需要的胎儿性别鉴定、非医学需要的人工终止妊娠）工作，查处“两非”典型案件7例。协同市有关单位开展计生执法检查，申请执行案件130件、拘传39人次，司法拘留34人，诉前财产保全19件，冻结违法生育对象财产40余万元。全年全市共依法征收社会抚养费2069万元。（张　鋆）

市新型农村合作医疗管理委员会办公室

【概况】2015年，全市参合农民78.77万人，参合率96.57%。人平筹资470元，共筹资3.7亿元，其中中央配套1.7亿元、省级配套9242万元、株洲市级配套594万元、醴陵市级配套3081万元、农民自筹7089万元。全市受益参合农民27.67万人次，受益面 25.42%，整体补偿率 60.01%，县乡两级政策范围内补偿率 75.02%。其中，住院 12.75 万人次，普通门诊统筹 5 万人次，定额住院分娩 7648 人次，大病特殊门诊 1.51 万人次。全年补偿医疗费用共计 3.6 亿元，统筹地区政策范围内补偿率 75.13%。

【新农合基金补偿】2015 年，市新农合补偿方案调整，主要围绕保障基金安全和提高基金补偿效益，进一步加大对农村重大疾病和高费用段住院费用的补偿力度，切实减轻参合农民患重大疾病的医疗费用负担。全市实际住院补偿率 60.01%，超额完成省实事目标 60% 的标准，县乡两级政策范围内补偿率 75.02%，超额完成省实事目标 75% 的标准。

【惠民政策】2015 年，继续推行儿童先心病、白血病免费救治，提高儿童重大疾病保障水平。按照《关于进一步提高全省农村重大疾病医疗救治保障水平的意见》（湘卫合医发〔2011〕3 号）和《关于调整完善 2015 年新型农村合作医疗政策的通知》（湘卫合管发〔2015〕2 号）文件规定，对 14 周岁以内患有先心病、白血病和 0 ~ 6 岁聋儿实施救治。同时，继续落实农村“两免”（孕产妇和农村五保户县乡住院基本医疗全免）优惠政策，提高五保、产妇对象医疗保障水平，对农村五保对象在县、乡级新农合定点医疗机构住院的基本医疗费用补助不设起付线，在市内定点医疗机构住院的五保户保内费用报销比例为 90% 等相关惠民政策。

【“即时结报”工作】2015 年，“即时结报”工作实现了行政村全面覆盖。为进一步规范、扩充定点医疗机构，方便农户就医，规范、扩充定点医疗结构，在全市（含村卫生室）489 家普通门诊定点机构的基础上，新增省儿童医院、湘雅附一、附二等 24 家省级定点医疗机构为“即时结报”机构。4 月，与 33 家株洲市级以上医疗机构签订“直补协议”，医疗费用可直接在就诊医院报销，基本达到“小病在基层、大病在医院”的目的。

【参保支付方式改革】2015 年 4 月，市新型农村合作医疗管理委员会办公室组织市财政、卫生、民政等相关部门，对参保支付方式改革进行专题调研。以“农村五保户医疗补偿政策”为突破口，统筹推进商业保险机构承担意外伤害补偿和扩展单病种补偿等改革，积极探索科学合理的支付方式改革新路子。一是继续推进意外伤害由商业保险机构承办的举措，进一步促成参保群众、政府、医院和保险机构“四方共赢”的局面。二是五保户住院补偿费用采取以年度总额预付包干至户籍所在地卫生院（社区卫生服务中心），超出部分由所在地卫生院（社区卫生服务中心）和就诊医疗机构按一定比例承担。五保户住院严格实行“双向转诊”制。继续确定以县级定点医疗机构中（一）医院和原妇幼保健院为乡镇五保户转诊首选定点医疗机构。三是新农合补偿政策改革，对普通门诊补偿金额、统筹补偿报销比例维持不变，乡镇、村级门诊补偿比例为 60%，乡镇卫生院门诊补偿比例为 50%，每户封顶线为家庭参合人数乘以 15 元，此金额以户为单位可结转次年。

【基金监督管理】2015 年初，下发《2015 年新农合工作要点》，各定点医疗机构严格按照工作要点的要求，作为各单位年终考核的重要指标，严格控制各级医疗机构次均住院费用、自费比例、合理用药、合理医疗。加强对医疗费用情况监测，并实行定点医疗机构医疗服务信息发布制度，定期公示各级医疗机构住院相关指标。全年可报比例和受益度纳入年终考核指标，与年终考核分值和评优评先工作挂钩。重点加大了稽查审核和违规处罚力度，对定点医疗机构实行动态管理。每 2 个月对农合定点医疗机构进行一次普查和一年 2 次的全面督查。5 月，对在普查和督查中存在违规补偿行为的定点医疗机构分别下发整改通知书，责令其限期整改到位。（胡晓康）

市疾病预防控制中心

【概况】2015 年，醴陵市疾病预防控制中心（以下简称“中心”）以“县级疾控机构等级达标评审”为契机，强化能力建设和基础设施建设，规范内部管理，着力抓好疾病预防控制和卫生应急工作，促进公共卫生服务均等化，各项工作均取得可喜成绩。年末，被省疾病预防控制中心授予全省“十二五”重点传染病监测先进单位。根据市委、市政府建整扶贫工作要求，安排 1 名帮扶人员到潘家冲铅锌矿点对点落实帮扶措施，捐助扶贫款 2 万元。开展“连心解困”大走访活动，共上门走访 282 户，收集问题 43 个，解决问题 38 个。向对口帮扶的原神福港镇和 2 个责任村共拨付帮扶款 7 万元。

【免疫规划】2015 年，中心规范化贯彻实施国家扩大免疫的规划，在 5 苗（卡介苗、乙肝疫苗、百白破疫苗、麻疹疫苗、脊灰疫苗）防 7 病（结核病、乙肝、百日咳、白喉、破伤风、麻疹、小儿麻痹症）的基础上扩大到 14 苗（卡介苗、乙肝疫苗、百白破疫苗、麻风疫苗、脊灰疫苗、麻腮风、白破疫苗、乙脑、A 群流脑、A + C 群流脑、甲肝疫苗、钩体疫苗、炭疽疫苗、出血热疫苗）防15病（结核病、乙肝、百日咳、白喉、破伤风、麻疹、小儿麻痹症、风疹、腮腺炎、乙脑、流脑、甲肝、钩体、炭疽、出血热），疫苗针对性疾病发病率逐年下降。全年无新生儿破伤风、白喉、流脑、乙脑病例报告，报告AFP疑似病例4例、百日咳1例，报告AEFI病例61例，其中1例为偶合症，其他均为一般反应病例。加强麻疹控制工作，全市麻疹监测系统累计报告疑似麻疹34例，实验室确诊IgM阳性9例（其中省儿童医院确诊7例，醴陵市级实验室确诊2例），排除25例。开展麻疹类疫苗查漏补种/强化免疫活动，接种率均达96%以上，有效控制了麻疹的发病率。开展人群抗体水平监测和适龄儿童接种率调查，调查1～6岁常住儿童300名，建卡率、建证率、卡证相符率分别为99.67%、100%和81.33%，单苗基础免疫接种率卡介苗、乙肝、脊灰糖丸、百白破、乙脑疫苗接种率均达100%；麻风疫苗为99.67%、A群流脑99.33%、甲肝99.22%、A＋C群流脑98.06%。“五苗”全程接种率为99.67%，乙肝首针及时率为99.33%，百白破、麻腮风、糖丸、乙脑、白破、A＋C群流脑分别为98.09%、100%、95.83%、98.25%、84.62%、92.31%，安全注射率100%。年内，开展预防接种门诊建设分类考核验收，建成数字化门诊1家、规范化门诊23家、合格门诊6家。其中，白兔潭卫生院数字化预防接种门诊于6月15日正式投入使用。

【传染病防治】2015年，中心扎实有效开展传染病防治工作。截至年末，全市共计报告法定传染病3037例，发病率为292.02/10万，较上年下降8.77%，法定传染病死亡2例，病死率为0.65‰，均为艾滋病病例。其中，发病数最高的为：手足口病共报告1028例，较上年下降15.81%；肺结核801例；乙肝537例。按照湖南省、株洲市工作要求，加大对霍乱、禽流感、手足口病等重点传染病的监测，完成人禽流感外环境监测样品18份，未检出H7阳性结果。采集手足口病病例样品61份，检出阳性结果24份，其中EV71阳性结果2份、CoxA16阳性结果1份、其他肠道病毒阳性结果21份。年内，各监测医院共完成霍乱疫原内环境检索样品160份，外环境检索采集江河水样30份，医院污水样30份，水产品60份，均未培养出霍乱弧菌。完成钩端螺旋体监测重点人群血清样本100份，抗体阳性结果10份；宿主动物50只野鼠、100份鼠肾、50只青蛙、50对猪肾的钩端螺旋体分离培养，未检出阳性结果。钩体病监测排查疑似病例4例，规范调查处置散发钩体病1例和肾综合征出血热疫情1起，未出现续发病例。针对重点人群开展流感疫苗应急接种，成人流感疫苗接种700人份、儿童流感疫苗接种2880人份。

【结核病防控】2015年，进一步落实结核病归口管理，加大宣传力度，全年共接种初诊病人2283人，免费摄片2221张，免费查痰4586人次；免费治疗和系统管理病人788例，完成年计划任务（562例）的140.2%，系统管理率100%。其中，新发涂阳238例、完成年计划任务（222例）的107.2%，新发涂阳治愈率99.7%。筛查阳性病人密切接触者440人，筛查率100%。年内，市白兔潭中学、南门中学、先锋高级中学各发现1例肺结核病例，中心及时对3所学校开展结核病筛查，共筛查密切接触师生75人，未发现其他结核病患者。网络直追人员及时追踪网报结核病人，追踪到位率99.5%，总体到位率99.6%。全球基金耐多药项目痰培养54例，发现耐多药病人5例；结核菌PCR定量扩增检测40例，检出6例耐利福平。参合的结核病门诊打包治疗包干费用报销由每人每年1200元提高到每人每年1400元。

【艾滋病防控】2015年，进一步明确政府组织领导、部门各负其责、全社会共同参与的防治工作机制，突出宣传教育，强化行为干预，创新防治模式。全市累计发现HIV/AIDS 215例，其中AIDS89例、HIV感染者126例；死亡47例，现存活168例。近五年新增报告数分别为21例、32例、32例、45例、48例，累计抗病毒治疗143人，仍在治疗的有115人。8个初筛实验室共筛查16.35万人，初筛阳性47人，确认阳性病例30例；3个自愿咨询门诊接受咨询632人次，筛查出HIV阳性10例、梅毒阳性11例；男男同性干预发现8例阳性，其中通过野战检测法发现3例阳性病例。CD4细胞检测208人次，病毒载量检测72人次。按照第三轮全国艾滋病综合防治示范区的要求，已完成基线调查和基本信息采集，艾滋病防治项目工作稳步推进。

【卫生应急】2015年，中心完善各类应急预案，坚持24小时应急值班，做好疫情审核和风险评估与分析上报。及时有效处理疑似传染病疫情预警179起，有效防控了传染病疫情流行和暴发。加大对各级医疗机构的督查频率，共计督导110余次。根据株洲市应急办反馈信息，及时针对埃博拉疫区归国人员开展医学观察监测、跟踪监测管理，均未出现异常症状。及时做好应急物资的采购和储备，组织开展应急队伍业务培训和模拟演练，应急处置能力得到进一步提高。

【地方病和慢性病防控】2015年，通过消除地方病和消除疟疾行动计划的省级考核评估，地方病防治各项指标均达到国家消除地方病标准，实现国家“十二五”地方病防治规划和消除地方病工作目标；消除疟疾评估现场考核综合得分91.45分，达到国家消除疟疾考核标准，实现消除疟疾防治目标。碘盐监测采样300户，碘盐覆盖率、合格碘盐食用率均达100%；饮水型地方性氟中毒知识测试知晓率达84.4%，病区8～12岁学生氟斑牙调查患病率为3.6%，集中式给水水源水和管网末梢水水氟检测结果均小于0.5毫克/升。不明原因发热病人血检582例，完成年任务数的114.1%，发现阳性1例、阳性率为0.17‰。开展疟疾传播媒介按蚊种群和密度监测，市传疟媒介只有中华按蚊，灯诱按蚊平均密度238只/灯·夜，人诱按蚊密度21.4只/灯·夜；全年死因监测共报告死亡病例5074例，占全市人口的5.27‰，删除重卡85张，其中因心脑血管疾病死亡3045例、肿瘤死亡509例。稳步推进国家公共卫生服务项目工作，在全市96.2万常住人口中新建居民档案4.61万份，累计建档76.81万份，建档率为79.8%，其中动态管理34.31万份、动态管理率44.7%；管理65岁以上老年人7.58万人，老年人管理率78.8%；全年体检5.13万人，新发现高血压病人5452人，规范化管理高血压病人4.71万人，规范管理率88.3%；最近一次随访血压达标2.97万人，血压控制率55.6%。新发现糖尿病人2104人，规范管理糖尿病人1.49万人，规范管理率82%；最近一次随访血糖达标8521人，血糖控制率47.2%。开展重性精神病流行病学调查，完成调查上传271户，调查成功率90.3%，调查人数934人，筛查出高危人群15人。

【职业卫生】2015年，完成职业卫生技术服务机构资质续展申报和现场评审，对2处不符合项进行整改，上交整改报告，并于9月底通过资质续展，取得职业健康检查乙级资质。7月，开展重点职业病监测与职业健康风险评估工作，收集辖区内重点职业病的相关信息，截至12月通过市安监部门收集到全市职业病危害申报企业539家，劳动者总人数6.13万人，接触职业病危害1.49万人，其中接触粉尘1.14万人、接触化学性因素380人、接触物理因素2224人。全市147家企业、3156人参加职业健康检查，其中筛查职业禁忌症47人、疑似职业病病人268人；经株洲职业病防治中心复查反馈正常38人。对全市7家企业进行职业危害因素检测，共检测职业危害因素作业点117个，其中粉尘作业点73个、合格率96%，噪声作业点44个、合格率100%。

【健康教育】2015年，进一步强化全市健康教育管理和健康网格建设，建立和完善培训、督导、宣教等工作制度。依托全市“健康教育QQ群”指导开展健康教育活动，定期收集相关资料报表。刊发健康教育简报12期，发送健康知识短信63条、发送对象6万余人次。年内，在市内新闻媒体开辟健康专题栏目。结合各个卫生主题宣传日，组织开展定点或巡回宣传活动15次，设立健康咨询台，开展义诊体检，发放宣传资料，并利用电视、广播、宣传栏、电子屏等宣传媒介，向市民普及卫生防病知识和健康生活理念。全年发放各类宣传资料15万本（份），电视、报纸等新闻媒体专题宣传20次。各乡镇卫生院和社区卫生服务中心等医疗机构开展卫生讲座374场，公众咨询302次，更换宣传栏545块。开展健康巡讲31场，受众人数1031人，完成居民健康素养及烟草流行监测调查。及时完成“两率”调查，健康知识知晓率为83.23%，健康行为形成率为70.52%。

【监测检验】加强实验室安全管理，全年未发生实验室安全事故。完成各类门诊体检2.38万人次；艾滋病抗体初筛2609人次，丙肝检测样品988人份，梅毒检测1008人次；职业卫生监测粉尘样品108个，游离二氧化硅样品9个；水质样品341份，其中农村安全饮水监测132份、二次供水监测10份、城镇饮水及社会送样199份；消毒监测样品523份。麻疹风疹监测采样17份，禽流感采样72份，手足口样品采集60份，霍乱检测样品水产品及外环境水样各60份。钩体监测人血清样本100份，检出阳性10份，采集猪肾和青蛙肾样本各50份、老鼠肾样本100份。采集湘莲、黄花菜、野干菜样品5份，进行二氧化硫、砷、镉检测，结果均为合格；采集醴陵农户种植的大米样品40份，进行重金属砷、镉检测，砷超标0份，镉超标10份。（王　婷）

湖南师范大学附属湘东医院

【概况】湖南师范大学附属湘东医院（以下简称“医院”）是一所集医疗、教学、科研、急救、预防保健和社区服务于一体的省级综合性三级医院，为湖南师范大学临床医学硕士学位点、湖南省住院医师规范化培训基地及省全科医生临床培训基地。医院占地面积22公顷，建筑面积11万余平方米。2015年，医院有编制床位800张，设有38个临床医技科室和中心、10个教研室、2个研究室、1个临床技能培训中心、一个湖南师范大学重点实验室(心血管研究室);有在职职工1100人，其中高级职称人员130余人，硕士研究生导师14人，博士、硕士研究生40余人。

【医院管理】2015年，医院按照三级甲等医院的标准与要求，重新修订和完善各项制度、流程1000余项，完成《医院“十三五”发展规划》的制定及药品零差价改革工作的各项前期准备工作。开展“满意服务，从我做起”优质服务创建活动。收集、发现各种类型问题81项，已完成整改60余项。全年公开招聘医、护、技等毕业生40余人。组织专业技术人员完成职称申报与晋升工作，其中有16人晋升为高级职称、50余人晋升为中级职称。年内，加大干部培训学习力度，举办一期管理干部培训班，并先后选派30余名干部参加国务院、省卫计委、学校等管理培训。通过选培和组织系统培训等方式，提高医院干部队伍整体素质，管理水平得到全面提升。

【基础设施建设】2015年，医院门急诊综合大楼项目建设顺利推进。近7000平方米的拆迁安置房工程顺利完工，平基土石方工程和基地边坡支护工程基本完成，大楼主体工程的预算、招标、辐射安全防护的环评、预评和控评等工作已完成。年内，升级改造医院自备水源和洗衣房排污管道，并顺利通过环保部门的验收;完成新一期的物业管理服务招投标工作，进一步规范物业、院内停车管理服务。投入逾1000万元，添置全自动生化分析仪、体外冲击波碎石机、手术显微镜等大型设备，加强对仪器和设备的维护与管理。对所有设备和耗材供应商资质进行认证和建档，严控供货质量。数字化医院建设工作有序推进;“PACS系统”招标的各项前期准备工作已全部完成;信息系统维保和安全管理工作取得显著成效;新版“OA系统”正式上线运行，基本实现无纸化办公。

【业务建设】2015年，医院狠抓核心制度的落实，确保医护安全。坚持每周一次业务大查房，不定期进行医疗质量管理的检查与监督;坚持每季度进行一次全院性的医疗质量分析会，重新修订病历质量绩效扣分标准，加强对病历质量的监督管理。全年共组织抽查病历1万余份，合格率99.8%;共评选出优秀病历23份、优秀病历质量管理单位8个，处罚病历质量存在问题的医师550人次。为方便患者就医优化门诊就医流程，门诊导诊服务力量及服务内容加强，开通专家门诊预约平台。心脑血管病介入、宫腔镜、关节镜、产科产后康复治疗和全自动仿生气囊助产术日趋成熟。积极组织纠纷病例及疑难危重病例讨论，进一步加强医患沟通，规范诊疗行为。落实各层级的护士岗位规范化培训，结合责任制整体护理要求，制定有针对性的培训计划，全院开展标准护理病例的培训和查房130余次。开展标准病例的健康教育查房，严格执行患者身份识别制度，进一步落实压疮、坠床、跌倒评估、上报、会诊及危重病人全院会诊等制度，完善急诊、手术室、ICU、介入室、产房与病房之间的规范交接。对护理核心制度进行了两轮培训、考核和督查，确保制度落实和护理安全，全年无一例护理差错事件。全年选派ICU、PICC、肿瘤、血液透析、新生儿、儿科、手术室等科室的17个专科护士参加湖南省专科护士培训。

【科研教学】2015年，首批住培学员到院参加培训。新招录的10名硕士研究生均纳入住培系统，进行同步培训。制定《硕士研究生导师培训计划》，并与省人民医院联合开展培训工作，对全院14名硕士研究生导师先后进行了系统的培训。举办院内青年教师课堂教学竞赛，选送2名选手参加学校举办的附属医院青年教师课堂教学竞赛。年内，有22人被湖南师范大学转聘为教授、副教授，新增硕士研究生导师2名。选派外出进修人员10人次、参加学术会议56人次。全年接收湖南师范大学各专业本科生143人，接收并统筹安排其他院校各专业实习生109人、进修生9人。完成临床教学工作，无一例教学事故发生。全年共获批省教育厅、卫计委课题3项，发表学术论文40余篇，其中核心期刊2篇。

【自身建设】2015年，医院开展“三严三实”专题教育，加强医德医风建设。组织开展集中学习研讨3场次、专题辅导报告2场次，集中收看教育影片3场次，学习《中国共产党党章》《中国共产党廉洁自律准则》《中国共产党纪律处分条例》等法律法规和规章制度。采取“座谈走访书面征集”等方式，广泛征求意见，共征集各类意见280余条，巩固和拓展党的群众路线教育实践活动成果。紧扣医院确定的43项领导班子整改任务、31项专项整治任务、37项制度建设计划，进一步把责任明确到位、措施落实到位、问题解决到位。进一步完善制度建设，出台《党员、干部谈话提醒制度》《关于元旦春节期间加强廉洁自律工作的通知》等文件，成立医德医风考评办公室，将医德考评与医师晋职晋升、定期考核挂钩，坚决抵制医药购销领域和医疗服务中的不正之风。扎实抓好第三方满意调查，建立并完善调查结果运用、反馈机制。组织开展系列文体活动，加强职工队伍文化建设。开展职工气排球、钓鱼比赛等一系列活动，组织70余人的合唱队参加湖南师范学校“激扬心声”纪念抗战胜利70周年合唱比赛。积极开展送温暖活动，为困难职工发放特殊生活补贴1万余元。进一步完善团支部设置，将全院所属团员重新划分为5个支部和23个小组，选举产生新一届团委委员。全年有近百名职工参加无偿献血活动，献血4万余毫升。选派医护人员开展送医送药下乡和义诊活动，共组织9批次70余名青年志愿者先后到原东堡乡各村、敬老院、社区等地为近1000余名群众进行免费体检和健康咨询。修订了医院网站、院刊建设与管理规定，制定《宣传工作制度》《突发事件新闻宣传应急预案》等制度。新成立宣传科，新增电子广告屏、楼宇电视系统，全面宣传医院品牌形象。（周　明）

市中（一）医院

【概况】醴陵市中（一）医院是一家大型综合性医疗机构，设有24个临床科室和1个社区卫生服务中心,有独立的急诊科和“120”急救中心，有15个医技科室，开放病床1000张。医院占地面积1.87公顷，建筑面积8.2万平方米，其中医疗业务用房5.7万平方米。2015年，接诊门诊病人19.74万人次，住院患者2.52万人次，住院手术4173人次。有在职在岗职工937人，其中在编485人、人事代理165人、招聘人员153人、临时工134人，离退休人员149人；有中共党员212人。有卫生专业技术人员733人、占职工总人数的77%，其中执业医师244人、执业助理医师8人、护士340人、医技人员37人、药剂人员104人。有研究生学历的31人、本科学历的285人；有高级职称93人,中级职称219人；有湖南省名中医1名、株洲市名中医5名，株洲市首届中青年知名医师2名、醴陵市名医师10人。年末,医院感染科获评株洲市“医院感染管理先进单位”，放射科获评株洲市“放射卫生工作先进单位”，骨一科、烧伤科获评株洲市“优秀护理团队”；兰沙丽、吴丹、陈维3名护士获评株洲市“优秀护士”称号。

【医疗服务】2015年，医院完成业务收入1.95亿元，比上年增长4.4%。收治住院病人2.52万人次，完成门诊19.74万人次，其中急诊2.17万人次。完成手术3984台次，其中贫困白内障患者免费复明手术700例、入院出院诊断符合率100%、手术前后诊断符合率98.3%。平均床位使用率99.2%，平均床位周转次数为42次。药品零差率让利1532万元，降低大型检查项目55万元，合计1587万元。派出医务人员55人次参加高考体检，共体检3500余人。“120”急救中心全年出诊9380人次，接回住院病人5202人次，急诊1759人次；参加大型事故急诊抢救9次，派出车辆160次、人员201人次。年内，多次组织各科室专家和业务骨干下乡义诊，免费为老百姓做健康体检和健康咨询达600余人次，发放健康宣传资料800余份，做“B超”检查650余人次、心电图500余人次。

【住院综合大楼建设】2015年，医院住院综合大楼建设顺利推进。住院综合大楼建设项目属于国家规范化县级医院建设项目，2009年7月通过株洲市发改委立项。项目占地5098平方米，总建筑面积3.67万平方米，地面20层，地下1层，设计标准床位670张，新设置ICU病房、层流手术室、新生儿科、中医经典科等科室。2011年7月，住院综合大楼拆迁工作全部完成。11月，基坑支护完成。2012年8月，桩基础施工工程启动。2013年7月，完成主体工程封顶并通过上级有关部门验收。2015年末，内外装饰工程基本完成。

【队伍建设】2015年，医院引进硕士研究生1人，招聘本科生11人、护士44人。继续开展湘雅远程教育，组织医护人员听课4次，有420余人次参加。全年参加继续教育学习280余人。派出28名医务人员赴上级医院进修，25人参加短期学习培训；接收学校实习生69人次、乡镇医师进修16人次。组织业务学习和理论培训考核16次，医疗、药剂人员2600余人参加，合格率100%。优质护理服务示范工程继续推进，病房开展率100%。（曾　丽）

市妇幼保健计划生育服务中心

【概况】醴陵市妇幼保健计划生育服务中心（以下简称“中心”）占地面积6686.7平方米，建筑面积9825.3平方米，是一所集医疗、预防保健于一体的国家二级甲等妇幼保健院。内设有产科、妇科、儿科、新生儿科、儿童保健科、产后康复中心等科室。有在职人员316人，其中高级职称13人、中级职称79人。开设床位141张。拥有固定资产5219.46万元。医院拥有G18彩色多普勒超声仪、基因杂交信号仪、超声骨质分析仪、锐扶刀、宫腔镜、基因杂交信号仪、全自动毛细血管电泳仪等大型医疗器械设施设备。全年接收住院人数1.07万人次，诊疗15.5万人次，手术2244台。全年实现总收入7528.22万元。7月，原市人事局办公大楼改造命名为保健大楼并投入使用，市民政局婚姻登记处搬迁至保健大楼。12月，原市妇幼保健院、市儿童医院及原市计划生育服务站合并为市妇幼保健计划生育服务中心。年内，为浦口镇17个行政村、700多名村民开展义诊活动，为120名留守儿童进行免费健康体检并赠送礼物，为官山敬老院捐资1万元，购买条桌14张，捐助山塘村贫困大学生杨玲直至大学毕业。走访慰问浦口镇残困户和老党员，送去慰问金7600元；为精准扶贫点原东堡乡赤竹村捐款4万元。年末，医院获评株洲市“医药价格管理工作先进单位”；健康管理中心何丽获评株洲市“五一劳动奖章”。

【群体保健】2015年，继续坚持以“保健为中心，保健与临床相结合的方针”，全年全市孕产妇死亡率为0，5岁以下儿童死亡率5.15‰，婴儿死亡率3.16‰，围产儿死亡率5.56‰，孕产妇系统管理率94.74%，住院分娩活产率99.9%，剖宫产率37.47%，3岁以下儿童系统管理率90.96%，新生儿疾病筛查率86.6%，新生儿听力筛查率84.5%。一是做好出生缺陷综合防治。孕前优生检查项目目标人群覆盖率、实验室室间质评结果合格率、早孕随访率、妊娠结局随访率均达到80%。全年全市共有4668对适婚青年接受了免费婚前医学检查，婚检率达86.13%。地中海贫血初筛阳性干预率达50%。二是推进妇幼重大公共卫生项目实施。为全市1.03万名住院分娩孕产妇兑现了补助，共计发放项目补助309.15万元。免费发放叶酸2.45万瓶，叶酸服用率96.97%。三是推进基本公共卫生服务妇幼项目。定期对各乡镇卫生院开展孕期建档、产前检查、产后访视、产后42天检查、新生儿访视等“九大”妇幼服务项目。全年新建孕产妇健康档案1.03万人份，孕产妇保健管理率71.01%；全市产前筛查率60.28%。全年查出宫颈癌确诊病例27例，乳腺癌阳性病例8例，妇女病普查率92.66%。四是统筹做好妇幼健康服务工作。加强妇幼健康教育工作网络建设与能力建设，发放健康教育宣传单2.5万张，电视广播100次、宣传栏150期、标语130条。抓好基层妇幼保健人员的培训工作，开展专题培训班9次，培训630人次。五是全面推进计划生育服务工作。原市计生服务站紧紧围绕“生育、节育、不育”开展工作，指导育龄群众选择安全、有效、适宜的避孕方法，全年完成各类咨询门诊1.53万例，女扎2例、落实补救措施113例、上环191例，取环158例，皮埋5例。不孕不育查治47例，其中已治愈10例；病残儿初鉴26例，有24例鉴定为病残儿；进行手术并发症初步鉴定9例。积极开展生殖道感染和常见妇女病的查治，全年进行妇科病查治7.63万例，其中患病2.69万例，进行治疗的有2.23万例。做好孕前优生健康检查工作，检查目标人群1.46万例，人群覆盖率达93.6%；早孕随访率达100%，妊娠结局随访率达100%。全年为261对夫妇进行出生缺陷干预免费检测，其中阳性率达8.8%。积极发布国家免费孕前优生健康检查相关信息，印刷宣传彩页5万余份，举办计划怀孕夫妇优生健康知识讲座，建立严格的财务制度和药品质量管理制度，下拨国家免费孕前优生健康检查项目经费194.04万元，醴陵市级下拨工作经费30万元，对项目经费实行专账专人管理。

【内部管理】2015年，中心内部管理以“绩效管理年”为契机，率先在全市医疗机构中开展绩效考核管理，实行“院－科－员”三级考核。考核分设绩效管理、医德医风、医疗管理、护理管理、保健管理5个项目，并组成5个小组对各科室进行9次综合考核，考核结果直接与各科主任的津补贴挂钩。设立医疗风险基金，积极开展品管圈活动，建立7个临床一线品管圈，推行出院病友回访制度，回访患者1.04万人次，中心回访率97.88%；收集问题47条，召开病友座谈会，全年未发生医疗责任事故和重大纠纷。对医院资产进行大清查，医院拥有固定资产总值5219.46万元，全部建档及追踪管理，确保资产管理账实相符；进行终末质量病历质控，开展医护业务行政大查房59次、危急重症急救演练3次、医疗质量分析会9次、临床医辅及药械后勤沟通会9次。加强绩效考核，采用督办函督办工作，确保精细管理落到实处。加强中医中药推广应用，已连续两年开展冬病夏治小儿三伏贴600多例，中西医结合治疗盆腔炎180多例，穴位贴敷治疗妊娠剧吐120多例，中药外敷治疗乳腺炎100多例。开设全市首家智能化中药房，开展小儿针灸推拿绿色疗法，有效治愈率达90%以上。加强医院信息化建设，率先引进“天使医生母婴监护健康管理系统”及“160”预约挂号系统，实现网上预约、网上挂号、网上技术指导，缓解“看病难”“看病贵”现象。加强特色优势技术打造，开展唐氏筛查8733例，无创DNA检测803例，确诊染色体异常7例。开展无痛分娩295例，导乐分娩207例，确保孕产妇健康；聘请省中医院附一医院及省妇幼专家长期坐诊；添置腹腔镜、宫腔镜微创等设施，确保妇女健康。（漆生生）

市精神病医院

【概况】2015年，醴陵市精神病医院（以下简称“医院”）有职工189人，开放住院床位500张。全年门诊接诊人数2.1万余人次，住院2184人次，出院1829人次。其中，新农合病人出院1564人次；报销医疗费用1179万元；职工及城镇居民医保病人出院265人次，报销医疗费用212万元。为参加农合精神分裂症患者3982人次补偿门诊费用217万元。全年实现医疗收入2400万元，较上年增加376万元。6月，精神疾病急性住院诊疗业务大楼竣工。7月，通过消防验收。10月，通过规划验收。业务大楼占地面积566.15平方米，建筑面积7107.62平方米。年末，住院诊疗业务大楼正式投入使用。

【重性精神病防治】2015年，医院根据湖南省人民政府重点民生实事项目的安排和要求，实施“救治救助重性精神疾病患者”项目工程。成立救治救助项目专家组和督导组，按照“公平、公正、公开”的原则，确定125名救治救助对象。专家组制订救治救助重性精神疾病患者项目的临床路径规范，开展技术指导和临床会诊，督导组每月对各临床科室进行工作督导，确保依法依规完成“为民办实事”项目。11月，125名救治救助患者全部出院。全年全市严重精神障碍患者检出率为4.1‰，国网录入4192例患者，年内增录患者800余名，管理患者3352人、管理率82%。

【队伍建设】2015年，医院以“开展专科医院建设”为契机，加强三基（基本理论、基本知识、基本技能）学习和培训。全年组织院内业务学习10次，业务知识考试4次，业务技能操作竞赛1次。护理部组织全院护理人员集中学习6次，业务考试4次，技能操作竞赛2次。组织参加各类省内外学术培训共计64人次。

（陈亦雄）

株洲市中心血站醴陵分站

【概况】2015年，株洲市中心血站醴陵分站在城区配备2个固定献血点（一中献血屋车、嘉茂献血屋），在东南西北四乡片区域内定时定点设立流动采血点。全年采集无偿献血总人数4675人次，血液量161.78万毫升，其中有医务工作者无偿献血412人次；供应血浆3951单位，机采血小板193.5治疗量，冷沉淀1134单位，手工血小板46单位，红细胞9491.5单位。年末，市人民政府获评株洲市“无偿献血先进城市”称号。

（聂晓燕）

南华附二醴陵兆和医院

【概况】南华附二醴陵兆和医院是一家集医疗、教学、保健、康复、社区卫生于一体的二级综合医院。2015年，设有病床450张，有在职职工400人，其中高级职称25人、中级职称73人、初级职称200余人。有1栋15层门诊、医技、住院综合大楼，1栋5层中风康复专业治疗大楼，2栋后勤辅助楼，有医疗业务用房2.2万平方米。医院内设20多个临床及辅助科室，新设内镜治疗中心、碎石中心及危急重症综合病房。投资近2000万元用于添置医疗设备。医院先后2次降低医疗费用，全年让利50余万元给广大患者。医院门诊住院患者较上年增加近1万人次。

【人才培养】2015年，引进专业技术人员27人、中高级专业技术人才6人。全年派出进修人员27人次，参加省内外学术会短期培训23人次；开展业务讲座培训考试考核48期，开展院内专题知识讲座18次、25学时，共计参训人数1500余人次。开展院级大会诊70余次；有50余人次通过执业资格、职称晋升考试并合格。

【文化建设】2015年，医院加强精神文明和医院文化建设，开展“十佳护士”评选活动，扎实推进整体护理服务。开展医务人员无偿献血宣传教育工作，全院医务人员无偿献血100余人次，献血量达2.8万毫升。

（程　洁）

泰安医院

【概况】2015年，醴陵市泰安医院有在职职工236人，其中高级专业技术人员14人（其中正高4人，副高10人）、享受国务院政府特殊津贴专家2人、市首届十大名医2人。年内，新建一栋建筑面积1.7万多平方米、高12层的多功能电子信息化综合住院大楼，并于2月投入使用。年内，医院成立质量监督考核领导小组，每月不少于两次对各专业科室工作进行监督、检查、指导。加强特殊用药管理，对重要岗位及工作环节开展不定期抽查，确保医疗安全。全年派遣有关医务人员赴湘雅、省人民医院、株洲一医院等医院进修。

（杨胜求）

区·街道·乡镇

【区划调整】2015年，湖南省启动乡镇区划调整改革工作，醴陵市按照“五个原则”（先并后调、先撤后改、先人后物、先乡后村、先优后劣）和“三个有利于”（有利于做大做强城市，提高城市首位度；有利于片区统筹组团发展，增强城乡互动能力；有利于行政施效服务群众，强化社会治理能力）的工作要求，对全市各乡镇自然条件、资源禀赋、历史沿革、群众意愿等情况进行深入调查。在反复调研、多次论证的基础上，于10月上旬初步拟定区划调整改革预案，并多次提交市人民政府常务会、市委常委会讨论研究并通过。11月上旬，区划调整改革领导小组先后组织涉改乡镇、领导小组成员单位、人大代表、政协委员、老干部代表等召开多层次座谈会，全方位、多层次征求意见和建议，集思广益，求同存异；对个别有争议的拟合并乡镇多次组织现场勘查，确保改革方案符合大多数人的意愿。11月底，醴陵市乡镇区划调整改革合并乡镇方案获湖南省民政厅批复通过。调整前，全市有18个镇、8个乡、4个街道。调整改革后，全市有李畋、浦口、王仙、船湾、明月、茶山、左权、枫林、白兔潭、东富、板杉、沩山、嘉树、官庄、孙家湾、石亭、均楚、泗汾、沈潭19个镇和来龙门、国瓷、阳三石、仙岳山4个街道，城区共有40个行政村、19个社区，总面积203.81平方公里，总人口29.59万人。乡镇区划调整具体情况是：原富里镇与原南桥镇合并，命名为李畋镇；原富里镇的荷田、柏大、长庆3个村和原南桥镇的星湖村划入白兔潭镇。原王坊镇北部的联盟、荷花垅、王坊、泮川、石山5个村和桥头、三角坪2个居委会并入浦口镇，原王坊镇南部的温泉、渌石、杨林、大屏山、灌冲5个村并入王仙镇。原清水江乡与原船湾镇合并为船湾镇。原贺家桥镇与原大障镇合并，命名为明月镇。原神福港镇与原栗山坝镇合并，命名为茶山镇。原新阳乡与原仙霞镇合并，命名为左权镇。原枫林市乡与原黄獭嘴镇合并，命名为枫林镇。原王仙镇的清潭、庄埠、双江3个村，原东堡乡的山峰、钟鼓2个村，原阳三石街道的黄沙村并入来龙门街道。原板杉乡南部的古城、土株岭2个村和原东堡的竹湖、樟墩2个村并入黄泥坳街道，更名为国瓷街道。原东富镇的荆潭、潭湾、石里浦、伏龙、立新5个村并入阳三石街道。原西山街道更名为仙岳山街道；原嘉树乡、板杉乡、官庄乡、东堡乡、孙家湾乡全部撤乡设镇，其中东堡乡更名为沩山镇。（兰　芳）

长庆示范区

【概况】醴陵市长庆示范区（以下简称“示范区”）东至沪昆高铁醴陵东站，南至渌江，北抵沪昆高速，西至320国道；总面积约26.61平方公里。托管珊田、马脑、黄沙、钟鼓、山峰、庄埠、清潭7个行政村、154个村民小组，总人口21343人。2015年，示范区完成税收2817万元；实现工业总产值16.97亿元，其中规模以上工业企业实现产值12.49亿元；固定资产投资6.37亿元。

【项目建设】2015年，示范区区域内共启动长庆大道、梧桐路、向阳河路等项目14个，征地44.17公顷；签订拆迁协议156户，拆除房屋111栋。年内，沪昆高铁连接线醴陵东互通项目全面竣工通车；核心区路网长庆大道建设全面完工；梧桐路土方回填20万立方米，雨、污水管道安装及路基工程完成；向阳河路完成清表工作，开挖路基土方 10 万立方米；彰仙岭路完成清表工作、云盘山路完成清表清淤工作，路基回填工作完成 50%；渌江产业发展中心土地拍卖、工程招标、清表工作完成，并全面启动建设。庄埠、清潭安置区建设进展顺利，山峰村公墓山已投入使用，迁坟工作全部完成。长庆学校、长庆医院、老年公寓、度假小镇等项目，前期准备工作启动。

【“三农”工作】2015 年，示范区共有水稻种植面积 455.33 公顷，油菜种植面积 20.67 公顷，基本做到无耕地撂荒现象。加固、整修水塘，修筑、清理、维修水渠 12 公里。认真抓好防汛抢险工作，制订防汛抢险岗位责任制，成立一支由示范区、各行政村组成的约 200 人的防汛抢险队伍，确保防汛责任、防汛人员、防汛器材三落实。有效推进森林防火，全年无火灾事故发生。

【城市创建】2015 年，投入近 100 万元，用于清运垃圾、整顿环境、购置垃圾桶等设施设备。3 月，清理醴陵大道沿线垃圾及渣土。4 月、10 月，集中开展以灭蚊、灭鼠为重点的春秋两季除“四害”活动。5 月，专项整治高铁广场摊点、黄沙中学路口的早市摊点。6 月，开展户外广告专项清理行动。7 月，迎接省创卫检查，安排创卫经费 7 万元补贴村级开展全面卫生大整治、大清理。全年查处违法建设 86 处，占地面积 4875 平方米、建筑面积 7609 平方米；劝阻违建 1480 人次，拆除违法建设 59 处、面积 3773 平方米；通过不断加大违法建设的查处力度，辖内的违法建设得到有效控制。

【民生民利】2015 年，新型农村养老保险共发放社保卡 9293 张，参保 6374 人，完成年计划任务的 86.2%。全年全市 36 家企业参加工伤保险，有参保人员 906 人，完成保费收入 52.5 万元，超年度计划任务的 16.74%。医保征缴完成参保任务 99%。示范区应享受计生奖扶对象 101 人，特扶对象 4 人；独生子女保健费应享受人数 120 人。认真抓好出生缺陷干预工作、孕前筛查工作，完成国免检查 168 对，未发生新生儿出生缺陷。全年有孕检已婚育龄妇女 2692 人，已孕检 2633 人，“三查到位率”达 97.8%；流动人口管理综合到位率 96%。落实各种节育措施 238 例，发放计生药具 486 人次。全年出生 243 人，其中一孩 122 人、二孩出生 117 人。

【安全维稳】2015 年，示范区党政主要领导主持召开安全生产及食品药品安全管理工作会议 14 次、分管领导 19 次，党政主要领导带队亲自检查安全工作 18 次、分管领导 56 次，深入参与排查安全隐患，发现问题及时整改。全年对 35 家企业进行安全检查 150 余次，完成现场检查记录 93 份，下达整改指令 24 条、限期责改安全隐患文书 21 份、整改复查意见书 18 份。扎实推进“平安家庭”创建工作，对全区 154 个村民小组进行“平安家庭示范户”评选，其中有 67 个家庭获示范区“平安家庭示范户”称号。重视民意调查，采集电话号码 8858 个，并对采集号码进行模拟民调、电话回访。开展矛盾纠纷排查 24 次，排查矛盾纠风 47 起，调解成功 45 起，调解率达 95%；共接待信访 35 件，接访 354 人次，化解非访、集体上访 32 次。为确保市重点工程建设顺利进行，确保辖内工程项目顺利实施，示范区党政领导十分重视，层层落实，全年处理醴陵大道及高铁连接线项目工程遗留问题 200 余个。进一步加强示范区内的社会稳定工作，化解信访积案 6 个，其中 4 人已签订息访承诺书。

【党建工作】2015 年，坚持每月至少召开一次党建工作专题会议；组织班子成员集中学习党建专业知识及党的方针、政策 49 人次，组织培训基层党组织书记 36 人次。严格党内组织生活，全区 9 个基层党组织分别召开组织生活会，民主评议党员 562 人、参评率达 95%，表彰优秀党员 43 人。全年分批慰问困难党员 41 人次，送达慰问金 1.62 万余元。6 月，马脑村成立由村民集体参股的市“马脑祥龙实业有限公司”。全年发展预备党员 8 人，预备党员转正 8 人，发展入党积极分子 9 人。开展精准扶贫，走访贫困户 195 户。（朱金钱）

来龙门街道

【概况】来龙门街道辖区面积 17.65 平方公里，辖 2 个行政村，47 个村民小组；7 个居委会，125 个居民小组，总人口 55918 人。境内有行政机关、金融保险、医院、学校、建筑房产、商业服务等行政企事业单位 185 个；有陶瓷、服装、食品、农产品等专业市场 6 个，大型超市 5 个，有私营企业和个体工商户 4591 家；有先农坛博物馆、文庙、东禅寺、三刀石、陈明仁故居 5 处历史名胜古迹；是全市城市管辖面积最大、人口最多的一个街道。2015 年，完成规模工业总产值 9.21 亿元，同比增长 54.53%；完成固定资产投资 5.2 亿元；新增规模以上工业企业 2 个（市绿高电瓷电器厂、市明德陶瓷艺术包装厂）；新增限额以上商业企业 5 个，新增重点服务企业 4 个。开展个体工商户转企业及小型微型企业规范升级工作，共完成个体工商户转企业67户，小、微型企业升级为规模以上企业12户。成功引进东城壹品、湘东医院门诊综合大楼、新华联房产开发、旗滨玻璃商住用地等项目4个，到位资金5.4亿元，是年计划任务的104%。全年完成税收22370万元，为年计划任务的108.03%。街道办事处获评株洲市“2015年度文明建设先进单位”、株洲市军分区“2015年度先进基层武装部”和醴陵市安全生产、消防安全、推进项目建设等工作先进单位。

【“三农”工作】2015年，来龙门街道有耕地92.68公顷，种植早稻6.67公顷、瓜菜70.48公顷，除13.33公顷因重点工程土地征收及施工建设水系破坏无法耕种外，辖内无耕地撂荒现象。其中，东岸村双季稻种植示范片大田早稻种植达100%。土地确权工作进展顺利，2个村、1个社区，42个村民小组、1309户，164.67公顷的确权指界、公示工作完成。组织开展病险水库、山塘、山洪地质灾害隐患点、城市低洼易涝地带和危旧房屋等重点防护地段进行安全隐患仔细排查，共排查隐患2处，并及时进行整改。组织100余名干部、党员，在丁家坊高岭、上洲人形山等墓葬集中区域，设置防火检查站，放置燃放桶，实现零火灾、零火警目标。

【征地拆迁】2015年，强力推进征地拆迁，确保重点工程建设顺利推进。完成市第一中学南校门改造项目清表和丁家坊国有土地储备项目7.13公顷的腾地和围墙建设；签订东城壹品项目工程建设拆迁协议26份和李畋中路、马放塘棚户区改造项目拆迁协议48份；完成旗滨玻璃商住用地项目78栋村民房屋拆除和2500余座坟墓搬迁，清表腾地33.33公顷，用地红线内所有的生产、生活附属设施全部落实补偿协议。12月15日前完成辖区内莲株公路改扩建工程2.48公顷征地和20户拆迁协议签订工作。

【城市管理】2015年，街道完成5个社区办公楼改造工程，综合治理二塘路、丁家坊路、横塘路等小街小巷。投入40余万元，添置垃圾桶100只、清运车辆6台；清理东岸小区、陶瓷花炮大市场卫生死角5处，设置广告张贴牌，清除“牛皮癣”；行政村、社区的垃圾做到日产日清、密闭储存清运，密闭清运率达100%。进一步加强临街单位、门店“门前三包”责任管理，共签订“门前三包”责任状3200份。组织开展“六乱”集中整治行动7次，共纠正占道、出店经营332起、乱停乱放147起、乱牵乱挂84处，取缔无证摊贩和流动摊点86处，规范定点擦鞋和早点摊贩34个，拆除喷绘竖牌广告162处。全年组织开展拆除违法建筑专项行动6次，拆除中央商业广场、东岸村及上洲村境内320国道沿线等处违章搭建棚点11处、面积470平方米；制止和拆除丁家坊社区上塘组、黄祠组村民超层、超面积建房和东岸、上洲新增违法建设36户、共计4064.18平方米，其中控违面积2680平方米、拆违1384.18平方米。受理违法用地、违法建筑投诉、举报7件。

【民生保障】2015年，街道全面落实社会保障政策，建立并完善扶持创业信息数据库，新增就业人员3200人，新安置1200名下岗失业人员再就业，其中就业困难对象460名；新增养老保险扩面人员200人，工伤保险征缴累计人数2500人、近100万元；失业保险参保82人；核发社会保障卡3100余张。全面开展企业退休人员人脸验证及建模工作，共验证6000余人；验证养老保障金领取资格审验1600余人次；办理“就业失业登记证”170本，年末辖内有城镇低保对象1434户、2674人，发放低保金874.8万元；农村低保对象153户、231人，发放低保金30.21万元；分散供养五保对象5人，发放五保供养资金1.37万元。年内，落实伤残、优抚对象239人、补助金131.4万元；31人获现役军人优待金42.6万元；筹集爱心献功臣资金1.15万元，慰问退伍军人23人；上报城乡医疗救助对象5批114人，解决重大疾病医疗补助32.9万元；发放90岁以上高龄补贴75人、5.4万元；开展冬春救助摸底228户、655人，实际救助66户、190人，共救助3万元。残疾人帮扶工作不断提升，为291名重度残疾人发放护理补贴、15.95万元；开展“爱·行”轮椅项目救助行动，受助残疾人2人；发放医疗救助卡7张、0.35万元；开展爱心助残20人，捐助资金0.8万元；全年发放二代残疾人证48本。

【社会事业】2015年，健全街道、村（社区）食品安全监管网络，组织执法部门开展集中整治行动6次，共检查学校、幼儿园11所，食品经营户100余户，取缔占道摊点30余处，收缴过期食品10余件。全面创建“平安校园”，申报民办代课教师生活困难补助176人。对辖区188个法人单位及个体户，开展株洲市文化体育产业调查。完成民兵预备役组织整顿工作，预备役有民兵4192人，其中基干民兵284人；完成新兵输送任务。选送14名队员参加市防汛抢险冲锋舟集训。认真贯彻、落实全国1%人口抽样调查工作，组织有关人员对丁家坊、马放塘、胜利3个调查小区186户、855人开展抽样调查。

【计生服务】2015年，街道加大

计生服务工作力度，开展“三查四术”计划生育优质服务，“三查”到位率100%，落实“四项”手术1008例；发放免费药具6960人次，避免无措施现象；免费检查孕前优生健康目标人群295对，检测出生缺陷干预对象34例；发放生育证416本，全年出生598人，符合政策生育率86.12%；落实计生家庭优先优惠优待措施，发放独生子女保健费对象743人、17.8万元；落实城镇独生子女父母奖励对象594人。年内，新增农村奖励扶助对象18人、特扶对象11人；开展走访贫困母亲、计生贫困学子活动，共发放慰问金5400元；查处违法生育案件123件，征收社会抚养费53.2万元；出生人口上报及时率和准确率均达100%。

【安全维稳】2015年，加强社会治安综合治理力度，每周定期开展集中清查行动。查处涉赌案件5起，抓获涉嫌赌博人员11人，行政拘留6人；查处涉黄案件4起，抓获9人，行政拘留8人；查处涉毒案件5起，抓获6人，刑事拘留1人，行政拘留5人，强制戒毒2人；共移诉19人。辖内共发刑事案件981起，同比下降16.6%。坚持把“平安家庭”创建活动作为“平安来龙门”的重要抓手，组织宣传车辆16台次，在城区主干道区域内开展为期一个半月的宣传，共制作宣传板报60余块、张贴宣传标语300余条，重新制定并发放“平安来龙门”宣传手册1.5万份；评选“平安家庭模范户”147户、“平安家庭户”2万余户。组织各行政村、社区对涉军涉核群体、79对越群体开展走访，阻止说服多批次到株、赴省、进京上访人员的维稳工作。积极稳妥地调处和化解拆迁安置、医患纠纷、企业改制等各种矛盾纠纷73起，调处非正常死亡突发事件6件、医患纠纷22件，调处成功率99%，调解履行率100%。狠抓安全生产，根据上级主管部门要求，将每月19日定为“企业安全教育日”，在“企业安全教育日”组织辖内相关企业停产一天，开展安全知识学习、隐患排查、问题整改、设备检修和应急演练活动等；开展灭火疏散逃生消防演练2次，举办消防安全培训班2期，培训群众500余人。全年制作大型安全生产宣传栏4处，悬挂宣传标语（横幅）115条，张贴宣传画15张，出宣传板报15期，出动宣传车辆14台次；参观图片展览2400人次，发放宣传资料5000余份，印制张贴《企业安全生产责任体系五落实五到位规定》22张。认真组织开展“安全保障年”“闪电行动”“两打三治”“安全生产月”“飓风行动”“亮剑行动”等一系列整治行动，对辖内137家宾馆、酒店，6家大型超市、15家茶餐吧、35家公共娱乐场所、31所医院、学校、幼儿园、7家大型商场等重点单位，组织集中执法行动28次，排查、发现安全隐患67处，落实整改安全隐患67处；打击取缔狮子坡社区机关幼儿园楼下存在重大安全隐患的“龙贤兵锦盒厂”。

【基层组织建设】2015年，街道基层组织建设工作进一步加强，组织开展群众路线教育实践“回头看”活动，形成12个方面22条具体整改措施，并针对市委转交的意见、建议，提出31项整改措施，其中31项整改措施中有29项提交审核销号，办结率93.5%。开展大走访工作，共走访村（居）民户16790户，入户率96.48%；收集问题10余类、3152个，解决答复2538个，其余614个问题仍在处理当中；问题解决率80.52%。5月，组织全体机关、行政村、社区干部近200人，赴市检察院反腐倡廉警示教育基地参加警示教育活动。年内，统一制作“五问工作法”记录本，建立健全工作日志、绩效考核和督查督办“三种工作机制”，全面推行“五问工作法”。5月，举办建党对象培训班，培训入党积极分子20人，计划新发展党员15人，预备党员转正25人。开展不合格党员评议工作，评议党员2348人，其中不合格9人、限期改正4人、劝退5人。

（黄远水）

阳三石街道

【概况】阳三石街道位于市城区东南部。2015年全市区划调整后，辖3个社区居委会和11个行政村。辖区面积46.9平方公里，总人口52195人，有村（居）民小组267个。有党总支5个，党支部47个，中共党员1776名。有耕地面积756公顷，山地面积1333公顷；有小(2)型水库4座。辖区内有立三路、青云南路、泉湖路、阳三路、渌江大道等城市主干道，320国道连贯东西、106国道纵穿南北，沪昆铁路复线、醴茶铁路穿境而过，交通十分便利。辖区内企业主要以炻瓷、日用瓷、箱包、机械、食品加工、房地产、物流等为主导产业。全年完成税收3亿余元；完成固定资产投资30亿元、增长30%；规模工业实现产值80亿元、增长6%；招商引资5亿元、增长4倍。农民人均纯收入达17850元，城镇居民可支配收入达31569元。

【产业发展】2015年，大力推进产业发展，加大招商引资和项目开发力度。招商引资5.1亿元；策划、开发项目4个；引进项目4个。其中，铁成三产人才培训中心计划落户辖内东门塘村，年内已完成国土、规划洽谈等前期工作；株洲红趣新型城镇发展有限公司投资的喜森商业广场开工；湘洲食品新引进的香港麦氏兄弟及旗下顺泰食品有限公司投资2000万元，熟食及培根生产线已建成投产。市泉兴、泉湘瓷业完成环保节能新型窑炉的升级改造；市阳东磁电引进的国际领先干化成型技术已投入生产，隆格佳品加大技术研发投入，改良配方生产高端产品；天鑫瓷业投资2000余万元，新建生态茶园。年内，市湖电、漓源饲料、益民碳化硅厂3家企业均获株洲工业企业成长“十百千”工程激励奖。辖区有近20家企业参展市首届瓷博会。

【征地拆迁】2015，街道把征地拆迁作为推进项目建设的基础。阳三石粮库旧城改造项目70户需拆迁的私有房屋全面签订拆迁协议。土地矿产交易市场项目需征地9.67公顷、拆迁房屋43栋、53户，年内有33户签订征地协议，一阶段8.6公顷土地征地款、青苗补偿款已全部到户，后期补征土地1.4公顷征地款、青苗补偿款已发放到位。立三路住宅小区项目已腾地0.7公顷。阳三路改扩建项目完成房屋拆迁签约121栋（套）、企业12家，总建筑面积51646.7平方米。国投阳光小区征、腾地任务完成。尚阳景苑项目9栋（套）房屋拆迁任务全面完成，进入施工建设。旗滨路建设项目需征地9.93公顷，拆迁涉及村民房屋10栋12户，全部完成征地协议签订。辖区内莲株高速公路改扩建项目8栋村民房屋拆迁工作全部完成，对3家涉拆单位（企业）完成现场实物核查登记，处理落实15个遗留问题，全部完成集体土地征地协议签订。

【城市管理】2015年，街道民生项目进展顺利，市泰安医院综合楼投入使用，渌江医院项目竣工，永胜棚户区改造项目、阳东磁电职工宿舍楼项目强力推进；街道全境基本实现通水、通气、通路、通电。全年投资50余万元，清运垃圾3000余吨，清除牛皮癣约1.8万余条，拆除破旧招牌200余块，强制拆除棚屋25处、140平方米，种植树木500余株，添置有盖垃圾桶320个。全年开展联合集中整治行动5次，制止新增并拆除违法建设12处、面积1290.94平方米。

【社会事业】2015年，街道有城市低保对象2117户、3879人，农村低保对象235户、409人，共发放低保资金1300余万元。冬春生活救助82人，发放救助金2.5万元；为20户特困户每户发放救助金500元，为6户贫困家庭安排危房改造。全年有5495人参加新型农村养老保险，共收缴养老保险金61.82万元。为企业退休人员进行人脸建膜，有6500余名行政、事业单位退休人员办理养老金资格认证。为98名军队退役人员办理公益性岗位补贴。全年新增城镇就业人员2460人，就业困难人员实现再就业520人，有105名下岗失业人员办理“失业就业登记证”。协同市邮政局为40余名留守儿童送去书包、文具、围巾、耳套等物资。“5·25”大暴雨，境内泉湖村全胜组700余户村民被淹、渌江社区多户村民被淹；街道办事处启动临时救助机制，对130人采取临时救助，共发放1万余元食品。全年新出生人口446人，计划生育率86%、统计准确率100%；落实计划生育避孕节育手术1034例，生殖健康监测到位率100%，流动人口管理到位率98%，部门综合治理到位率100%，违法生育征缴系统确保线索录入率和立案率均达100%。全年组织资金1.2万元，走访慰问计生贫困母亲、贫困学子、失独家庭等群体；审核上报发放独生子女保健费385户、9.24万元，城镇独生子女父母奖励2580人、240余万元，农村奖扶特扶150人、18万元（年内新增奖扶、特扶对象36人）。

【安全维稳】2015年，加大矛盾纠纷调解力度，有效化解五环都会300户购房户集访、名都天下城40余户居民户集访、新天房产40余名农民工集访等信访重点积案难案。打击毒品犯罪案6起，盗窃犯罪案8起，盗窃机动车辆案1起；打击黄赌犯罪案1起。为巩固“省级安全生产示范乡镇（街道）”成果，组织多个联合检查组，对辖区150家企业和娱乐场所展开一次地毯式安全隐患大排查，共查出各类生产安全隐患30处，存在重大安全隐患企业2家，下达责令限期整改指令10份，督办整改企业2家，完成隐患整改27处。全年未发生安全生产事故。

【党建工作】2015年，开展党员评议活动，56个基层支部、1446名党员参加民主评议，评选出7个“优秀基层党组织”、65名“优秀党员”；有5名党员评议为不合格；发展新党员13名。在开展“连心解困”大走访活动中，收集问题135个，销号46个。其中，帮助泉兴东门塘烤花厂安装天然气；协助市兆荣瓷业、泰鑫瓷业等企业争取上级技改创新资金500余万元；为阳东磁电争取科技创新项目扶持资金200余万元；渌江社区慈善爱心超市与辣妹子五环生鲜超市合作，新建慈善超市实体店。在“一进二访”活动中，经排查核实贫困对象90户、380人，帮助实现脱贫20户、64人。在党风廉政建设整顿推进大会上，颁布《领导班子工作制度》、《机关干部办公管理制度》等18项制度，通过电子显示屏、廉政文化宣传栏、廉政标语，宣传“八项规定”、省委“九条规定”、株洲市若干规定、“三严三实”党风廉政建设等相关精神，引导形成良好党风政风。（许 玲）

仙岳山街道

【概况】2015年，西山街道更名为仙岳山街道。辖区面积39.36平方公里，有常住人口42221人。辖9个行政村、4个社区。辖区内有规模企业28家，市直行政、事业单位47家。全年完成工农业总产值72.2亿元，增长13.77%，其中规模企业总产值38亿元、增长15.15%。项目工程投入25亿元，增长19.05%。完成国税4230万元、地税5721万元，实现税收总收入9951万元。

【项目建设】2015年，强力推进渌江书院、一江两岸、渌江大道第29号地块、公交南站及西站等重点项目工程建设。全年征地6.2公顷，腾地11.2公顷，拆迁房屋175户（栋）、拆除房屋237套（栋）。年内，妥善解决2003年涉及21户拆迁遗留和2013年涉及相关的遗留问题。推进和协调银山御园、都市雅苑、金杏美域、蔚蓝国际、西山美墅、渌水家园二期工程等项目工程建设及周边环境协调。积极扶持培育三塘、鸿鑫、华盛等中型规模企业发展壮大，加快推进辖内中小规模陶瓷产业的整合升级转型。全力推动新世纪陶瓷产业园建设，新开发生产的陶瓷香薰加湿器年销量达5000万件。年内，在财源塔、河西发展电商企业2家，其中1家年产值达1500万元。

【城市创建】2015年，街道共拆除违法建设23处、面积1619平方米，其中钢架棚577平方米、砖混结构房屋1042平方米。治理占道经营户200余户、流动摊贩300余个。强化市容市貌和绿化管理，分类整治369家“五小门店”，集中开展城市“六乱”整治行动。

【民生保障】2015年，有新型农村养老保险参保人数8932人，征缴金额92万余元，完成年度计划任务的107.79%，位居全市第一。全年企业养老保险新增394人，征缴金额3000余万元；完成工伤保险265.02万元。城镇医保参保人数7200人，农村合作医疗参保人数1.9万人，完成率均达100%。年内，城镇新增就业人员1210人，失业人员实现再就业人员522人，其中就业困难人员实现就业241人，社区再就业率达98.6%。为1430名下岗失业人员办理就业失业登记证，为78名公益性岗位人员申请补贴资金31.42万元，为2298名60岁以上老人发放每月75元的基础养老金。全年共有农村低保户378户、611人，其中年内新增低保户25户、51人；有城市低保户821户、1512人，其中年内新增11户、16人；城乡低保共核减113户。全年有效处理困难群众的合理诉求近200件，帮助申请五保对象7人，核减五保对象死亡1人；完成19名90岁老人的登记工作；帮助困难群众申请大病医疗救助153件；帮扶、慰问退役军人62人次，发放慰问、优抚金近5万元。救济、帮扶困难、残疾群体150人次，发放慰问物资25余万元。

【计生服务】2015年，落实计生经费85万元，对育龄妇女进行“三查”；落实长效措施533例、补救措施158例；发放各种避孕药具1.23万人次。为252对符合一、二孩生育政策的夫妇办理生育证，为286户城镇独生子女家庭进行登记与上报。全年征收社会抚养费70.35万元。

【安全维稳】2015年，加大社会治安综合治理力度，开展社会综合治理排查24次，排查各类矛盾纠纷52起，调处成功率100%；全年无矛盾升级、无民转刑案件。对辖内“三小”场所、人员密集场所和工业企业开展经常性地毯式排查，印发《致群众的倡议书》、《消防知识手册》1.5万份，向企业赠送《中华人民共和国安全生产法》500本；发出整改通告68份，查处无证经营鞭炮烟花商家9户；对企业、矿山、建筑施工等重点领域和学校、商场、娱乐休闲等场所进行消防安全监督。全年未发生安全生产事故。

【党建工作】6月，财源塔社区投入近60万元，建成全市首个“五彩社区”示范点。10月，五里墩村新建占地面积510平方米、总面积3060平方米的村级活动场所竣工并投入使用。全年培养入党积极分子31人，批准预备党员转正15人；党纪处分不合格党员6名，其中除名2名、限期改正4名。严格落实党风廉政建设责任制，全面推广“四议两公开”制度，规范完善13个行政村、社区的党政务公开，进一步提高党务、村务公开的透明度和党员群众对重大事项的知情权、参与权、决策权。（张洁玉）

国瓷街道

【概况】2015年，黄泥坳街道更名为国瓷街道。街道地处市城北，东与来龙门街道接壤，南起东风商务区，西北与经济开发区毗邻。10月，原板杉和东堡的4个行政村划入国瓷街道。区划调整后，辖区总面积58.81平方公里，辖5个社区居民委员会和10个行政村，95个居民小组、246个村民小组；总人口57283人。辖区交通便利，320国道、醴潭高速、沪昆高速、沪昆电气化铁路复线域内经过；辖内有2、3、4、8路公交车线路；滨河路、玉瓷路、醴泉路、国瓷路、李畋西路等城区主干道，构成辖内城区主体交通网络。全年完成工业固定资产投资1.62亿元；招商引资5亿元。实现工业总产值21.8亿元，其中规模工业总产值12.2亿元。新增规模工业企业2家（市电瓷电器、顺通能源）。全年完成税收11204万元，其中国税3708万元、地税7497万元。

【征地拆迁】 2015年，街道共涉及征地、拆迁项目22个，需征地71.74公顷，拆迁房屋117户（栋）。完成征地67.48公顷，签订拆迁协议100户（栋），拆除房屋83户（栋）。年内，解决陶瓷艺术城项目拆迁和欧洲城项目长达12年遗留问题。扩建市港鹏瓷业、市三三橡胶厂、环宇陶瓷腾地工作结束；时代金属新址拆迁腾地以及道路路基、水渠建设工作全部完工。

【企业服务】 年内，积极为辖内企业和项目单位协调服务，调处矛盾纠纷20余次。2月，组织市环宇陶瓷、港鹏实业、三三橡胶等14家规模企业负责人座谈会。8月，组织辖内陶瓷企业参加"互联网+特色经济"培训。市鼎城、鑫瑞烤花厂2家企业完成小升规的相关审查资料。

【"三农"工作】 2015年，街道圆满完成水稻种植面积核实工作，并做好农技推广，发放生石灰、叶面肥，指导村级做好农作物病虫、草害的防治。在石塅、华塘、横店、老龙井4个行政村，开展土地确权登记外业指界工作。加强对林区巡逻检查，全年未发生森林火灾事故。加强水利设施安保，添置喊话器5部、对讲机8台、皮伐艇3艘、救生衣20套，排除水利险情1起、防地质灾害在建工程1起，巡查山平塘100余口，协调渌江电站开闸3次。年内，街道与村养殖户签订防疫责任状、签约率100%，重点抓好春秋两季动物防疫工作。畜类重大疫病免疫3362头次，家禽2782余羽次，防疫率100%。

【城市创建】 2015年，街道注重城乡环境卫生创建工作，一季度在全市创建工作考核中一季度排名第一、二季度排名第三、三季度排名第二；其中八里庵、国光社区分别获二、三季度第一。10月，组织国光、车顿桥、五里牌、老龙井等村(居)委会用工200余个，集中清理、掩埋境内渌江、东岸河、西岸河河道内的生活垃圾。

【安全维稳】 2015年，积极做好相关人员的稳控工作，开展排查和专项排查12次，成功调解因违法建房致人死亡事故，以及市博义瓷厂和圣凡莎厂职工200余万元薪酬问题等各类纠纷19起。在"八一""九三"等特护期间，确保辖区平安稳定和赴省、进京零登记的工作目标。在瓷博会期间，街道组建一支由120人组成的安保队伍。开展"平安家庭示范户"评选活动，有参评家庭14128户，通过评选，有16户被评为"平安家庭示范户"。9月30日，专门召开表彰大会，对获评示范户分别授予奖牌、荣誉证书和奖金3000元。全年针对重点监管企业、烟花鞭炮经营户、建筑工地等领域，开展集中执法专项行动49次，出动执法人员378人次，检查生产经营单位246家，发现安全隐患480处、落实整改到位480处，市国光水厂使用液氯、诺华包装厂厂区混乱和醴泉烤花厂液体酒精未隔离储存3处较大安全隐患均整改落实到位。在6月的"安全生产月"活动中，开展一系列宣传教育活动。组织辖区内花炮企业人员赴浦口"9·22"南阳花炮厂进行警示教育，学习参观南桥南凤等优秀烟花鞭炮企业；召开辖区内近200家安全生产经营场所的安全培训会议。年内，联合派出所、消防大队通过夜查、全面排查等方式对辖区内的娱乐、餐饮场所进行排查；联合电力执法大队和国网电力，整改新胜小区线路老化、欧洲城二期工程施工导致电线裸露地表等电力安全隐患4起，全年未发生一起重大安全事故。为加强辖区内违法建设治理，街道购置1辆轻型载货汽车和3辆摩托车，招聘11名城管协管员，加强对违法建设的巡查和处理；全年依法查处违法建设68起，均下达违法建设停工通知单；对26户"钉子户"实施强制拆除和现场拆除措施，共拆除违法建筑面积2242平方米。

【民生福祉】 2015年，积极落实国家各项社会保障政策，新增就业人员1516人，就业困难人员实现再就业280人，失业人员实现再就业702人。全年年审退休人员4883人，上门服务行动不便退休人员年审30人，发放社保卡8912张。截至12月，街道有城市低保对象1059户、1854人，发放保障金505.88万元；农村低保对象304户、492人，发放保障金60.86万元；有五保对象10人，发放五保金10.78万元；救助大病医疗困难群众48人、补助14.9万元。开展城乡低保"阳光行动"的专项清查，共取消城市低保对象187户、235人，农村低保对象79户、94人。街道有优抚对象（含伤残、烈属、老复员军人、参战人员、涉核）231人，共发放优抚金124.33万元。组织在职党员和志愿者对辖区内困难户、孤寡老人、残疾人进行走访慰问，共计慰问500余户。全年办理流动人口计生、独生子女证明共计1370份，流动人口证94本；办理一孩生育证287本，再生育证234本、病残儿鉴定通过5例，独生子女证241本；违法生育对象社会抚养费征收最高额为33510元，90%个体户征收额在1万元以上；全年整理并上报审核案卷达75份，并结案1户。在辖区内新增55条计生固定宣传标语，16块、30平方米的大型宣传广告牌；更新11个村（居）的“阳光计生”阵地建设。在“5·29”计生协会活动日，走访慰问22户计生贫困母亲和贫困学子，共发放慰问金1万余元。

【党建工作】2015年，街道重视党建工作，组织机关党员、干部上党课4堂，开展机关集中学习12次；组织开展基层党组织书记春冬培训2期，举办入党积极分子和发展对象培训班各1期。组织180余名农村党员，开展义务劳动13次，清除农村卫生死角54处；围绕安全生产、城市管理、计划生育、文明创建等主题，走访宣传800余人次。开展“我是党员我来帮”志愿者服务活动，其中车顿桥社区党员开展爱心募捐活动，共筹善款4915元。以“在职党员进社区”活动为契机，成功处理各类物业、劳资等民事纠纷53起，累计组织开展活动48次，上门上户600余人次。党代表活动室，全年接待党员群众102人次，收到党员群众提出的建议和问题87件，代表帮助解决83件。在辖区内5个社区中，全面推行社区党建“承诺化”活动，通过公示栏、承诺书、学习园地等多种渠道向群众作出承诺；9月30日，在姜湾小学召开2015年度“十佳党员”表彰大会。车顿桥、姜湾、国光、八里庵社区被纳入市“五彩社区”改建计划。街道5个社区、6个行政村，坚持每季度公开党务、村（居）务、财务，接受群众监督。全年受理基层群众信访和市纪委党风室转办信访件2件，查办案件2件，给予开除党籍2人；街道深入辖区6个村、5个社区和机关部门监督检查作风建设情况，共抽查21个基层党组织，整改各类问题24个，改进服务措施15项，办结矛盾纠纷26起。建立党员管理系统，将街道1400余名党员纳入管理系统进行分类管理，定期将《中国共产党廉洁自律准则》和《中国共产党纪律处分条例》发送给机关、村（居）党员干部学习。（谭　斌）

李畋镇

【概况】李畋镇位于市东北部，由原南桥镇和原富里镇合并组建，地处湘、赣两省，浏阳、醴陵、萍乡三县市交汇处；北接浏阳市金刚镇、大瑶镇，东邻江西省上栗市，西接官庄镇，南连白兔潭镇，距市城区30公里。下辖1个居委会，21个行政村，总面积122.59平方公里，总人口71311人。全镇以烟花爆竹及其相关配套产业和黄金矿产开采为主，共有涉危企业105家，其中烟花爆竹企业84家、烟花鞭炮机械制造企业7家、加油站8家、造纸印刷企业3家、非煤矿山3家；有高危产业从业人员3.5万余人。全年双季稻种植面积达1.78万公顷；有蔬菜合作社8家。

【产业发展】2015年，以“招商引资年”、“项目攻坚年”活动为契机，成功招商引资2.56亿元。促成华泽、中洲重点工程项目落户，总投资1.5亿元，共建5条自动化生产线，年内已签约并完成注资工作，其中有1条生产线已投产，有2条生产线已推土备建。签约市富民出口花炮厂、市佳文机械厂和永久生态园项目，项目总投资5800万元。总投资1800万元的市灵神引线厂已投产，预计年产值为2000万元。凤形养殖场项目，已建牛舍7000平方米，占地面积14公顷，拟投资3000万元，已注资1000万元，共养殖牛1000头，实现年产值3000万元。

【村镇建设】4月，组织挖机和20余人，清淤麻庄渠道20余公里。南桥村投入10万余元，安装路灯40余盏；投入10万元，新增1处村级活动场所；自筹资金20万元，硬化村组道路2公里。洪源村投入80万元，新建村级活动中心；自筹资金67万元，硬化村组道路2.8公里；投入18万元，安装路灯60余盏。大坪村自筹资金60万元，硬化村组道路1.5公里；投入5万元，清理河道3公里。富里村筹资80余万元，硬化村组道路2.3公里，并安装路灯100余盏。长庆村筹资170余万元，硬化村组道路4.7公里。麻石村筹资60万元，硬化组道1.1公里，修建路基1公里。利群村筹资50万元，硬化组道1.2公里。高质量完成106国道和潼富公路沿线美化、亮化、绿化。2月，富里村在全市农村环境整治工作评比中排名第二。7月，南桥村在全市农村环境整治工作评比中排名第二。

【安全维稳】2015年，镇党委、政府高度重视安全生产工作，投入70万元，改建全市首家镇安监服务大楼。加强安全管理队伍建设，配备18名专职人员，对辖区内企业实行每月19日安全员例会制，组织学习培训、交流座谈、参观学习等活动。制定《企业季度考核方案》，对企业进行考核计分；加强对黑火药道路运输整治，新购置危爆车辆5台，在明南村境内设立卡点，全年行政拘留26人、刑拘4人，销毁成品及半成品烟花鞭炮6493件。5月，联合江西省上栗市、湖南省浏阳市等地公安部门，成功打掉长期活跃在湘赣边界的制毒贩毒团伙，其中刑拘涉案人员4人、治安拘留28人，并收缴火药枪1支。深入开展平安创建工作，评选并表彰镇级“平安家庭模范户”63户。优化企业周边发展环境，积极调处矛盾纠纷，大坪村及时调处化解矛盾，麻石村及时调处群体上访问题。积极落实国家征兵有关政策，全年输送××名应征青年入伍。在“九三”特护期间，对全镇涉军、涉法、涉诉、红旗煤矿等245人进行盯防。年末，原南桥镇获株洲市“社会综合治理先进单位”。

【党建工作】2015年，发展新党员17名。开展民主评议党员活动，有2225名党员参加民主评议，其中评出优秀107名、合格2118名，无不合格党员。开展评选先进支部、优秀党员活动，共评选先进支部12个，优秀党员116名，并在党建大会上给予表彰。深入开展“七一”慰问老党员和困难党员活动，共慰问老党员、困难党员49名，发放慰问金2.19万元。明南村自筹资金60万元，新修村道3公里，农村环境明显改善。加强基层民主政治建设，以先进带动整体，裕民村完成党建示范点创建工作，获评株洲市“美丽乡村”称号；自筹资金100万元，铺设自来水管网；投入30万元，扩建村级活动场所，添置文娱健身器材。深入推进反腐倡廉建设，全年党纪处分2人。（章远洋）

白兔潭镇

【概况】2015年，根据市区划调整，原富里镇长庆村、荷田村、柏大村和原南桥镇新湖村并入白兔潭镇，辖2个居委会，14个行政村。全镇有大小企业100余家，个体工商户2600余家。全年完成工农业总产值63.2亿元，其中规模工业产值40.1亿元、增长12.4%；实现农业产值3.1亿元、增长5.6%；人均纯收入20238元。实现财政收入6500万元，完成国税1448万元、地税1395万元；完成国税协税543万元，内销烟花鞭炮税905万元；完成地税协税815万元，内销烟花鞭炮税580万元。

【规模农业】2015年，镇党委、政府把发展规模农业作为农业生产重点，在试点推进国土整理、农业开发项目的基础上，大力推进土地流转，全年扶持26.67公顷规模种粮大户1户、3.33公顷以上15户、建立73.33公顷水稻高产示范基地和386.67公顷有机大棚蔬菜种植基地。

【集镇建设】2015年，镇玄武大道项目工程建设开工面积超10万平方米，一期工程项目已竣工，共引进商户45家。二期工程仍在建设中，总投资1.2亿元，占地6.18公顷，道路全长860米，连接镇区和106国道。中国醴陵花炮大市场项目总占地193.67公顷，总投资7亿元，已进入征地阶段。白金路项目两厢用地1.92公顷、总投资8500万元，年内两厢建筑主体完工；金牛购物广场项目占地1.4公顷，已进入主体工程建设。镇区金牛路铺设沥青路面并改造人行道路，完成南新街全线路灯、南垃圾中转站半封闭式改造，铺设混凝土道路。年内，在辖区内重新投放垃圾桶300个，建立道路清扫清洗制度，逐步规范集镇卫生管理工作机制。加大对私搭乱建、乱停乱放的集中整治，全面整顿、治理金牛街，共拆除私搭乱建16处，清理整顿流动摊位46个。开展农贸市场治理整顿、提升改造公共厕所。

【民生民利】2015年，镇党委、政府重视社会保障工作，清退低保对象144户、222人，新增61户、196人，截至12月，全镇共有低保对象430户、961人，发放低保金128.83万元；新增五保户19户，全镇共有五保对象220人；医疗救助144人次、32万余元；助残、帮困300户，发放救助金20万元；发放重度残疾人护理补贴188人、11.29万元。进一步改善教学环境，投资2000万元，改造白兔潭镇中学操场、校舍，改、扩建泉源、湖下、峤岭、荷田、长庆等小学。投资1800万元，扩建、改造白兔潭中心卫生院，新建办公大楼，新增设内分泌科、透析科2个科室。年末，白兔潭中心卫生院被国家卫计委评为“全国先进卫生院”称号。

【安全维稳】2015年，全镇有32家烟花鞭炮企业、1家石矿、1家煤矿（关闭中）、2家危化品生产企业、16家烟花原材料经营单位、2家加油站。为加强各企业的安全生产管理，全面开展“三超一改”的整治，共下达整改指令文书160余份，依法查处违章违规行为12个。深入开展“打非”工作，共收缴非法生产引线1018箱、“狗尾草”成品和半成品1586箱、烟花爆竹380件；行政拘留3人、刑事拘留1人。深化打黑除恶行动，重点打击涉黑涉恶、“两抢一盗”等多发性犯罪。全年全镇发生刑事案件13

起，民事案件30起，调处各类矛盾纠纷227起。（陈谊华）

浦口镇

【概况】浦口镇位于市东北部，东临白兔潭镇，西接王仙镇，南与东富镇毗邻，北与李畋镇接壤。镇政府驻地天符村，距市区23公里。镇交通便利、区位优越，106国道横跨东西，冷金公路纵贯南北，西至沪昆高铁醴陵东站15公里。2015年11月区划调整后，浦口镇镇域面积79.13平方公里，辖20个行政村、4个居委会、480个村民小组，总人口58712人。镇境内有行政机关、卫生院、学校、建筑房产、商业服务等行政企事业单位21个，专业市场2个，大型超市1个。全镇形成“烟花鞭炮、电瓷电器、建筑建材、日用炻瓷、彩印包装、机械制造”6大支柱产业，其中电瓷是全国3大电瓷生产基地之一。农业形成早熟黄瓜、优质水稻、蔬菜育苗、葡萄等4大种植基地和生猪养殖基地。辖区内拥有燕子崖等景点。全镇有各类企业300家，从业人员2.5万人，其中规模以上企业37家、产值过亿元的企业3家。全年完成工业总产值71.4亿元、比上年增长19.19%；其中，规模以上企业产值65亿元、规模以下企业产值6.4亿元。全年完成国地两税收入7397万元，为年计划任务数的100.09%；其中，完成国税5667万元、增长8%，完成地税1730万元。全镇农村居民人均可支配收入20387元，比上年增长6.8%。

【产业发展】2015年，镇党委、政府支持市华鑫电瓷科技股份有限公司攻克核电设备进出线接线端子技术难关；帮助市赖氏烟花公司、虹日出口花炮厂、湘印机械厂、华高电瓷厂等企业土地出让、扩建厂房、代办证照。调解市华鑫电瓷与花椒村职工、华高电瓷与山塘村群众征地纠纷。年内，华高电瓷与广州材料研究所合作，建成研发中心，攻克电瓷材料2大技术难关；市环球烟花有限公司与市陶瓷烟花职校联合办学、成立实习基地，另与湖南将军烟花爆竹制造有限公司实现重组，成立企业集团，整合生产小礼花弹的鞭炮企业8家，已完成首个协议签订。强力推进赖吉昌爆竹坊、花炮大市场等市级重点项目工程建设，花炮大市场涉及浦口镇2家企业，已签订补偿协议、拆迁工作仍在进行；赖吉昌爆竹坊主体工程建设完工。李洲村长沙京博化工材料有限公司在李洲村投资2000万元，新建电子材料厂；合水村引进投资1500万元，成立市华泰矿业有限公司；仙石村引进投资3000万元，成立市金石硅业科技有限公司。

【农业生产】2015年，浦口镇高度重视粮食生产，狠抓水稻双季栽培、双杂配套、双超配套，双季过600公斤等增产技术推广和普及；开展良种推广、病害虫统防统治、测土配方施肥、控制直播、全程机械化生产等技术推广。全年全镇共种植早稻60.67公顷、早熟黄瓜144公顷，早熟辣椒34公顷，特色早熟葡萄25.33公顷，草莓18公顷、丝瓜7.67公顷，蔬菜育苗13.33公顷，早熟葡萄27.33公顷，大棚西瓜32.67公顷，大棚香瓜21.33公顷；蔬菜瓜果平均每亩为农民创收7000元以上。联盟村成立市天源生态农业有限公司。重视生态保护，完成义务植树基地建设0.67公顷，发放退耕还林和公益林补助款6.21万元，实现全年零火灾。发展规模养殖户3户，新建沼气池20口，无公害畜禽化尸池4个。年末，镇获“湘鄂赣闽长防林先进单位”、市“森林防火先进单位”。

【民生民利】2015年，镇党委、政府加大为民服务力度，新建便民服务中心；引入的天然气管道仍在铺设中，其中有10个村农户家庭用上天然气；保山公路新装路灯80余盏，李洲村、三铺村、泮川村、碧泉村、河泉村、山塘村主干道均已安装路灯。筹资25万元，水泥硬化天符村官山塘，荣坪村、河泉村修建澄潭江沿线机埠水泵，贯古、花椒等村清淤水渠，保丰、山塘、东方等村水泥硬化水圳水渠4000米；除险加固6个小（2）型水库。投资100余万元，新建王坊小学教学楼，改善联盟小学教学设备、添置课桌椅350套；提质改造天符小学，改、扩、建仙石小学、安装护栏，并对校区进行绿化。年末，浦口镇中心学校获市“教学质量先进单位”、市“文明建设先进单位”。清理已脱贫、死亡或已转五保人员133户、299人，新增低保户166户、441人，增加五保老人24人；改造危房户75户，落实老退伍军人退伍补贴26人、涉核军人优抚政策22人，办理带病退伍军人回乡手续4人。全年办理医疗救助136户、临时救助43户、慈善救助8户、申请家庭大病慈善救助3户；接待来人来访1500人次，发放救灾款7万余元。配合市妇联对辖区“两癌”妇女进行救助；在每月群众坐班日中，联系市妇幼保健院定点进行义诊，为百姓免费体检。年内，官山居委会新建老年人幸福园，河泉村新建排球场、购置健身器材，荷花垅村组建广场舞队伍、龙灯队等。提供国家孕前免费优生健康检查和妇女病检查等服务项目，参加国免覆盖率达100%。

【安全维稳】2015年，开展“两

打三治”行动，重点打击非法采砂窝点，取缔非法采砂窝点4个；共计检查有证烟花鞭炮企业1730余次，证照过期企业360余次，打击取缔非法生产户和非法工区13户，行政拘留7人，治安拘留14人，销毁成品烟花鞭炮400余件、引线1300万米，半成品800件。以“平安家庭创建”为重点，签订平安责任状、反家庭暴力责任状，发放平安家庭责任书400余份；评选出平安家庭模范户62户、平安家庭200户、平安先进户100户。全年镇、村共调解各种矛盾纠纷136起，其中签订协议53起、口头协议83起，调解成功136起。5月至9月，集中开展安全生产打非治违、打恶治乱治霸专项行动，多次开展联合行动，进行治安巡逻，打击入室盗窃、贩毒、容留他人吸毒、故意损坏财物、组织从事邪教、卖淫嫖娼、阻碍执行公务、“六合彩”赌博、殴打他人等类型案件多起，行政处罚14人，其中行政拘留11人。

【党建工作】2015年，全镇远教设施实现全面覆盖并正常使用。举办村支两委成员任职培训班2期，其中组织28名村级主职负责人培训学习鞭炮烟花企业、种养殖合作社等内容。安排农村闲余劳动力1500余人。整顿软弱涣散党支部，对三铺村、保丰村分别派出工作组驻组整顿。全年发展党员11名，举办入党积极分子培训班2期。荣坪村、三铺村、冷水村、茅坪村、花椒村、贯古村村级组织活动中心主体工程完工。开展“一进二访”活动，共收集问题9125个（含重复问题），其中已解决问题7741个（包括现场解释的问题5216个），还在办理的问题1282个，汇集到一、二级网格例会的问题102个；走访中共收集建议80条，其中政策性建议类12条、民生民利类60条、转变干部作风类3条、其他5条；走访困难群众432户、1347人。（张　晴）

王　仙　镇

【概况】王仙镇地处市东部，东临原王坊、浦口镇，南濒渌江并与东富镇隔河相望，西连沩山，北接原南桥镇、官庄镇，106国道、沪昆高速和沪昆高铁贯穿境内，距市城区12公里。全镇总面积86.87平方公里，有耕地面积1546.67公顷。2015年11月，市区划调整后，辖14个行政村、3个居委会，总人口48056人；有党支部40个、党员1594人。有中、小学9所（其中中学2所，小学7所）、学生3673人；有幼儿园14所、幼儿1690人；有医院2所（其中公立医院1所，私立医院1所）。镇有规模企业41家，从业人员1.6万余人；电瓷、日用瓷、瓷泥加工、造纸业、烟花鞭炮、活塞环制造业为支柱产业；有花炮企业36家、陶瓷企业47家；境内形成以仙凤为龙头的日用瓷、以高力特为龙头的电瓷、以湘环动力为龙头的机械加工、以王仙造纸厂为龙头的造纸、以湘礼为龙头的瓷泥、以北塘出口、实业工厂为龙头的鞭炮烟花6大产业。全年完成税收6034万元，其中国税5065万元、地税969万元；实现工农业总产值47.65亿元；农民人均纯收入19647元。境内银行存款6.184亿元、比上年增加6039万元，人均存款达1.88万元。

【“三农”工作】2015年，全镇流转土地460公顷；有市级种粮大户6户、镇级种粮大户21户。石艳、香水村创建水稻高产示范片，观口村被列为全国粮食生产测试点。全镇种植早稻面积960.13公顷，主次干道沿线两旁500米内“无抛荒、无双改单”。改良三狮、石艳、司徒村200公顷金属含量严重超标土壤。在汛期发放防汛宣传手册，组织有关人员分赴各水库及时摸排和处置险情，共排查10余处安全隐患并进行及时处置。除险加固三狮、石艳、李山、马桥等村山平塘、水库、河坝。进一步加强森林防火工作力度，为有效防止森林火害，在全镇各进山口设置禁火警示牌和宣传标语，推广祭祖灯30余个，启动“小喇叭行动”，各村配备手摇警报器、宣传锣，给13名护林员每人配置一台定位手机。全镇依托“公司、农户、基地”模式，利用生石灰改良石艳、三狮等村土壤、改种农作物；打造三狮村66.67公顷棉花、高粱种植基地等农业特色项目。年内，争取600万元的项目资金，新建集水井3处、储水池4座，铺设供水管道10.7千米；解决涉及石艳、三狮等5个村、1.5万村民的饮水工程。

【综治维稳】2015年，全镇综合治理共悬挂横幅418条，粉刷标语228处，展出宣传板报249块，发放宣传单4.6万份，利用广播车辆宣传101天。开展报平安创建活动，共评选出平安家庭100户，并给予表彰，颁发奖牌、奖金；通过平安创建活动，社会矛盾纠纷得到有效化解，刑事案件发案率同比呈下降趋势，群众对治安状况的满意率达95%，有90%以上的村（居）达到平安标准。开展“两打三治”的行动，不定期组织有关人员进行各类检查，协同市公安部门处理社会治安、刑事案件14起，治安拘留12人、刑事拘留4人，抓获吸毒贩毒人员17人。在全镇范围内开展“法轮功”、“门徒会”等邪教组织人员的摸底排查和专项打击活动，有效控制邪教组织的蔓延。加强信访调解工作力度，全年受理调处各类矛盾纠纷86件，调解成功85件，调解率98.8%。进行矛盾纠纷及不稳定因素排查调处63次，共排查出各类矛盾纠纷和不稳定因素120起；期间，设立民调宣传标语15处，悬挂宣传横幅20条，发放《致王仙人民的一封信》3000份。开展治超治限集中整治行动，竖立固定宣传牌30块，出动宣传车辆1台，利用电子显示屏1块；在辖内主干道悬挂横幅20条，各村张贴治理超限超载通知300余份,发放“致司机的一封信”200余封；统计货车车辆信息158台，整改违规改装车辆70台，切割马槽10台、栏板70台；共与37家企业源头单位签订《合法装载承诺书》。组织高危企业安全生产管理人员和高危行业特种作业人员进行培训，确保持证上岗率100%；根据市安全主管部门有关规定和要求，将每月19日定为“企业安全教育日”，期间开展定期停产整改，加强安全生产知识学习，组织企业负责人、员工赴浦口镇“9·22”南阳花炮厂警示教育基地接受警示教育；全年实现安全生产零伤亡、零事故。全镇有上规模烟花鞭炮企业40家、陶瓷企业28家，全镇70%的人员均从事鞭炮、陶瓷生产。为确保安全生产，减少安全生产隐患，杜绝安全事故，镇政府加大检查和整治力度。高温停产期间，组织有关人员，检查19家烟花鞭炮企业（39条生产线）安全生产情况，共张贴封条5000余张，现场检查1500次，纠正习惯性违章1900余次。发出整改通知200余份。开展高危行业隐患大排查大整治活动，共打击非法生产企业5家，查处非法储存企业3家，刑事拘留2人，销毁非法、违法生产机械设备一批。开展村民规范建房的宣传教育和整治巡查，现场整改违法违规建设6处。

【社会事业】2015年，全镇共出生人口459人，其中政策内出生363人；符合政策生育率79.08%。完成计划生育手术581例、长效节育措施479例；完成国家免费孕前优生健康检查235对；落实奖扶对象172人，特别扶助对象16人，审核城镇职工独生子女父母奖励338人，独生子女保健费发放198人。全年征收社会抚养费73.7万元。发放民政医疗救助27万元、救助128人，发放特困补助金13万元、救助困难户240余人。全镇有低保对象649户、1035人，人均每月105元；有贫困重度残疾基本生活保障对象212人，残疾基本生活保障对象276人、发放残疾人轮椅3张；发放社保卡1.8万余张，完成缴费任务11238人，养老金认证400多人，为失业人员办理就业失业证53人，工伤保险征缴244万元；向298名自主就业退役士兵发放一次性经济补助金178万元。落实征兵政策，输送××名青年入伍。在危房改造中，调查摸底上户142户，批准48户，争取补助金36万元。成功调解垃圾中转站租赁矛盾纠纷和市金辉纸厂、王仙福利纸厂废气废水不达标与周边住户、企业的环境纠纷。对辖区内所有的纸厂、瓷厂开展环保执法检查，督促3家纸厂安装排污口即时检测仪。组织开展“欢乐潇湘·五彩醴陵”暨“纪念抗战胜利70周年”群众美术、书法、摄影展，有200余幅作品参展，共选出45件作品代表醴陵市参加株洲市展评。投资改造香水、观口、司徒3所小学和王仙中学。

【基层组织建设】2015年，成立瓷泥矿、新民居委会、供电所党支部，其中司徒村党支部为市级党建示范点。全年民主评议不合格党员2名；立案调查2件、结案2件，给予开除党籍处分2名。举办建党对象和入党积极分子培训班，有12名建党对象和20名入党积极分子参加；培训期间，组织参培人员赴王仙敬老院参加义工服务、为53位老人献爱心；组织全镇1000余名党员在王仙中心学校操场举行党员春训工作大会。组织召开37名村（居）、企业、事业支部书记会议，进行“三严三实”专题教育。《株洲日报》报道全镇千名党员上党课、抄党章信息；全年在《醴陵组工》《今日醴陵》《株洲日报》等媒体发表信息36篇。根据市委、市政府“连心解困”大走访活动精神和要求，设置一级网格1个、二级网格8个、三级网格147个，共走访居民6808户，收集各类问题1446个、解决问题1442个，汇签上报问题4个。开展“一进二访”活动，154名走访干部，深入10个村、3个居委会、510户低保户家中，对涉及对象577人深入调查摸底。通过调查新增贫困户96人，剔除贫困户46人，保留贫困户435人，确定资金、物资帮扶对象276人，技术培训帮扶对象22人，项目帮扶对象4个，危房改造扶贫36户，困难学生扶贫68人。年内，办点单位组织力量帮助镇政府重修操场，兴修李山、马桥、三狮村水利设施设备，修建李山、马桥通讯基站，水泥硬化李山道路和河堤修复，协助开展王仙河污水治理和为企业贷款300余万元。积极化解基层信访矛盾，解决兽医站与变电站为原征地补偿事宜赴京上访问题。（王清华）

沩山镇

【概况】沩山镇位于市北部，东接王仙镇，南邻市城区来龙门街道，西邻国瓷街道，西北接枫林市镇，北邻官庄镇。境内地势北高南低，属丘陵地貌；镇域总面积80.03平方公里。镇政府驻东堡村黄土坳组，距离市城区仅6公里。辖12个行政村、257个村民小组，5640户、2.07万人。全镇有耕地面积708.4公顷，其中水田面积632.5公顷、山地面积6784.5公顷；森林覆盖率达71%。境内106国道和沪昆高速公路穿境而过，有中型水库（望仙桥水库）1座，为全市城区居民饮用水源。沩山镇沩山村曾是古代道教重要活动地，名为“沩山古洞天”，是国内道教36小洞天之一。境内有丰富的瓷泥、耐火石等矿产资源。全镇工业经济主要依托矿产资源，形成以陶瓷、采矿等为主的域内经济支柱产业。农业生产以种、养殖为主，无公害蔬菜、老鸦山蜂蜜、新安奈李为主。辖区内有各类企业31家，其中花炮企业5家、矿山企业1家、加油站1家、液化气站1家、望仙桥水库1座。年末，获评株洲市“2015年综治维稳工作先进单位”、市“2015年安全生产先进单位”。

【经济发展】2015年，全镇实现工农业总产值32.8亿元、比上年增长8.1%，其中农业总产值1.67亿元、增长7.6%。实现工业总产值25.6亿元、比上年增长8.8%。农村居民人均纯收入15458元，增长8.6 %。全年粮食种植面积2083.33公顷，粮食总产量20147吨。境内有果树蔬菜示范基地3个、面积8.67公顷，有科技示范户200户、面积153.33公顷。推广“政府＋超市＋基地＋农户”种植模式，漏水坪、新庵、泉源村等新建蔬菜种植基地。在漏水坪村、老鸦山村成立养蜂专业合作社。

【安全生产】2015年，镇党委、政府高度重视安全生产，安排安监站工作人员4人，其中专职安全员2人。悬挂安全生产横幅300余幅，制作永久性固定宣传栏5块、打非治违举报牌2块。组织有关人员，坚持每月到各企业开展检查，同时加大对高危企业检查次数，全年排查各类安全事故隐患260起。

【平安创建】2015年，深入开展平安创建工作。8月，开展“平安家庭”评选活动，为每户家庭发放争创“平安家庭”倡议书5000余份；在学校、交通要道醒目地段悬挂横幅20余条；共评选出平安家庭模范户485户、先进户5235户、帮扶户60户、进步户44户。

【社会事业】2015年，在全镇范围内开展计划生育人口清理清查活动，重点摸清人口底数，清查违法生育隐患。全年新增低保户123户、313人，共计发放低保金159万元；新增五保户25人，共计发放五保金107万元；新增优抚对象6人，共计发放优抚金114万元；新批大病救助对象102人，发放大病救助金29.8万元；积极开展阳光行动，清退不合格低保户44人；新批安居工程44户，共发资金33万元。年内，第一敬老院投入100万余元，改造维修房屋、食堂、前坪，增添床位30张，新增床铺、电视、家具等62套。第二敬老院获评省三星级敬老院。（乐泽宇）

东富镇

【概况】东富镇位于市东南部，距市城区5.6公里，镇域面积80.38平方公里。2015年12月，全市乡镇区划调整后，辖19个行政村、1个居委会，349个村民小组、9933户、39789人。东富镇是1927年毛泽东考察湖南农民运动的重要场所，也是著名民主革命先驱宁太一先生故里。全镇以“民营企业”为主体，以建筑、花炮、陶瓷、橡胶、纸箱包装、耐火材料、玻璃制造七大产业为支柱，全年实现财政收入2503万元；农民人均纯收入17710元。26家规模以上企业完成产值47.6亿元。有限额以上商业企业2家，招商引资8000万元。投资逾7亿元的升华科技园落户东富工业园。全年完成税收2631万元，计划完成率105.11%；其中国税1986万元、地税64万元，分别同比增长100.91%、120.56%。年末，获评市“计生工作红旗单位”、“安全生产红旗单位”。

【重点工程】一是协调旗滨玻璃集团各项工作。旗滨玻璃第四条生产线（600吨在线SUN-E玻璃生产线）顺利点火。10月23日，旗滨路项目建设工程正式启动，旗滨路在镇境内总里程4.5公里，途经立新、包冲、花木3个行政村。二是积极协助市级重点工程项目建设。全力协助莲株高速、333省道及污水处理厂项目工程建设，莲株高速在东富境内总长6.1公里，涉及包冲、花木、新莲、伏垅、楚东桥等5个行政村的31个村民小组和9家企业。11月16日，启动莲株高速征地拆迁工作，征地拆迁协议在10天内全部签订完毕。12月12日，在全市率先完成莲株高速房屋拆迁工作。333省道项目途经境内4个行政村、5.01公里；征拆工作全部完成。10月，占地2.2公顷的镇工业园污水处理厂项目工程启动建设。

【基础设施建设】2015年，镇投资915万元，完成道路建设41.5公里；投资276万元，新建、整修、加固骨干山塘35口，修复水损山塘9口；新修、维修、改建龙塘水库堤坝及8处水渠、机埠。在“6·14”、“6·18”两次洪水中，投入10余万元，组织各村进行灾后自救，全面修复水损设施。

【计划生育】2015年，镇强化计划生育长效管理和服务机制，完成国家孕前优生健康检查439对，落实长效措施559例、补救措施107例；征收社会抚养费110万元。镇四杨居委会作为全市唯一代表接受湖南省计划生育工作检查，得到省检查组的认可。全面实行一孩生育证、再生育证、独生子女证、流动人口婚育证明、计划生育证明等项目一站式服务，全年共办理一孩生育证213本、再生育证199本、独生子女证124本，流动人口婚育证明5761份。

【安全维稳】2015年，全镇共接待来信来访80余人次，成功调处各类矛盾纠纷50余起；协调处理群体性事件20起、调处成功率99%、调解履行率100%。开展平安创建工作，公开评选“平安家庭模范户”246户。落实“两打三治”，对境内岔路口集镇乱停乱放现象进行整治，纠正各类违章现象40余起，组织各村（居委会）分别组建一支由4—6人组成的巡逻队伍，平稳时期每周至少巡逻一次，在案件高发期和特护期每天全方位巡逻。加快安全生产三大系统建设，升级改造安全生产动态监控系统，更换成高清摄像头并与市监控平台对接，配备3台执法记录仪进行日常执法；完善隐患排查治理系统，对存在重大安全隐患的企业一律采取记分管理、黑名单、停产整顿等措施，同时建立企业12分制扣分管理制度；启动应急救援指挥系统，成立专门应急救援领导小组，多次组织辖区内花炮、工贸企业、学校开展应急救援演练。二是加强安全生产基础工作。建立安全生产管理目标考核体系，与镇机关35名干部、20个行政村（居委会）、38家高危企业，层层签订《安全生产责任状》。以新《中华人民共和国安全生产法》、其他法律法规为重点，进行全方位、多层次、立体式安全宣传。组织举办安全生产培训，严格坚持“三会一课”制度（定期召开支部党员大会、支部委员会、党小组会按时上好党课），抓好烟花爆竹企业法人代表、管理人员、特种作业人员三级培训。强化安全生产警示教育，多次组织企业有关人员赴“9·22”事故发生地浦口南阳出口花炮厂进行安全警示教育，定期组织员工集中观看警示教育片。三是开展安全专项整治行动。分季度逐步开展安全生产“闪电”检查和“九打九治”“两打三治”“飓风行动”等专项行动，重点进行消防安全、有限空间作业、粉尘防爆等综合整治，共组织集中执法行动1055次，排查安全隐患1258条。

【社会保障】2015年，认真贯彻落实“阳光低保”制度，核减不符合条件的低保户74户，申报新增低保户144户，审核通过99户。申报5批医疗救助，为122名群众提供医疗救助，发放救济金19.48万元。年末，镇第一敬老院与第二敬老院合并为东富敬老院，选址在原第二敬老院。全年全镇新农保缴费人数24006人，缴费率97%；发放社保卡2.5万余张，成功激活社保卡1.03万余张。企业职工养老保险征缴320余人，参保率90%。截至11月，全镇共征缴工伤保险基金213.19万元、为年计划任务数的106.59%，在全市区、街道、乡镇中排名第三。新增农村劳动力转移就业人员208人、公益性岗位4人，共发放公益性岗位补贴1万余元。年初，协助旗滨玻璃厂举办现场招聘会。

【农业生产】2015年，全镇种植早稻321.33公顷。确立立新、石坝上、东富、黄土坝、森冲、芷泉村为镇粮食高产示范片，种植面积达106.67公顷，集中育秧8.93公顷，流转土地704.87公顷。上报5户市级优秀种粮大户、27户乡级种粮大户；其中，4户市级优秀种粮大户通过验收。

【文教卫工作】2015年，镇龙楚学校投资2000余万元，修建教学楼，配备教学设施设备；龙楚小学毕业考试成绩在全市小学中综合排名中位居第四、在全市农村小学中排名第一；乘前中学中考成绩综合排名全市第二、枧头洲中学综合排名全市第九。积极开展“小手拉大手”及村主职干部清洁户评选活动，全镇居民环境整治意识全面提升。12月，创卫考核全市排名第六。

【党建工作】2015年，全面杜绝公车私用现象，公务接待费同期减少18%，共纠正作风问题7个，诫勉谈话6人次，政纪处理1人。充分发挥40岁以下青年党员力量，成立党员先锋队，协助村级事务管理；完善凤仪塘、黄土坝村村级活动中心。整改芷泉、石里浦2个软弱涣散村级党组织，并派出政府机关干部到该支部任“第一书记”；对166家非公经济党组织建设情况进行普查；将小洞塘村党支部创建成株洲市党建示范点，建成党务、村务、计生卫生、综治维稳等办公议事中心，配套远程教育、农家书屋等教育培训中心。全年培养入党积极分子10人，发展新党员13人，预备党员转正13人。镇党委、石里浦村和花木村党支部代表全市接受湖南省党建工作检查小组的检查。在“连心解困”大走访活动中，深入走访34家花炮企业和龙源冲拆迁安置户，督促花炮企业落实高温停产和复产验收工作，协调解决龙源冲安置区有关问题。开展“一进二访”活动，市、乡、村三级网格责任人，对全镇900余户贫困户进行摸底走访，共捐款捐物价值约10万元，帮助贫困户家庭成员就业50人次。（刘　靖）

孙家湾镇

【概况】孙家湾镇位于市南部，距市城区7.5公里，镇域面积52.8平方公里；有耕地面积1156公顷、山地面积3000公顷。2015年，镇辖文家湾、观前、龙虎湾、孙家湾、李家山、西岸6个行政村、199个村民小组，总人口22839人。境内106国道、湘东铁路、醴茶高速纵穿南北、333省道（城市南环线）横贯东西。全镇有注册企业93家，其中规模以上企业12家、合资企业4家，就业职工9000余人；形成陶瓷、花炮、防水、彩印、贸易5大产业。全年规模以上工业实现总产值15.40亿元；农业产业化程度高，粮食产量丰富。全年实现税收5117万元。年内，镇获评“中华诗词之乡”“全国文明村镇”株洲“人口和计划生育模范单位”等称号；孙家湾村支部书记叶志钢被评为“全国劳动模范”。

【项目建设】333省道途经孙家湾境内14.44公里，项目建设涉及47个村民小组，拆迁房屋21栋。2015年12月23日，征拆工作正式启动，成立征拆工作指挥部，组建镇村工作班子。规范征拆资金支出使用，对补偿项目、补贴对象、补偿金额等事项分村予以公示。征拆工作全程未发生一起群众上访和安全事故，拆迁户补偿款、宅基地安排、过渡安置全部落实到位。

【“三农”工作】2015年，“三农”工作突出发展现代农业，推动成立农业联合社，培植种粮大户，全镇有省级种粮大户1户、市级种粮大户7户。重点抓好106国道高产示范长廊建设，全面推进农业生产管理机械化操作。孙家湾村狠抓土地流转，引导建立集中育秧、机械耕作的大户种粮模式，解决“双改单”和严重抛荒问题；新建106国道沿线机械化耕作示范基地。全面完成农村土地确权颁证工作。以开展党的群众路线与“连心解困”大走访工作为契机，结合“群众身边最贴心党员”评选活动，加强上门入户宣传，抓好垃圾分类分户分散处理，抓党员示范、组长带头，确保村民房前屋后清洁常态化。年内，镇获市农村环境综合整治“五佳乡镇”称号。

【安全维稳】深入开展全民安全教育，每月19日开展“企业安全生产教育日”活动；高温停产期间，派专人驻厂值守；开展安全生产“闪电行动”、“飓风行动”、“亮剑行动”等安全生产专项治理。市恒达烟花投资300余万元进行整改，完成第四轮换证工作。将全镇企业、学校、医院、敬老院和市场、宾馆、歌厅等人口较多、人流较集中的场所纳入消防安全监管整治，镇村干部深入各企业单位和活动场所，进行隐患排查；在境内各交通要道口设立警示标志，规范交通设施；全年安全生产零事故。开展食品药品“四查”（主体大普查、风险大排查、执法大检查、问题大清查）行动。组织机关干部和部分“两代表一委员”（党代表、人大代表、政协委员），协同原市食品药品监督管理局对学校、幼儿园、企业食堂、经营餐馆、商店开展食品安全检查。开展电话信息采集工作，利用短信平台向全镇党员、干部群众发布综治动态信息近万条，横幅标语近百条，出动宣传车4次；开通“掌上孙家湾”QQ群、微信群，将信息通过网络平台及时向村民传送。通过基层推荐评选出10家平安单位、60户平安家庭，并授予奖牌。

【社会事业】2015年，全镇学校建设均衡发展。孙家湾中学完成田径场改造，文家湾小学恢复重建，孙家湾小学完成改建。全镇新农保缴费率90%以上，新农合参合率达96%。引进天然气项目，龙虎湾集镇向两边辐射近千户已用上天然气，孙家湾和西岸村仍在安装中。

【人大代表工作】2015年，在全市率先创新把人大代表联络室延伸到8家规模企业和6个行政村。建立代表履职档案，印发《工作手册》。年内，有2名株洲市代表在市人大工作会议上述职，6名市人大代表到选区或书面述职。开展6次调研视察，驻镇市代表联名提交的《解决中小企业房产证办证难、融资难的问题》的建议被列为市督办建议，2次召开市人民政府市长办公会督促落实。与新化县田坪镇人大开展跨县、乡（镇）人大工作交流互动，人大工作经验在市十五届人大六次会议《人大工作报告》中予以肯定。

【作风建设】2015年，在全市乡镇中率先召开“五问工作法”现场汇报会，对企业代表提出的问题，制定具体的解决方案，协助市恒达烟花公司解决征地问题。认真践行“三严三实”要求。在全市率先召开“一进二访”工作动员部署大会，组织112名走访干部进村入户走访贫困对象，核实扶贫对象信息。落实党风廉政建设责任制，明确党委负主体责任、纪委负监督责任。每个项目组建一套专门班子，项目所在村民小组选派1至3名党员代表作为监督员，对项目建设工程中的各个环境进行监督。（林 丹）

泗汾镇

【概况】2015年，镇域总面积70.6平方公里。有耕地面积1797.33公顷，其中水田面积1624.80公顷。镇辖车站、林田、农场3个居委会和石湾、枧上、泗汾、陈家垅、茂田、经塘、符田、淇田、茶埠塘、双塘、石虎、何家垅12个行政村、345个村民小组，11个居民小组；有9047户，40329人。境内交通区位优势明显，106国道、醴茶铁路、岳汝高速纵穿南北，县道沈泗线、泗嘉线、符马线、花清线连通东西。全年实现工农业总产值30.12亿元，同比增长10.1%。其中，实现工业总产值26.63亿元、增长10.2%；完成农业总产值3.49亿元、增长5.1%。农民人均纯收入20732元，同比增长8.6%。完成国税2178万元，同比增长14.75%；完成地税625万元，同比增长20.19%。重点高中升学率为43%，位列全市第三。年末，获评株洲市“安全生产工作先进单位”、“绿色乡镇”，醴陵市“社会管理综合治理工作先进单位”。

【产业发展】2015年，全镇工农商业全面发展，工业经济强基固本。总投资1.5亿元的市恒凯通电子科技有限公司办公楼和厂房建设完工，投入使用。投资6000万元的市正招新型雨衣研发生产基地的土地平整、围墙衬砌工程完成；市明维烟花鞭炮出口有限公司投资近1000万元完成整改、扩建，于9月中旬投产。农业产业提质增效，投资800万元的龙陵香菇种植基地投入生产，日产蘑菇5吨、年产值近1.5亿元；陈家垅村蔬菜种植规模进一步扩大，年内已发展至60公顷；新签约花溪雨霖牡丹花种植基地、株洲水科所特色鱼苗繁殖项目。商贸服务蓬勃发展，金湖湾生态农庄观光旅游不断壮大；2月，投资5000万元的喜森奥特莱斯购物广场开始试运营。5月，投资800万元的乐购惠超市正式营业。截至12月，全镇完成招商引资8000万元，为年度计划的133%，同比增长100%。新签约华瑞兴邦实业有限公司等项目5个，其中农业项目2个、工业项目2个、三产项目1个。其中，市华瑞兴邦实业有限公司，合同投资5000万元。年末，全镇有工业企业108家，有私营企业和个体工商户682家；其中，规模以上企业16家、大型超市2个。镇获评市“招商引资和项目建设先进单位”。

【民生民利】2015年，投资400余万元，完成泗汾村、经堂村、符田村的农业综合产业园建设，启动卫星水库除险加固工程、酒埠江北干渠整修工程和双塘、何家垅村国土整理项目，农田水利基础设施不断完善。在符田、林田等4个村新增变压器7台，对3000余户农户进行电表改造，完成农场、枧上等6个村的自来水管网铺设和200余户的自来水入户工程，农村生活水电设施进一步改善。开展农村环境综合整治，农村环境卫生条件有大改观。截至12月，全镇有枧上、石虎2个省级卫生村，双塘、泗汾等4个株洲市卫生村。大力开展植树造林、绿化活动，被株洲市绿化委员会、林业局授予“绿色乡镇”称号。社会保障力度不断加大，全年新增农村低保户99户、287人，五保户33人，救助大病98人次；发放重残补贴232人、12.68万元；帮建安居房65户；帮助201人实现脱贫。自筹资金20余万元，慰问帮扶弱势群体；投资60万元，提质改造敬老院。年内，全镇新型农村养老保险参保率达91.87%，新型农村合作医疗参合率为100%。投资1000万元，提质改造泗汾中学和枧上、五佰垱、湾塘、茂田等5所小学。泗汾、经堂等12个农家书屋增加藏书1000余册；陈家垅、茂田2个村新增体育健身器材。

【社会管理】2015年，深入开展“两打三治”、“平安创建”活动，多次联合派出所等部门，开展对校园及周边环境整治，校车隐患排查。组织开展平安创建“五十佳”评选活动，深入基层排查化解矛盾纠纷，共调解矛盾纠纷70起。社会大局平稳可控，综治工作被市评为先进单位。安全生产工作有力度，大力开展对烟花爆竹领域的排查及专项整治活动，全年召开专题例会13次，党政负责人带队开展烟花爆竹专项排查15次；多方位开展安全生产知识的宣传和教育，组织企业600余名员工进行安全知识的学习和培训，发放各类宣传资料2000余份、悬挂横幅30余条，全年未发生一起重大安全事故。获评株洲市“安全生产工作先进单位”。计划生育工作有行动，全年完成结扎78例，上环380例，人流92例，计划生育率为81.06%；征收社会抚养费62万元；全面推行“单独二孩”政策，发放计划生育家庭奖扶和特扶资金30万元，独生子女费、保健费7万元。

【党建工作】2015年，镇党委强力推进非公企业党组织建设，探索村企共建、村校共建等联建模式。在经济基础较为薄弱的茂田等3个村实行村校共建，在省级新农村示范点泗汾村实施村企共建，实现资源共享。全年有38名入党积极分子参加培训，其中12人成为预备党员；有14名党员转正。通过开展“连心解困”大走访活动，着重解决铁河防洪堤加固整修等群众诉求强烈的“痼疾”。全面推行“五问工作法”，倒逼干部工作作风，提高工作水平和效率。（李　芳）

沈潭镇

【概况】沈潭镇位于市东南部，距市城区21公里。东接江西省萍乡市，南邻船湾镇，西邻泗汾镇，北连东富、孙家湾镇。镇域面积53.5平方公里，是国际杰出稻农、全国劳动模范瞿永寿的故乡。全镇拥有耕地面积1432公顷，其中水田1223公顷、旱土209公顷；有山地面积2200公顷。全镇辖12个行政村，3个居委会，294个村民小组，总人口29455人。境内交通便捷，沈泗、清马、鹅美公路贯穿全镇，铁水河穿境而过。境内古木古迹众多，有柞市古树、万寿宫、会真寺、湘赣边区革命烈士纪念碑等景点。工业以化工陶瓷和烟花鞭炮为主，新型颜料产业强势发展；有乡镇企业近40家，从业人员近5000人。农业以种植水稻为主，畜牧业以养殖生猪为主、年出栏生猪15万头以上，兼有麻鸭、土鸡、黑山羊、鲜鱼等繁育基地。全年实现国民生产总值22.5亿元，增长10.29%，实现工业总产值10.7亿元，比上年增长9.18%；完成国、地两税1335万元，完成固定资产投资29.17万元。年内，镇获评株洲市“安全生产先进单位”“计划生育先进单位”“残疾人工作示范乡镇”“武装工作先进单位”和“卫生乡镇”等称号。

【农业生产】2015年，镇集中育秧面积140公顷，早稻秧插面积1239.2公顷。完成国家统计局湖南省调查总队对江口村田背组试验点示范田的种植和庞龙村双季稻全程机械化高产示范基地种植。鼓励农业合作社发展，打造粮食生产高产示范片，培育扶持种粮大户；全镇有25个农业合作社，有株洲市粮食生产大户1户、市粮食生产大户6户；所有种粮大户新购置播种机、插秧机、拖拉机等农业机械，基本实现农业机械化。确保农业补贴发放到位，镇内市、乡两级种粮大户免费获稻种10000公斤。以醴陵新农村建设有限公司为龙头，新建蔬菜基地；大力发展优质黑山羊养殖及花卉、苗圃、果树的种植，全力打造江口村现代休闲农庄。开展“阳光三农网”建设及涉农专项整治，森林防火、退耕还林等农业工作顺利推进，连续六年获市“粮食生产先进单位”称号。

【社会事业】2015年，开展城乡“阳光低保”专项清查活动，共清查低保对象770户，其中240户不符合申请条件；农村低保户和五保户全部在村级公务栏公开。解决困难群众大病救助65户，发放大病救助金29余万元；有优抚对象140人，发放优抚资金近70万元；发放农村“低保”和“五保”资金150万元，受益人口达1000余人；政府救助人数200余人，发放救助金11余万元。认真做好农村危房改造工作，发放危房改造资金20余万元，完成30余户危房改造。整合运用社会扶贫、计生奖扶和党内帮扶等方式，开展“爱心助学”“爱心献功臣”等活动，为52名贫困学生每人送去500元学习生活费用；在“八一”期间，慰问退伍退役军人40余人。年内，荆仙村华洋塘等4个组完成支渠修缮；双龙村拓宽村级道路7.2公里，三星里村水泥硬化道路1公里，新田村罗家湾组水泥硬化道路1.5公里；完成柞市村百盏路灯建设及柞市中学危房改造；卫生院改造项目全面完工；涉及庞龙、新田、江口、夏星、沈潭、新塘、鳌仙、柞市8个村、约700公顷高标准农田示范建设项目基本完工；东干渠续建配套工程4公里完工。完成镇民政办“社会救助一门受理”建设。全年征收社会抚养费55.5万元；发放生育证281本，完成计划生育四项手术679例，组织272对夫妇参加优生优育孕前检查，全镇有121人享受奖扶特扶，发放奖扶资金17万余元；有133人享受独生子女奖励，发放资金3万余元。年内，全镇人口出生率在8.6‰以内，出生统计准确率达99%，政策内生育率达85%，避孕措施落实率达95%。

【安全维稳】2015年，共调处各类矛盾纠纷21起，调处成功21起。开展危化品专项检查和安全生产大检查活动，重点对镇内9家烟花爆竹生产企业和1家危险化学品企业开展安全生产计划执法工作。对娱乐场所、加油站、商铺、敬老院、幼儿园、家用罐装液化气经营点、人口密集型企业进行走访，排查隐患。制止美田桥及庞龙村非法零售汽油点2处，排查整改其他安全隐患16处；全年实现零非法生产、零安全事故；连续三年获株洲市“安全生产先进单位”和醴陵市“安全生产非产区先进单位”。

【党建工作】2015年，镇党委牢固树立“抓党建、促发展”的工作理念，健全机制，基层党建工作科学化水平不断提高。加强基层干部党性党风党纪和廉洁教育，组织机关和村干部开展廉政警示教育。推行政务公开、村务公开和党务公开，加强对计生、低保等重点工作的公开。转变干部工作作风，干部按班住勤率达100%，荆仙支部软弱涣散现象得到有效整顿。在“连心解困”大走访活动中，118名市镇两级走访干部共走访群众7518户，累计收集整理意见和建议689条、问题4127个，问题挂号1753件。

（龙　文）

船　湾　镇

【概况】船湾镇地处市最南端，南临攸县皇图岭镇，北连泗汾镇，东接江西省萍乡市湘东区东桥镇，西靠明月镇；距市城区30公里。2015年12月，在市乡镇区划调整后，镇域面积为120.57平方公里；有耕地面积2418.73公顷、水田面积2087.53公顷、旱土面积330.6公顷。辖17个村，2个居委会，480个村民小组，总人口52896人；有基层党支部38个，党员1877人。境内交通便利，醴茶铁路、106国道、岳汝高速横穿全境。年内，全镇规模以上工业实现产值32.32亿元、比上年增长11%，服装产业总产值11亿元、增长57.1%；分别完成国税3469万元、地税211万元，完成率133%、105%。农民人均纯收入16980元。全镇银行存款余额7.06亿元，人均存款13220元。

【产业发展】船湾镇以服装、建筑、陶瓷、烟花鞭炮、生态农业和旅游为主导产业，全年有服装生产厂家63家，建设工程公司2家，陶瓷企业2家，烟花鞭炮企业6家，生态农业企业5家。其中，湖南省通达建设工程有限公司完成产值5.2亿元，实现税收2000万元；市远泰建设工程有限公司完成产值4300万元，实现税收245万元。积极推行集中育秧、软盘抛秧、安全齐穗技术，率先在国强富村推行双季稻栽培全程机械化操作。特色农业和生态旅游体系初步建成，形成“荷花、油菜花、油茶花”三花斗艳，“皮划艇赛、自行车赛、摄影大赛”三赛争辉的繁盛局面。根据市委、市政府以船湾镇为重心，打造以服饰产业为支撑的集镇组团战略，推进服装新园区建设。年内，服装工业新园区规划论证已完成，通过评审并编制规划书，招商项目规划书仍在编制中。在镇十三届人大三次会议上，表决通过《船湾镇服装工业园区土地管理决议》，有效控制服装工业园区规划红线范围内的建设活动。组建3支招商小分队，分赴外省、市开展招商活动4次，签约新园区主干道路建设等重点招商项目3个，开工签约项目2个，已到位项目资金2000余万元。

【计划生育】2015年，镇每月召开一次镇、村两级计划生育专题会议，分阶段制定《船湾镇计划生育工作考核评估方案》，落实工作举措。全年共落实农村奖励扶助对象326人，264人享受独生子女保健费政策；开展“三查”（查环、查孕、查病）3次，核查已婚妇女10459人，为592名重点已婚育龄妇女进行生殖健康检查；组织420对夫妻参加“国家孕前免费健康检查”；实施各类节育手术796例，其中上环536例、女性结扎68例、人工流产181例。全年出生666人，其中一孩318人、二孩341人，政策外出生114人，符合政策生育率82.9%；人口出生性别比为100∶107。全年处理违法生育案例122例；征收社会抚养费115万余元。

【基础设施建设】2015年，维修村、组道路26公里，硬化拓宽道路42.7公里；投入75万余元，修缮、改造桥梁7座；列入省级五类危桥改造计划的挂咀桥重建工作竣工通车，工程造价近400万元；启动横跨铁河的战洪桥重建工作。全年除险加固骨干山塘13口、维修、硬化加固渠道15公里、新修、加固水坝4座；恢复灌溉面积20公顷，改善灌溉面积133.33公顷。

【社会事业】2015年，镇有初级中学2所，完小8所，教学点6所，各学校实现“三零”（零风险、零责任、零事故目标）。在船湾中心学校教育基金理事会的推动下，全年筹集资金730余万元。其中，船湾中学争资260万元、乐家中心小学争资200万元，大界小学争资100万元，狮力小学争资100万元，增加滩小学争资30万元；改造或新建学校基础设施，改善办学条件。铁肩中学、文山中心小学安装“班班通”多媒体系统；投资10余万元，进一步完善各校食堂设施。2月，船湾卫生院投资200万元新建的住院综合大楼投入使用，清水江卫生院投资200万元新建的标准化住院大楼，可容纳床位50张。全年有合作医疗参合人数45992人，参合率95%以上；共补偿16902人次；其中，住院补偿11548人次、1798万元，门诊补偿5354人次、43万元。境内有敬老院2所、五保之家3所，有五保对象414人，其中分散供养289人、集中供养125人，共发放五保金164万元。有低保对象759户、1290人，发放农村低保金180万元；有救助家庭困难的大病医疗对象173人次，发放大病医疗救助金49.5万元，其中46名低保对象获大病医疗救助金18.3万元；发放90周岁以上老人补贴123人、9.2万元；发放重度残疾人补贴394人、26.3万元；发放参战退伍优待抚恤补助471人、158万元。年内，投入48万元，改善村级五保之家基础设施，改造贫困家庭危房36户。召开协调新农保参保工作会议4次，在各村（居）现场办公20余次，张贴新农保集中征缴通知1000份，在全镇各主干道及村口悬挂横幅50条，出动宣传车辆宣传10天。上报参保信息2.06万余条，为8543名60岁以上的老人发放新农保养老金。坚持党管武装的原则，推行党委议武、书记现场办公制度，镇财政预算安排3万元，用于武装工作经费。完成民兵整组任务，编组20人的应急分队一个、50人的军区阵地抢修分队一个。投入1万余元，完善基层阵地建设。

【党建工作】2015年，党建工作继续深化“连心解困”大走访活动，持续创新网格化社会管理模式。全镇2028个个性问题全部解决；集镇建设、道路水利基础设施、高速公路遗留问题、农村公共服务平台、农网改造等五大类共性问题不断改善。在“一进二访”活动中，广大党员干部访基层群众，问干部作风；访困难群体，问民生诉求；对全镇759户在册贫困户进行重新走访核实，确定符合结对帮扶和精准扶贫对象354户。（周双双）

明 月 镇

【概况】明月镇总面积169.1平方公里；辖25个村、6个居委会，有575个村民小组，总人口75777人；政府驻大障居委会。全镇共设47个党支部，有党员2742名。有耕地面积2647.2公顷，其中水田2429.87公顷、旱土146.67公顷；有林地面积10393.2公顷，森林覆盖率68%。全年完成税收2473万元。

【产业发展】2015年，成功引进项目4个，总投资8800万元。投资境内的株洲市十大产业项目之一的中联天地油茶有限公司，年内完成林地流转面积666.67公顷。投资3000万元的新型建材项目已在罗夹口村完成厂区围墙、厂门、职工宿舍工程建设，生产线工程建设有序推进。启动株洲市种养龙头企业吉泰养殖改、扩、建工程。瑞丰烟花新增投资项目、弹子坑村碳酸钙深加工等项目全力推进。原大障镇被市评为“2015年度招商引资先进单位”。实施高效示范农业工程，充分发挥陶家垅、新联、盐山、湾富、双桥、白果村的666.67公顷高产创建示范片带动作用，新增投资100万元以上的农机合作社2家，年末共有4家；流转水田1000公顷，种植双季稻730公顷。全镇有6.67公顷以上的油菜种植大户21户，档梓山村66.67公顷药材基地，东江村、湾富村蔬菜基地，水口山村、贺市村的辣椒种植等规模不断扩大。陶家垅村主动探索村级集体经济发展模式，获湖南省“村级集体经济发展奖”。全年出栏生猪4万余头，其中出栏1000头以上的养殖户1户、300头以上的养殖户18户。

【安全维稳】2015年，安全维稳工作力度进一步加强，针对“八一”建军节、抗战胜利70周年等特护期，严格落实“五包一”的稳控责任制度。结合全市“高温停产”、“打非治违”、“飓风行动”、“闪电行动”等专项打击行动，加强对高危企业监管，彻底取缔2处非法开采煤夹石和2家非法生产“狗尾草”烟花的窝点，收缴烟花成品46箱、半成品6箱。原大障镇被市评为“2015年度安全生产先进单位”。不断强化网格责任，充分发挥护林员队伍作用，修建防火隔离带40公里，新建鞭炮香烛纸钱燃放处130余处，添置打火设备280余套。原贺家桥镇被市评为“2015年度森林防火先进单位”。

【社会事业】深入开展农村“阳光低保”清查行动，清理各类“人情保”、“关系保”128人。结合“一进二访”工作，对814户贫困户进行走访帮扶；完成新型农村养老保险和新农合缴费工作，收取新农合参保资金738万元、参保率达94%。新型农村养老保险有参保人数4.4万人，社会保障卡全部发放到位。年内，完成大病救助255人次，发放救助金93万元；临时救助176户，发放救助金9.8万元；发放优抚金230万元；新建安居工程73户。档梓山、寺冲、新台、七星村顺利通过株洲市卫生村验收。投入230余万元，改造大障中学和江边铺、梓山、洪罗小学的教学设施。在开展“连心解困”大走访活动中，共收集群众反映的各类问题6840个，已解决90%以上；《走出感情，推动发展》的经验材料在《株洲组织工作》上登载。（吴　霞）

嘉 树 镇

【概况】嘉树镇地处市南部，东邻泗汾镇，南接明月镇，西界茶山镇，北与孙家湾镇、茶山镇相邻。镇域总面积63.1平方公里；镇政府驻嘉树村群力组，距市城区13.8公里。辖12个行政村，208个村民小组、5632户，总人口25008人。全镇有基层党组织30个，其中党总支2个、村级党组织12个、非公有制经济党组织11个；有中共党员1165

人。年内，嘉树镇被授予市“文明建设先进单位”、“招商引资先进单位”。

【工业经济】2015年，镇域工业经济迅速发展，推进“互联网+炻瓷产业”新模式，多次对接株洲阿里巴巴产业带运营商株洲经天纬地公司，开拓网络推广营销新模式，“华联亿嘉”实现销售额7000余万元。协助市华联、高峰等企业争取项目资金支持。利用镇炻瓷协会平台，协助企业参与各种展览展会。市高峰、玉茶等企业积极参加广交会和俄罗斯、阿联酋、德国等国际陶瓷交易会。年内，枫林村引进投资1200万元的彩虹烟花材料有限公司、渗泉村引进拟投资3000万元的深圳清源宝环保原材料生产基地已动工建设。投资1200万元的泰昌纸箱厂已竣工投产；拟投资1000万元的春天陶瓷有限公司仍在进行土地租赁和调规等工作。高峰陶瓷制造有限公司1.5万平方米标准化厂房已竣工、益嘉瓷业完成291套公租房项目主体工程。年内，成立招商引资专项工作小组，共完成招商引资4100万元、比上年增长5%。规模工业实现总产值8.33亿元、比上年增长7%；出口创汇1.13亿美元。全年完成税收8930万元，其中国税7750万元、地税1180万元。

【农业生产】2015年，粮食生产严格落实“四个一”制度（一个班子抓调度、一个班子优服务、一杆子到底重效果、一笔专用资金强保障），共培育5个市级种粮大户。杉仙村新建百亩水果基地，引进中联油茶公司流转林地80公顷。完善森林防火应急队伍建设，加强护林员队伍日常监管，全年森林零火灾。动物防疫工作以治理养殖场周边环境为重点，改造养殖场化粪池120口。

【安全维稳】2015年，进一步健全社会管理综合治理工作机制，创新社会管理理念。通过宣传栏、电子显示屏、标语横幅、短信平台和醴陵电视台、《今日醴陵》、手机报等媒体全方位宣传，群众遵纪守法观念进一步增强。全年评选“平安家庭”先进户258户、“平安家庭”模范户25户，并分别颁发奖状和奖品。镇安监站联合大障中心派出所和市交警二中队开展联合大排查活动3次，发出整改通知22份，均督促整改到位；扎实推进“两打三治”专项行动，排查涉毒、地下“六合彩”、道路交通等重点问题和20余名重点人员，查处打击涉毒案件3起、地下“六合彩”涉赌案件1起。开展形式多样“安全生产月”活动，悬挂横幅20余条、张贴标语150余张。组织开展各类执法行动175次，出动执法人员700余人次；机关干部每月对全镇高危企业生产、道路、食品药品安全等进行一次地毯式排查，共检查生产经营单位235家次，发现隐患242处，均已整改到位。严格执行“五包一”责任制，机关干部24小时驻企业监管高温停产整改，2家烟花鞭炮企业均一次性通过高温复产；联合市交警二中队、工商、质监、食安等部门每月对全镇校车、厂车运营情况及食品药品安全进行检查，依法对乌石村豆田集镇3个南杂批发店的过期食品进行收缴。每月组织召开安全生产例会和季度安全生产培训，组织2家烟花鞭炮企业赴浦口“9·22”南阳警示教育基地进行警示教育2次。

【社会事业】2015年，组织各村、学校有序开展“大评小比”和“小手拉大手”活动。完善嘉树、荷树集镇下水道和路灯等基础设施，清除嘉泗线、桎马线沿线牛皮癣，维护碧马公路嘉树境内维修施工环境。投资120万元，拓宽改造渗泉村境内077县道。投资380万元，水泥硬化村、组道路13.1公里。新建玉茶小学、杉仙中心小学的食堂，翻新改造操场和旧教学楼；改造嘉树中学教工宿舍、办公楼、校园主道、食堂，新添“爱心桌椅”500套；完成镇卫生院住院大楼建设。投资20余万元，修复荆林村的湖碧坝与中坝；铺设乌石自来水厂15公里管网和修缮增压泵房。投入70余万元，提质改造镇敬老院。投资3万元，添置宣传栏、镇武装部和村民兵阵地的桌椅、器材架和规章制度牌等设施设备。积极响应国家号召，支持国防建设，将征兵工作任务实行与办点干部和各村的年终绩效考核挂钩，顺利完成征兵任务。切实推进“一进二访”和精准扶贫工作，确定扶贫对象77户、贫困人口231人。扎实开展“阳光低保”清查行动，清理不符合条件的低保对象185户、223人；年内新申报低保对象69户、186人。完成危房改造33户；新农保参保14323人，完成率达125.27%；新农合参合率达98%以上。全年出生373人，计划生育率为82.3%。征收社会抚养费86万元。（张玲樱）

均楚镇

【概况】均楚镇地处市西部偏南，东接茶山镇，南邻明月镇，西与株洲县毗邻，北连石亭镇。镇政府驻金山居委会。距市城区30公里、株洲市区45公里。全镇总面积为172.4平方公里。辖17个村、2个居委会，399个村（居）民小组，有11010户，总人口42586人。均楚镇地形多为山地、丘陵，属中亚热带东南季风性湿润气候。有耕地面积 2357.4 公顷；有山林 1.2 万公顷，森林覆盖率达 70%；有中、小型水库 27 座。境内交通便利，021 县道歇军线（歇马岭至军山）、022 县道长沈线（长岭坳至株洲县沈家湾）贯穿全境，与 313 省道连接互通，镇、村、组道路四通八达。全镇工业以电瓷制造、采矿、造纸、烟花爆竹为主，盛产茶叶、薯片、山茶油等农产品；有生猪、黑山羊等养殖业。镇党委下设村（居）党支部 19 个，机关事业单位党支部 4 个，企业、非公经济组织、农民专业合作社党组织 13 个；有党员 1851 人。境内有行政企事业单位 25 个、农村集市 5 个，有私营企业和个体工商户 640 家。

【经济发展】2015 年，全镇实现国民生产总值 25.5 亿元，比上年增长 5%；完成固定资产投资总额 3.6 亿元；完成社会消费品零售总额 1.98 亿元、增长 4%；农民人均纯收入达 15337 元，比上年增长 6%。完成国税 889 万元，地税 259 万元。年内，株洲呈心公司投资 3000 余万元，在境内种植蛋白桑，面积达 33.33 公顷；引进浙江省商人投资 300 余万元，种植桃形李及香榧，并成立潘家冲生态农业有限公司；从安徽省引进冬生瓜种植，投资 500 余万元，流转土地 26.67 公顷，成立市殷家冲村冬生瓜有限公司。全年全镇种植早稻面积 1800 公顷，发放早稻种子 40 吨；被市评为“粮食生产红旗单位”。在青山、赵公岭、黄田等村和均楚桥居委会落实酒用高粱、名贵花木、玉米，棉花、蛋白桑种植等项目，共流转土地 533.33 公顷；改良土地，施石灰 2100 公顷、3100 吨，施绿肥 266.67 公顷、105 吨。

【安全维稳】2015 年，开展安全隐患排查整治和“打非治违”各类专项行动，严厉打击和处理违法违规行为。落实高温期间烟花爆竹企业停产及复产验收工作；改造升级烟花爆竹企业监控系统，全镇 6 家烟花爆竹企业均与施工单位签订施工合同，有 2 家企业完成系统改造。全年为群众提供法律咨询 110 人次，发放《平安均楚》宣传单 10000 余份，张贴标语 600 余张、横幅 50 余条；组织开展“6·26 禁毒日”“两打三治”“平安家庭创建”“12·2 交通日”等重要活动宣传。全年调处各类矛盾纠纷 56 起，其中调处成功 52 起。9 月，对镇域教育和卫生部门开展“安全大检查”。开展辖内交通安全整治，以超载超限为主线，加大对机动车辆特别是校车和货车的排查整治力度，对辖内加装栏板的货车和农用运输车辆一律切割恢复，共摸排车辆 165 台，其中组织切割栏板车辆 51 台。

【基础设施建设】2015 年，改造高桥中学、黄田小学、浏湾小学、均楚中心卫生院、军山卫生院、原均楚中学的基础设施。投入 10 余万元，解决黄田小学饮水困难。进一步开展原中小学民办教师、老年乡村医生的生活困难补助后续工作。争取资金 20 余万元，维修“五小”（小水窖、小泵站、小水渠、小水池、小塘坝）工程 35 处；完成黄田、黄谷、老湾、均楚桥等处标段山洪沟治理项目，其中 1 座小（2）型水库纳入中央项目、3 座小（2）型水库纳入省级项目。年内，加宽、改造乡、村道路 18 公里，新修村、组水泥道路 36 公里；争取上级资金维修长沈线县道。改造集镇主干道 1.8 公里，加装、完善交通安全警示牌 20 块，安装限高架 1 座；完善集镇区域排水系统，疏通、清理下水道 800 米，改造 20 余盏路灯线路，加装简易路灯 30 余盏。投资 30 万元，新建便民服务中心。投资 300 万元，新建敬老院，可集中供养 100 人。

【环境整治】2015 年，镇域环境治理力度进一步加大，卫生环境明显好转，村民环境意识进一步增强。发放农村环境综合整治公开信和宣传单共 2.4 万余份；开展“大评小奖”活动，组织在校学生开展“小手拉大手”宣传活动。投资 30 余万元，新添垃圾桶 250 余只，垃圾池、焚烧圈 160 余处；完成歇军线沿线及部分村主干道绿化，新栽树木 1 万余株。新增村道路灯 300 余盏，拆除“牵挂式”广告招牌、横幅 73 处，清除“粘贴式、喷涂式”广告 90 余处。

【社会保障】2015 年，镇新型农村合作医疗参合率和新型农村养老保险参保率分别为 80%、77%；收缴工伤保险保费 36 万余元；落实困难群众危房改造 64 户。开展新农保“一卡通”换卡工作，共换卡 2.4 万余张。组织党员干部 180 余人走访贫困户 767 户、2574 人；为 10 名贫困学子申请助学资金；对因病致贫的贫困户对接大病救助政策进行帮扶，对丧失劳动力的贫困户通过民政帮扶政策，为其提供生活保障。

【计划生育】2015 年，新增奖励扶助对象 62 人，特别扶助对象 2 人，独生子女对象 42 人；救助贫困母亲 5 户、贫困学子 5 人；慰问计生家庭 10 户，看望优秀会员 30 人，优先安排计生家庭落实安居房 81 户；完成计生系列保险 9 万元。全年有 301 对夫妇接受国家免费孕前优生健康检查。计划生育“三查”到位率达 98.46%，其中上环 449 例、结扎 35 例、人流引产 65 例。全年征收社会抚养费 64.64 万元。均楚镇被评为株洲市“计划生育工作先进单位”。（李潜滋）

石 亭 镇

【概况】石亭镇位于市西部，与株洲县接壤，距市城区27公里、株洲市区18公里。镇域面积106.2平方公里。辖12个行政村、1个居委会，总人口39693人。属于长株潭两型社会建设综合配套改革试验核心区、湖南省第三轮城乡统筹示范镇之一。2015年，全镇有耕地面积2101.1公顷，其中水田2020公顷、旱土81.1公顷；有山林面积5571.3公顷，森林覆盖率达98%。有小（1）型水库2座，小（2）型水库11座。种养业以优质稻、荸荠、湖鸭、鲜蛋、黑山羊、蓝莓、葡萄、油茶为主，工业以鞭炮、烟花、化工产品为主。年末，被株洲市评为“人口和计划生育先进单位”“社会管理综合治理先进单位”。

【农业发展】2015年，推动农民专业合作和土地承包经营，加大农业产业结构调整，共流转土地866.67公顷。石塘岭村成立黄瓜种植合作社，采用生态有机培育方法，黄瓜丰产面积达18.67公顷，售价较普通黄瓜每斤高出0.5元，致富带动效应明显。引进新立红薯种植农民专业合作社，占地面积50公顷，拟打造成集技术创新、培训示范、种苗繁育、产品加工和文化传播于一体的红薯产业示范园区。

【基础设施建设】2015年，投资650万元，修缮黄岗冲和东泥冲2座小（2）型水库，受益农户1500户，灌溉农田400公顷。投资1100万元，完成苏家垅村、长塘村、长岭村3个重点国土整理项目，总面积166.67公顷。筹资1000万元，水泥硬化石塘岭、苏家垅、妙泉、聂湖、永红、花溪等村31公里村组道路，修缮桥梁2座。恢复重建上保小学，学校占地0.87公顷、建筑面积8000平方米，9月投入使用；投资200余万元，新建上保幼儿园；投资500万元，新建中心小学教工宿舍，改善教师住宿条件；投资134万元，启动教师公租房建设项目；投资21万元，维修石亭中学学生宿舍楼和种植绿化带，启动长岭中学校园青少年宫建设。

【重点工程建设】2015年，完善省级示范镇基础设施建设。推进镇区自来水接入工作，年内管道已接通到镇区。投资20余万元，修缮333省道至渔潭洲大桥沿线路灯，提升集镇形象和品位，增强群众安全感。投资160万元，启动雨污分流工程，完善污水管网建设。投资20余万元，种植桂花树100余株，集镇绿化进一步改善。提质改造333省道在境内15公里道路；该道路是贯通全镇的一条主要通道，对接株洲县南洲大道和京珠高速入口。5月，333省道石亭段改性沥青铺设工程正式开工，9月顺利通车。渔潭洲防洪堤建设属省四水治理项目，总投资1200万元，防洪堤全长4.8公里；年末，项目建设工程基本完成。筹资800余万元，启动石亭新卫生院建设工程，其中一期工程占地0.73公顷，总建筑面积3000平方米；年内主体大楼竣工。

【社会事业】2015年，投入6万元，购买垃圾桶200个；加强清运管理，聘请专人负责垃圾清运，保证垃圾日扫日清。创新管理方法，将333省道沿线的卫生清扫工作分包给专业队伍，实现日常保洁工作专业化、常规化。全年实施各类计生手术807例；其中，女扎、上环等长效措施677例，人流、引产等补救措施130例。完成国家免费孕前优生检查334对。征收社会抚养费76万元。落实“阳光低保”行动，共清理不符合条件的农村低保户601户、874人，核减五保户5户、5人。落实安居工程286户，帮助200户五保户入住敬老院；发放各类优抚金120余万元。走访困难残疾户280余户，为120余户困难残疾户落实低保、五保等相关救助政策。全年完成新型农村养老保险参保人数18920人。

【综治工作】2015年，开展“两打三治”“亮剑”“霹雳”等专项打击行动，组建治安巡逻队，开展不定期巡逻，协助派出所查获治安案件13起、治安拘留14人，破获刑事案件10起。实行领导接访制度，全年接待群众来访83人次，来访问题均得到解决。开展平安创建工作，广泛营造平安创建氛围，发放《平安建设共参与平安成果惠万家》致全镇人民的一封信1.2万份，鼓励村民积极参与“平安家庭”“平安社区”创建，共评选出平安家庭模范户30户，对获奖家庭分别给予物质奖励并张榜公示。

【党建工作】2015年，党建工作进一步加强，创建农村基层党建示范点，永红村规范村级便民服务中心，启动农村亮化工程，在金石路3公里范围内安装路灯。全年发展党员13人，预备党员转正13人。“七一”期间，花溪村、石亭居委会、教育支部被镇党委授予“先进党支部”、34名党员被评为“优秀共产党员”。12月，开展支部书记“双述双评”活动，并邀请群众代表、市委组织部、市纪委领导出席活动。开展“一进二访”活动，将走访服务群众和精准扶贫工作有机结合，全体党员干部共接访群众1500余户，回访群众703户；重点走访企业、学校、特殊群体81户；上报汇签重大问题3个，解决2个；收集问题与建议483余件，其中182个问题通过镇党委书记督办、会商交办等形式顺利解决；共摸排贫困户524户，年内脱贫140户、285人。（肖雅惠）

茶山镇

【概况】茶山镇东接市城区仙岳山街道和嘉树镇，南邻明月镇，西接石亭、均楚镇，北接左权镇。总面积166.82平方公里。下辖21个行政村、5个社区居委会，总人口66539人。313省道穿境而过，岳汝高速途经镇区东南部，酒埠江灌区左干渠自东向西流经全境。渌江、铁河、檀山河流经境内，水利资源十分丰富。茶山镇是传统的农业乡镇，有耕地面积913公顷；粮食作物以水稻为主。年内，种植西瓜、玉米、大棚蔬菜等经济作物533.33公顷。盛产莲藕，主要分布在枫树山村、汤家坪村、长沙岭居委会，有“莲藕之乡”的美誉。

【经济发展】2015年，全镇实现工农业总产值22.72亿元。其中，工业总产值17.94亿元、工业增加值2.99亿元；完成农业总产值4.22亿元。完成国税1080万元、地税375万元。全镇完成招商引资任务1亿元，引进企业项目5个，已签订协议4家。其中，惠州博罗县金籁电子有限公司重新注册为市辉泰电子有限公司，总部迁移至镇长沙岭居委会，注册资金3000万元，增加就业岗位500余个；湖南欣義源科技实业有限公司硅化物系列产品项目落户转步村，总投资1.68亿元，征地11.33公顷。发展品质优良、特色明显的优势农产品，以营田村杨梅种植、东岗村40公顷油茶、营田村牛蛙养殖基地和东岗村鱼苗繁育水产养殖开发基地为首的瓜果、蔬菜、特色水产品等农业种养基地初具规模；采用公司加合作社模式，发展农业产业。年内，西塘坪村引进市绿水印象农业科技发展有限公司，完成投资500万元，一期工程已完工。

【安全维稳】大力开展矛盾纠纷排查调处活动，全年调处矛盾纠纷315起，调解成功率100%。开展村、企业安全生产隐患排查，共出动检查人员347人次，查处安全生产隐患300余处。扎实开展“两打三治”、食品和校车安全整治行动，出动执法人员150余人次，共打击违法行为6起，刑拘1人，治安拘留8人；检查车辆80台次，纠正驾驶员违法违规行为8人次；消除不稳定因素12起。协调处理市大龙湾水稻种植农民专业合作社拖欠龙井居委会46户农民工工资一案；稳妥处理茶溪村、东岗村、茶山居委会、冷水村4例村民非正常死亡事件、恒大建材厂震损纠纷和东岗自来水厂阻工事件；确保社会秩序稳定。

【社会事业】2015年，继续推进“水利、道路、电改、亮化”四大基础工程，改善群众生产生活条件。架设电线杆6根，修复防洪堤14处，更新闸门11张，新修渠道430米，铺设抽水管道524米，翻新老化机埠。完成东岗、营田村共80公顷国土整理项目。硬化村、组道路32公里；完成大神线公路两旁护栏、标志、标线、标牌的施工，并全部投入使用。实施村级主干道“亮化”工程，安装路灯562盏。新建东岗自来水厂，确保镇域3万居民饮水安全。全年发放社会保障、残联和医疗救助等各类资金20余万元。持续开展文化惠民活动，扎实推进公共体育健身场所设施建设。继续推广新农保，发放社保卡47864张；开展农村低保“阳光行动”清查工作，共清退不符合条件的低保对象62人，新增低保对象197人。提质改造2所敬老院。全年全镇人口出生率7.8‰，落实国家免费孕前优生检测535对。征收社会抚养费146.8万元。

【党建工作】2015年，开展“连心解困”大走访活动，共接待群众337人次，排查矛盾纠纷24起，了解群众诉求78个。解决困难和问题195件，结对帮扶贫困户137户，解决民生实际问题33件。大力推进“一进二访”，与株洲工贸技师学院等5家扶贫单位联手，对452户扶贫户实施一户一策帮扶。（曾　敏）

板杉镇

【概况】板杉镇地处市北部城乡接合处，东临国瓷街道、北靠沩山镇，南濒渌江河、与茶山镇隔河相望，西接左权镇、西北与株洲市芦淞区白关镇（原姚家坝乡）接壤，镇政府驻长坡口村。辖17个行政村，357个村民小组，总面积89.9平方公里，总人口40405人；有党支部28个、党员1448名。全镇交通区位优势明显，沪昆高速、岳汝高速、莲易公路、老320国道、醴官公路贯穿全境，其中沪昆高速、岳汝高速、莲易公路在镇境内均设有互通。工业以陶瓷、建材、烟花鞭炮为主，有企业22家，其中规模企业8家。

【产业发展】2015年，引进市封母电瓷厂等企业4家。其中，占地2.11公顷，投资1000万元的市封母电瓷厂落户长坡口村；市桃花冲食品厂、化工机械厂、文华焊接厂顺利签约。年内，市泰宇瓷厂投资200万元，新增日用瓷生产线一条，将原窑炉设备改为天然气自动控温窑炉。境内13家烟花爆竹企业投资近2000万元，进行安全生产标准化改造，其中10家企业取得第三轮行政许可。

【粮食生产】2015年，镇培植市级种粮大户6户、镇级种粮大户123户；有农民专业合作社30个。擂鼓桥村域内的醴陵金桥生态林农实业有限公司，采取“公司+基地+农户”模式，种植油茶870公顷；年内注册“湘醴”牌油茶商标。

【基础设施建设】2015年，投资1200余万元，提质改造镇村道路36.7公里。其中，省级通畅项目涉及7个村、11.5公里，市级农村公路改造18.2公里。寨下、流碧桥村分别水泥硬化村、组道路2公里、0.7公里。投资20万元，修缮东冲铺桥梁1座；投资300万元，水泥硬化渠道8000米，疏通水圳2000余米。投资130万元，改造村级组织活动中心，擂鼓桥村成为全市首批10个基层党建示范村之一。改造升级枫树桥、红光村村部办公楼建设并通过验收；大石桥村级组织活动中心仍在建设中。

【安全维稳】2015年，镇坚持每月开展一次企业警示教育学习，每个季度召开一次安全生产工作讲评会。全年悬挂安全生产横幅130余条，发放安全生产手册1万余册，赴各企业开展安全生产巡查300余次，发现安全隐患162处，下达整改指令115份；全年无安全生产事故。调处矛盾纠纷90件，与派出所联合开展“平安创建”、“两打三治”活动，共打击犯罪分子48人，查获违法犯罪案件15件；接受社区矫正人员86人，对33名刑释解教人员每季度走访一次，走访帮教吸毒人员89人。

【重点工程建设】2015年11月，省级重点工程项目—莲株高速公路提质改造工程正式启动。该项目在镇境内长13公里，涉及7个村、46个村民小组，需征地42.85公顷（占项目总征地的74%）、拆迁房屋66栋（占项目总拆迁数的47%）。为确保工程项目顺利进行，镇党委、政府十分重视，将其列入全年重点工作来抓，仅用7天时间完成所有征地工作，在25天时间里签订66栋房屋拆迁协议。年末，黄塘和大石桥村被评为市“莲株高速公路征地拆迁工作先进单位”。

【社会事业】2015年，投资80余万元，新建八步桥集贸市场。该市场占地2000平方米，有400余个标准摊位。对全镇1674名低保对象进行逐户审查，有近三分之一低保户成功脱贫。对296名五保对象实现集中或分散供养；为486名优抚对象实施救助；完成49户农村危房改造。全年出生557人，其中计划内出生474人、计划生育率85.1%，人口出生率12‰，人口自然增长率7.5‰。上报市人民法院强制执行案件6例，行政拘留5人。全年征收社会抚养费90.45万元。

（彭朗朗　龙　鹏）

左 权 镇

【概况】左权镇位于市西北部，西接株洲县渌口镇，北连株洲市芦淞区白关镇。2015年12月，全市区划调整后，辖19个行政村，1个居委会，总面积122.96平方公里，总人口47125人。有耕地面积2266.67公顷，山地面积9400公顷；森林覆盖率50.8%。境内有小（1）型水库1座，小（2）型水库15座。是左权、李明灏、刘建绪、刘建藩等名将故里，也是近代筑路工程师刘建熙、当代书法名家李铎的家乡。于1975年出土国家一级文物象形铜尊，发现旧石器时代古人类活动遗址、西汉古陶瓷窑群遗址和明朝古砖窑群。民初所建兰谊学校列入湖南省文物保护单位。加快农业产业结构调整，打造“青泥湾”农产品品牌，新建楠竹山泽域美景生态园。

【项目建设】2015年，全镇新签约建设项目9个，合同引资19.21亿元，实际到位资金1.05亿元。其中，三产业项目4个，合同引资17.8亿元；二产业项目5个，合同引资1.41亿元。年内，镇中小企业产业园一期工程规划面积116.67公顷，已完成土地调规46.67公顷，平整土地30公顷。截至年末，新签约工程项目中有6个项目落户园区。欢泽、华仕发、卫健、宏豪4个食品加工项目已完成主体厂房建设。德福居生态园共征用土地66.67公顷，一期工程建设完工；乐乐康食用油加工厂与村民达成租地协议，年内开始平整土地；湖南德诚电瓷电器厂完成征地拆迁工作。市凯鑫花炮厂的提质改造工程和镇第一敬老院的改、扩、建工程已基本完成。

【农业产业化建设】2015年，启动湖南湘东地区食品安全生产示范基地建设，已征山地30余公顷。泽域美景生态园占地333.33公顷，完成总体规划设计和果林的前期水土保持工作，周边基础设施建设基本完善；德福居生态庄园建设占地面积约66.67公顷，年内，完成投资1200余万元，一期工程主体工程完工。苗木基地引进株洲楠松园林、长沙万碧

2家苗木基地落户，开发山岭40余公顷，移栽苗木20余个品种。油田村德福青蛙养殖技术在中央二台致富经栏目播出后，已初具品牌效应，全国各地前来考察和拜师学艺的络绎不绝。

【基础设施建设】在集镇主街道沿线新装路灯60盏，部分村在村主干道区域安装路灯80余盏。全面维修6个村、8处的水损道路，硬化、拓宽乡村公路8.6公里。水泥硬化蓄水塘(水库)4座，疏通、修建灌水渠3条；启动3条官庄水库右干渠卧槽工程建设；集资1200万元,启动滩下“渡口桥”渌水大桥建设；投入100余万元，修建篾织街桥、仙霞村豆子坡桥和玉潘村连心桥。筹资100万元，改、扩、建镇第一敬老院，整改、装修旧宿舍楼，扩建一栋集宿舍、食堂、餐厅、会议室等功能于一体的多功能综合楼；新增床位50张。投入200万元，在集镇新建自来水厂，年内通过市水利局验收。

【社会事业】2015年，全镇人口出生率12.71‰，人口自然增长率5.2‰，计划生育率79.4%，综合节育率6.49%，实施长效措施839例；全年征收社会抚养费108.6万余元。加强对流动人口的持验证管理，全年流入人口12人，持证验证率100%；流出人口7546人，办证率100%。推进农村环境综合整治工作，实施乡村清洁工程，全年先后投资30余万元，新增垃圾焚烧圈120个、保洁人员20余人，同时。根据实际情况，为每村配备垃圾桶2—3个。

【社会保障】2015年，全镇社会保障和社会救助覆盖面不断扩大，开展“阳光低保”清查行动，对881户低保户进行全面上户摸底调查，共清退低保对象254户、新增168户。为98人申请城乡医疗救助，成功实施二次报销；为128名困难对象发放救助金6万余元；发放临时救助金36人次、1.8万元；为90岁以上老人、满60岁退伍军人申请相关补助。为238名二级以上残疾对象申请重度残疾人生活补助，为5户困难重度残疾人家庭进行无障碍改造。在“连心解困”大走访活动中，发放困难群众慰问金2.2万余元。

【安全维稳】2015年，开展“平安家庭”示范户评选活动，共评选出“平安家庭示范户”891户。组织开展矛盾纠纷排查50次，排查矛盾纠纷12起，调解成功率100%；组织开展校园、烟花爆竹企业、休闲娱乐场所、危险化学品经营场所的安全检查专项行动10次，共出动执法人员288人次，巡查高危企业8家、加油站1家、幼儿园14家；督促企业整改违规违章操作90余次。扎实开展治理“超限超载”专项行动，在老320国道沿线张贴宣传横幅28条、标语36条，出动守卡人员76人次，有效遏制车辆超限超载现象。（陈　君）

枫林镇

【概况】枫林镇位于市北部，地处株、醴、浏三县（市）结合部，距市城区18公里，行政区域面积100.5平方公里。辖19个行政村、2个居委会，总人口42243人。沪昆高速、醴官公路、五杨公路穿境而过，沪昆高铁、岳汝高速途经境内，其中岳汝高速在镇境内设立互通口。株洲市12路公交车从镇境内直达株洲市区。2015年，全镇实现国民生产总值21.06亿元，比上年增长10%；完成税收471万元，其中国税247万元、地税224万元。

【农业生产】2015年，镇党委、政府提早谋划早稻生产，利用奖励扶持、免费翻耕政策吸引大户，成功培育市级种粮大户5户、镇级种粮大户53户，打造出唐家坳村、台州村早稻生产示范片。年内，隆兴坳村中棚水果种植合作社栽种黄桃6.67公顷；枫林市村20公顷四季果园、株抱樟村苗圃基地规模经营初见成效；马家冲村蔬菜大棚呈产业化发展态势；蕉源村丝瓜基地规模不断扩大。投资500万元、占地3.33公顷的社冲居委会青蛙养殖基地顺利投产；隆兴坳村孔雀养殖基地初步建成，太阳桥村黑山羊养殖基地、三友乌骨鸡和小龙虾养殖基地颇具规模。镇境内农业生产向规模化、产业化、集约化方向发展。

【旅游产业】2015年，在镇黄乡民居举办首届大湘东民俗文化节。8月22日，湖南醴陵首届大湘东民俗文化节—黄乡民居·田园乐翻天开幕。活动由市委、市政府主办，原市旅游局、黄獭嘴镇政府和株洲电视台承办，是大型趣味性旅游推介活动。该活动以泥巴为元素，采用大众化、平民化、简单化、趣味化的零门槛全民娱乐竞技方式，集中展示醴北独特的民俗文化和风土人情。活动期间，共接待游客20余万人次。周边农家乐每户日营业额达2000元以上。打造连接耿传公祠、樟仙岭森林公园总长16公里的旅游环线，做热“醴北人家”休闲旅游；建成集餐饮、观光、娱乐于一体的永盛山庄，并建有全镇第一家天然山泉游泳池；新建高15.8米、宽14米“黄乡民居”牌坊。

【招商引资】2015年，以“招商引资年”活动为契机，推行“招商+经营”模式，成功引进枫林商贸物流工业园、瑞和红木家具制造及展销、四季鲜果园、四海特种养殖农民合作社、枫林镇平安运输有限公司、杨家垅采石场招商项目共计6个，合同引资近6700万元。其中，枫林商贸物流工业园项目（一期工程）已开工建设，年内投资4000万元，完成近5万平方米高标准钢结构厂房。

【项目建设】2015年，开工续建项目3个，累计完成投资6000万元，其中枫林大道一期工程3.3公里沥青路面铺设工程已完成，二期工程3.8公里土方工程接近尾声。隆兴坳、狮形山和杨家垅村相毗邻的200余公顷农田省级国土整治项目持续推进；“黄乡民居”、“醴北人家之枫林印象”、市高新核心景区—株洲区之枫溪谷生命科技园基础设施建设进展顺利，餐饮住宿服务部已于年底开始营业；耿传公祠附近房屋升级改造一期工程30户全部完成，二期工程30户装修工程已启动。

【基础设施建设】2015年，成功争取金鸡、唐家坳等12个村的“小农水”建设项目。全镇村级道路拓宽路基累计完成15.5公里；新修桥梁2座；修复河堤1.1公里，水泥硬化水沟3公里，新修水塘5口、恢复水井2口；道路绿化3公里；新建旅游环线路基16.46公里，安装广播24个；水库隧道已完成水泥整体预制800立方米。

【环卫综合整治】2015年，环境卫生整治工作严格督查各村环境卫生综合整治工作，发动全镇上下参与创卫考核，将创卫要求和奖励制度纳入村规民约，与各村（居）民小组长签订《环境卫生综合管理责任状》，层层落实责任。注重对集镇日常管理，取缔马路市场。扎实开展以春季绿化为主题的“三边绿化”（公路两边、河流岸边、城市周边）、“房前屋后美化”、“清洁户”评比等环境整治工作，全镇范围内累计新栽种树苗2万余株。年内，枫林市村、黄村获评株洲市“美丽乡村”。（胡小庆）

官庄镇

【概况】官庄镇位于市北部，总面积184.9平方公里，镇政府驻大坝村潭湾组，距市城区30公里。辖14个行政村、310个村民小组，总人口18137人。全年全镇完成工业总产值6.30亿元，农业总产值2.05亿元；农民人均纯收入1.3万元。完成税收收入258万元，其中国税50万元、地税208万元。

【农业生产】2015年，官庄镇立足资源优势，通过大力发展特色农业，扎实推进经济发展。全镇水稻播种面积670.47公顷，旱粮种植面积65.6公顷。潭塘村的13.33公顷百合种植基地、鹅颈村的市泺玮金银花绿色种植基地等规模效益突显。为保护官庄水库水质，在水库周边划分禽畜禁养区，对养猪大户进行摸底，严格控制，年内未新增养殖场。

【民生工作】2015年，发放各类救济600余万元，落实农村危房改造安居工程138户，慰问五保户、特困户320余户，在潭塘村、大口坪村分别新建“五保之家”。为保护官庄水库的水和鱼资源，实施休渔制度，每年4月1日至7月31日是鱼类繁殖期，期内严禁捕鱼；同时，镇政府与市畜牧局投资10万元，购买约200万尾鱼苗，进行鱼类人工增殖放流活动，库内鱼类大增，水质得到有效净化。完善“黄乡民居、枫林印象官庄山水”旅游专线建设，大横江和鹅颈村的11.9公里道路拓宽改造工程于9月全面完成。途经利川、潭塘、大口坪、瓦子坪和半边山5个村、长18.9公里的挂纱线道路拓宽改造硬化工程已完成路基拓宽。

【安全生产】2015年，官庄镇有正冲、恒石、金莎3个金矿，桃花、旺盛2个鞭炮厂，1家加油站，41艘游船。年初，组织全镇厂矿企业800余名管理及生产人员，分别举办安全生产轮流培训，严格要求持证上岗。开展“打非治违”和“打非清剿”行动，共组织执法行动65次，出动执法人员727人次，炸毁非法矿洞10处，捣毁非法采矿设备12套，销毁非法生产“狗尾草”（鞭炮烟花产品）200余箱。库区学生上下学由镇政府和学校的专人负责，做到定点、定时、定人安全接送。全年实现安全生产零事故。

【计生服务】2015年，全镇出生186人，计划生育率82.16%，出生人口性别比为108.53∶100。进一步加强人口和计划生育工作，积极实施农村育龄妇女健康检查，有120对夫妇接受优费检查；全年实施计划生育手术229例。落实各项奖励扶助惠民政策，新增奖扶对象24人、特扶对象3人。

【文教卫工作】2015年，继续落实“程星龄助学基金”，奖励优秀教师、资助贫困学生近百人。新型农村合作医疗参合率达95%，未发生食品药品中毒和重大动物防疫事件。完善镇文化站建设，成功举办环官庄水库自行车赛；组织镇广场舞队参加市广场舞比赛获一等奖。按规定完成民兵管理、训练、国防教育、基层武装部建设等，圆满完成夏季征兵任务。全镇有基干民兵40人（应急排）、普通民兵680人。

（黄　磊）

人　物

醴籍名人

李吟波　女，1933 年 3 月生，中共党员，湖南醴陵人，译审，中国社会科学院研究员，享受国务院特殊津贴。是革命家，湖北省原副省长、湖北省政协原副主席李明灏之女。李吟波解放前先后在湖南武冈、江西南昌、上海等地生活和求学，1952 年毕业于北京大学俄罗斯语言系，1952—1978 年在北京大学俄语系任教，1978—1983 年在中央马列主义编译局任翻译，1983 年至今在中国社会科学院文献信息中心工作。主要从事国外中国学研究和国外社会科学信息介绍。主要译作有：《枫丹纳现代思潮辞典》(合译)、《葛兰西文选》(合译)、《布哈林文选》(合译)等。此外，自 1987 年任副译审以来，翻译并已出版的书籍 29.3 万字；发表译文 37 篇，15.5 万字；摘译文章 65 篇，13 万字；共约 58 万字。

程　熙　女，1939 年 7 月生，湖南醴陵人，无党派人士，画家。是爱国将领、全国人大常委会原副委员长程潜之女。第九至十一届全国政协委员。1998 年 9 月被聘任为中央文史研究馆馆员。1960 年经傅钟上将和黄胄推荐，到北京中国画院进修，初主攻花卉，师从汪慎生、王雪涛、马晋等。1962 年在山水画家颜地引导下又习山水。1971 年，在周恩来总理的亲自关怀下，程熙分配到故宫博物院明清档案馆，从事档案保管、复制工作。20 世纪 80 年代初，又经唐云介绍相识焦墨山水画家赖少其先生。黄山写生跟随赖少其先生左右，绘画技巧不断提升，绘画艺术更上一层楼。1986 年被评定为第一历史档案馆馆员。1988 年调外交部钓鱼台国宾馆任艺术顾问。1995 年退休。2003 年由中国书店编辑整理了程熙多年创作的作品，出版了《程熙画集》。程熙几十年情注绘画中，善于学习，不断求索，笔耕不辍。她精于工笔，又擅写意，她在绘画中不断的追求秀、静、雅的境界。

程熙最推崇近代国画家黄宾虹，为黄宾虹研究会成员，对其作品有着深刻理解和感悟，并充分表现在她的画作中。程熙绘画博采众长，继承民族传统精神，寻门而入，破门而出，虚白而恬美，淡泊而含蓄。在程熙的山水绘画中可以看到其对大自然淋漓的至爱，用画笔吟咏祖国山川秀美雄壮的气魄。　（陈　灏）

先进人物

顾东来　男，1964 年 10 月出生，中共党员，经济管理硕士研究生学历，株洲时代金属制造有限公司董事长。1984 年 7 月参加工作，1987 年加入中国共产党，担任市特种电瓷电器厂厂长，带领团队，以成功研发韶山系列电力机车车顶瓷瓶为契机，成功打入轨道交通市场，将一个年产值只有几十万元的乡镇小厂，发展为年产值 3000 多万元的铁路总公司定点企业。在特瓷厂步入良性发展轨道后，他先后担任泉湖村村长、书记，市渌江乡乡长、王仙镇党委书记、中共株洲市石峰区常委兼田心高科园党工委书记、管委会主任等职务。2006 年 6 月，他响应组织号召，辞职领办企业，一直担任株洲时代金属制造有限公司董事长。2015 年，被选举为株洲市人大代表。

顾东来以“科技引领时代、技术占领市场”的理念为先导，取得全球功率最大牵引电力机车

9600千瓦机车散热器、380千米高铁机车散热器等一系列优异研究成果，填补了国内空白，一举打破跨外资企业垄断国内轨道交通散热系统市场的局面。他带领企业自主成功开发的一种水冷式散热器，是专门针对高速轨道交通车辆IGBT模块散热问题设计的散热部件，该产品实现国内行业技术的突破，其可靠性、经济性、稳定性等指标相对于国外产品具有明显的优势，可以较好地满足高速轨道交通车辆IGBT模块的散热需要。该类型水冷式散热器已经走出国门，成功打开欧洲国际市场。在他的带领下，公司管理水平不断提高，先后通过ISO9001国际质量管理体系认证和EN15085国际焊接管理体系认证，2012年公司通过IRIS国际铁道行业质量管理体系与ASME国际压力容器质量管理体系，2014年，公司销售收入达3亿余元，上缴税收3180万元，发放员工工资6600余万元。截至2015年12月，企业共计纳税近2亿元，提供就业岗位1000余个。顾东来代表公司积极履行企业社会责任，为醴陵兴学助教、道路畅通、慈善募捐及抗冰、抗震、抗洪救灾等捐款捐物，累计价值达100多万元，先后选拔和聘用党员150名，下岗再就业职工300余名，复员军人66名。2014年，公司顺利通过西门子、ABB等国际知名企业的“社会责任体系评审”，并受到社会各界广泛好评。

近年，公司被评定为“省文明单位”“省高新技术企业”“省企业技术中心”“省小巨人计划企业”“A级诚信纳税单位”，株洲市“文明先进单位”，醴陵市“红旗单位”等。顾东来也先后获得“全国星火计划带头人”，湖南省“‘创先争优’优秀共产党员”记一等功，株洲市“十佳青年”、“文明建设先进个人”，醴陵市“十大杰出青年”等称号。

叶志钢 男，1961年12月出生，中共党员，高中文化，醴陵市孙家湾乡孙家湾村樟木塘组人。株洲市十四届人大代表。1979年11月—1982年12月在广西某部队服役；1983年1月—12月经商；1984年1月—1999年10月在市铸管厂任经营厂长；2000年1月—2005年6月任原塘阁坊村党支部书记；2005年7月至今任孙家湾村党总支书记。获评“全国劳动模范”，湖南省、株洲市“劳动模范”，醴陵市“十佳支部书记”、“优秀共产党员示范标兵”、“乡村最美共产党员”等称号。

自担任孙家湾村村支书以来，叶志钢勤于实干、乐于奉献、带头捐款，共筹集资金400余万元，新建800平方米的村级组织活动中心和3000多平方米农民文化广场、村级景观休闲花园。先后招商引资近2亿元，兴办20余家各类民营企业，解决全村所有剩余劳动力的工作问题。筹集资金1000万元硬化村组道路20余公里。正是凭着他勤奋、执着、胆识、魄力和实干精神，孙家湾村步入高速发展的快车道。他被村民称为孙家湾村的“创业开路者，致富带头人”。（陈 灏 顾东来）

逝世人物

谢德钧 男，汉族，1931年2月出生，湖南醴陵人，中共党员，原市经信局副县级离休干部。1949年6月参加革命工作并加入地下党，1951年8月转正。1949年7月—1956年8月先后在醴陵县委工商科、醴陵县供销合作总社、醴陵县委工业交通办公室工作，1956年9月—1960年8月在中国人民大学工业经济系学习，1960年9月—1976年5月在河南郑州铝厂（后更名为铝业公司）工作，1976年6月—1991年10月先后任湖南醴陵陶瓷机械厂总会计师、湖南省轻工业厅总会计师室会计师、醴陵市工业普查办公室副主任、醴陵市经济委员会财务科副总会计师。工作期间被评为“湖南省工业普查先进工作者”。1991年10月离休，享受副县级待遇。2015年5月5日因病去世，享年84岁。

龙洪秋 男，汉族，1946年11月出生，湖南醴陵人，原市政协副县级退休干部。1964年8月—1981年10月期间在部队服役，历任副班长、班长，连副指导员、指导员，营教导员、党委书记。1965年8月加入中国共产党。1981年11月—1985年8月先后在醴陵县农机公司任经理、党支部书记、党总支书记。1985年9月—1996年8月，任市农机局党总支书记。1996年9月—2006年11月，先后任市政协联谊委副主任、经科委主任、主任科员。2006年11月退休，享受副县级待遇。2015年7月30日因病去世，享年69岁。

孙正明 男，汉族，1940年2月出生，湖南醴陵人，中共党员、原市政协正县级退休干部。1959年7月由空军选调飞行员入伍，进空军保定飞行员预备学校学习，1960年2月在空军航空学院学习，1962年8月在空军部队任飞行员、飞行教员。1969年3月—1986年11月在空军飞行部队任飞行中队干部、副团长、师副参谋长。1986年12月-1992年11月在市科学技术协会，任主席，1992年12月—2000年3月任市政协提案委主任。2000年4月退休，享受正县级待遇。2015年8月28日因病去世，享年75岁。

廖新民 男，汉族，1929年11月出生，湖南醴陵人，中共党员，醴陵市原外事办副县级离休干部。1949年9月参加革命工作。解放前夕在湖北建设学院学习。解放后，参加“三反”运动和整风审干等工作，先后在醴陵县公安局、县委会、官庄区工作，1981年12月在醴陵县人大办公室工作，1984年1月在醴陵县政府办工作，1991年9月离休，享受副县级待遇。2015年12月8日因病去世，享86岁。

（李春玲）

荣誉谱

先进集体

2015年醴陵市所获综合荣誉

表15

获奖单位	奖励（命名）名称	授予（命名）单位
醴陵市	全国粮食生产先进县	农业部
	全省安全生产工作先进单位	中共湖南省委、湖南省人民政府
	全省计划生育工作优秀单位	
	全省综治工作先进县市区	
	湖南省卫生城市（复查合格）	湖南省人民政府
	湖南省园林城市（复查合格）	
	地方政府债务绿色安全地区	
	2015年度全省城市社区建设示范市	湖南省民政厅
	2015年度中小学校责任督学挂牌督导创新县	湖南省教育督导委员会
	湖南省教育强市	
	2015年度全省福彩销售先进市	湖南省民政厅
	2015年度全省城市社区建设示范市	
	株洲市综治工作先进县市区	中共株洲市委、株洲市人民政府
	株洲市安全生产红旗单位	
	株洲市计划生育工作模范单位	
	2015年高中教育质量先进县市	株洲市教育局

2015 年全国（条线）先进单位、集体

表 16

获奖单位	奖励（命名）名称	授予（命名）单位
市财政局	全国财政系统先进集体	国家人力资源和社会保障部、财政部
白兔潭镇	全国重点镇（2014 年）	国家住房和城乡建设部、农业部、国家发展和改革委员会、民政部、财政部、国土资源部、科学技术部
市农业行政执法大队	2015 年度全国农业综合执法示范窗口	国家农业部
市经济开发区	“国家新型工业化产业示范基地”（陶瓷制品）	国家工业和信息化部
市司法局	人民调解先进集体	中华全国人民调解员协会
原市孙家湾乡	2014 届全国文明村镇（2015 年复查合格）	全国精神文明建设指导委员会
市中（一）医院	全国医院感染横断面调查先进单位	国家卫生部全国医院感染监测网 全国医院感染监控管理培训基地
市科学技术协会	2015 年度全国科普日优秀组织单位	中国科协办公厅
市青蛙蔬菜种养协会	2015 年“基层科普行动计划”奖补单位	中国科学技术协会、国家财政部
市国土资源局	2015 年度观测点先进单位	国家土地督察武汉局
市教育局	2015 年国家义务教育质量检测“县级优秀组织单位”	国家教育部基础教育质量检测中心
市教育局关工委、神福港中学、板杉中学	第十八届全国青少年“五好小公民”主题教育活动先进集体、示范学校	国家教育部关工委
姜湾小学	中华诗教先进单位	中华诗词学会
市教育局	2015 年青少年科学调查体验活动优秀活动示范单位	中国科协、教育部发展改革委、中央文明办、共青团中央
市江源小学、渌江中学、第四中学	全国校园足球特色学校	教育部体卫艺室体育部

2015 年湖南省（条线）先进单位、集体

表 17

获奖单位	奖励（命名）名称	授予（命名）单位
市经济开发区	湖南省特色产业园区	湖南省人民政府
市白兔潭镇	湖南省新型城镇化试点建制镇	中共湖南省委办公厅、 湖南省政府办公厅
市泗汾镇	湖南省“同心”乡村（214 年）	中共湖南省委统战部
市委老干部局	2015 年度全省（市、区）老干部宣传工作受表扬单位	中共湖南省委老干部局
市人武部	军事训练先进单位	湖南省军区
市人武部党委	先进党委	
黄小玲劳模工作室	湖南省示范劳模创新工作室	湖南省总工会

续表 17—1

获奖单位	奖励（命名）名称	授予（命名）单位
人人乐超市	湖南省标准化“母婴关爱室”	湖南省总工会
市民政局	湖南省爱国拥军模范单位	湖南省拥军优属拥政爱民工作领导小组办公室
	全省民政新闻宣传信息工作先进单位	湖南省民政厅
	全省民政信访工作先进集体	
国瓷街道八里庵社区、来龙门街道丁家坊社区	湖南省综合防灾减灾示范社区	
市东富镇敬老院、王坊敬老院	2015 年度三星级农村五保供养服务机构	
原嘉树乡	全省村务公开民主管理示范乡镇	
仙岳山街道财源塔社区	全省和谐社区建设示范社区	
市财政局	2015 年度全省乡村财政财务精细化管理工作先进单位	湖南省财政厅
市均楚镇、船湾镇、沈谭镇、长庆区、原大障镇、来龙门街道财政所	2015 年度标准化乡镇财政所创建工作先进单位	
市司法局	全省市州县市区法治建设信息化管理先进集体（2014 年）	中共湖南省委法治湖南建设领导小组办公室、湖南省司法厅
	湖南省司法行政系统公务员集体三等功（2014 年）	湖南省司法厅
	第五批湖南省规范化司法所（来龙门街道办事处司法所、枫林市司法所）	
市林业局	湖南省“十二五”森林资源二类调查优秀成果单位	湖南省林业厅
市环境保护局	2014 年度先进县（市、区）环保局	湖南省环境保护厅
市石亭镇	2012 届湖南省文明村镇（2015 年复查合格）	湖南省精神文明建设指导委员会
市长庆示范区珊田村	2014 届湖南省文明村镇（2015 年复查合格）	
市人民检察院	2012 届湖南省文明标兵单位（2015 年复查合格）	
市人民检察院、湖南华联瓷业有限公司	2010 届湖南省文明单位（2015 年复查合格）	
市地方税务局、农业发展银行、株洲时代金属制造有限公司	2012 届湖南省文明单位（2015 年复查合格）	
市财政局、教育局、国家税务局、国网湖南省电力公司醴陵市供电分公司	2014 届湖南省文明单位（2015 年复查合格）	
盛世华庭	2009 届湖南省文明小区（2015 年复查合格）	
世纪花园小区	2011 届湖南省文明小区（2015 年复查合格）	
市青少年校外活动中心	湖南省文明窗口	

续表 17—2

获奖单位	奖励（命名）名称	授予（命名）单位
醴陵老百姓饭馆	湖南省文明餐饮示范店	湖南省精神文明建设指导委员会
市国家税务局	湖南省国税系统法治税务示范基地	湖南省国家税务局
	湖南省国税系统先进集体	
九三学社醴陵工委	先进基层组织	九三学社湖南省委
白兔潭镇	全省新型城镇化试点镇	湖南省新型城镇化办公室
市档案史志局	2015 年度全省档案宣传工作先进集体	湖南省档案局
市阳三石街道、枫林镇	第三批“湖南省乡镇（街道）统计工作规范化建设先进单位”（2014 年）	湖南省统计局
市疾病预防控制中心	中国全球基金湖南省结核病项目先进集体（2013–2014 年）	湖南省结核病控制项目办公室
	2014 年度性病艾滋病防治综合管理工作先进单位	湖南省疾病预防控制中心
市农药监管站	2015 年度湖南省农药协会先进单位	湖南省农药协会
市农村经营管理局	湖南省 2015 年度农村土地承包经营权确权登记颁证工作先进单位	湖南省农村土地承包经营权确权登记颁证工作联席会议办公室
市水稻高产栽培综合配套技术推广	2015 年度省农业丰收奖二等奖	湖南省农业委员会办公室
明月镇陶家垅村	全省村级集体经济发展奖	
市畜牧水产局	2015 年度全省养殖业信息宣传工作先进单位	湖南省畜牧水产局
市移民局	2015 年全省移民工作先进单位	湖南省水库移民开发管理局
市国瓷街道国光社区	2015 年湖南省科普示范社区	湖南省科学技术协会 湖南省财政厅
市嘉树镇	2015 年度湖南省计划生育依法行政示范单位	湖南省卫生和计划生育委员会
市教育局	湖南省教育阳光服务优秀单位	湖南省教育厅
	2015 年国培计划“送培到县”示范性培训项目工作先进单位	湖南省中小学教师发展中心
市第一中学	湖南省安全文明校园	湖南省综治委、教育厅、公安厅
	湖南省学校心理健康教育工作先进单位	湖南省教育学会、学校心理教育专业委员会
	湖南省教育科学研究工作协会先进会员单位	湖南省教育科学研究工作者协会
	湖南省课程教育改革样板校	湖南省教育厅
	湖南省示范性普通高中督导评估 2015 年度奖	
市第四中学	湖南省第三批生态文明示范学校	
市残疾人联合会	湖南省人民政府 2014 年为民办实事项目贫困残疾人家庭无障碍改造工程先进单位	湖南省残疾人联合会
市农机局农机安全监理站	2014–2015 年度全省农机安全监理“为民服务创先争优”示范窗口单位	湖南省农业机械管理局
市法制办	湖南省依法行政工作先进集体	湖南省人民政府法制办公室

2015 年株洲市（条线）先进单位、集体

表 18

获奖单位	奖励（命名）名称	授予（命名）单位
市安全监督管理局	株洲市安全生产红旗单位	中共株洲市委、株洲市人民政府
阳三石街道、原南桥镇、白兔潭镇、沈潭镇、泗汾镇	株洲市 2015 年安全生产先进单位	
嘉树镇、沈潭镇、官庄镇、板杉镇、石亭镇、左权镇	株洲市平安乡镇（街道）	
原南桥镇、白兔潭镇、沈潭镇、泗汾镇、阳三石街道	株洲市安全生产先进单位	
市官庄镇、阳三石街道、石亭镇、孙家湾镇、李畋镇、板杉镇、东富镇、船湾镇、沩山镇、嘉树镇、左权镇、来龙门街道、枫林镇	株洲市社会治安综合治理先进乡镇	
沈潭镇、均楚镇、泗汾镇、原枫林市乡、清水江乡、东堡乡、黄獭嘴镇	株洲市人口和计划生育工作先进单位	
原孙家湾乡、板杉乡、嘉树乡、栗山坝镇、新阳乡、神福港镇	株洲市人口和计划生育工作模范单位	
市人武部	安全管理先进单位	株洲市军分区
	新闻报道先进单位	
官庄镇	株洲市先进基层武装部（2014 年）	
市交通运输局	2015 年春运工作先进单位	株洲市人民政府
	2015 年度安全目标管理先进单位	
	2015 年度交通运输发展目标管理考核先进单位	
市总工会	株洲市 2015 年度工会工作红旗单位	株洲市总工会
	株洲市“当好主力军·建功中国梦”2015 年“中国动力谷杯”职工书画大赛优秀组织奖	
	株洲市“中国梦·劳动美”职工法律知识竞赛优秀组织奖	
市公交公司 2 路公交车队	株洲市“工人先锋号”	
醴陵经济开发区工会、市自来水公司工会	株洲市优秀基层工会	
市公安局工会、市交通运输局工会、市财源塔社区工会、市陶润实业发展有限公司工会	株洲市模范职工之家	
市公路局工会	株洲市职工之家示范基地	
市来龙门街道、卫生和计划生育局、城市管理和行政执法局、国土资源局、经济科技信息化局、民政局、醴陵华鑫电瓷科技股份有限公司、醴陵神马发展有限公司、湖南醴陵农村商业银行股份有限公司	株洲市 2015 年度文明单位	株洲市精神文明建设指导委员会

续表 18—1

获奖单位	奖励（命名）名称	授予（命名）单位
市教育局、姜湾小学	未成年思想道德建设工作先进集体	株洲市精神文明建设指导委员会
市渌江投资控股集团有限公司	株洲市 2015 年度文明建设标兵单位	
市沩山镇、板杉镇擂鼓桥村、茶山镇东岗村	株洲市 2015 年度文明村镇	
市公安局交通警察大队车辆管理所	株洲市 2015 年度文明窗口	
市教育局、文化市场综合执法局	2015 年度株洲市创建文明城市工作先进集体	
市来龙门街道四塘社区	2015 年度株洲市创建文明城市工作文明社区	
耿传公祠、醴陵世界陶瓷艺术城	2015 年度株洲市创建文明城市工作文明景区	
沈潭镇残联	株洲市残联工作示范乡镇	株洲市残联
市国库管理局	株洲市青年文明号	共青团株洲市委
市公安局团总支	株洲市五四红旗团总支	
市公安局	2014 年度全市公安机关健康警队建设工作成绩突出集体	株洲市公安局
	2014 年度全市公安机关命案侦破工作先进单位	
	2014 年度全市公安机关打黑除恶工作先进单位	
	2014 年度全市党风廉政建设工作先进集体	
	2014 年度全市公安政治工作先进单位	
	2015 年度全市公安机关命案侦破工作先进单位	
	2015 年度全市公安机关打击涉毒犯罪工作先进单位	
	2015 年度全市公安机关治安重点案件侦破工作先进单位	
	2015 年度全市公安机关工作绩效与队伍建设评估优秀单位	
	2015 年度全市公安机关警务督察工作成绩突出集体	
	2014 年度全市消防工作先进单位	株洲市消防安全委员会
	全市禁毒工作先进单位	株洲市禁毒委员会
	2014 年度住房公积金管理优秀单位	株洲市住房公积金管理中心
市公安局刑事侦查大队	2015 年度全市公安机关优秀随岗培训点	株洲市公安局
市西山派出所	2014 年度全市公安机关“星级食堂”建设工作成绩突出集体	
市来龙门派出所	2015 年度人口与计划生育综合治理工作先进单位	株洲市公安局
市国家税务局	株洲市国税系统绩效管理先进集体	株洲市国家税务局
市地方税务局	株洲市地税系统绩效考评先进单位	株洲市地方税务局
九三学社醴陵市工作委员会三支社	株洲市先进支社	九三学社株洲市委
市档案史志局	株洲市档案宣传工作先进单位	株洲市档案局
市中（一）医院感染科	株洲市医院感染管理先进单位	株洲市医院感染管理质量控制中心
市中（一）医院骨一科、放射科	株洲市优秀护理团队	株洲市护理学会

续表 18—2

获奖单位	奖励（命名）名称	授予（命名）单位
市妇幼保健计划生育服务中心	株洲市医药价格管理工作先进单位	株洲市物价局
市李立三故居	株洲市旅游业发展优秀单位（2014 年）	株洲市旅游业发展领导小组办公室
市文化体育广电新闻出版局	株洲市文物信息工作先进单位（2014 年）	株洲市文物局
市妇女联合会	株洲市妇女工作红旗单位	株洲市妇女联合会
	2012–2015 年株洲市禁毒工作先进集体	
市林业局	创建国家城市先进单位（2014 年）	株洲市创建国家森林城市领导小组
市委党校	2015 年度科研工作先进单位	中共株洲市委党校、株洲行政学院
市教育局	株洲市 2015 年“全面改薄”工作先进单位	株洲市教育局
市第一中学	湖南省高中教育质量建设先进单位	
	株洲市国考优秀考点	株洲市教育招生考试委员会
市第二中学	2015 年株洲市高中教育质量建设突出贡献单位	株洲市教育局
市白兔潭镇中心学校、沈潭镇中心学校	株洲市 2015 年教育事业统计工作先进单位	
市德才外语学校	骨干民办学校（中职类）	
市东富中学	株洲市“两型”示范单位	株洲市两型办
市交通运输局 市公安局交通警察大队	2015 年度株洲市春运工作先进单位	株洲市春运领导小组
市沈潭镇	株洲市残疾人工作示范单位	株洲市残联
	株洲市卫生乡镇	株洲市爱卫办
明月镇档梓山村、寺冲村、新台村、七星村	株洲市卫生村	株洲市爱卫办
枫林镇枫林市村、黄村	株洲市“美丽乡村”	株洲市农办
市泗汾镇	株洲市“绿色乡镇”	株洲市绿委会

2015 年醴陵市级先进单位、集体

表 19

获奖单位	奖励（命名）名称	授予（命名）单位
市人力资源和社会保障局	文明建设红旗单位	中共醴陵市委、 醴陵市人民政府
原官庄乡	社会管理综合治理工作先进单位	
原阳三石街道、清水江乡、东堡乡、嘉树乡、新阳乡、来龙门街道、枫林市乡、白兔潭镇、沈潭镇、泗汾镇、黄獭嘴镇	社会管理综合治理先进乡镇（街道）	
原官庄乡大横江村、阳三石街道向阳社区、清水江乡国强富村、东堡乡大林村、嘉树乡荷树村、新阳乡鱼梁桥村、来龙门街道丁家房社区、来龙门街道北门社区、枫林市乡枫林市村、白兔潭镇佘溪村、沈潭镇新田村、泗汾镇石虎村、黄獭嘴镇黄獭嘴居委会	社会管理综合治理先进村（居）委会、社区	

续表 19-1

获奖单位	奖励（命名）名称	授予（命名）单位
市财政局、交通运输局、安监局、教育局、原计生局、环保局、林业局、地税局、统计局、行业办、原房产局、原人事局、广播电视台、农机局、原工商局、醴陵中油燃气公司	社会管理综合治理先进单位	中共醴陵市委、醴陵市人民政府
市人力资源和社会保障局	安全生产先进单位	
市人力资源和社会保障局劳动监察队	文明建设先进单位	
市监察局	计划生育工作先进单位	
	安全生产工作先进单位	
原枫林市乡、市招商局、劳动保障局、公安局、编办、文物局、仙岳山街道财源塔社区、孙家湾镇孙家湾村、金利来礼花弹厂、湖南仙凤瓷业有限公司	2015 年度文明建设红旗单位	
原新阳乡、嘉树乡、长庆示范区、市统计局、民政局、第二中学、安监局、规划局、信访局、总工会、醴陵恒茂电子科技有限公司、市委办综调室、市委组织部干部综合科、市人大机关、市劳动保障监察大队、国家金库醴陵市支库、市商务综合执法大队、婚姻登记处、林业局林业产权管理站、工商局茶山岭工商所、交通运输局道路运输管理所、白兔潭中心卫生院、教育局教育教学研究室、公安消防中队、自来水公司、土地征用安置中心、公安局治安大队、来龙门街道上洲村、来龙门街道胜利社区、国瓷街道石墩村、国瓷街道车墩桥社区、兆荣瓷业有限公司、阳三石街道企石村、长庆示范区山峰村、长庆示范区中心学校、湖南正阳精密陶瓷有限公司、李畋镇裕民村、通达建筑工程有限公司、白兔潭镇田心村、浦口镇洋川村、沩山镇大林村、东富镇新莲村、泗汾镇淇田村、沈潭镇江口村、船湾镇船湾村、船湾镇文山村、大障永发出口花炮厂、明月镇水口山村、嘉树镇荷树村、茶山镇转步村、均楚镇岱兴桥村、茶山镇梅筱村、石亭镇妙泉村、板杉镇枫树桥村、左权镇陈家湾村、左权镇清安铺村、枫林镇大湾村、枫林镇马家冲村、官庄镇大口坪村	2015 年度文明建设先进单位	

先进个人

2015 年全国（条线）先进个人

表 20

获奖个人	奖励（命名）名称	授予（命名）单位
叶志刚	全国劳动模范	国务院
杨　庆	全国教育课程改革先进个人	中国教育学会
张本忠	全国模范司法所所长	国家司法部
欧国荣	2015 年度全国公路系统优秀党务工作者	全国公路职工思想政治工作研究会

2015 年湖南省（条线）先进个人

表 21

获奖个人	奖励（命名）名称	授予（命名）单位
邓立平	全省农业技术推广与科普先进个人	湖南省农业委员会
肖国平	湖南省先进工作者	湖南省人民政府
潘尧生	湖南省第五届道德模范	湖南省精神文明建设指导委员会
黄向阳、王旭明、傅德毛	省级优秀社员	九三学社湖南省委
李四红	“大美民政　最美湘女”	湖南省民政厅
张　忠	2015 年度全省养殖业信息宣传工作先进单位	湖南省畜牧水产局
姚战国	全省公安监所安全管理工作成绩突出个人	湖南省公安厅
苏升起	全省公安政治工作成绩突出个人	

2015 年株洲市（条线）先进个人

表 22

获奖个人	奖励（命名）名称	授予（命名）单位
刘迎春	株洲市先进工作者	株洲市人民政府
杨冬发、钟国建、周文峰	株洲市“综治工作先进个人”	株洲市综治委
高开军、胡炼红、肖小武、瞿海翔、荣　伟、田安平、汪　洋、王文开、宋　恒、谭小林、吴文辉、陈桂发、王根源、邹丁睦、顾宏宇、邹有权、吴章令、胡竹莲、田瑞宜、张龙新、罗　谷、杨　钟、廖　莉、谢　斌	株洲市 2015 年度文明建设文明公民	株洲市精神文明建设指导委员会
钟飞跃、易湘军、张根明	2015 年度株洲市创建文明城市工作先进个人	
黄先晃	株洲市劳动模范	株洲市人民政府
陈佳艺芳	株洲市五一劳动奖章	株洲市总工会
	株洲市最美班组长	
彭　利	株洲“百优教师”	株洲市教育局
丁　平、杨　军	2015 年株洲市级创新型校长	株洲市教育局、教育科学研究所、创新教育协会
廖立梅	株洲市医院感染管理先进个人	株洲市医院感染管理中心质量控制中心
兰沙丽、吴　丹、陈　维	株洲市优秀护士	株洲市护理学会
易秋明、董　纯、周　敏、唐　意	三等功	株洲市公安局
黄长景、谭程隆、汪建华	嘉　奖	
张伟航	2014 年度社会管理综合治理工作先进个人	
	2015 年全市公安机关党风廉政建设工作先进个人	

续表 22—1

获奖个人	奖励（命名）名称	授予（命名）单位
徐秋珍	2014 年度人口与计划生育综合治理工作先进个人	株洲市公安局
	2015 年度人口与计划生育综合治理工作先进个人	
苏兆清	2015 年度全市公安机关警务督察工作成绩突出个人	
吴　杰	2015 年度全市公安机关优秀兼职教官	
陈红霞	2014 年度住房公积金管理优秀专管员	株洲市住房公积金管理中心

2015 年醴陵市级先进个人

表 23

获奖个人	奖励（命名）名称	授予（命名）单位
曾　敏、陈朝科、张家根、兰文勇、朱庆祝、罗洪龙、张家富、周卫东、黎建辉、刘　斌、欧阳建新、吴德根、姜　丹、尹杰斌、汪年春、王小兰、蔡红波、吴祖良、张友琴、周　敏、刘　欢、汤维和、漆文亮、成若军	全市社会管理综合治理工作先进个人	中共醴陵市委、醴陵市人民政府
陈朝科、肖小武、杨冬发、郭　晖、苏　凯、付益田、张有余、何春辉、周承进、吴均成、丁　瑜、黄玲香、刘平辉、彭邵陵、张和平、丁全生、周江龙、龙汉元、欧阳建新、李国平、杨升良、吴拥军、王喜桂、李炳徽、杨　钟、张　斌、张水良、陈德政、聂　森、黄显兵、张文君、杨　军、王柏强、吴冬升、何俊明、易智勇、颜自立、欧智文、吴　剑、孙　智、廖善民、钟娅奇、邓六三、杨　庆、王茹辉、贺　鹏、杨　锐、丁祥军、姚红波、李　志、张建红、郭争光、黎志敏、徐　文、易康源、文　斌、曾飞鹏、张　忠、张晓林、孙　平、蒋铁奇、谢甘霖、汪　晋、邓亚平、陈　莹、张致铁、张孝强、易　军、柳　叶、钟成勇、曾　丽、潘　丽、龙　芳、翁进越、王清波、郝维青、刘午平、刘　毅、肖　武、万小平、郭拥军、周春芳、张　瑜、张本忠、黄米军、郭克娜、刘牡艳、朱　浩、史秋林、杨颖异、钟　婷、李　田、付宗德、吴明清、朱振甲、钟　刚、肖祥早、黄　波、石金友、柳　鹏、朱先志、郑国荣、朱伟萍、邹伏德、叶向阳、张治宏、王建林、文智勇、刘国云、彭　蓉、廖作泉、汪再庚、付明平、杨晓琪、苏武昌、魏　峰、黄德林、董和华、钟建华、贺卫兵、贺发林、欧阳正国、李伟峰、张　敬、汤胜德、邹香根、马铁山、杨仁开、周全余、许忠国、刘慧思、王罗平、刘铁怀、张　婉、胡道明、刘春晖、张　信、施祖泰、付铁棉、黎　华、江海斌、李知花、付毛生	2015 年度文明建设先进个人	

（兰　芳）

醴陵市新型农村合作医疗管理委员会办公室

主　任　郭陆军

领导班子

到学校走访慰问学生

新农合报销窗口

工作人员核对报销票据

醴陵市妇幼保健计划生育服务中心

LI LING SHI FU YOU BAO JIAN JI HUA SHENG YU FU WU ZHONG XIN

原卫生部部长、中国妇幼保健协会会长张文康（左二）到中心考察

实施婚姻登记和免费婚检“一站式”服务

中心分部揭牌仪式现场

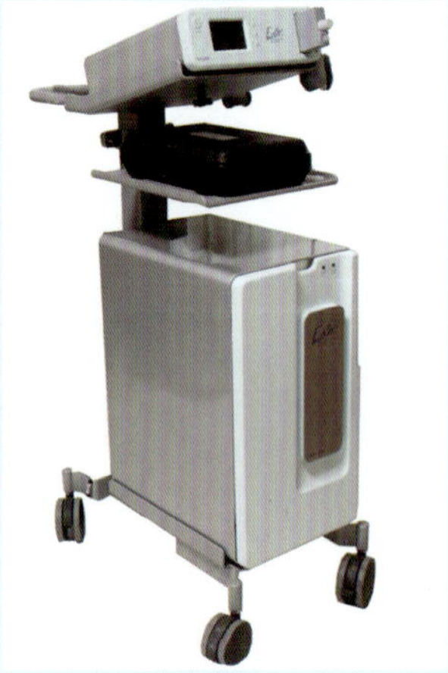

安珂真空辅助全自动乳腺微创旋切系统

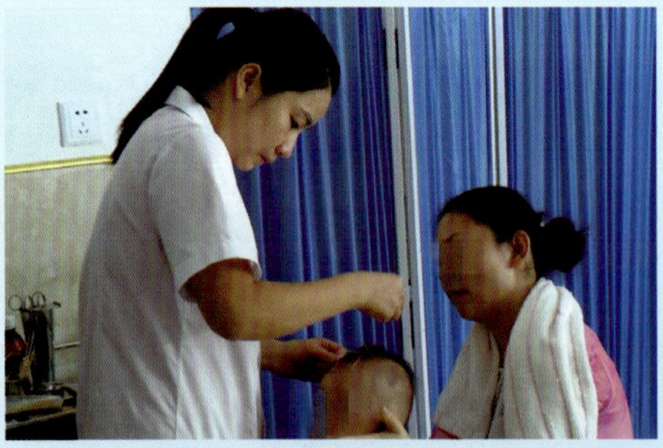

全市首推儿童绿色疗法——针灸推拿治疗幼儿脑损伤

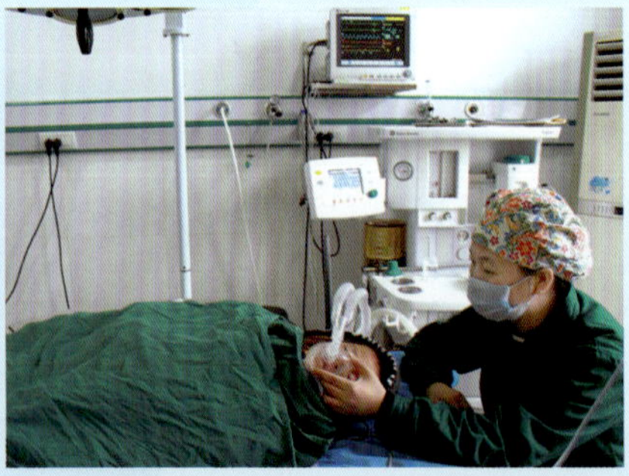

全市首家开展小儿全凭七氟烷吸入诱导全麻＋喉罩技术

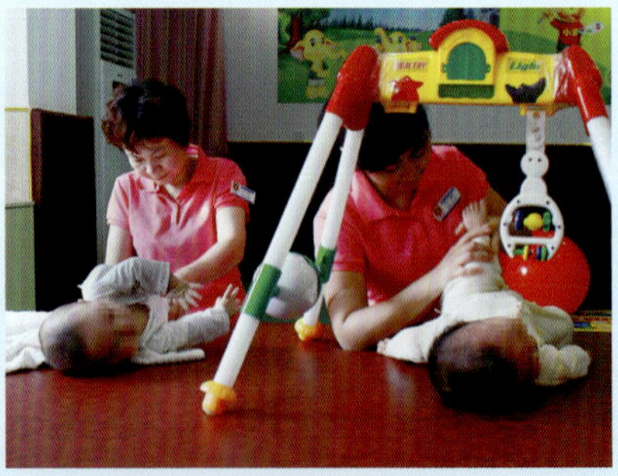

儿童脑损伤康复训练

醴陵市明月中心卫生院

LI LING SHI MING YUE ZHONG XIN WEI SHENG YUAN

院　长　李芳华

医护人员合影

药房一角

爱岗敬业的医护工作者

新建的公卫大楼

住院部

醴 陵 市 长

LI LING SHI CHANG

党工委书记　黄振伟

主　任　汤铁龙

株洲市委常委、市委秘书长，时任醴陵市委书记周晓理到示范区调研

市委常委、副市长廖宏力，市委常委、市委秘书长贺小玲到示范区指导工作

湖南陶瓷技师学院落户示范区，图为项目启动建设仪式现场

珊田安置区开工典礼

庆示范区

QING SHI FAN QU

便民服务中心

机关办公大楼

拆除违法建筑

区内的沪昆高铁醴陵东站

醴陵市来龙门

LI LING SHI LAI LONG MEN

人大工作室主任　蒋红专

党工委书记　彭亿安

党工委副书记、主任
姚　武

2015 年，办事处辖区面积 17.65 平方公里，下辖 2 个村、7 个社区（居委会），总人口近 10 万人，其中常住人口 88952 人。境内有各级各类行政企事业单位 185 个，有陶瓷、服装、食品等专业市场 6 个、大型超市 5 个、有私营企业和个体工商户 4591 家，有先农坛博物馆、文庙、东禅寺、三刀石、陈明仁故居等历史名胜古迹，是全市城市管辖面积最大、人口最多的一个街道办事处。全年完成规模工业总产值 9.21 亿元，比上年同期增长 54.53%；工业固定资产投资 5.2 亿元，是年计划的 110%。完成税收任务 2.24 亿元，为考核任务的 108.03%。成功引进东城壹品、湘东医院门诊综合大楼等项目 4 个，到位资金 5.4 亿元，是年计划的 104%。年末，被评为株洲市“2015 年度文明建设先进单位”、“社会管理综合治理先进单位”、“军分区 2015 年度先进基层武装部”和醴陵市“安全生产”工作先进单位等。

领导班子

街道办事处

JIE DAO BAN SHI CHU

省军区司令员黄跃进（右二）到街道调研

株洲市委常委、市委秘书长，时任醴陵市委书记周晓理到街道处检查指导

上门做拆迁户思想工作

到福利院慰问五保老人

办公大楼

拆除房屋确保李畋中路按期通车

醴陵市国瓷

LI LING SHI GUO CI

左起依次为人大工作室主任余波、党工委书记孙平、主任李友鹏、政协联络工作主任委员李自力

领导班子

党工委书记孙平走访学校

主任李友鹏现场指导征地拆迁

街道办事处

JIE DAO BAN SHI CHU

工作部署推进会

“十佳党员”暨“平安家庭示范户”表彰大会

征地拆迁工作如火如荼

消防知识讲座

防灾减灾宣传

醴陵市阳三石

LI LING SHI YANG SAN SHI

市委常委、宣传部长曾毅鹏到街道办事处调研

市委常委、市委秘书长贺小玲到辖区企业指导工作

市委常委、政法委书记黎平深入辖区企业督查

“两学一做”学习教育工作暨上半年经济工作调度大会

街道办事处

JIE DAO BAN SHI CHU

开展优良传统教育学习活动

“五问工作法”汇报会

办事处领导带队招商引资

辖区电瓷企业厂区和产品展示

醴陵市仙岳山

LI LING SHI XIAN YUE SHAN

人大工作室主任　王生如

党工委书记　周细平

主　任　尹依文

政协联络工作主任委员
宋　恒

领导班子

组织干部慰问留守儿童

办公大楼

街道办事处

JIE DAO BAN SHI CHU

市委常委、宣传部部长曾毅鹏到办事处指导工作

办事处领导到企业走访

“七一”受表彰优秀党员合影

红色讲堂

渌江书院修缮整治工程

渌江风光带

醴陵市李畋镇

LI LING SHI LI TIAN ZHEN

左起依次为人大主席文洪国、党委书记陈朝科、镇长付兴乾、政协联络工作主任委员邓实奇

市委常委、常务副市长邹志超到镇考察防汛及水利工程建设情况

2015 年度文明建设总结表彰大会

“关爱儿童，守望成长”活动现场

花炮祖师李畋故居——麻石村

茄子种植基地

醴陵市白兔潭镇

LI LING SHI BAI TU TAN ZHEN

领导班子

市长康月林到镇调研

检查花炮安全生产

"两学一做"学习教育工作会议

新农村建设

镇大棚蔬菜基地

醴陵市浦口镇

LI LING SHI PU KOU ZHEN

党委书记　王　平

镇　长　邓元新

市长康月林到镇指导工作

组织对老年人免费体检

镇大门及办公大楼一角

村文体活动

醴陵市王仙镇

LI LING SHI WANG XIAN ZHEN

左起依次为人大主席邹正大、党委书记郭中阁、镇长文庆、政协联络工作主任委员田芳宇

领导班子

省委常委、宣传部部长张文雄（左六）到镇调研

市长康月林一行到镇督导安全生产工作

召开安全生产工作暨百日执法“飓风”行动动员大会

副市长、市公安局局长颜文明带队到镇督查安全生产工作

醴陵市沩山镇

LI LING SHI WEI SHAN ZHEN

领导班子

株洲市军分区政委胡鹏飞到镇指导扶贫工作

株洲市水务局党组书记、局长朱剑波到沩山村精准扶贫

市长康月林到镇督查安全生产工作

沩山陶瓷古窑

醴陵市东富镇

LI LING SHI DONG FU ZHEN

领导班子

平安创建宣传

LI LING SHI DONG FU ZHEN

中国共产党东富镇第十三次代表大会

毛泽东考察湖南农民运动纪念地——东富寺

镇敬老院

驻镇企业——旗滨玻璃集团

醴陵市沈潭镇

LI LING SHI SHEN TAN ZHEN

领导班子

市委常委、纪委书记易文星（左一）到镇走访调研

镇党委书记杨翔慰问贫困家庭

庆“七一”表彰大会

安全生产街头宣传

关爱留守儿童

醴陵市泗汾镇

LI LING SHI SI FEN ZHEN

领导班子

市委常委、纪委书记易文星到镇泗汾村指导工作

市领导到茂田村指导党建工作

粮食生产工作会议

农业部水稻高产创建整乡整建制推进试点乡镇

村级道路建设

醴陵市孙家湾镇

LI LING SHI SUN JIA WAN ZHEN

领导班子成员

孙家湾村党支部书记叶志钢被评为全省优秀党务工作者，图为颁奖现场

计划生育工作半年度述职大会

株洲市卫计委主任张纯良（左一）到孙家湾村考察

驻镇企业——陶润实业发展有限公司

镇办公大院一角

醴陵市明月镇

LI LING SHI MING YUE ZHEN

左起依次为人大主席王军、党委书记颜少龙、镇长张庆文、政协联络工作主任委员李国平

株洲市委常委、市委秘书长，时任醴陵市委书记周晓理到镇便民服务中心指导工作

镇全体机关干部会议

中共明月镇第一次党代会

办公楼一角

辖区内南四区苏维埃革命纪念馆

醴陵市船湾镇

LI LING LI LING SHI CHUAN WAN ZHEN

领导班子

市委副书记刘海宾到镇看望困难党员

党委书记彭亿安到鞭炮企业检查安全生产工作

镇长刘森现场指导抗洪救灾

镇服饰企业自动生产线

醴陵市嘉树镇

LI LING SHI JIA SHU ZHEN

左起依次为人大主席邹培锋、党委书记丁武华、镇长郭晖、政协联络工作主任委员谭小林

镇领导带头义务植树

中国共产党嘉树镇第一次代表大会

镇便民服务中心一角

领导班子

驻镇企业——华联瓷业厂区

镇炻瓷企业生产车间

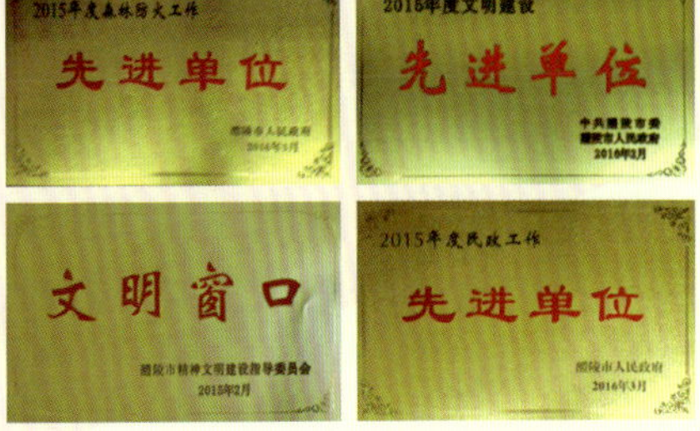

醴陵市石亭镇

LI LING SHI SHI TING ZHEN

左起依次为人大主席万丽娟、党委书记孙勇、镇长胡修文、政协联络工作主任委员田春耕

市长康月林在镇领导的陪同下现场指导“欢乐潇湘·五彩醴陵”活动

领导班子

便民服务中心一角

组队参加“欢乐潇湘·五彩醴陵”端午乐三天龙舟赛

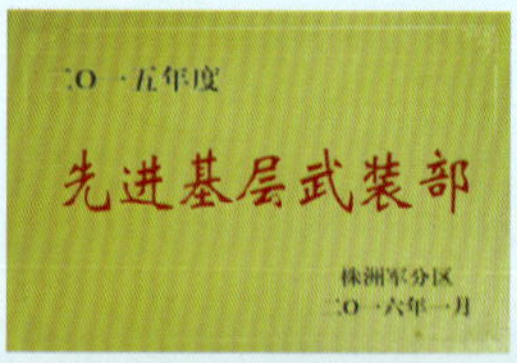
二〇一五年度

先进基层武装部

株洲军分区
二〇一六年一月

2015年度全市“三高”竞赛活动

先进单位

中共醴陵市委办公室
醴陵市人民政府办公室
2016年3月

2015年度森林防火工作

先进单位

醴陵市人民政府
2016年3月

醴陵市均楚镇

LI LING SHI JUN CHU ZHEN

党委书记　苏继峰

镇　长　卢炼钢

市委常委、政法委书记黎平到镇调研

市委常委、组织部部长刘华章到镇周坊村精准扶贫

“五问工作法”汇报会议

开展“6·26”国际禁毒日宣传活动

“七一”表彰大会，群众评选的10位“最美共产党员”获表彰

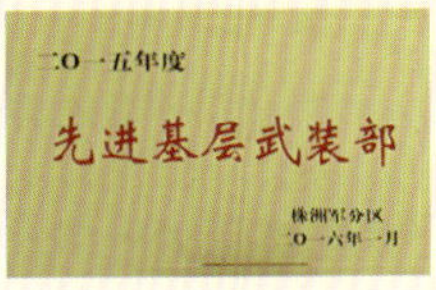

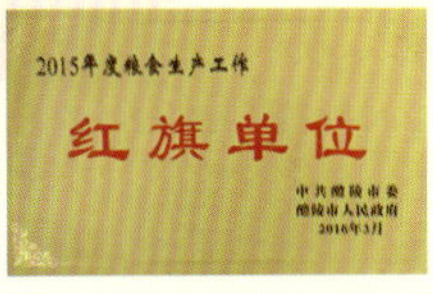

醴陵市茶山镇

LI LING SHI CHA SHAN ZHEN

左起依次为人大主席邱红星、党委书记余建明、镇长彭湘玲、政协联络工作主任委员段辉建

领导班子

株洲市委常委、市委秘书长，时任醴陵市委书记周晓理到镇督查企业安全生产工作

市长康月林一行到枫树山村考察

辖区优美的乡村风貌

醴陵市左权镇

LI LING SHI ZUO QUAN ZHEN

左起依次为人大主席文万艳、党委书记何柢、镇长苏凯、政协联络工作主任委员姜丹

建制村合并工作大会

中国共产党左权镇第一次代表大会

庆祝中国共产党成立 95 周年表彰大会

检查安全生产

办公区一角

醴陵市枫林镇

LI LING SHI FENG LIN ZHEN

领导班子

耿飚之子耿志远（前排左三）一行到醴陵参观耿传公祠

中共枫林镇第一次代表大会

市主要领导出席在辖区举办的“黄乡民居·田园乐翻天”开幕式

“黄乡民居·田园乐翻天”活动现场

醴陵市板杉镇

LI LING SHI BAN SHAN ZHEN

人大主席　董秋平

党委书记　彭卫东

镇　长　刘　敏

政协联络工作主任委员
温水淋

领导班子

财政部农业司司长吴奇修（右一）一行到镇擂鼓桥村视察油茶基地

全市莲株高速公路征地拆迁工作动员大会在镇召开

镇大门

中国共产党板杉镇第一次代表大会

辖区万亩荷花基地

醴陵市官庄镇

LI LING SHI GUAN ZHUANG ZHEN

左起依次为人大主席李明林、党委书记姚飞勇、镇长王成根、政协联络工作主任委员谭宏治

省扶贫核查小组到镇鹅颈村贫困户家中实地走访调研

官庄水库船舶收购工作动员大会

风景如画的官庄水库

醴陵旗滨玻璃有限公司

LI LING QI BIN BO LI YOU XIAN GONG SI

醴陵旗滨玻璃生产基地效果图

生产厂房

生产车间一角

篮球比赛

乒乓球比赛

液氨重大危险源应急演练

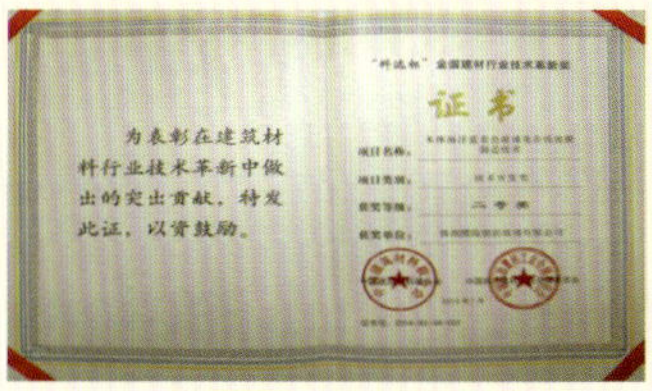

证书

为表彰在建筑材料行业技术革新中做出的突出贡献，特发此证，以资鼓励。

授予：株洲旗滨集团股份有限公司

湖南省"守合同重信用"单位称号

(2014年度)

株洲市认定

企业技术创新中心

株洲市经济和信息化委员会

二〇一五年九月

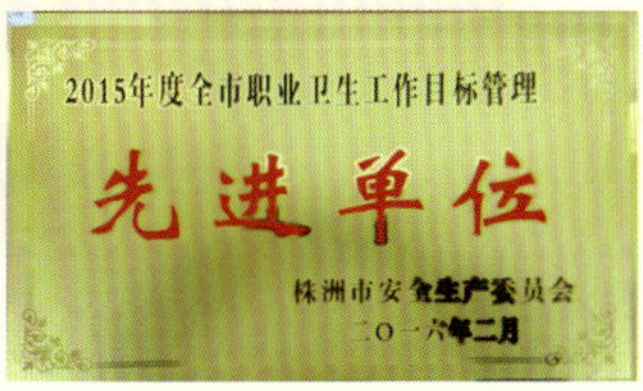

2015年度全市职业卫生工作目标管理

先进单位

株洲市安全生产委员会

二〇一六年二月

醴陵市档案史志局

LI LING SHI DANG AN SHI ZHI JU

《醴陵年鉴》编辑人员

株洲市志办主任李一平（中）到醴陵调研地方志工作

“两学一做”学习教育辅导会

地方志工作人员查阅资料

《醴陵市志》一、二卷及部分部门志

部分编研资料合集

中共醴陵市委　醴陵市人民政府
关于印发《醴陵市工业强市实施意见》和
《醴陵市工业强市十条政策》的通知

醴发〔2015〕1号

各乡镇党委、人民政府，各街道党工委、办事处，长庆示范区党工委、管委会，市直有关单位，驻醴有关单位：

现将《醴陵市工业强市实施意见》和《醴陵市工业强市十条政策》印发给你们，请认真遵照执行。

中共醴陵市委
醴陵市人民政府
2015年1月13日

醴陵市工业强市实施意见

为贯彻落实湖南省委、株洲市委2015年经济工作会议精神，主动适应经济发展新常态，着力推进“三量齐升”，大力推进“四化两型”，不断加快推进新型工业化进程，结合醴陵实际，特提出我市工业强市实施意见如下：

一、指导思想

以科学发展观为指导，紧扣“新创业、新醴陵，打造发展升级版，建好湖南东大门”战略目标，大力实施工业强市战略，加快推进工业转型升级，着力推动结构调整、有效投资、创新驱动，促进“两化”融合、安全发展、绿色发展、科学发展，不断提高经济发展的质量和效益。

二、发展目标

加快工业转型升级，力争工业发展走在株洲乃至全省前列，工业经济竞争优势进一步提升。

（一）质量效益持续增长。今后5年，规模以上工业增加值年均增长13%，税收年均增长10%，工业用地平均产出效益年均增长10%。

（二）产业结构不断优化。大力推进传统产业转型升级，扶持壮大陶瓷、花炮、玻璃、交通装备、服饰五大产业，着力引进战略性新型产业，构建“5＋X”多极支撑产业体系，推进经济发展方式根本性转变。到2018年，高新技术产品和新产品工业增加值占全市GDP比重达30%以上，其中新兴产业占比达到10%以上。重点行业过剩产能逐步得到化解，“低、小、散”行业落后企业加快退出。“机器换人”、“空间换地”取得明显成效。

（三）重大项目积极推进。制定产业发展导向目录，每年重点推进十项重大工业项目；工业固定资产投资年均增长25%，其中技改投入占比达到70%。

（四）企业龙头培育壮大。积极培育壮大企业龙头，大力实施“5123”工程，力争用5—8年时间，培育年主营业务收入过10亿企业10家，过5亿企业20家，过亿元企业300家。

（五）产业平台作用明显。加快经开区、长庆示范区等基地平台建设，力争经开区创建为国家级经开区和国家新型工业化示范基地，抓好国家级电瓷电器检测中心、日用瓷产品质量（国家、省）监测站、花炮检测中心、产品研发中心、泥釉模供应中心、人才培训中心、产品展示中心、市场营销中心等平台建设及打造“两化”融合重点平台，使龙头企业电子商务实现全覆盖、中小企业电子商务普及率达70%，“电商换市”取得明显成效。项目承载能力和特色产业集中度进一步提高。

（六）企业上市稳步推进。力争到2018年实现上市企业2家，完成融资总额50亿元。

（七）产业集群品牌做专做强。全力做好“醴陵陶瓷”、“醴陵釉下五彩瓷”、“醴陵红瓷”、“醴陵烟花”、“醴陵花炮”、“醴陵鞭炮”六个地理标志证明商标的使用保护工作，发挥其应有的经济效益和社会效益，同时带动发展行业子品牌，形成区域品牌集群，实现产品经营向品牌经营的转变，提高产业竞争力。

三、工作重点

（一）强化工业投资

1. 抓项目优化。结合我市现有产业实际，重点引导陶瓷、花炮、汽车零配件、轨道交通装备、玻璃、花炮机械、陶瓷机械等产业一体化发展，提升壮大一个战略性新兴产业，从源头上限制高能耗、高污染、低产出的落后产能，为优势企业转型发展腾出空间、预留环境和资源容量。着力发展低碳经济、绿色经济、循环经济，以增量优化带动存量调整。[牵头单位：市经信局，主要参与单位：市发改局、市科技局、市环保局、市花炮局、市质监局、市工商局、各乡镇（街道）、长庆示范区、经开区各相关内设办局]

2. 抓招商引资。坚持把招商引资作为推进工业转型升级的主抓手，招大项目，引大资金。结合我市工业实际情况，调整优化招商引资政策，积极引进一批事关全市工业发展的大企业、对主导产业发展起重要作用的大项目、带动工业全面提升的新兴产业，以增量发展促进存量提升。[牵头单位：市招商局，主要参与单位：市商务局、市经信局、各乡镇（街道）、长庆示范区、经开区各相关内设办局]

3. 抓项目储备。抓好工业项目库建设，每年梳理一批重点工业项目，不断扩大项目总量。既注重项目数的增量，更注重项目质的提升。[牵头单位：市经信局，主要参与单位：市发改局、市招商局、市科技局、市商务局、各乡镇（街道）、长庆示范区、经开区各相关内设办局]

4. 抓促建促产。健全“市级领导联系项目”制度，全力推进项目建设。简化项目审批手续，建立工业项目审批绿色通道，针对工业项目交地、开工、建设等环节，建立督查机制，开展定期、不定期督查，加快项目建设进度，促进项目早投产。[牵头单位：市委办、市政府办，主要参与单位：市监察局、市优化办、市经信局、市国土资源局、市规划局、各乡镇（街道）、长庆示范区、经开区各相关内设办局]

（二）优化平台支撑

1. 推进园区发展平台建设。贯彻落实株洲市《关于促进产业园区发展升级的若干意见》相关文件精神，进一步深化“一权两制一司”体制机制改革，激发园区发展活力。编制园区规划，完善基础设施，增强集聚功能，培育产业集群，大力推动企业、项目向园区集中，要素、人才向园区集聚，全力创建国家级经济开发区。[牵头单位：经开区管委会，主要参与单位：市发改局、市经信局、市商务局、市国土资源局、市规划局、市住建局]

2. 加大中小企业创业基地建设。整合现有资源，通过政府自建、合作共建等多种方式，鼓励投资者投资建设小企业创业基地，为小微企业创建、发展提供良好的孵化平台；加大对小企业创业基地的扶持力度，进一步完善基础设施，挖掘发展空间，提升基地的服务功能。[牵头单位：市经信局，主要参与单位：市发改局、市财政局、市劳动保障局、市国土资源局、市工商局、经开区各相关内设办局]

3. 健全完善中小企业公共服务体系。围绕企业成长所需生产要素与信息资源，建好醴陵市中小企业服务中心，为全市中小企业转型升级提供有力支撑。积极实施政、银、企对接，加强对担保机构的引导，推进中小企业信用体系建设，着力破解中小企业融资难题。加强行业协会建设，逐步完善行业公共研发、新技术推广、标准化体系、检测信息平台，为中小企业发展提供全方位服务。[牵头单位：市经信局，主要参与单位：市科技局、市商务局、市金融办、市人民银行]

（三）加快工业转型

1. 加快结构调整。提升“存量”。加快传统产业转型升级，按照产业集群化发展思路，着力实施组织结构、工艺结构、产品结构“三个优化”，促进一批拥有自主知识产权、高科技含量优势产业加速发展。优化“增量”。大力培育发展战略性新兴产业，坚持工业区域功能化、差异化发展，形成与地区资源、能源及环境容量相适应、主导产业特色优势突出的区域协调发展新格局。降低“排量”。着力推动低碳经济和绿色发展，推进企业重组和淘汰落后产能，把住土地、信贷两个“闸门”，提高准入门槛，抑制产能过剩行业的发展和重复建设。[牵头单位：

市经信局，主要参与单位：市国土资源局、市发改局、市科技局、市环保局、市质监局、市工商局、市花炮局］

2. 突出产业转型。加快陶瓷产业转型升级步伐，推进醴陵·世界陶瓷艺术城、中国酒陶瓷包装基地等项目建设，创建国家级出口电瓷、日用瓷产品安全示范区，加速陶瓷产业整体转型升级。以花炮企业行政许可为契机，整合产业发展资源，启动中国·醴陵花炮大市场建设，提升产业发展规划，创新经营模式，加强新材料、新产品研发应用，提高花炮产业机械化水平，促进花炮产业整体转型升级、安全增效。服饰行业以获批“中国职业服装名镇”为契机，对接株洲千亿服饰产业集群，建设醴陵服饰工业园。大力引进和培育发展电子信息、轨道交通配套、新材料等新兴产业，优化产业结构，推进产业层次提升。大力扶植工业旅游产业发展，通过积极整合优化资源，打造系列经典精品工业旅游点、线、面，既发掘工业的三产效能，又有力拓宽招商渠道和产品市场，实现二三产融合、转化、互促。［牵头单位：市经信局，主要参与单位：市发改局、市科技局、市环保局、市质监局、市工商局、市花炮局、市安监局、市统计局、市旅游局］

3. 拓展国内外市场。鼓励企业争取境外资金，扩大营销渠道，建设境外营销网络，扩大出口；支持总部型营销网络建设，鼓励中小微企业抱团营销，依托第三方电子商务平台，建设面向国内外市场的零售终端和分销体系；积极组织企业参加国内外国际性展览会，实施“走出去”战略。［牵头单位：市商务局，主要参与单位：市经信局、市财政局、市招商局］

4. 深化“两化融合”。推进信息化与工业化深度融合，围绕促进经济发展方式转变和产业结构优化升级的主线，优化“两化融合”发展环境，在产品研发设计、生产过程控制、装备信息化改造、能耗和排放监控、企业生产管理、质量和安全管理、销售流通服务和品牌建设等各个环节，大力推进信息技术的渗透融合和深度应用。［牵头单位：市经信局，主要参与单位：市科技局、市环保局、市质监局、市工商局］

（四）推进企业提升

1. 促进管理创新。引导企业建立现代企业管理机制，转变家族式管理方式；深入实施精细化管理，提高生产效率，降低经营成本，从内部挖掘发展潜力；培育一批信息化管理、精细化管理和规范化管理示范企业，为不同管理基础的企业提供典型示范，促进企业管理水平的全面提升。［牵头单位：市经信局，主要参与单位：市质监局、市工商局］

2. 实施品牌战略。加强品牌创造、品牌创新和品牌管理，推进自主品牌建设，培育品牌企业和品牌产品，形成一批拥有自主知识产权和知名品牌、国际竞争力较强的优势企业，鼓励企业争创著名商标、名牌产品、国际知名品牌，注重发挥骨干企业的品牌效应，构筑群体优势，培育一批区域品牌、行业品牌和产业集群品牌。鼓励企业积极开展商标境外注册，努力增强企业开拓国际市场的竞争力。［牵头单位：市质监局、市工商局，主要参与单位：市经信局、市商务局、市科技局、市花炮局］

3. 推进企业上市。做好拟上市企业跟踪辅导工作，帮助企业解决改制上市过程中遇到的困难；加大企业上市有关政策宣传力度，为企业上市营造良好的氛围，构建企业上市“绿色通道”。［牵头单位：市金融办，主要参与单位：市发改局、市经信局、市工商局、市财政局、市环保局、市国税局、市国土资源局、市规划局］

（五）壮大企业规模

1. 打造10亿龙头。选择在人才、技术、资本、规模、品牌等方面具有综合优势的大企业大集团，给予“一企一策”重点扶持，打造过10亿龙头企业，使之成为我市的标志性企业，力争用5–8年时间，培育10家年实现主营业务收入超10亿元企业。［牵头单位：市经信局，主要参与单位：市统计局、市劳动保障局、市工商局、市环保局、市质监局、市安监局、市科技局、市国土资源局、市林业局、市花炮局、经开区各相关内设办局］

2. 培育5亿板块。以现有骨干重点企业为主体，在自主创新、企业融资、政府服务、政策倾斜等方面给予全方位支持，抓住经开区争创国家级经开区的重要机遇，积极引进具有自主知识产权和创新能力的大企业，重点扶持一批综合实力强、成长性高、发展前景好的优质工业企业，着力推动其率先转型升级，力争用5–8年时间，培育20家年主营业务收入超5亿元企业，逐步形成具有较强竞争优势的“5亿板块”。［牵头单位：市经信局，主要参与单位：市统计局、市国土资源局、市林业局、市安监局、市劳动保障局、市工商局、市环保局、市花炮局、市质监局、市科技局、经开区各相关内设办局］

3. 形成亿元群体。大力实施成长型企业培育工程，完善扶持政策，扩大培育范围，培育一批新的“小型巨人”，抢占全省或全国同行业的制高点，力争用5–8年时间，培育300家年主营业务收入过亿元企业，形成具有较强成长性的“亿元群体”。［牵头单位：市经信局，主要参与单位：市国土资源局、市林业局、市统计局、市劳动保障局、市工商局、市环保局、市质监局、市花炮局、市科技局、经开区各相关内设办局］

4. 壮大小微企业。进一步优化发展环境，着力破解小微企业“融资难、盈利难、提升发展难、成功创业难”。加大财政扶持力度，全面推进中小企业发展服务体系建设，优化小微企业的产业结构，引导小微企业创新发展、集约发展，走“专精特新”之路，完善小微企业服务体系，促进小微企业不断发展壮大。[牵头单位：市经信局，主要参与单位：市财政局、市科技局、市花炮局、市人民银行、经开区各相关内设办局]

（六）着力自主创新

1. 提高企业自主创新能力。坚持自主创新的原则，加快建立以企业为主体、市场为导向、产学研相结合的技术创新体系，鼓励企业加强与科研机构、大学院校的科技合作，引导创新要素和资源向企业集聚。积极引导企业创建国家级、省级企业技术中心、研发中心；鼓励企业加大科研投入，发挥科技创新的示范作用，激发中小企业的创新活力，提高产业集群创新能力。每年确保新增 2 家以上省级企业技术中心（工程技术研究中心）等创新机构，争创国家级企业技术中心、国家级工程技术研究中心。[牵头单位：市科技局，主要参与单位：市经信局、市花炮局]

2. 加快产业创新平台建设。加大财政投入和政策支持，整合各类资源，搭建产业创新的公共服务平台。依托陶瓷研究所、商检等部门资源，加快日用瓷、电瓷公共服务体系建设步伐；依托农业部花炮检测中心，加快醴陵花炮公共技术服务体系建设步伐；依托新世纪产业园、恒茂电子等与高校研究机构联合，开展技术和信息的收集、对接及攻关工作，不断完善和加强创新服务平台体系建设。[牵头单位：市科技局，主要参与单位：市经信局、市商务局、市质监局、市财政局、市花炮局]

3. 深化知识产权保护。提高企业知识产权创造与运用能力，培育自主知识产权，促进知识产权产业化和商品化，发挥知识产权促进产业转型升级和技术创新的作用，探索建立专利权与金融资本相结合的融资机制，发挥专利作为财产和资本在融资中的作用，推动“醴陵制造”向“醴陵创造”转变。[牵头单位：市科技局，主要参与单位：市经信局、市花炮局、市商务局、市工商局、市质监局、市金融办]

（七）抓好队伍建设

1. 加强企业家队伍建设。继续推进企业家素质提升工程，组织企业家参加形式多样、内容丰富的培训活动，帮助企业家开阔眼界，拓展思路。组织“基业长青”等系列培训活动，提高“企二代”的接班和创新能力。继续组织举办各类企业家培训活动，进一步提升企业中高层管理人员素质。通过财政奖励或补助，引导企业家加大自身教育培训力度，提升管理理念，打造一支过硬的现代企业经营管理队伍。[牵头单位：市经信局，主要参与单位：市人事局、市财政局、市花炮局]

2. 注重专业人才引进。健全人才引进机制，落实人才引进优惠政策，吸引陶瓷、花炮等产业亟需高端专业人才来醴，做到人才“引得进、留得住、有发展”。[牵头单位：市人才办，主要参与单位：市经信局、市劳动保障局、市花炮局]

3. 加强产业人才队伍建设。加快建设醴陵陶瓷技师学院，强化省轻工高级技工学校、醴陵陶瓷花炮职业技术学校两所学校对企业人才培训职能，与景德镇陶瓷学院、南京理工大学、湘潭大学的成教学院合作，加强职业技术教育，打造人才培训平台，推行订单式产业工人培训，培育产业人才后备资源。[牵头单位：市劳动保障局，主要参与单位：市经信局、市财政局、市教育局、市花炮局]

四、保障措施

（一）加强组织领导，强化考核推进

坚持把工业发展作为市委、市政府的中心工作，强化工业强市工作的组织领导，完善推进工业强市的决策、执行、监督、协调机制，凝聚工作合力，形成市委、市政府主抓，有关部门通力合作，乡镇（街道）全面推进的工作机制和氛围。建立工业强市的责任分解及考核奖励机制，明确职责分工，突出攻坚重点，狠抓责任落实。深化和完善市级领导联系重点企业、重大项目工作制度等推进机制，及时协调解决企业发展和项目建设中的问题。积极利用各种媒体和宣传手段，加大工业强市各项工作的宣传力度，形成全市“想工业、议工业、干工业”的浓厚氛围。

（二）加大引导力度，强化政策扶持

积极贯彻落实支持工业发展的政策和精神，市财政每年安排专项资金支持工业经济发展。按照“动态管理、重点扶持”的原则，重点加大对主导产业的培育和项目建设，突出培育龙头企业、新办工业企业、组建企业集团、拓展市场、企业融资、首台（套）产品生产等方面扶持。突出“扶优扶强”，对“5123”重点企业实行“一企一策”、重大工业项目实行“一事一议”，扶持龙头企业加快发展。研究制订优惠政策，扶持高新技术产业和战略性新兴产业发展。加大政策的宣传力度和执行力度，增强政策执行的透明性、公开性和公平性，发挥政策杠杆导向作用。

（三）优化资源配置，强化要素支撑

努力破解工业用地紧张、平台服务水平低、人才资源缺乏、融资门槛和融资成本偏高等难题，提高工业发展要素保障能力。

1. 土地要素。切实保障全市新增工业用地，每年安排一定比例的用地指标保障工业项目建设，为工业强市提供发展空间。建立工业用地出让前置审查制度，严格工业用地项目准入条件；加大财政对高效用地的奖励力度，鼓励企业建设多层厂房，引导企业实施“零地技改”，提高土地集约利用水平。推进工业用地有序流转，降低土地流转成本，提高存量土地的利用效率。

2. 金融保障。着力推动金融创新，以服务工业发展为重点，以满足日益增长的工业金融需求为主线，大力培育发展金融组织、产品和服务，积极支持实体经济发展。

3. 人力资源。围绕工业强市目标，以“为我所用”为原则，多种形式引进、培养高层次人才，重点引进行业领军人才和研发人才。促进境外院校与我市工业企业对接交流，进一步开展企业员工在岗培训，加大培养和引进实用型工程技术人才的力度。

4. 平台支撑。不断健全和完善面向中小企业的服务体系，建立健全共性技术服务平台和管理咨询服务平台，为企业提供全方位、一站式综合服务，帮助企业突破成长过程中的技术和管理瓶颈。

（四）创新机制体制，强化行政服务

深化行政审批制度改革，各有关部门的审批事项要集中到位、授权到位，简化办事流程，建立项目代办服务机制，提高办事效率，降低服务成本，努力打造办事效率最高、服务质量最优、服务成本最低、投资环境最佳的“四最”发展环境。积极优化服务作风，继续深入开展“连心解困”大走访活动，深入园区、企业、项目现场，敢于负责，增强服务企业、服务项目的主动性和实效性。进一步完善机关效能评议制度，更好地发挥企业和社会各界的监督作用，从严查处各类破坏投资环境的违法违纪行为，严厉打击扰乱企业正常生产经营秩序的违法犯罪活动。

醴陵市工业强市十条政策

根据《醴陵市工业强市实施意见》，为加速推进工业强市战略，打造工业发展升级版，市委、市政府在集中财力，积极搭建好产业发展公共服务平台的基础上，对工业企业发展壮大和转型升级等方面给予特别支持，现制定以下政策。

第一条　鼓励企业做强做大。

实施“5123”工程。力争用5—8年时间，培育10个以上年主营业务收入过10亿元、20个过5亿元、300个过1亿元的企业。列入过10亿元、5亿元培育计划的企业，新上生产性建设项目、收购兼并重组、组建企业集团的行政事业性收费和服务性收费实行特殊减免政策。收费项目中上缴省或国家的，按规定标准和相应比例收取。代收代缴县级地方留成部分、上缴省或国家按规定应返还企业的、其他应由县级收取的，实行先征后返及时全额返还给缴费企业。服务性收费按照原有的30%收取。

实行企业成长激励制。企业（含在醴母公司及控股子公司）年主营业务收入首次上5亿元且年纳税额达2500万元以上、年主营业务收入首次上10亿元且年纳税额达5000万元以上、年主营业务收入首次上20亿元且年纳税额达1亿元以上、年主营业务收入首次上30亿元且年纳税额达1.5亿元、年主营业务收入首次上50亿元且年纳税额达3亿元，企业首次达到对应台阶后，按其主营业务收入万分之四的标准奖励企业法人代表或在醴主要负责人。

第二条　实行规模以上工业企业年度新增贷款贴息。

新增贷款数额200万元以上（含200万元）且当年纳税100万元以上（含100万元）的工业企业，或新增贷款数额100万元以上（含100万元）且当年纳税20万元以上(含20万元)的农产品加工企业，当年可获得新增贷款利息30%的贴息。企业当年贷款贴息总额最高为20万元，且不得高于企业当年纳税本级财政实得财力的50%。新增贷款必须用于企业生产经营。企业三年内有不良信用记录的，一律不予贴息；同一笔贷款，不重复享受政府贴息。年度新增贷款贴息由市财政局、市经信局、市监察局、市审计局负责核定。由市财政局牵头制定《醴陵市贷款贴息补助专项资金管理办法》，全市本级财政年度贴息规模控制在1000万元以内。

第三条　支持新办企业和企业扩产。

企业“招拍挂”取得土地，先全额缴纳土地价款，再由市财政局、市经信局对项目跟踪核实，对项目投资强度不低于100万元/亩、容积率不低于1.0、建筑密度不低于50%，且投产三年内税收贡献年达到29万元以上、26—29万元、21—25万元、16—20万元、11—15万元、6—10万元、低于5万元/亩的，对土地价款分别超过0、2、5、8.5、12、15、17.5万元/亩的部分，通过一定的途径或方式奖励支持企业发展。此奖励标准暂定两年，两年后按土地市场价格进行调整。

企业利用现有出让土地扩大生产规模、新建厂房的，不增收增容土地出让金；招商引资新办企业及企业扩大生产规模新增建设用地的，优先安排用地指标；城镇规划区范围外，经批准利用、符合村庄规划及土地利用总体规划的建设用地，保留集体所有制性质。

第四条　鼓励招商引资。

乡镇引进新办企业（本地企业搬迁不算新办，另以下企业不引进:“三高一低”企业，“涉黄、涉赌、涉毒”企业，“高危”行业企业，下同)，符合国家产业政策且固定资产投资额在1000万元以上的，投产后前三年年新增地方税收本级所得部分全额奖励给乡镇，第四、五年按年新增地方税收本级所得部分的50%奖励给乡镇。鼓励乡镇设立工业相对集聚区域集约使用土地。

乡镇（街道、长庆示范区）引进的新办企业进入经开区，符合国家产业政策且固定资产投资额在3000万元以上的，投产后前三年年新增地方税收本级所得部分30%奖励给乡镇（街道、长庆示范区），第四、五年按年新增地方税收本级所得部分的15%奖励给乡镇（街道、长庆示范区）。

街道（长庆示范区）引进新办企业至乡镇，符合国家产业政策且固定资产投资在2000万元以上的，对街道（长庆示范区）和企业所在乡镇，分别按照投产后前三年年新增地方税收本级所得部分的15%予以奖励。

所有获得奖励的单位按一定比例将奖励资金奖励给有关个人。

第五条　建立项目代办、会审制度。

固定资产投资在1000万元以上的新办工业企业，项目落户和建设所有手续，按属地管理原则由所在地政府全权代办。对重大工业企业项目推行会审制度，由分管工业的副市长牵头邀请相关领导，并召集相关职能部门负责人，不定期研究项目推进中存在的问题，并督促按时办理。

第六条　鼓励企业争创名牌。

对初次获得“中国出口名牌”（商务部）称号的，一次性奖励20万元；对初次获得“湖南省省长质量奖”的单位、个人，分别一次性奖励20万元、10万元；对初次获得“株洲市市长质量奖”称号的单位、个人，分别一次性奖励3万元、2万元；对初次获得“湖南省著名商标”、“湖南省名牌产品”、“湖南省国际知名名牌”称号的，分别一次性奖励2万元；鼓励企业申请以马德里商标注册为主的国际注册，对企业在国外核准注册的国际商标每件给予0.5万元奖励。

第七条　支持企业拓展市场。

企业取得国内外重大节会活动特许商品生产商资格，且该产品在当年新增销售收入达2000万元以上的，每新增千万元销售奖励10万元。鼓励烟花鞭炮企业控股或买断地区经营权，按县、市、省三级分别奖励3万元、5万元、10万元。鼓励企业参加国际、国内展会，按确定的展会类别给予适当补助。

鼓励企业走国际化道路，拓展国外市场，对有自营出口权的生产企业，出口免抵退税年度增量部分的3%奖励给企业；对年出口总额超过300万美元且年出口增速达20%以上的排位前三名的工业企业（以年底海关数据为准），按照下列标准给予奖励：第一名奖励10万元，第二名奖励8万元，第三名奖励5万元。

大力发展电子商务，对工业、服务业企业在市内独立注册公司，建立运行正常的电子商务应用平台，其硬件及配套软件实际投资在100万元以上的，按实际投资额给予适当补助，最高不超过10万元。

第八条　鼓励企业上市。

对完成股份制改造并与有资质的会计师事务所、律师事务所、券商分别签订协议并支付了首期费用的企业，一次性奖励10万元。

对接受有资质的会计师事务所、律师事务所、券商辅导至完成辅导备案的企业，一次性奖励10万元。

对完成辅导备案至证监部门正式受理发行上市申报材料的企业，一次性奖励10万元。

待企业成功挂牌上市后，根据该上市公司首发募集金额数，且募集资金金额的60%以上投入我市范围内的，按照以下三个档次进行一次性奖励：首发募集金额3亿元以下的（含3亿元，境外上市以首发当日汇率折合人民币计算，下同）、3亿元以上10亿元以下的、10亿元以上的，一次性分别奖励50万元、100万元、150万元。

第九条　扶持企业生产、使用先进装备。

对认定的国内首台（套）装备产品的生产企业，对首台（套）价格在50万元以上（不含税），一次性按照核定设备金额的7%补贴；对认定的省内首台（套）装备产品的生产企业，对首台（套）价格在30万元以上（不含税），一次性按照核定设备金额的6%补贴。一次性补贴金额最高不超过20万元。

鼓励本地企业使用市内装备企业生产的国内和省内首台（套）装备产品，市经信局、市科技局等部门做好推介宣传工作。对市内首次使用我市装备制造企业生产的、具有自主知识产权的国家和省首台（套）重大技术装备的企业，根据所购设备总额的6%给予补贴，补贴金额最高不超过20万元。

鼓励本地企业首次引进、使用国际领先装备产品，按装备总成本的9%给予补贴，补贴金额最高不超过50万元。首台（套）重大技术装备依据《湖南省首台（套）重大技术装备认定及奖励实施办法》进行认定。

第十条　鼓励企业科技创新。

企业新认定的国家级企业技术中心、国家级工程技术研究中心，一次性奖励20万元；省级企业技术中心、省级工程技术研究中心，一次性奖励5万元。获得国家科学技术进步奖或国家技术发明奖一、二等奖的，分别一次性奖励200万元、100万元；获得省级科学技术进步奖或省级技术发明奖一、二、三等奖的，分别一次性奖励20万元、10万元、5万元。

中共醴陵市委　醴陵市人民政府关于印发《醴陵市人民政府职能转变和机构改革方案的实施意见》的通知

醴发〔2015〕9号

市直各单位，驻醴各单位：

现将《醴陵市人民政府职能转变和机构改革方案的实施意见》印发给你们，请认真组织实施。

中共醴陵市委
醴陵市人民政府
2015年8月20日

醴陵市人民政府职能转变和机构改革方案的实施意见

根据《中共湖南省委湖南省人民政府关于市县政府职能转变和机构改革的意见》(湘发〔2014〕14号)和《中共株洲市委办公室株洲市人民政府办公室关于印发〈醴陵市人民政府职能转变和机构改革方案〉的通知》(株办〔2015〕20号)精神，结合我市实际，提出以下实施意见。

一、指导思想和基本原则

（一）指导思想

高举中国特色社会主义伟大旗帜，以邓小平理论、“三个代表”重要思想、科学发展观为指导，适应社会主义市场经济发展需要，围绕全面深化改革和建立中国特色社会主义行政体制目标，与国务院、省人民政府、株洲市人民政府职能转变和机构改革相衔接，以职能转变为核心，大力简政放权，优化机构设置，理顺职责关系，严控人员编制，提高行政效能，努力建设人民满意的法治政府和服务型政府。

（二）基本原则

1. 切实转变政府职能。按照全面深化改革的要求和精简统一效能的原则，积极推进政府转变职能，深化行政审批制度改革，减少行政审批事项，理顺条块关系与职责关系，突出政府履职重点，更加注重公共服务。

2. 因地制宜推进改革。在搞好上下衔接对应的同时，积极探索符合醴陵特点的改革路子，紧密结合事业单位分类改革和其他相关改革，鼓励探索创新，加大机构和职责整合力度，因地制宜、统筹协调推进政府机构改革。

3. 依法依规加强管理。按照行政体制改革的总体要求，依法依规解决机构设置不规范、行政职能体外循环、权责不一致和政企、政事、政资不分等现实问题和历史遗留问题，实现机构编制管理科学化、规范化、法制化。

4. 积极稳妥有序实施。正确处理改革、发展、稳定的关系，客观分析和把握改革力度与各方面可承受程度，寻求改革的最大公约数，坚持统筹规划与分步推进相结合，着重解决当前突出问题，条件成熟的事项积极推进，尚未具备条件的逐步研究解决。

5. 严格控制机构编制。坚持机构限额和编制总额不突破。建立健全机构编制管理与财政预算管理、组织人事管理的协调配合机制。通过创新管理，严控总量，盘活存量，优化结构，实现机构编制增减平衡，提高机构编制资源效用。

二、积极推进政府职能转变

把政府职能转变放在更加突出的位置，处理好政府与市场、政府与社会、政府层级间的关系，把该放的权力放开放到位，把该管的事情管住管好，强化对行政权力的制约监督，充分发挥市场在资源配置中的决定性作用，更好发挥政府作用，更好发挥社会力量在管理社会事务中的作用，推动政府职能向创造良好发展环境、提供优质公共服务、维护社会公平正义转变，切实提高政府管理科学化水平。

（一）大力推进简政放权

1. 进一步精简行政审批事项。充分发挥市场在资源配置中的决定性作用，更好发挥基层政府贴近基层、就近管理的优势和作用。进一步清理现有投资审批、生产经营活动审批、资质资格许可和认定、评比达标表彰、考核评估、年检年审等事项。2016年基本完成投资体制改革，最大限度地缩小审批、核准、备案范围，切实落实企业和个人投资自主权。市场机制能有效调节的经济活动，一律取消审批；社会组织能够承担的事项，一律转给社会组织；直接面向基层和群众、由基层政府就近实施更为方便有效的审批事项，尽量交由基层政府组织实施。做好上级取消和下放行政审批事项的承接工作，转给市场和社会的，任何一级政府和部门不得截留。本届政府任期内，一般性审批事项办结时限在法定期限内缩短50%，经规范和流程再造后的行政审批事项形成权力清单及时向社会公布。对已取消、转移、下放等调整变动的审批事项，有关部门要依法履行监督责任，防止监管缺位，审批事项调整的相关部门要严格执行到位。全面取消不符合法律法规、利用“红头文件”设定的非行政许可审批事项。

2. 加强行政审批事项的管理。在全面清理行政审批事项的基础上，推进行政审批标准化，建立行政审批项目目录和管理办法，对保留的行政审批事项，要简化审批程序，创新审批方式，提高办理效率。

3. 深化财税体制改革。按照财力与事权相匹配的原则，规范专项转移支付，严格控制引导类、救济类、临时性专项。建立健全政府非税收入管理制度，清理规范各类行政事业性收费和政府性基金项目，取消不合法不合理的收费基金项目，进一步完善收费公示、听证制度，合理确定征收标准，严格征收管理，把所有非税收入全部纳入预算管理。

4. 推进工商登记制度改革。实行统一的市场准入制度，推行负面清单管理。全面实施工商登记制度改革，推进工商注册制度便利化，消减资质认定项目，到2015年全面实行先照后证、注册资本认缴登记制、年度报告公示制。鼓励探索实行工商营业执照、组织机构代码证和税务登记证“三证合一”登记制度。对违反法律法规禁止性规定的市场主体，对达不到节能环保、安全生产、食品药品、工程质量等强制性标准的市场主体，依法予以取缔，吊销相关证照。

5. 加快培育发展社会组织。按照政社分开、管办分离的原则，分类推进各类社会组织特别是行业协会商会在机构、人员、财务等方面与行政机构脱钩。更好发挥社会组织在管理社会事务中的积极作用，重点培育、优先发展行业协会商会类、科技类、公益慈善类、城乡社区服务类社会组织。成立上述四类社会组织，直接向民政部门依法申请登记。民政部门依法加强登记审查和监督管理。探索一业多会，强化行业自律，加强能力建设，使其真正成为提供服务、反映诉求、规范行为的主体，推动社会组织完善内部治理结构，规范社会组织行为，健全社会组织监管和自律制度。推进社会信用体系建设，建立健全各类社会主体自律机制。

（二）进一步改善政府管理

1. 转变管理方式。推进简政放权、减少行政审批等事项后，政府及其工作部门要转变管理理念，改进工作方式，加强事中事后监管，有效履行职责，避免管理缺位，防止“一放就乱”。市人民政府要着重加强公共服务、市场监管、社会管理、环境保护等方面的职责。严格执行国家法律法规、发展规划和产业政策，加强对投资活动中土地使用、能源消耗、污染排放等方面的管理。

2. 加强市场监管。加大对市场主体和市场行为的监督管理力度，着力规范市场秩序。市场监管原则上实行属地管理，执法重心下移。清理整顿和整合行政执法队伍，推进跨部门、跨行业综合执法，大幅减少政府执法队伍种类，重点在食品药品安全、工商质检、公共卫生、安全生产、文化旅游、资源环境、农林水利、交通运输、城乡建设等领域内推行综合执法。加强食品药品、安全生产、环境保护、劳动保障等重点领域基层执法力量。建立权责统一、权威高效的行政执法体制。

3. 加强和改进社会管理。建立健全党委领导、政府负责、社会协同、公众参与、法治保障的社会管理体制。完善协调机制、诉求表达机制、矛盾调处机制、权益保障机制。完善公共安全、社会治安防控、信息网络管理等基层社会管理和服务体制，强化城乡社区（村）自治和服务功能。

4. 加强和改革公共服务。大力推进公共服务，打造更为综合、更为高效的政务服务平台，方便群众和企业办事。加强基本公共服务保障功能，改进和创新公共服务提供方式，鼓励和公平对待社会力量提供公共服务，因地制宜、积极稳妥推进政府购买服务工作，凡属事务性管理服务，原则上都要引入竞争机制，通过合同、委托等方式向社会购买。建立健全政府购买服务的标准、招投标和监督评估等制度，加快形成提供公共服务新机制。

（三）切实加强依法行政

1. 加快法治政府建设。全面实施《株洲市法治政府建设规划（2013—2020年）》，完善依法行政各项制度，坚持用制度管权管事管人，提高政府公信力和执行力。推进政府事权规范化、法律化。梳理政府部门行政职权，公布政府部门权力清单和责任清单，细化和规范行政裁量权，明确责任主体和权力运行流程，严格依照法定权限和程序履行职责。

2. 加大政务公开力度。严格执行政府信息公开条例，加大政府信息公开力度。坚持以公开为常态、不公开为例外原则，推进决策公开、执行公开、管理公开、服务公开、结果公开。政府及其工作部门依据权力清单和责任清单，向社会全面公开政府职能、法律依据、实施主体、职责权限、管理流程、监督方式等事项。重点推进财政预算决算、“三公”经费和行政经费、保障性住房、食品药品安全、环境保护、招投标、生产安全事故、征地拆迁、价格和收费等信息的公开。推进行政机关行使行政职权的依据、过程和结果公开。建立健全政府政务公开工作的监督和保障机制，主动接受群众监督，逐步实现政务公开的规范化、标准化和法制化。

3. 完善决策监督制度。认真落实《湖南省行政程序规定》，完善科学民主依法决策机制，建立行政机关内部重大决策合法性审查机制，对涉及经济社会发展全局的重大决策和涉及公众切身利益的重大事项，将公众参与、专家论证、风险评估、合法性审查和集体讨论确立为法定程序，并建立决策评估和纠错制度。建立健全各项监督制度，拓宽群众监督渠道，让人民监督权力。强化上级政府对下级政府的督导督查，改进和规范绩效管理，建立重大决策终身追究制度及责任倒查机制，严格责任追究，突出责任落实，做到有令必行、有禁必止。

三、深化市政府机构改革

按照精简统一效能的原则和稳步推进大部门制改革的要求，结合醴陵市实际，规范机构设置，加大机构和职责整合力度，理顺职责关系，加快形成精干高效的市政府组织体系。

（一）优化组织结构，合理设置政府工作部门

1. 组建市卫生和计划生育局。将市卫生局的职责、市人口和计划生育局的计划生育管理和服务职责整合，组建市卫生和计划生育局，为市政府工作部门。将市人口和计划生育局的研究拟订人口中长期发展规划、年度计划及人口政策职责划入市发展和改革局，不再保留市卫生局、市人口和计划生育局。

2. 重新组建市农业局。将市农业局（市乡镇企业局）的职责、市委农村工作部（市政府农村工作办公室）的职责、市商务局承担的生猪定点屠宰监督管理职能整合，重新组建市农业局，为市政府工作部门，挂市委农村工作办公室牌子。不再保留市委农村工作部（市政府农村工作办公室），市农业局不再保留市乡镇企业局牌子。

3. 组建市市场和质量监督管理局。将市食品药品监督管理局的职责、市工商行政管理局的职责、市质量技术监督局的职责、市食品安全委员会办公室的职责、市商务局承担的酒类食品安全监督管理职能整合，组建市市场和质量监督管理局，为市政府工作部门，挂市食品药品监督管理局、市食品安全委员会办公室牌子。不再保留市食品药品监督管理局、市工商行政管理局、市质量技术监督局、市食品安全委员会办公室。

4. 组建市商务旅游和粮食局。将市商务局的职责、市招商局的职责、市旅游局的职责、市发展和改革局（市粮食局）承担的粮食管理职能整合，组建市商务旅游和粮食局，为市政府工作部门。不再保留市商务局、市旅游局、市招商局。市发展和改革局不再保留市粮食局牌子。

5. 组建市经济科技信息化局。将市经济和信息化局（市陶瓷产业局）的职责、市科学技术局、市知识产权局的职责整合，组建市经济科技信息化局，为市政府工作部门。不再保留市经济和信息化局（市陶瓷产业局）、市科学技术局、市知识产权局。

6. 组建市住房和城乡规划建设局。将市住房和城乡建设局的职责、市规划局的职责整合，组建市住房和城乡规划建设局，为市政府工作部门。不再保留市住房和城乡建设局、市规划局。

7. 组建市城市管理和行政执法局，为市政府工作部门。不再保留市城市管理行政执法局。

8. 将市文化体育广电新闻出版局更名为市文体广电新闻出版局，为市政府工作部门。

9. 将市金融证券办公室的职责划入市政府办公室，市政府办公室挂市政府金融工作办公室牌子。不再保留市金融证券办公室，市政府办公室不再保留市政府经济研究室牌子。

10. 市发展和改革局对外可使用市物价局名称开展工作，不再保留市物价局牌子。

11. 市人民防空办公室既是市国防动员委员会的常设办事机构，也是市政府人民防空工作主管部门，列入市政府工作部门序列，不计入市政府机构个数。市政府办公室不再保留市人民防空办公室牌子。

市人民政府机构改革后，设置工作部门24个（详见附表）。

（二）加强协调配套，统筹推进相关改革

1. 推进事业单位分类改革。政府机构改革要与事业单位分类改革相协调，对承担行政职能的事业单位，逐步将其行政职能划归相关行政机构或转为行政机构，涉及机构编制调整的，不得突破政府机构限额和行政编制总额。具体做法是：按照分门别类、区别对待，先进笼子、下步明确，成熟一个、处理一个，平稳过渡、逐步规范的思路，适时进行调整规范。除部分纳入行政机构序列以外，有的机构和职责整合归并，调整原有建制；有的整合进入所属行政部门的内设机构；有的将所承担的行政职能剥离划入相关行政机构，保留事业单位，仍承担相关事务工作，重新明确职责划定类别，相应核减事业编制。推动公办事业单位与主管部门理顺关系和去行政化，逐步取消学校、科研院所、医院等单位的行政级别。建立事业单位法人治理结构，推进有条件的事业单位转为企业或社会组织。认真落实中央和省、株洲市有关人事、收入分配、

社会保险、财政等事业单位改革配套政策，并做好与教育、科技、文化、卫生等行业体制改革的衔接。

（1）将市房产管理局承担的行政职能划入市住房和城乡规划建设局，改为市住房和城乡规划建设局所属事业单位，暂保留正科级。

（2）将市畜牧兽医水产局承担的行政职能划入市农业局，改为市农业局所属事业单位，暂保留正科级。

（3）将市烟花鞭炮管理局承担的行政职能划入市经济科技信息化局，改为市经济科技信息化局所属事业单位，暂保留正科级。

（4）将市农业机械管理局承担的行政职能划入市农业局，改为市农业局所属副科级事业单位。

（5）将市园林绿化管理局（市城市绿化委员会办公室）承担的行政职能划入市住房和城乡规划建设局，改为市住房和城乡规划建设局所属副科级事业单位。

（6）将市道路运输管理所、市城市公共客运管理中心承担的行政职能整合划入市交通运输局，其余职责整合，重新组建市道路运输管理所，为市交通运输局所属副科级事业单位，不再保留市城市公共客运管理中心。

（7）将市农村公路管理站承担的行政职能划入市交通运输局，仍为市交通运输局所属副科级事业单位。

（8）将市国库管理局承担的行政职能划入市财政局，更名为市国库集中支付核算中心，为市财政局所属副科级事业单位。

（9）将市非税收入征收管理局承担的行政职能划入市财政局，仍为市财政局所属副科级事业单位。

（10）将市经营管理局承担的行政职能划入市农业局，更名为市农村经济管理服务站，改为市农业局所属副科级事业单位。

（11）将市财政税费统一征收管理局承担的行政职能划入市财政局，仍为市财政局所属副科级事业单位。

（12）将市应急管理办公室的职责划入市政府办公室，不再保留市应急管理办公室。

（13）将市社会救助管理局的职责划入市民政局，不再保留市社会救助管理局。

（14）将市乡镇财政管理局的职责划入市财政局，不再保留市乡镇财政管理局。

（15）将市财政监督局的职责划入市财政局，不再保留市财政监督局。

（16）将市国有资产管理局（市国有资产投资经营公司）的经营性职责剥离，行政管理职责划入市财政局。其余职责整合，重新组建市国有资产投资经营中心，暂为市政府直属事业单位。不再保留市国有资产管理局（市国有资产投资经营公司）。

（17）将市融资管理办公室（市农业发展有限公司）的经营性职责剥离，行政管理职责划入市财政局。不再保留市融资管理办公室（市农业发展有限公司）。

（18）将市绿化委员会办公室的职责划入市林业局，不再保留市绿化委员会办公室。

（19）将市爱卫办公室的职责划入市卫生和计划生育局，不再保留市爱卫办公室。

（20）将市动物卫生监督所承担的行政职能划入市农业局，仍为市畜牧兽医水产局所属股级事业单位。

（21）将市市政工程管理处承担的行政职能划入市住房和城乡规划建设局，改为市住房和城乡规划建设局所属股级事业单位。

此外，对于完全或主要承担行政职能的股级事业单位，要结合部门“三定”工作统筹研究，切实解决好行政职能体外循环的问题。原政府工作部门及政府直属事业单位机构撤并、降格后，其下属事业机构隶属关系随主管部门一并划转。

2. 深化公共资源交易管理体制改革。整合工程建设项目招投标、土地使用权和矿业权出让、国有产权交易、政府采购等平台，建立健全统一规范、上下衔接的公共资源交易平台。进一步改革完善市公共资源管理体制和运行机制，将其他分散的各类公共资源交易逐步纳入市公共资源交易平台。统筹推进和有机衔接市公共资源交易平台与市网上办事大厅建设。

成立市公共资源交易管理委员会，办公室日常工作由市发展和改革局承担。组建市公共资源交易中心，为市政府直属事业单位。市招标投标管理局的职责划入相关行政主管部门。不再保留市招标投标管理局。

3. 深入推进行政执法体制改革。按照减少层次、整合队伍、提高效率的原则，合理配置执法力量。有机整合同一部门、同一领域内的执法机构和队伍，减少执法队伍种类，积极推进综合执法，有条件的领域可以推进跨部门综合执法。健全行政执法和刑事司法衔接机制。严格实行行政执法人员持证上岗和资格管理制度。

理顺城管执法体制，加强城市管理综合执法机构建设，提高执法和服务水平，形成多方参与、分级管理、以块为主、共同治理的新机制。

加强文化市场监管和综合执法，理顺体制机制，建立高效统一的文化市场监管体系。市文化市场综合执法大队由市文体广电新闻出版局管理，并受其委托对属地文化市场实施综合执法，机构规格为副科级。

（三）规范机构设置，理顺职责关系

1. 规范机构设置。市人民政府不分组成部门和直属机构，统称为市政府工作部门。市人民政府不再设置部门管理机构，政府工作部门内设机构要综合设置。市政府工作部门的机构规格为正科级，内设机构规格为股级。全面清理规范限额外自定行政机构，从严规范和管理合署办公机构、政府派出机构、开发区管理（含各类经济功能园区）机构、挂牌机构、议事协调机构和临时机构。不得超限额自定行政机构，挂牌机构不得设为实体机构，议事协调机构不单设办事机构，具体工作由相关职能部门承担。不得新设立承担行政职能的事业单位，也不得将行政机构改为事业单位。部门所属事业单位机构规格一般应低于主管部门的机构规格。

（1）市疾病预防控制中心（市健康教育所）改为市卫生和计划生育局所属事业单位，机构规格由正科级降为副科级。

（2）市农业综合开发办公室改为市财政局所属事业单位，机构规格由正科级降为副科级。

（3）将市重点工程建设管理办公室（市征地工作协调管理办公室）改为市住房和城乡规划建设局所属事业单位，机构规格由正科级降为副科级。重新组建市征地工作协调管理办公室，为市政府办公室所属事业单位，暂保留正科级。市重点工程建设管理办公室不再保留市征地工作协调管理办公室牌子。

2. 清理解决部门间职责交叉和分散事项。按照同一件事情由一个部门负责的原则，最大限度解决部门的职责交叉和分散问题，建立健全部门间的协调配合磋商机制。根据省人民政府、株洲市人民政府统一部署，积极做好房屋、林地和土地等不动产登记职责整合工作，将不动产登记职责统一到一个部门，建立不动产统一登记管理制度。将城镇职工基本医疗保险、城镇居民基本医疗保险、新型农村合作医疗的职责整合由一个部门承担。整合业务相同或相近的检验、检测和认证机构，推进具备条件的检验、检测和认证机构与行政部门脱钩、转企改制。

（1）市政务中心更名为市政务服务中心，挂市政府电子政务中心牌子，改为市政府直属事业单位。

（2）将市计划生育执法局的职责划入市卫生监督所，市卫生监督所改为市卫生和计划生育局所属副科级事业单位。不再保留市计划生育执法局。

（3）组建市食品药品和质量技术检验检测所。将市食品药品检验所的职责、市质量监督检验及计量检定所的职责整合，组建市食品药品和质量技术检验检测所，为市市场和质量监督管理局所属副科级事业单位。不再保留市食品药品检验所、市质量监督检验及计量检定所。

3. 进一步理顺条块关系。按照“权责一致”的原则，合理划分市乡事权范围。按照“财力与事权相匹配”的原则，科学配置各级政府财力，增强基层政府提供公共服务的能力。

四、严格控制机构编制

按照本届政府任期内财政供养人员只减不增的要求，严格控制机构编制，创新机构编制管理，严肃机构编制纪律，切实解决机构庞杂、人员臃肿、人浮于事的现象，确保机构编制得到有效控制。

（一）严控机构编制总量

涉及改革的部门和单位人员编制调整，必须在编制总量内进行，确保改革后不突破省核定的行政编制总额以及各类专项编制员额。以2012年底统计数为基数，由市人民政府负总责，对全市事业编制实行总量控制，并在总量内有所减少。制定全市控编减编工作方案，细化和落实控编减编工作目标，建立管理长效机制，确保本届政府任期内财政供养人员只减不增。严格在核定的行政编制数额内配备人员，严禁以任何理由、任何形式超编进人。严禁新设承担行政职能的事业单位和从事生产经营活动的事业单位，严禁将行政职能转由事业单位承担，做到参照公务员法管理事业单位、经费自理事业单位、职能萎缩事业单位的机构编制和行政机关后勤服务事业编制只减不增。严格控制经费自理事业编制转为财政补助事业编制。严格实行财政与机构编制部门联合管控机制，在不突破2012年底全市财政供养人员总量内，以机构编制部门核定的党政机关和事业单位人员编制数为依据来核定相关经费，原则上不再考虑增人因素。严格按中央有关规定和《中共湖南省委办公厅湖南省人民政府办公厅关于印发〈湖南省党政群机关领导职数设置管理规定〉的通知》（湘办发〔2012〕23号）核定领导职数，严格按规定职数配备领导干部，不再实行“低职高配”。市直机关各单位必须采取切实有效措施清理编外用人，其所属事业单位也要妥善处理编外用人问题。

（二）创新机构编制管理

切实加强事关中心工作、全局工作和重大民生保障方面的人员力量，积极探索在总量内跨地区、跨部门、跨层级调剂使用编制，结合简政放权、重心下移，推动编制资源向工作一线倾斜，防止挤占、挪用工作一线人员编制。坚持“要增编、必清理，先减法、后加法”的原则，对职能未作大的调整、工作任务没有大幅度增加、内部还有空编、编制未分配完、没有拿出编制使用情况评估意见和内部挖潜具体措施的部门，机构编制部门不受理和研究其增编事项；对职责相近、设置重复分散、规模过小的事业单位，予以撤并整合；对职能减少、工作任务不饱和的单位，相应划转、核减、收回人员编制。加大政府购买服务力度，对可由市场提供、社会承担的公共服务，逐步通过政府购买服务或由政府设立公益岗位的方式完成，切实转变公共服务主要靠政府养人办事的固有模式。全面推进和不断完善机构编制实名制管理，进一步健全机构编制和组织、人力资源和社会保障、财政等部门的协调配合机制，落实编制使用须经机构编制部门审核后，再由组织、人力资源和社会保障、财政部门办理相关手续的实名制管理流程，从源头上把好编制使用关。

（三）严肃机构编制纪律

任何组织、单位和个人都必须严格遵守机构编制各项法律法规和政策。坚持机构编制集中统一管理制度，凡涉及机构编制调整的事项，须按规定权限和程序报机构编制部门专项办理，其他任何部门和单位无权决定机构编制事项。严禁部门以会议、文件、领导讲话、项目经费和评比达标等方式，干预下级单位的机构编制事项。建立健全机构编制监督检查综合协调机制，将机构编制监督检查与干部监督、财政监督、人事监督、党风廉政建设结合起来，机构编制政策规定执行情况纳入督查、审计、绩效评估和领导班子及成员考核内容。对超限额设置机构或变相增设机构，违反规定增加编制或超出编制限额进人，超职数配备领导干部，以及以虚报人数等方式占用编制并冒用财政资金等违纪违法行为，要认真查处、限期纠正；对相关责任人员，要按照有关党纪政纪规定严肃处理，涉嫌犯罪的，移送司法机关依法处理，维护机构编制管理的严肃性和权威性。

五、严格落实“三定”工作要求

（一）关于部门职责的确定

职责是部门履职的主要依据，必须依法依规予以确定。

1. 凡与株洲市人民政府对应设置的部门，其主要职责大体对应。株洲市人民政府无对应部门的，以部门原“三定”规定主要职责为基础。

2. 部门职责调整，以现行法律法规和党中央、国务院，省委、省人民政府、株洲市委、株洲市人民政府，中央和省、株洲市机构编制部门有关文件和规定为依据。其他部门规章和领导讲话要求一般不作为主要职责的依据，上级临时交办事项、阶段性任务不列入部门主要职责。

3. 根据取消下放审批事项、调整理顺职责关系的情况，确认各部门职责划转事项。

（二）关于机构级别的确定

按照层级管理原则以及中央、省及株洲市文件规定，市政府工作部门为正科级，内设机构为股级。副科级事业单位内设机构为股级。

（三）关于内设机构的核定

在定职责的基础上，根据市人民政府各部门人员编制数，精简设置和适度调整内设机构。

1. 各部门内设机构参照株洲市政府相关部门设置，数量应少于株洲市政府相关部门。每个股室编制数原则上不少于2名。业务股室应占内设机构总数60%以上。承担议事协调机构具体工作的，不单独设内设机构。

2. 保留的部门在不增加内设机构数量的前提下，可根据职能转变要求、自身履职需要、行政审批事项增减和株洲市政府相关部门调整情况，对现有内设机构进行综合设置，调整优化。合并新组建的部门，从紧设置内设机构。

3. 对承担行政职能事业单位并入所属部门改为内设机构、不再保留事业建制的，参考株洲市政府相关部门科室设置以及行政编制核定情况予以核定。

（四）关于人员编制的核定

贯彻落实中央关于严格控制机构编制、确保财政供养人员只减不增的总要求，市人民政府各部门行政编制总量应做到不增加。坚持“要增编、必清理、先减法、后加法”的原则，确定比例，精简政府工作部门行政编制，所腾出的行政编制，主要用于新列入政府工作部门序列的机构、行政职责回归以及职责加强的政府工作部门，重新核编后实有人员超编的，除政策性安置外，人员实行“只出不进”，逐步消化到核定编制以内。实行总额内微调，尽量做到整体增减大致平衡。职能整合、削减或审批事项取消的，相应核减编制。

1. 行政编制的调整

（1）政府24个工作部门和部门管理机构（不含市公安局、市司法局、市监察局）行政编制10名以上的按行政编制总数10%精减，行政编制10名以下的保持不变。

（2）粮食局机关行政编制参照株洲市的做法，按40%精简。

（3）重新组建、划转、合并的政府工作部门，原则上将精简后的行政编制整合，作为新设置机构的行政编制数额。

（4）行政职能回归政府工作部门，仍继续保留事业单位的，不再增加相应部门行政编制。

（5）将精简的行政编制调剂到超编严重的政府工作部门，确保每个政府工作部门行政编制数按现实有人员数的70%配备。

（6）综合考虑新组建的政府工作部门职能职责、人员编制结构等，行政编制予以适当调整。

（7）市政府工作部门机关后勤服务编制人员只出不进。

2. 事业编制的调整

（1）科级事业单位行政职责回归政府工作部门，作为政府部门内设机构或并入内设机构设置，不再保留事业单位的，原有事业编制全部收回。

（2）行政职能回归政府工作部门，仍继续保留事业单位的，原则上按原有事业编制的10%精简。已超编单位和编制少于10名的不再精简。

（3）合并的事业机构，原则上将两个或两个以上的机构原有编制整合，作为新组建机构的事业编制数额。

（4）新组建的事业单位适当核定编制。

（五）关于领导职数的核定

认真执行省里关于严格控制领导职数的精神，按照《湖南省党政群机构领导职数设置管理规定》（湘办发〔2012〕23号）和《关于严禁超职数配备干部的通知》（组通字〔2014〕5号）要求，核定市政府各部门及其内设机构领导职数。

1. 市政府工作部门领导职数核定按株洲市批复意见在各部门“三定”规定中予以明确。

2. 改革后，干部配备应与机构规格相一致，不再实行“低职高配”。在“三定”规定中不再明确各部门“高配”正副科级干部的职数。原已配备的“低职高配”，逐步消化到位。非领导职数按相关规定予以核定。

3. 对此次改革中涉及机构调整撤并、人员编制划转的，原则上保留原职级待遇，逐步消化到位。

六、认真搞好组织实施

（一）加强组织领导

市政府职能转变和机构改革在市委、市人民政府的统一领导下，由市机构编制委员会负责组织实施，市机构编制委员会办公室承担日常工作。机构改革工作于2015年上半年基本完成，职能转变工作在3到5年内按照中央和省、株洲市部署要求完成。涉及职能转变和机构改革部门一把手要负总责，成立精干高效的工作班子，负责本部门职能转变和机构改革的具体工作。调整设立的单位，在新机构正式组建之前，原有机构及其工作人员要继续履行职能职责，积极做好衔接工作，防止工作出现脱钩断档的现象。涉及职能、机构、人员编制和财产等划转的单位，要做好交接工作，处理好遗留问题。要加强思想政治工作，正确处理改革发展稳定的关系，确保思想不散、工作不断、秩序不乱。

（二）抓好组织实施

制定市政府职能转变具体实施方案，明确职能转变的目标要求、主要任务和工作重点，研究制定3到5年内职能转变总体安排和工作步骤，确保职能转变工作规范有序、及时到位。对体制调整、取消行政审批项目、职能整合等，要有细化方案和严密程序，明确任务分工和时间节点；对应当保留的事项，提出明确意见,优化审批程序。要做好调整变动部门的“三定”工作，进一步理顺职责关系，明确和强化责任，完善内设机构设置，规范领导职数配备。

（三）严格责任落实

市政府各部门要严格执行改革纪律和机构编制管理有关规定，在机构改革期间，要按照《中共株洲市委办公室株洲市政府办公室关于严明纪律切实保障市县政府职能转变和机构改革顺利进行的通知》（株办〔2014〕29号）精神，实行冻结机构编制措施，严禁突击提拔干部、突击进人，严防国有资产流失，对违纪违法的，一经发现，坚决查处。机构编制部门要积极履行职责，纪检监察机关和组织、人力资源和社会保障、财政、审计等部门要密切配合，确保顺利完成改革任务。市委、市人民政府将市政府职能转变和机构改革任务完成情况列入绩效考核和领导班子及成员考核内容，并适时派出督查组，对各部门转变职能、简政放权情况进行监督检查，对各部门“三定”规定实施情况进行检查和评估，确保各项改革措施落到实处、取得实效。

中共醴陵市委　醴陵市人民政府
关于醴陵市人民政府机构设置的通知

醴发〔2015〕10号

各乡镇党委、人民政府，各街道党工委、办事处，长庆示范区党工委、管委会，市直各单位，驻醴各单位：

《醴陵市人民政府职能转变和机构改革方案》已经株洲市委、株洲市人民政府批准。现将改革后的醴陵市人民政府设置通知如下：

一、醴陵市人民政府办公室（挂醴陵市人民政府法制办公室、醴陵市人民政府金融工作办公室牌子）

二、市政府工作部门（23个）

醴陵市发展和改革局

醴陵市教育局

醴陵市经济科技信息化局

醴陵市公安局

醴陵市监察局

醴陵市民政局

醴陵市司法局

醴陵市财政局
醴陵市人力资源和社会保障局
醴陵市国土资源局
醴陵市环境保护局
醴陵市住房和城乡规划建设局
醴陵市城市管理和行政执法局
醴陵市交通运输局
醴陵市农业局（挂中共醴陵市委农村工作办公室牌子）
醴陵市水利局
醴陵市林业局
醴陵市商务旅游和粮食局
醴陵市文体广电新闻出版局（挂醴陵市版权局牌子）
醴陵市卫生和计划生育局
醴陵市审计局
醴陵市市场和质量监督管理局（挂醴陵市食品药品监督管理局、醴陵市食品安全委员会办公室牌子）
醴陵市安全生产监督管理局
醴陵市统计局
醴陵市人民防空办公室

醴陵市监察局与中共醴陵市纪律检查委员会机关合署办公，列入市政府工作部门序列，不计入市政府机构个数。

醴陵市人民防空办公室既是市国防动员委员会的常设办事机构，也是市政府人民防空工作主管部门，列入市政府工作部门序列，不计入市政府机构个数。

中共醴陵市委
醴陵市人民政府
2015 年 8 月 20 日

醴陵市人民政府 关于公布《醴陵市第四批县级非物质文化遗产名录项目》的通知

醴政发〔2015〕5 号

各乡镇人民政府、街道办事处，长庆示范区管委会，市直有关单位：

《醴陵市第四批县级非物质文化遗产名录项目》（共计 11 项），已经市人民政府同意，现予以公布。各级各有关单位要按照《中华人民共和国非物质文化遗产法》和《湖南省人民政府办公厅关于加强非物质文化遗产保护工作的意见》（湘政办发〔2005〕27 号）等文件精神，进一步加强对非物质文化遗产的保护力度，鼓励和支持非物质文化遗产名录项目传承人（团体）开展传习活动，促进我市非物质文化遗产的传承和发展。

附件：醴陵市第四批县级非物质文化遗产名录项目

醴陵市人民政府
2015 年 5 月 25 日

醴陵市第四批县级非物质文化遗产名录项目

序号	代码	项目名称	申报单位
一、手工技艺			
1	093	釉下五彩瓷雕	振中雕塑工作室
2	092	贺家桥剁辣椒制作工艺	贺家桥乡文化站
3	092	沩山豆腐制作工艺	东堡乡文化站

序号	代码	项目名称	申报单位
4	093	毛瓷碗成型工艺	鑫旺达科技有限公司
5	09	醴陵釉下五彩瓷用毛笔制作技艺	醴陵市毛笔厂门市部
6	092	醴陵伏鱼	醴陵市绿环食品有限公司
二、民间舞蹈			
7	05	牛灯	富里镇文化站
三、民俗			
8	012	接公公婆婆	泗汾镇刘氏宗祠
四、武术			
9	168	少林拳套路——王英扳枣	白兔潭镇文化站
五、民间体育			
10	169	铁鞋功	来龙门办事处文化站
六、戏曲			
11	066	傩舞傩戏	嘉树镇傩神庙、醴陵金仁花鼓戏剧团

醴陵市人民政府
关于印发《醴陵市城乡居民基本养老保险实施办法》的通知

醴政发〔2015〕9号

各乡镇人民政府、街道办事处，长庆示范区管委会，市直各单位，驻醴各单位：

现将《醴陵市城乡居民基本养老保险实施办法》印发给你们，请认真遵照执行。

醴陵市人民政府

2015年10月9日

醴陵市城乡居民基本养老保险实施办法

第一章　总　则

第一条　根据《国务院关于建立统一的城乡居民基本养老保险制度的意见》（国发〔2014〕8号）、《湖南省人民政府关于建立统一的城乡居民基本养老保险制度的实施意见》（湘政发〔2014〕24号）和《株洲市人民政府关于建立统一的城乡居民基本养老保险制度的实施意见》（株政发〔2015〕6号）等文件精神，在总结我市新型农村社会养老保险（以下简称新农保）和城镇居民社会养老保险（以下简称城居保）工作经验的基础上，市政府决定将新农保和城居保两项制度合并实施，建立统一的城乡居民基本养老保险（以下简称城乡居民养老保险）制度，现结合我市实际，制定本实施办法。

第二条　城乡居民养老保险坚持按照全覆盖、保基本、有弹性、可持续的方针，以增强公平性、适应流动性、保证可持续性为重点，全面推进和不断完善覆盖全体城乡居民的基本养老保险制度，充分发挥社会养老保险对保障人民基本生活、调节社会收入分配、促进城乡经济社会协调发展的重要作用。

第三条　充分认识建立城乡居民养老保险制度的重要性，将其列入全市经济社会发展规划和年度目标管理考核体系，切实加强组织领导，切实发挥政府主导作用。将城乡居民养老保险制度建设作为推进基本公共服务均等化的重要基础工程，优化财政支出结构，加大财政投入，为城乡居民养老保险制度建设提供坚实的财力保障。做好政策宣传工作，全面准确的宣传政策，注重运用通俗易懂的语言和群众易于接受的方式，深入基层开展宣传活动，引导城乡居民踊跃参保、持续缴费、增加积累，保障参保人的合法权益。

第四条　市人力资源和社会保障部门要切实履行城乡居民养老保险工作行政主管部门的职责，会同有关部门做好城乡居民养老保险的统筹规划、政策制定、统一管理、综合协调和监督检查等工作。

第二章　参保范围和基金筹集

第五条　年满16周岁（不含在校学生），具有本市户籍，非国家机关和事业单位工作人员及不属于职工基本养老保险制度覆盖范围的城乡居民，均可按本办法参加城乡居民养老保险。

第六条　城乡居民养老保险基金由个人缴费、集体补助、政府补贴构成。

（一）个人缴费。参加城乡居民养老保险的人员（以下简称参保人）应当按规定逐年缴纳养老保险费。缴费标准目前设为每年100元、200元、300元、400元、500元、600元、700元、800元、900元、1000元、1500元、2000元、2500元、3000元14个档次。参保人自主选择缴费档次，多缴多得。

（二）集体补助。有条件的村集体经济组织应当对参保人给予补助，补助标准由村民委员会召开村民会议民主确定。鼓励有条件的社区将集体补助纳入社区公益事业资金筹资范围。鼓励其他社会经济组织、公益慈善组织、个人为参保人缴费提供资助。补助、资助金额不超过我省最高缴费档次标准。

（三）政府补贴。1.政府对参保人缴费给予补贴。补贴标准为：按100元标准缴费的，每人每年补贴30元，按200元标准缴费的，每人每年补贴35元，按300元标准缴费的，每人每年补贴40元，按400元标准缴费的，每人每年补贴45元，按500元及以上标准缴费的，每人每年补贴60元。2.政府对特别困难群体参保给予补助。对完全丧失劳动能力、没有收入来源等缴费困难群体，市人民政府代缴全部每年最低缴费档次的养老保险费；对重度残疾人（一、二级），市人民政府凭《残疾人证》为其代缴全部每年最低缴费档次的养老保险费；对其他缴费困难群体，市人民政府按最低缴费档次给予部分补助。

第三章　个人账户及管理

第七条　国家为每个参保人员建立终身记录的养老保险个人账户。个人缴费、政府对参保人的缴费补贴、集体补助及其他社会经济组织、公益慈善组织、个人对参保人的缴费资助，全部计入个人账户。个人账户储存额按国家规定计息。

第八条　参保人不得退保或提前支取个人账户储存额。参保人员中断缴费的，其个人账户由市城乡居民社会养老保险经办机构予以保留，并不间断计息。

第四章　养老金待遇及调整

第九条　城乡居民养老保险待遇由基础养老金和个人账户养老金构成，支付终身。

月领取标准＝月基础养老金＋月个人账户养老金

月个人账户养老金＝个人账户储存额/计发月数（139）（与现行城镇职工基本养老保险个人账户养老金计发系数相同）

（一）基础养老金。中央确定最低基础养老金标准，依照上级基础养老金正常调整机制，结合醴陵实际情况，适时调整我市基础养老金标准。鼓励参保人长期缴费，参保人缴费累计超过15年的，每增加1年缴费，其基础养老金每月增加1元（不含补缴年限）。

（二）个人账户养老金。个人账户养老金月计发标准为个人账户储存额除以139（与现行城镇职工基本养老保险个人账户养老金计发系数相同）。参保人死亡后，其个人账户中的资金余额可以依法继承。

第五章　养老保险待遇领取条件

第十条　参加城乡居民养老保险的个人，年满60周岁、累计缴费满15年，且未领取国家规定的基本养老保障待遇的，可以从符合领取条件的次月起按月领取城乡居民养老保险待遇。

新农保或城居保制度实施时，已年满60周岁，不用缴费，可以自2014年7月开始按月领取基础养老金；距规定领取年龄不足15年的，应逐年缴费，也允许补缴，累计缴费不超过15年；距规定领取年龄超过15年的，应按年缴费，累计缴费不少于15年。因各种原因中断缴费或隔年补缴的，中断期间及补缴年限不享受政府的缴费补贴。

第十一条　城乡居民养老保险待遇按月实行社会化发放，待遇领取人员自死亡次月起停止发放养老金，其直系亲属应当在其死亡后的1个月内到当地城乡居民社会养老保险经办机构办理待遇停发手续，未及时办理待遇停发手续而多领取的养老保险待遇要及时退回。

第十二条　市城乡居民社会养老保险经办机构应当按时足额支付养老保险待遇，每年对待遇领取人员进行核对；村（居）民委员会或社区服务中心要协助市城乡居民社会养老保险经办机构开展工作，在各行政村（社区）范围内对参保人待遇领取资格相关情况进行公示。市城乡居民社会养老保险经办机构在开展资格认证中，应将城乡居民养老保险待遇领取人员与职工基本养老保险待遇等记录进行对比，确保不重、不漏、不错；对于重复领取、骗取、冒领养老保险待遇的应及时追回。

第六章　养老保险关系转移接续

第十三条　参加城乡居民养老保险的人员在缴费期间因户籍迁移，需在省内转移城乡居民养老保险关系的，在迁入地申请转移养老保险关系，不转个人账户资金，按迁入地规定继续参保缴费，缴费年限累计计算，个人账户储存额由省在年内统一进行结算。需跨省转移的，在迁入地申请转移养老保险关系，一次性转移个人账户全部储存额，并按迁入地规定继续参保缴费，缴费年限累计计算。

第十四条　已经按规定领取城乡居民养老保险待遇的，无论户籍是否迁移，其养老保险关系不转移。

第十五条　城乡居民养老保险制度与职工基本养老保险、优抚安置、城乡居民最低生活保障、农村五保供养等社会保障制度以及农村计划生育家庭奖励扶助制度的衔接，按国家有关规定执行。

第七章　基金管理和运营

第十六条　将新农保基金和城居保基金合并为城乡居民养老保险基金，完善城乡居民养老保险基金财务会计制度和各项业务管理制度。城乡居民养老保险基金纳入社会保障基金财政专户，实行“收支两条线”管理，单独记账、独立核算，基础养老金与个人账户基金分账管理，个人账户基金不得用于发放基础养老金。个人账户基金实行省级集中管理，当年筹集的个人账户基金支付当年的个人账户支出后，要按规定及时结算上解，并做好上解前的基金安全及保值增值工作。

第十七条　城乡居民养老保险基金按照国家统一规定投资运营，实现保值增值。社会养老保险经办机构应定期向社会公布参加城乡居民养老保险情况以及基金的收入、支出、结余和收益情况。

第八章　基金监督

第十八条　市人力资源社会保障部门要会同有关部门认真履行监管职责，建立健全内控制度和基金稽核监督制度，对基金的筹集、上解、划拨、发放、存储、管理等进行监控和检查，并按规定披露信息，接受社会监督。

第十九条　财政部门、审计部门按各自职责，对基金的收支、管理和投资运营情况实施监督。对挤占挪用、虚报冒领、贪污浪费等违法行为，由有关部门按国家法律法规严肃处理。

第二十条　建立有村（居）民代表参加的社会监督制度，通过对基金管理过程加强监督，做到基金管理公开透明。

第九章　经办管理服务

第二十一条　切实加强城乡居民养老保险经办能力建设，科学整合现有公共服务资源和社会保险经办管理资源，充实加强基层经办力量，为城乡居民养老保险经办机构提供必要的场地、设施设备、经费保障。城乡居民养老保险工作经费纳入同级财政预算，不得从城乡居民养老保险基金中开支。

第二十二条　城乡居民养老保险经办机构要按内部控制要求，配齐配足各岗位所需工作人员，主要负责城乡居民养老保险的参保登记管理、缴费申报管理、基金征缴、个人账户建账与管理、待遇核定与发放、保险关系转移接续、档案管理、统计分析等工作，并对乡镇（街道）劳动保障站的业务经办情况进行指导和监督考核。

第二十三条　城乡居民社会养老保险经办机构要认真记录参保人缴费和领取待遇情况，建立参保档案，并按照要求纳入全省统一的城乡居民养老保险信息管理系统，与其他公民信息管理系统实现信息资源共享。要大力推行全国统一的社会保障卡，方便参保人持卡缴费、领取待遇和查询本人参保信息。

第二十四条　乡镇（街道）在现有人员编制中明确 1 名以上工作人员负责城乡居民养老保险经办工作，并保证完成工作任务所必需的工作经费。乡镇（街道）经办工作人员主要负责参保人员的参保资格、基本信息、缴费信息、待遇领取资格及关系转移接续等初审，组织本乡镇（街道）待遇领取资格人员资格认证工作，采集、录入、核对、上报有关信息和情况，对村（居）民委员会协管员进行业务培训。

第二十五条　村（居）民委员会要明确 1 名城乡居民养老保险工作协管员，协助乡镇（街道）经办人员办理业务。村（居）民委员会协管员具体负责城乡居民养老保险参保登记、待遇申领、关系转移接续等各业务环节所需材料的收集与上报，开展政策宣传和适龄人员参保动员，提醒参保人员按时缴费，进行死亡申报、待遇领取资格认证、有关情况摸底调查等信息采集、公示工作。

第二十六条　建立城乡居民养老保险工作经费

与服务人群、工作质量挂钩的“以奖代补”机制，经办奖励按实际参保人数每人每年不低于2元。

第十章　法律责任

第二十七条　城乡居民基本养老保险经办机构以欺诈、伪造证明材料或者其他手段骗取社会保险基金支出的，由市人力资源和社会保障局责令退回骗取的社会保险金，处骗取金额二倍以上五倍以下的罚款。

第二十八条　以欺诈、伪造证明材料或者其他手段骗取社会保险待遇的，由市人力资源和社会保障局责令退回骗取的社会保险金，处骗取金额二倍以上五倍以下的罚款。

第二十九条　城乡居民基本养老保险经办机构及其工作人员有下列行为之一的，由市人力资源和社会保障局责令改正；给社会保险基金或者个人造成损失的，依法承担赔偿责任；对直接负责的主管人员和其他直接责任人员依法给予处分：

（一）未履行社会保险法定职责的；

（二）未将社会保险基金存入财政专户的；

（三）克扣或者拒不按时支付城乡居民养老保险待遇的；

（四）丢失或者篡改缴费记录、享受城乡居民养老保险待遇记录等社会保险数据、个人权益记录的；

（五）有违反社会保险法律、法规的其他行为的。

第十一章　附　则

第三十条　本办法由市人力资源和社会保障局负责解释。如国家有新的政策出台，按新政策规定执行。

第三十一条　本办法自颁布之日实施，原《醴陵市人民政府关于印发醴陵市新型农村社会养老保险试点工作实施办法的通知》(醴政发〔2011〕20号)、《醴陵市人民政府关于印发醴陵市城镇居民社会养老保险试点实施办法的通知》(醴政发〔2011〕21号)同时废止。

醴陵市人民政府
关于划定沪昆铁路客运专线线路安全保护区的通告

醴政告〔2015〕1号

根据《铁路安全管理条例》(国务院令639号)规定，为加强沪昆铁路客运专线线路安全管理，保障铁路运输安全和畅通，保护人民群众生命财产安全，市人民政府决定划定醴陵市沪昆铁路客运专线线路安全保护区。现将有关事项通告如下：

一、划定范围

在沪昆铁路客运专线线路两侧设立铁路线路安全保护区，铁路线路安全保护区范围的划定，不改变用地权属关系，其范围从沪昆铁路客运专线线路路堤坡脚、路堑坡顶或者铁路桥梁（含铁路、道路两用桥、下同）外侧起向外的距离分别为：

（一）城市市区为10米；

（二）城市郊区居民居住区为12米；

（三）村镇居民居住区为15米；

（四）其他地区为20米。

二、安全保护区内禁止的有关行为

（一）在沪昆铁路客运专线线路安全保护区内，除必要的铁路施工、作业、排险活动外，任何单位和个人禁止在沪昆铁路客运专线线路安全保护区烧荒、放养牲畜、种植影响铁路线路安全和行车瞭望的树木等植物。禁止向沪昆铁路客运专线线路安全保护区排污、倾倒垃圾以及其他危害铁路安全的物质。

（二）在铁路线路安全保护区内建造建筑物、构筑物等设施、取土、挖砂、挖沟、采空作业或者堆放、悬挂物品，应当征得铁路运输企业同意并签订安全协议，遵守保证铁路安全的国家标准、行业标准和施工安全规范，采取措施防止影响铁路运输安全。

三、做好安全保护区工作

（一）各涉铁有关乡镇人民政府和市直有关单位要加大宣传力度，充分利用各种宣传形式，组织开展铁路安全和法制宣传教育活动，引导铁路沿线群众遵守铁路相关法律法规，爱护铁路设备设施，进一步增强铁路沿线群众的安全意识和法制观念，营造浓厚的爱路护路氛围。

（二）市直有关单位要坚持依法行政，在审批、核准或备案有关基本建设项目时，要严格控制在铁路安全保护区有效距离新建或改扩建工程，要充分考虑该项目或行为对沪昆铁路客运专线铁路运输安全的影响，严格按照《中华人民共和国铁路法》和《铁路安全管理条例》的有关规定办理。

（三）广大人民群众要严格按照已经划定的沪昆铁路客运专线线路安全保护区的相关规定，妥善处理各类问题、依法维护自身权益。凡破坏沪昆铁路客运专线线路安全保护区的，由公安机关依法严肃处理；情节严重构成犯罪的，依法追究刑事责任。

四、本通告自发布之日起施行。

醴陵市人民政府
2015 年 8 月 24 日

中共醴陵市委办公室　醴陵市人民政府办公室关于印发《醴陵市奖励招商引资中介人员六项规定》的通知

醴办发〔2015〕6 号

各乡镇党委、人民政府，各街道党工委、办事处，长庆示范区党工委、管委会，市直各单位，驻醴各单位：

《醴陵市奖励招商引资中介人员六项规定》已经市委、市人民政府同意，现印发给你们，请认真遵照执行。

中共醴陵市委办公室
醴陵市人民政府办公室
2015 年 4 月 23 日

醴陵市奖励招商引资中介人员六项规定

为进一步调动社会各界人士参与招商引资工作的积极性，吸引和鼓励国内外企业、组织或个人在我市投资兴业，促进我市经济社会持续、快速、健康发展，特制定本规定。

第一条　奖励对象

奖励对象为我市招商引资中介人员（本市在编公职人员、国有企业人员除外）。中介人员必须经投资者、项目载体单位以及招商引资主管部门共同确认，并能有效提供投资信息、介绍投资客商并助推项目签约落地建设投资成功，可以是一个人，也可以是多人或社会团体。

第二条　奖励条件

引进外来投资（指具有独立承担民事法律责任能力的法人、自然人或其他组织在我市投资兴办项目或其他公共事业建设的资金中来自醴陵市域以外的部分）在我市兴办工业、农业以及旅游、商贸、现代服务业等产业项目，符合法律法规及“两型”社会发展要求并达到下面标准的可以享受中介人员奖励：

（一）工业项目：落户在城区固定资产投资规模在 5000 万元以上的项目；落户乡镇固定资产投资规模在 2000 万元以上的项目。

（二）商贸、旅游等现代服务业项目：落户在城区，一次性投入在 1 亿元以上的项目；落户在其他乡镇，一次性投入在 2000 万元以上的项目。

（三）现代农业项目：一次性投入在 2000 万元以上的项目。

（四）引进世界 500 强企业中国总部、区域性总部及国内行业 10 强企业总部、区域性总部（以合同签订当年行业主管部门公布的企业排名为准）。

第三条　奖励标准

（一）新型工业化产业项目，固定资产投资在 1 亿元以内的，设备资产按 2‰计奖，其他固定资产投资（按所缴建安流转税计算，土地款除外，下同）按 3‰计奖；固定资产投资在 1 亿元以上至 3 亿元以内的，设备资产按 2‰计奖，其他固定资产投资按 4‰计奖；固定资产投资在 3 亿元及以上特大型项目，设备资产按 2‰计奖，其他固定资产投资按 5‰计奖。

（二）现代农业、商贸物流、旅游等现代服务业项目按一次性投入的 1‰计奖，其中 4A 级主题公园、大型实景演出场所、商贸城市综合体及省域以上一级批发市场等项目按一次性投入的 2‰计奖。

（三）引进总部企业注册落户醴陵的：世界 500

强企业中国总部奖励100万元、区域性总部奖励60万元；国内行业10强企业总部奖励50万元、区域性总部奖励20万元。

（四）新引进世界500强和国内行业前10强并对醴陵有重大影响的战略性项目，可采取一事一议的办法，由市委、市人民政府单独制定奖励办法和标准，对中介人员进行奖励。

（五）生产性项目奖金最高额不得多于该项目建设期累计税收的30%（含30%）；非生产性项目奖金最高额不得多于该项目建设期累计税收的10%；项目建设期或当年未实现税收的（农业产业化项目除外），中介人员暂不予奖励；合同签订一年内未启动建设或建设周期超过两年的（战略项目和非投资方原因除外），中介人员不予奖励。

第四条　奖励程序

1. 项目投资合同签订后，中介人员到市招商引资工作领导小组办公室（设市招商局内）备案。2. 外来资金到位、项目竣工投产（营业）后，中介人员持项目投资合同书复印件，投资方、信息受理方、项目载体单位的确认证明，合法机构出具的资金来源及投入证明，新企业的营业执照复印件，企业法人和中介人员身份证明等资料到市招商引资工作领导小组办公室填写《醴陵市招商引资中介人员奖励申请表》，提出奖励申请。3. 市招商引资工作领导小组定期对申报资料进行集中审核，并组织市招商、财政、审计、监察等部门对项目实地勘查审验，确认受奖项目和中介人员身份。4. 市招商引资工作领导小组汇总审核结果后报市委、市人民政府审定，审定结果由市招商引资工作领导小组办公室统一向社会公示，公示时间为7个工作日。5. 经公示无异议后，由有关部门将奖金直接支付至中介人员指定帐户。

项目竣工投产（营业）后两年之内没有按照相关规定和程序及时申报奖励的中介人员，视为自动弃权。

第五条　资金来源

落户经开区项目招商引资中介人员奖励资金由经开区负责，其他项目招商引资中介人员奖励资金由市财政负责。

第六条　其他事项

（一）下列情况不属于奖励范围：

1. 资源开采和选矿项目；

2. 以融资、贷款方式引进的基础设施类项目；

3. 房地产开发项目；

4. 未竣工投产（营业）的项目；

5. 固定资产投入低于5000万元的林木粗加工和饲料加工项目；

6. 项目需办理工商注册和税务登记手续而未办理的；

7. 中介人员已在投资方或项目承办单位领取中介费的；

8. 增资扩股或者二期建设项目。

（二）中介人员获奖后应依法缴纳个人所得税。

（三）任何单位和个人不得虚报、浮报招商引资奖励项目。对弄虚作假的，除追回所给奖金外，还将依法依规追究相关当事人的责任。

（四）本办法适用于2015年1月1日后我市所引进的外来投资项目，具体由市招商引资工作领导小组办公室负责解释。

中共醴陵市委办公室　醴陵市人民政府办公室关于印发《醴陵市乡镇区划调整改革工作实施方案》的通知

醴办发〔2015〕16号

各乡镇党委、人民政府，各街道党工委、办事处，长庆示范区党工委、管委会，市直有关单位，驻醴有关单位：

《醴陵市乡镇区划调整改革工作实施方案》已经市委、市人民政府同意，现印发给你们，请认真贯彻执行。

中共醴陵市委办公室

醴陵市人民政府办公室

2015年11月13日

醴陵市乡镇区划调整改革工作实施方案

为加快推进农村改革、增强乡镇经济发展活力，促进城乡一体化发展，根据《中共湖南省委湖南省人民政府关于开展乡镇区划调整改革工作的意见》（湘发〔2015〕15号）和《株洲市乡镇区划调整改革领导小组办公室关于印发〈株洲市乡镇区划调整改革工作方案〉的通知》（株区改办发〔2015〕1号）文件精神，结合我市实际，特制定本实施方案。

一、指导思想

深入贯彻落实党的十八大和十八届三中、四中全会精神和习近平总书记系列重要讲话精神，围绕构建适应城乡发展一体化要求的现代乡镇行政管理体制和社会治理体系这一目标，着力优化结构布局，着力全面深化改革，着力提升公共服务能力，积极推进乡镇区划调整改革，促进全市乡镇布局更加合理、结构更加优化、发展更加科学、运行更加高效、服务更加优质。

二、目标任务

对全市现有26个乡镇（其中18个镇8个乡）撤并为19个镇，共减少7个乡镇，并作其他相应调整。具体调整情况如下：

（一）富里镇与南桥镇合并，命名为李畋镇，镇人民政府驻地设南桥村（原南桥镇人民政府驻地）。同时，将富里镇的荷田村、柏大村、长庆村3个村和南桥镇的星湖村1个村划入白兔潭镇。合并前富里镇10个村、1个居委会，面积46.98平方公里，人口2.73万；南桥镇15个村、1个居委会，面积98.96平方公里，人口4.58万。合并后李畋镇辖21个村、2个居委会，总面积122.59平方公里，总人口6.28万。

（二）将王坊镇北部的联盟村、荷花垅村、王坊村、泮川村、石山村5个村和桥头、三角坪2个居委会并入浦口镇，同时将王坊镇南部的温泉村、渌石村、杨林村、大屏山村、灌冲村5个村并入王仙镇。撤并前王坊镇10个村、2个居委会，总面积47.38平方公里，总人口3.3万。

（三）清水江乡与船湾镇合并为船湾镇，镇人民政府驻地设金子坪村（原船湾镇人民政府驻地）。合并前清水江乡9个村，面积52.51平方公里，人口2.56万；船湾镇8个村、2个居委会，面积68.07平方公里，人口2.78万。合并后船湾镇辖17个村、2个居委会，总面积120.57平方公里，总人口5.34万。

（四）贺家桥镇与大障镇合并，命名为明月镇，镇人民政府驻地设大障居委会（原大障镇人民政府驻地）。合并前贺家桥镇9个村、2个居委会，面积63.14平方公里，人口2.31万；大障镇16个村、4个居委会，面积105.96平方公里，人口4.94万。合并后明月镇辖25个村、6个居委会，总面积169.1平方公里，总人口7.24万。

（五）神福港镇与栗山坝镇合并，命名为茶山镇，镇人民政府驻地设茶山居委会（原栗山坝镇人民政府驻地）。合并前栗山坝镇12个村、3个居委会，面积100.18平方公里，人口3.61万；神福港镇9个村、2个居委会，面积66.63平方公里，人口3万。合并后茶山镇辖21个村、5个居委会，总面积166.82平方公里，总人口6.61万。

（六）新阳乡与仙霞镇合并，命名为左权镇，镇人民政府驻地设莫家嘴居委会（原仙霞镇人民政府驻地）。合并前新阳乡10个村，面积63.3平方公里，人口2.55万；仙霞镇9个村、1个居委会，面积59.65平方公里，人口2.26万。合并后左权镇辖19个村、1个居委会，总面积122.96平方公里，总人口4.81万。

（七）枫林市乡与黄獭嘴镇合并，命名为枫林镇，镇人民政府驻地设台州村（原黄獭嘴镇人民政府驻地）。合并前枫林市乡9个村，面积49.74平方公里，人口1.84万；黄獭嘴镇10个村、2个居委会，面积50.78平方公里，人口2.45万。合并后枫林镇辖19个村、2个居委会，总面积100.52平方公里，总人口4.29万。

（八）将原王仙镇的清潭村、庄埠村、双江村3个村；原东堡乡的山峰村、钟鼓村2个村；原阳三石街道的黄沙村并入来龙门街道。调整前，来龙门街道辖4个村、7个居委会，面积15.86平方公里，人口7.92万。调整后，来龙门街道辖10个村、7个居委会，总面积26.15平方公里，总人口8.25万。

（九）将黄泥坳街道更名为国瓷街道，将板杉乡南部的古城村、土株岭村2个村和东堡乡的竹湖村、樟塅村2个村并入国瓷街道。调整前，黄泥坳街道辖6个村、5个居委会，面积32.3平方公里，人口4.95万。调整后，国瓷街道辖10个村、5个居委会，总面积49.15平方公里，总人口5.58万。

（十）将东富镇的荆潭村、潭湾村、石里浦村、伏龙村、立新村5个村并入阳三石街道。调整前，阳三石街道辖7个村、3个居委会，面积15.87平方公里，人口4.14万。调整后，阳三石街道辖11个村、3个居委会，总面积37.23平方公里，总人口5.22万。

（十一）将西山街道更名为仙岳山街道。

（十二）将嘉树乡、板杉乡、官庄乡、东堡乡、孙家湾乡全部撤乡设镇，其中东堡乡更名为沩山镇。

（十三）行政区划调整后，其他相关情况如下：

1.白兔潭镇辖14个村、2个居委会，总面积72.03平方公里，总人口6.97万。

2.浦口镇辖20个村、4个居委会，总面积79.13

平方公里，总人口 5.96 万。

3. 王仙镇辖 14 个村、3 个居委会，总面积 86.87 平方公里，总人口 4.87 万。

4. 东富镇辖 19 个村、1 个居委会，总面积 80.38 平方公里，总人口 4 万。

5. 板杉镇辖 17 个村，总面积 89.94 平方公里，总人口 4.11 万。

6. 沩山镇辖 12 个村，总面积 86.03 平方公里，总人口 2.4 万。

全市这次乡镇区划调整后，共有 19 个镇、4 个街道，分别是：李畋镇、白兔潭镇、浦口镇、王仙镇、沩山镇、东富镇、孙家湾镇、泗汾镇、沈潭镇、船湾镇、明月镇、嘉树镇、茶山镇、石亭镇、均楚镇、板杉镇、左权镇、枫林镇、官庄镇、来龙门街道、阳三石街道、仙岳山街道、国瓷街道。

三、实施步骤

我市乡镇区划调整改革工作从 2015 年 10 月开始，到 2015 年 12 月结束，分四个阶段进行。

第一阶段：前期准备阶段（2015 年 10 月 1 日至 10 月 25 日）

在深入调研和广泛征求意见的基础上，对我市要求撤并的乡镇（街道）规模和发展现状、自然条件、资源分布、历史沿革、群众意愿等情况组织进行深入调查，坚持“实事求是、自上而下、反复认证、集思广益”的原则，明确分工，落实责任，制定乡镇区划调整改革详细实施方案，按规定程序办理，上报批准手续。

第二阶段：调查论证阶段（2015 年 10 月 26 日至 11 月 20 日）

各乡镇（街道）就区划调整改革工作进行调查论证，并收集各种申报资料上报市乡镇区划调整改革领导小组办公室，由办公室整理初审后上报市政府，再由市政府上报株洲市政府和省政府审批。

第三阶段：组织实施阶段（2015 年 11 月 21 日至 12 月 15 日）

上报乡镇区划调整改革的材料，经株洲市政府和省政府批复后，由市政府另行制定新建镇的具体筹建方案，并组织实施筹建新镇的机构设置、领导班子搭建和工作人员调配、划分行政区划等工作。

第四阶段：总结验收阶段（2015 年 12 月 16 日至 12 月 31 日）

乡镇区划调整改革工作结束后，市政府组织人员逐个镇检查验收，认真总结，将材料逐级上报和归档。

四、工作要求

（一）加强保障。为确保全市乡镇区划调整改革工作顺利开展，成立由市委书记周晓理任组长，市委副书记、市人民政府市长康月林，市委副书记刘海宾任常务副组长，市人大常委会主任李理，市政协主席杨龙任顾问，市委常委、市人民政府常务副市长邹志超，市委常委、市人民政府副市长廖宏力，市委常委、市委政法委书记黎平，市委常委、市纪委书记易文星，市委常委、市委宣传部部长曾毅鹏，市委常委、市委组织部部长、市委统战部部长刘华章，市人民政府副市长、市公安局局长颜文明为副组长的醴陵市乡镇区划调整改革领导小组。需撤并的乡镇党委、政府要统一思想、提高认识，讲政治、讲原则、顾大局，把乡镇撤并工作提上重要议事日程，要切实加强组织领导，强化工作职责，落实工作经费，确保该项工作稳妥有序推进。

（二）形成合力。乡镇区划调整改革是一项要求高、涉及面广、综合性强的系统工作，市乡镇区划调整改革领导小组各成员单位要各司其职，深入开展调研，按照职责分工，通力协作，形成合力，抓好相关配套政策的制定实施、对口指导工作。

（三）严肃纪律。在乡镇区划调整改革工作实施中要严肃组织、人事、财经等各项纪律，要加强财务和国家集体财产管理；要明确农村土地承包合同不变等政策，切实保护农民合法权益；要采取切实措施防止私分、贪污、侵占国家集体财产以及挥霍浪费、突击花钱等现象发生；要加强被撤建乡镇政府驻地的集体财产、土地管理，防止借机非法转让或转卖土地。对在乡镇区划调整改革过程中违反财经纪律、擅自处理集体财产、违规办理户口和违规建房手续等行为，一经发现，从重从快严肃查处，绝不姑息迁就。

（四）营造氛围。各有关部门和单位要做好乡镇区划调整改革的宣传动员和舆论引导工作，通过召开座谈会、播放广播电视、印发宣传资料、悬挂标语横幅等多种形式宣传乡镇撤并的重要意义和政策要求，做好广大干部群众的思想工作，尊重群众意愿，为撤并工作奠定思想基础，营造良好氛围。

醴陵市人民政府办公室关于印发《醴陵市城乡困难群众临时救助实施办法》的通知

醴政办发〔2015〕9号

各乡镇人民政府、街道办事处，长庆示范区管委会，市直各单位，驻醴各单位：

《醴陵市城乡困难群众临时救助实施办法》已经市人民政府同意，现印发给你们，请认真组织实施。

醴陵市人民政府办公室

2015年11月24日

醴陵市城乡困难群众临时救助实施办法

第一条　为进一步完善全市社会救助体系，充分发挥社会救助托底线、救急难作用，及时有效解决城乡居民的突发性、紧迫性、临时性生活困难，根据《社会救助暂行办法》（国务院令第649号）、《国务院关于全面建立临时救助制度的通知》（国发〔2014〕47号）、《湖南省民政厅办公室关于切实抓好国发〔2014〕47号文件贯彻落实的通知》（湘民办发〔2014〕30号）和《株洲市人民政府办公室关于印发〈株洲市城乡困难群众临时救助实施办法〉的通知》（株政办发〔2015〕11号）等文件精神，制定本实施办法。

第二条　城乡困难群众临时救助制度，是对遭遇突发事件、意外伤害、重大疾病或其他特殊原因导致基本生活暂时陷入困境，其他社会救助制度暂时无法覆盖或救助之后基本生活仍存在严重困难的家庭或个人，给予应急、过渡性救助。分为特殊临时救助和一般临时救助。

特殊临时救助是指因火灾、交通事故等意外事件造成直接经济损失达到5万元（含）以上或因重大疾病在住院期间医院所有收费票据总额达到5万元（含）以上的临时救助。其他均为一般临时救助。

第三条　临时救助工作原则。

（一）坚持应救尽救的原则；

（二）坚持量力而行的原则；

（三）坚持公平公正公开的原则；

（四）坚持民政部门牵头，相关部门联合参与的统筹联动原则；

（五）坚持依法救助，以《社会救助暂行办法》为依据，政府救助、社会帮扶、家庭自救相结合的原则。

第四条　临时救助对象的认定。

（一）救助对象类别。救助对象分为家庭对象和个人对象两类，有符合下列情形之一的，认定为临时救助对象：

1. 家庭对象。

（1）因火灾、交通事故等意外事件，家庭成员突发重大疾病等原因，导致基本生活暂时出现严重困难的家庭。

（2）因生活必需支出突然增加超出家庭承受能力，导致基本生活暂时出现严重困难的最低生活保障家庭。

（3）市人民政府认为应当救助的其他困难家庭。

2. 个人对象。

（1）因火灾、交通事故、突发重大疾病、生活必需支出突然增加超出承受能力或其他困难，暂时无法得到家庭支持，导致基本生活陷入困境的个人。

（2）市人民政府认为应当救助的其他困难个人。

（二）不列入救助范围的几种情况。有下列情形之一的，不列为救助对象：

1. 家庭成员有劳动就业能力，但无正当理由拒绝劳动就业，游手好闲的。

2. 酗酒伤害、打架斗殴、自杀、自伤、吸毒的。

3. 法定赡（扶、抚）养人未按规定履行义务的。

4. 属于人为事故，且得到责任人足额赔偿或保险机构赔偿的。

第五条　临时救助制度实行各级人民政府负责制。市民政局负责全市困难群众临时救助工作管理、检查监督和特殊临时救助的审核审批；乡镇人民政府（街道办事处）民政办受理本辖区内困难群众特殊临时救助申请以及受理和审批一般临时救助。特殊情况的救助对象经过各级评审程序后可在市本级实施救助。

第六条　临时救助的标准。

（一）特殊临时救助标准。

特殊临时救助每户（人）每年救助一般不超过两次，并做到一事一审批，年度累计最高救助为5000元。特殊情况超过救助标准上限时，须报市人民政府批准。

火灾、交通事故等意外事件特殊临时救助标准：按直接经济损失总额2%的标准救助。

重大疾病特殊临时救助标准：按在住院期间医院所有收费票总额2%的标准救助。（为避免重复救助，救助对象如申请大病救助时，原则上应当扣除特殊临时救助资金）

（二）一般临时救助标准。

一般临时救助每户（人）每年救助一般不超过两次，并做到一事一审批，年度累计最高救助标准为1000元。特殊情况超过救助标准上限时，报市民政局统一审批。对因先天丧失劳动能力、生活中入不敷出或达不到特殊临时救助标准的求助对象，乡镇人民政府（街道办事处）可依据实际情况给予适当的救助。

第七条　临时救助的申办流程。

（一）申请受理。根据实际情况的不同，申请受理分为一般程序和主动发现受理两类。

1. 一般程序。

（1）具有本地户籍的家庭或个人的申请受理程序。凡认为符合救助条件的城乡居民家庭均可向户籍所在地乡镇人民政府（街道办事处）提出救助申请；受申请人委托，村（居）委员会或其他单位、个人可以代为提出救助申请。

（2）不具有本地户籍家庭或个人的申请受理程序。对于不具有本地户籍的家庭或个人，居住地城管局、公安局等相关部门及乡镇人民政府（街道办事处）协助其向市民政局救助站申请救助。

申请特殊临时救助的家庭或个人，应提供以下资料：

居民户口簿、居民身份证、困难情况说明、家庭收入证明等相关资料。因火灾、交通事故等意外事件申请特殊临时救助的还需提供突发事件证明或现场目击证明材料（如现场照片、视频资料、责任事故认定书、证人书面材料）等其他相关材料。因重大疾病申请重大疾病特殊临时救助的还需提供疾病诊断证明和医疗保险报销结算清单或住院期间收费票据等资料。如是低保对象、五保对象的，还应提供低保证、五保供养证（复印件）等其他相关材料。

申请一般临时救助的家庭或个人，只需提供居民身份证和书面申请等相关材料。

家庭或个人申请临时救助，无正当理由，乡镇人民政府（街道办事处）不得拒绝受理；对因突发性事件或在特殊情况下需紧急救助的，可特殊处理、简化程序，由市民政局直接受理，但事后必须补齐相关手续。

2. 主动发现受理。根据主动发现主体的不同，主动发现受理分为两类。

（1）乡镇人民政府（街道办事处）和村（居）委员会的主动发现受理。乡镇人民政府（街道办事处）和村（居）委员会根据居民遭遇突发事件、意外事故、罹患重病等特殊情况，主动帮助有困难的家庭或个人提出救助申请。

（2）相关职能部门的主动发现受理。公安、城管等部门在执法中发现身处困境的未成年人、精神病人等无民事行为能力或限制民事行为能力的人，以及失去主动求助能力的危重病人等符合临时救助条件的对象时，应主动与其户籍所在地民政部门联系，帮助其提出救助申请。

（二）审核审批。根据紧急程度的不同，审核审批分为一般程序和紧急程序两类。

1. 一般程序。

（1）具有本地户籍的家庭或个人的审核审批程序。

申请特殊临时救助审核审批程序：乡镇人民政府（街道办事处）在村（居）民委员会协助下，对救助申请人的家庭经济状况、人口状况、遭遇困难类型等逐一调查，填写好《醴陵市城乡困难群众特殊临时救助审批表》、《社会救助上户调查表》，视情况组织民主评议，提出审核意见，并在申请人所居住的村（居）民委员会张榜公示后，报市民政局审批。市民政局在接到审批材料后，对符合条件的救助对象由社会救助评审评议领导小组确定救助标准。

申请一般临时救助审核审批程序：乡镇人民政府（街道办事处）对救助申请人的家庭经济状况、人口状况、遭遇困难类型等逐一调查核实，并在申请人所居住的村（居）民委员会张榜公示后，由市民政局委托乡镇人民政府（街道办事处）予以审批。救助对象年度累计临时救助金额超过1000元的须报市民政局审批。

所有申报资料由受理单位建档归类保存，便于查询和监管部门检查。对符合条件的，应及时予以批准；不符合条件不予批准，并书面告知申请人说明理由。申请人以同一事由重复申请救助，无正当理由的，不予救助。

（2）不具有本地户籍的家庭或个人的审核审批程序。对于申请救助的非本地户籍居民，接到受理申请的救助管理机构（即救助站），应主动与救助申请家庭或个人户籍所在地救助部门联系，共同做好审核工作，并按生活无着人员救助管理规定审核审批，提供救助。

2. 紧急程序。对于情况紧急、需立即采取措施以防止造成无法挽回的损失或无法改变的严重后果的，乡镇人民政府（街道办事处）、市民政局应先行救助。紧急情况解除后，应按规定补齐审核审批手续。

（三）监管。在临时救助工作实施过程中，要做到救助政策、救助对象、救助标准、救助金额“四公开”，申请原因、审核意见、审批结果“三公布”，广泛接受群众和社会监督。

第八条　临时救助的工作机制。

各乡镇人民政府（街道办事处）应建立“一门受理、协同办理”机制，依托乡镇人民政府（街道办事处）便民服务中心等综合性服务窗口，设立统一的社会救助申请受理窗口，方便群众求助。要根据部门职责建立受理、分办、转办、结果反馈流程，明确办理时限和要求，跟踪办理结果、将有关情况及时告知求助对象。要建立社会求助热线，畅通求助、报告渠道。

第九条　资金的筹措和管理。

（一）临时救助资金通过财政预算安排、福利彩票公益金安排、社会捐赠等渠道筹集。建立政府投入为主、整合相关社会救助资金、接受社会捐赠的资金长效筹措机制，确保“有钱办事”。

（二）符合救助条件的对象，经审核审批后，其救助资金由市民政局或各乡镇人民政府（街道办事处）采取现金或存折发放，现金发放时由救助对象本人或配偶或直系亲属凭身份证、户口簿领取，其他人一般不得代领。

（三）临时救助资金实行专户管理，年度结余资金应转下年使用，不得用于平衡预算或挪作他用，可在城乡低保年度结余资金中安排部分资金作为临时救助资金；临时救助资金管理应按照“总量控制、统筹兼顾”的原则，实行专账管理，专款专用。

（四）财政部门负责临时救助资金的筹集、拨付和监督检查，监察、审计部门负责监督审计临时救助资金的管理、使用和发放。临时救助资金的使用情况要定期向社会公布，接受社会监督。

第十条　各级民政部门应建立救助对象审批材料、资金台账、发放名册等临时救助工作档案，并加强档案管理，做到资料完整、便于查询利用。

第十一条　申请救助对象应主动接受民政部门、乡镇人民政府（街道办事处）的调查，并如实反映相关情况，不得弄虚作假，否则，市民政局将追回冒领的救助金，并视情节轻重予以处理。相关工作人员滥用职权、玩忽职守、营私舞弊以及截留挪用救助资金的，由单位或有关部门按规定处理，构成犯罪的依法追究刑事责任。

第十二条　本办法自公布之日起施行。

2015 年度中共醴陵市委、市委办公室重要文件目录

表 24

文　号	文　件　标　题
醴发〔2015〕1 号	关于印发《醴陵市工业强市实施意见》和《醴陵市工业强市十条政策》的通知
醴发〔2015〕2 号	关于进一步加快湖南醴陵经济开发区发展的若干意见
醴发〔2015〕3 号	批转《中共醴陵市人大常委会党组关于市人大常委会 2015 年工作要点的报告》的通知
醴发〔2015〕4 号	印发《关于落实党风廉政建设党委主体责任和纪委监督责任的实施办法》的通知
醴发〔2015〕5 号	批转《中共政协醴陵市委员会党组关于政协醴陵市第十三届委员会 2015 年工作要点的报告》的通知
醴发〔2015〕6 号	关于进一步加强和规范机关党建工作的实施意见
醴发〔2015〕7 号	印发《中共醴陵市委常委会关于开展“三严三实”专题教育的实施方案》的通知
醴发〔2015〕8 号	关于深入推进禁毒工作社会化的意见
醴发〔2015〕9 号	关于印发《醴陵市人民政府职能转变和机构改革方案的实施意见》的通知
醴发〔2015〕10 号	关于醴陵市人民政府机构设置的通知
醴发〔2015〕11 号	关于废止和宣布失效一批党内规范性文件的决定
醴办发〔2015〕3 号	关于印发《醴陵市 2015 年“安全保障年”活动实施方案》的通知

续表 24—1

文　号	文　件　标　题
醴办发〔2015〕4 号	关于进一步加强安全生产工作的实施意见
醴办发〔2015〕6 号	关于印发《醴陵市奖励招商引资中介人员六项规定》的通知
醴办发〔2015〕7 号	印发《关于进一步规范征地拆迁和房屋征收工作的实施意见》的通知
醴办发〔2015〕9 号	印发《醴陵市关于处置不合格党员的实施办法》的通知
醴办发〔2015〕10 号	关于印发《醴陵市禁毒工作领导责任追究实施办法》的通知
醴办发〔2015〕11 号	关于印发《醴陵市人事工作管理暂行规定（修订）》的通知
醴办发〔2015〕14 号	关于印发《醴陵市国有林场改革实施方案》的通知
醴办发〔2015〕16 号	关于印发《醴陵市乡镇区划调整改革工作实施方案》的通知
醴办发〔2015〕17 号	关于印发《醴陵市扶贫攻坚三年行动计划（2015—2017 年）》的通知
醴办发〔2015〕18 号	印发《关于加快发展村级集体经济的实施意见》的通知
醴办发〔2015〕19 号	印发《关于党员干部带头推动殡葬改革的实施意见》的通知
醴办〔2015〕6 号	关于印发《醴陵市 2015 年“招商引资年”活动实施方案》和《醴陵市 2015 年“招商引资年”活动考核办法》的通知
醴办〔2015〕7 号	关于印发《醴陵市 2015 年“项目攻坚年”活动实施方案》的通知
醴办〔2015〕11 号	关于印发《2015 年为民办实事实施方案》的通知
醴办〔2015〕12 号	关于印发《醴陵市 2015 年征地拆迁和房屋征收工作实施方案》的通知
醴办〔2015〕13 号	印发《关于在全市推广“五问工作法”的实施方案》的通知
醴办〔2015〕14 号	关于印发《醴陵市 2015 年“两打三治”专项行动实施方案》的通知
醴办〔2015〕16 号	关于印发《醴陵市推进乡镇纪检监察组织片区协作机制建设工作实施方案》的通知
醴办〔2015〕17 号	关于印发《醴陵市“五彩社区”建设实施方案》的通知
醴办〔2015〕18 号	关于印发《醴陵市派驻工作队开展驻村帮扶工作实施方案》的通知
醴办〔2015〕19 号	关于印发《醴陵市农民负担综合治理工作方案》的通知
醴办〔2015〕20 号	印发《关于进一步理顺基层司法所管理体制的实施办法》的通知
醴办〔2015〕23 号	关于印发《醴陵市全面开展农村土地承包经营权确权登记颁证工作实施方案》的通知
醴办〔2015〕24 号	印发《关于扎实推进整治“四风”和侵害群众利益行为常态化长效化的实施意见》的通知
醴办〔2015〕28 号	关于印发《正风肃纪专项行动实施方案》等“五个专项行动”实施方案的通知
醴办〔2015〕35 号	关于印发《醴陵市安全生产综合整治“亮剑”行动工作方案》的通知
醴办〔2015〕36 号	关于印发《醴陵市 2015 年度落实党风廉政建设责任制检查考核实施方案》的通知
醴办〔2015〕37 号	关于转发《中共醴陵市纪委醴陵市监察局集中开展党员干部违规收送红包礼金问题专项整治工作方案》的通知
醴办〔2015〕40 号	印发《关于加强新闻发布管理工作的意见》的通知
醴办空〔2015〕25 号	关于成立渌江新区建设管委会的通知

续表 24—2

文 号	文 件 标 题
醴办空〔2015〕26 号	关于成立渌江新区建设领导小组的通知
醴办空〔2015〕34 号	关于成立渌江书院修缮整治委员会的通知
醴委干〔2015〕11 号	关于提名推荐康月林等同志职务任免的通知
醴委干〔2015〕12 号	关于康月林等同志职务任免的通知
醴委干〔2015〕14 号	关于补选醴陵市人民政府市长的请示
醴委干〔2015〕16 号	关于康月林同志的推荐书
醴委干〔2015〕17 号	关于醴陵市第十五届人民代表大会第五次会议选举结果的报告

2015 年度醴陵市人民政府、政府办公室重要文件目录

表 25

文 号	文 件 标 题
醴政发〔2015〕3 号	关于印发 2015 年《政府工作报告》重点工作任务分解表的通知
醴政发〔2015〕5 号	关于公布《醴陵市第四批县级非物质文化遗产名录项目》的通知
醴政发〔2015〕6 号 LLDR-2015-00002	关于公布市政府工作部门责任清单的通知
醴政发〔2015〕9 号 LLDR-2015-00005	关于印发《醴陵市城乡居民基本养老保险实施办法》的通知
醴政发〔2015〕12 号 LLDR-2015-00007	关于公布政府行政权力清单的通知
醴政告〔2015〕1 号 LLDR-2015-00003	关于划定沪昆铁路客运专线线路安全保护区的通告
醴政告〔2015〕2 号 LLDR-2015-00004	关于切实做好油茶（桐）采摘工作的通告
醴政告〔2015〕4 号 LLDR-2015-00006	关于严禁在渌江新城规划范围内抢栽抢种和违法建设等行为的通告
醴政办发〔2015〕2 号 LLDR-2015-01001	关于印发《醴陵市森林火灾应急预案》的通知
醴政办发〔2015〕4 号	关于印发《醴陵市征地拆迁和房屋征收资金管理办法（修订）》的通知
醴政办发〔2015〕5 号 LLDR-2015-01002	关于做好醴陵市 2015 年全国 1% 人口抽样调查的通知
醴政办发〔2015〕7 号 LLDR-2015-01003	关于印发《醴陵市处置非法集资突发事件应急预案》的通知
醴政办发〔2015〕8 号 LLDR-2015-01004	关于深化统计改革加强统计工作的实施意见
醴政办发〔2015〕9 号 LLDR-2015-01005	关于印发《醴陵市城乡困难群众临时救助实施办法》的通知

（李琼盛　殷　维）

市党政军及各部门单位负责人名录

一、党政军及市直单位

中共醴陵市委

书　　记　周晓理
副 书 记　康月林（2015.3 任）
　　　　　刘海宾（2015.6 任）
　　　　　蔡周良（2015.3 止）
　　　　　林伯芝（2015.6 止）
常　　委　周晓理（2015.3 任）
　　　　　康月林（2015.3 任）
　　　　　刘海宾（2015.7 任）
　　　　　邹志超（2015.6 任）
　　　　　廖宏力　黎　平（2015.6 任）
　　　　　易文星（2015.6 任）
　　　　　李云星（2015.6 任）
　　　　　曾毅鹏（2015.6 任）
　　　　　贺小玲（2015.7 任）
　　　　　刘华章（2015.7 任）
　　　　　蔡周良（2015.3 止）
　　　　　林伯芝（2015.6 止）
　　　　　刘湘林（2015.6 止）
　　　　　向　平（2015.6 止）
　　　　　丁奇志（2015.6 止）
　　　　　汤云辉（2015.6 止）
市委办公室主任（市委秘书长）　贺小玲（2015.7 任）
　　　　　廖宏力（2015.7 止）
副调研员　谭书龙　龙映秋（2015.3 止）
副县（处）级职级　李志龙　彭德清　钟武查

市委办公室

主　　任　贺小玲
副 主 任　汤　文（2015.12 任）
　　　　　吴远香（女）　吴冬升
　　　　　刘　敏（2015.12 止）

市委政策研究室

主　　任　（空　缺）

市保密局

局　　长　（空　缺）
副 局 长　叶　红（女）

市委机要局

局　　长　凌树生（2015.12 止）

市直机关工委

书　　记　胡修文（2015.12 止）

市委督查室

主　　任　刘铁华

市 纪 委

书　　记　易文星
副 书 记　刘金堂（2015.12 任）
　　　　　彭　新（女）
　　　　　唐　飞（2015.12 止）
　　　　　易祖斌（2015.12 止）
常　　委　易文星　刘金堂（2015.12 任）
　　　　　彭　新（女）　彭秋生
　　　　　王喜桂　陈嗣佳
　　　　　唐　飞（2015.12 止）
　　　　　易祖斌（2015.12 止）
　　　　　周述尧（2015.12 止）
　　　　　骆仕良（2015.12 止）
办公室主任　彭晓明
执法监察室主任　（空　缺）
纪检监察室主任　罗　谷

纠风室主任 （空　缺）
行政效能监察室主任 张　韬
案件审理室主任 程　新
宣教室主任 罗楚雄（2015.12 止）
干部室主任 （空　缺）
党风廉政室主任 易祖海

市纪委派出第一纪工委

书记 （空　缺）
副书记 阳继先　谭春艳（女）

市纪委派出第二纪工委

书记 （空　缺）
副书记 金　志　邹木蒲（2015.12 止）

市纪委派出第三纪工委

书记 （空　缺）
副书记 付　颖

市纪委派出第四纪工委

书记 （空　缺）
副书记 张昌仁　曾　勇

市委组织部

部长 刘华章（2015.7 任）
刘湘林（2015.7 止）
副部长 赖　洪（2015.12 任）
何文立（兼）付　权
李子平（兼）
王太忠（2015.12 任）
黎　波（2015.12 任）
邓少仁（2015.12 止）
盛　勇（2015.12 止）
钟建山（兼、2015.12 止）
工会主席 王成根（2015.12 止）

市党员教育中心
（不再高配正科级）

主任 周　科（2015.8 任）

市委党建办
（高配正科级）

主任 袁　亮

市党代表联络办

主任 黎　波

市委宣传部

部长 曾毅鹏（2015.7 任）
副部长 余波玲（女）匡兴武
郭　健（兼）
张　斌（兼、2015.12 止）
工会主席 钟淑秋（女）

市社会主义精神文明委员会办公室
（高配正科级）

主任 余波玲（女）
副主任 周　玲（女）

市网宣办

主任 张　斌

市委统战部

部长 刘华章（2015.7 任）
副部长 付益田　喻　平
左孟良（兼、2015.12 任）
张海涛（兼、2015.12 止）
工会主席 杨水玉（女）

市台办

主任 付益田（2015.12 止）
副主任 丁桂华（女、2015.12 止）
易恒珍

市民族宗教事务局

局长 喻　平（2015.12 止）

市委政法委

书记 黎　平（2015.7 任）
丁奇志（2015.7 止）
副书记 张　文（2015.12 任）
王　宇（2015.12 任）
彭开仁　张龙新
张国亮（2015.12 止）
邓元卫（2015.12 止）
尹惠京（2015.12 止）

市综治办

主任 王　宇（兼、2015.12 任）
张国亮（兼、2015.12 止）
副主任 周文锋

市反邪教办

主任 邓元卫（兼、2015.12 止）

市维稳办

主任 马　牛（2015.12 任）
副主任 马　牛（2015.12 止）

市委老干局

党支部书记、局长　王太忠（2015.12 任）
钟建山（2015.12 止）
支部副书记、副局长　黄玲香（女、2015.12 止）
副局长　全小云（女）

市编办

主任　何文立
副主任　刘　薇（女）　周玉梅（女）

市事业登记管理局

局长　刘　薇（女）
副局长　欧智文

市委党校

校长、支部书记　邹明麟
常务副校长　何　智（女）
副校长　刘海波　王主民
校务委员　曾玄风

市人大常委会

党组书记、主任　李　理
党组副书记、副主任　刘跃峰
党组副书记　徐林娟　李运波
党组成员、副主任　李亿平（女）　翁菊清
汤乐田
党组成员　冯志明
副主任　乔德良（兼）
党组成员、办公室主任　甘　毅

办公室

主任　甘　毅
副主任　邓卫群　陈　灏

任免联络工作委员会

主任　陈治平（女）
副主任　文南英（女、2015.8 止）

农业和农村经济工作委员会

主任　张水良
副主任　汪海雕（2015.12 止）

财政经济工作委员会

主任　张国文（2015.12 任）
黄升开（2015.12 止）
副主任　廖　军

教科文卫工作委员会

主任　何春伟（2015.12 任）
宋文革（女、2015.8 止）
副主任　杨宗香

内务司法工作委员会

主任　余汉平（2015.12 任）
张柏花（女、2015.12 止）
副主任　汪长科（2015.12 止）

城乡建设环境资源保护工作委员会

主任　丁　辉（2015.12 任）
瞿运生（2015.12 止）
副主任　谢　诚（2015.8 止）
程许芬（2015.8 止）

机关党总支

副书记　丁立平（2015.12 止）

市人民政府

市长　康月林（2015.5 任）
蔡周良（2015.3 止）
副市长　邹志超（2015.6 任）
廖宏力（2015.6 任）
李忆湘（女）　李荣佳
颜文明　廖胜云（2015.6 任）
贺小玲（女、2015.7 止）
向　平（2015.6 止）
汤云辉（2015.6 止）
秘书长　曾　敏（2015.8 任）
谢圣才（2015.8 止）
调研员　廖达全
副调研员　易声告　巫栽清

市人民政府办公室

主任　曾　敏（2015.8 任）
谢圣才（2015.8 止）
市长助理　彭德清（2015.8 止）
谢圣才（2015.8 止）
李志龙（2015.8 止）
副主任　欧阳启明（2015.12 任）
荣　伟（2015.12 任）
阳自力　聂　森（女）
黄志强　何平发
王纪军（兼）　陈　杰（兼）
黎　俊　陈培建　林德建
李　辉（女）　米　佳（女）
张　文（兼、2015.12 止）
吴海江（2015.12 止）
何柳望（2015.10 止）
文　庆（2015.12 止）

工　会　主　席　易迎春（女、2015.12 止）

市人民政府研究室

主　　任　何柳望（2015.10 止）
副　主　任　万丽娟（女）

食品安全委员会办公室

主　　任　吴海江（2015.12 止）
副　主　任　丁光源（2015.12 止）

重点工程建设管理办公室

主　　任　吴文辉

市征地工作协调管理办公室

党组书记、主任　吴文辉（2015.12 任）
副　主　任　汤申根（2015.12 任）

人民政府口岸办公室

主　　任　王纪军

应急管理办公室

主　　任　吴集兴

爱国卫生运动办公室

副　主　任　黄志强

城市创建工作领导小组办公室

主　　任　（空　缺）
副　主　任　李　兵　金宇辉　巫学文

金融证券办公室

主　　任　黎　俊

政协醴陵市委员会

党组书记、主席　杨　龙
党组副书记、副主席　陈建军
党组成员、副主席　易　磊
副　主　席　唐青柏（兼）　钟富强（兼）
党组成员、秘书长 办公室主任　何春辉

办公室

主　　任　何春辉（2015.12 任）
　　　　　陈德政（2015.12 止）
副　主　任　刘桂平

学习文史委员会

主　　任　陈彰伟
副　主　任　谭湘辉（女）

经济科学委员会

主　　任　柳才军
副　主　任　王睿婷（女）

联谊联络群团法制委员会

主　　任　苏承蒲（2015.12 任）
　　　　　卢炼钢（2015.12 止）
副　主　任　唐彩霞（女、2015.12 止）

提案工作委员会

主　　任　徐　辉（2015.12 任）
　　　　　黄志成（2015.12 止）
副　主　任　陈云峰（2015.8 任）

醴陵市人民武装部

部　　长　李云星
政　　委　徐兆纯
副　部　长　喻　巍

湖南醴陵经济开发区

党工委书记　江曙明
党工委副书记、管委会主任　谢圣才（2015.7 任）
　　　　　郭向晖（2015.7 止）
党工委委员　李启福　胡应建　林志祥
　　　　　程曙光　廖胜云（2015.6 止）
副　主　任　李启福　胡应建　林志祥
　　　　　廖胜云（2015.6 止）
纪工委书记　程曙光

党政办公室

主　　任　黄志敏（2015.12 任）
　　　　　曾桃红（2015.12 止）
副　主　任　叶冠勇

产业发展局

局　　长　黄小龙
副　局　长　周应和　姚　宁

招商合作局

局　　长　刘松波（2015.12 止）
副　局　长　易桢华（女）

社会事务管理局

局　　长　刘道平（女）
副　局　长　黄永辉　丁　力

规划建设局

局　　长　谭志红

副局长　朱湛军　江　南

高新技术发展中心

主任　汤建武
副主任　颜艳军

陶瓷研究中心

主任　刘锡清
副主任　陈蓉军

财政金融所

所长　刘　勇

工　会

副主席　张新潮

高新技术产业发展有限公司（平台公司）

董事长　易　勇（2015.12 任）

市城区管理委员会

书记　谢圣才（2015.7 止）
主任　翁菊清
副主任　唐　琼（女）
　　　　邓沸涛（2015.12 止）

市总工会

主席　宋友红
副主席　刘海平　刘醴谦（女）

团市委

书记　钟　洁（女、2015.12 任）
　　　彭湘陵（女、2015.12 止）
副书记　廖　勇（女、2015.12 任）
　　　　彭任任（女、2015.10 止）
　　　　吴文戈（2015.12 止）

市妇联

支部书记、主席　丁　瑜（女）
副主席　王小兰（女）　唐仁芳（女）

市残疾人联合执行理事会

理事长　朱卫兵（2015.8 任）
　　　　付益秋（2015.8 止）
副理事长　张建国（2015.12 止）
　　　　　易冬连（女、2015.12 止）

市工商联

主席（会长）　钟富强
党组书记　左孟良（2015.12 任）
　　　　　张海涛（2015.12 止）
副主席　谢湘灵　邱长青

市文联

主席　唐青柏
党组书记　刘天汉（2015.12 任）
　　　　　匡兴武（兼、2015.12 止）
党组成员、副主席　文志勇（2015.12 任）

市科协

主席　李忠业（2015.12 任）
　　　廖善民（2015.12 止）
副主席　吴文辉（女）　席小斌

市民革

主委　李忆湘（女）
副主委　雷向军（女）

市人民检察院

党组书记、检察长　王友武
党组副书记　罗月虹　汪建国（2015.12 止）
副检察长　罗月虹　易召群　陈志高
　　　　　杨林英（女、兼）　彭跃云
　　　　　王　剑（2015.12 任）
　　　　　汪建国（2015.12 止）
党组成员　陈志高　杨林英（女）
　　　　　彭跃云　王　剑
　　　　　李　立　欧阳向辉（女）
纪检组长　欧阳向辉（女）
反贪局局长　王　剑（2015.12 止）
反渎职侵权局局长　彭　巍
政工科长　李　立
检察委员会专职委员　黄建辉　胡春花（女）

市人民法院

党组书记、院长　高建明
党组副书记　兰文勇
副院长　兰文勇　潘　真　傅梓仁
　　　　汤金球　何　文
　　　　易祖斌（2015.12 任）
党组成员　汤金球　何　文
　　　　　易祖斌（2015.12 任）
　　　　　王　昊　胡建群（女）
　　　　　方建良　熊益民
　　　　　潘　真（2015.12 止）
纪检组长　胡建群（女）
政工科长　方建良
执行局局长　王　昊
法警大队大队长　陈仕龙

工　会　主　席　熊益民
审判委员会专职委员　张华生

白兔潭法庭

庭　　长　熊伟平

板杉法庭

庭　　长　易　平

泗汾法庭

庭　　长　晏宇清

茶山法庭

庭　　长　邓　芳

市发展和改革局

党组书记、局长　黎平华（2015.10任）
支部书记、局长　徐　辉（2015.10止）
支部副书记、副局长　邹汉华
副　局　长　吴文辉（兼）　柳许辉
贺胜炎（2015.12止）
刘小刚（2015.12止）

市物价局
（机构改革）

局长、支部书记　欧阳启明（2015.12止）
副　局　长　陈韶军　刘建成
张立峰（2015.12止）
工　会　主　席　高　柳（女）
价格监督局局长　姚爱民

“两型”社会建设综合配套改革领导小组办公室
（机构升格）

主　　任　罗才高（2015.12止）
副　主　任　郭彩华（女）　徐　昂

市监察局

局　　长　彭　新（2015.12任）
唐　飞（2015.12止）
副　局　长　黄向阳（女）　彭秋生

第一监察分局

局　　长　（空　缺）
副　局　长　阳继先　谭春艳（女）

第二监察分局

局　　长　（空　缺）
副　局　长　金　志　邹木蒲（2015.12止）

第三监察分局

局　　长　（空　缺）
副　局　长　付　颖　邓勇航

第四监察分局

局　　长　（空　缺）
副　局　长　张昌仁（2015.12止）　曾　勇

市经济科技和信息化局
（机构改革）

党组书记、局长　徐德军（2015.12任）
党委书记、局长　刘金堂（2015.12止）
党委副书记、副局长
陶瓷产业局局长　曾文初
副　局　长　王传文　王喜丰　朱　虹
工　会　主　席　徐　瑾（女）

市科学技术局
（机构改革）

局　　长　李忠业（2015.12止）
副　局　长　贺光亮　张明波　巫　杨（女）

市知识产权局

局　　长　贺光亮（兼）

市烟花鞭炮管理局
（机构改革）

局　　长　黎志清
副　局　长　周小炎（2015.12止）
文海贵（2015.12止）
工　会　主　席　田花龙

市教育局

党组（委）书记、局长　钟国建
党委副书记、副局长　张承谊（2015.12任）
罗才高（2015.12任）
党　组　成　员　向　光　王清波　郭米红（女）
易湘军（2015.12止）
张孝强（2015.12止）
丁小波（2015.12止）
副　局　长　王清波　郭米红（女）
江汉云（兼、2015.12止）
张孝强（2015.12止）
丁小波（2015.12止）
联合工会主席　叶瑞根
市纪委派驻纪检组长　向　光
市政府教育督导室
总　督　学　方　勇（2015.12止）

市政府教育督导室主任督学　张孝强（2015.12 止）
市政府教育督导室副主任督学　张　锐　易湘军（2015.12 止）

市民政局（机构改革）

局　　长　温国战
党组书记　温国战（2015.12 任）
党组（总支）副书记　彭国平（2015.12 止）
党组成员　刘仕永　凌树生（2015.12 任）
匡辉平　丁光勇　谭芬芬（女）
丁云峰　邹宏进（2015.12 止）
何新民（2015.12 止）
刘开曙（2015.12 止）
副局长　刘仕永　凌树生（2015.12 任）
匡辉平　邹宏进（2015.12 止）
何新民（2015.12 止）
市纪委派驻纪检组长　丁光勇
工会主席　刘开曙（2015.12 止）

市救助局

局　　长　谭芬芬（女）

市慈善办

主　　任　邱再华（女）

市公安局

党组（委）书记、局长　颜文明
政　　委　刘炳炎
党组（委）副书记　刘炳炎　杨乐玉（2015.12 止）
党组成员　张　敏　黄连招　杨　杰
阎恕鹃　陈亚波（2015.12 止）
欧阳立敏（2015.12 止）
朱云云（2015.12 止）
党委委员　张　敏　黄连招　杨　杰
王新桥　程　潇（2015.12 任）
阎恕鹃　文秋鹏（2015.12 任）
陈亚波（2015.12 止）
欧阳立敏（2015.12 止）
朱云云（2015.12 止）
易朝华（2015.12 止）
副局长　张　敏　黄连招　杨　杰
王新桥（2015.12 任）
程　潇（2015.12 任）
杨乐玉（2015.12 止）
陈亚波（2015.12 止）
欧阳立敏（2015.12 止）
朱云云（2015.12 止）
易朝华（兼、2015.12 止）
纪委书记　朱云云（兼、2015.12 止）
工会主席　熊世军（2015.12 止）

政工监督室

主　　任　文秋鹏
教导员　王邦武

刑侦大队

大队长　郭蛟龙
教导员　张志梅

网络安全保卫大队

大队长　宋学文
教导员　杨　辉

指挥中心

主　　任　（空缺）
教导员　彭述军

国保大队

大队长　蔡志宏
教导员　廖木玲（女）

危爆大队

大队长　程　潇（2015.12 止）
教导员　邓文平

禁毒大队

大队长　巫红刚
教导员　文　雨

治安管理大队

大队长　易志红
教导员　龙九大

巡特警大队

大队长　蔡洪涛
教导员　石光辉

法制室

主　　任　易　锋
教导员　罗红透

警务保障室

主　　任　邓日兴
教导员　朱德中

人口与出入境管理中心

主　　任　张申密
教 导 员　汤白琮（女）

看守所

所　　长　姚战国
教 导 员　张小细

拘留所

所　　长　侯卫星
教 导 员　易秋林

经侦大队

大 队 长　颜严广
教 导 员　邱飞跃

来龙门派出所

所　　长　张　铝
教 导 员　李新年

阳三石派出所

所　　长　文武全
教 导 员　黄启良

西山派出所

所　　长　张海宏
教 导 员　王　昕

黄泥坳派出所

所　　长　蒋一青
教 导 员　苏升起

富里派出所

所　　长　何凯良
教 导 员　胡艳梅

白兔潭派出所

所　　长　唐开孝
教 导 员　何新武

浦口派出所

所　　长　邓　晖
教 导 员　杨宗军

王仙派出所

所　　长　邹达峰
教 导 员　陈永全

东富派出所

所　　长　邓金平
教 导 员　邓先明

泗汾派出所

所　　长　贺新宇
教 导 员　邓星振

大障派出所

所　　长　丁立新（2015.8 止）
教 导 员　钟定福

神福港派出所

所　　长　刘晓山
教 导 员　李　强

均楚派出所

所　　长　程寿生

板杉派出所

所　　长　邓　攀

黄獭嘴派出所

所　　长　王　勇

市森林公安分局

局　　长　张　哲
政　　委　戴茂林

市公安局交警大队

大队长、政委　刘建文
副 大 队 长　陈历纯　黄显兵
　　　　　　彭昕炜　张根明
　　　　　　李桂明（2015.12 止）
纪 检 员　漆　荣
工 会 主 席　梁　剑

车辆管理所

所　　长　李建国（2015.12 止）
教 导 员　刘耀谷（2015.12 止）

市司法局

党组书记、局长　谢新国（2015.12 任）
支部书记、局长　杨　鹏（2015.12 止）
副 局 长　匡曦云
　　　　　朱赛平（2015.12 止）
工 会 主 席　江东风（女）

市财政局

党组（委）书记、局长　王志强
党组（委）副书记 副局长　柳林祥（2015.12 止）
党组成员　张和平　吴祖燕　谭铁涛
彭建云（2015.12 止）
王可清（2015.12 止）
王建刚（2015.12 止）
汪爱江（2015.12 止）
朱小强（2015.12 止）
龙理真（2015.12 止）
副局长　张和平　谭铁涛
王可清（2015.12 止）
彭建云（2015.12 止）
市纪委派驻纪检组长　吴祖燕
工会主席　汪爱江（2015.12 止）
总会计师　王建刚（2015.12 止）

市税费统征局

局长　彭建云（2015.12 止）
副局长　陈逾峰

市契税耕地占用税征收管理局乡镇财政管理局

局长　杨柳青

市国库集中支付核算局

局长　刘育艳（女）

市非税收入征收管理局

局长　朱小强（2015.12 止）

市融资管理办
（市农业发展有限公司）

主任（经理）　龙理真（2015.12 止）

市财政监督局

局长　朱华山（2015.12 止）

市人力资源和社会保障局
（机构改革）

党组书记、局长　李子平（2015.12 任）
党组副书记、副局长　吴海江（2015.12 任）

市人事局
（机构改革）

支部书记、局长　李子平（2015.12 止）
副局长　孙开满（2015.12 止）
陈彩霞（女、2015.12 止）
工会主席　钟华（女）

市人才服务（考试培训）中心

主任　李俊军

市劳动和社会保障局
（机构改革）

党组（支部）书记 局长　徐德军（2015.12 止）
党组（支部）副书记 副局长　潘英（女、2015.12 止）
党组副书记　田伟明（2015.12 止）
党组成员　张朝文　王添平
易理文（2015.12 止）
副局长　张朝文　陈振宇
市纪委派驻纪检组长　王添平
工会主席　易理文（2015.12 止）

市医疗保险局

局长　陈振宇

市工伤保险局

局长　李健

市社会劳动保险局

局长　何志新

市劳动就业管理局

局长　姚瑾（女、2015.12 任）
张维（2015.12 止）

市劳动保障监察大队

大队长　黄林培

市国土资源局

党组书记、局长　陈佳
党组副书记、副局长　朱宗宪（2015.12 止）
党组成员　张勇　王寿喜　吴建民
邹建军　易建新　瞿海华
凌斌（女）
副局长　张勇　王寿喜
吴建民　刘雪龙（挂职）
纪检组长　邹建军
工会主席　易建新
执法监察大队大队长　瞿海华
总工程师　凌斌（女）

市住房和城乡规划建设局
（机构改革）

党组书记、局长　丁际秋（2015.12 任）

市园林绿化管理局

党支部书记、局长　张战明

市住房和城乡建设局
（机构改革）

党组（委）书记、局长　凌　伟（2015.12 止）
党组（委）副书记
副局长　杨光秋
党委副书记　帅百灵（2015.12 止）
党组成员　叶　敏　张利华　朱发平
杨雪安　帅百灵（2015.12 止）
胡兆霖（2015.10 止）
副局长　叶　敏　帅百灵（2015.12 止）
市纪委派驻纪检组长　张利华
总工程师　朱发平
联合工会主席　邹　萍（女）

市建设工程质量安全监督站

站长　刘凌云
党支部书记　易比年（2015.12 止）

市燃气办

主任　杨雪安

市灯饰管理所

所长　钟　颖

市规划局
（机构改革）

党总支书记、局长　丁际秋（2015.12 止）
党总支副书记、副局长　文晓琼（女、2015.12 止）
副局长　徐赞钦　徐达庆　朱湛军（兼）
徐大春（2015.12 止）
总规划师　廖中欣（2015.12 止）
工会主席　丁　玮（女）

市房产管理局
（机构改革，纳入住房和城乡规划建设局管理，暂时保留正科级）

局长　杨　鹏（2015.12 任）
黎平华（2015.12 止）
党委副书记　帅年祥　黎平华（2015.12 止）
副局长　帅年祥　瞿名辉　吴远征
王文明（2015.12 止）
总经济师　吴晓红（女）
工会主席　顾掌生
国有土地上房屋征收办公室主任　曾明强

市环境保护局

党组书记、局长　邹柏柯（2015.12 任）
党总支书记、局长　张国文（2015.12 止）
副局长　彭邵陵　钟　鸣
马明仲（2015.12 止）
党组成员
市纪委派驻纪检组长　龙丽虹（女、2015.12 止）
总工程师　苏利玲（女）

市交通运输局

党组书记、局长　李荣佳（2015.12 任）
党委书记、局长　谢洪华（2015.12 止）
党委副书记、副局长　刘运桃（女、2015.12 止）
副局长　曾秋明　马运年
张文君（女）　张志军
工会主席　张妍明（女）

市运管所

所长　刘　军

市公路管理站

站长　（空　缺）
支部书记　孙云建（2015.12 止）

市城市客运管理中心

主任　黄　靖

市农业局
（机构改革）

党组书记、局长　朱思球（2015.12 任）
党总支书记、局长　易拔山（2015.12 止）
党总支副书记、副局长　丁铁钢
党组副书记、副局长　唐哲明（2015.8 任）
副局长　乔德良　刘月球
潘其明（2015.6 止）
工会主席　刘平辉
总农艺师　匡建业（2015.12 止）

市农业技术推广中心

主任　邓立平

市农产品质量检验中心

主　任　吴明灿（2015.12 止）

市委农村工作部
（市政府农村办、机构改革）

部长（主任）　殷　辉（2015.12 止）
副部长（副主任）　梁平辉　许忠凯（2015.8 止）

市经营管理局

局　长　程邦汉（2015.12 止）

市农村能源办

主　任　李荔枝（2015.12 止）

市农业综合开发办
（机构改革）

主　任　周绪球（2015.12 任）
主　任　陈锰陵（2015.12 止）
副主任　丁作敏（2015.8 任）
贺红岩（2015.8 止）
刘善林（2015.8 止）
工会主席　文以祥（2015.12 止）

市畜牧兽医水产局
（机构改革）

局　长　周海军（2015.12 任）
党总支书记、局长　张先华（2015.8 止）
总支副书记、副局长　戴海龙（2015.12 止）
副局长　廖建群　金建军　易康飞
工会主席　聂振宇（2015.12 止）

市农业机械管理局

局　长　谢建林（2015.12 任）
党委书记、局长　何春伟（2015.12 止）
党委副书记、副局长　何细珠
副局长　旷劲松　易恢春（2015.12 止）
总工程师　喻　兰（女）
工会主席　张　勋（2015.12 止）

市林业局

党组（委）副书记 局长　张有余
党组成员　杨冬伟　谭书良　陈建勤
易树定　付若林　张　哲
钟金平（女、2015.12 止）
龙小刚（2015.12 止）
副局长　杨冬伟　谭书良
龙小刚（2015.12 止）
魏碧云（女、2015.12 止）
市纪委派驻纪检组长　陈建勤
总工程师　易树定
工会主席　付若林
绿委办主任　龙自启
林业综合执法大队 大队长　叶鹏凌
山林纠纷调处 办公室主任　张钢林

市水利局

党组书记、局长　刘高飞（2015.12 任）
党委书记、局长　丁　辉（2015.12 止）
副局长　谢晓平（女）　唐益丰
李龙山（2015.12 止）
罗细平（2015.12 止）
总工程师　唐益丰
纪检组长　钱素芳
防汛抗旱办主任　易向阳
工会主席　邱道绵
官庄灌区 醴陵管理所所长　凌相龙（2015.12 止）
酒埠江灌区 醴陵管理所所长　王宏耀

市文体广电新闻出版局
（机构改革）

党组书记、局长　盛　勇（2015.12 任）
党委书记、局长　易小龙（2015.12 止）
党委副书记、副局长　杨若邻
副局长　姚武飞　张晓根（兼）
汪年春
联合工会主席　谢莉萍（女、2015.12 止）

市文物局
（主要负责人高配正科级）

党支部书记、局长　张晓根

市李铎艺术馆

馆　长　李拥军

市卫生和计划生育局
（机构改革）

党组书记、局长　李冬汉（2015.8 任，2015.12 止）
邓少仁（2015.12 任）
党组副书记、副局长　廖传飞（2015.10 任）

党组成员、副局长　漆　付（2015.10任）
钟向阳（2015.10任）
刘淑平（2015.10任）
林仁和（2015.10任）
谭亦农（2015.10任）
贺其佳（2015.10任）

市卫生局

党组（委）书记、局长　邹柏柯（2015.12止）
党组（委）副书记、副局长　龙树密（2015.12止）
周云辉（2015.12止）
党组（委）副书记　瞿石生（2015.10止）
党组成员　漆　付（2015.10止）
刘淑平（女、2015.10止）
林仁和（2015.10止）
郭朝发（2015.12止）
周权林（2015.12止）
副局长　刘淑平（女、2015.10止）
林仁和（2015.10止）
郭朝发（2015.12止）
巫绍中（兼、2015.12止）
市纪委派驻纪检组长　漆　付（2015.10止）
联合工会主席　涂雪菁

市新型农村合作医疗管理委员会办公室

主任　瞿石生

市卫生监督所

党支部书记、所长　杨晓希（2015.10任）

市人口和计划生育局
（机构改革）

党总支书记、局长　李冬汉（2015.8止）
党总支副书记　廖传飞（2015.10止）
钟向阳（2015.10止）
副局长　廖传飞（2015.10止）
谭亦农（2015.10止）
廖长江（2015.12止）
钟向阳（2015.10止）
贺其佳（2015.10止）
胡江文
工会主席
计生协会秘书长　肖　燕
计划生育执行局局长　贺其佳（2015.10止）
计生协会常务副会长　钟向阳（2015.10止）

市审计局

党组书记、局长　唐　飞（2015.12任）
党支部书记、局长　丁全生（2015.12止）
支部副书记、副局长　张咏梅（女）
副局长　程建毛（2015.12止）
姚建军（2015.12止）
总审计师　张剑辉
工会主席　杨　进
任期经济责任审计科科长　朱家福
重点建设项目审计中心主任　刘建国

市商务旅游粮食局
（机构改革）

党组书记、局长　吴均成（2015.12任）
党组成员、副局长　陈彩霞（2015.12任）

市商务局
（机构改革）

局长　吴均成（2015.12止）
副局长　吴洪波　娄　霞（女）
廖湘文（2015.12止）
工会主席　乐　琴（女）

市招商局
（机构改革）

党支部书记、局长　荣　伟（2015.12止）
副局长　龙毅旭　江　娅（女）
工会主席　文　娟（女）

市旅游局
（机构改革）

局长　左孟良（2015.12止）
副局长　张俊林　邱素纯（女）
工会主席　杨柳青（女）

市粮食局
（机构改革）

党委书记、局长　苏承蒲（2015.12止）
党委副书记、副局长　胡更新
副局长　付竹生　姚　丹（女）
联合工会主席　宋岸平（2015.12止）

市安全生产监督管理局

党支部书记、局长　田安平
党组副书记、副局长　余志勇（2015.8任）
副局长　朱三田　丁作敏（2015.8止）
程　潇（兼、2015.12止）
安全生产执法大队大队长　程　潇（兼、2015.12止）

市统计局

党组书记、局长　胡兆霖（2015.10 任）
支部书记、局长　朱卫兵（2015.10 止）
副局长　阙宏丹（女）
　　晏波宁（2015.12 止）
总统计师　瞿秋圆（女）
社会经济调查队队长　郭晓芳（女、2015.12 止）

市市场和质量监督管理局

党组书记、局长　许君明
党组副书记、副局长　康人清　杨　宏
党组成员、纪检组长　张华珍
党组成员、副局长　王湘彪　易朝华　张正金
　　陈　宏　黄　博　汪再忠
　　刘　武
党组成员、总工程师　陈铁乔

市食品药品监督管理局
（机构改革）

党组书记、局长　谢新国（2015.12 止）
党组成员　张正金　黄小敏（2015.12 止）
副局长　张正金　胡　婧
　　黄小敏（2015.12 止）
工会主席　陈铁乔

市信访局

党组书记、局长　陈云涛（2015.12 任）
支部书记、局长　张　文（2015.12 止）
副局长　邹青山
工会主席　文喜良

市人防办

党组书记、主任　荣树伟（2015.12 任）
支部书记、主任　宋水良（2015.12 止）
副主任　陈永红　宋护林（2015.12 止）

市接待办

主任　漆振洪
副主任　杨　芷（女）　温晓文（女）

市法制办

主任　陈　杰
副主任　卢启宇　骆　伟（女）

市广播电视台

台长　郭　健
党委书记　张龙兵（2015.12 止）
副台长　钟　颉　刘柏乔
　　陈晓军（2015.12 止）
编辑委员会副总编辑　张申明
工会主席　孙恢宏
新闻中心主任　陈雪球（2015.12 止）

市文化市场综合执法大队

局长　蔡家财（2015.12 止）
副局长　李剑波　许志良

市档案史志局

党支部书记、局长　杨月香（女）
支部副书记、副局长　杨水生（2015.12 止）
副局长　刘　玲（女）
　　晏才进（2015.12 止）
工会主席　廖际标

市城市管理和行政执法局
（机构改革）

党组书记、局长　凌　伟（2015.12 任）
党委书记、局长　余汉平（2015.12 止）
党委副书记、副局长　金　鑫　张战明（兼）
副局长　钟飞跃　殷建湘（兼）
　　吴同寨　张青松
　　付耀武（2015.12 止）
　　余志勇（兼、2015.8 止）
联合工会主席　肖　瑛（女、2015.12 止）
城市管理行政执法大队大队长　余志勇（2015.8 止）
查处违法建设监察大队大队长　王志良

市环卫处

主任　殷建湘
党支部书记　刘江洪（女）

市水库移民开发局

党支部书记、局长　熊习军
副局长　金立明　黄冬明
　　邓绍山（2015.12 止）
工会主席　吴湘玲（女）

市国有资产管理局

党组（总支）书记局长　钟晓林（2015.12 止）
党组（总支）副书记副局长　田佩峰
党组成员　朱永春（女）　邓少富
　　钟　昱

副局长 朱永春（女） 邓少富
市纪委派驻纪检组长 钟昱

市招投标管理局

党组书记、局长 谢辉荣（2015.12任）
支部书记、局长 周承进（2015.12止）
支部副书记、副局长 方家乐（2015.12止）
副局长 黄钺 殷献忠
工会主席 李洁（女）

市渌江投资控股集团有限公司

董事长 王吉祥
总经理 黄小勇
监事长 徐鹏祥
工会主席 邓金泉（2015.12止）
副总经理 凌伟 易勇（2015.12止）
张重次（2015.12止）
财务总监 李运良

市市场服务中心

支部书记、主任 黄铁山（2015.12止）
副主任 蒋申慧 孙宇先（2015.12止）

农业部烟花爆竹质量监督检验测试中心（醴陵）

主任 石勇辉
副主任 唐炳祥 肖湘杰（2015.12止）
纪检员 邹海峰
工会主席 李刚

市第一中学

校长、党委副书记 丁平
党委书记 罗东红（2015.12止）
副校长 苏鹄鸿 杨军
杨红科（2015.12止）
汤银洁（2015.12止）
工会主席 郭光文（2015.12止）

市第四中学

党委书记、校长 曾祥平（2015.12任）
党委书记、校长 江汉云（2015.12止）
党委副书记 曾祥平（2015.12止）
副校长 刘醴湘 彭秋瑾（女）
张建伟（2015.12止）
工会主席 周庆东

市第二中学

党总支书记、校长 易军
党总支副书记 何俏

副校长 荣树才 黎明 王建林
工会主席 叶正云

市陶瓷烟花职业技术学校

校长 郭米红（女）
总支书记 郭米红（女、2015.12任）
钟国建（2015.12止）
党总支副书记 郭金秋
副校长 肖红卫 李文 荣志
汪小干（2015.12止）
张龙光（2015.12止）
工会主席 谢从文

市中医院

党委书记、院长 邹家全（2015.12任）
院长、党委副书记 巫绍中（2015.12止）
党委书记 张海军（2015.12止）
党委副书记 王柏强（女）
副院长 李崇红（女）
蒋俊娟（女、2015.12止）
谭伟明（2015.12止）
江小平（2015.12止）
总会计师 史坚
工会主席 陈仕恒（2015.12止）

市行业管理办公室（市供销合作总社）

主任 张永辉
副主任 曾凡好 郭建新（2015.12止）

驻醴国有企业改革办公室

主任 汪洋
副主任 杨水根（2015.12止）
彭承根（2015.12止）

市水务集团（自来水公司）

经理 吴礼阳（2015.12任）
经理 胡兆霖（2015.10止）
党总支书记 巫值良
副总经理 廖建良（2015.12止）

市妇幼保健计划生育服务中心
（机构改革）

主任 周权林（2015.12任）

市妇幼保健院
（机构改革）

院长 邹家全（2015.12止）
党支部书记 贺逢春（2015.12止）
支部副书记、副院长 谢建良（2015.12止）

市疾病预防控制中心
（机构降格）

主　　　　　任　刘学礼
支　部　书　记　陈冬梅（2015.12 止）
支部副书记、副主任　贺高虎

市政务中心

党支部书记、主任　何平发（兼）

潘矿离退休人员管理办公室

主　　　　　任　何宗和（2015.12 止）

二、示范区、街道、乡镇

长庆示范区

书　　　　　记　黄振伟
主　　　　　任　汤铁龙（2015.12 任）
　　　　　　　　郭中阁（2015.12 止）
党工委副书记　汤铁龙（2015.12 任）
　　　　　　　　郭中阁（2015.12 止）
　　　　　　　　朱庆祝　付华德（2015.12 止）
副　主　任　徐甘泉　胡　斌
党工委委员　胡　斌　李　京（女）
　　　　　　　　胡金文（2015.12 止）
纪工委书记　李　京（女）

来龙门街道办事处

党工委书记　彭亿安（2015.12 任）
　　　　　　　　李华定（2015.12 止）
主　　　　　任　姚　武（2015.12 任）
　　　　　　　　刘天汉（2015.12 止）
人大工作室主任　钟光荣（2015.12 止）
政协联络工作主任委员　王伏云（兼）
党工委副书记　姚　武（2015.12 任）
　　　　　　　　唐海涛　黄志凯　李　丹
　　　　　　　　刘天汉（2015.12 止）
　　　　　　　　钟光荣（2015.12 止）
纪工委书记　黄志凯
副　主　任　王伏云　胡秋良（2015.12 止）
　　　　　　　　马提云（女、2015.12 止）
党工委委员　王伏云　李启木
　　　　　　　　杨蒲珍（女）　王云芝（女）
　　　　　　　　胡秋良（2015.12 止）
人大工作室副主任　兰久林（2015.12 止）
人民武装部部长　唐海涛
办公室主任　汤其良
工　会　主　席　熊　波

阳三石街道办事处

党工委书记　肖建辉
主　　　　　任　张　辉（2015.12 任）
　　　　　　　　李友鹏（2015.12 止）
人大工作室主任　杨占文
政协联络工作主任委员　杨金花（女、兼、2015.12 止）
党工委副书记　张　辉（2015.12 任）
　　　　　　　　李友鹏（2015.12 止）　杨占文
　　　　　　　　杨金花（女、2015.12 止）
　　　　　　　　王文开
纪工委书记　杨金花（女、2015.12 止）
副　主　任　陈大兵　黄湘礼（2015.12 止）
　　　　　　　　汤必成（2015.12 止）
党工委委员　陈大兵　周美华　贺志辉（女）
　　　　　　　　黄　蔚　欧阳芳（女）
　　　　　　　　黄湘礼（2015.12 止）
　　　　　　　　王伯贵（2015.12 止）
人大工作室副主任　张重权
人民武装部部长　黄　蔚
办公室主任　钱　明
工　会　主　席　郭湘伟

仙岳山街道办事处
（原西山街道办事处更名）

党工委书记　周细平（2015.12 任）
　　　　　　　　程高翔（2015.12 止）
主　　　　　任　尹依文（2015.12 任）
　　　　　　　　姚　武（2015.12 止）
人大工作室主任　赖怡麦（2015.12 止）
政协联络工作主任委员　黎建辉（兼）
党工委副书记　尹依文（2015.12 任）
　　　　　　　　黎建辉　宋　恒　黄茂群
　　　　　　　　姚　武（2015.12 止）
　　　　　　　　赖怡麦（2015.12 止）
纪工委书记　宋　恒
副　主　任　龙汉元　唐伏华（2015.12 止）
党工委委员　唐　峰　朱玉婷（女）
　　　　　　　　张海宏（兼）
　　　　　　　　唐伏华（2015.12 止）
　　　　　　　　张圣密（2015.12 止）
人大工作室副主任　周亚鹏
人民武装部部长　唐　峰
工　会　主　席　钟　峰

国瓷街道办事处
（原黄泥坳街道办事处更名）

党工委书记　孙　平（2015.12 任）
　　　　　　　　荣树伟（2015.12 止）

主　　任　李友鹏（2015.12任）
杨　璟（2015.12止）
人大工作室主任　李小林（2015.12止）
政协联络工作主任委员　李自力（兼）
党工委副书记　李友鹏（2015.12任）
杨　璟（2015.12止）
李小林（2015.12止）
李自力　方国华
纪工委书记　朱启才
副　主　任　周江龙　谭小林　陈　蒙
江文佳（2015.12止）
许建平（2015.12止）
党工委委员　周江龙　谭小林　陈金林
柳略涛　朱启才
许建平（2015.12止）
柳略涛（2015.12止）
人大工作室副主任　（空　缺）
人民武装部部长　方国华
办公室主任　黄艳平（女、2015.12止）

李畋镇
（原南桥镇和富里镇合并）

党委书记　陈朝科（2015.12任）
党委副书记、镇长　付兴乾（2015.12任）

原南桥镇

党委书记　陈朝科（2015.2任，2015.12止）
曾　敏（2015.2止）
镇　　长　邓元新
人大主席　王生如
政协联络工作主任委员　赖艳霞（女、兼）
党委副书记　邓元新（2015.12止）
邓实奇
纪委书记　高　英（女）
副　镇　长　赖艳霞（女）　徐依军
党委委员　曾祥军　高　英（女）
胡战坚
人民武装部部长　胡战坚
办公室主任　陈　波（女、2015.8止）

原富里镇

党委书记　余建明（2015.12止）
镇　　长　刘北斗（2015.12止）
人大主席　付建安
政协联络工作主任委员　姚　瑾（女、兼、2015.12止）
党委副书记　刘北斗（2015.12止）　杨　成
纪委书记　沈贤陆（2015.8任）
刘　海（2015.8止）
副　镇　长　张家富　刘　海（2015.8任）
党委委员　沈贤陆（2015.8任）
姚　瑾（女、2015.12止）
刘　海（2015.8止）
罗　明（2015.8止）
人民武装部部长　罗　明（2015.8止）
办公室主任　付海燕（女）
联合工会主席　陈桂发

白兔潭镇

党委书记　胡炼红（2015.12任）
赖　洪（2015.12止）
镇　　长　肖小武（2015.2任）
陈朝科（2015.2止）
人大主席　王帮铁（2015.8任）
肖小武（2015.2止）
政协联络工作主任委员　文洪国（兼）
党委副书记　肖小武（2015.2任）
罗明波　陈朝科（2015.2止）
纪委书记　罗　明（2015.8任）
张昌来（2015.8止）
副　镇　长　周远志　廖志高（2015.8任）
唐安邦（2015.8止）
党委委员　文洪国　罗　明（2015.8任）
肖　维（2015.8任）
唐开孝（兼）
张昌来（2015.8止）
欧阳戈德（2015.12止）
沈贤陆（2015.8止）
廖志高（2015.8止）
人民武装部部长　肖　维（2015.8任）
廖志高（2015.8止）
联合工会主席　陈利华（女）

浦口镇

党委书记　彭亿安（2015.12止）
镇　　长　邓元新（2015.12任）
王　平（2015.12止）
人大主席　蒋红专
政协联络工作主任委员　罗宏龙（兼）
党委副书记　王　平（2015.12起主持工作）
邓元新（2015.12任）
钟显亮（2015.8任）
黄永刚（2015.8止）
纪委书记　吴拥军
副　镇　长　汪　洋　章　佳（女）
党委委员　罗宏龙　吴　敏（女）
吴拥军　周华林（2015.8任）

人民武装部部长　周华林（2015.8 任）
办公室主任　林　涛（2015.8 止）
联合工会主席　胡望华

原王坊镇
（区划调整已撤并）

党委书记　周细平（2015.12 止）
镇长　张　辉（2015.8 止）
人大主席　陈　琪
政协联络工作主任委员　田芳宇（兼）
党委副书记　张　辉（2015.8 止）　吴德根
纪委书记　金小平
副镇长　易辉平　陈友水
党委委员　田芳宇　金小平（女）
赵西京　黄先海
人民武装部部长　赵西京
办公室主任　宋喜炎
联合工会主席　柳　华

王仙镇

党委书记　郭中阁（2015.12 任）
刘高飞（2015.12 止）
镇长　文　庆（2015.12 任）
彭庆纪（2015.12 止）
张　辉（2015.8 任，2015.12 止）
人大主席　邹政大
政协联络工作主任委员　刘　举（女、兼）
党委副书记　文　庆（2015.12 任）
黄永刚（2015.8 任）
钟显亮（2015.8 止）
彭庆纪（2015.8 止）
张　辉（2015.8 任，2015.12 止）
纪委书记　尹杰斌
副镇长　刘　举（女）　石金细
党委委员　尹杰斌　刘立群
邹达峰（兼）　杨　智
黄念军（2015.12 止）
人民武装部部长　杨　智

沩山镇
（原东堡乡更名）

党委书记　谢辉荣（2015.12 止）
镇长　钟　敏（2015.12 任）
张友学（2015.12 止）
人大主席　唐建辉
政协联络工作主任委员　陈水云（兼）
党委副书记　杨　璟（2015.12 任，主持工作）
钟　敏（2015.12 任）
张友学（2015.12 止）　邹曼莉
纪委书记　谢敬华（2015.8 止）
副镇长　谢敬华（2015.8 任）　黄　睿
谢缝线（2015.8 止）
党委委员　陈水云（女）　金俊雄（2015.12 止）
谢敬华（2015.8 止）
人民武装部部长　（空　缺）
办公室主任　陈　炎
联合工会主席　向唯端

东富镇

党委书记　杨冬发（2015.10 任）
曾　敏（2015.2 任，2015.8 止）
镇长　陈振江
人大主席　程许芬（女、2015.8 止）
政协联络工作主任委员　瞿海翔（兼）
党委副书记　陈振江　付兴乾（2015.12 止）
纪委书记　（空　缺）
副镇长　易惠超　李　淼
党委委员　瞿海翔　阳自更　邓金平（兼）
陈　波（2015.8 任）
人民武装部部长　阳自更

孙家湾镇
（原孙家湾乡更名）

党委书记　樊光群（2015.12 任）
张承谊（2015.12 止）
镇长　刘北斗（2015.12 任）
樊光群（2015.12 止）
人大主席　刘新建
政协联络工作主任委员　陈海燕（女、兼）
党委副书记　刘北斗（2015.12 任）
樊光群（2015.12 止）
翁　琼（女）
纪委书记　杨春雷
副镇长　易康广　陈仕良（2015.12 止）
党委委员　陈海燕（女）　谭怀民
杨春雷（2015.12 止）
罗家田（2015.12 止）
人民武装部部长　谭怀民
办公室主任　高东帅（2015.8 止）
联合工会主席　易悠悠（女）

泗汾镇

党委书记　欧阳未来（2015.10 任）
杨冬发（2015.10 止）
镇长　欧阳未来（2015.10 止）
人大主席　张卫根
政协联络工作主任委员　（空　缺）

党委副书记　欧阳未来（2015.10止）
　陈长贵（2015.12任）　叶建明
纪委书记　叶家富
副镇长　宋艳红（女）　林　波
党委委员　叶家富　程海波　贺新宇（兼）
　何宗和（兼、2015.12止）
人民武装部部长　叶家富
办公室主任　曾　敏（2015.8止）
联合工会主席　刘　威

沈潭镇

党委书记　杨　翔
镇长　尹依文（2015.12止）
人大主席　谭新建（2015.12止）
政协联络工作主任委员　（空　缺）
党委副书记　骆仕良（2015.12任）
　尹依文（2015.12止）
　邓丽君（女）
纪委书记　方卫东
副镇长　苏赤明　易虎龙
党委委员　方卫东
　殷红如（女、2015.8任）
人民武装部部长　（空　缺）
办公室主任　殷红如（女、2015.8止）

船湾镇

（原清水江乡和船湾镇合并）

党委书记　彭庆纪（2015.12任）
党委副书记、镇长　刘　森（2015.12任）

原清水江乡

党委书记　谢建林（2015.12止）
乡长　刘　森（2015.12止）
人大主席　宋　勇
政协联络工作主任委员　郭陆军（兼）
党委副书记　刘　森（2015.12止）　何泽华
纪委书记　漆锦江（2015.8任）
　易开春（2015.8止）
副乡长　晏小虎　郑　鹏
党委委员　刘雪平　漆锦江（2015.8任）
　易开春（2015.8止）
人民武装部部长　刘雪平
办公室主任　（空　缺）
联合工会主席　郭陆军

原船湾镇

党委书记　唐哲明（2015.8止）
镇长　姚飞勇（2015.12止）
人大主席　张　坚
政协联络工作主任委员　周卫东（兼）
党委副书记　姚飞勇（2015.12止）　邓日云
纪委书记　李　顺
副镇长　刘传许　谭运喜
党委委员　周卫东　林　威　李　顺
人民武装部部长　林　威
办公室主任　周伟祁
联合工会主席　瞿孝林

明月镇

（原大障镇和贺家桥镇合并）

党委书记　颜少龙（2015.12任）
党委副书记、镇长　张静文（2015.12任）

原大障镇

党委书记　朱思球（2015.12止）
镇长　张静文（2015.12止）
人大主席　余　波
政协联络工作主任委员　刘　斌（兼、2015.8止）
党委副书记　张静文（2015.12止）
　赖洪彰（2015.8任）
　李国平（女、2015.8止）
纪委书记　陈　晓
副镇长　漆　骋　易擎龙
党委委员　程正良　钟　方　陈　晓（女）
　刘　斌（2015.8止）
人民武装部部长　钟　方
办公室主任　王成龙
联合工会主席　刘海林

原贺家桥镇

党委书记　陈云涛（2015.12止）
镇长　陈长贵（2015.12止）
人大主席　王　军（2015.8任）
　王帮铁（2015.8止）
政协联络工作主任委员　（空　缺）
党委副书记　陈长贵（2015.12止）
　欧阳建新
纪委书记　易开春（2015.8任）
　漆锦江（2015.8止）
副镇长　晏振方　黄韬敏
党委委员　邓　达　易开春（2015.8任）
　漆锦江（2015.8止）
人民武装部部长　漆锦江（2015.8止）
办公室主任　谢　玲（女）
联合工会主席　陈　湛

嘉树镇
（原嘉树乡更名）

党委书记　丁武华（2015.12 任）
　　　　　周海军（2015.12 止）
镇长　郭晖
人大主席　钟敏（2015.12 止）
政协联络工作主任委员　万里鹏（兼）
党委副书记　郭晖　温水淋
纪委书记　杨建文
副镇长　万里鹏　巫立新
党委委员　杨建文　兰礼平（女）
　　　　　贺林　谭跃龙（2015.12 止）
人民武装部部长　贺林
办公室主任　肖维

茶山镇
（原神福港镇和栗山坝镇合并）

党委书记　余建明（2015.12 任）
党委副书记、镇长　彭湘陵（2015.12 任）

原神福港镇

党委书记　周绪球（2015.12 止）
镇长　颜少龙（2015.12 止）
人大主席　邱红星
政协联络工作主任委员　（空缺）
党委副书记　颜少龙（2015.12 止）
　　　　　黄唯（女）
纪委书记　宋鹏
副镇长　钟征　王丽芳（女）
党委委员　易学均　宋鹏
　　　　　钟志远（女、2015.8 止）
人民武装部部长　易学均
办公室主任　谢玲芝（女）
联合工会主席　杨昆

原栗山坝镇

党委书记　王宇（2015.12 止）
镇长　汤文（2015.12 止）
人大主席　文放武
政协联络工作主任委员　段辉建（2015.8 任）
党委副书记　汤文（2015.12 止）
　　　　　谢逢线（2015.8 任）
　　　　　段辉建（2015.8 止）
纪委书记　曾敏（2015.8 任）
　　　　　王智辉（女、2015.8 止）
副镇长　文启华　王振
党委委员　段辉建（2015.8 任）
　　　　　曾敏（2015.8 任）
　　　　　王智辉（女、2015.8 止）
　　　　　周华林（2015.8 止）
人民武装部部长　周华林（2015.8 止）
办公室主任　陈勇
联合工会主席　王佑来

均楚镇

党委书记　苏继峰（2015.12 任）
　　　　　丁武华（2015.12 止）
镇长　卢炼钢（2015.12 任）
　　　苏继峰（2015.12 止）
人大主席　朱印飞
政协联络工作主任委员　杨少武（兼）
党委副书记　卢炼钢（2015.12 任）
　　　　　何春泉（2015.8 任）
　　　　　苏继峰（2015.12 止）
　　　　　赖洪彰（2015.8 止）
纪委书记　陆小林（2015.8 任）
　　　　　廖松华（女、2015.8 止）
副镇长　王华　李潜滋（女）
党委委员　杨少武　易文
　　　　　刘礼英（女）
　　　　　陆小林（2015.8 任）
　　　　　程寿生（兼）
　　　　　廖松华（女、2015.8 止）
　　　　　马楚坚（2015.12 止）
人民武装部部长　易文
办公室主任　陆小林（2015.8 止）

石亭镇

党委书记　孙勇（2015.12 任）
　　　　　胡炼红（2015.12 止）
镇长　胡修文（2015.12 任）
　　　孙勇（2015.12 止）
人大主席　黄志敏（2015.12 止）
政协联络工作主任委员　田春耕（兼）
党委副书记　胡修文（2015.12 任）　杨升良
　　　　　孙勇（2015.12 止）
纪委书记　黄日强
副镇长　田春耕　王波涛
党委委员　黄日强　李治国　袁智恒
人民武装部部长　袁智恒
办公室主任　郭钫
联合工会主席　张劲夫

板杉镇

（原板杉乡更名）

党委书记　彭卫东（2015.12 任）
　　　　　王太忠（2015.12 止）
镇长　彭卫东（2015.12 止）
人大主席　（空　缺）
政协联络工作主任委员　王　军（兼、2015.8 止）
党委副书记　刘　敏（2015.12 任）
　　　　　李国平（2015.8 任）
　　　　　彭卫东（2015.12 止）
　　　　　何春泉（2015.8 止）
纪委书记　邓秋德（2015.12 止）
副镇长　付暑炎（2015.12 止）
　　　　　郭　雄（2015.12 止）
党委委员　欧阳国启
　　　　　王　军（2015.8 止）
　　　　　邓秋德（2015.12 止）
人民武装部部长　欧阳国启
办公室主任　施　展
联合工会主席　钟　琼（女）

左权镇

（原新阳乡和仙霞镇合并）

党委书记　何　柢（女、2015.12 任）
党委副书记、镇长　苏　凯（2015.12 任）

原新阳乡

党委书记　何　柢（女、2015.12 止）
乡长　苏　凯（2015.12 止）
人大主席　刘铁强
政协联络工作主任委员　谭宏治（兼）
党委副书记　苏　凯（2015.12 止）　唐　勇
纪委书记　宋瑶琳（2015.8 任）
副乡长　曾　亮　陈庆军（2015.8 任）
　　　　　刘宁波（2015.8 止）
党委委员　谭宏治　宋瑶琳
人民武装部部长　宋瑶琳
办公室主任　（空　缺）
联合工会主席　高明月

原仙霞镇

党委书记　孙　平（2015.12 止）
镇长　文志勇（2015.12 止）
人大主席　董秋平
政协联络工作主任委员　文万艳（兼）
党委副书记　文志勇（2015.12 止）
　　　　　姜　丹（女）
纪委书记　张洁玉（女）
副镇长　邓亚军　刘宁波（2015.8 任）
　　　　　陈庆军（2015.8 止）
党委委员　文万艳　张洁玉（女）
　　　　　高　剑
人民武装部部长　高　剑
办公室主任　胡　广
联合工会主席　易灿南（女）

枫林镇

（原黄獭嘴镇和枫林市乡合并）

党委书记　高开军（2015.12 任）
党委副书记、镇长　陈　林（2015.12 任）

原黄獭嘴镇

党委书记　夏春良（2015.12 止）
镇长　陈　林（2015.12 止）
人大主席　甘飞兵
政协联络工作主任委员　瞿孝桂（兼）
党委副书记　陈　林（2015.12 止）　施祖泰
纪委书记　易传凤
副镇长　贺志刚　廖　勇（女）
党委委员　瞿孝桂　易传凤　王　勇（兼）
人民武装部部长　（空　缺）
办公室主任　易理政
联合工会主席　张　健（女、2015.8 止）

原枫林市乡

党委书记　高开军（2015.12 止）
镇长　钟　洁（女、2015.12 止）
人大主席　邹培峰
政协联络工作主任委员　陈云峰（兼、2015.8 止）
党委副书记　钟　洁（女、2015.12 止）
　　　　　李建伟
纪委书记　赵金亮
副镇长　巫启军　徐达兵
党委委员　赵金亮　陈云峰（2015.8 止）
人民武装部部长　赵金亮
办公室主任　（空　缺）
联合工会主席　黎　华（女）

官庄镇

（原官庄乡更名）

党委书记　姚飞勇（2015.12 任）
　　　　　吴礼阳（2015.12 止）
镇长　王成根（2015.12 任）
　　　　　汤铁龙（2015.12 止）
人大主席　李明林

政协联络工作主任委员　（空　缺）
党委副书记　王成根（2015.12 任）
汤铁龙（2015.12 止）易爱玲
纪委书记　王英春（女）
副镇长　黄定峰　李星霖
党委委员　王英春（女）刘　勇
付伟文
人民武装部部长　刘　勇
办公室主任　肖铁华
联合工会主席　刘　赞

三、驻醴单位

市工商行政管理局

党组书记、局长　许君明（2015.12 止）
党组副书记、副局长　康人清（2015.12 止）
党组成员　王湘彪（2015.12 止）
杨　宏（2015.12 止）
陈　宏（2015.12 止）
汪再忠（2015.12 止）
刘　武（2015.12 止）
副局长　王湘彪（2015.12 止）
杨　宏（2015.12 止）
陈　宏（2015.12 止）
汪再忠（2015.12 止）
纪检组长　刘　武（2015.12 止）

市国家税务局

党组书记、局长　肖国平
党组成员　丁爱民（女）谢开发
郭业林　何本波　曾　闻
副局长　丁爱民（女）谢开发
郭业林　何本波
纪检组长　曾　闻

市地方税务局

党组书记、局长　刘迎春
党组成员　李永清　荣耀康　朱华南
邹铁牛　申群明
副局长　李永清　荣耀康　朱华南
邹铁牛
纪检组长　申群明
工会主席　师杏凡

市公路局

党总支书记、局长　欧国荣
党总支副书记　何建红
副局长　何建红　芦慧星　颜文华
邓鸣九　易进秋
纪委书记　刘　鹏
工会主席　夏耀钢

市烟草专卖局
（湖南省烟草公司醴陵分公司）

党组书记、局长
经理　李建明
党组成员、纪检组长　袁建华（2015.6 任）
党组成员、副经理　潘　柏　赵旭江（2015.8 止）
党组成员、副局长　周　源（2015.8 任）

国网湖南电力公司醴陵市供电分公司

总经理　李　根
党总支书记　章建平
党总支副书记
工会主席　唐赞宜
副经理　何　克　王　锟

中国电信股份有限公司醴陵分公司

党委书记、经理　黎　明
副经理　游有根　肖建军

中国邮政集团公司湖南省醴陵市邮政分公司

党委书记、总经理　易合超
副总经理　李　陵　苏　皓　朱　猛

市气象局

党支部书记、局长　瞿优超
副局长　周　伟　邓丰年
王晓红（女，2015.11 任）

中国石油化工有限公司醴陵市支公司

经理　彭　治
党支部书记　朱世平
副经理　杨慧荣　孙　华　朱鸿博
纪检员　杨慧荣
工会主席　朱世平

湖南省新华书店有限责任公司醴陵市分公司

党支部书记、经理　陈科朴
副经理　丁　勇　汤海珊（女）

国家统计局醴陵市调查队

党支部书记、队长　汤建军
副队长　李金陵
纪检员　张建平
办公室主任　谢　薇

湖南师范大学附属湘东医院

院长 汤建国
党委书记 王自明
党委副书记 刘可安 张见日
副院长 周钢铁 孙志宏 周春芳
纪检书记 刘可安
三甲办常务副主任 董彩梅（女）

湖南出入境检验检疫局醴陵办事处

党支部书记、主任 岳德安
纪检组长 陈国清
副主任 孟长胜

中国储备粮管理总公司醴陵购销公司

党总支书记、总经理 汪西伟
总支委员、总经理助理 刘新民
总支委员 易继平

株洲海关驻醴陵办事处

主任 陈振圜（2015.8 任）
熊少宾（2015.8 止）
副主任 刘彦戎（2015.11 止）

市盐务局
（湖南省轻盐集团有限责任公司醴陵市支公司）

局长（经理） 叶山石
党委书记 黄凯
副局长（副经理） 张纪元

市交通建设质量安全监督局

局长 晏春华
副局长 童金奇

中国人民银行醴陵市支行
（国家外汇管理局醴陵市支局）

党组书记、行长（局长） 贺广迪
副行长 王伟锋

中国银行醴陵支行

党支部书记、行长 李杰（2015.4 任）
沈头华（2015.4 止）
副行长 黄艳玲（女） 丁建军
挂职副行长 张志（2015.5 任）
中级经理 张平洋（女）

中国农业银行醴陵市支行

党委书记、行长 李晓塘（2015.5 任）
罗双文（2015.5 止）
副行长 刘建勇（2015.10 任）
文明（2015.10 止）
陆颉 谢维生

中国农业发展银行醴陵市支行

党支部书记、行长 龙海
副行长 段沣 夏衍（女）

中国工商银行醴陵市支行

党组书记、行长 唐志坚
副行长 杨军 郭礼成
丁胜春（2015.7 任）
曾龙启（2015.6 止）
纪检组长、工会主席 彭妮（2015.7 任）
丁胜春（2015.7 止）

中国建设银行醴陵市支行

党支部书记、行长 李志高（2015.6 任）
丁鸿飞（2015.6 止）
副行长 朱湘文 肖洁（女）

湖南醴陵农村商业银行股份有限公司

党委书记、董事长 凌光武
党委副书记、行长 陈桃源
纪委书记、监事长 胡戈放
副行长 唐桂夫 李雨洁（女）
工会主席 唐桂夫
行长助理 叶瑞香

华融湘江银行醴陵市支行

党支部书记、行长 张敏（女）
副行长 阳敏（女）
周君（2015.5 任）
洪珊（女，2015.5 止）

中国邮政储蓄银行醴陵市支行

党支部书记、行长 帅亮（2015.4 任）
田来喜（2015.4 止）
副行长 王超 李洁（女）

长沙银行醴陵支行

行长 蒋麦秋
副行长 廖文华（2015.3 任）
刘军（女，2015.3 止）

上海农商村镇银行醴陵支行

行　　　　长　傅礼平
副　行　长　唐　斌

中国人寿保险股份有限公司醴陵市支公司

党支部书记、经理　刘华玲（女）
副　经　理　易艳华（女）　黄　涛
纪　检　员　易艳华（女）

中国人民财产保险股份有限公司醴陵支公司

经　　　　理　罗红英（女）
副　经　理　胡大生　谭为民　刘艳群

株洲市住房公积金中心醴陵管理部

党支部书记、主任　张家根
副　主　任　郭香云（女）

醴陵中油燃气有限责任公司

党支部书记　李宝奎
总　经　理　郭　林（2015.5 任）
副总经理　赵志珂　姜文喜　吴　清（女）
财务总监　聂卉娟（女）

中国移动通信有限责任公司醴陵市分公司

党支部书记、经理　谭　维（2015.5 任）
　　　　　　　　　王小佩（女，2015.5 止）
副　经　理　杨　璞　周维安

中国联合通信有限公司醴陵市分公司

党支部书记、经理　张　雷
副总经理　彭小平

市水文局

党支部书记、局长　贺明春
副　局　长　王英和　王　尧　刘跃刚

湖南省轻工高级技工学校

党委书记　王鹤高
校　　　　长　邹仁义
党委副书记　邹仁义　唐金跃
纪委书记、工会主席　唐金跃
副　校　长　汪宏伟　唐忠民　严安兵

市公安消防大队

党委书记、教导员　游新军
大　队　长　杨　彬

南昌铁路局宜春车务段醴陵车站

站　　　　长　车　飞
书　　　　记　钟志勇
副　站　长　谢福强

醴陵市地方海事处

处　　　　长　蒋洪庆

中信银行

行　　　　长　邹瑞志（2015.6 任）
　　　　　　　邹　琦（2015.6 止）
对公副行长　唐锦轩
零售行长　杨晓晖（2015.4 任）
　　　　　周　柳（2015.4 止）

（周海波）

索　　引

说　　明

一、本索引编有主题分析索引和地名索引（特载，大事记，市党、政、军及部门，单位负责人除外），主题分析索引和地名索引按汉语拼音顺序排列，同音字按声调排序，同音同调字按下一字的音序排列。地名索引附见款目，附见款目放在主款目下行缩2字排印。

二、标引词后的数字表示内容所在页码，字母a、b、c分别表示左栏、中栏、右栏。

三、类目、专题稿标题和地名用黑体字标明。

数　字　首

A

B

H

J

K

L

M

N

P

Q

R

S

T

W

X

Y

Z

区·街道·乡镇